Thomas Tauchnitz

Die „organisierte" Gesundheit

SOZIALWISSENSCHAFT

Thomas Tauchnitz

Die „organisierte" Gesundheit

Entstehung und Funktionsweise des Netzwerks aus Krankenkassen und Ärzteorganisationen im ambulanten Sektor

Deutscher Universitäts-Verlag

Die Deutsche Bibliothek – CIP-Einheitsaufnahme
Ein Titeldatensatz für diese Publikation ist bei
Der Deutschen Bibliothek erhältlich

Dissertation Universität Wuppertal, 2003

1. Auflage März 2004

Lektorat: Ute Wrasmann / Viktoria Steiner

Der Deutsche Universitäts-Verlag ist ein Unternehmen von Springer Science+Business Media.
www.duv.de

Umschlaggestaltung: Regine Zimmer, Dipl.-Designerin, Frankfurt/Main

Gedruckt auf säurefreiem und chlorfrei gebleichtem Papier

ISBN-13:978-3-8244-4557-8 e-ISNB-13:978-3-322-81325-1
DOI: 10.1007/978-3-322-81325-1

Vorwort

Seit einigen Jahren steht der organisierte Gesundheitssektor in der Bundesrepublik im Zentrum gesundheitspolitischer Reformbemühungen. Bis heute hat er sich jedoch als weitgehend reformresistent erwiesen. Kurz nachdem diese Arbeit abgeschlossen war, wurde erneut eine Gesundheitsreform beschlossen, die das etablierte Organisationsnetzwerk in seinen Grundstrukturen weitgehend unangetastet lässt. So wird beispielsweise das Vertragsmonopol der Kassenärztlichen Vereinigungen nur partiell durch die im *„Gesetz zur Modernisierung der Gesetzlichen Krankenversicherung" (GMG)* eröffnete Abschlussmöglichkeit von Einzelverträgen zwischen Krankenkassen und Gesundheitszentren tangiert, nicht aber wirkungsvoll beschnitten. Stattdessen konzentriert sich auch die aktuelle Reform in „bewährter" Weise auf Ausgabenverlagerungen zu Lasten der Versicherten in Form von erheblichen Leistungsausschlüssen und Selbstbeteiligungen. Wieder einmal scheint das etablierte und strukturell verfestigte Organisationsnetzwerk seine Monopolstellung in der medizinischen Versorgung der Bevölkerung erfolgreich gegen alle Reformbemühungen verteidigt zu haben. Allerdings könnte dieser „Sieg" angesichts der massiven strukturellen und finanzwirtschaftlichen Probleme nur kurzfristige Wirkung entfalten, wird doch die Diskrepanz zwischen herrschafts- und interessengeprägten realen (organisierten) Verhältnissen im Gesundheitssektor und ihrem legitimatorischen Schein wie auch ihrer begrenzten Effizienz immer offenkundiger.

Die vorliegende Studie möchte mit der organisationstheoretischen Analyse der Geschichte des ambulanten Gesundheitssektors ein (kategoriales) Erklärungssystem anbieten, mit dem auch die aktuelle Lage und ihre (gesundheitspolitischen) Entwicklungschancen soziologisch begreifbar werden. Die Arbeit wurde 2003 als Dissertation am Fachbereich Wirtschafts- und Sozialwissenschaften der Bergischen Universität Wuppertal angenommen. Mein Dank gilt Herrn Professor Dr. Klaus Türk, der mich bei der Konzeption und Fertigstellung unterstützt und kritisch begleitet hat. Ebenso gilt mein Dank Herrn Professor Dr. Günther Wachtler, der sich als Zweitgutachter zur Verfügung gestellt hat. Ganz besonders danke ich außerdem meiner Ehefrau Margret und meinen Eltern für ihre Geduld und Unterstützung.

Thomas Tauchnitz

Inhaltsverzeichnis

Abbildungsverzeichnis

Tabellenverzeichnis

Abkürzungsverzeichnis

ADGO	Allgemeine Deutsche Gebührenordnung der Ersatzkassen, auch: *Ersatzkassen-ADGO* (1929-1965)
AOK-BV	Bundesverband der Allgemeinen Ortskrankenkassen
BeitrEntlG	Beitragsentlastungsgesetz (1997)
BKK-BV	Bundesverband der Betriebskrankenkassen
BMV-Ä	Bundesmantelvertrag Ärzte / Primärkassen
BMV-EK	Bundesmantelvertrag-Ärzte / Ersatzkassen
EBM	Einheitlicher Bewertungsmaßstab
E-GO	Ersatzkassen-Gebührenordnung (vgl. Ersatzkassen-ADGO)
FP	Freie Presse
GA	Barmer General-Anzeiger
GewO	ab 1845: (Allgemeine Preußische) Gewerbeordnung; ab 1869: Gewerbeordnung des Norddeutschen Bundes; ab 1871: Gewerbeordnung des Deutschen Reichs
GKAR	Gesetz über Änderungen von Vorschriften des zweiten Buchs der Reichsversicherungsordnung und zur Ergänzung des Sozialgerichtsgesetzes, kurz: *Gesetz über das Kassenarztrecht* (1955)
GKV-NOG	1. und 2. Gesetz zur Neuordnung von Selbstverwaltung und Eigenverantwortung in der GKV (1997)
GKV-SolG	Gesetz zur Stärkung der Solidarität in der GKV, kurz: *GKV-Solidaritätsgesetz* (1999)
GOÄ	Gebührenordnung der Ärzte (seit 1965)
GRG	Gesetz zur Strukturreform im Gesundheitswesen, kurz: *Gesundheits-Reformgesetz* (1989)
GSG	Gesetz zur Sicherung und Strukturverbesserung der GKV, kurz: *Gesundheitsstrukturgesetz* (1993)
HB	Hartmannbund; ab 1900: Leipziger Verband, seit 1924: Verband der Ärzte Deutschlands (Hartmannbund) (1900-1936, Neugründung 1949)

HKG	Gesetz über die eingeschriebenen Hilfskassen, kurz: *Hilfskassengesetz* (1876)
IKK-BV	Bundesverband der Innungskrankenkassen
KBV	Kassenärztliche Bundesvereinigung
KNG	(preußisches) Gesetz betreffend die Vereinigung der Berg-, Hütten- und Salinenarbeiter in Knappschaften, kurz: *Knappschaftsgesetz* (1854)
KV	Kassenärztliche Vereinigung (ab 1931)
KVD	Kassenärztliche Vereinigung Deutschlands (1933-1945)
KVdR	Krankenversicherung der Rentner (ab 1941)
KVG	Gesetz betreffend die Krankenversicherung der Arbeiter, kurz: *Krankenversicherungsgesetz* (15.06.1883)
KVKG	Krankenversicherungs-Kostendämpfungsgesetz (1977)
KVNO	Kassenärztliche Vereinigung Nordrhein
KVWG	Gesetzt zur Weiterentwicklung des Kassenarztrechts (1976)
LSG	Landessozialgericht
NAV	vgl. NKV
NKV	„Verband der niedergelassenen Nichtkassenärzte Deutschlands" (ab 1949), 1957 Umbenennung in„Verband der niedergelassenen Ärzte Deutschlands" (NAV)
NL	Nachlass
OLG	Oberlandesgericht
PreuGO	Preußische Gebührenordnung für Ärzte (1897-1965)
PsychThG	Gesetz über die Berufe des Psychologischen Psychotherapeuten und des Kinder- und Jugendlichenpsychotherapeuten, kurz: *Psychotherapeutengesetz* (1999)
RdI	Reichsministerium des Inneren (1871-1945)
RVO	Reichsversicherungsordnung (ab 1911)
SGB V	5. Buch des Sozialgesetzbuches (GKV)
StAW	Stadtarchiv Wuppertal
UKG	(preußisches) Gesetz betreffend die Gewerblichen Unterstützungskassen, kurz: *Unterstützungskassengesetz* (1854)

„Wenn man einen Organismus genau kennen lernen will, so muss man seinen Entwicklungsgang studieren. Wenn man die Zukunft irgend eines Vorgangs würdigen will, so muss man dessen Geschichte (den rückwärtsgekehrten Propheten) befragen“
Hermann Eberhard Richter 1873a, S. 65.

I. Einleitung

Das Gesundheitswesen in Deutschland stellt nicht nur einen wichtigen gesellschaftlichen Funktionsbereich, sondern vor allem ein hochorganisiertes, in sich ausdifferenziertes gesellschaftliches Feld abstrakt-spezialisierter Kommunikation und einen abgrenzbaren „Institutionenkomplex“ (Mayntz/Rosewitz 1988, S. 117) dar. Entscheidend ist hierbei, dass das deutsche Gesundheitswesen eine spezifische Entwicklungsgeschichte aufweist, die auf das engste mit der Etablierung der modernen Organisationsgesellschaft verbunden ist. Das Ergebnis ist „ein kompliziertes und oft schwer verständliches Gebilde“ (Beske/Hallauer 2001, S. 17), dessen einzelne Teilbereiche oder Sektoren „dem Druck gruppenegoistischer [organisierter; T.T.] Interessen nachhaltig ausgesetzt“ (Deppe/Burkhardt 2002, S. 7) sind. Dies hat zur Folge, dass eine Beschreibung des Gesundheitswesens, seiner Strukturen und Probleme, ohne Bezugnahme auf die Existenz der dieses Feld dominierenden Typen formaler Organisationen wie Krankenkassen, Krankenhäuser, Kassenärztliche Vereinigungen oder Ärzteverbände beziehungsweise auf die Institution der Gesetzlichen Krankenversicherung kaum zufriedenstellend gelingen kann. Gerade die organisationsbasierte Gesetzliche Krankenversicherung stellt die notwendigen Finanzmittel für die medizinische Versorgung der Masse der Bevölkerung bereit und bildet auf diese Weise *die* zentrale ökonomische Säule des deutschen Gesundheitswesens. Darüber hinaus gehört sie „zu den wenigen Institutionen unseres Landes, die ihre tragenden Grundsätze über vier ereignisreiche politische Epochen, nämlich das Wilhelminische Kaiserreich, die Weimarer Republik, das Dritte Reich und die Bundesrepublik im Kern erhalten konnte“ (Neubauer 1988, S. 91). Damit fungiert sie zugleich als zentraler Bezugspunkt und institutioneller Rahmen für nahezu alle gesundheitspolitischen Organisationen. Aufgrund der bis heute weit fortgeschrittenen (organisationsgestützten) Ausdifferenzierung des Gesundheitswesens in verschiedene Sektoren kann dieses auch als ein gesellschaftliches Feld von in spezifischen Handlungskontexten miteinander mehr oder weniger freiwillig vernetzten Organisationen beschrieben werden. Somit stellt sich die Entstehungsgeschichte des modernen Gesundheitswesens als realer historischer Prozess der organisationsvermittelten Restrukturierung, Regulierung und Reproduktion eines spezifischen gesellschaftlichen Funktionsbereichs dar. An seinem (vorläufigen) Ende steht die strukturelle Dominanz formaler Organisationen beziehungsweise organisationsbasierter Strukturen in der Krankenversorgung der Bevölkerung, die zum unverzichtbaren Bestandteil des modernen Gesundheitswesens geworden sind.

Die vorliegende Arbeit konzentriert sich nun primär auf die organisationssoziologische Untersuchung des sogenannten ambulanten Sektors, der innerhalb des Gesundheitswesens eine exponierte Stellung einnimmt. Auf der organisationalen Ebene lässt sich dieser Sektor beschreiben als ein Netzwerk aus rund 350, in 6 Dachverbänden (plus Bundesknappschaft) zusammengeschlossenen, rechtlich selbstständigen Krankenkassen, 23 Kassenärztlichen Vereinigungen und ihrer Dachorganisation, der Kassenärztlichen Bundesvereinigung (Stand 2003) sowie einer Reihe staatlicher Akteure in Form der auf Bundes- wie Landesebene involvierten Ministerialbürokratien und Aufsichtsbehörden. Dieses aufgrund seiner quantitativen Ausmaße recht beeindruckende Organisationsnetzwerk zeichnet sich insbesondere dadurch aus, dass nahezu 90 Prozent der Bevölkerung und rund 95 Prozent aller niedergelassenen, frei praktizierenden Ärzte über die zwangsweise Mitgliedschaft in einer der beteiligten Organisationen in die (ambulanten) Versorgungsstrukturen der Gesetzlichen Krankenversicherung fest eingebunden sind. Auf der monetären Ebene ist darüber hinaus bemerkenswert, dass jährlich annähernd 21,5 Milliarden Euro (Stand 2000) der Versichertenbeiträge in Form von Kassenarzthonoraren über das Netzwerk umverteilt werden. Dies entsprach in 2000 cirka 17 Prozent aller Leistungsausgaben der Krankenkassen und unterstreicht damit den Stellenwert der ambulanten medizinischen Versorgung. Die hohe ökonomische Bedeutung des kassenärztlichen Handelns für die Gesetzliche Krankenversicherung wird aber erst dann in ihrem vollen Ausmaß erfassbar, wenn man sich verdeutlicht, dass die Kassenärzte aufgrund ihrer Schlüsselstellung im System der Krankenversorgung durchschnittlich ein Volumen an medizinischen Leistungen veranlassen, das wertmäßig das Vierfache des eigentlichen Arzthonorars ausmacht. Über die von ihnen selbst erbrachten Behandlungen sowie die Verordnung oder Anordnung von diversen Drittleistungen steuern die niedergelassenen Ärzte gut ¾ aller Leistungsausgaben der Gesetzlichen Krankenversicherung (Wanek 1994, S. 267f.). Dieser enorme Einfluss der ärztlichen Tätigkeit auf die finanzielle Situation der Krankenversicherung erklärt, warum die Kontrolle und Steuerung der kassenärztlichen Tätigkeit seit jeher im Zentrum der Auseinandersetzungen zwischen Kassen und Ärzten sowie vieler gesundheitspolitischer Regulierungsbemühungen stand und bis heute noch steht.

Für das deutsche Modell der ambulant-ärztlichen Krankenversorgung ist darüber hinaus neben der strikten Trennung vom stationären Sektor charakteristisch, dass für die Masse der Bevölkerung der Zugang zum System der kostenfreien ärztlichen Versorgung durch niedergelassene, das heißt in freier Praxis als selbstständige Unternehmer praktizierende Ärzte ausschließlich durch die unmittelbare oder mittelbare Mitgliedschaft in einer gesetzlichen Krankenkasse möglich ist[1]. Für die Mehrzahl der niedergelassenen Ärzte bilden die von den Kassen für ihre Behandlungsleistungen gezahlten Honorare wiederum die Haupteinnahmequelle, ohne die kaum eine Arztpraxis heute noch wirtschaftlich existieren könnte[2]. Gerade deshalb unterliegt die ärztliche Leistungserbringung neben der medizinischen aber immer auch einer ökonomischen Rationalität, die ihr Handeln mitbestimmt. Gleichzeitig führt die Zulassung eines Arztes zur Kassenarztpraxis automatisch zur Pflichtmitgliedschaft in einer Kassenärztlichen Vereinigung, die sowohl Kontroll- als auch Repräsentationsaufgaben wahrnimmt[3]. Damit sind sowohl die Kassenärzte als auch die Krankenversicherten über ein System der Zwangsmitgliedschaft organisational in das ambulante Netzwerk eingebunden und bekommen spezifische Mitgliedschaftsrollen zugewiesen. Außerdem ist das im ambulanten Sektor bestehende, für uns heute selbstverständliche, öffentlich-rechtliche Monopol der niedergelassenen Ärzteschaft an der medizinischen Versorgung der Krankenversicherten und der weitgehend autonomen Definition von Krankheit und medizinisch notwendigen Leistungen ein Spezifikum, das es in dieser Form und Ausprägung wohl nur in Deutschland gibt und das sich gerade aus der Geschichte des im folgenden untersuchten (ambulanten) Organisationsnetzwerks und seiner (korporativen) Akteure erklärt. Es handelt sich dabei also um historisch gewachsene, in ihrer Entstehungs- und Entwicklungsgeschichte aber durchaus kontingente organisationale Strukturen und Arrangements[4].

---

1 Unter *unmittelbarer Mitgliedschaft* verstehe ich sowohl die Pflichtmitgliedschaft nach *§ 5 SGB V* als auch die freiwillige Mitgliedschaft nach *§ 9 SGB V*. Kennzeichen ist das Vorliegen eines Lohnarbeitsverhältnisses. Die Zuordnung zur Pflicht- oder freiwilligen Mitgliedschaft richtet sich nach der Höhe des Arbeitsentgelts (beitragspflichtige Einnahmen). Als *mittelbare Mitgliedschaft* wird die (kostenlose) Familienversicherung von Ehegatten und Kindern der beitragzahlenden Mitglieder nach *§ 10 SGB V* verstanden.

2 Der Anteil der privatärztlichen Vergütung liegt derzeit im Durchschnitt bei 10 bis 12 % der Gesamtpraxiseinnahmen (vgl. Beske/Hallauer 2001, S. 122).

3 Zu den *Kontrollfunktionen* zählt Siegrist (1995, S. 269) die Überwachung der Sicherstellung der ambulanten Versorgung aller Kassenpatienten sowie die professionsinterne Kontrolle der Arzttätigkeit. Unter *Repräsentationsaufgaben* wird die Interessenvertretung der Ärzteschaft nach außen verstanden. Hierzu gehören die Verhandlung und der Abschluss der Kollektivverträge mit den Krankenkassen über Art und Honorierung der ärztlichen Leistungen sowie die Verteilung der Gesamtvergütung auf die einzelnen Mitgliedsärzte.

4 Nach Kieser (1992) sind die meisten Organisationstheorien a-historisch. Oft wird eine von Raum und Zeit unabhängige Konstanz der aktuellen, empirisch vorfindbaren Organisationsstrukturen und -prinzipien unterstellt und damit ihre spezifische Entwicklungsdynamik und Situationsabhängigkeit ausgeblendet bzw. ihre Wandlungs- und Anpassungsfähigkeit unterschätzt. Im Folgenden wird hingegen davon ausgegangen, dass Organisationsstrukturen per se historisch kontingent, d.h. historisch gewachsen sind und damit grundsätzlich

Die institutionellen Grundlagen des ambulanten Sektors im Gesundheitswesen – so wie wir ihn heute als Netzwerk interagierender Organisationen kennen – wurden 1883 mit Einführung des „*Gesetzes betreffend die Krankenversicherung der Arbeiter*" (KVG) gelegt. Während zwischen Krankenkassen und Ärzten aufgrund des bis zu Beginn der 1880er-Jahre relativ geringen Umfangs der Kassenmitglieder und des vorherrschenden Geldleistungsprinzips nur wenige direkte Berührungs- und Konfliktpunkte bestanden, änderte sich dies ab 1883 schlagartig. Mit dem *Krankenversicherungsgesetz* wurde nämlich nicht nur das Geldleistungs- oder Kostenerstattungsprinzip durch das Sachleistungsleistungsprinzip[5] ersetzt, sondern es wurden auch Krankenkassen und Ärzteschaft unmittelbar aneinander gebunden. Die in den Folgejahren stattfindenden Ausdehnungen des Versichertenkreises gestatteten „immer mehr Menschen den immer häufiger genutzten Zugang zu medizinischen Expertendiensten" (Frevert 1984, S. 12) und machten die Kassenmitglieder zur wirtschaftlich interessanten Patientengruppe. Allerdings waren die Beziehungen zwischen Kassen und Kassenärzten beziehungsweise ihren Organisationen von Anfang an durch heftige Auseinandersetzungen insbesondere um die Fragen der Kassenzulassung und der Art und Höhe der Vergütung ärztlicher Leistungen geprägt. Insofern ähneln die Organisationskämpfe zwischen Krankenkassen und Ärzteorganisationen zu Beginn des 20. Jahrhunderts und die von beiden Seiten verwandte Kampf-Rhetorik – das Wort vom „Kassenkampf" (Neuhaus 1986, S. 245) entsteht in dieser Zeit – stark den Tarifkonflikten zwischen Gewerkschaften und Arbeitgeberverbänden.

Deshalb bildet die Einführung des Krankenversicherungsgesetzes im Jahre 1883, so die hier vertretene These, auch mehr als nur einen „Kulminationspunkt einer Kette historischer Entwicklungen, die seit dem späten 18. Jahrhundert auf die Entprivatisierung und ‚Vergesellschaftung' von Krankheit und Gesundheit hinsteuerten" (Frevert 1984, S. 12). Das Jahr 1883 markiert vielmehr den Ausgangspunkt eines spezifischen Prozesses der organisationsförmigen Bearbeitung und Regulierung von Gesundheit und Krankheit. Hier liegen die Wurzeln für die nun einsetzende organisationsvermittelte Restrukturierung des gesamten Bereichs der Krankenversorgung. Seine „Schlüsselfunktion für den ärztlichen Professionalisierungsprozess"

---

immer dynamischen Entwicklungs- und Veränderungsprozessen unterliegen. Gilt dies für jede einzelne Organisation, so muss es erst recht auf einer höheren Ebene für ein Netzwerk interagierender Organisationen gelten. Auch Netzwerkstrukturen unterliegen dynamischen Entwicklungs- und Wandlungsprozessen.

5 Nach den *§§ 6 Abs. 1 Nr. 1 und 7 Abs. 1 KVG* hatten die Krankenkassen sämtlichen Mitgliedern als Krankenunterstützung nicht mehr Geld zur Bezahlung von Arzt und Arzneimitteln, sondern „freie ärztliche Behandlung, Arznei sowie Brillen, Bruchbänder und ähnliche Heilmittel" oder „freie Kur und Verpflegung in einem Krankenhaus" zu gewähren. Damit bekamen die Mitglieder gegenüber ihrer Kasse einen Rechtsanspruch auf medizinische Sach- und Dienstleistungen in natura. Zur Sicherstellung dieser Ansprüche nutzten die Kassen die vorhandene örtliche medizinische Infrastruktur. Das Verhältnis zwischen Kassenmitglied (= Patient) und Arzt wurde geldlos, ein Vertragsverhältnis bestand fortan nur noch zwischen Kasse und Arzt.

(Huerkamp 1985, S. 308) erhält das Krankenversicherungsgesetz in diesem Zusammenhang gerade nicht nur durch den von ihm verursachten Schub im Medikalisierungs- und Professionalisierungsprozess, sondern vielmehr durch den 1883 ausgelösten Schub an ärztlichen Organisationsgründungen und eines damit einhergehenden rasanten Wandels der bestehenden ärztlichen Standesvereine zu wirtschaftlichen „Kampforganisationen". Ärztliche Organisierung und Professionalisierung hängen, so eine weitere These, untrennbar zusammen. Ab 1883 entstand dann eine politische Arena, in der sich nicht mehr primär Einzelpersonen, sondern zunehmend Organisationen – Krankenkassen und in immer stärkerem Umfang ärztliche Interessenorganisationen – in vielfältigen Konflikten unter Staatsaufsicht gegenübertraten. Diese antagonistisch strukturierten Interorganisationsbeziehungen können als „*Kampf um Lebenschancen organisierter Interessengruppen* bzw. kollektiver Akteure" (Alber 1992, S. 29) beschrieben werden. In der Folgezeit entwickelte sich eine „organisatorische Rüstungsspirale" von Organisationsgründungen und -gegengründungen auf Ärzte- wie auf Kassenseite, in deren Verlauf sich die lokal organisierten Kassen zu überregionalen oder landesweiten Dachorganisationen zusammenschlossen und zentralisierte Ärzteorganisationen wie der reichsweit agierende „Hartmannbund" (1900) sowie später auch die Kassenärztlichen Vereinigungen (1931) als kollektive (regionale) Verhandlungspartner der Krankenkassen entstanden.

Das auf diese Art entstandene und ausgeprägte organisationale Feld zeichnete sich also gerade primär dadurch aus, dass hier ausschließlich korporative Akteure mit mehr oder weniger konträren Interessen in einem spezifischen Handlungsfeld in netzwerkartige Beziehung zueinander traten, die gleichzeitig ein zu tiefst ambivalentes Verhältnis zum modernen Staat – dem dritten, gewissermaßen übergeordneten korporativen Netzwerkakteur – unterhielten. Bis heute bedient sich der moderne Staat vor allem des Steuerungsmediums „Recht" (hier insbesondere des Sozialversicherungs- und des eigens für das Netzwerk geschaffenen Kassenarztrechts), um den beteiligten korporativen Akteuren ihre Position und ihre Handlungsmöglichkeiten im institutionalisierten Netzwerkgefüge zuzuweisen. Er gibt damit also maßgeblich die „Spielregeln" vor, die in der politischen Arena herrschen, wobei sowohl die Ärzteorganisationen als auch die Kassenverbände zu allen Zeiten versuchten, über Einflussnahme auf staatliche Entscheidungen das institutionelle Arrangement zu ihren Gunsten zu verändern. Gerade die sich ab 1883 herausbildende Netzwerkstruktur mit ihren stark formalisierten, prozeduralisierten und habitualisierten Verhandlungsmustern diente dabei als „institutionalisiertes Integrationszentrum" sowohl der Krankenkassen als auch der Ärzteorganisationen in die staatlichen Strukturen und zur Ausrichtung (Verpflichtung) der konträren Organisationsinteressen auf einen „gemeinsamen Organisationszweck“ (Prätorius 1979), in unserem Fall das „Gemeinwohl“. Auf diese Weise bildete sich eine eigene Netzwerklogik und -dynamik aus, der sich alle beteiligten Akteure unterwerfen mussten. Die Folge war eine systematische Ausgrenzung alternativer Anbieter medizinischer Versorgungsleistungen, aber auch die Ausschaltung der Eigeneinrichtungen der Krankenkassen (Ambulatorien, Zahnkliniken, Selbstabgabestellen usw.). Während es den Kassen nämlich gelang, die Versichertenressourcen zu monopolisieren, konnten die Ärzteorganisationen das alleinige Behandlungsmonopol und damit auch die Verfügung über weite Teile der Ressourcenallokation im Netzwerk erlangen. Aus diesem Grund handelt es sich um ein hochgradig exklusives Netzwerk von quasi „Monopolorganisationen“, das seine Stabilität einerseits aus der konsensuellen Anerkennung der „Spielregeln“ durch alle beteiligten Akteure, andererseits durch die gegenseitige Ressourcenabhängigkeit und die hohe Umweltabgeschlossenheit erhält. Die strukturelle Stabilität des ambulanten Organisationsnetzwerks beruhte dabei nicht zu letzt auf seiner hohen Beharrungskraft und Reformresistenz, die erst seit den 1990er-Jahren partiell aufgeweicht werden konnte.

Mit der vorliegendenden Arbeit wird nun versucht, die Entwicklungsgeschichte und Funktionsweise des ambulanten Sektors als ein, seinen dominanten Strukturierungsmerkmalen und Bewegungsgesetzen nach korporatistisches Organisationsnetzwerk zu rekonstruieren. Ausgehend von der in Anlehnung an Türk (1995a) vertretenen These, dass die Organisationsform ein „Schlüsselphänomen“ der modernen (Organisations-)Gesellschaft und einen spezifischen Modus von Herrschaft darstellt, wird im folgenden anhand eines konkreten sektoralen Beispiels aus dem Gesundheitswesen die historische Entstehung und Reproduktion eines die Verhältnisse zwischen Krankenversicherten und niedergelassenen Ärzten seit nunmehr fast 120 Jahren strukturierenden Feldes aus einer begrenzten Zahl von miteinander in institutionalisierten Netzwerkbeziehungen stehenden Großorganisationen geschildert. Zu diesem Zweck wird ausführlich die *Organisationsgeschichte* der verschiedenen Arten beziehungsweise Populationen von formalen Organisationen rekonstruiert, die für die Strukturierung und Funktionsweise des ambulanten Netzwerks maßgeblich geworden sind. Auf diese Weise wird versucht, auf Basis eines streng historisch-empirischen Vorgehens die Beschaffenheit und Funktionslogik des ambulanten Sektors zu erklären. Im Mittelpunkt des Interesses steht dabei die Rekonstruktion der zentralen Rolle formaler Organisationen für die Konstitution, Etablierung und Reproduktion des modernen Gesundheitswesens und der Gesetzlichen Krankenversicherung. Als theoretische Bezugspunkte dienen im weiteren neben der Türk'schen *„Kritik der Politischen Ökonomie der Organisation“* auch Elemente des organisationssoziologischen

Neoinstitutionalismus, der *Populationsökologie*, aus politikwissenschaftlichen *Netzwerkkonzepten* sowie der Theorie des *Neokorporatismus*.

Im folgenden wird die Ansicht vertreten, dass sich im ambulanten Organisationsnetzwerk eigenständige Handlungslogiken entwickelten, die auf die involvierten Organisationen handlungsentlastend aber auch verpflichtend – im Sinne einer (zumindest partiellen) Unterordnung der einzelnen Organisationsinteressen beziehungsweise -politiken unter die Netzwerklogik – wirkten. Insofern kann das Netzwerk als eine spezifische (historische) Form der herrschaftsförmigen Strukturierung von Interorganisationsbeziehungen in der entwickelten Organisationsgesellschaft gedeutet werden. Dabei wird die These vertreten, dass gerade die durch die spezifischen Netzwerklogiken maßgeblich selbst (re-)produzierten (ökonomischen) Probleme und Rationalitätsfallen im Gesundheitswesen immer wieder neue Interventionen des Staates nach sich zogen und ziehen, und dass das Netzwerk deshalb nur bedingt zur Staatsentlastung geführt hat. Seine besondere Bedeutung für die (herrschaftliche) Konfigurierung der Organisationsgesellschaft gewann das ambulante Organisationsnetzwerk hingegen gerade aufgrund der disziplinierenden Zugriffsmöglichkeit auf die Masse der Bevölkerung wie auch der Ärzteschaft sowie seiner Kontrolle über derart umfangreiche Ressourcenpotenziale. Trotz der grundsätzlichen Stabilität und Umweltresistenz ist das Netzwerk in seiner Strukturierung stets historisch kontingent geblieben und steht damit über die Mitgliedsorganisationen in einem nach wie vor dialektischen Verhältnis zur Gesamtgesellschaft, in die es eingebettet ist.

Die Arbeit gliedert sich nach einem Kapitel über die theoretische und historische Einordnung des Themas (*Kapitel II.*) in drei große, miteinander verbundene Abschnitte. Im *ersten Teil* (*Kapitel III.*) wird die Organisationsgeschichte der beteiligten korporativen Netzwerkakteure, das heißt der Krankenkassen und Ärzteorganisationen, sowie die spezifische Rolle des modernen Staates als Netzwerk-Konstrukteur detailliert herausgearbeitet. Dabei wird besonderes Gewicht auf die Vorgeschichte und die Entstehungsphase des Netzwerks gelegt, da hier die historischen und organisationalen Wurzeln für die Ausbildung der einzelnen, im Kern antagonistischen Akteurlogiken und (organisierten) Interessen liegen. Im *zweiten Teil* (*Kapitel IV.*) geht es dann um die Beschreibung und Analyse der dominanten Strukturprinzipien des ambulanten Organisationsnetzwerks, zu denen der sogenannte Sicherstellungsauftrag, die „Gemeinsame Selbstverwaltung" von Krankenkassen und Ärzteorganisationen, das Kollektivverhandlungssystem zur kassenärztlichen Vergütung und die Kontrolle der Kassenarztzulassung gezählt werden. Aufgrund dieser Strukturprinzipien konnten eine netzwerkspezifische Eigendynamik und Handlungslogik („Strukturlogik") sowie so etwas wie eine „corporate identity" der Netzwerkakteure entstehen, die hier herausgearbeitet werden. Im *dritten Teil* (*Kapitel V.*) geht es schließlich um eine Rekonstruktion der spezifischen Reproduktionslogik des Netzwerks. Hier wird der „Gemeinwohlbezug" als institutioneller „Überbau" und Rationalitätsmythos beschrieben und als herrschaftsstabilisierende und -legitimierende Stützkonzeption des Netzwerks gedeutet. Darüber hinaus wird in diesem Kapitel explizit die ökonomische Leitlogik und die Abhängigkeit des Organisationsnetzwerks von gesellschaftlichen Paradigmen und gesamtwirtschaftlichen Entwicklungstrends herausgearbeitet, die das durchaus dialektische Verhältnis zwischen Netzwerk und Organisationsgesellschaft erklären. Dabei wird deutlich, dass das einzelne zwangsorganisierte Mitglied (Versicherter wie Arzt) so gut wie keinen Einfluss auf die Entwicklung und Funktionsweise des Netzwerks hat. Die jeweilige Organisation fungiert gegenüber den Mitgliedern gewissermaßen als Transmissionsriemen des Netzwerkwillens. Zugleich agieren die Organisationseliten im Netzwerk weitgehend losgelöst von ihrer Mitgliederbasis. Deshalb ist das untersuchte Netzwerk ein gutes Beispiel für die empirische Evidenz des Theorems der *„inkludierenden Exklusion"* (Türk 1997a) und außerdem ein typisches Konstrukt der modernen Organisationsgesellschaft.

Die vorliegende Arbeit entstand auf der Grundlage umfangreichen historisch-empirischen Materials insbesondere zur Konstituierungsphase des Netzwerks. Hierzu gehörte auch die Auswertung der Statistischen Jahrbücher des Deutschen Reichs und der Bundesrepublik Deutschland. Darüber hinaus wurde eine Fülle von Sekundärliteratur gesichtet. Räumlich beschränkt sich die Arbeit auf das Gebiet des Deutschen Reichs und der Bundesrepublik Deutschland, da hier eine gewisse strukturelle Kontinuität über den gesamten Untersuchungszeitraum von 1883 bis 2000 bestanden hat. Um den Umfang der Arbeit nicht zu sprengen, wurde auf die Untersuchung der strukturellen Entwicklung in der DDR zwischen 1945 und 1989/90 ebenso verzichtet wie auf den Vergleich mit den „organisierten" ambulanten Versorgungssystemen anderer europäischer Länder. Schließlich wurde auch die zum Teil ähnliche, teilweise jedoch recht spezifisch verlaufende Organisationsgeschichte der Zahnärzte und ihrer Interessenverbände ausgeklammert. Diese haben parallel zum ambulant-ärztlichen Sektor ein eigenes korporatistisches Organisationsnetzwerk mit den Krankenkassen, das heißt gewissermaßen organisationale Parallelstrukturen und eine eigene Machtbasis ausgebildet (Gutknecht 1986). Da die kassenzahnärztliche Versorgung bis heute einen eigenständigen Problemkreis innerhalb der Gesetzlichen Krankenversicherung darstellt, erschien eine thematische Vermischung im Rahmen dieser Arbeit nicht sinnvoll. Aus diesem Grund wurde auch auf den Vergleich mit Strukturelementen der Privaten Krankenversicherung weitgehend verzichtet.

II. Theoretische und historische Einordnung

1. Organisation als Schlüsselphänomen moderner Gesellschaften

1.1 Ansätze zur Analyse der modernen Gesellschaft als Organisationsgesellschaft

Es gibt mittlerweile eine Vielzahl unterschiedlicher, teilweise stark divergierender theoretischer Versuche, die moderne Gesellschaft zutreffend zu beschreiben und in ihren entscheidenden Bewegungs- und Entwicklungsgesetzen sowie dominanten Institutionen angemessen zu erfassen. Dabei liegt gemeinhin das Grundproblem solcher Modelle in der – zumeist sozialwissenschaftlichen Modetrends folgenden – Etikettierung als beispielsweise postindustrielle oder Dienstleistungsgesellschaft, Konsum-, Informations-, Freizeit-, Risiko- postmaterialistische oder postmoderne Gesellschaft. Auf diese Weise werden in der Regel gesellschaftliche Einzelphänomene, Sekundäraspekte oder (sektorale) Entwicklungstrends herausgehoben und „mit dem Anspruch einer grundlegenden Charakterisierung der gegenwärtigen Gesellschaft" (Kneer/Nassehi/Schroer 1997, S. 9) versehen. Allerdings bleiben solche deskriptiven Modelle (sogenannte „Gegenwartsdiagnosen") in aller Regel auf der Erscheinungsebene stecken und somit zwangsläufig relativ konfus und „gleichermaßen vage wie allumfassend" (Wagner 1995, S. 10). Eine analytische Erfassung der „Natur moderner Gesellschaften" (Sebaldt 1997, S. 38) beziehungsweise ihres Wesens und ihrer „innere[n] Physiologie" (Marx 1967, S. 162) kann auf diese Weise kaum gelingen.

Wenn im folgenden argumentiert wird, dass die moderne Gesellschaft als *„Organisationsgesellschaft"* charakterisierbar ist und damit der Modus der Organisation als „Schlüsselphänomen der Moderne" (Türk 1995b, S. 93) beziehungsweise „zentrales Strukturmoment für die Konstituierung, Etablierung und Reproduktion der dominanten gesellschaftlichen Verhältnisse der Moderne" (Türk/Lemke/Bruch 2002, S. 10) verstanden wird, so ist dies gerade aus den oben aufgeführten Gründen natürlich erklärungsbedürftig. Schließlich geht es eben nicht darum, der Vielzahl von sozialwissenschaftlichen Blickwinkeln den eigenen hinzuzufügen und in „bewährter" Manier *ein* spezifisches Oberflächenphänomen moderner Gesellschaften – in diesem Fall das empirische Faktum „der quantitativen Ausbreitung von Organisationen" (Türk 1997b, S. 123), der „Durchorganisierung" der Gesellschaft (Schimank 2000a, S. 1) oder rein zahlenmäßigen „Durchsetzung nahezu aller Lebensbereiche mit formalen Organisationen" (Schimank 1997, S. 35) – zu verabsolutieren, sondern um eine angemessene „Rückkehr der Organisation in die Theorie der Gesellschaft" (Türk/Lemke/Bruch 2002, S. 13). Allerdings hat sich der Begriff der Organisationsgesellschaft als analytisches Konzept bislang nicht so recht in der sozialwissenschaftlichen Landschaft etabliert. Dies liegt wohl daran, dass er in der Vergangenheit in völlig unterschiedlicher Art und Weise von Vertretern divergierender Theorie- und Fachrichtungen zur Beschreibung von Oberflächenphänomenen moderner Gesellschaften verwendet wurde und dabei eher konfuser als klarer geworden ist.

So benutzt beispielsweise *Presthus* (1962) den Begriff der „organizational society" als Titel für seine Analyse der prägenden Einflüsse großer bürokratischer Organisationen auf das Verhalten der in ihnen arbeitenden Individuen und der Ausformung verschiedener Idealtypen individueller Anpassungsmuster (beziehungsweise von Sozialcharakteren). Er konzentriert sich also auf die persönlichkeitsbezogenen Folgen und Pathologien einer weitgehenden Durchsetzung großer, formaler Organisationen in der amerikanischen Gesellschaft und beschreibt damit im Prinzip – ähnlich wie *Whyte* (1956) mit seiner Konzeption des „organization man" – einen Prozess der Ausbildung „organisationaler Persönlichkeiten"[6], das heißt der Ausbildung von spezifischen Persönlichkeitsstrukturen, die „in besonderer Weise mit den Formcharakteristika der Organisation korrespondieren" (Türk 1997a, S. 173). *Mayntz* bezeichnet ein Jahr später die moderne Gesellschaft als „organisierte Gesellschaft" (1963, S. 7), deren zentrales und prägendes Merkmal die Organisiertheit aller gesellschaftlichen Teilbereiche sei. *Etzioni* leitet seine „Soziologie der Organisationen" wenige Jahre danach ebenfalls mit der Feststellung „Unsere Gesellschaft ist eine organisierte Gesellschaft" (1967, S. 9) ein, ohne dies im weiteren allerdings näher auszuführen. *Gabriel* (1979) setzt sich hingegen mit den gesellschaftstheoretischen Perspektiven von Weber, Luhmann und dem handlungstheoretischen Konzept der phänomenologischen Soziologie zum Verständnis der modernen „Organisationsgesellschaft" auseinander, belässt es aber bei dem „Theorievergleich" (S. 14) und geht nicht zu einer integrierenden Theoriebildung über. *Bruckmeier* (1988) untersucht als ei-

6 Der Titel der 1966 erschienen deutschen Übersetzung lautete „Individuum und Organisation. Typologie der Anpassung". Er umschreibt den Gegenstand von Presthus' Analyse wesentlich präziser als das amerikanische Original. Übrigens führten sowohl Presthus als auch Whyte theoretische Überlegungen fort, die schon in der von Merton bereits 1940 aufgestellten Vermutung der persönlichkeitsdeformierenden Ausbildung eines Sozialcharakters des „bürokratischen Virtuosen" als Folge hochgradig bürokratisierter Arbeitsorganisationen angelegt waren (vgl. Merton 1971).

ner der wenigen Autoren, die sich der Tradition der kritischen Theorie und der Marx'schen Kritik der Politischen Ökonomie verbunden fühlen, in seiner „Kritik der Organisationsgesellschaft" die Theorien von Weber, Parsons, Luhmann und Habermas auf ihre Defizite bei der Erklärung des Verhältnisses von Organisation und Gesellschaft sowie von Rolle und Gewicht formaler Organisationen bei der Konstituierung und Entwicklung der modernen Gesellschaft. Interessant ist Bruckmeiers Arbeit gerade deshalb, weil er als einer der wenigen den Zusammenhang von Organisation, kapitalistischer Gesellschaftsformation und organisationalen Formen von Herrschaft thematisiert und über den bloßen Theorievergleich oder die reine Theoriekritik hinaus erklärtermaßen an einer über die untersuchten Theorien hinausreichenden Reintegration von Organisationssoziologie und Gesellschaftstheorie arbeitet, um so zu einem neuen Ansatz „praxisbezogener Gesellschaftsanalyse"(S. 289) zu gelangen.

Der amerikanische Historiker *Galambos* (1970; 1983) bezeichnet die amerikanische Gesellschaft als „Organisationsgesellschaft" und entwirft das interdisziplinär ausgerichtete Konzept der „Organisationssynthese" zu ihrer Analyse, in deren Mittelpunkt Organisationskategorien stehen. Für Galambos bilden die Bereiche Technologie, Politische Ökonomie und Professionalisierung zentrale Pfeiler jeder Organisationssynthese, wobei er als Grundprämisse unterstellt, dass die wichtigste gesellschaftliche Veränderung im Amerika des 19. Jahrhunderts in der Transformation kleiner, informeller und regionaler Gruppen in große, landesweit agierende, formale Organisationen bestand. Diese neuen Organisationen sind durch eine hierarchische, zentralisierte bürokratische Herrschaftsstruktur sowie eine ausgeprägte funktionale Spezialisierung charakterisierbar. Alle Organisationen – und zwar unabhängig davon, ob es sich beispielsweise um Wirtschafts-, Interessen- oder Arbeiterorganisationen handelt – haben sich grundsätzlich in ähnlicher Weise entwickelt. Für Galambos (re-)produzieren alle Organisationstypen trotz zahlreicher untereinander ausgetragener Kämpfe dieselben Rollenmuster, Wertorientierungen und Normen bei ihren Mitgliedern und tragen damit zu ihrer gesellschaftsweiten Verfestigung oder Institutionalisierung bei. Er geht in seiner Beschreibung also einen Schritt über die bloße Erscheinungsebene hinaus und beschreibt den gesellschaftsprägenden beziehungsweise -verändernden Einfluss moderner Organisationen. Galambos ist für die weitere Arbeit von besonderem Interesse, weil er für die Schaffung einer allgemeinen *Organisationsgeschichte* plädiert, die – interdisziplinär ausgerichtet – im Sinne einer Synthese alle bisher einzeln betrachteten politischen, wirtschaftlichen, technologischen, sozialen und kulturellen Faktoren zu einer generellen und umfassenden historischen Theorie der Organisationsgesellschaft verbindet.

Auch *Perrow* (1989; 1991) charakterisiert unter Hinweis auf Galambos nur einige Jahre später die moderne amerikanische Gesellschaft als „Gesellschaft von Organisationen". In seiner detaillierten Untersuchung der historischen Entwicklung der US-amerikanischen Gesellschaft im 19. und 20. Jahrhundert kommt er zu dem Schluss, dass die „historische Bedeutung der Organisationen" (1989, S. 3) für die gesellschaftliche Entwicklung der letzten rund 200 Jahre unterschätzt worden sei. Für Perrow bilden Organisationen ein „Schlüsselphänomen unserer Zeit" (1991, S. 725), da sie die „Rolle der wichtigen Interessenvertretungen und der gesellschaftlichen Akteure" (1989, S. 3) übernommen haben. Seine zentrale These ist, dass sich die Organisationen infolge ihrer gewaltigen quantitativen Expansion immer weitere gesellschaftliche Teilbereiche einverleibt haben und auf diese Weise zu einem „Gesellschafts-Ersatz" (1989, S. 4) geworden seien – so Perrow's provozierende Interpretation der Entstehung einer „Organisationsgesellschaft" und der Folgen organisationaler Vergesellschaftung. Interessant ist im weiteren, dass die zunehmende „Hegemonie der Organisationen" (1989, S. 4) für ihn mit der „Logik des Kapitalismus" (1991, S. 739) zusammenhängt, wobei er allerdings Kapital und Technologie als Produkte von Organisationen, das heißt als abhängige Variablen begreift. Die historische Entwicklung der USA zur Organisationsgesellschaft beschreibt er als einen dreiteiligen, zum Teil umkämpften und keinesfalls alternativlosen historischen Prozess der zunehmenden *Lohnabhängigkeit*, der *Externalisierung* sozialer Kosten und Folgen organisierten Handelns auf die schwächeren Teile der Gesellschaft und der hieraus resultierenden Bildung sogenannter Infrastrukturorganisationen zur Bewältigung der Externalisierungsfolgen und zur adäquaten organisationalen Sozialisation der Gesellschaftsmitglieder sowie schließlich der fortschreitenden *Bürokratisierung* der Organisationen. Bemerkenswert ist auch, dass Perrow komplexe Wechselbeziehungen und „Verflechtungen der Organisationen" (1989, S. 16) untereinander, beziehungsweise „komplexe interaktive Organisationsnetzwerke" (1991, S. 754) als Charakteristikum der entwickelten „Organisationsgesellschaft" hervorhebt. So aufschlussreich seine Beschreibungen auch sind, so fragmentarisch und unbefriedigend müssen sie letztlich doch bleiben, da er es bei einer rein deskriptiven Darstellung der quantitativen Expansion formaler Organisationen und ihres historischen Entstehungsprozesses belässt und seine zentrale These von der Organisation als „Schlüsselphänomen" nicht in eine Theorie der Organisationsgesellschaft einbettet oder weiterentwickelt[7].

---

[7] Perrow hat die Chance vergeben, die „Organisationsgesellschaft" als analytische Perspektive zu etablieren. Hierzu hätte es primär einer theoretischen Klärung des Verhältnisses von Gesellschaft und Organisation bedurft. Da Perrow dies unterlässt, wird seine Arbeit und seine provokante These angreifbar. Nur so ist auch

Als jüngste Arbeiten mit wiederum ganz anderer Stossrichtung seien abschließend noch beispielhaft die von *Zimmer* (1996) und *Sebaldt* (1997a; 1997b) genannt, die allerdings beide auf der Ebene einer mehr oder weniger tiefgehenden quantitativen Erfassung von Organisationen beziehungsweise Organisationstypen stehen bleiben. Während *Zimmer* eine interessante Arbeit zur Entstehungsgeschichte und spezifischen Rolle von Vereinen bei der Konstituierung und dem Wandel der modernen Gesellschaft, die sie auch als „Organisationsgesellschaft" (1996, S. 56) bezeichnet, vorlegt, untersucht *Sebaldt* die These von der Entwicklung der deutschen Gesellschaft hin zu einer „organisierten Dienstleistungsgesellschaft" (1997a, S. 384; 1997b), „in der diejenigen Interessengruppen dominieren, welche den tertiären Sektor repräsentieren" (1997b, S. 124). Für Sebaldt hat sich die organisierte Dienstleistungsgesellschaft primär zwischen 1974 und 1994 als Ergebnis einer „Umschichtung" (1997b, S. 124) der bundesrepublikanischen Interessenorganisationen herausgebildet. Er betreibt nach eigenem Bekunden eine „empirische Vermessung des Kräftefeldes der deutschen Interessengruppen" (1997a, S. 22) für den obigen Zeitraum, um anhand dieser umfassenden „empirischen Bestandsaufnahme des Wirkens deutscher Interessengruppen und Verbände" den Wandel des „Gesamtspektrums organisierter Interessen" (1997a, S. 13) erklären zu können. Dementsprechend umfangreich ist denn auch das von ihm zusammengetragene quantitative Material[8], anhand dessen er die veränderte deutsche „Organisationslandschaft" (1997a, S. 389) zu beschreiben versucht. Interessant ist die Arbeit deshalb, weil Sebaldt zu dem Ergebnis gelangt, dass es im Untersuchungszeitraum in allen drei Sektoren zu einem *„Anstieg der Absolutzahlen*" (1997b, S. 143) von Interessenorganisationen gekommen sei, „der ein Ergebnis der starken Ausdehnung des gesamten Verbändesystems darstellt" (1997b, S. 143). Sebaldt konstatiert, dass es in allen drei Sektoren „boomende Bereiche" und „schrumpfende Sektoren" (1997b, S. 143) gibt. Er sieht aber aufgrund des im Vergleich stärksten Wachstums der Zahl von Organisationen im tertiären Sektor die Tendenz zur „organisierten Dienstleistungsgesellschaft", die sich „als ein Potpourri unterschiedlichster Bereiche mit unterschiedlichsten Entwicklungspotentialen erweist" (1997b, S. 143). Im Prinzip macht er also nichts anderes als, auf Basis einer quantitativen „Auszählung" und prozentualen Gewichtung der registrierten Lobby-Organisationen, eine sektorale Kräfteverschiebung im System der organisierten Interessen der Bundesrepublik, das er auch als *„organisierten Gruppenpluralismus*" (1997a, S.

---

seine unhaltbare Auffassung erklärbar, dass Organisationen zum Gesellschaftsersatz geworden sein sollen (vgl. Hasse/Krücker 1996, S. 99; Schimank 1997, S. 36; Türk 1995a, S. 37).

8 Sebaldt hat vor allem die in der „Lobbylisten" des deutschen Bundestages registrierten bundespolitisch aktiven und staatlich legitimierten Interessenorganisationen nach ihrer Zugehörigkeit zum primären, sekundären oder tertiären Sektor ausgewertet (Sebaldt 1997a, S. 75ff.).

15) charakterisiert, zu beschreiben. Sieht man einmal davon ab, dass eine solche Untersuchungsmethode alle informellen (Interessen-)Organisationen ausklammert und sich ausschließlich mit dem Phänomen des „Lobbying“ beschäftigt, so bleibt doch die Frage weitgehend offen, ob mit einem Anwachsen der Zahl der dem tertiären Sektor zuzuordnenden Interessenorganisationen – meinetwegen auch mit einem gewissen „time lag“ (Sebaldt 1997b, S. 126) – *zwangsläufig* eine Machtverschiebung im System der organisierten Interessen verbunden sein muss, und wie sich das tatsächliche – nicht das relative – politische Gewicht der jeweiligen Interessenorganisationen und ihre jeweilige „Organisationspolitik“ verändert hat. Ein grundsätzliches Problem besteht darüber hinaus darin, dass nicht recht klar wird, welchen Organisationsbegriff Sebaldt eigentlich hat und in welchem qualitativen Verhältnis gesellschaftlicher Wandel und die von ihm attestierte Veränderung der „Organisationslandschaft“ denn nun eigentlich stehen. Insofern bleibt auch diese Studie auf der Erscheinungsebene stecken und betrachtet lediglich einen Einzelaspekt. Einer „Anatomie“ (Sebaldt 1997a, S. 38) der modernen Organisationsgesellschaft, ihren Bewegungsgesetzen und Entwicklungsdynamiken kommt er so nicht näher.

Das Problem bei nahezu allen hier aufgeführten, extrem heterogenen Arbeiten liegt insbesondere darin, dass zum einen das Konzept der „Organisationsgesellschaft“ bislang weit davon entfernt ist, eine einheitliche „analytische Perspektive“ (Schimank 1997, S. 37) der Sozialwissenschaften zu werden und zum anderen, dass die Vorstellung einer „Organisationsgesellschaft“ bis dato eher „Paradigma der empirischen Forschung, doch selten theoretisch expliziert worden“ (Bruckmeier 1988, S. 9) ist. Demzufolge wird der Begriff bis heute zumeist rein plakativ als Alltags- und Arbeitsbegriff ohne fundierte gesellschaftstheoretische Unterfütterung benutzt und der Existenznachweis – wenn überhaupt – rein quantitativ über die Vielzahl empirisch vorfindbarer Organisationsgebilde geführt, das heißt die Existenz der „Organisationsgesellschaft“ wird letztlich „ausgezählt“. So wird es verständlich, dass in vielen Arbeiten explizit oder implizit immer wieder solch soziologisch unhaltbare Vorstellungen von einer durch Organisationen quasi von außen gesteuerten Gesellschaft, von einer Gesellschaft *als* Organisation beziehungsweise des Ersatzes von Gesellschaft durch Organisation(en), oder auch von einer organisierten Gesellschaft im Sinne einer (totalitären) „verwalteten Welt“ auftauchen.

Eine Ausnahme bildet *Schimank* (1997), der sich als einer der wenigen mit dem analytischen Gehalt des Konzepts der „Organisationsgesellschaft“ befasst. Nachdem er einen Überblick über die gängige heterogene Begriffsverwendung gegeben hat, bemüht er sich darum, einen Beitrag zum systematischen Ausbau des seiner Meinung nach lohnenswerten Konzepts zu leisten. Er tut dies in Anlehnung an die systemtheoretischen Überlegungen Luhmanns und betrachtet Organisation als „mittlere Ebene sozialer Systembildung“ (S. 38), die sich zwischen Gesellschaft und Interaktion schiebt. Auf diese Weise entwickelt er zwei grundsätzliche analytische Dimensionen zur Untersuchung der Organisationsgesellschaft, die zum einen das einzelne Individuum, zum anderen die Gesellschaft als Ganze zum Gegenstand haben. Er untersucht deshalb erstens die Frage nach einer Verbesserung oder Verschlechterung individueller „Lebenschancen“ in der Organisationsgesellschaft im Vergleich zu früheren Gesellschaftsformen, zweitens die Frage nach dem Grad der Integration oder Desintegration der Individuen in die gesellschaftlichen Teilsysteme vermittels Organisationen. Dabei kommt er zu dem Schluss, dass die „Organisationsgesellschaft“ „in beiden Hinsichten ambivalent“ (S. 56) sei. Insgesamt kommt Schimank, der in späteren Arbeiten davon ausgeht, dass die moderne Gesellschaft *notwendigerweise* eine „Organisationsgesellschaft“ sei, da über Organisation die zentralen gesellschaftlichen Integrationsleistungen sichergestellt würden, dem Wesen moderner Gesellschaften ein ganzes Stück näher[9]. Im Gegensatz zu Bruckmeier plädiert er dafür, dass zukünftig eine umfassende empirische Untersuchung zu „allen Facetten der Organisationsgesellschaft“ (S. 56) nötiger sei als die weitere Produktion „theoretischer Facetten“, da die „Kumulation theoretischer Überlegungen [...] mittlerweile zu einer gewissen Konsolidierung des Bildes geführt“ (S. 57) habe. Einer empirischen Rekonstruktion der Entstehung und Folgen formaler Organisationen ist zuzustimmen. Es sei aber angemerkt, dass sehr wohl empirische Forschung zur „Organisationsgesellschaft“ betrieben worden ist. Das Problem liegt darin, dass zumeist rein quantitative Daten zur empirischen Rekonstruktion der „Organisationsgesellschaft“ herangezogen und die sozial-qualitative Dimension sowie die gesamtgesellschaftlichen Wechselwirkungen zwischen Organisation und Gesellschaft vernachlässigt wurden. Insofern handelt es sich nur um facettenhafte Forschungsergebnisse, nicht aber um die Überprüfung einer allgemeinen Theorie der Organisationsgesellschaft.

---

9 Schimank grenzt sich von lapidaren Beschreibungen der modernen Gesellschaft als „organisierter Gesellschaft“ ebenso ab wie von Vorstellungen, dass „die ganze Gesellschaft eine einzige Organisation sei oder dass sämtliche gesellschaftlichen Vorgänge im Rahmen irgendeiner Organisation stattfänden.“ Für ihn ist „Durchorganisierung“, verstanden als Grad der Durchdringung der relevanten gesellschaftlichen Teilsysteme mit formalen Organisationen, nicht unbedingt „das wichtigste Merkmal zur Charakterisierung der modernen Gesellschaft“ (2000a, S. 1, FN 3), die er als funktional differenziert begreift. Für ihn ist die moderne Gesellschaft notwendigerweise eine Organisationsgesellschaft, da „sowohl sozial- als auch systemintegrative Erfordernisse [...] nur durch eine weitgehende Durchorganisierung [...] erfüllt werden“ (2000a, S. 25) können. Formale Organisation erfüllt bei ihm auf zwei Ebenen die zentrale Funktion gesellschaftlicher Integration. Sie integriert zum einen die Individuen in die Teilsysteme und bettet zum anderen die Teilsysteme in den gesamtgesellschaftlichen Reproduktionszusammenhang ein (Schimank 1999; 2000a; 2000b).

Nimmt man die These, dass die moderne Gesellschaft eine „Organisationsgesellschaft" ist, nun als erkenntnisleitend ernst, so muss bei einem diesbezüglichen Forschungsvorhaben der Nachweis geführt werden können, dass die moderne Gesellschaft „durch das Phänomen ‚Organisation' charakterisiert" (Türk 1995a, S. 38) werden kann. Hierzu reicht der quantitative Nachweis der Existenz einer Vielzahl sozialer Gebilde, die gemeinhin als „Organisationen" bezeichnet werden, beziehungsweise das „Ausloten und Vermessen" des Ausmaßes oder „Meer[es] der Organisationen" (Alemann 1989, S. 59) aber gerade nicht aus. Vielmehr geht es geht dann darum, die Art und Weise, in der die moderne Gesellschaft durch „Organisationsbildung in vielfacher Weise konfiguriert und bedingt, nicht aber kausal determiniert wird" (Türk 1993a, S. 4) zu rekonstruieren. Dies setzt sowohl die gesellschaftstheoretische Einbettung als auch eine über den reinen quantitativen Nachweis hinausführende Rekonstruktion der sozial-qualitativen Dominanz, das heißt der „gesellschaftsprägenden Funktion" (Türk 1997b, S. 123) der Organisationsform und des wechselseitigen Verhältnisses und Konstitutionszusammenhangs von Organisation und moderner Gesellschaft voraus. Ein solcher Ansatz ist zwangsläufig historisch angelegt.

1.2 Elemente einer „Kritik der Politischen Ökonomie der Organisation"

In eben diese Richtung zielt der von *Türk* (1993a, 1995a) entwickelte Ansatz einer *„Kritik der Politischen Ökonomie der Organisation"*, der als originäre Bezugstheorie für diese Arbeit dienen soll und deshalb ausführlicher referiert wird. Im Mittelpunkt des der historisch-materialistischen Theorietradition verbundenen Ansatzes steht die „historisch spezifische – und damit auch historisch wechselnde – Art und Weise, wie Menschen durch gesellschaftliche Formen ihre Ko-Operation regulieren und konfigurieren" sowie die Konzepte, welche die Menschen „zur Gestaltung und Legitimation ihrer Beziehungen zueinander sowie ihrer Arbeit an der äußeren und ihrer ‚inneren Natur' verwenden" (Türk 1995a, S. 38). Zum Ausgangspunkt einer „Kritik der politischen Ökonomie der Organisation" wird also die reale menschliche Lebenspraxis beziehungsweise der gesellschaftliche Lebensprozess der Menschen – bestehend aus menschlicher Arbeit und Ko-Operation – genommen, der sich in jeder historisch-spezifischen Gesellschaftsform zwar nur mehr oder weniger bewusst, aber doch immer „sozial strukturiert" abspielt, „und zwar in dem Sinne, dass es sich um (selbst-)reproduktionsfähige

Strukturen handelt“ (Türk 1987, S. 64)[10]. In diesem Lebensprozess – Marx (1961a, S. 8) spricht von der „gesellschaftlichen Produktion ihres Lebens“– produzieren und reproduzieren die Menschen also die gesellschaftlichen Verhältnisse, unter denen sie leben, letztlich immer durch ihr konkretes Handeln selbst. Die einmal geschaffenen Verhältnisse wirken dann wiederum konditionierend, strukturierend und restringierend auf die Bedingungen des menschlichen Handelns ein, begrenzen also ihren Handlungsspielraum. Es gilt damit die alte Marx'sche Erkenntnis, dass die Menschen ihre Geschichte zwar selbst machen, aber eben „nicht aus freien Stücken, nicht unter selbstgewählten, sondern unter unmittelbar vorgefundenen, gegebenen und überlieferten Umständen“ (Marx 1960, S. 115). Insofern handelt es sich bei den Resultaten menschlicher Tätigkeit trotz ihrer Zielgerichtetheit letztlich doch in weiten Bereichen um von ihrem „Willen unabhängige Verhältnisse“ (Marx 1961a, S. 8), die einer „Gesellschaft auf *bestimmter, geschichtlicher Entwicklungsstufe*“ (Marx 1961b, S. 408) entsprechen und in ihrer ganzen Tragweite von den handelnden Menschen gar nicht unbedingt voraussehbar sind. In dieser Perspektive vollzieht sich gesellschaftliche Entwicklung als ein durchaus widersprüchlicher, grundsätzlich nach beiden Seiten hin offener sozio-politischer Prozess, der keiner zwangsläufigen, unilinearen historischen Gesetzmäßigkeit folgt.

Im Mittelpunkt der Türk'schen Analyse steht somit unweigerlich die Frage nach der historisch spezifischen Art und Weise, in welcher der gesellschaftliche Lebensprozess „interpunktiert, konfiguriert, strukturiert sowie auf vielfältige Weise zerschnitten und zusammengefügt, ausgebeutet und beherrscht, entmutigt und ermutigt wird“ (Türk 1995a, S. 38). Die „Kritik der politischen Ökonomie der Organisation“ bezieht sich dabei konkret auf die Analyse der modernen, kapitalistischen Gesellschaftsformation als deren grundlegendes, historisch spezifisches Strukturierungsprinzip die formale Organisation – bei Türk das für diese Formation charakteristische „Produktions*verhältnis*“ (1995e, S. 244) – angesehen wird. Gerade durch die Historisierung der Organisationsform verliert diese den „Schein ihrer überzeitlichen Geltung“ (Hauff/Heller/Hüppauf/Köhn/Philippi 1972, S. 102), das heißt ihren raum-zeitlosen Charakter. Auf diese Weise ist sie als „eine spezifische soziale Konfiguration und Artikulation der gesamtgesellschaftlichen Verhältnisse“ (Bruch 1997, S. 205), konkret „als Produkt der modernen bürgerlichen Gesellschaftsformation“ (Bruch 2000, S. 13) bestimmbar[11]. Trotzdem

---

[10] Mit sinngleichen Worten hat auch Engels (1967, S. 463) die Grundansicht der materialistischen Geschichtsauffassung dahingehend zusammen gefasst, dass „das *in letzter Instanz* bestimmende Moment in der Geschichte die Produktion und Reproduktion des wirklichen Lebens“ sei.

[11] Genau gesagt begreift Türk (1995a, S. 44) formale Organisation als „ein historisch-kulturell besonderes Phänomen“, das „an die Entwicklung der europäischen Kultur, Ökonomie und bürgerlichen Gesellschaft, vor allem aber der Genese des modernen Kapitalismus gebunden ist“.

reichen ihre historischen Wurzeln weit in frühere Gesellschaftsformationen zurück, wo sie beispielsweise in Form von Protoorganisationen wie dem Militär oder der Kirche bereits auffindbar sind. Die eigentliche Entstehungsgeschichte moderner Organisationsformen beginnt aber erst mit der Ausbildung des „kapitalistischen Weltsystems" (Wallerstein) also cirka im „langen" 16. Jahrhundert (1450-1650). Im Laufe der zweiten Hälfte des 19. Jahrhunderts kam es dann zu einer explosionsartigen Ausbreitung der Organisationsform. Dies führte dazu, dass Organisationen zu den „entscheidenden ‚Sozialmaschinen' der Produktion gesellschaftlicher Verhältnisse" (Türk 2000a, S. 3) avancierten. Bis zum Ende des 19. Jahrhunderts hatte sich schließlich das uns heute geläufige Bild formaler Organisation aus einer Vielzahl sich im Spannungsfeld zwischen alten Korporations- und neuen Vereinigungskonzepten bewegenden „schwimmenden Formen" herausgebildet und etabliert (Türk/Lemke/Bruch 2002, S. 89).

Türk verdeutlicht, dass sich die Organisationsform „in ihrer Gesamtcharakteristik sehr von älteren Formen menschlicher Kollektive" (Türk 1996, S. 14) wie den Assoziationen[12] oder den Korporationen der mittelalterlichen Ständegesellschaft[13] unterscheidet. Dabei stellt der Organisationsmodus für die moderne, kapitalistische Gesellschaft keinen politisch neutralen und universalen Modus effizienter Koordination von Ko-Operation dar, sondern eine historisch spezifische Form der herrschaftsförmigen Strukturierung gesellschaftlicher Praxis im

---

[12] Türk (1995c, S. 118) versteht unter *Assoziationen* Vergemeinschaftungsformen, die auf konsensueller Basis „die *Intragruppen-Beziehungen* zwischen den assoziierten, u.U. sogar unvertretbaren Subjekten regeln". Solche Zusammenschlüsse mit dem Ziel der Ressourcenzusammenlegung der assoziierten Subjekte zur kollektiven Regelung gemeinsamer Belange waren z.B. die historischen, auf dem „Gemeineigentum aller freien Männer" (Engels 1962a, S. 317) an unbebautem Land, Weide und Wald beruhenden Dorf- / Siedlungsgemeinschaften oder Markgenossenschaften sowie die römischen „societas" und Krankenhilfsvereine („collegia tenuiorum"). Assoziationen sind also selbstreferentielle Zusammenschlüsse von Menschen, „die durch bestimmte Ziele bzw. zur Realisierung festgelegter Zwecke untereinander verbunden sind" (Buhr/Klaus 1971, S. 114). Sie sind introvers ausgerichtet und konstituieren primär zweistellige soziale Relationen (Engels 1962a, 1962b; Herder-Dornreich 1994, S. 33-41; Kuczynski 1996a, S. 246-273; Lyskowski 1988; Peschke 1962, S. 23-28; Sombart 1987a, S. 45ff.; Weber 1988, S. 314ff.).

[13] Bei den mittelalterlichen *Korporationen* (Gilden, Zünfte) handelte es sich um Vergemeinschaftungsformen, „innerhalb derer alle wesentlichen Belange einer Gruppe selbst reguliert werden" (Türk 1997a, S. 170). Sie umfassten immer den ganzen Menschen mit allen seinen Lebensbezügen und beruhten auf der Zwangsmitgliedschaft bestimmter (ortsansässiger) Personen-/Berufsgruppen (z.B. Zunftzwang), nahmen also eine „Totalinklusion" der involvierten Subjekte vor. Sie übten eine umfassende Kontrolle über das gesamte Leben und die Arbeitstätigkeit der Mitglieder aus (z.B. Qualitätskontrollen wie die Schau oder Mindestpreisfestsetzung). Zugleich dienten sie der gegenseitigen Hilfe bei Todes-, Krankheits- und sonstigen Unglücksfällen sowie zum gegenseitigen Schutz gegen äußere Gefahren, wozu später auch der „Schutz vor den Gefahren des Marktes" (Mottek 1977a, S. 156) gehörte. Bis in das 16. Jhd. waren sie weitgehend introvers ausgerichtet und konstituieren eine primär zweistellige Relation. Mit Unterordnung unter den absolutistischen Staat und Entstehung nicht-zünftiger Konkurrenz entwickelten sie sich aber zunehmend „von freien Einungen zu privilegierten Korporationen, zu ‚bevorrechteten Besonderheiten', ‚abhängigen Privatrechtskorporationen' (Gierke)" (Sombart 1987b, S. 75; Gierke 1954, S. 916f.). Die Orientierung der Zünfte wurde primär extrovers. Ziel war die Monopolisierung der gewerblichen Warenproduktion und städtischen Warenmärkte sowie die Abwehr nicht-zünftiger, gewinnorientierter Konkurrenz durch Verleger und Manufakturen. Sie nahmen einen organisationsförmigen Charakter an und wurde zu Abwehrorganisationen (Türk 1995c, S. 118).

Sinne von „Fremdaneignung von Arbeitserträgen" und „Fremdbestimmung von Arbeits- und Lebensbedingungen" (Türk 1995a, S. 42). In diesem Sinne bildet die Organisationsform in ihrer dialektischen Wechselwirkung mit der Gesellschaft „eine historisch emergierende Verkörperung von Herrschaft, die ältere Herrschaftsformen ablöst und eine eigene Geschichte entwickelt" (Türk 1995a, S. 44).

Wie bei Marx und Weber werden *Ökonomie* (real-materielle Dimension) und *Herrschaft* (Sozialität-formierende Dimension) also auch bei Türk nicht als zwei voneinander unabhängige Logiken verstanden, „sondern in dem Begriff der Organisation in ihrer Verwobenheit und Gleichzeitigkeit erfasst" (Bruch 1997, S. 209). Türk spricht deshalb von der organisationalen „Doppelstruktur von Herrschaft und Ko-Operation" (1995a, S. 39). Abweichend von der Marx'schen Kapitalismusanalyse wird bei Türk also nicht der ökonomische Wert, sondern die moderne Organisation als Basiskategorie für die Analyse kapitalistisch verfasster Gesellschaften gewählt und auf diese Weise versucht, die Konstituierung und Entwicklung der kapitalistischen Gesellschaftsformation „als ein Prozess der *organisationsförmig vermittelten Konditionierung von ‚Sozialität'*"(Stolz/Türk 1993, S. 68) zu rekonstruieren. In diesem Sinne ist die Organisationsform als historisch-spezifische Form von Herrschaft ein „tragender Bestandteil der kapitalistischen Gesellschaftsformation" (Türk 1997a, S. 168). Ihr besonderes Charakteristikum ist dabei, dass sie – zumindest auf lange Sicht – jede andere beziehungsweise jede abweichende Art und Weise der Produktion und Reproduktion sozialer Verhältnisse verhindert, restringiert oder zerstört und damit das „Zustandekommen einer i.w.S. *gebrauchswertorientierten* [...] Gestaltung" (Stolz/Türk 1993, S. 52) sozialer Verhältnisse blockiert. Gerade diese dialektische Einheit von *Verhinderung* alternativer Kooperationsformen und *Ermöglichung* von herrschaftskonformer, kommunikativ regulierter Ko-Operation macht die Besonderheit der modernen Organisationsform und ihren hegemonialen Charakter aus. Das markanteste Unterscheidungsmerkmal zu allen früheren Formen der Regulierung von Ko-Operation besteht zum einen in der durch die moderne Organisation betriebenen funktionalen Spezialisierung und der damit verbundenen „Partialinklusion" der involvierten Subjekte, das heißt in der selektiven Einbeziehung von speziellen, organisationsrelevanten sozialen Teilbereichen des Gesamtlebens, zum anderen in der prinzipiellen „Außengerichtetheit" des organisationalen Handelns. Die Mächtigkeit des Organisationsmodus beruht somit nicht primär auf den akkumulierten Kooperationserträgen assoziierter Subjekte, sondern vielmehr auf der extroversen Kontrolle und Beeinflussung außenstehender Dritte. Insofern bilden Organisationen also „soziale Formen der Regulierung *extroverser* Zugriffe" (Türk

1996, S. 15), bei denen sich Organisationseliten des Personals oder der Mitglieder bedienen, „um extern ‚Mehrwert' zu realisieren" (Türk 1997a, S. 170). Organisationen fügen der sich als Disziplinierung, Differenzierung und Selektion der Mitglieder äußernden zweistelligen Herrschaftsbeziehung zwischen Organisation und Mitglied somit noch eine zusätzliche extroverse Dimension hinzu, konstituieren also eine primär dreistellige Herrschaftsrelation. Auf diese Weise wird deutlich, dass es sich bei jeder Organisation immer sowohl um eine externe als auch um eine interne herrschaftlich ausgerichtete Sozialbeziehung handelt. *Interne* organisationale Herrschaft zielt dabei auf die der Formalstruktur der Organisation unmittelbar, das heißt *reell subsumierten* Subjekte – die Mitglieder – ab. Sie richtet sich zum einen auf die Aneignung und „Nutzung organisierter lebendiger Arbeit durch Dritte", wobei als Dritte hier die jeweiligen Organisationseliten verstanden werden. Dies entspricht der *„introversen" Dimension* im engeren Sinne. Zum anderen richtet sie sich aber auf die Zurichtung und Disziplinierung der Organisationsmitglieder über „die ‚Selbstformierung' von ‚Organisationskulturen'" (Türk 1995a, S. 41) und die damit einhergehende Ausbildung von exakten, auf die jeweilige Organisation zugeschnittenen Mitgliedschaftsrollen. Dies ist die *„disziplinäre" Dimension* von Organisation. *Extern* ausgerichtete organisationale Herrschaft richtet sich hingegen auf den akkumulierenden Zugriff und die Unterdrückung von der Organisation nur mittelbar unterworfenen, also *formell subsummierten* Subjekten. Sie bilden die „*Peripherie* des organisierten Komplexes" (Türk 1995a, S. 91). Nichtsdestotrotz wird das *„Organisationspublikum"* in seinen Lebens- und Reproduktionsverhältnissen von der jeweiligen Organisation beziehungsweise dem entsprechenden organisationalen Arrangement beherrscht. Im Prozess der Organisationsbildung werden also systematische Ausgrenzungen beziehungsweise Marginalisierungen bestimmter gesellschaftlicher Personengruppen und sozialer Teilbereiche vollzogen, das heißt Zentrums-Peripherie-Differenzierungen konstruiert. Für Türk (1997a, S. 170) bilden Organisationen deshalb „diejenigen gesellschaftlichen Modi, über die überhaupt die Exklusionen vollzogen werden". Die externe Herrschaftsdimension der Organisationsform drückt sich zum einen in der „Nutzung organisational konditionierter gesellschaftlicher Verhältnisse", zum anderen in der „Restringierung von Lebenschancen vermittels organisational konstituierter makrogesellschaftlicher Verhältnisse" (Türk 1995a, S. 41f.) aus. Es geht letztlich also um „Unterwerfung, Bearbeitung, Regulierung und Kontrolle Dritter" (Türk 1995, S. 119) und damit um eine herrschaftsförmige Auftrennung, Restringierung, Desymbolisierung und Deformierung von Lebenszusammenhängen und alternativen Ko-Operationsformen durch organisationales, konfigurierendes Handeln.

Bei Türk (1995a, S. 43) beruht Herrschaft grundsätzlich auf drei basalen Elementen: 1) einer materiellen, akkumulationsfähigen Basis, 2) einer entsprechenden abstützenden legitimatorischen Ideologie und 3) einer diskriminatorischen sozialen Kategorisierung, über die sich Herrschaft durch das Mitmachen der an der Herrschaft in der Regel partiell partizipierenden „Dazugehörigen" vollzieht. Diesen drei Elementen von Herrschaft lassen sich drei empirisch-hermeneutisch gewonnene Organisationsdimensionen beziehungsweise „Organisationsprinzipien" zuordnen, die jedes für sich genommen nicht als alleinige Erklärungs- oder Strukturvariable für den Organisationsmodus gelten können. Erst durch ihre entsprechende Kombination, also durch ihr spezifisches historisches Arrangement wird „das soziale Muster ‚Organisation' sozial produziert" (Türk 1997a, S. 174), das heißt konkret durch das jeweilige koorientierte Verhalten von Alltagsakteuren erzeugt. Dies bedeutet, dass der spezifische Herrschaftsmodus der Organisation einem wechselseitigen, kontextabhängigen und teilweise widersprüchlichen historischen Konstitutionszusammenhang von bestimmten Gebildekonstruktionen, bestimmten Ideologien sozialer Ordnung und Vergemeinschaftungspraxen entspringt.

Der Topos der *Ordnung* bezieht sich hierbei auf die legitimatorische und praktische „Organisiertheit" beziehungsweise Strukturiertheit der Organisation sowie die spezifische Form ihres Weltbezugs. Dies verweist auf eine besondere „Rationalitäts-, Disziplinierungs- und Normalisierungssemantik bzw. -praxis, die mit dem Begriff der Organisation von Anfang an verbunden ist" (Türk 1995a, S. 45). Die historisch-kulturellen Wurzeln des nahezu ubiquitären Topos „*zweckmäßiger* Ordnung" liegen im rationalistischen Programm der Aufklärung und des absolutistischen Staates. Mit der abendländischen Moderne setzt sich nämlich „ein technologischer Instrumentalismus durch, der von Anfang an auf das engste mit den neuen Formen der Herrschaft von Staat und bürgerlichen Eliten verbunden ist" (Türk 1996, S. 16). Deshalb deutet alles darauf hin, dass der Modus der Organisation „ein spezifisches Produkt okzidentaler Kultur, [...] ein Element hiesiger Lebens- und Gesellschaftsform" (Türk 1995a, S. 47) darstellt. Dabei sind die jeweiligen Strukturen der Ordnung innerhalb ihres historischen Entwicklungsprozesses im Hinblick auf ihre praktische Wirksamkeit für die Organisationsmitglieder stets kontingent. Für Türk konstituieren sich Organisationen durch funktionale Klassifikationen und Selektionen. Über spezifische Ordnungsvorstellungen vollziehen sich dabei in allen Organisationen „typische Kategorisierungen von Menschen entlang ihrer Relation zur Organisation" (Türk 1997a, S. 174) sowie eine „herrschafts-funktionale Ein- und Ausschließung durch selektive Zurechnungen" (Türk 1995a, S. 46) von Rechten und Pflichten, Chancen und Restriktionen. Auf diese Weise nehmen Organisationen Internalisierungen und Externalisierungen von Handlungsbedingungen und -folgen vor. Sie schaffen eine spezifische Zurechnungsbasis für Produktivitäts- und Effizienzfiktionen, mit denen Wirtschaftsunternehmungen, Verwaltungen oder Verbände gleichermaßen kalkulieren. Die bewusst selektive Zurechnung beispielsweise von „Produktivität" auf eine Organisation kann dabei nur durch Ausblendung oder Auftrennung des entsprechenden Gesamtkontextes, das heißt die „Dislokation der Organisationen aus der Gesamtheit von Ko-Operationsbeziehungen" (Türk 1997a, S. 175) gelingen. Diese erfolgt primär über die Reduzierung der Leitperspektiven und eine nahezu monofunktionale Zwecksetzung. Insofern sind Organisationen „legitimiert, strenge ‚Schnitte in die Welt' zu legen und somit Externalitäten zu produzieren und Desymbolisierungen weiter Teile ihrer Kontexte vorzunehmen" (Türk 1997a, S. 175).

Jedes Ordnungskonzept benötigt zur Realisierung einen abgrenzbaren sozialen Raum, auf den es bezogen werden kann. Die Sicht von Organisationen als eigenständige „*Orte der Ordnung*" (Türk 1996, S. 16) oder „*Orte* gesellschaftlicher Regulation" (Türk 2000, S. 4) findet sich in der *Gebilde*-Dimension wieder. Dabei wird Organisation als eine spezifische Form eines sozialen Gebildes gefasst, die sich im „langen" 16. Jahrhundert aus verschiedenen Typen von Assoziationen und Korporationen entwickelt hat und „ihre moderne Verkörperung in der juristischen Person" (Bruch 2000, S. 56) findet. Diese Rechtsfigur umschreibt ein Gebildekonstrukt, das *Coleman* als „*korporativen Akteur*" bezeichnet (1979; 1986; 1995). Es verfügt über eine eigene Rechtspersönlichkeit, eigene Ressourcen und Rechte, ist nicht ständisch fixiert und erhält den Status eines handlungsfähigen Subjekts. Rechte und Ressourcen werden ihm vom Staat zur Erfüllung spezifischer Zwecke oder durch die Mitglieder zur gemeinschaftlichen Nutzung übertragen. So ist der korporative Akteur genau wie eine natürliche Person in der Lage, selbstständig Rechtsgeschäfte einzugehen, deren Ergebnisse und Folgen ihm voll zugerechnet werden. Aufgrund seiner enormen Möglichkeiten zur Monopolisierung von Ressourcen, Macht und Kapital übersteigen sein Handlungspotential und seine Handlungsautonomie die einer natürlichen Person bei weitem. Er tritt als neues gesellschaftliches Strukturelement ebenbürtig neben letztere und wird zum „vollgültigen Akteur in der Gesellschaft" (Coleman 1979, S. X). Entscheidend ist seine Fähigkeit zur Sicherstellung eines über die Lebensdauer und Vermögenshaftung konkreter Personen hinausgehenden Bestands an Eigentums- und Besitzrechten. Der korporative Akteur in Form der juristischen Person (als Rechtseinheit) entpersonalisiert und anonymisiert den Akkumulationsprozess von Kapital, da sich durch ihn ein von den natürlichen Personen unabhängiges Dauereigentum bilden kann, das dann wiederum die akkumulationsfähige Basis für immer weitergehende Aneignungsprozesse bildet. Gerade die Verbindung von kompatiblen Ordnungs- und Gebildedimensionen ermöglicht der Organisation die effektive Ausblendung von übergreifenden Produktionszusammenhängen und die „Fiktion einer produktiven Einheit“ (Türk 1995a, S. 53). So wäre beispielsweise Kapitalbildung ohne die Verbindung entsprechender Zurechnungs- und Eigentumskonstrukte unmöglich gewesen. Deshalb bildet die juristische Person als quasi unsterbliche ordnungs- und akkumulationsfähige Einheit und exakt abgrenzbarer sozialer Raum die entscheidende Grundlage für eine Entgrenzung des Kapitalwachstums und damit für die Entstehung des modernen Kapitalismus. Darüber hinaus ermöglicht die Konstruktion des korporativen Akteurs für die natürlichen Personen eine „Verantwortungsentlastung durch Rollentrennung“, das heißt die Entlastung der individuellen Akteure von persönlichen Handlungs- oder Schuldzurechnungen und erleichtert so deren „Zustimmung und Mittäterschaft“ (Türk 1997a, S. 175). Dies bedeutet letztlich auch, dass die moderne Organisation nahezu unabhängig vom konkreten Bestand ihrer Mitglieder existieren kann.

Neben der „Formalität“ (Stolz/Türk 1993, S. 74f.), der „formierende[n] Macht“ (Türk 1995a, S. 66) von Ordnungs- und Gebildedimension zeichnet sich der Organisationsmodus notwendigerweise durch spezifische Formen der *Vergemeinschaftung* (Weber 1980, S. 21f.) aus. In dieser Dimension vollziehen sich Prozesse der personellen Ein- und Ausschließung und der sozialen Identitätsbildung. Weber beschreibt den sozialen Mechanismus der Selektion von Dazugehörenden und Nicht-Dazugehörenden mit dem Begriff der „sozialen Schließung“. Hierunter versteht er einen Prozess der Monopolisierung des Zugangs zu bestimmten (sozialen oder ökonomischen) Ressourcen durch eine „Interessengemeinschaft“. Als Zugangsbarrieren dienen dabei bestimmte, äußerlich identifizierbare soziale oder physische Merkmale wie Sprache, Konfession, örtliche oder soziale Herkunft (Weber 1980, S. 201), die als „Rechtfertigungsgrund für den Ausschluss von Konkurrenten hervorgehoben werden“ (Parkin 1983, S. 123). Es geht also stets um „Schließung der betreffenden (sozialen und ökonomischen) Chancen gegen Außenstehende“ (Weber 1980, S. 202)[14]. Die spezifische Ausprägung der Vergemeinschaftungsdimension verdeutlicht, in welcher Art und Weise bestimmte Formen sozialer Ungleichheit durch die jeweilige Organisation (re-)produziert werden. Gleichzeitig wird

---

14 Weber (1980, S. 201) beschreibt den „Prozess der ‚Schließung‘ einer Gemeinschaft“ als Prozess der Bildung von Gruppenmonopolen. Für ihn neigen „Interessengemeinschaften“ dazu, „eine irgendwie geartete ‚Vergesellschaftung‘ mit rationaler Ordnung entstehen zu lassen“. So etabliert sich eine gesellschaftliche Ordnung, welche die „Monopole zugunsten der Begrenzung des Wettbewerbs schafft“ und auch die (Staats-)„Organe“ hervorbringt, die diese Ordnung durchsetzen und schützen. In diesem gesellschaftlichen Institutionalisierungsprozess wird aus der „Interessengemeinschaft“ eine „Rechtsgemeinschaft“. Weber umschreibt hier in Ansätzen die Verwobenheit der Vergemeinschaftungsdimension mit legitimatorischen Ordnungskonzepten und Gebildekonstrukten, also im weitesten Sinne den Konstitutionsprozess von Organisationen.

durch die selektive Zurechnung von bestimmten Privilegien an die Organisationsmitglieder – die Dazugehörenden – eine organisationsbezogene Gruppenidentität (zum Beispiel in Form der Ausbildung eines „Corpsgeistes" oder einer Unternehmenskultur) entwickelt, die konsensuelle Einbindung und „Loyalität auf der Basis der Mitgliedschaft" (Grünberg 1975, S. 222) genauso befördert wie die Etablierung von Funktionseliten und eines Elitebewusstseins. Dabei handelt es sich immer um „Schließungsprozesse, die mit Kooptationsmacht bezüglich der Rekrutierung neuer und Aussonderungsmacht bzgl. abweichender Mitglieder verbunden sind" (Türk 1997a, s. 176).

2. Die historische Genese der modernen Organisationsform

2.1 Das „lange" 16. Jahrhundert als historisches Milieu der Organisationsbildung

Die drei gesellschaftlichen Teilmuster von Ordnung, Gebilde und Vergemeinschaftung können in ihrer Entwicklungsgeschichte bis in das „lange" 16. Jahrhundert (cirka 1450-1650) zurückverfolgt werden. Gerade das „lange" 16. Jahrhundert bedeutete für Europa eine „Zeit gravierender Umwälzungen der Denk- und Lebensformen vor allem in den Städten" (Türk 1995c, S. 133). Nach einer Phase politischer und ökonomischer Krisen und Stagnation, verursacht durch Feudalkriege, Missernten und Pestepidemien und eines rapiden Bevölkerungsrückgangs begann eine allgemeine „Expansionsphase" (Pfister). Sie war gekennzeichnet durch die Ausweitung der Warenproduktion, die Einführung einer Vielzahl technischer Neuerungen und den Aufstieg neuer städtischer Zentren in Nordwesteuropa (Amsterdam, Antwerpen, Brügge). Damit verbunden war der Aufstieg des städtischen Bürgertums und ein erneutes Bevölkerungswachstum. Beschleunigt wurde dieser tiefgreifende Veränderungsprozess in Europa durch die geographischen Entdeckungen und die damit verbundene Eroberung und Ausplünderung der überseeischen Gebiete durch die europäischen Staaten, die mit der Entdeckung Amerikas (1492) und des Seeweges nach Indien (1498) einsetzte. Dies bildete die materielle Basis für einen gewaltigen Akkumulationsschub. Der europäische Handel erfuhr einen rasanten Aufschwung. Er nahm eine bislang unbekannte räumliche Ausdehnung an, breitete sich schließlich über die ganze (bekannte) Welt aus und wurde so zum „Welthandel"[15]. Das Kaufmannskapital als „historisch älteste freie Existenzweise des Kapitals" (Marx 1973, S. 337) erlebte seine Blütezeit. Welthandel und Weltmarkt eröffneten „im 16. Jahrhundert die moderne Lebensgeschichte des Kapitals" (Marx 1987, S. 161). So entstand das kapitalistische Weltsystem und damit die Grundlage für die zunehmende Entwicklung kapitalistischer Produktionsweisen in den folgenden Jahrhunderten[16].

Im 16. Jahrhundert begann auch der Aufstieg des modernen Staates. Der in aller Regel monarchisch-absolutistische Staat war territorial gefestigt und basierte auf einem inneren und äußeren Gewaltmonopol, das er durch eine mit Berufsbeamten besetzte bürokratische Zentralverwaltung, die Monopolisierung des Gerichtswesens und der Gesetzgebung sowie die Rationalisierung der Rechtsprechung, direkte Steuern und ein stehendes, mit moderner Kriegstechnik (Feuerwaffen, Artillerie, Festungsbauten und ständige Garnisonen) ausgerüstetes (Söldner-)Heer absicherte. In diesem Prozess vollzog sich allmählich die Trennung des Staates von der Person des Herrschers, wobei ersterer zum vollständig handlungsfähigen korporativen Akteur wurde. Dabei nutzte der Staat in der Folgezeit insbesondere das Gerichts- und das Steuerwesen, um zunehmend seine Peripherie als „Untertanengesellschaft" (Pfister) zu unterwerfen und zu regulieren sowie sie mittels Policey- und Heeresordnungen immer umfassender zu disziplinieren und ökonomisch abzuschöpfen[17]. Der Staat beschränkte sich im weiteren nicht mehr darauf, seinen Untertanen Rechtssicherheit vor allem in wirtschaftlichen Angelegenheiten zu garantieren, sondern begann alsbald aktiv in die (überlokalen) Märkte sowie den Außenhandel einzugreifen, um die Warenproduktion und den Handel zu fördern und zu kontrollieren. Hierzu gehörte unter anderem die Vergabe staatlicher Zuschüsse für die Gründung von außerhalb des traditionellen ständischen Gefüges stehenden Gewerbebetrieben (Manufakturen, Verlage) an einzelne Bürger (Mottek 1977a, S. 263). Die durch solche Vorzugsrechte privilegierten Gewerbebetriebe trugen wie die geförderten Handelsunternehmun-

---

15 Diese Entwicklung wurde begleitet durch die Zunahme der selbstständigen, berufsmäßigen Händler und einen Prozess der beruflichen Differenzierung des Handelsgewerbes in (regionale) Endetail-Händler und (überregionale) auf spezielle Branchen spezialisierte Großhändler und Verleger (Sombart 1987b, S. 533ff.). Letztere entwickelten sich hierbei von klassischen Händlern zu Geschäftsleuten und „Organisatoren" des Welthandels. Sie führten die gefahrvollen Handelsreisen nicht mehr selbst durch, sondern organisierten von ihrer Heimatstadt aus den kapitalistischen Akkumulationsprozess, wurden also zu einer Art „Frühmanager" (Türk 1996, S. 19).

16 Marx (1987) beschreibt im ersten Band des „Kapitals" den Entstehungsprozess des Kapitalismus in ähnlicher Weise. Für ihn bildeten Warenproduktion und entwickelte Warenzirkulation (Handel) die historischen Grundlagen für die Entstehung des Kapitals. Historisch trat das Kapital überall zunächst als Geldvermögen, Kaufmannskapital und Wucherkapital auf.

17 Die zahlreichen Untertanenrevolten und der Deutsche Bauernkrieg von 1525 dokumentieren, dass dieser Prozess keineswegs konfliktfrei verlief.

gen schon eindeutige Züge formaler Organisationen. Es handelte sich nämlich um hochgradig partikulare, funktional gereinigte und primär auf Akkumulation von außen gerichtete soziale Konstrukte und nicht um „Assoziationen, in denen stets moralische, kommunikative, d.h. im weiteren Sinne ‚lebensweltliche' Praxisformen sich einspielen müssen" (Türk 1995c, S. 136). So war es nur folgerichtig, dass 1525 auch hochoffiziell das mittelalterliche moralische Prinzip des „gerechten Preises" durch den deutschen Kaiser suspendiert wurde. Nun konnte jede Unternehmung mit staatlichem Segen ihre Waren zum höchstmöglichen Preis verkaufen. Das Prinzip der Gewinnmaximierung wurde staatlich sanktioniert und damit „gesellschaftsfähig". In dieser Zeit entstand auch die markanteste Organisationsform der kapitalistischen Unternehmung: die Aktiengesellschaft[18]. Hauptmerkmal ist die in ihr verwirklichte „Versachlichung des Kapitalverhältnisses" und die „Trennung des ‚Geschäfts' von der Person des Unternehmers" (Sombart 1987b, S. 151). Das besondere Wesen der Aktiengesellschaft besteht nämlich gerade darin, dass sie die Person des kapitalistischen Eigentümers in eine unbestimmte, sich ständig neu zusammensetzende Menge von Inhabern von Anteilsscheinen auflöst, die nur mit ihrer Einlage, aber nicht mehr persönlich für die Verbindlichkeiten der Unternehmung haften. Es gibt so nur noch das abstrakte, personenungebundene „Geschäft auf der Grundlage eines gleichsam automatisch funktionierenden Kapitals, das aus sich heraus Vorstand und Aufsichtsrat als seine eigenen Verwalter bestellt" (Sombart 1987b, S. 151). Für Sombart ist deshalb das entscheidende Kennzeichen dieser „grundsätzlich neuen Form der Vergesellschaftung", der „öffentliche Aufruf zur Beteiligung an einem geschäftlichen Unternehmen" (1987b, S. 151).

Die merkantilistische Wirtschaftspolitik beschleunigte in der Folgezeit die Befreiung des Gewerbes und der Warenproduktion von den traditionellen, religiösen und ständischen Fesseln und forcierte die Ausdehnung des inneren Marktes für gewerbliche Waren sowie die Bildung kapitalistischer Unternehmungen. Nach der auf diese Weise erfolgten entmoralisierenden Abkopplung der Ökonomie von den mittelalterlichen Traditionen, Gemeinschaften und der Religion, kam es nun zu einer neuen Verkopplung zwischen kapitalistischer Organisation und absolutistischem Staat. So entstand eine „korporatistische politische Ökonomie", in wel-

[18] AG-ähnliche Gebilde entstanden in Deutschland ab dem 16. Jhd.. Ihre Weiterentwicklung scheint aber bis Anfang des 19. Jhds. in Ansätzen stecken geblieben zu sein. Auch die zur Finanzierung des Bergbaus ausgegebenen Bergwerksanteile (Dividendenpapiere), sog. Kuxscheine, sind ihrem Wesen nach der Aktie gleichgestellt, historisch aber wohl älter (Krader 1993, S. 152; Mottek 1977a, S. 190; Peschke 1962, S. 49, FN 6; Sombart 1987b, S. 150-162). Im allgemeinen gilt die „Niederländisch-Ostindische Compagnie" als eine der ersten Aktiengesellschaften der Welt. Seit 1602 gab sie Aktien (Namenspapiere) aus, die zur Finanzierung ihrer kolonialen Raubzüge dienten und an der Börse gehandelt wurden. Auch die 1621 gegründete „Westindische Compagnie" finanzierte ihre entsprechenden Aktivitäten über Aktienemissionen (Walter 1992, S. 19).

cher der Staat selbst lange Zeit als größter Nachfrager vor allem von „Waren zur Deckung des großen Bedarfs an militärischen Ausrüstungsgegenständen" (Waffen, Schiffe, Uniformen usw.) sowie von Luxusgütern für die Hofhaltung auftrat (Mottek 1977a, S. 230). Insofern handelte es sich also um einen Prozess „wechselseitiger Ermöglichung von Herrschaftssteigerung" (Türk 1995c, S. 136) zwischen den gegenüber den alten Assoziationen durch staatliche Privilegien bevorzugten, ständisch ungebundenen kapitalistischen Unternehmern und dem absolutistischen Staat. Parallel zur Entwicklung und Förderung kapitalistischer Organisationen entstand auch das moderne Geld- und Finanzwesen. Ebenso wurde das System der doppelten Buchführung vollendet, das sich auf ein eigenständiges, auf Dauer angelegtes Zweckgebilde – die kapitalistische Unternehmung – als (organisationale) Zurechnungseinheit von (abstrakten) Tauschwerten bezieht. Sowohl das wirtschaftliche Wachstum als auch die Ausdehnung der Staatstätigkeit führten ab dem 16. Jahrhundert zum Anstieg des Bedarfs an Zahlungs- und Kreditmitteln und damit zur Ausbildung und Ausbreitung von Wertpapieren (Wechsel, Schuldverschreibungen; Partialobligationen, Aktien). Die Versachlichung des Kapitalverhältnisses ging hierbei einher mit der „Versachlichung der Forderungsrechte" (Sombart 1911, S. 60). Hierunter wird die „Lösung dieser Rechte aus einem an Personen gebundenen Verhältnis und der Übergang in eine abstrakte, nicht personengebundene Form, die sich im Wertpapier verkörpert[..]" (Kaufhold 1992, S. 84) verstanden. Dieser Grundsatz der Versachlichung griff auch bei der Staatsverschuldung und verband sich hier mit der „allmählichen Trennung der Staatsfinanzen (Fiskus) von den persönlichen des Fürsten" (Kaufhold 1992, S. 84). Nun nahm nicht mehr der Monarch als die den Staat repräsentierende natürliche Person bei einem Privaten (Hoffaktor, Kaufmann, Bankier) einen Kredit auf, sondern der Staat als korporativer Akteur nahm eine Staatsanleihe bei einer Vielzahl von Gläubigern aus dem Staatsvolk (Publikum) auf. Hierzu wurden über gleiche Beträge lautende Anleihenscheine (Partialobligationen) ausgegeben, die „sich schnell ausbreiteten und zu den eigentlichen ‚Staatspapieren' wurden" (Kaufhold 1992, S. 85). Die Ausgabe erfolgte zunächst über Handelsunternehmen, später über die Banken.

Gleichzeitig und in Wechselwirkung mit der Entwicklung des modernen Kapitalismus und des modernen Staates kam es im „langen" 16. Jahrhundert zur schleichenden Auflösung traditioneller, religiös und außerweltlich geprägter Weltsichten. Die vor allem durch den Protestantismus und die moderne rational-empirische Wissenschaft forcierte säkulare „Entzauberung der Welt" (Weber) führte zu einer Rationalisierung des Verhaltens der Menschen in und gegenüber der Welt durch „Versachlichung" und „Verunpersönlichung" aller Tatbestände und

Bezüge. Damit bildete sich das verbindliche Leitbild einer methodischen, planvollen und vor allem innerweltlich ausgerichteten Lebensführung heraus. Ihre Wurzeln lagen primär in der christlichen Askese, vor allem in der mönchischen Lebensführung, die „zu einer systematisch durchgebildeten Methode rationaler Lebensführung" (Labisch 1992a, S. 35) im Diesseits wurde. Eine solche Lebensführung wurde nun „als individueller Weg der Menschen zum Heil für alle verpflichtend" (Labisch 1992a, S. 35). Der „innerweltliche Asket" der modernen Gesellschaft war ein „Berufsmensch", der durch sein persönliches rationales Handeln „den für ihn in seinem letzten Sinn unerforschlichen Willen Gottes" vollstreckte. In den Ergebnissen seines Handelns erschloss sich ihm dabei sein „Gnadenstand" (Weber 1980, S. 332). Der protestantische Wirtschaftsbürger verdammte dementsprechend den „Genuss des angehäuften Reichtums in Müßiggang und Fleischeslust" (Labisch 1992a, S. 36) ebenso wie ihm Zeitverlust und Zeitvergeudung als schwere Sünden galten. „Rechenhaftigkeit" und Sachlichkeit, zunächst Merkmale der Handelsunternehmungen, wandelten sich alsbald in ein „Prinzip der ganzen *Lebensführung*" (Weber 1981, S. 167, Anm. 2). Die Uhr wurde zum Maß des Tages und führte dazu, dass Arbeit „zum ‚spezifischen Präventiv' gegen die Anfechtungen des Leibes" (Labisch 1992a, S. 36) avancierte. Dabei war Arbeit nicht nur Hilfsmittel der innerweltlichen Askese, sondern wurde vielmehr zum Zweck des Lebens schlechthin. So entstand ein neuzeitlicher Begriff von Arbeit, der diese unter dem Gesichtspunkt von Disziplin, Pflicht, Rationalisierung und Produktivität betrachtete. Arbeit wurde auf diese Weise „als Kategorie aus einem übergreifenden Reproduktions- und Lebenszusammenhang" herauslöst, „kognitiv verselbständigt und damit der Organisierung zugänglich" (Türk 1996, S. 19) gemacht.

2.2 Ansätze einer Organisierung des Gesundheitswesens im „langen" 16. Jahrhundert

Im Verlauf des „langen" 16. Jahrhunderts veränderte sich das Verhältnis der Menschen, der Städte und schließlich auch des Staates zu Gesundheit und Krankheit. Die mittelalterliche Sichtweise bettete den menschlichen Körper – die leibliche Seite menschlicher Existenz – noch werthaft in ein außerweltlich gerichtetes, religiöses Weltbild ein. Der Körper wurde weitgehend jeder wissenschaftlichen Erkenntnis entzogen. Gesundheit galt primär als Nebenergebnis eines gläubigen und gottgefälligen Denkens und Handelns, Krankheit hingegen als Folge von Sünde oder göttlicher Prüfung. Heilung von schwerer Krankheit wurde in diesem Sinnzusammenhang als Resultat göttlicher Sündenvergebung gedeutet. Die Menschen konnten zwar „nicht mit einer wissenschaftlich-rational erklärbaren und technisch machbaren körperlichen Gesundheit rechnen". Doch hofften sie – „und zwar durchaus wirklichkeitsgestaltend und damit real – auf Wunder im Diesseits und auf göttliche Gnade im Jenseits" (Labisch 2000, S. 11). Dementsprechend gering war der Platz, der in dieser Gedankenwelt der Medizin zukam. Der akademisch ausgebildete Arzt hatte in diesem Lebenszusammenhang keine Bedeutung. „Geburt, Krankheit, Leiden und Tod werden in der Familie, in der Hausgemeinschaft bewältigt. Notfalls wird ein Heilkundiger, oft eine Frau, herbeigerufen. Nur der Priester ist allgegenwärtig" (Labisch 1989, S. 16).

Mit Beginn des „langen" 16. Jahrhunderts trat der Wunsch nach einem langen Leben in den Vordergrund. Er war die Folge einer immer weiter gespannten Lebenstätigkeit und einem entsprechend neuen Gefühl von Zeit und Raum. Motor des Wunsches nach einem langem Leben war insbesondere die zunehmend innerweltliche Orientierung des menschlichen Tuns. Damit wandelte sich auch die Art, wie sich die Menschen zu Leben und Tod verhielten, grundlegend. Die Stunde des Todes wurde nicht mehr als durch göttlichem Willen vorherbestimmt akzeptiert, sondern die Menschen trachteten danach, ihr diesseitiges Leben zur Erreichung selbstgesetzter Ziele möglichst zu verlängern, ihr Leben also selbst zu bestimmen. Im Zuge der Verweltlichung des Lebens und der „Entzauberung" des Todes beanspruchten die Menschen auch die „Macht über ihren Körper" (Labisch 1992a, S. 44), der für sie nicht mehr Grundlage des Heilserwerbs im Jenseits, sondern Instrument diesseitiger, zweckgerichteter individueller Lebenstätigkeit war. Betrachtete man Körper und Seele bisher als Einheit, so wurde der Körper nun als „Größe eigener Art wahrgenommen" (Labisch 1989, S. 16) und wissenschaftlich-rationalen Deutungen zugänglich. Er erhielt damit „zwangsläufig einen besonderen Wert, weil sich in ihm die Möglichkeiten der Erkenntnis und der Sinngebung miteinander vermischten" (Labisch 1992a, S. 71).

Frühmoderne Wissenschaftler wie Bacon stellten von Anfang an Parallelen zwischen Natur und Gesellschaft, Medizin und Politik her und benutzten den Körperbegriff in einem doppelten Sinn: zur Beschreibung des menschlichen Leibes ebenso wie zur Beschreibung kollektiver Sozialgebilde. In diesem Prozess kam der Medizin der Status einer Leitwissenschaft zu, da sie als (neue) Form der Welterkenntnis in der Lage war, „den Sinn organischen Zusammenseins und damit den Sinn gesellschaftlichen Lebens zu bestimmen". Wissenschaftler wie Descartes zielten dabei darauf ab, „aus der Medizin wissenschaftliche Leitlinien für soziales und politisches Handeln zu gewinnen" und so das Menschengeschlecht zu verbessern (Labisch 1992a, S. 75). Gerade die zunächst alltagsweltliche Entdeckung und zweckrationale

Gestaltung individueller und sozialer Körper macht für Labisch (1992a, S. 70) den Übergang vom Mittelalter zur Neuzeit aus. Sowohl der individuelle menschliche Körper als auch der soziale Körper der übergeordneten gesellschaftlichen Struktur – zunächst die Stadt, bald primär der Staat – wurden in der neuen Sichtweise als „biologische Voraussetzungen weltbezogenen Handelns erkannt" (Labisch 1989, S. 16) und für individuelle beziehungsweise übergeordnete, allgemeine Ziele instrumentalisiert, mit anderen Worten organisationsfähig gemacht. In dieser Zeit entstanden auch die ersten innerweltlichen Idealentwürfe von Gesellschaft (Morus, Bacon, Campanella). Solche gesellschaftlichen Organisationsutopien, die auch „systematische Pläne individueller und öffentlicher Gesundheit" (Labisch 1989, S. 16) enthielten, dienten als „säkulare[..] Sinnangebotsstrukturen" (Vosskamp 1982, S. 5).

Gesundheit und langes Leben wurden gleichgesetzt. Heilung von Krankheit bedeutete jetzt primär die Wiederherstellung von Gesundheit und keine göttliche Gnade mehr. Diese konnte nun nur durch Arbeit, für die ein gesunder Körper die Grundvoraussetzung war, und methodische, gottgefällige Lebensführung erreicht werden. Die enge inhaltliche Verkopplung des Gesundheitsbegriffs mit dem protestantischen Arbeitsbegriff tritt hier deutlich hervor. Ein solches Verständnis von Gesundheit und Krankheit führte unweigerlich zu einem grundlegenden Wandel der Rolle der wissenschaftlichen Heilkunde. Mangelhafte, weil nicht gesundheitsgerechte und ordentliche individuelle Lebensführung, ungesunde Gestaltung der öffentlichen (städtischen) Lebensverhältnisse und die Krankheiten des als „körperliches Mängelwesen" (Paracelsus 1494-1541) bezeichneten Menschen konnten durch Arznei und ärztliche Behandlung behoben werden. Der Arzt galt nicht länger als mehr oder weniger zufälliger Helfer in kranken Tagen, sondern wurde „zum stetigen Sachwalter des individuellen und kollektiven Körpers" (Labisch 1989, S. 16). Dieser Entwicklungsprozess führte zu einer zunehmenden Gleichstellung der Ärzte als Sachkundige des Körpers mit den „Sachwaltern der Seele" (Labisch 1992a, S. 66), den Priestern. Als Experten in gesundheitlichen und gesundheitspolitischen Fragen boten sich die Ärzte in der Folgezeit den Herrschaftseliten an, um „in öffentlichem Auftrag mit abgeleiteter Autorität wirken zu können" (Labisch 1992a, S. 66). Es kam zu einem Zusammengehen von öffentlichen Interessen und medizinischen Handlungsanleitungen, die immer auch Konzepte zur zweckmäßigen Organisierung waren. Insofern hatte die moderne Medizin von Anfang an einen zutiefst ambivalenten Charakter. Einerseits zielte sie auf die wissenschaftlich angeleitete Heilung und Lebensverlängerung der Menschen, andererseits entwickelte sie von Anfang an Instrumente zur herrschaftlichen Ordnung der Gesellschaft – besser: zur „Organisierung" des sozialen Körpers – nach medizinischen Regeln[19]. Schon bald wurden die Ärzte zu gefragten (Organisations-)Experten, derer sich zunächst die Obrigkeiten der Städte – ab dem 17. Jahrhundert auch die Herrschaftseliten des absolutistischen Staates – zur Organisierung eines öffentlichen Gesundheitswesen bedienten. Insbesondere die städtische Gesundheitspolitik – propagiert durch Mediziner wie Struppius (1530-1606), dem ersten protestantischen Stadtarzt von Frankfurt am Main, der ein nach medizinischen Regeln ausgerichtetes Verhalten und die strenge Disziplin eines jeden Menschen predigte – diente einerseits dem Schutz des kollektiven Körpers der Stadt vor Seuchen wie der Pest. Andererseits erlaubte die neue städtische Gesundheitspolitik „alte, bislang verstreute Ordnungspolitiken zu bündeln und neue Politiken und Herrschaftstechniken zu legitimieren" (Labisch 1989, S. 17). Über den derart organisierten Zugriff auf nahezu alle traditionellen (städtischen) Lebensformen vollzog sich ein Prozess der zunehmenden „inneren und äußeren Landnahme" (Türk 1995c, S. 142) beziehungsweise der „Kolonialisierung der Lebenswelt" (Habermas 1981).

Zu diesem Zweck wurden Gesundheitsbehörden geschaffen, die die Kontrolle über weite Teile des städtischen Lebens und der öffentlichen Ordnung monopolisierten. Hierzu gehörte beispielsweise die Kontrolle der städtischen Hospitäler, der Isolationskrankenhäuser (Leproserien) und kirchlichen Pflegeanstalten sowie die Aufsicht über die medizinischen Fachberufe (Ärzte, Wundärzte/Chirurgen, Apotheker, Barbiere, Bader, Hebammen und andere) hinsicht-

[19] Die Ärzte bemühten sich so um die Erlangung einer gehobenen Stellung im städtischen Bürgertum. Dies war den Apothekern schon früher gelungen, was sich u.a. in der Übernahme hoher städtischer Ämter dokumentierte. Entscheidend war hierbei, dass die Einrichtung einer Apotheke für viele Städte seit dem 13. Jhd. ein „Prestigeobjekt" (Winkler) darstellte. Ab dem 16. Jhd. entwickelte sich eine zunehmende „Stabilitas loci" (Habrich 2001, S. 7). Für die Existenzfähigkeit einer Stadtapotheke war das Vorhandensein eines oder mehrer Ärzte ein notwendiges aber nicht hinreichendes Kriterium. Da keine Apotheke nur von ärztlichen Verschreibungen leben konnte, war sie von Anfang an auf Zusatzgeschäfte, wie den Verkauf von Gewürzen, Konfekt, Spirituosen oder Siegelwachs angewiesen. Der Apotheker durchlief zum einen wesentlich früher als der Arzt einen Professionalisierungsprozess, der sich in seiner privilegierten Stellung als vereidigter Arzneikundiger aber auch in einer professionellen Kontinuität, „die nicht selten von der Familientradition ganzer Apothekerfamilien" (Habrich 2001, S. 7) getragen wurde, niederschlug. Zum anderen war der „Kunsterfahrene Apotheker" (Habrich) nicht nur Arzneikundiger und Gelehrter, sondern auch Gewerbetreibender, der das von ihm erworbene oder hergestellte Arzneimittel – „eine Ware besonderer Art" (Habrich) – verkaufte. Die Apotheke war also sowohl „Kunst- und Wunderkammer" (Habrich) als auch Wirtschaftsunternehmen. Florierende Apotheken bildeten die Grundlage für die Entwicklung vermögender und einflussreicher Apothekerfamilien und stellten zugleich in Form umfangreicher naturwissenschaftlicher Sammlungen („Arzneischatz") das Szenarium dar, mit dem der Apotheker seine soziale Stellung als Gelehrter demonstrierte (Kaufmann-Winkler). Früh schon bestand eine enge Arbeitsteilung zwischen Ärzten und Apothekern. Auch dienten die großen Apotheken der Universitätsstädte zum Unterricht angehender Ärzte über die Rezeptur und Wirkung der Arzneimittel (Arzneimittellehre). Ab der zweiten Hälfte des 16. Jhds. wurde die Apotheke zum „Ort, an dem man mit der systematisch-wissenschaftlichen Untersuchung der Objekte der Natur" im Sinne einer „Ordnung und Präsentation" begann (Kaufmann-Winkler 2001, S. 14-15). Im 18. Jhd. war sie schließlich ein zentraler „Ort naturwissenschaftlicher Forschung" und wurde so zur „Wiege der jungen chemischen Wissenschaft" (Habrich 2001, S. 10).

lich der Qualität der Berufsausbildung und -ausübung sowie die Regelung der innerberuflichen Konkurrenz und der Schutz gegen „unlautere Konkurrenz“ (Winkler 2001, S. 21) beispielsweise durch Wunderdoktoren, „Kurpfuscher“ oder Hausierer. Im 16. Jahrhundert entwickelten sich entsprechende Medizinalordnungen zu allgemeinen Einrichtungen aller größeren Städte. Darüber hinaus kümmerte sich die von städtischen Verwaltungsbeamten geführte und unter der direkten Kontrolle des Stadtrats stehende Gesundheitsbehörde aber auch um die Regelung der Wasserversorgung und Straßenreinigung, die Kontrolle über den Lebensmittelmarkt, das Bestattungswesen und die Herbergen sowie um die Überwachung der Bettler, Fremden und Prostituierten. Sie erlangte damit eine umfangreiche Kontroll- und Disziplinarmacht über nahezu alle Bereiche des öffentlichen Lebens. Parallel entwickelten sich erste Ansätze eines städtischen Berichtswesens, „das schließlich seit Beginn des 16. Jahrhunderts zur kommunalen Todesstatistik als Anfang der Bevölkerungsstatistik“ (Labisch 1992a, S. 56) führte. Die in dieser Zeit entstandene Fülle städtischer Regelungen (zum Beispiel Medizinal-, Hospital-, Armen-, Bettel- und Almosenordnungen) wurde im Verlauf des 17. Jahrhunderts in umfassenden territorialstaatlichen Regelungen und Landesordnungen zusammengefasst und vereinheitlicht. Ab diesem Zeitpunkt trat der absolutistische Staat als alleiniger „Organisator“ des öffentlichen Gesundheitswesens zum Schutz des (politischen) „Staatskörpers“ und der herrschaftlichen Ordnung von Haupt und Gliedern auf. Im Zuge dieser Entwicklung wurde auch die bis dahin städtische Aufsicht und Kontrolle über die Medizinalberufe durch den Staat monopolisiert. Dies spiegelte sich beispielsweise in der *preußischen Medizinalordnung von 1685* wider, welche die Einrichtung einer staatlichen „Central-Medizinal-Behörde“ zur Aufsicht über das gesamte preußische Heil- und Hilfspersonal festschrieb[20].

Der absolutistische Staat versuchte auf diesem Weg den obrigkeitlichen Zugriff auf alle gesellschaftlichen (Teil-)Bereiche – hier also das Gesundheitswesen – über den Aufbau bürokratischer (Staats-)Verwaltungen zu „organisieren“. Dies bedeutete primär eine umfassende Vereinheitlichung und Zentralisierung und bezweckte die Konzentration aller (gesetzlichen) Reglementierungsbefugnisse beim Landesherrn. Hierbei ging es primär um die Herstellung

[20] Durch das *Edikt des Kurfürsten Friedrich Wilhelm von Brandenburg vom 12. November 1685* entstand in Berlin und Köln jeweils ein *Collegium medicum*, dem die Aufsicht und Prüfung der Medizinpersonen übertragen wurde. Den beiden Collegien gehörten die Leib- und Hofmedici sowie die medizinischen Ordinarien der Landesuniversität Frankfurt/Oder an. 1716 entstand zusätzlich das Collegium sanitatis, das die Verantwortung für alle sanitätspolizeilichen Maßnahmen bei Pestepidemien trug, 1724 das Ober-Collegium medicum mit Collegia medica in allen Provinzen. Ende des 18. Jhds. verschmolzen die Collegien zum Ober-Collegium medicum et sanitatis mit Provinzial-Collegia. 1808 trat an seine Stelle die wissenschaftliche Deputation für Medizinalangelegenheiten des Ministeriums des Innern. 1849 übernahm schließlich das Kultusministerium das gesamte Medizinalwesen (Ewert 2001, S. 7).

einer „einheitsstiftenden Ordnung zur Objektivierung des politischen Willens und auch um die Erzielung von Vorhersehbarkeit und Berechenbarkeit von Herrschaftsausübung" (Battenberg 1991, S. 41). Die Konstituierung der gesetzgeberischen Gesamtkompetenz des absolutistischen Staates und damit einer zentralen „Landesherrschaft" hing von einer möglichst stabilen und einheitlichen gesetzlichen Grundlage ab. Sie schlug sich beispielsweise in diversen Landesmedizinalordnungen sowie der *Reichsmedizinalordnung* nieder, die in der Regel in die allgemeinen Rechtsordnungen integriert waren. Auf diesem Weg wurden die unterschiedlichen lokalen Rechtsgewohnheiten und Ungleichmäßigkeiten in der Reglementierung weitgehend nivelliert, „Nischen des Rechtsraums" ausgefüllt und ein „einheitlicher Untertanenverband" (Battenberg 1991, S. 41) formiert.

Die Folge war eine gewaltige Intensivierung der zentralstaatlichen Herrschaft über die sich innerhalb der Landesgrenzen aufhaltende Bevölkerung[21]. Schon bald wurde auf diese Weise auch die Einschränkung des (wachsenden) Einflusses des allmählich entstehenden „neuen Bürgertums" angestrebt. Die staatliche Medizinal- und Sanitätsaufsicht wurde zum Bestandteil der inneren Staatsverwaltung und entwickelte sich im Laufe des 17. und frühen 18. Jahrhunderts schließlich zur „Medicinischen Polizey" (Labisch 1989). Die „öffentliche Gesundheit" wurde wesentlicher Bestandteil der Staatswirtschaft und zur Grundlage der „Peuplierungspolitik" des absolutistischen Staates.

2.3 Zur Entwicklung des Organisationsmodus bis zum „langen" 19. Jahrhundert

Der bisherige Überblick macht deutlich, dass sich im „langen" 16. Jahrhundert in wesentlichen gesellschaftlichen Bereichen erste Organisationsformen herausbildeten. Hier setzte ein Prozess ein, in dem sich Organisation zunehmend zum dominanten „Strukturierungsmodus der Gesellschaft" (Türk 1996, S. 22) entwickelte und aus dem schließlich zu Beginn des 19. Jahrhunderts die für den Okzident typische Form der modernen Organisation als Konfigurati-

[21] Nach Battenberg (1991) ging es dem absolutistischen Gesetzgeber bei der zentralen Reglementierung des Sozial- und Gesundheitswesens weniger um die „Begründung seiner Allzuständigkeit", als vielmehr um die „Absicherung der eigenen Herrschaft durch eine Reglementierung von Bereichen, die inzwischen auf lokaler Ebene nicht mehr sachgerecht verwaltet werden konnten" (S. 35). Die Einordnung der Sozial- und Gesundheitsfürsorge in die umfassende Gesamtordnung des Staates – z.B. durch die Integration in die *kurpfälzische Landesordnung von 1582* – machte sie zum gleichwertigen Bestandteil der obrigkeitlichen Politik und „zum integralen Bestandteil der Landesherrschaft" (S. 36) und trug so entscheidend zur Herstellung der Rechtseinheit des Landes bei. Zentrales Motiv dieser Integration war aber stets die Herrschaftsstabilisierung und nicht etwa die Schaffung einer effektiveren Sozial- und Gesundheitsversorgung der Bevölkerung.

on spezifischer Ordnungs-, Gebilde- und Vergemeinschaftungskonstrukte hervorging. Für Gierke (1954) handelte es sich deshalb bei dem Zeitraum von 1525 bis 1806 „um eine Durchgangsperiode in der Entwicklung hin zum modernen Organisationswesen“ (Türk 1995c, S. 138). In dieser Durchgangsperiode vollzog sich eine allmähliche Auftrennung der gesamtgesellschaftlichen Reproduktionszusammenhänge in öffentliche und private Bereiche. Dabei kam es zu einer zunehmenden Ausdifferenzierung von modernem Staat und (bürgerlicher) Gesellschaft. In diesem Prozess bildete sich der unpersönliche, säkularisierte Anstaltsstaat als „Sphäre öffentlicher Gewalt“ (Frevert 1984, S. 29) heraus. Dieser hat nach Sombart (1987d, S. 48) ein „zwieschlächtiges Wesen“, da er in sich das machtpolitische und das liberale Prinzip – „zwei im Grunde sich ausschließende[..] Gestaltungsprinzipien“– vereinigte. Gleichzeitig etablierte sich aber auch „ein moderat-aufgeklärtes Forum politischen Räsonierens“ (Frevert 1984, S. 29), das heißt eine eigenständige „bürgerliche Öffentlichkeit“ (Habermas 1976), als eine vom Staat getrennte, „aber immer auf ihn bezogene Sphäre der Selbstverständigung“ (Frevert 1984, S. 29) des Bürgertums. Die so entstandene Trennung von modernem Staat und bürgerlicher Gesellschaft ist also keine absolute. Beide befinden sich vielmehr in einem komplexen und überaus konflikthaften Vermittlungszusammenhang von Staatsinterventionen und gesellschaftlichen Einflüssen. In diesem Kontext konstituierte sich im Laufe des 19. Jahrhunderts die bürgerliche Klassengesellschaft als „Einheit von Zwang und Konsens“ (Gramsci).

Im Verlauf dieser Entwicklung wurden die mittelalterlichen Assoziationen und Korporationen immer stärker ihrer „Regulationsfunktion bezüglich kommunitärer Belange enteignet“ (Türk 1995c, S. 138). An ihrer Stelle besetzten Organisationen in zunehmendem Maße „eine bis heute nicht klar definierte Ebene zwischen dem Öffentlichen und dem Privaten“ (Türk 1995c, S. 138). Sie fungierten damit als intermediäre Instanzen zwischen dem Staat und den von ihm abgetrennten Privatpersonen. Die Folge dieser Entwicklung war ein Prozess der Entdinglichung und Entpersonalisierung von Vergemeinschaftungen, die auf „Zwecke / Funktionen“ umgestellt wurden (Türk 1995c, S. 138). Sombart (1987c, S. 1077) beschreibt dies auch mit dem Begriff der „Versachlichung oder Entpersönlichung der menschlichen Beziehungen“. Die in der modernen Organisation verwirklichte Idee der eigenständigen Rechtspersönlichkeit in Form der juristischen Person bewirkte dabei durch die Abtrennung der Rechtssphären der Mitglieder von einer gesonderten Rechtssphäre der Organisation – einen Prozess, den Weber (1980, S. 401) auch als Übergang vom „Status-Kontrakt“ zum „Zweck-Kontrakt“ beschreibt – eine folgenschwere „Scheidung von Lebenszusammenhängen (z.B. Familie und Betrieb)“ (Türk 1995a, S. 55).

2.4 Die dekorporierte Gesellschaft als historisches Milieu für die Entstehung und Ausbreitung des modernen Organisationsmodus

Im „langen" 19. Jahrhundert wurde der Begriff der Organisation vom aufstrebenden Bürgertum zunehmend als Befreiungsformel geprägt und ideologisiert. Damit begann die geradezu explosionsartige Ausbreitung der modernen Organisationsform und ihre eigenständige Entwicklungsgeschichte. Organisierende Kraft war nun nicht mehr der Staat, sondern das nach Emanzipation strebende Bürgertum. Der Weg zur Konstituierung und Expansion des Phänomens der modernen Organisation als neuem Herrschaftsmodus wurde durch einen gegen Ende des 18. Jahrhunderts einsetzenden historischen Prozess bereitet, den Conze (1962) als „Dekorporierung" der Gesellschaft beschreibt. Verstanden wird hierunter eine im letzten Drittel des 18. Jahrhunderts einsetzende allmähliche Lockerung und Zersetzung der zuvor in sich geschlossenen ständisch-feudalen Ordnung und die „Aufspaltung alter Lebenseinheiten" (Conze 1962, S. 249). Dieser Prozess schlug sich vor allem in der zunehmenden Erosion der alten ständischen Berufs- und Lebensordnung, der Infragestellung überkommener Denkweisen und Lebensführung durch die Aufklärung und der Zersetzung der traditionellen Wirtschafts- und Sozialverfassung am Ende des 18. Jahrhunderts nieder. Der Auflösungsprozess der alten Gesellschaftsordnung trat spätestens mit der Französischen Revolution von 1789 offen zu Tage. In diesem Prozess entwickelte sich der Untertan zum „freien Staatsbürger". Es entstand ein von allen ständischen und feudalen Fesseln befreites Individuum, das sich „aus allen öffentlichen und halböffentlichen Verbänden" herauslöste, „in die es früher mit seinem ganzen Wesen eingegliedert war und durch die es erst seine Beziehung zum Staate gewonnen hatte" (Sombart 1987d, S. 49). Der solchermaßen freie Staatsbürger wurde in der Folgezeit zunehmend „mit einem Teilchen seines Ichs Wähler, Steuerzahler, Kartellmitglied, Mitglied einer Molkereigenossenschaft usw." (Sombart 1987d, S. 50), das heißt gleichzeitig Mitglied in verschiedenen funktional spezialisierten Organisationen.

In Deutschland begann die rasante Erosion der ständischen Gesellschaftsordnung und der feudalen Produktionsverhältnisse hingegen erst mit den in den zwischen 1807 und 1811 erlassenen „Stein-Hardenberg'schen Reformen" in Preußen als Ergebnis der militärischen Niederlage gegen Frankreich. Diese Reformen leiteten die Modernisierung des Staatsapparates und die Entstehung der „Staatsbürgergesellschaft" (Wehler 1996, S. 5) ein, indem sie das erstarkende Bürgertum über die Einführung der kommunalen Selbstverwaltung in den staatlichen Herrschaftsapparat politisch integrierten (Mottek 1978, S. 24). Gleichzeitig verursachten sie allerdings durch die Aufhebung der Leibeigenschaft, die „Sprengung der Zunftfesseln durch die Gewerbefreiheit“ (Peschke 1962, S. 65)[22] und durch die damit verbundene Abschaffung aller, auf dem Merkantilsystem beruhenden, vom Staat bisher gewährten monopolistischen „Privilegien des städtischen Handwerks und Gewerbes“ (Mottek 1978, S. 58) die Entstehung einer Masse an ständisch kaum noch eingebundenen pauperisierten Unterschichten (Conze 1954, S. 335ff.; 1962, S. 254f.). Schnell wurde das von den feudalen und ständischen Fesseln befreite, zugleich aber auch von allen bisherigen sozialen Sicherungs- und Versorgungssystemen entblößte Lohnarbeitsverhältnis zum dominanten Arbeitsverhältnis. Die durch den wachsenden Zufluss von städtischen Handwerkern und landlosen Bauern anschwellende Masse „doppelt freier Lohnarbeiter“ (Marx) und die im Zuge der industriellen Revolution einsetzende Mechanisierung der Warenproduktion (durch wasserkraftbetriebene, später dampfbetriebene Maschinen) bildeten – unterstützt durch die „ideologischen Waffen“ (Mottek 1978, S. 57) des ökonomischen Liberalismus – die materielle Basis für die sprunghafte Entfaltung und Durchsetzung kapitalistischer Produktionsverhältnisse und den „Siegeszug des Industriekapitalismus“ (Wehler 1995, S. 106). Dabei entwickelte sich der moderne, auf industrieller Massenproduktion und Vernutzung doppelt freier Lohnarbeit basierende Unternehmerkapitalismus in einem dialektischen Prozess der Anknüpfung an feudale Rechts- und Verkehrsformen sowie der gleichzeitigen Forcierung ihrer Auflösung. Mit fortschreitendem Dekorporierungsprozess verlor die traditionelle Ständeordnung zunehmend ihren Status als dominierendes gesellschaftliches Gliederungsprinzip und damit ihre alte Bindungskraft. In diesem Prozess lösten sich auch die traditionellen Ungleichheitsmuster der Ständegesellschaft langsam und zögerlich auf. An ihre Stelle traten neue, auf einem klassenmäßigen Ordnungsgefüge beruhende Ausgrenzungs- und Zugehörigkeitsmuster. In einer bis weit in das 19. Jahrhundert andauernden Übergangsperiode existierten dabei „der ständische Traditionsüberhang“ und die expandierenden „marktbedingten Klassen“ nebeneinander, die Gesellschaft befand sich also quasi in einem „Schwebezustand“ zwischen alten und neuen Mustern sozialer Ungleichheit (Wehler 1995, S. 111). Während ständische Relikte noch lange vor allem in der Mentalität der Gewerbetreibenden und Handwerker überdauerten, stellte die Tendenz zur Klassenbildung nach Wehler (1995) doch unbestritten „die Grunddynamik der Zeit“ (S. 111) und damit die

[22] Mit Einführung der Gewerbefreiheit wurde der Zunftzwang abgeschafft. Die Zugehörigkeit zur Zunft war nun nicht mehr Voraussetzung für die Ausübung eines Gewerbes. Damit entfiel ein wichtiges Hemmnis für die Gründung kapitalistischer Unternehmungen. Zuvor konnte ein Kapitalist ohne Mitgliedschaft in einer Zunft nur dann eine Manufaktur errichten, wenn er dafür eine staatliche Konzession erhielt. Fortan genügte ein einfacher Gewerbeschein. Der Konzessionszwang galt nur noch für die Gründung von Aktiengesellschaften bis 1870 (Mottek 1978, S. 57).

„mächtigste Grundtendenz der sozialstrukturellen Entwicklung“ (S. 106) dar. Der Begriff der sozialen Klasse wurde zur bestimmenden Kategorie der dekorporierten Gesellschaft und umschrieb „ein durchaus modernes Gebilde“ (Sombart 1987c, S. 1094). Aus der erodierenden Ständegesellschaft entwickelte sich die moderne antagonistische Klassengesellschaft, deren beiden Hauptklassen die Bourgeoisie und – ihr Pendant – das Proletariat bildeten. Beiden Klassen war gemeinsam, dass sie ihren ökonomischen und sozialen Raum jenseits der traditionellen Ständeordnung hatten.

Mit der *Bourgeoisie* konstituierte sich eine soziale Klasse, in der die Repräsentanten des traditionellen Bürgertums, die Handwerker und Kaufleute, im Verlauf des 19. Jahrhunderts immer mehr durch die wachsende soziale Gruppe des „neuen Bürgertums“ (Frevert 1984, S. 29), bestehend aus der neuen „Wirtschaftselite“ (Wehler 1995, S. 107) (Großverleger, Manufaktur- und Fabrikbesitzer) und den expandierenden bildungsbürgerlichen Funktionseliten (Ärzte, Apotheker, Beamte, Juristen, Lehrer usw.) an Anzahl, Einfluss und Prestige überflügelt wurden. Dieses „neue Bürgertum“ bildete ein – auf eigenen Klasseninteressen beruhendes – ausgeprägtes „Selbstbewusstsein als das eigentlich wertvolle Fundament des Staates“ (Frevert 1984, S. 31) und einen „Binnenraum moralisch-rationaler Diskurse“ aus, die „zugleich praktische Lebenshilfe und soziale Selbstverortung“ vermitteln sollten (Frevert 1984, S. 30). Die nach außen propagierte bürgerliche Lebensauffassung wurde durch die zentralen Begriffe Bildung und Arbeit geprägt, durch die sich das noch weitgehend machtlose Bürgertum zum einen vom unwissenden und irrationalen Vorstellungen verhafteten Bauern und Proleten, zum anderen vom unproduktiven Adel bewusst abhob und über die es massiv einen „eigenständigen Überlegenheitsanspruch“ (Wehler 1995, S. 125) sowie seinen gesellschaftlichen Führungsanspruch artikulierte. Das ausgeprägte Sendungsbewusstsein des „neuen Bürgertums“ schlug sich zum einen in seiner enormen Fortschrittseuphorie nieder. Fortan wurde die Propagierung und Verwirklichung des in anderen europäischen Ländern bereits erreichten ideellen, materiellen, politischen und kulturellen Fortschritts auf deutschem Boden zu einer „Mission des Bürgertums“ (Wehler 1995, S. 140). Zum anderen begann die bürgerliche Aufklärungsbewegung mit geradezu missionarischem Eifer, die bürgerlichen Tugenden (Vernunft, Sitte, Rechtschaffenheit, Sparsamkeit, Arbeitsmoral und Gesundheit) als allgemeinverbindliche normative Orientierungen einer rationalen Lebensführung vor allem in den Unterschichten zu propagieren (Frevert 1984, S. 31). Hieraus resultierte seit Ende des 18. Jahrhunderts auch ein neues säkularisiertes Verhältnis der Menschen zu ihrem Körper, der nun endgültig „von einem Exempel gottgefälliger Natur“ zu einem „Exempel moralischer Lebensführung“ wurde (Labisch 1992a, S. 98). Im Verständnis des Bildungsbürgertums war der Körper nun eine „natürliche[..] Erscheinung der Moral“, die durch gesundheitliche Erziehung und Disziplinierung von Kindheit an „vernünftig und moralisch sauber“ – mit anderen Worten: hygienisch – entwickelt und gestaltet werden musste (Labisch 1992a, S. 98). Hauptvertreter des Gedankens einer vernunftorientierten, auf wissenschaftlicher Grundlage basierenden erzieherischen Gestaltung des Körpers waren von Anfang an die akademischen Ärzte. So erhob beispielsweise Hufeland (1762-1836)[23] in seiner als „Makrobiotik“ bekannt gewordenen Lehre Vernunft, Physik und Moral zu einer Einheit und propagierte die „Kunst“ eines langen gesunden Lebens durch eine vernünftige, hygienische und somit moralisch richtige Lebensweise. Auf diese Weise wurde der Körper „zum Objekt und Ausdrucksmittel moralischer Lebensführung“ (Labisch 2000, S. 12). Das Problem, die biologische Existenz des Menschen den modernen Rationalitätsformen zuzuordnen, wurde durch eine „moralische Auffassung von Körper, Gesundheit und Krankheit“ (Labisch 1992, S. 101) gelöst. Der hierauf fußende Gesundheitsbegriff avancierte zum politischen Programm des „neuen Bürgertums“. Er wurde wesentlicher Bestandteil einer sozialen Bewegung des Bürgertums, mit der sich dieses vor allem gegenüber den unteren Schichten belehrend abzugrenzen suchte und sich zugleich bemühte, die Proletarier im öffentlichen Auftrag zu „arbeitsamen, genügsamen und fleißigen Untertanen heranzuziehen“ (Labisch 1992a, S. 103). Dabei sollten durch eine Synthese von Naturwissenschaft und Moralphilosophie „die rationalen Grundlagen der bürgerlichen Gesellschaft geschaffen werden“ (Labisch 2000, S. 12). Der Gesundheitsbegriff nahm somit im bürgerlichen Normendiskurs eine zentrale Stelle ein. Gesundheit wurde als „Grundtatsache und Grunderfordernis der Gesellschaft“ (Labisch 1992b, S. 379) und seit der Französischen Revolution sogar als Menschenrecht begriffen, gleichzeitig aber auch zur gesellschaftlich verbindlichen Lebensweise und Verhaltensrichtlinie verallgemeinert.

Ein gesellschaftlich gewährtes „Recht auf Gesundheit“ gehört „seither unabdingbar mit einer gesellschaftlich eingeforderten ‚Pflicht zur Gesundheit‘ zusammen“ (Labisch 2000, S. 13). Der bürgerliche Gesundheitsbegriff richtete sich dabei immer auf das ganze Individuum. Gesundheit war nach bürgerlicher Auffassung gleichermaßen „Voraussetzung und Folge eines rechtschaffenen, unverfälschten und geordneten Lebens, Bedingung des individuellen

[23] Der Arzt und Staatsrat Hufeland machte sich um die Neuorganisation der preußischen Medizinalverwaltung, der Ärzteausbildung und des Gesundheitswesens ab 1810 verdient und wurde „zum einflussreichsten Arzt in Preußen“ (Genschorek 1980, S. 166). Er gilt u.a. als Gründer der ersten Preußischen Poliklinik in Berlin (1810). 1808 wurde auf Betreiben Humboldts und Hufelands an der Berliner Universität die „medizinisch-wissenschaftliche Deputation“ geschaffen, die „als wissenschaftliches Beratungsgremium des Staates wirken und zugleich die Ansprüche von Lehre und Forschung mit den staatlichen Erfordernissen abstimmen sollte“ (Genschorek 1980, S. 165).

Glücks und Ergebnis einer vernünftigen Lebensführung" (Frevert 1984, S. 31). Die bürgerliche Gesellschaft erklärte so kurzerhand eine den bürgerlichen Normalitätsvorstellungen entsprechende „Gesundheit" zur allgemeinverbindlichen individuellen Pflicht. Von jedem Staatsbürger wurde nun erwartet, dass er durch entsprechend gesunde Lebensführung in sauberer Umgebung und unter ärztlicher Anleitung sein Leben entsprechend den Anforderungen der Gesellschaft zweckoptimal gestaltete. In diesem Entwicklungsprozess wurde Krankheit zunehmend als durch individuelle ungesunde Lebensführung selbstverschuldet und damit als Resultat eines Verstoßes gegen bürgerliche Verhaltenserwartungen gedeutet und systematisch marginalisiert. Krankheit, unabhängig ob körperlicher oder geistiger Art, passte nicht in die bürgerliche Lebenswelt. Sie bildete ein Relikt ständischer, vernunftwidriger, unmoralischer und unhygienischer Verhältnisse und wurde deshalb in Hospitälern und Irrenhäusern weggesperrt. „Der Kranke als Sinnträger einer ständischen Gesellschaft [hat; A.L.] in der bürgerlichen Arbeitswelt keinen Platz" (Rüegg, zitiert nach Labisch 1992a, S. 103). Wer nämlich durch Arbeit keinen Wohlstand erlangte, sondern krank wurde, hatte nach bürgerlicher Logik vernunftwidrig, unsauber oder in Müßiggang gelebt und damit die Schmälerung seiner Leistungsfähigkeit selbst verursacht. Er gehörte deshalb zum verwerflichen Bodensatz einer Gesellschaft, die jedem formal dieselbe Chance auf Glück und Wohlstand bot, sofern er sich nur an ihre „Spielregeln" hielt.

Ziel des bürgerlichen Gesundheitsdiskurses war eine von Krankheit befreite, auf rationalen Verhaltensregeln basierende moralische Gesellschaft. Auf diese Weise wurde Gesundheit zum „Codewort für eine auf größtmögliche Effizienz, Disziplin und Rationalität bedachte Lebenspraxis, der alle abweichenden Verhaltensweisen zum Opfer fielen" (Frevert 1984, S. 33). Hier begann ein Entwicklungsprozess, in dessen Verlauf die Repräsentanten der modernen Medizin – die Ärzte – unter Anwendung ihrer naturwissenschaftlichen Bezugsdisziplin „die exklusive Deutung und Fürsorge der Gesundheit" (Labisch 2000, S. 24) übernahmen. Gerade die sich nachhaltig professionalisierende Ärzteschaft forcierte hiermit auf entscheidende Weise einen Prozess der zunehmenden (individuellen und öffentlichen) „Rationalisierung des Körpers" (Weber) beziehungsweise der als „Medikalisierung" beschriebenen „wissenschaftliche[n] Organisation des Lebens" (Illich 1995, S. 182). Mit der Entstehung der bürgerlichen „Disziplinargesellschaft" (Foucault) setzte im Verlauf des 19. Jahrhunderts eine breite „Medikalisierung" und „Hygienisierung" der Bevölkerung ein, die gegen Ende des 19. Jahrhunderts schließlich in der Formierung des „homo hygienicus" (Labisch) als dem Individuum, „das vor allen anderen Werten Gesundheit als oberstes Lebensziel ansieht und sein Leben daher [...] den Prinzipien einer aus medizinisch- wissenschaftlichen Lehren deduzierten Lebensführung unterordnet“ (Labisch 1989, S. 23), kulminierte. Für das „neue Bürgertum“ bedeutete Gesundheit nun vor allem eine Kapitalanlage, da nur der körperlich und moralisch gesunde Bürger die Chance zum Erwerb einer adäquaten gesellschaftlichen Stellung auf Basis individueller Leistung hatte. Auf diese Weise wurde Gesundheit zu einer „genuin bürgerlichen Tugend, in der Rationalismus, Individualitätsdenken und säkulare Begründungsschemata eine enge Verbindung“ eingehen (Frevert 1984, S. 35). Schon gegen Ende des 18. Jahrhunderts setzte dann eine „breite literarische Bewegung“ (Labisch 1992a, S. 102) ein, die sich mit der „Aufklärung“ über Gesundheit befasste. Im Vordergrund dieser aufklärerischen Bemühungen des Bürgertums stand primär die „Vermittlung zweckrationaler, ökonomisch kalkulierender Verhaltensweisen“ (Frevert 1984, S. 31), deren gesellschaftliche Durchsetzung für die Entwicklung des abendländischen Kapitalismus ebenso wie für die Etablierung des Modus der Organisation unverzichtbar waren.

Parallel und ergänzend zu sozialdisziplinierenden Interventionen in Form der modernen staatlichen, kommunalen und industriellen Sozialpolitik zielte der bürgerliche Normen- und Gesundheitsdiskurs quasi „von unten“ auf die Integration aller sozialer Klassen in die bürgerliche Gesellschaft ab. Als Transmissionsriemen bot sich vor allem der Modus der Organisation an, hier in Form der bürgerlichen Gesundheits- und medizinischen Vereine oder der Krankenkassen. Die als „Gesundheit“ in die Gesellschaft vermittels Organisation einsickernden bürgerlichen Normalitätsvorstellungen ermöglichten dabei den Übergang von repressiven Disziplinierungsformen zu „stimulierenden, Handlungschancen eröffnenden Alternativen“ (Labisch 1992a, S. 111). Eine organisationale Bearbeitung des Lebensrisikos „Krankheit“ erlaubte zugleich neben der sinnhaften Orientierung auch die rationale Verhaltensregulierung oder „Veredelung“ der lohnarbeitenden Klassen. Die Erziehung der Unterschichten zu Sittlichkeit, vernünftiger und hygienischer Lebensführung galt dabei von Anfang an als „bedeutsamer Beitrag zur Lösung der sozialen Frage und zur Behebung der Bedrohung, die von den besonders in den Industriestädten und den Industrievororten der Großstädte rasant anwachsenden Arbeitermassen“ auszugehen schien (Reulecke 1991, S. 12) und erst in zweiter Linie zur Seuchenprävention. Mit der Propagierung der Hygienisierungsprogramme beschleunigte sich der Prozess der „Verbürgerlichung“ (Sombart 1987c, S. 1079) der Gesellschaft noch zusätzlich. Gleichwohl verschärfte sich im 19. Jahrhundert das Spannungsverhältnis des „neuen Bürgertums“ zu den lohnarbeitenden Klassen, ging „der latente Interessengegensatz in einen manifesten Dauerkonflikt über“ (Wehler 1995, S. 107).

Mit der Durchsetzung der kapitalistischen Produktionsweise konstituierte sich auch die große und hochgradig ausdifferenzierte soziale Klasse des vom privaten Produktionsmitteleigentum ebenso wie von traditionellen sozialen Sicherungssystemen weitgehend ausgeschlossenen *Proletariats*[24]. Die unaufhaltsam anwachsende „arbeitende Klasse" (Marx 1959, S. 182) erschien als Bedrohung des bürgerlichen Herrschaftsanspruchs. Mit der Auflösung der ständischen, korporativen Bindungen, dem Aufbrechen der Geschlossenheit des sozialen Lebens, dem Klassengegensatz zwischen Kapital und Lohnarbeit sowie einer Massenverarmung von zuvor ungekanntem Ausmaß bei gleichzeitigem Bevölkerungswachstum und rasanter Produktivkraftentwicklung setzte eine „Epoche beginnender sozialer Bewegung" (Conze 1962, S. 251), sozialer Unruhen und Klassenkonflikte ein. Die über Jahrhunderte relativ stabile, homogene Ordnung der Ständegesellschaft wich der heterogenen, instabilen, krisengeschüttelten und aufgrund der ungelösten „sozialen Frage" revolutionsgefährdeten modernen Klassengesellschaft. Mit dem Übergang von der Ständegesellschaft zur dekorporierten Klassengesellschaft verloren die traditionellen sozialen Bindungen, Denkweisen, Wertesysteme, sittlichen und ethischen Normen für die entfesselten Subjekte zunehmend ihren allgemeinverbindlichen Charakter. Es entstand ein Prozess, den Conze (1962, S. 258) in Anlehnung an Hegel als „Entsittlichung" beschreibt. Dieser Prozess erfasste alle gesellschaftlichen Bereiche und Schichten und wird von Conze deshalb auch als „Folge der staatlich-gesellschaftlichen Strukturkrise" (S. 259) begriffen. Der gesellschaftliche Umbruchprozess bildete das komplexe historische Milieu, in dem die Entstehung und Ausbreitung der modernen Organisationsform ermöglicht und forciert wurde. Durch die Lösung und Emanzipation der Individuen von den traditionellen ständischen Fesseln und tradierten Sitten entstand eine „durch keinen Kitt verbundene[..] Masse schutz- und rechtloser Individuen" (Graf Hermann zu Dohna, zitiert nach Conze 1962, S. 264), auf die weder das traditionelle personal-korporative Herrschaftssystem noch das „neue Bürgertum" einen unmittelbaren Zugriff hatte. Da Entsittlichung und Massenverarmung als zwei Effekte desselben Dekorporierungsprozesses parallel auftraten, schien

[24] Seit den 1830er-Jahren wurde der etymologisch ältere Begriff des „Proletariats" zur Beschreibung des „aus seinen Grenzen heraustretenden Pöbel[s]" (Conze 1954, S. 340) benutzt. Während „Pöbel" die in der Ständegesellschaft eingebundenen (also nicht funktionslosen), in ihrem Wachstum kontrollierten und beschränkten Unterschichten umfasste, entsprach der Begriff des „Proletariats" „der neuartigen Erscheinung des entfesselten Pöbels, der damit aufhörte ‚Pöbelstand' zu sein" (S. 341). In der Klassengesellschaft entwickelte sich das „graue Riesenheer der Unterschichten" (Wehler 1995, S. 140) in einem bisher unbekannten Ausmaß jenseits aller gesellschaftlichen Begrenzungsversuche (z.B. Heiratsverbote). Die mit der „Proletarisierung" einhergehende, unter den Begriff „Pauperismus" gefasste Verarmung großer Bevölkerungsteile und ihr Herabsinken in die Unterschichten wurde zu einem unkontrollierbaren und nahezu unintegrierbaren Massenphänomen des 19. Jhds. Von Anfang an wurde der Begriff „Proletariat" mit dem Klassenantagonismus der bürgerlichen Gesellschaft in Verbindung gebracht (Conze 1984, S. 27-68).

„die Sicherheit und selbst das Bestehen der bürgerlichen Gesellschaft" (Mohl 1844, S. 417) bedroht zu werden. Die Masse der „entsittlichten", keinen traditionellen Kontroll- und Disziplinierungsformen unterworfenen und größtenteils pauperisierten Individuen wurde so zur ernsten Gefahr für die soziale Stabilität der (noch) im Entstehen begriffenen bürgerlichen Klassengesellschaft.

Als Mittel zur „Sittigung" der „unteren Volksklassen" boten sich zum einen Aufklärung und Bildung des Proletariats durch das Bürgertum, zum anderen „Organisation" an. Die Organisation wurde so zum universellen Modus, vermittels dem sich „die entfesselten Individuen oder Gruppen der Gesellschaft [..] in neuen Formen gleichsam wieder kristallisierten" (Conze 1962, S. 260). Die einsetzende gesellschaftliche Individualisierung und Diversifizierung der Lebenslagen ermöglichte es nämlich, die neuen entsittlichten Lebensinhalte in eine entsprechende Organisationsordnung und -normalität einzubringen. Während die Masse der entfesselten und entsittlichten Subjekte also notwendigerweise nach der Bildung neuer Vergemeinschaftungsformen zur Regulierung ihrer Ko-Operation suchten, bot sich der Organisationsmodus für die herrschenden Eliten als neue Zugriffsform auf die Subjekte und damit als Lösung ihres virulenten Zugriffsproblems geradezu an. Die Organisation wurde zum neuen Garanten der Loyalität der eingebundenen Subjekte auf Grundlage ihrer Mitgliedschaft. Entscheidend war dabei, dass es sich nicht mehr um „geborene" Mitgliedschaften oder (formale) Zwangsmitgliedschaften, sondern um mehr oder weniger freiwillige Mitgliedschaften handelte. Diese Freiwilligkeit war in Verbindung mit der im Unterschied zur Assoziation und Korporation monofunktionalen Ausrichtung der Organisation die Basis für die Bildung und Berücksichtigung „legitimer personeller Präferenzen" (Türk 1997a, S. 170). Die Einbindung der Subjekte beruhte nun primär auf Konsens und vollzog sich über die Ausbildung von an spezifische Zwecksetzungen gebundene Mitgliedschaftsrollen. Mit der Segmentierung des individuellen Daseins in spezifische organisationale Rollen entstand das Phänomen der „Partialinklusion", das den Subjekten Rollentrennung und Rollendistanz ermöglichte und gleichzeitig die „organisationale[n] Akteure jeweils von der Berücksichtigung der meisten ‚Weltbezüge' entlastet[e]" und ihnen diverse „Externalisierungen" von organisationalen Handlungsfolgen erlaubte (Türk 1997a, S. 170). Diese Praxis führte zur Unterbrechung von Reziprozität und Rückkopplung, wirkte sich für die Organisation also verantwortungsentlastend aus. Die auftretenden Externalitäten entwickelten sich mit der Zeit jedoch in Form von ausgelagerten (langfristigen) sozialen Kosten zum steigenden „Problem für die Gesellschaft" (Perrow 1989, S. 7). Zu seiner Bearbeitung entstanden wiederum zahlreiche neue Organisationen (Gefängnisse, Arbeitshäuser, Gesundheitsämter, Krankenhäuser usw.). Diese Entwicklung beschleunigte die ohnehin fortschreitende Differenzierung, Vervielfältigung und Ausdehnung der gesellschaftlichen Einsatzbereiche und Praxisfelder von Organisationen ganz erheblich.

Die Konstituierung von organisationalen Akteuren ermöglichte zugleich aber auch die Definition von spezifischen abgrenzbaren sozialen Orten, denen entsprechende Zwecke, Macht, Erfolge, Produktivität oder bestimmte Personengruppen zugeschrieben werden konnten. Außerdem entstand mit der Organisationsform ein hochgradig selektives soziales Gebilde, das über die Definition von Mitgliedschaftsrollen und Mitgliedschaftsregeln sowie die darauf aufbauende Ausbildung personeller Präferenzstrukturen neue soziale Mechanismen der Selektion und Ausschließung, das heißt neue Muster sozialer Ungleichheit konstituierte. Für die entsprechende Umsetzung sorgte die jeweilige Organisationselite, die hierfür über die „Kooptationsmacht bezüglich der Rekrutierung neuer und Aussonderungsmacht bzgl. abweichender Mitglieder" (Türk 1997a, S. 170) verfügte. Organisationsbildung führte also nicht nur „zu einer Assimilation an die herrschende polit-ökonomische Struktur [...], sondern produziert[e] wegen der begriffsnotwendigen extroversen Orientierung unweigerlich neue Ausgrenzungen und ökonomische bzw. politische Ausbeutungen" (Türk 1997a, S. 172). Die durch den Organisationsmodus vorangetriebene „bewusstseinsmäßige Atomisierung der Beziehungen der Menschen zueinander" (Kofler 1992, S. 218) bildete die Basis für die endgültige Durchsetzung der kapitalistischen Produktionsweise und verhinderte zugleich die wirksame Solidarisierung und Emanzipation der mehr oder weniger organisational gefesselten Subjekte[25].

Im Verlauf des „langen" 19. Jahrhundert kam es zu einer immer rasanteren gesellschaftlichen Ausbreitung des „Gedanke[ns] der Organisation" (Naumann, zitiert nach Ritter/Kocka 1974, S. 32) und der weitgehenden Verinnerlichung der Organisationsprinzipien durch die Masse der involvierten Subjekte. Nahezu alle gesellschaftlichen Lebensbereiche wurden auf diese Weise von einem unbändigen „Assoziationsgeist" (Conze 1962, S. 260) oder besser „Organisationsgeist" durchdrungen und über die organisationale Konstruktion personeller, inhaltlicher und funktionaler Zentrums-Peripherie-Muster neu geordnet. Betrachtet man die zum Teil widersprüchliche Organisationsbildung in ihrer historischen Entwicklung, so fällt auf, dass die im 19. Jahrhundert entstandenen neuen Organisationen lange Zeit „mehr oder weniger starke Restbestände älterer Gesellungen und Korporationen" (Conze 1962, S. 260) beinhalteten. Damit lebte eine ganze Anzahl von Rudimenten der ständischen Gesellschaft

[25] Der von Conze (1962, S. 260) beschriebene „enge Zusammenhang von Emanzipation und Organisation" muss deshalb wohl eher dahingehend umgedeutet werden, dass Organisation in letzter Instanz ein äußerst wirksames Mittel zur Verhinderung von Emanzipation darstellte.

noch sehr lange eingebettet in den neuen Organisationsstrukturen fort, wobei sie dort allerdings zunehmend organisational umgeformt und eingepasst wurden[26]. So knüpften beispielsweise die Fabrikarbeiter bei ihren ersten Versuchen, unter dem Koalitionsverbot des 19. Jahrhunderts eigene Selbsthilfevereine und Interessenorganisationen zu bilden, nicht nur an die noch recht neuartige Organisationsform des bürgerlichen Vereins, sondern vor allem an die ihnen bekannten traditionellen berufsständischen Formen der Kranken- und Sterbekassen der Gesellen und Bergleute an. Insofern stellten die hieraus entstandenen organisationsförmigen Fabrikarbeiterkassen denn auch grundsätzlich keinen völlig neuartigen Modus der Ko-Operation dar, obwohl ihre Gründungen natürlich prinzipiell erst durch den oben beschriebenen gesellschaftlichen Dekorporierungsprozess ausgelöst worden sind.

2.5 Der bürgerliche Verein als Prototyp der modernen Organisationsform

Unbestritten fiel dem bürgerlichen Verein[27] eine entscheidende sozialstrukturierende Bedeutung in der Konstituierungsphase der Organisationsgesellschaft zu[28]. Als „erste Organisation" (Kieser) bot er den sich aus ständisch geprägten Umgangsformen befreienden Subjekten ein erstes „Terrain zur Entwicklung eines organisationsgerechten Verhaltens" und leistete damit einen „außerordentlich wichtigen Beitrag" zur „Herausbildung einer organisationsgerechten Selbstdisziplin" (Kieser 1995, S. 1). Nipperdey (1991, S. 267) bezeichnet das 19. Jahrhundert als das „Jahrhundert der Vereine", Labisch/Tennstedt (1985, S. 27) sprechen sogar von einer „institutionellen Zauberformel". Der Verein wird als *die* dominante „soziale Organisations-

26 Deshalb kann es keine Geschichte der Organisationsgesellschaft geben, die den Prozess der gesellschaftlichen Etablierung der Organisationsform als einen kontinuierlichen, quasi unaufhaltsamen Expansionsprozess beschreibt. Die gesellschaftsweite Durchsetzung des Organisationsmodus erfolgte in einem widersprüchlichen Entwicklungs-Rhythmus, der durch die Eigengesetzlichkeit der erodierenden traditionellen Ordnung mitbestimmt wurde (Breuer/Treiber/Walther 1982, S. 76). Viele traditionelle Elemente gingen in der Organisationsform auf, wurden von ihr absorbiert und in ihre Strukturen eingebaut, also quasi organisational ver- oder überformt, aber eben nicht einfach verdrängt oder ersetzt. Dies machte einen guten Teil ihres „Erfolgsrezepts" aus.

27 Weber (1980, S. 28) definiert den Verein als einen „vereinbarte[n] Verband [...], dessen gesatzte Ordnungen nur für die kraft persönlichen Eintritts Beteiligten Geltung beanspruchen".

28 Der Terminus „Verein" – wie wir ihn verstehen – kam erst im Vormärz auf und wurde im Verlauf des 19. Jhds. etabliert (Dann 1976, S. 201; Nipperdey 1972, S. 1). Die ersten Organisationen des Bürgertums wurden als „Gesellschaften", „Klubs", „Vereinigungen" oder „Assoziationen" bezeichnet, waren aber ihrem Wesen nach Vereine. Gerade „Assoziation" (besser: „Organisation") bildete rasch „das Zauberwort für die freie gesellschaftliche Vereinigung" (Wehler 1995, S. 335) Zunächst wurde „jede Art gesellschaftlicher Gruppenbildung, ganz gleich ob mit eigenwirtschaftlichen, machtpolitischen oder gemeinnützigen Zielsetzungen verbunden" (Zimmer 1996, S. 38) als „Assoziation" bezeichnet. Eine Ausdifferenzierung der Vereinsgründungen nach spezifischen Zwecken und Zielen fand erst im weiteren Verlauf des 19. Jhds. statt (Wehler 1987, S. 317).

form der Moderne“ (Heinrichs 1984) und das „eigentlich positive, gestaltende Prinzip der neuen Epoche“ (Gierke 1954, S. 652) gedeutet. Am Anfang der Organisationsgesellschaft stand somit ein Vereinswesen, dessen besondere Innovation in der Ermöglichung und Etablierung eines bürgerlichen, organisationsgestützten privaten Herrschaftssystems bestand, das neben das staatliche Herrschaftssystem trat und mit diesem in vielfältigen Wechselbeziehungen stand. Die bürgerlichen Vereinsgründungen korrespondierten insofern weitgehend mit dem Streben des „neuen Bürgertums“ nach Emanzipation vom obrigkeitlichen Staat und der Herausbildung einer organisierten Willensbildung und Interessenvertretung. Der „gemeinbürgerliche Anspruch der Vereine, die positive Wirkung auf die Fähigkeit der Bürger zur politischen Mitwirkung und das Hineinwachsen der Vereine in öffentliche Aufgabenbereiche“, machte das Vereinswesen rasch zu „einem Faktor der Mobilisierung in der von tiefgreifenden Wandlungsvorgängen erfassten deutschen Gesellschaft“ (Illner 1982, S. 8) und trugt insofern ganz entscheidend zur (organisationsgestützten) „Politisierung“ der bürgerlichen Gesellschaft bei. Die überwältigende Zahl der Vereinsgründungen im „langen“ 19. Jahrhundert erfolgte unter Führung oder auf Initiative des „neuen Bürgertums“, dem auf diese Weise die Rolle der organisierenden Klasse zufiel. Zu Recht stellt deshalb Eisenberg (1988, S. 191) fest, dass der Verein „*die* organisationspolitische Innovation des Bürgertums seit der Aufklärung“ bildete und damit „eine geeignete Organisationsform zur Stabilisierung bürgerlicher Herrschaft“ darstellte. In mehreren Entwicklungsschüben und Gründungswellen etablierte sich der Verein bis zur Mitte des 19. Jahrhunderts zu einer„sozial gestaltenden, Leben und Aktivitäten der Menschen prägenden Macht“ (Nipperdey 1972, S. 267) und wurde damit sowohl zur quantitativ als auch sozial-qualitativ dominanten Organisationsform. Das entscheidend Neue am bürgerlichen Verein gegenüber den traditionellen berufsständischen Zwangskorporationen bestand vor allem in einer (grundsätzlich) auf Freiwilligkeit beruhenden, im Prinzip statusübergreifenden Mitgliedschaft „unabhängig von Familienherkunft und Konfession, Besitzstand und Beruf“ (Wehler 1995, S. 335). Vereine verfolgten spezifische, begrenzte Zwecke und waren weitgehend monofunktional. Sie umfassten deshalb auch nur den Teil der involvierten Subjekte, den sie zur Erfüllung des einheitsstiftenden und in diesem Sinne zugleich identifizierenden wie differenzierenden Vereinszwecks benötigten. Aus diesem Grund bemühten sie sich auch nicht um eine Regelung der gesamten Lebensverhältnisse ihrer Mitglieder. Dies war die Grundlage für eine „Partialinklusion“ der Subjekte über die entsprechenden Mitgliedschaftsrollen.

Die ab der zweiten Hälfte des 18. Jahrhunderts entstandenen Freimaurerlogen, Lesegesellschaften, Diskutierclubs, Musikvereine, aufklärerischen, gelehrten oder wissenschaftlichen

Gesellschaften verfolgten primär allgemeine ideelle Zwecke und zielten vor allem auf die Pflege der bürgerlichen Geselligkeit und einer übergreifenden enzyklopädischen Bildung sowie auf die politische und kulturelle Diskussion innerhalb privater Zirkel des lokalen Bürgertums ab, waren also fast ausschließlich nach innen gerichtet. In der Regel koppelten die Vereine die Mitgliedschaft an „korrektes Verhalten in der Öffentlichkeit sowie moralische Integrität" und regelten ihre internen Beziehungen nach „Gesichtspunkten der ‚Ehre' und ‚Sitte'" (Illner 1982, S. 46). Auf diese Weise trugen sie unmittelbar zur „Einübung und Verfestigung des bürgerlichen Normenkodex bei" (Illner 1982, S. 47). Sehr schnell entwickelten die Vereine allerdings eine ausgesprochen extroverse Orientierung und verfolgten neben der Organisierung der bürgerlichen Öffentlichkeit auch erzieherisch-patriarchalische Ziele. Hierunter wurde vor allem die Förderung „nützlicher" Bildung und Erziehung und damit die „Veredelung des Menschen durch Vermehrung seiner Kenntnisse und Verfeinerung seiner Sitten" (Jung-Stilling, zitiert nach Illner 1982, S. 33)[29] verstanden. Beschränkten sich diese Bestrebungen zunächst noch auf das Bürgertum selbst, so wurden sie schon recht bald insbesondere auf die Unterschichten ausgedehnt. Bis zur Mitte des 19. Jahrhunderts kam es dann zu einem zunehmenden Wandlungsprozess „von universalistischen zu spezialisierten Vereinsformen" (Tornow), das heißt zu einer fortschreitenden Ausdifferenzierung des Vereinswesens. In diesem Prozess entstand eine Vielzahl von Vereinen mit immer spezielleren Zweckwidmungen. Mit der Zuspitzung der sozialen Frage um die Mitte des 19. Jahrhunderts bildete sich beispielsweise ein ganzes Heer von bürgerlichen Wohlfahrts-, Krankenpflege-, Hilfs-, Mäßigkeits- und Bildungsvereinen, die sich im Rahmen eines Konzepts patriarchalisch-fürsorglicher Sozialhilfe gezielt um die Verbesserung der sozialen Lage der Arbeiterschaft (Nahrung, Wohnung, Erziehung, Bildung) bemühten. Die von gebildeten und besitzenden Bürgern getragene Vereinsbewegung „zum Wohle der arbeitenden Klassen" – wie der 1841 gegründete „Verein zur Beförderung von Arbeitsamkeit, Sparsamkeit, Wohlstand und Sittlichkeit unter der arbeitenden Bevölkerung der Oberbürgermeisterei Düsseldorf" (Illner 1982, S. 138) – diente als „Mittel zur Sittigung der Fabrikarbeiter" (Illner 1982, S. 137, FN 7). Diese Gründungswelle markierte einen wichtigen Abschnitt in der Entwicklung des Vereinswesens. Erstmals wurde der Versuch unternommen, die drängenden sozialen Probleme durch Organisation in den Griff zu bekommen. Oberstes Ziel war hierbei die Verhinderung eines Anstiegs der Massenarmut, um so die Kosten der öffentlichen Armenverwaltung einzudämmen. Vor allem durch Erziehung zur

[29] Jung-Stilling formulierte hier die „Pflichten" der 1775 gegründeten Elberfelder „Ersten Lesegesellschaft", die zu den ältesten aufgeklärten Gesellschaften im Rheinland gehörte. Ihre Zielsetzung war typisch für die meisten Vereine ihrer Zeit (Illner 1982, S. 31-46).

Sparsamkeit sollten die arbeitenden Klassen in die Lage versetzt werden, Eigentum zu bilden, um wirtschaftliche Krisenzeiten besser zu überstehen. Das Proletariat blieb in diesem Organisierungskonzept weitgehend Objekt der Pädagogisierungs- und Disziplinierungsbemühungen des Bürgertums. Um in den Kreis der Hilfeempfänger zu gelangen, musste sich der Proletarier exakt nach den bürgerlichen Arbeits- und Lebensvorstellungen richten. Insofern war nicht die „reale Ausgestaltung sozialer Gleichberechtigung" das primäre Vereinsziel, sondern „die Angleichung der Arbeiter an die bürgerliche Schichten. Aus einem Proletarier sollte ein Kleinbürger werden" (Illner 1982, S. 138).

In der ersten Hälfte des 19. Jahrhunderts bildeten sich außerdem viele ökonomische Vereine wie zum Beispiel der „Deutsche Handels- und Gewerbeverein" (1819), die sich die Förderung des kapitalistischen Gewerbes und der Gewerbefreiheit zu Ziel gesetzt hatten, sowie „politische Vereine" und politische Klubs, die Vorläufer der Parteien, die auf die politische Einflussnahme des Bürgertums auf kommunale und staatliche Entscheidungen abzielten. Sie trugen auf ihre Weise zur endgültigen Überwindung des Absolutismus und des Merkantilsystems bei. Darüber hinaus spielten sie eine entscheidende Rolle für die öffentlich-politische Sozialisation des Bürgertums und dienten ihren Mitgliedern zur Einübung demokratischer Verhaltensweisen. Hierzu trug auch die „enge personelle Verflechtung der Vereine untereinander" (Illner 1982, S. 224) bei. Ebenso wurde die Übernahme öffentlicher und halböffentlicher Aufgaben zum Merkmal des bürgerlichen Vereinswesens und unterstrich damit seine prinzipiell staatstragende und zugleich staatsentlastende Funktion[30]. Außerdem setzte eine „Spezialisierung der Künste und Wissenschaften" ein, die auch auf diesem Feld eine „Tendenz zur Differenzierung des Vereinswesens" (Illner 1982, S. 106) auslöste. Auf diese Weise entstand mit der Zeit „ein breites Spektrum von Akademien, Gesellschaften und Vereinen, die Fachleute bestimmter Disziplinen" (Illner 1982, S. 106) vereinigten. Im Zuge dieser Entwicklung entstanden unter anderem der Elberfelder „Wissenschaftliche Verein" (1832) und der „Naturwissenschaftliche Verein für Elberfeld und Barmen" (1846), aber auch eine wachsende Zahl von Ärztevereinen. Hier liegen die Wurzeln für die in der zweiten Hälfte des 19. Jahr-

[30] Vereine wirkten bei der Einrichtung und Unterhaltung von Bibliotheken, Stadtbüchereien, Gewerbeschulen, Sparkassen, medizinischen Armenanstalten, Krankenhäusern, Badeanstalten oder der Stadtreinigung mit. So bemühte sich z.B. die *„Hamburger Gesellschaft zur Beförderung der Manufakturen, Künste und nützlichen Gewerbe"* (1765) um die Einführung der Straßenbeleuchtung und des Blitzableiters (Sahner 1993, S. 20). Der *„Elberfelder Kornverein"* (1816) wiederum wurde als Hilfsverein gegen eine Hungersnot gegründet. Ihm gehörten 153 Honoratioren der Stadt an. Der Verein kaufte mit Spendengeldern Getreide, ließ es zu Brot verarbeiten und verkaufte es an die Armen unter Marktpreis. So konnte er die Notlage lindern und erwirtschaftete sogar noch einen Gewinn von 11.000 Talern. Das Geld wurde 1820 zum Bau des Bürgerkrankenhauses, dem zweiten Krankenhaus in Elberfeld, verwandt (Huttel 1985, S. 786).

hunderts entstandenen homöopathischen Vereine oder die Naturheil- und Gesundheitspflegevereine, wie dem „Niederrheinischen Verein für öffentliche Gesundheitspflege“ (1869) oder dem „Bergischen Verein für Gemeinwohl“ (1885) (Labisch 1992a; Lent 1908; Stollberg 1991; Stremmel 1993). Die zumeist lokalen wissenschaftlichen Vereine pflegten recht bald rege Kontakte zu gleichartigen Organisationen in anderen Städten und bemühten sich vergleichsweise früh um den überregionalen Zusammenschluss in Dachorganisationen. Ein Beispiel für eine solche überregionale Organisation war der 1822 gegründete „Verein deutscher Naturforscher und Ärzte“, dessen Mitglieder jährliche Versammlungen an wechselnden Tagungsorten durchführten (Illner 1982, S. 106; Wehler 1996, S. 406)[31].

Bei der Betrachtung der allgemeinen Wachstumsprinzipien der Vereinsentwicklung fällt auf, dass Neugründungen von Vereinen vielfach im unmittelbaren Zusammenhang mit den Gründungen der Vorperiode standen. Die spezifische Entwicklungsdynamik wurde dabei primär durch Prozesse der Nachahmung oder Imitation von Strukturmustern erfolgreicher Vereine, von Gegengründungen oder Abspaltungen sowie von Versuchen der Bildung überregionaler Organisationen oder von Dachorganisationen erzeugt (Türk/Lemke/Bruch 2002, S. 131, 136). Hinzu kommt, dass der bürgerliche Verein gemeinsam mit den sich etwas zeitversetzt in einem „Prozess der differenziellen Interessen- und Gegeninteressenkonstitution“ (Türk/Lemke/Bruch 2002, S. 132) entwickelnden Interessenverbänden und politischen Parteien nicht nur maßgeblich zur Etablierung der Organisationsform als gesellschaftlich dominantem Strukturprinzip beitrug. Hinzu kam außerdem die entscheidende Mitwirkung bei der Strukturierung eines neuen organisationsbasierten Systems sozialer Ungleichheit, das sich über Mitgliedschaftsrollen und entsprechende Selektionsmechanismen definierte. Hierfür spricht unter anderem, dass die bürgerlichen Vereine in ihrem Wesen „keineswegs egalitär oder anti-hierarchisch“ waren, sondern in ihrer zumeist exklusiven Zusammensetzung aus Angehörigen des gehobenen und mittleren Bürgertums weitgehend „die Gesellschaft ihrer Zeit“ widerspiegelten (Huttel 1985, S. 754). Gerade die Vereine des frühen 19. Jahrhunderts entsprachen „geschlossenen Gesellschaften“ (Zimmer), die sich durch rigide Mitgliedschafts-

[31] Der „Verein deutscher Naturforscher und Ärzte“ wurde 1822 von dem Gelehrten Oken gegründet. Die Mitglieder mussten sich nach der Dissertation „durch eine weitere wissenschaftliche Arbeit ausgewiesen haben, mit den Satzungsprinzipien der demokratischen Mehrheitsentscheidungen und der öffentlichen, freien Diskussion aller kontroversen Themen einverstanden sein“ (Wehler 1996, S. 406). Oken bestand auf Jahrestreffen an wechselnden Tagungsorten, „da die Wissenschaftler auf diese Weise [...] als ‚geistiges Symbol der Einheit des deutschen Volkes‘ wirken“ könnten (Wehler 1996, S. 406). Bis 1847 hielt der Verein 25 Konferenzen in Universitäts- oder Residenzstädten des Deutschen Bundes ab, auf der sich schließlich rund 650 Mitglieder versammelten und „den gesamtdeutschen Zusammenhang des naturwissenschaftlichen Diskurses“ demonstrierten (Wehler 1996, S. 406). Nachgeahmt wurde er von der „Versammlung Deutscher Land- und Forstwirte“ (1837) und dem „Verein Deutscher Philologen und Schulmänner“ (1838).

bedingungen (Ballotage) und hohe Mitgliedergebühren (Wehler 1987, S. 321) lange Zeit erfolgreich vom Kleinbürgertum und Proletariat abschotteten, das heißt einen hochgradig exklusiven und elitären Charakter aufwiesen[32]. Für Huttel (1985, S. 754) ist deshalb nur die egalitäre Rechtsform des Vereins „ein direkter Ausdruck der sich ausbildenden bürgerlichen Gesellschaft". Durch die Entwicklung organisationaler Zentrums-Peripherie-Strukturierungen, die Konstituierung neuer Mechanismen sozialer Schließung und die Ausbildung entsprechender Organisationseliten ergab sich für die Masse der organisational eingebundenen Bevölkerung keine wirkliche Vergrößerung der demokratischen Partizipationschancen sowohl in den jeweiligen Organisationen als auch in der Organisationsgesellschaft im allgemeinen. Vielmehr bildete sich bis zum Beginn des 20. Jahrhunderts ein hoch organisiertes „regulatorisches System" (Türk) heraus, in dem die Organisationseliten quasi über die Köpfe der Mitglieder hinweg die Politik der bürgerlichen Gesellschaft untereinander aushandelten.

Diente der Verein zu Beginn des 19. Jahrhunderts noch primär der Durchsetzung bürgerlicher Interessen, so hatte sich das gegen Ende des Jahrhunderts bestehende „Meer von Vereinen und Verbänden" (Sahner 1993, S. 14) bereits in „ein konformistisches System verwandelt, das durch ein allgemeines ‚Mit-Machen'" (Huttel 1985, S. 14) funktionierte. Insofern erzeugte das bürgerliche Vereinswesen letztlich eine „Passivität im Kostüm der Aktivität" (Huttel 1985, S. 14). Das Vereinswesen stand das ganze 19. Jahrhundert hindurch unter der direkten Kontrolle staatlicher Aufsichts- und Polizeibehörden (Ünlüdag 1989, S. 442) und wurde schon bald durch ein speziell entwickeltes Vereinsrecht reglementiert. Durch das *Bürgerliche Gesetzbuch von 1898* und das *Reichsvereinsgesetz von 1908* wurde das Vereinswesen dann endgültig institutionalisiert und zugleich in feste staatsreglementierte Bahnen gelenkt. Mit den Vereinen entstand auf diese Weise ein „soziales Bindeglied zwischen Individuum und Gesellschaft", das den neuen „Bezugspunkt für das Selbstverständnis und das Verhalten der Bürger

[32] Die *mittleren und unteren bürgerlichen Schichten* schlossen sich erst ab den 1830er-Jahren in eigenständigen Organisationen zusammen, die vielfach Kopien oder aber Gegengründungen zu den großbürgerlichen Vereinen waren. Ein Beispiel für eine frühe Gegengründung ist die „Neue Elberfelder Lesegesellschaft" von 1786. Sie wurde von jungen Kaufleuten und Fabrikanten gegründet, die nicht in die „Erste Lesegesellschaft" aufgenommen worden oder denen die dortigen Mitgliedsbeiträge zu hoch waren. Der neue Verein übernahm weitgehend die Grundprinzipien der „Ersten Lesegesellschaft", kopierte sie also im weitesten Sinne.
Auch das *Proletariat* organisierte sich zunehmend selbst – unterstützt von sozialpolitisch engagierten Bildungsbürgern – in „Arbeitervereinen". 1848 wurde die „Arbeiterverbrüderung" als Dachverband gegründet, dem 170 Ortsvereine mit rund 15000 Mitgliedern angehörten. Der Verband bildete eine „lockere Föderation", die von einem Vorstand in Leipzig geleitet wurde und die Zeitung „Verbrüderung – Correspondenzblatt aller deutschen Arbeiter" herausgab. Neben einer pragmatischen, systemimmanenten Sozial- und Verfassungsreform strebte sie den fachgewerkschaftlichen Zusammenschluss, „die genossenschaftliche Selbsthilfe, die Bildungsarbeit als tätige Emanzipation, aber auch eine konsequent demokratische Politik in einer parlamentarischen Monarchie, besser noch im republikanischen Volksstaat" an (Wehler 1996, S. 734).

in Gesellschaft und Staat" (Illner 1982, S. 5) bildete, diese aber zugleich fest in die bestehende Ordnung integrierte.

Abb. 1: Quantitative Entwicklung des Vereinswesens in Elberfeld 1780-1850

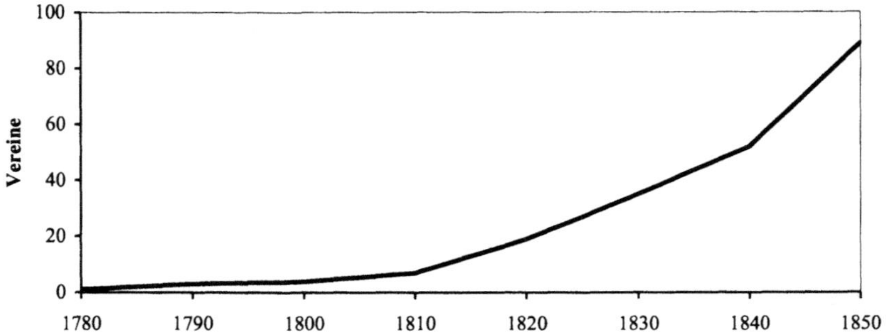

Quelle: Illner 1982, S. 188; eigene Darstellung

3. Organisationsgesellschaft als vernetzte Gesellschaft

Im letzten Drittel des 19. Jahrhunderts hatte sich bereits eine unübersichtliche Organisationslandschaft aus unzähligen Vereinen, Verbänden, Wirtschaftsunternehmen, politischen Parteien, Behörden und Staatsverwaltungen gebildet, die in vielfältiger Weise miteinander über gemeinsame Drittorganisationen und Funktionseliten verflochten, in mehr oder weniger temporären Koalitionen verbunden oder in diversen Dachverbänden zusammengeschlossen waren. Auf diese Weise formierte sich in Deutschland bis zum Ende des 19. Jahrhunderts eine Gesellschaft, in der „die gesamte gesellschaftliche ‚Topografie' durch Organisationen restrukturiert und permanent reproduziert" (Türk 2000a, S. 4) wurde: die Organisationsgesellschaft war „geboren". In diesem Prozess trat neben das staatlich organisierte Herrschaftssystem eine ganze Reihe von privaten organisationsgestützten Herrschaftssystemen, zu denen neben dem auf ökonomischer Macht basierenden System der kapitalistischen Produktionsweise auch das „auf Mobilisierung und Konzentration von Interessen gerichtete System der Vereine, Verbände und Parteien" (Türk/Lemke/Bruch 2002, S. 88) zählte. Diese allesamt organisationsgestützten Herrschaftssysteme waren primär „durch in sich heterogene und miteinander konkurrierende Organisationsregime gekennzeichnet" (Türk/Lemke/Bruch 2002, S. 88). Die seit Ende des 19. Jahrhunderts auftretenden, miteinander verschränkten privaten und staatlichen *„Organisationsregime"*[33] übten sehr rasch schon einen dominierenden Einfluss auf die Etablierung, Konfigurierung und Reproduktion gesellschaftlicher Strukturen aus. Am Vorabend des Ersten Weltkriegs bestanden nach Türk/Lemke/Bruch (2002, S. 188) neben dem staatlich-administrativen und dem kapitalistischen Organisationsregime noch eine Reihe milieubezogener Organisationsregime (vor allem zwei konfessionelle, ein sozialdemokratisches sowie ein agrarisches Organisationsregime). Sie alle waren nicht nur über vielfältige Interorganisationsbeziehungen untereinander verbunden, sondern versuchten auch über den Staat massiven „Einfluss auf die normative und ökonomische Infrastruktur der Gesellschaft zu nehmen". Ausnahmslos alle Organisationsregime zeichneten sich nach Türk/Lemke/Bruch (2002, S. 189) dadurch aus, dass sich ihr Kampf um Einfluss in drei Dimensionen abspielte: 1. Kampf um ideologisch-kulturelle Hegemonie, 2. Kampf um ökonomische Herrschaft und 3. Kampf um politische Dominanz. Um die Organisationsregime herum hatte sich seit Ende des 19. Jahrhunderts noch eine große Zahl von in der Regel weniger mächtigen Organisationsbewegungen etabliert, die keinem Organisationsregime zurechenbar waren und deshalb eine Art „organisationale Peripherie" bildeten. Hierzu zählten unter anderem die meisten berufsständischen Interessenorganisationen wie die Verbände der Angestellten, Handwerker oder Ärzte. Zu Anfang des 20. Jahrhunderts war die gesamte Gesellschaft von Organisationen durchdrungen. Damit war der Modus der formalen Organisation endgültig zum gesellschaftlichen Leitbild und zur hegemonialen gesellschaftlichen Praxisform aufgestiegen. Der dahin führende Prozess der gesellschaftsweiten Durchsetzung und Verbreitung der Organisationsform wie auch der Formierung organisationsbasierter gesellschaftlicher Strukturen lässt sich in der hier präferierten neoinstitutionalistischen Sichtweise in erster Linie als eine isomorphistische Anpassungsbewegung beziehungsweise eine Reihe „isomorphistischer Vorgänge der Diffusion und Imitation etablierter Praktiken", mit anderen Worten als „kultureller Institutionalisierungsprozess" (Türk/Lemke/Bruch 2002, S. 92) beschreiben.

Der mit anhaltender Organisationseuphorie massiv fortschreitende Prozess der Organisierung der Gesellschaft bekam durch den Ersten Weltkrieg einen weiteren Entwicklungsschub in Richtung Expansion, Zentralisierung, Integration, Homogenisierung und Standardisierung

---

[33] Türk/Lemke/Bruch (2002, S. 92) bilden die Kategorie des *„Organisationsregimes"* primär für analytische Zwecke, um so „eine Struktur der Organisationslandschaft zu erkennen". Ein „Organisationsregime" stellt 1. einen Komplex von Organisationen dar, verfügt 2. über eine unterscheidbare ideologische oder materielle Machtbasis, weist 3. eine spezifische Kampf- oder Konfliktorientierung auf und bindet 4. bestimmte Teile von Klassen, Schichten oder Gruppen.

der organisierten Interessen. Die bereits zuvor begonnene Ausbildung zentralisierter, landesweiter Groß- und Dachorganisationen sowie auf Reichsebene agierender Spitzenverbände wurde entscheidend vorangetrieben. Zugleich setzte aber auch ein „Funktionswandel des Systems der Interessenverbände" (Türk/Lemke/Bruch 2002, S. 205) ein. Die Spitzenverbände, die bislang primär als Instrumente zur Durchsetzung der Mitgliederinteressen gegenüber dem Staat fungiert hatten, wurden nun zunehmend in „Prozesse der politischen Entscheidungsfindung und Konsensgenerierung einbezogen" (Türk/Lemke/Bruch 2002, S. 205). Auf diese Weise wurden sie immer stärker in den Staat „inkorporiert" und so quasi zu parastaatlichen Organisationen[34]. Fortan ging es für sie nicht mehr ausschließlich um die Beeinflussung staatlicher Politik, sondern zugleich um die Einbeziehung in die Formulierung, Umsetzung und Legitimierung öffentlicher Entscheidungen. Dieser Prozess wurde insbesondere während des Ersten Weltkrieges und in der Weimarer Republik vorangetrieben. Der Zeitraum zwischen 1918 und 1933 wurde denn auch vor allem durch weitere Konzentrations- und Zentralisierungsprozesse in den entscheidenden gesellschaftlichen Teilbereichen sowie durch eine „Rationalisierungsbewegung" in den Wirtschaftsunternehmungen geprägt. Aufbauend auf diesen Entwicklungen wurde „Organisation" in der Zeit des deutschen Faschismus von 1933 bis 1945 „zum zentralen Motto des totalitären Staates, der auch insofern auf weitgehende historische Bedingungen, Ressourcen und Kompetenzen zurückgreifen" (Türk 1995a, S. 86) konnte. Nach 1945 kam es in beiden deutschen Staaten übergangslos zur Neuformierung der Organisationsgesellschaft und zur massenhaften Rekonstruktion und Reaktivierung der („bewährten") Beziehungsgeflechte zwischen den Organisationen und dem organisierten Staat[35]. In der Folgezeit gewannen Zusammenschlüsse nationaler Organisationen zu „supranationalen Kon-

---

[34] Zu diesem Zeitpunkt bestanden bereits personelle Verflechtungen zwischen den Funktionseliten staatlicher und privater Organisationen. Zugleich kam es zur umfangreichen „Delegation öffentlicher Funktionen auf halb-private, zum Teil öffentlich kontrollierte Trägergruppen (Kammern)" (Kocka 1974, S. 22) und zur weitreichenden „'Organisierung' des Klassenkonflikts in Unternehmerverbänden und Gewerkschaften" (Hardach 1974, S. 112) ebenso wie z.B. zur „Organisierung" des Konflikts zwischen Ärzten und Krankenkassen in Hartmannbund und Kassenverbänden und damit zu einer tendenziellen Bürokratisierung, Zentralisierung und Institutionalisierung sozialer Konflikte. In diesem Prozess stiegen sektorale Spitzenverbände zu Verhandlungspartnern des Staates auf. Außerdem bildete sich ein umfassender Interventionsstaat aus, der nach innen „mit ungeheuerem Aufwand, der der Gesamtgesellschaft aufgebürdet [wurde], die Stabilitätsbedingungen der Industriewirtschaft zu erhalten bemüht" (Wehler 1974, S. 52) war, während er nach außen offen imperialistisch agierte. Angesichts der voranschreitenden „Verwischung der Trennungslinie zwischen privater und öffentlicher Macht" (Kocka 1974, S. 22) und der systematischen Ausschaltung der Marktmechanismen verwundert es nicht, dass Hilferding (1915/1927) mit seiner These vom „Organisiertem Kapitalismus" eine lange und kontroverse Diskussion auslöste (Bruch 2000, S. 135-136; Feldmann 1974; Wehler 1995, S. 663-664; Winkler 1974).

[35] Eine grobe Periodisierung der Entwicklung der Organisationsgesellschaft kann auch bei Alemann (1989, S. 53) entliehen werden, der für die Analyse organisierter Interessen vier Entwicklungsphasen unterscheidet: 1. Entstehung (1848-1914), 2. Entfaltung (1914-1933), 3. Zwangskorporative Formierung (1933-1945), 4. Ausdifferenzierung und Etablierung (seit 1945).

struktionen [...], entweder durch Gründungen neuer Organisationen, deren Mitglieder wieder Organisationen bzw. organisierte Staaten sind oder auf dem Wege von Verträgen" (Türk 1995a, S. 87), zunehmend an Bedeutung.

Charakteristisch ist, dass sich die Organisationsgesellschaft analytisch „als politische Arena organisational abgesicherter Bünde und Bündnisse darstellt" (Türk 1995a, S. 71). In der Organisationsgesellschaft entstand mit der Etablierung einer Fülle *interorganisationaler Netzwerke* ein entscheidender Vergesellschaftungsmechanismus, „der als makropolitische Arena zentrale gesellschaftliche Verhältnisse konditioniert, durch die vor allem jene benachteiligt werden, deren Bedürfnisse sich nicht in Form von *Interessen* organisieren lassen" (Türk 1995a, S. 71). Beachtet werden muss hierbei, dass die Etablierung der Organisationsform und die Ausbildung von Formen organisierter Willensbildung und Interessenvertretung zwei Seiten einer Medaille darstellten. Erst durch die Formierung der modernen Organisation und in enger Wechselbeziehung mit dieser bildete sich nämlich die uns heute geläufige Kategorie des „Interesses" als neues gesellschaftliches Kommunikationsmedium heraus[36]. Insofern diente das im „langen" 19. Jahrhundert entstandene „buntscheckige Panorama" unterschiedlicher Organisationen und Organisationstypen primär dazu, die in der dekorporierten Gesellschaft freigesetzten „schier zahllose[n] Interessen zu bündeln" (Wehler 1996, S. 735) und zu kanalisieren. Seither gelten Organisationen „als legitime Institutionen der Interessenartikulation" (Türk/Lemke/Bruch 2002, S. 140). Dies hatte aber zur Konsequenz, dass nur noch solche Bedürfnisse als Interessen verallgemeinert und codiert werden können, die auch „organisations-

[36] Die etymologischen Wurzeln des Interessenbegriffs sind alt. Nach Hirsch-Weber (1969) kannte schon das aus der römischen Kaiserzeit stammende, im 12. Jhd. in Europa geläufige „Corpus iuris civilis" den Begriff des Interesses. Dort stand das Verb interesse für „es ist jemandem woran gelegen, er hat ein Interesse". Es wurde dabei „sowohl in bezug auf das öffentliche Interesse (z.B. ‚rei publicae interest') als auch auf das Interesse, namentlich den Vermögensvorteil der Privaten" (S. 50) verwendet. Ab dem 13. Jhd. wurde das Verb in der Rechtssprache substantiviert und bekam „die Bedeutung von ‚Kapitalzins', Vorteil, Nutzen überhaupt" (S. 51). Die „Rolls of Parliament" (1387/88) verwandten Interesse im Sinne von „Anrecht". 1521 erfolgt die erste theoretische Abgrenzung von Partikularinteressen und Allgemeinwohl durch Castrillos. Die heute geläufige Bedeutung von Interesse als „Kommunikationsform der menschlichen Bedürfnisse innerhalb des ökonomischen Systems" (Türk 1987, S. 220) entstand ab dem 16. Jhd. in England und Frankreich, wo Interesse „'Selbstliebe', Egoismus, Verfolgung individueller Nutzenmaximierung" (Türk 1987, S. 221) bedeutet und „im Sinne eines rationalisierten oder auch sublimierten Bedürfnisses verallgemeinert wird, d.h. als gezügelte, auf vermeintliche Produktivität hin kanalisierte Leidenschaft erscheint" (Türk 1995c, S. 137) (Geiger 1953, S. 11ff.; Hirschmann 1977; Hirsch-Weber 1969, S. 52ff.; Huber 1958; Ronneberger 1964). Für Alemann (1989, S. 26) ist „Interesse" ein „Schlüsselbegriff der politischen Theorie der Neuzeit". Die Interessenkategorie bildet in Form eines gesellschaftlich verallgemeinerbaren Interessencodes einen spezifisch neuzeitlichen sozialen Sachverhalt. Entscheidend ist, dass in der modernen Gesellschaft Bedürfnisse und Interessen in einem dialektischen Verhältnis zueinander stehen, da sich Bedürfnisse ausschließlich in Gestalt gesellschaftlicher Interessen artikulieren und organisieren lassen. In diesem Sinne wirken sie also „als Destillate konfliktärer Bedürfnisse bzw. Motivlagen" (Türk 1987, S. 225).

fähig“ sind[37]. Wenngleich also Organisation spätestens seit dem Ende des 19. Jahrhunderts den einzigen Modus darstellt, durch den Bedürfnisse und Ziele übersetzt in den Interessencode noch gesellschaftlich artikulierbar sind, so fungiert sie hierbei doch nicht nur als Transmissionsriemen und Legitimationsinstanz von Interessen, sondern vor allem als Filter oder „Sortierapparat“ (Alemann) von artikulierbaren Bedürfnissen. Sie wirkt damit hochgradig selektiv, da nur das organisationsfähige Bedürfnis in der Interessenform die „Chance, in der ‚politischen Arena‘ überhaupt präsent zu sein“ (Türk 1997a, S. 172), erhält. Dies führt dazu, dass beispielsweise soziale Gruppen, die es nicht schaffen, ihre Bedürfnisse organisationsfähig zu machen, in der Organisationsgesellschaft marginalisiert werden. Sie bilden die von Olson (1968, S. 163) beschriebenen „vergessenen Gruppen“, die „schweigend leiden“, da sie keine Möglichkeit zur (organisationsförmigen) Artikulation ihrer Interessen haben und somit vom „Prozess der öffentlichen Meinungsbildung“ (Ronneberger 1964, S. 45) ausgeschlossen sind. Dabei muss berücksichtigt werden, dass die organisierte Willensbildung nicht von den einzelnen Organisationsmitgliedern, sondern von den jeweiligen Organisationen selbst – Ronneberger (1964, S. 43) beschreibt sie als „gegliederte[..] und disziplinierte[..] Herrschaftsgebilde“ – getragen wird. Die Organisationen stehen dabei innerhalb politischer Arenen „im Konkurrenzverhältnis und repräsentieren ihre Mitglieder in einer von ihnen selbst erst durch sogenannte Öffentlichkeitsarbeit hergestellten Öffentlichkeit“ (Ronneberger 1964, S. 46). Diesen Vorgang beschreibt Ronneberger (1964, S. 46) als „Mediatisierung des Volkes durch die Verbände“. Die modernen, funktional spezialisierten Interessenorganisationen werden also nicht nur zu den eigentlichen Produzenten und Träger der „öffentlichen Meinung“, sondern sie instrumentalisieren und manipulieren diese auch für ihre Machtkämpfe wie auch gegenüber dem Staat, den sie mit gesamtgesellschaftlichen Forderungen konfrontieren (Kaiser 1978; Türk/Lemke/Bruch 2002, S. 174).

Letztlich werden die „*'Felder'* gesellschaftlicher Kommunikation und Kämpfe“ also durch die Organisationen „in ihren Grenzen, Strukturen und Inhalten“ (Türk 2000a, S. 4) selbst de-

[37] Für Offe (1973, S. 145) sind Interessen dann organisationsfähig, „wenn sie in ausreichendem Umfang diejenigen motivationalen und materiellen Ressourcen mobilisieren können, die zur Etablierung eines Verbandes oder eines ähnlichen Instruments der Interessenvertretung erforderlich sind“. Es muss sich um Interessen handeln, „die sich als Spezialbedürfnisse einer sozialen Gruppe interpretieren lassen“. Die Gruppe muss dafür die nötigen Ressourcen in einer Organisation bereitstellen. Deshalb ist die Organisierung allgemeiner oder diffuser Bedürfnisse wie „Gesundheit“ schwierig. Die tendenzielle Organisations*un*fähigkeit allgemeiner (latenter) Interessen (Kollektivgutproblematik) kann i.d.R. nur durch Zwang überwunden werden (Groser 1989; Herder-Dornreich 1984; Kevenhörster 1976; Olson 1968). Dieses v.a. in der GKV bestehende Problem ist durch die Pflichtmitgliedschaft großer Bevölkerungsteile in den Krankenkassen gelöst worden. Schon vor der GKV wurde die Organisierung bestimmter Teile der Handwerker und Arbeiter über einen gesetzlichen Versicherungszwang geregelt. Mit der GKV wechselte der Staat nach Neubauer (1988, S. 93) dann „von der Stufe des fakultativen Zwanges zur Stufe des allgemeinen Zwanges“ (Feige 1980, S. 40f.).

finiert. Wie erfolgreich eine Organisation in einem solchen Kampffeld beziehungsweise einer politischen Arena[38] agieren kann, hängt dabei von ihrer „Konfliktfähigkeit" (Offe), das heißt ihrer Fähigkeit zur Androhung und gegebenenfalls auch zum Einsatz von Kampfmitteln wie Sanktionen, Leistungs- oder Ressourcenverweigerungen zur Durchsetzung ihrer Interessen, ab. Als Beispiel sei hier die Streikfähigkeit von Gewerkschaften oder Ärzteorganisationen (Henninger 1986) genannt. Entscheidend ist, dass Organisationen zumeist recht dauerhafte, sektoral abgrenzbare Beziehungs- oder besser Interessennetzwerke (Döhler 1990; Döhler/Hassenteufel 1995) konstituieren, die einerseits politische Arenen bilden, in denen die beteiligten Akteure ihre partikularen Interessen vertreten, und andererseits als grundlegende eigenständige gesellschaftliche „Steuerungsmechanismen" (Groser 1989, S. 259) auf derselben Ebene wie beispielsweise Märkte angesiedelt werden können[39]. Für Messner (1995, 1997) sind *interorganisationale Netzwerke* ein Phänomen moderner Gesellschaften, Mayntz (1997a, S. 242) beschreibt sie als „Begleiterscheinung des Strukturwandels in modernen Gesellschaften" und als qualitativ neuen Typus von Sozialstruktur. Beide unterstreichen die zentrale Bedeutung von interorganisationalen Netzwerken für die Selbstregulierung moderner Gesellschaften. Sie gehen davon aus, dass gesellschaftliche Steuerung und Integration in der modernen Gesellschaft nur als Steuerung und Integration durch/über Organisationen vollzogen werden kann. Interorganisationale Netzwerke bilden dabei in Form „überorganisationale[r] Modi

---

[38] *Müller-Jentsch* (1996, S. 59) versteht unter *Arena* „einen ‚Ort' geregelter Konfliktaustragung und institutionalisierter Problemlösung, aber auch einen ‚Kampfplatz', auf dem die jeweiligen Akteure nicht nur ihre widerstreitenden Interessen durchsetzen, sondern auch die prozeduralen Rahmenbedingungen zu verändern trachten. In diesem Sinne ist Arena sowohl ein komplexes Institutionensystem, das festlegt, welche Formen, Interessen und Akteure zugelassen sind, als auch ein abgegrenztes Konfliktfeld, das den Akteuren für die Lösung spezifischer Probleme Handlungsmöglichkeiten – mit definierten Grenzen – einräumt." Die ursprünglich für die Analyse intraorganisatorischer Arenen geschaffene Definition ist ohne weiteres auch für die Beschreibung von Interorganisationsbeziehungen geeignet. *Kitschelt* (1980) verwendet einen ähnlichen Begriff der makropolitischen Arena, die er als „politischen Handlungsraum" (S. 18) definiert. Er betont neben der historisch-spezifischen Konfiguration vor allem die Dynamik politischer Arenen. Letztere ergibt sich aus den sich mit der Zeit „wandelnden Systemimperativen, die das Fortschreiten der kapitalistischen Akkumulation der Politik auferlegt[..]", sowie aus der „intern widersprüchlichen Organisation der Arenen und ihrer Akteure" (S. 32). Kitschelt betont die herrschaftsstabilisierende und entproblematisierende Wirkung einer „Zerlegung des politischen Feldes in einzelne Arenen mit je besonderen Beteiligungsverhältnissen" (S. 32). Die sich in einer Arena in Form von Krisen/Konflikten manifestierenden Widersprüche kennzeichnen immer den „Zusammenbruch der politischen Integrationsmuster, Widersprüche der Gesellschaftsformation aufzufangen" (S. 33).

[39] Auch Streeck/Schmitter (1996) beschreiben mit ihrem Modell der „verbandlichen Ordnung" (S. 133) als dem spezifischen Modus der Interaktion und Allokation zwischen korporativen Akteuren, deren Hauptziel die Förderung und Verteidigung funktional definierter (organisierter) Interessen ist, im Prinzip die Funktionsweise interorganisationaler Netzwerke. Wechselt man von der analytischen Ebene des Verbandes, den sie in eine Reihe mit klassischen Steuerungsformen (Ordnungsmodellen) wie Gemeinschaft, Markt und Staat stellen, auf die analytische Ebene des Organisationsnetzwerks, so kann man den von ihnen beschriebenen Phänomenen einer „verstrickten Gesellschaft" (S. 133) und des die Verbände leitenden Interaktions- und Allokationsprinzips der *„organisatorische[n] Konzertierung"* (S. 125) m.E. besser gerecht werden.

der Handlungskoordination“ (Ortmann/Sydow/Windeler 1997, S. 351) „das zentrale Integrationsmoment“ (Schneider/Kenis 1996, S. 36) in der Organisationsgesellschaft.

In interoganisationalen Netzwerken prallen die unterschiedlichen, aber gegenseitig abhängigen sozio-ökonomischen Interessen der involvierten Organisationen in Form organisationaler Macht-, (strategischer) Kooperations- und Austauschspiele aufeinander. Das Netzwerk bildet die politische Arena aus, in der die beteiligten Organisationen relativ dauerhafte, wenn auch kontingente Austausch-, Abstimmungs- und Konfliktbeziehungen konstituieren, die mit der Zeit zu verfestigten Strukturen – *„institutionellen Arrangements“* – „gerinnen“. Powell (1996) weist nach, dass in solchen dauerhaften Arrangements Ansehen und gegenseitige Interessen von zentraler Bedeutung sind. In diesem Sinne ist ein Organisationsnetzwerk auch als ein Geflecht von Macht, Abhängigkeiten, Reputationen, moralischen Verpflichtungen und Vertrauen zwischen den beteiligten Organisationen beziehungsweise Organisationseliten beschreibbar. Dabei bildet nicht Konfrontation, sondern Tausch und Aushandlung – also Verhandlung mit dem Ziel der kollektiven Entscheidung – die vorherrschende Interaktionslogik zwischen den Netzakteuren, deren Ziel quasi zwangsläufig Konsensbildung und Interessenausgleich zwischen den Organisationseliten ist[40]. Dahme (2000, S. 50) bezeichnet deshalb die dominante Interaktionsform in organisationalen Netzwerken als eine „Form *kooperativer Koordination* und *diskursiver Steuerung*“. Scharpf benutzt in ähnlicher Weise den Begriff der „positiven Koordination“ (1994, 1996) für die Beschreibung von „Dauerbeziehungen durch kooperative Orientierungen“ (1996, S. 523). In dieser Form des Zusammenwirkens ordnen die einzelnen korporativen Akteure ihre partikularen Interessen einer übergeordneten Netzwerklogik unter und verstehen sich „als Teil eines Gremiums, das auf gemeinsame Rechnung arbeitet“ (Lauer-Kirschbaum 1994, S. 214). Die Dominanz kooperativer Interaktionsformen erklärt zwar die relative Konfliktarmut in Organisationsnetzwerken. Dies schließt aber netzinterne Auseinandersetzungen und Verteilungskonflikte, die bis zu gravierenden Steuerungs-, Ressourcenverteilungs- und Legitimationskrisen oder Verhandlungsblockaden führen können, grundsätzlich nicht aus. Hinzu kommt, dass in interorganisationalen Netzwerken aufgrund unterschiedlicher Verhandlungsmacht und Ressourcenverteilung der Organisationen und der mehr oder minder großen Abhängigkeiten der Akteure voneinander strukturelle Machtasymmetrien bestehen. Bei aller Kooperations- und Konsensbereitschaft geben also immer die mächtigsten sozio-ökonomischen Interessen den Ausschlag. Die Autonomie der Netzwerkak-

---

40 Nach Benz (1995, S. 203) ermöglichen Netzwerke „in komplexen Strukturen die Aggregation von Interessen, während die Integration über anerkannte Institutionen geleistet werden muss“. Netzwerke dienen in diesem Sinne also zur „Zähmung“ von Interessenkonflikten (vgl. Schulz 1984).

teure bleibt prekär (Ortmann/Sydow/Windeler 1997). Deshalb kann man die typischerweise komplex-reziproken Netzwerkbeziehungen wohl am ehesten als „antagonistische Kooperation“ beschreiben[41]. Entscheidend für die Größe der Netzwerkstabilität ist, wie die auftretenden Konflikte und kollektiven Entscheidungen durch die Netzwerkstrukturen kanalisiert und bearbeitet werden (Döhler 1990, S. 31).

Mit der Zeit bilden sich zwischen den Netzakteuren relativ stabile und damit verfestigte „interorganisatorisch abgestimmte[..] Verhaltensstrategien“ (Döhler 1990, S. 24) und kollektive Handlungsmuster heraus. Solche „Spielregeln der Kooperation“ (Ortmann/Schnelle 2000) können nicht ohne weiteres gebrochen werden, da andernfalls die etablierten Kooperationsbeziehungen gefährdet würden. Dies bewirkt „eine jeweils spezifische Selektivität gegenüber Handlungsalternativen“ (Döhler), das heißt die (Selbst-)Einschränkung der Handlungsmöglichkeiten der Akteure, und ist damit eine Ursache für den ausgeprägten Strukturkonservatismus und die relative Unempfindlichkeit gegenüber externem Anpassungsdruck und Einflüssen aus der Netzwerkumwelt[42]. Daraus folgt, dass Strukturen und netzinterne Interaktionsprozesse in der Regel nur soweit veränderbar sind, „wie dies die Beziehungen der Akteure untereinander zulassen“ (Döhler 1990, S. 32). Hinzu kommt eine ausgesprochene Exklusivität und Selektivität jedes Netzwerks. Die kartellartige Abgeschlossenheit gegenüber der Umwelt und der „Ausschluss von Außenseitern“ (Meyer 2001) dienen dem Erhalt der eingespielten, routinisierten Verhandlungsbeziehungen und Ressourcenverteilungsmuster und einer entsprechend hohen „Erwartungssicherheit“ (Schimank 1992) zwischen den Akteuren, also dem Erhalt eines *„homöostatischen Gleichgewicht[s]“* (Lauer-Kirschbaum 1994, S. 230).

Außerdem erlangen die Organisationen durch ihre Netzwerkmitgliedschaft in der Regel nicht nur ein Repräsentationsmonopol für bestimmte Partikularinteressen, sondern zugleich einen exklusiven „Einfluss auf den Politikprozess“ (Döhler 1990, S. 24) über die „Inkorporierung [...] in staatliche Steuerungsgremien (z.B. die Konzertierte Aktion)“ (Heinze/Olk 1984, S. 174). Schubert (1995, S. 234) beschreibt solche Netzwerke in Anlehnung an Pappi (1993) auch als ein „Phänomen, in dem vorwiegend große Organisationen Politik produzieren“, weshalb die politikwissenschaftliche Forschung sie zumeist als *„Politiknetzwerke“* (Döhler 1990; Marin/Mayntz 1991; Mayntz 1992a, 1997) bezeichnet. In einem solchen (sektoralen) Organi-

---

41 Reiß (1998, S. 226) bezeichnet die „netzwerktypische Überlagerung von Kooperation und Konkurrenz“ auch als *„Koopkurrenz“*, was das latente Spannungsverhältnis zwischen Kooperation und Konkurrenz / Wettbewerb, von Vertrauen und Kontrolle / Macht ausdrücken soll.

42 Für Benz (1995, S. 202) laufen Netzwerke gerade aufgrund ihrer hohen Exklusivität immer „Gefahr, zu Kartellen konservativer Interessen zu werden“. Meyer (2001) beschreibt deshalb z.B. das Gesundheitswesen als bilaterales Kartell und fordert die „Zerschlagung der Gesundheitskartelle“.

sationsnetzwerk können sowohl öffentliche als auch private korporative Akteure miteinander zusammengeschlossen sein. Für Mayntz (1997, S. 241) sind sie Ausdruck einer „Veränderung in den politischen Entscheidungsstrukturen“. Die Netzwerkkonzeption trägt also der faktischen „Dominanz organisierter Akteure im gesamten Politikformulierungsprozess“ und „dem relativen Bedeutungsverlust staatlicher Akteure und Institutionen bei der politischen Steuerung“ (Schmid 1998, S. 56) angemessen Rechnung. Für Mayntz (1997a, S. 241) entsteht Politik „heute oft in einem Prozess, in den eine Vielzahl von sowohl öffentlichen als auch privaten Organisationen eingebunden ist“. Dabei liegt ihrer Ansicht nach der Hauptgrund für das Entstehen von interorganisationalen Netzwerken in der „gewachsene[n] Bedeutung von formalen Organisationen in fast allen Sektoren der Gesellschaft“. Die korporativen Akteure verfügen über eine eigene Macht- und Ressourcenbasis, können zunehmend eigenständig agieren und reagieren, selbstständig mit anderen korporativen Akteuren verhandeln und (temporäre) „social coalitions“ (Katzenstein) eingehen. Außerdem besitzen sie die Fähigkeit zur mehr oder weniger großen Einflussnahme auf politische Entscheidungsprozesse und erreichen im Laufe der Zeit ein hohes Maß an sektoraler Selbstregulierungs- und Selbstbindungsfähigkeit, wie dies gerade im deutschen Gesundheitswesen der Fall ist. Im Grunde beschreibt Mayntz (1997a) einen Prozess, der so alt ist wie die Organisationsgesellschaft selbst. Es handelt sich also weder um eine neuartige sozialwissenschaftliche „Modeerscheinung“ noch um lediglich eine weitere „gesellschaftliche Modernisierungsmetapher“ (Dahme 2000, S. 47). Organisationsnetzwerke sind in dem hier verstandenen Sinne nicht nur ein Indikator für die entwickelte Organisationsgesellschaft, sondern als dominante Vergesellschaftungs- und Regulierungsform für diese geradezu konstitutiv.

Die Einbeziehung organisierter Partikularinteressen in den politischen Prozess führt zwangsläufig zu einer Fragmentierung politischer Herrschaft. Dies bewirkt eine potentielle Schwächung des Staates als zentraler Herrschaftsinstanz. Der Staat übernimmt zunehmend die Rolle eines Verhandlungspartners unter anderen und des Moderators zwischen den Positionen der involvierten Organisationen. Dahme (2000, S. 49) beschreibt dies in Anlehnung an Messner als „Wandel von der ‚hierarchischen Kontrolle zur horizontalen Koordination‘“. Der „kooperative Staat“ operiert nun nach Döhler/Manow-Borgwardt (1992a, S. 572) „nicht mehr primär mit dem traditionellen hierarchischen oder regulativen Instrumentarium“, sondern setzt zum Erreichen seiner Ziele vielmehr bewusst auf Verhandlungen mit den relevanten Spitzenorganisationen (Steuerungsobjekten) sowie auf die „*Delegation* von Verhandlungsbefugnissen“ auf gesellschaftlich relevante korporative Akteure. Die im Netzwerk eingebundenen Organisationen entwickeln sich auf diese Weise zu „Stützen und Partnern des entstehenden Sozial- und Wohlfahrtsstaates [...], mit dem sie unter anderem auch die sozialbefriedigende Zielsetzung gemeinsam haben“ (Zimmer 1996, S. 45). Die Folge ist eine gegenseitige Stabilisierung von Staat und Netzwerkakteuren. Dabei ist aber zu berücksichtigen, dass auch in einem Netzwerk „mit ausgeprägter Aufgabendelegation an private Akteure [...] letzten Endes der Staat die Instanz zur allgemeinverbindlichen Normsetzung“ (Döhler 1990, S. 31) bleibt (Scharpf 1988, S. 70f.). Er behält also selbst bei einer „Strategie der defensiven Konfliktlösung“ (Lauer-Kirschbaum 1994, S. 232) und „residualen Regulierung“ (Offe 1984) entscheidenden Einfluss auf die „Spielregeln“ im Netzwerk sowie die letztendliche, wenn auch interessengeleitete Kompetenz zur Gesetzgebung und Verteilung ökonomischer Ressourcen. Insofern bleibt das Verhältnis zwischen Staat und vernetzten Organisationen ambivalent. Dies kommt vor allem in der Diskrepanz zwischen dem Anspruch der Netzakteure auf eine möglichst umfassende (sektorale) Selbstregulierungsautonomie und der faktisch durchsetzbaren Reichweite staatlicher Aufsichts- und Interventionsrechte zum Ausdruck. Es handelt sich also um ein umkämpftes Feld. Gleichzeitig führt eine entsprechende Netzwerkkonstruktion zu einer bedeutenden strukturellen und finanziellen Entlastung des Staates von öffentlichen Aufgaben und Konflikten, die in das Organisationsnetzwerk verlagert werden. Netzwerke, in denen die Akteure eine hohe Selbstregulierungsautonomie (wie bei der im Gesundheitswesen dominanten Selbstverwaltung) erreicht haben, erweisen sich allerdings gerade deshalb oft als starkes Hindernis für die Umsetzung staatlicher Reformstrategien, machen sie doch den Staat in gewisser Weise vom *„commitment“* der Netzwerkakteure abhängig. Nichtsdestotrotz besteht unter bestimmten Voraussetzungen auch die Möglichkeit der Instrumentalisierung der Netzakteure und Verhandlungsstrukturen zur Durchsetzung staatlicher Steuerungsziele (Döhler/Manow-Borgwardt 1992b, S. 64). Zum Stillstand staatlicher Politik kommt es also nicht.

Bemerkenswert ist, dass gerade im Gesundheitssektor eine starke „Vermischung von Hierarchie und Verhandlungselementen“ (Döhler/Manow-Borgwardt 1992a, S. 573) feststellbar ist. Das liegt primär an der hier vorherrschenden sehr engen Form des Zusammenwirkens von staatlichen Stellen und der überschaubaren Anzahl zentralisierter Dachorganisationen mit größtenteils öffentlich-rechtlichem Status. Insofern liegt es nahe, auch das im ambulanten Sektor vorfindbare Organisationsnetzwerk seinem Wesen nach als spezifische Variante eines *korporatistischen Arrangements* zwischen dem Staat und den Ärzte- und Krankenkassenverbänden zu begreifen[43].

Abb. 2: Das „junge" korporatistische Netzwerk aus Krankenkassenverbänden und Ärzteorganisationen im Spannungsfeld der großen Organisationsregime 1914

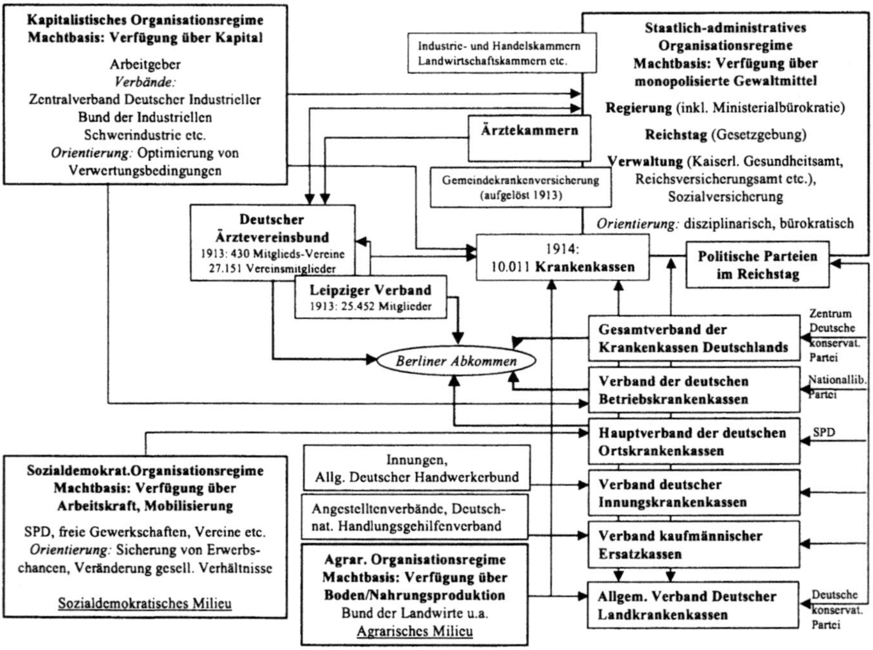

Quelle: eigene Bearbeitung in Anlehnung an Türk/Lemke/Bruch 2002, S. 190f.

[43] Die Bezeichnung des ambulanten Organisationsnetzwerks als seinem Wesen nach *korporatistisches Netzwerk*, geschieht in Anlehnung an neokorporatistische Theorieansätze (Alemann/Heinze 1981; Backhaus-Maul/Olk 1995; Heinze 1981; Heinze/Olk 1984; Lehmbruch 1983, 1984a, 1984b; Schimanck / Glagow 1984; Schmitter 1979a, 1979b, 1981; Streeck/ Schmitter 1996; Wiesenthal 1981) und soll auf die starke Verflechtung zwischen dem Staat und den Interessenorganisationen des Gesundheitswesens sowie das primär durch staatliche Rechtsetzung institutionell verankerte und durch das Netzwerk reproduzierte ärztliche Repräsentationsmonopol hinweisen. Der hier verwendete Korporatismusbegriff hat keine inhaltliche Verwandtschaft mit den beschriebenen mittelalterlichen Korporationen. Für die weiteren Überlegungen werden vor allem die idealtypischen Kriterien von *Schmitter* (1979a, S. 94) herangezogen, der Korporatismus als ein System der Interessenvermittlung begreift, dessen „wesentliche Bestandteile organisiert sind in einer begrenzten Anzahl singulärer Zwangsverbände, die nicht miteinander in Wettbewerb stehen, über eine hierarchische Struktur verfügen und nach funktionalen Aspekten voneinander abgegrenzt sind. Sie verfügen über staatliche Anerkennung oder Lizenz, wenn sie nicht sogar auf Betreiben des Staates hin gebildet worden sind. Innerhalb der von ihnen vertretenen Bereiche wird ihnen ausdrücklich ein Repräsentationsmonopol zugestanden, wofür sie als Gegenleistung bestimmte Auflagen bei der Auswahl des Führungspersonals und bei der Artikulation von Ansprüchen oder Unterstützung zu beachten haben" (vgl. Henninger 1986, S. 14; Veith 1988, S. 21). Legt man diese Kriterien zugrunde, so kann das im folgenden untersuchte Netzwerk aus Krankenkassen, Ärzteorganisationen und staatlichen Akteuren als eine spezifische Form von *„sektoralem Korporatismus"* (Lehmbruch 1984a, 1996; Czada 2000) beschrieben werden.

Die Entwicklungsgeschichte solcher korporatistischen Netzwerkstrukturen beginnt mit der Etablierung der Organisationsgesellschaft, also gegen Ende des 19. Jahrhunderts. Wehler (1995, S. 664) beschreibt beispielsweise mit seinem historischen Strukturtypus des „Korporativismus“ die Herausbildung und den Aufstieg stabiler korporatistischer Arrangements zwischen dem deutschen Interventionsstaat und ausgewählten privaten Interessenorganisationen in verschiedenen gesellschaftlichen Teilbereichen bereits seit den siebziger Jahren des 19. Jahrhunderts. Auf diese Weise schälte sich „ein ‚neuer Realtypus' von hochentwickeltem Kapitalismus, bürgerlicher Gesellschaft und aktionswilligem Staat heraus, die zusammen ein enges Netzwerk“ (Wehler 1995, S. 675) bildeten. Auch dies ist ein Merkmal dafür, dass korporatistische Organisationsnetzwerke annähernd so alt sind, wie die Organisationsgesellschaft selbst und von Anbeginn an einen wesentlichen Teil ihrer Herrschaftsstruktur darstellten.

Für den zu untersuchenden Bereich der ambulanten medizinischen Versorgung müssten sich dementsprechend die (institutionellen) Wurzeln des sektoralen Organisationsnetzwerks aus Ärzteorganisationen, Kassenverbänden und staatlichen Stellen nahezu bis zur Etablierung der Gesetzlichen Krankenversicherung im Jahre 1883 zurückverfolgen und als „mögliche Reaktionsweise[..] auf historisch konkrete und bestimmte Problemkonstellationen“ (Kastendiek 1984, S. 92) rekonstruieren lassen. Die Entwicklungsgeschichte und -dynamik dieses Netzwerks mit seiner hohen strukturellen Kontinuität, aber auch mit historischen Kontinuitätsbrüchen muss hinsichtlich der Auswirkungen auf seine Zusammensetzung und Funktionsweise sowie die darin verfestigten Interessenkonstellationen, Handlungsmuster und Konfliktlinien innerhalb des gesamtgesellschaftlichen Kontextes beschrieben werden.

Entscheidend ist, dass korporatistische Organisationsnetzwerke dazu tendieren, „ein ‚Eigenleben' zu entwickeln und eben dadurch eine eigene Abhängigkeits-, aber eben auch Vorteilsstruktur zu entwickeln“ (Schubert 1995, S. 236). Zugleich bilden sie „eine die internen Konflikte um Struktur- und Verteilungsfragen überwölbende kollektive Identität“ (Lauer-Kirschbaum 1994, S. 222) aus. Wehler (1995, S. 674) beschreibt zum Beispiel, dass korporatistische Arrangements, die in den siebziger Jahren des 19. Jahrhunderts „fast am Nullpunkt“ angetreten sind, „binnen relativ kurzer Zeit [...] den Status von ‚privaten Regierungen'“ erlangt haben. Organisationsnetzwerke entwickeln also eigene *Entwicklungs- und Handlungslogiken*[44], die nicht nur den Interessen der einzelnen Organisationen und ihrer Mitglieder wi-

[44] Schubert (1995) identifiziert mindestens drei Netzwerklogiken: eine Struktur-, eine Akteur- und eine Innovationslogik, die sich in einem durchaus widersprüchlichen Prozess im Phänomen des Netzwerks vereinigen. Lauer-Kirschbaum (1994) sieht zwei Handlungslogiken, die in der GKV zusammentreffen: eine *Verwaltungslogik* und eine *Logik des verbandlichen Handelns*.

dersprechen, sondern auch staatliche Steuerung unterlaufen und „Reformblockaden“ (Rosewitz/Webber) verursachen können. Kappelhoff (2000b, S. 375) bezeichnet ein Netzwerk deshalb auch als ein „neues versachlichtes Herrschaftsmuster“; für Grande (1985) bildet das Netzwerk eine eigene (spezifische) Herrschaftslogik aus. Hinzu kommt, dass Netzwerke die selbst (re-)produzierten negativen Handlungsfolgen und Transaktionsrisiken zu Lasten Dritter externalisieren. Dies verschafft ihnen zwar Vorteile, verursacht aber der Gesamtgesellschaft erhebliche Folgekosten und Probleme[45]. Einige Autoren behandeln Organisationsnetzwerke deshalb nicht mehr als eher (lose) Beziehungsgeflechte zwischen autonomen korporativen Akteuren. Stattdessen betrachten sie sie als „Protoorganisation“ (Waarden 1992), „Steuerungssubjekt“ (Scharpf 1994), „Kollektivakteur“ oder „korporativen Akteur höherer Ordnung“ (Teubner 1996), der sich „zugleich als formale Organisation und als Vertragsbeziehung zwischen autonomen Akteuren formiert“ (Teubner 1996, S. 548).

---

45 Teubner (1996, S. 553) nennt Netzwerke deshalb eine „vielköpfige Hydra“. Luhmann (1995, S. 127) bezeichnet sie als „Parasiten, die von Organisationen leben und an ihnen wachsen, ohne sich durch sie kontrollieren zu lassen“. Vgl. auch Hutter/Teubner 1993.

III. Entwicklungslinien in der Organisationsgeschichte von Krankenkassen und Kassenärzteschaft

Der uns heute so geläufige ambulante Sektor wird im folgenden als *„organisationales Feld"* (DiMaggio/Powell 1983) begriffen, dessen institutioneller Rahmen seit 1883 von der Gesetzlichen Krankenversicherung gebildet wird[46]. Allerdings betraten die maßgeblichen Akteure – Krankenkassen und Ärzteorganisationen – die gesundheitspolitische Bühne nicht erst mit Entstehung der Gesetzlichen Krankenversicherung im Jahre 1883. Sie besitzen vielmehr organisationale Wurzeln, die weit in die Geschichte zurückreichen. Die historische Sozialpolitikforschung zieht deshalb in der Geschichte der Krankenversorgung Entwicklungslinien, die von antiken Formen der Krankenunterstützung über die mittelalterlichen Zunft-, Gesellen- und Knappschaftskassen bis zum Erlass des *„Gesetzes betreffend die Krankenversicherung der Arbeiter"* von 1883 reichen. Die damit initiierte Form einer öffentlich-rechtlichen Krankenversicherung hatte also historische Vorläufer. Insofern war sie gerade auf organisatorischem Gebiet weder grundsätzlich ein „Sprung ins Dunkle" (Tennstedt 1976a, S. 386), noch basierte ihre Entstehung auf staatlicher Willkür oder geschichtlichem Zufall. Sie entstand vielmehr aus „innerer [historischer; T.T.] Notwendigkeit heraus" und entsprach „den Gesetzen geschichtlicher Entwicklung" (Dierks 1922, Sp. 26). Im hier verstandenen Sinne korrespondierte die Gesetzliche Krankenversicherung deshalb auf gesundheitspolitischem Gebiet mit den Funktionserfordernissen und -logiken der im Entstehen begriffenen Organisationsgesellschaft. Neben den Krankenkassen durchlief dabei auch die organisierte Ärzteschaft eine Entwicklung, die bis ins Mittelalter zurückreichte und vor Etablierung der Gesetzlichen Krankenversicherung nur marginal durch die Kassen beeinflusst wurde. Insofern entwickelten sich beide Organisationstypen bis zu einem gewissen Grad zwar zeitlich parallel, allerdings nahezu unabhängig voneinander. Sie formten dabei zunächst eigenständige Populationen und organisationale (Teil-)Felder aus, die erst durch die Gesetzliche Krankenversicherung allmählich zu einem

---

46 Der Prozess, der zur Institutionalisierung eines *„organisationalen Feldes"* erforderlich ist, besteht aus vier Aspekten: 1. der Zunahme des Ausmaßes der Interaktion zwischen den Organisationen im Feld, 2. der Entstehung von interorganisationalen Beherrschungsstrukturen und Verbindungsmustern, 3. einer Zunahme der Informationsdichte, welche die Organisationen bewältigen müssen, und 4. der Entwicklung des Bewusstseins der organisationalen Akteure, dass sie in einen gemeinsamen Bereich eingebunden sind sowie der Bildung gemeinsamer Deutungssysteme bzw. gemeinsamer Ideologien (DiMaggio/Powell 1983; Türk 1997a, S. 139; Walgenbach 1995).

gemeinsamen Feld verkoppelt wurden. Dabei brachten beide Organisationstypen ihre historisch-spezifischen Entwicklungslogiken und *isomorphistischen Anpassungsprozesse* in das gemeinsame organisationale Feld ein. Im folgenden soll deshalb zunächst die Organisationsgeschichte der Krankenkassen und der Ärzteschaft detailliert rekonstruiert werden. Darüber hinaus wird versucht, die spezifische Rolle des Staates bei der normativen Gestaltung des organisationalen Feldes und der Interorganisationsbeziehungen herauszuarbeiten. Auf Grundlage der historischen Wurzeln und Entwicklungslinien von Krankenkassen und Ärzteorganisationen soll dann die vor 1883 einsetzende, danach aber rasant fortschreitende Dynamik von Organisationsgründungen und -gegengründungen und die spezifischen isomorphistischen Anpassungsbewegungen im Feld sowie die jeweiligen Akteurlogiken und Interessenkonstellationen nachvollzogen werden.

1. Felder der Organisierung I: Die Organisierung der Arbeitsbevölkerung in Krankenkassen

1.1 Vorläuferformen des modernen Kassenwesens

1.1.1 Genossenschaftliche Formen der Krankenunterstützung

Die historischen Wurzeln des heutigen Krankenkassenwesens lassen sich bis zu den Frühformen kollektiver Unterstützung im Krankheitsfall des Altertums zurückverfolgen. So gab es bereits in den Stadtstaaten des antiken Griechenlands und der Römischen Republik seit dem 4. Jahrhundert vor unserer Zeitrechnung freiwillige private Unterstützungskassen zur Sicherung des Einkommensausfalls bei Krankheit sowie solidarische Krankenhilfsvereine auf Gegenseitigkeit der freien Bürger („collegia tenuiorum"). Diese frühen Kassen gewährten ihren erkrankten Mitgliedern nach dem Umlageprinzip neben Naturalleistungen in Form von Lebensmitteln oder ärztlicher Behandlung durch einen angestellten Vereinsarzt vor allem Geldleistungen (Darlehen) zur Bezahlung der medizinischen Versorgung und Überbrückung des krankheitsbedingten Einkommensausfalls. Darüber hinaus bestanden Zugangsbeschränkungen in Form von Eintrittsaltershöchstgrenzen, Gesundheitsnachweisen von Beitrittswilligen oder

Mitgliedschaftsbeschränkung auf bestimmte Berufsgruppen. Hinzu kamen Bestimmungen, nach denen die Mitglieder ausschließlich den angestellten Vereinsarzt oder einen Distriktarzt zur Behandlung aufsuchen durften. Das Vorliegen eines Unterstützungsfalls wurde durch Beauftragte des Vereins überprüft und der Verlauf der Genesung überwacht. Außerdem sahen die Vereinsstatuten detaillierte Bestimmungen über die Verhängung von Disziplinarstrafen wegen ordnungswidrigem Verhalten vor (Herder-Dornreich 1994, S. 33-41; Lyskowski 1988; Peschke 1962, S. 23-28; Peters 1978; Pfeffer 1968, 1969; Schirbel 1930, S. 21- 34).

Im Mittelalter entstanden dann in den aufstrebenden Städten die Handwerkerzünfte. Ihrem Wesen nach waren sie „Zwangsgenossenschaften“ (Schirbel 1930, S. 83) beziehungsweise Korporationen, „deren vielseitige Befugnisse den ganzen Lebensinhalt eines mittelalterlichen Gewerbetreibenden regulierten“ (Schirbel 1930, S. 83) und damit eine Totalinklusion ihrer Mitglieder vornahmen. Zunftzwang (Pflichtmitgliedschaft) und Zunftbann (Ausschluss) wurden entscheidende Grundlagen der städtischen „Produktivgemeinschaft der Handwerker“ (Schirbel 1930, S. 83). Dem umfassenden Regulierungsanspruch der Zünfte entsprach es, dass sie sogenannte *„Zunftbüchsen“* oder *„Zunftladen“* schufen, die primär zur gegenseitigen Unterstützung der Zunftgenossen bei Krankheit, Unfall und im Alter dienten. Die Kassen wurden von den „Älterleuten“ der Zünfte verwaltet und waren lange Zeit organisatorisch nicht von den Zünften zu trennen. Die Finanzierung von Unterstützungsleistungen erfolgte aus dem allgemeinen Zunftvermögen. Hierzu zählten insbesondere die obligatorischen Beitrittsgelder für Neumitglieder sowie die von der Zunftversammlung beschlossenen jährlich von jedem Meister zu leistenden Beitragszahlungen in Form von Umlagen. Darüber hinaus wurden Gebühren (Gefälle) für besondere Zunfthandlungen sowie Strafgelder erhoben. Auf diese Weise entstand in den mittelalterlichen Städten, „in denen oftmals die Hälfte der Bevölkerung ein Handwerk betrieb, [...] ein gut organisiertes kollektives Fürsorge- und Vorsorgesystem“ (Herder-Dornreich 1994, S. 45). Wie später in der Gesetzlichen Krankenversicherung konnte auch bei den Zünften zwischen „versicherten“ (aktiven) Mitgliedern und „mitversicherten“ passiven (Nicht-)Mitgliedern unterschieden werden. Aktive Mitglieder waren alle Handwerksmeister des entsprechenden Gewerbes einer Stadt. Zu den darüber hinaus „mitversicherten“ Personengruppen gehörten die Familienangehörigen der Meister sowie ihre Gesellen und Lehrlinge, die in der Regel im Haushalt des Meisters lebten. In vielen Zünften wurden die Gesellen auch zur Leistung eines eigenen Beitrags an die Zunftbüchse verpflichtet, ohne hierdurch allerdings zu gleichberechtigten Vollmitgliedern zu werden. Sie „nahmen im Organismus der Zunft die Stellung von passiven Mitgliedern ein“ (Schirbel 1930, S. 86), besaßen also kein

Wahlrecht oder Mitspracherecht in der Zunft, bekamen allerdings im Krankheitsfall die gleiche Unterstützung wie die Handwerksmeister und deren Familien[47]. Generell wurde Unterstützung nur dann gewährt, wenn „der Zunftgenosse nicht aus eigenen Mitteln seiner Notlage abhelfen konnte“ (Schirbel 1930, S. 85), das heißt in der Regel nur bei schwerwiegenden und langwierigen Erkrankungen oder Unfällen. War dies der Fall, so wurde dem Notleidenden aus der Büchse eine Geldunterstützung zur Finanzierung der Krankenbehandlung und zur Existenzsicherung in Form eines Darlehens gewährt, das entsprechend dem Ehrenkodex der Zunft nach Wiedererlangung der Erwerbsfähigkeit zurückgezahlt werden musste. Größere Zünfte gingen später dazu über, den erkrankten Mitgliedern den Einkommensausfall durch ein sogenanntes „Wochengeld“, eine Vorform des Krankengeldes, zu ersetzen. Das Vorliegen einer Anspruchsberechtigung wurde vor allem durch unangemeldete Krankenbesuche des „Ältermanns“ oder Hinzuziehung eines Arztes zur Begutachtung geprüft. Viele Zünfte, wie beispielsweise die Wittenberger Fleischer- und Schuhmacherinnung, unterhielten außerdem Verträge mit einem oder mehreren Spitälern, in denen kranke Mitglieder und deren Angehörigen sowie in aller Regel auch ihre Gesellen auf Kosten der Zunftbüchse Krankenpflege und Heilmittel erhielten. Alte und Invalide bekamen Wohnung und Verpflegung bis an ihr Lebensende in einem vertraglich verbundenen Hospital gestellt, sofern die Lage der Betroffenen dies erforderte. Vereinzelt wurde auch eine Bar-Rente gezahlt. In der Regel erstreckten sich die Unterstützungsleistungen auch auf die Witwen und Waisen der verstorbenen Meister. Bei den Zünften findet man also bereits „das Prinzip des intertemporalen Einkommensausgleichs, bei dem die noch Berufstätigen die Alterssicherung übernehmen“ (Herder-Dornreich 1994, S. 46). Darüber hinaus wurde zumeist auch ein „Sterbegeld“ zur Deckung der Beerdingungskosten gewährt.

Mit dem Bedeutungszuwachs der sozialen Sicherung im Krankheitsfall entstand in der entwickelten Feudalordnung die Tendenz zur Ausgliederung der Finanzierung der entspre-

---

[47] Da die Gesellen im Haushalt des Meisters wohnten, wurden sie bei leichteren Krankheitsfällen dort versorgt und gepflegt, wie dies der Fürsorgepflicht der Zunftmeister und der Sozialform des „ganzen Hauses“ entsprach. Allerdings wird ein Geselle während seiner Erkrankung keinen Geldlohn erhalten haben. Die Zunftbüchse gewährte vor allem für diesen Einkommensausfall ein Darlehen, mit dem der Erkrankte die Kosten für heilkundigen Rat, Arzneimittel und sonstige kleinere Bedürfnisse bezahlen konnte. Bei schweren und langwierigen Erkrankungen erhielt er auf Kosten der Zunftbüchse Behandlung und Pflege in einem Hospital. Nach Schirbel (1983, S. 87) genügte die Krankenhilfe „zwar nur der äußersten Notdurft, aber sie bewahrte den Gesellen vor dem gesellschaftlichen Abstieg, in den er durch eine Krankheit hineingerissen worden wäre.“ Schirbel sieht hierin den entscheidenden Vorteil, den ein jeder Geselle aus der sein Leben ansonsten streng reglementierenden und disziplinierenden Zunft zog. Für den einzelnen Meister bedeuteten die Unterstützungsleistungen der Zunftbüchse an seinen Gesellen die Auslagerung eines Teils seiner Fürsorgepflicht auf die Gemeinschaft der Meister, das heißt eine gewisse (materielle) Entlastung. Darüber hinaus stellten die Meister einem erkrankten Kollegen oder seiner Witwe bei Bedarf ihre eigenen Gesellen zur Weiterführung des Betriebs zur Verfügung (Schirbel 1930, S. 85f.).

chenden Unterstützungsleistungen aus der allgemeinen Zunftkasse[48]. Auf diese Weise entstanden erste mehr oder weniger selbstständige „Laden“ oder „Kassen“, „deren konsequente Weiterentwicklung schließlich in zunfteigenen Hilfskassen mündete“ (Herder-Dornreich 1994, S. 47). Während die Mitgliedschaft in der Zunft weiterhin für alle Meister obligatorisch blieb, war der Beitritt zu einer eigenständigen Hilfskasse ab diesem Zeitpunkt freiwillig. Die Externalisierung der Aufgabe der Unterstützung und Pflege der Zunftmitglieder im Krankheitsfall inklusive der hierfür benötigten Ressourcen auf eigene Kassen war eine der ersten Durchbrechungen des bisher multifunktionalen Charakters der Zünfte. Sie stellte eine frühe Form von auf bestimmte Aufgaben spezialisierten, eigenständigen Gebildekonstrukten dar. Die Kassen blieben aber unter dem unmittelbaren Einfluss der Zünfte und stellten deshalb noch keine korporativen Akteure im eigentlichen Sinne dar (Fröhlich 1976; Herder-Dornreich 1994; Kleeis 1981, S. 30f.; Schirbel 1930, S. 78-91).

Mit der Ausbildung erster Lohnarbeitsverhältnisse entfiel im fortschreitenden Mittelalter allmählich „die bis dahin gegebene Garantie der Reproduktion der abhängigen Arbeitskraft bei Krankheit und Not in der Sozialform des ‚ganzen Hauses' als organisatorische Einheit von Produktion, Konsumtion und generativer Reproduktion“ (Rodenstein 1978, S. 115). Zugleich stieg die Zahl der Handwerksgesellen rasch an und übertraf alsbald den Bedarf an Nachwuchsmeistern bei weitem. Die Zünfte erschwerten deshalb durch eine Vielzahl von Reglementierungen und Vorschriften den Zugang zu den begehrten aber begrenzten Meisterstellen auf künstliche Weise. Diese Entwicklung führte in der Folgezeit allerdings zu schweren sozialen Konflikten zwischen Gesellen und Meistern. Sie leitete schließlich die Entstehung eigenständiger, berufsständisch geschlossener *Gesellenverbände* mit jeweils eigenen Unterstützungskassen ein. Kennzeichnend war auch hier, dass die Gesellenverbände („Bruderschaften“, später „Gesellenschaften“) ebenso wie die Zünfte den ganzen Menschen „mit seiner ganzen Persönlichkeit, in allen seinen Lebensäußerungen“ (Schirbel 1930, S. 94) umfassten – also eine Totalinklusion der involvierten Subjekte vornahmen – und damit massiv disziplinierend auf den gesamten Lebensvollzug und das „Seelenheil“ ihrer Mitglieder einwirkten. Für alle örtlich ansässigen Gesellen eines Berufsstandes wurde die Mitgliedschaft obligatorisch. Nach außen, gegenüber den Angehörigen anderer Berufsstände, schloss sich die „Gesellenschaft“ hingegen scharf ab und reproduzierte damit die „gewerksmäßige Segregation“ (Fre-

---

48 Die Ausgliederung von Unterstützungsleistungen wurde vom Staat forciert. Der Herzog zu Braunschweig Wolfenbüttel erließ z.B. 1688 ein Reglement über Einrichtung und Verwendung gesonderter Zunftladen zur Krankenunterstützung. Ziel war die Zweckbindung der Zunftressourcen (Herder-Dornreich 1994, S. 47).

vert 1984, S. 258) der Zünfte[49]. Die multifunktional ausgerichteten Gesellenverbände hatten nicht nur gewerkschaftsähnliche, berufsständische und politische Zielsetzungen, die sie gegenüber den Zünften und dem Magistrat der Stadt vertraten, sondern sie dienten auch als Arbeitsvermittlungsstelle für Wandergesellen und leisteten Zuwendungen bei Arbeitslosigkeit. Sie waren Zentren sozialer Kommunikation und Geselligkeit mit regelmäßigen Mitgliederversammlungen (Auflagen). Zugleich übernahmen die Gesellenverbände von den Zünften die Aufgabe der sozialen Sicherung für ihre Mitglieder und befreiten diese damit von bisherigen Fürsorgeverpflichtungen[50]. Die Gesellenverbände bildeten eigene, berufsständisch exklusive Selbsthilfeeinrichtungen – sogenannte *„Bruderladen"* oder *„Gesellenladen"* – nach Vorbild der Zunftkassen aus, mit denen die Mitglieder genossenschaftlich vor allem gegen die Folgen von Arbeitsunfall und Krankheit abgesichert werden sollten[51]. Im Gegensatz zu den Zünften

---

49 Bei den Gesellenverbänden handelte es sich quasi um Kopien der Zünfte, aus denen sie im Zuge eines Prozesses der Rollendifferenzierung zwischen Meistern und Gesellen hervorgingen. Die Gesellen bildeten eigene berufsständische Identitäten aus, deren Grundpfeiler ihre „Gesellenschaft" war. Sie war eine Art Gegengründung zur Zunft von der sie sich abgrenzten und „alle Gesellenangelegenheiten in bewusstem Gegensatz zu den Meisterrechten in die Hand" (Schirbel 1930, S. 95) nahmen. Nun verhandelten die Gesellenschaften mit den Zünften über Arbeitsbedingungen und Löhne, kontrollierten die Lehrlingsausbildung, die Einstellungspraxis und das Herbergswesen, regelten die Unterstützung für wandernde Gesellen sowie die Krankenbehandlung und -pflege der Mitglieder und schlossen Koalitionen mit anderen Gesellenverbänden. Die Bruderschaft der Gesellen – nach Schirbel (1930, S. 97) ein „mächtig gewordenes korporatives Gebilde" – wies eine quasi-extroverse Orientierung auf, ohne aber die organisationstypische primäre Ausrichtung auf die Kontrolle und Subsumtion Dritter anzunehmen. Ihrem Wesen nach war sie selbstreferentiell, definierte sich aber über die Abgrenzung von Zünften und anderen Berufsständen. Bei der Gestaltung der Innenverhältnisse imitierten die Gesellen die Verhaltensweisen und Ordnungsbegriffe der Zünfte und übernahmen deren multifunktionale Ausrichtung. Die berufsständische Identität der Gesellen und ihrer Verbände beruhte damit auf einem dialektischen Verhältnis von Abgrenzung von Zunft und Meisterstand und der gleichzeitigen Übernahme zahlreicher Zunfttraditionen als Basis für die eigene Vergemeinschaftung. Die Gesellen definierten sich als zukünftige Meister und betonten bei allen Unterschieden stets die Gemeinsamkeiten. Gesellenverbände und Zünfte waren personell eng miteinander verflochten. So sahen z.B. viele Verbandsstatuten eine gemeinsame Verwaltung der Gesellenlade durch den Altgesellen und einen Zunftmeister vor. Im Gegenzug wurden Gesellenabordnungen am gewerblichen Gericht und am Zunftgebot beteiligt (Schirbel 1930, S. 97).

50 Für die Zünfte bedeutete dies eine Verantwortungs- und Kostenentlastung. Die Zunftressourcen konnten ausschließlich für die Meister und ihre Angehörigen verwandt werden. Diese Ausgliederung von Versorgungsaufgaben stand in engem Zusammenhang mit dem Ende der Einbindung der Gesellen in den Haushalt des Meisters und der Etablierung der kapitalistischen Produktionsweise. Das Verhältnis des Gesellen zum Meister wandelte sich von einem „patriarchalischen Knechtverhältnis" (Schirbel 1930, S. 96) in ein privatrechtliches Vertragsverhältnis. Damit gewann der Geselle Einfluss auf Lohnhöhe und Arbeitsbedingungen und entzog sich dem disziplinierenden Zugriff des Meister auf seine Lebensführung. Für die dermaßen „befreiten" Gesellen entstand zwangsläufig die Notwendigkeit einer eigenen Sicherung vor Reproduktionsrisiken. Der Geldlohn schuf die materielle Basis für eigene Unterstützungsfonds auf genossenschaftlicher Basis.

51 Die Gesellenladen waren nicht auf die Krankenunterstützung beschränkt, sondern zugleich Unterstützungsfonds für streikende oder arbeitslose Gesellen. Nach Peschke (1962, S. 47) war die Bruderlade immer auch „Kampflade". Deshalb waren die Gesellen oft obrigkeitlichen Angriffen ausgesetzt. Ziel war es, die Laden auf ihren sozialen Unterstützungszweck zu beschränken und alle darüber hinausgehende Aktivitäten zu unterbinden. Kleeis (1981, S. 34) führt die Verordnungen der Städte Hagenau (1500) und Schlettstadt (1504) an, die bezweckten, „die Verwendung der Gelder der Bruderschaftskassen zu anderen als zu Krankenzwecken zu verhindern. Damit sollte besonders dem ‚Umherlungern der streikenden Knechte' entgegengetreten werden". Vielerorts ließ der Rat der Stadt den Gesellen die Lade „wegnehmen und bei einem ihm zuverlässig erscheinenden Zunftmeister verwahren" (Peschke 1962, S. 46).

erhoben die Gesellenverbände von Anfang an regelmäßige Zwangsbeiträge, deren Höhe oft an den Lohn als Bemessungsgrundlage geknüpft war. Schirbel (1930, S. 96) berichtet allerdings, dass der Mitgliedsbeitrag beziehungsweise die Umlagen je nach den zu tätigenden Ausgaben und den gebildeten Rücklagen einer Gesellenlade relativ oft in der Höhe schwankten[52]. Die Entscheidung über die Gewährung von Unterstützungsleistungen an einen erkrankten oder verunglückten Gesellen erfolgte in der Regel durch Abstimmung der zur Auflage Erschienenen und oblag damit vielfach der Willkür der Anwesenden. Erkrankte ein Geselle, so erhielt er in der Frühzeit der Gesellenverbände meistens einen geringen einmaligen Geldbetrag in Form eines Darlehens zur Bezahlung der Krankenbehandlung und zur Existenzsicherung, in späteren Zeiten zumeist ein fortlaufendes wöchentliches Krankengeld, das in der Regel einen in den Statuten festgelegten Prozentsatz seines Wochenlohnes ausmachte. Dabei war die Dauer der Krankengeldzahlungen selten fixiert, „man zahlte solange, als Geld in der Lade vorhanden war" (Schirbel 1930, S. 96). Der Altgeselle, an Stelle des Büchsenmeisters, brachte dem erkrankten Mitglied das Krankengeld ins Haus. Er sorgte außerdem für seine notwendige ärztliche Behandlung und Versorgung auf Kosten der Gesellenlade, kontrollierte dabei allerdings zugleich auch den Fortschritt der Genesung und ob sich der Erkrankte durch genesungsförderliches und kostenbewusstes Verhalten seiner Unterstützung „würdig" erwies. Schirbel (1930, S. 96) berichtet, dass eine Reihe von Gesellenverbänden ihre erkrankten Mitglieder von eigens angestellten Ärzten behandeln ließen. Der erkrankte, in der Regel unverheiratete Geselle kurierte seine Krankheit zunächst zu Hause, das heißt in der von ihm bei Privatleuten oder in einer Herberge angemieteten Kammer aus. Logierte er noch bei seinem Handwerksmeister, so wurde er bei leichteren Erkrankungen vielfach auch weiterhin von diesem oder der Meisterin gepflegt, wohnte er in einer Herberge, so schloss der Verband oftmals eine Vereinbarung mit dem Herbergsvater über die Form der Krankenpflege. „Bei längeren Erkrankungen leisteten Mitgesellen oft Tag und Nacht Hilfe; viele Gesellenbrüderschaften und -verbände machten jedem die Auflage, im Krankheitsfalle eines Mitgesellen, Krankenpflege und Krankenwache zu übernehmen" (Herder-Dornreich 1994, S. 48). Dies schonte einerseits die begrenzten Kassenmittel und diente anderseits der umfassenden Krankenkontrolle

[52] Viele Laden gerieten durch die geringe Mitgliederzahl bei größeren Unterstützungsleistungen schnell in Schwierigkeiten und mussten die benötigten Mittel entweder auf die gesunden Mitglieder umlegen (Reziprozitätsprinzip) oder die Unterstützung einstellen. Aufgrund ihrer multifunktionalen Ausrichtung wendeten sie nur ein Bruchteil der Einnahmen für die Krankenunterstützung auf. Schirbel (1930, S. 96) macht deshalb auch nicht diese Ausgaben für die schwankenden Umlage-/Beitragshöhen verantwortlich, sondern die Belastung der Lade mit Ausgaben für die „Unterhaltung der Gesellenherberge, zur Unterstützung arbeitsloser Wanderburschen, zu festlichen Veranstaltungen der Gesellen, zu Gastereien und nicht zuletzt zu häufigen Trinkgelagen derselben" sowie für ein jedem garantiertes Begräbnis nach Gesellenbrauch.

und gegenseitigen Überwachung, um Simulantentum zu verhindern. Erst wenn diese Formen der disziplinierenden Fürsorge durch die Gemeinschaft der Gesellen nicht mehr ausreichten, wurde eine Krankenhausbehandlung erwogen. In diesem Fall brachte der Altgeselle den Erkrankten in das Hospital, mit dem der Gesellenverband einen Vertrag zur Behandlung und Pflege seiner Mitglieder gegen Entrichtung einer jährlichen Pauschalgebühr geschlossen hatte. In Hamburg hatte beispielsweise 1643 die Gesellenschaft der Schneider mit dem örtlichen Armen-, Gast- und Krankenhaus „auf ewige Zeiten" einen Vertrag geschlossen, nachdem dieses für zwei Mitglieder des Verbandes „so mit Krankheit und Leibesschwachheit befallen", für die Zahlung eines einmaligen Betrags von 700 Reichstalern die notwendige Unterbringung und Verpflegung zu gewähren hatte (Kleeis 1981, S. 34). Interessant sind die von den Gesellenverbänden entwickelten Formen der Krankenunterstützung insbesondere deshalb, weil sie „durch ihren korporativen Zusammenschluss und ihren brüderlichen Geist eine Krankenhilfe auf dem Gegenseitigkeitsprinzip" (Schirbel 1930, S. 99) schufen, die eine entscheidende Grundlage für die spätere Entwicklung des modernen Kassenwesens bildete (Fröhlich 1976; Herder-Dornreich 1994, S. 47-48; Kleeis 1981, S. 32-35; Kocka 1990; Peschke 1962, S. 46-47; .Schirbel 1930, S. 94-99).

Im Bergbau lassen sich erste Formen kollektiver Selbsthilfe bis in das 12. Jahrhundert zurückverfolgen. Dies liegt einerseits an den besonderen Gefahrenquellen des Bergbaus, andererseits in dem Umstand begründet, dass die Bergleute oder besser Bergknappen von keinem Grundherrn abhängig waren und als Eigenlehner in genossenschaftlich organisierten Berggemeinschaften auf eigene Rechnung und eigenes Risiko die Bodenschätze abbauten. Die mittelalterlichen Bergleute verfügten damit über Privilegien, wie sie außer ihnen keine andere Berufsgruppe besaß. Sie waren Freie, hatten das Recht der Freizügigkeit, waren von Steuern und Abgaben befreit, besaßen das Recht des Waffentragens und hatten eine eigene Berggerichtsbarkeit für ihre zivilen Rechtsstreitigkeiten und Kriminalsachen. Über ihre korporativen Zusammenschlüsse, die Berggemeinschaften oder *Bergknappschaften*, entwickelten die Bergleute schon sehr früh Formen gegenseitiger Unterstützung bei Unfall, Krankheit und Invalidität ,zunächst in Form der bereits bekannten „Bruderbüchse". Hierbei wurden die finanziellen Mittel zur Fürsorge für erkrankte oder verunglückte Knappen sowie gegebenenfalls für Darlehen an die Notleidenden auf die Gemeinschaft der Knappen umgelegt, anfangs in Form freiwilliger Spenden. Da bei einem solchen Verfahren die Kassen keine stabilen Rücklagen bilden konnten, waren sie stets anfällig für finanzielle Engpässe bei unerwartet auftretenden Leistungsfällen. Deshalb gingen viele Kassen dazu über, einen sogenannten „Büchsenpfennig" als regelmäßig einzuzahlenden Zwangsbeitrag von allen Mitgliedern zu erheben (Kleeis 1981, S. 25). In ihrer Frühzeit zahlten die *Knappschaftskassen* kein Krankengeld als Einkommensersatz aus. Vielmehr verrichteten die gesunden Knappschaftsmitglieder an Stelle des Erkrankten die ihm im Bergwerk obliegende Arbeit bis zu seiner Genesung mit, so dass dem Arbeitsunfähigen kein Verdienstausfall entstand. Viele Knappschaften bemühten sich außerdem um den Bau und den Unterhalt eines eigenen Krankenhauses. „Dort wurden Kranke und Verletzte von heilkundigen Personen behandelt, dauernd siech Gewordene aber für immer verpflegt. An Orten, wo die Knappschaft ein eigenes Hospital nicht besaß, war es ein von einer religiösen oder weltlichen Korporation errichtetes Hospiz, welches ausschließlich zur Aufnahme von Bergleuten bestimmt war und aus dauernden Beitragsverpflichtungen der Knappschaft unterhalten wurde" (Schirbel 1930, S. 103). Ab dem 13. Jahrhundert begann die Umwandlung der genossenschaftlichen Berggemeinschaften in kapitalistische Bergwerksunternehmungen, die sogenannten Gewerke oder Gewerkschaften. Sie bildeten Vorformen der heutigen Aktiengesellschaften. Damit wurden die vormals selbstständigen Bergknappen allmählich zu unselbstständigen Lohnarbeitern. Zeitlich parallel entwickelten sich aus den Bruderschaften der Knappen und ihren Bruderbüchsen bis zum 16. Jahrhundert die Knappschaften als betriebliche Bergarbeitervereinigungen und die Knappschaftskassen, denen das Fürsorgewesen für erkrankte, verunglückte und invalide Bergarbeiter und ihre Familien oblag. „Mit dem gleichen Eifer, mit welchem die Bruderschaft der Eigenlehner in der Vergangenheit sich der durch Krankheit und Unfall in Not geratenen Berufsgenossen annahm, sorgte der in der Folge aus Lohnarbeitern bestehende Bruderbund, die Knappschaft, für die Unterstützung der Brüder und ihrer Angehörigen in Krankheits- und Sterbefällen" (Schirbel 1930, S. 106). Interessant ist, dass Städte und (landesherrliche) Bergbehörden sehr früh schon begannen, mit sogenannten Berg- oder Knappschaftsordnungen nicht nur in die Führung der Gewerke einzugreifen, sondern auch die Knappschaftskassen, insbesondere hinsichtlich der Verwendung des Büchsenpfennigs, also der Mitgliedsbeiträge zu reglementieren. Die Knappschaftskassen wurden „eine öffentliche Angelegenheit" (Peschke 1962, S. 51). Derartige obrigkeitliche Reglementierungen zielten darauf ab, die Knappschaftskassen auf einen reinen Unterstützungszweck zu reduzieren und zu verhindern, dass ihre Ressourcen zur Finanzierung von Streik und Aufruhr oder für „Spiel und Völlerei" (Schirbel 1930, S. 108) missbraucht wurden. Neben der Leistungsseite finden sich hier auch erste Vorschriften für einen am Arbeitslohn orientierten Pflichtbeitrag aller Bergarbeiter eines Gewerks. Beispielsweise schrieb die vom Rat der Stadt Goslar 1476 erlassene Bergordnung für den Rammelsberg fest, „dass jeder, der

Samstag seinen Wochenlohn holt, seinen ‚Scherf' geben muss" (Peschke 1962, S. 51). Wer den Büchsenpfennig nicht regelmäßig zahlte, verlor seine Arbeit (Schirbel 1930, S. 107). Vielfach enthielten die Bergordnungen neben der Festlegung eines regelmäßig vom Arbeitslohn zu entrichtenden Zwangsbeitrags aber auch Vorschriften über einen regelmäßigen oder je nach Ertragslage schwankenden Pflichtbeitrag des Gewerks zur Knappschaftskasse. Dabei handelte es sich um eine frühe Form des Arbeitgeberbeitrags zur Krankenunterstützung. Diese staatlich angeordneten Pflichtbeiträge beider Teile, des Bergarbeiters wie des Bergwerksunternehmens, sind eine Besonderheit des Knappschaftswesens und deuten auf die hohe wirtschaftliche Bedeutung des Bergbaus hin. Die Knappschaftskassen wurden neben den Gewerken zu gleichberechtigten Trägern der Unterstützungsleistungen im Bergbau. Obwohl die Gewerke zur Zahlung von Zuschüssen an die Knappschaftskassen verpflichtet waren, blieben diese doch unbestritten Eigentum der Knappschaften. Diese Kassen wurden durch einen zumeist von den Bergarbeitern gewählten Knappschaftsältesten verwaltet. Die Arbeitgeber hatten keinen Anteil an der Kassenverwaltung. Staatliche Regelungen bestanden nicht, so dass die innere Struktur und Verwaltung der Kassen weitgehend den Bergarbeitern selbst überlassen blieb. Der Knappschaftsälteste besaß den Schlüssel zur in der örtlichen Kirche, im Rathaus oder im Bergamt verwahrten Kasse. Jedem Mitglied wurden als Krankenhilfe die ärztliche Behandlung durch den Bergmedikus, die erforderlichen Medikamente sowie eine Geldentschädigung in Höhe des Verdienstausfalls gewährt. Längere oder gefährlichere Krankheiten wurden im Berghospital behandelt, das in der Regel gemeinsam aus Mitteln des Gewerks und der Knappschaftskasse unterhalten wurde. *Bergordnungen*, wie die durch den Herzog von Braunschweig erlassene Bergordnung von 1524 (Peschke 1962, S. 51), verpflichteten die Gewerke außerdem dazu, bei arbeitsbedingten Erkrankungs-, Unglücks- oder Todesfällen zeitlich befristete Unterstützungszahlungen an den Betroffenen (Arztgeld, Lohnfortzahlung für vier bis acht Wochen) oder seine Witwe und Waisen zu leisten. Erst wenn die Arbeitsunfähigkeit den entsprechenden Zeitraum überschritt oder aber keine arbeitsbedingten Ursachen hatte, trat die Knappschaftskasse für die Unterstützungsleistungen bis zur vollständigen Genesung und Wiedererlangung der Arbeitsfähigkeit ein. Die Kasse unterstützte die Invaliden und die Witwen der verstorbenen Bergleute mit bescheidenen Renten („Gnadenlohn", „Knappschaftsalmosen"), gewährte Erziehungsbeihilfen für verwaiste Kinder sowie einen Zuschuss zu den Beerdigungskosten, sofern es sich um keinen arbeitsbedingten Todesfall handelte, für den das Gewerk aufzukommen hatte. Die Zuständigkeit der Knappschaftskasse für Unterstützungsleistungen richtete sich also immer nach Ursache und Dauer der Arbeitsunfähigkeit, ihre

Leistungen waren denen des Gewerks nachrangig. In gewisser Weise findet sich hier bereits eine frühe Form des Subsidiaritätsprinzips wieder. Als problematisch erwies sich grundsätzlich, dass die Unterstützungsleistungen der Kasse nicht statuarisch festgelegt waren, sondern im jeweiligen Ermessen des Knappschaftsältesten lagen, was ihren Bezug und die Höhe der jeweiligen Geldleistungen unsicher beziehungsweise unberechenbar und damit anfällig für Willkür und Ungerechtigkeiten machte. Obwohl die Unterstützungsleistungen der Knappschaftskassen in Höhe und Umfang nicht im heutigen Sinne abgesichert waren und bestenfalls ein Existenzminimum abdeckten, finden sich doch bereits Elemente, die bis in die Gegenwart überlebt haben und damit noch heute eine Basis der Gesetzlichen Krankenversicherung bilden. Die mittelalterlichen Kassen der Bergleute, untrennbar verwoben mit ihren knappschaftlichen Korporationen und multifunktional ausgerichtet, können deshalb als „direkter Vorläufer der heutigen Knappschaftskassen" (Herder-Dornreich 1994, S. 44) angesehen werden (Brassert 1958; Frevert 1984; Herder-Dornreich 1994, S. 43-44; Hue 1910; Kleeis 1981, S. 24f., 43f.; Laue 1937; Peschke 1962, S. 47-63; Schirbel 1930, S. 99f.; Thielmann 1960).

Die hier dargestellten traditionellen Formen sozialer Unterstützung bei Krankheit und im Unglücksfall waren, von den antiken Unterstützungskassen und Krankenhilfsvereinen einmal abgesehen[53], keine selbstständigen, monofunktional auf die gegenseitige Hilfe und Versorgung im Krankheitsfall fixierten sozialen Vergemeinschaftungen, sondern zumeist fest in die mittelalterlichen Zünfte, Gesellenverbände und Knappschaften eingebunden beziehungsweise inkorporiert. Bei diesen kollektiven Vergemeinschaftungsformen handelte es sich dem Wesen nach um typische, in die mittelalterliche Standesgesellschaft integrierte Korporationen, also um primär selbstreferentielle, multifunktionale (Zwangs-)Vereinigungen auf Grundlage des Berufsstandes. Ziel jeder Korporation war die Ressourcenzusammenlegung zur kollektiven Regelung gemeinsamer Belange, zu denen entsprechend der den ganzen Menschen umfassenden Ausrichtung unter anderem eben auch die gegenseitige Unterstützung im Krankheitsfall gehörte. Von Assoziationen unterschieden sich diese Korporationen vor allem durch das do-

---

[53] Die griechischen und römischen Unterstützungsvereine waren *Assoziationen*. Die römischen Kassenvereine bekamen im 2. Jhd. durch Kaiser Marcus Aurelius (161-180 u.Z.) den Charakter von Anstalten des öffentlichen Rechts, d.h. den Status von juristischen Personen. Sie erhielten so erste organisationsförmige Elemente. Da im römischen Recht die juristische Person aber nur Rechtsobjekt, nicht aber als Willenssubjekt bekannt war, bedeutete dies für die Vereine zwar Rechenschaftspflichten gegenüber dem Staat, sie blieben ansonsten aber juristisch handlungsunfähig, wurden also nicht zu selbstständigen korporativen Akteuren. Zu vermuten ist, dass es dem Staat primär um die Kontrolle über die Vereinsfinanzen und ihren Verwendungszweck sowie um eine Verhinderung einer politischen Betätigung der Vereine ging. Darüber hinaus sind keine staatlichen Einmischungen in die Regelung der Intragruppen-Beziehungen der Vereinsmitglieder belegt. Den Vereinen fehlte für die Typologisierung als Organisationen die extroverse Orientierung auf die Kontrolle und Subsumtion Dritter, gegen die sie sich aufgrund ihrer juristischen Handlungsunfähigkeit nicht richten konnten. Sie waren deshalb auch nicht fremdreferentiell.

minante Element der Zwangsmitgliedschaft. Beiden Vergemeinschaftungsformen gemein ist hingegen, dass sie die Intragruppen-Beziehungen „zwischen den assoziierten, u.U. sogar unvertretbaren Subjekten“ (Türk 1995c, S. 118) regeln. Insofern handelte es sich also stets um primär zweistellige Relationen. Auch dort, wo sich die Unterstützungskassen im Zuge eines Prozesses der Aufgabenexternalisierung aus den Korporationen heraus verselbstständigten, wandelten sie sich in ihrem Wesen noch nicht zu Organisationen im hier vertretenen Sinne, da ihnen dazu vor allem die extroverse Orientierung fehlte. Hinzu kommt, dass die verselbstständigten Kassen einerseits sehr eng an die entsprechenden Korporationen angelehnt blieben und andererseits auch nicht monofunktional auf die Unterstützung von Kranken ausgerichtet waren, sondern zumeist eine Kombination von Kranken- und Sterbekasse darstellten. Bemerkenswert ist aber, dass die Gesundheitsversorgung der Bevölkerung nicht primär durch staatliche oder kommunale Einrichtungen sichergestellt wurde, „sondern es waren Verbände und Vereinigungen, die die Gesundheitsversorgung organisierten“ (Herder-Dornreich 1994, S. 49). Dabei ist zu beachten, dass es sich trotzdem um einen insgesamt sehr kleinen exklusiven Personenkreis handelte, der in das ausschließlich auf die Städte beschränkte System der Versorgung im Krankheits- oder Unglücksfall einbezogen war. Hierbei handelte es sich um die Elite der damaligen Handwerker- und Arbeiterschaft, die sich durch gesicherte und relativ hohe Einkommen auszeichnete und damit überhaupt in der Lage war, von ihrem laufenden Einkommen Geldmittel für die kollektive Unterstützung in gemeinsamen Kassen einzubringen. Die Kassen bildeten damit letztlich so etwas wie Ressourcensammelstellen einer privilegierten Bevölkerungsminderheit. Ohne Anlehnung der lokal-berufsständisch geschlossenen Büchsen und Laden an die jeweiligen Korporationen wären die Unterstützungskassen aufgrund ihrer geringen Mitgliederzahlen zu einer umfassenderen sozialen Sicherung nach dem *Reziprozitätsprinzip* (Umlage) trotzdem nicht in der Lage gewesen. Doch auch für den eingeschränkten Personenkreis bildete die kassenseitige Unterstützung nur eine Mindestsicherung zur Überbrückung existenzieller Notlagen. Um die Kasseneinnahmen zu einer Dauereinrichtung, die Unterstützungsleistungen damit planbarer und die Kassenfinanzen insgesamt unanfälliger für unvorhergesehene Leistungsfälle zu machen, gingen nahezu alle Kassen alsbald zur Erhebung von Zwangsbeiträgen über[54].

---

[54] Herder-Dornreich (1994, S. 49) zieht hieraus den Schluss, „dass die freiwilligen Beiträge zu einer Finanzierung der sozialen Sicherung nicht ausreichten“. Dies ist eine gesundheitsökonomische Überzeugung, die bis heute eine der Grundlagen für die (Zwangs-)Finanzierung der GKV bildet.

Tab. 1: Traditionelle Formen gegenseitiger Unterstützung

	Antike Unterstützungskasse	Zunftbüchse Zunftlade	Gesellenlade	Knappschaftskasse
Entstehung	Ab dem 4. Jhd. v.u..Z.	Ab dem 12. Jhd.	„langes" 16. Jhd.	„langes" 16. Jhd.
Vergemeinschaftungsform	Eigenständiger Verein Anstalt des öffentlichen Rechts (Rom) ⇨ *Assoziation*	Korporativer Bestandteil der Zunft ⇨ *Korporation*	Korporativer Bestandteil des Gesellenverbands ⇨ *Korporation*	Korporativer Bestandteil der Knappschaft ⇨ *Korporation*
Mitglieder	Freie Bürger z.T. Frauen, Sklaven (mit Genehmigung)	Handwerksmeister eines Berufsstandes (Zunft)	Handwerksgesellen des jeweiligen Berufsstands (Gesellenschaft)	Bergarbeiter des jeweil. Gewerks (Knappschaft)
Mitgliedschaft	Freiwillig	Obligatorisch	Obligatorisch	Obligatorisch
Unterstützungsberechtigte	Mitglieder z.T. Familienangehörige	Mitglieder Familienangehörige Gesellen / Lehrlinge	Mitglieder	Mitglieder
Finanzierung	Freiwillige Beiträge Spenden Eintrittsgelder Umlage (z.T. regelmäßige Monatsbeiträge)	Eintrittsgelder Umlage (Jahresbeitrag) Gebühren Strafgelder	Eintrittsgelder Umlage (regelm. Zwangsbeitrag vom Lohn)	„Büchsenpfennig" (regelm. Zwangsbeitrag vom Lohn) Strafgelder Arbeitgeberzuschuss
Leistungsprinzip	Naturalleistungsprinzip Geldleistungsprinzip (i.d.R. Darlehen)	Kostenerstattungsprinzip Geldleistungsprinzip (i.d.R. Darlehen)	Kostenerstattungsprinzip Geldleistungsprinzip (z.T. Darlehen)	Kostenerstattungsprinzip Geldleistungsprinzip
Leistungsvoraussetzung	Erkrankung Unfall Pünktliche Beitragszahlung	Erkrankung Unfall; Alter, Notlage Beschluss der Mitgliederversammlung	Erkrankung Unfall, Alter, Notlage Beschluss der Mitgliederversammlung	Erkrankung Unfall, Alter Keine Unterstützungsleistung des Gewerks
Leistungen	Ärztliche Behandlung (angestellte Ärzte) Arzneimittel Einkommensersatz (Geld + Lebensmittel) Bestattungskosten Sterbegeld	Arztkosten Kosten der Krankenhausbehandlung Arzneikosten Einkommensersatz („Wochengeld") Sterbegeld	Arztkosten Krankenpflege/-Wache Kosten der Krankenhausbehandlung Arzneimittelkosten Einkommensersatz (wöchentl. Krankengeld) Reiseunterstützung Arbeitslosengeld Arbeitsvermittlung Bestattungskosten	„Arztgeld" Kosten der Krankenhausbehandlung Arzneimittelkosten Einkommensersatz (wöchentl. Krankengeld) "Gnadenlohn" Bestattungskostenzuschuss, Hinterbliebenenversorgung

Quelle: Eigene Zusammenstellung

1.1.2 Frühe Beziehungen zwischen Unterstützungskassen und Ärzten

Für die weitere Arbeit ist von besonderem Interesse, dass einige Kassen bereits recht vielfältige Beziehungen zu den Erbringern medizinischer Versorgungsleistungen, insbesondere zu Ärzten und Hospitälern unterhielten. Beispielsweise gab es einige größere Kassen, die einen Arzt vertraglich anstellten und ihn gegen Bezahlung einer geringen Jahrespauschale zur Behandlung ihrer Mitglieder verpflichteten. In der Mehrzahl der Fälle bekamen die Kassenmitglieder hingegen für die ärztliche Behandlung einen bestimmten Geldbetrag, nicht selten ohne Rücksicht auf die Höhe des tatsächlichen ärztlichen Honorars, ausbezahlt. Oftmals wurde ihnen auch zur Auflage gemacht, nur einen bestimmten Bezirksarzt (Medikus) aufzusuchen. Unmittelbare Rechtsbeziehungen zwischen Arzt und Krankenkasse bestanden hingegen nicht. Arzt und Patient standen sich vielmehr als freie Vertragspartner gegenüber (Schneider 1983). Deshalb ist es nicht verwunderlich, dass aus dieser Zeit keine Konflikte zwischen Ärzteschaft und Krankenkassen überliefert sind.

Darüber hinaus muss berücksichtigt werden, dass zum einen die Arztdichte im Mittelalter extrem niedrig war und zum anderen der uns heute geläufige universitär ausgebildete, sogenannte „gelehrte" Arzt nur einen unter vielen Anbietern medizinischer Behandlungsleistungen (Chirurgen, Wundärzte, Bader, Barbiere, Starstecher, Laienheiler, Kräuterweiber, Hebammen usw.) darstellte. Die mittelalterliche Ärzteschaft war somit in eine Vielzahl verschiedener Subgruppen segmentiert, „die sich hinsichtlich ihrer Herkunft, Vorbildung und Ausbildung, ihres Status' und des Zugangs zu je unterschiedlichen Klientengruppen scharf voneinander unterschieden" (Huerkamp 1985, S. 22). Man kann davon ausgehen, dass die Kassenmitglieder auch nicht zum Patientenkreis der gelehrten Ärzte gehört haben. Ist die Rede von ärztlicher Behandlung für Kassenpatienten, so wird es sich in der Regel um die preisgünstigeren Gruppen der Ärzteschaft, vor allem also um Chirurgen, Wundärzte oder Laienheiler gehandelt haben. Für alle Ärztegruppen machte es dabei keinen Unterschied, ob es sich bei ihren Patienten um Kassenmitglieder oder nicht handelte, solange diese ihre Behandlung in bar bezahlen konnten. Soweit einzelne Ärzte für die vertragliche Behandlung von erkrankten Mitgliedern mit einer jährlichen Pauschalsumme vergütet wurden, bestand zwar ein unmittelbares Vertragsverhältnis zwischen Kasse und Arzt. Aufgrund der niedrigen Zahl von Kassenmitgliedern und der dementsprechend geringen Pauschale stellte diese aber nur ein gewisses regelmäßiges Zusatzeinkommen für den Arzt dar. Seine wirtschaftliche Existenz wurde hierdurch nicht wesentlich beeinflusst. Auf diese Punkte wird in *Kapitel III.2.* näher eingegangen.

1.1.3 Die Ausbildung erster funktional spezialisierter Krankenkassen

Mit dem Übergang vom Mittelalter zur Neuzeit verloren die Zünfte und Gesellenverbände ebenso wie die Knappschaften zunehmend an Bedeutung und Einfluss. Im Verlauf des 17. und 18. Jahrhunderts, der Blütezeit des Absolutismus, wurden sie wie nahezu alle gesellschaftlichen Bereiche und Institutionen immer umfassender staatlicher Regulierung und polizeilicher Überwachung unterworfen. Der sich etablierende absolutistische Territorialstaat zeichnete sich durch die administrative Zentralisierung aller Kräfte und Ressourcen im Prozess der inneren und äußeren Staatsbildung zur Steigerung seiner militärischen und finanziellen Macht aus. Oestreich (1968) beschreibt dies als einen Prozess der „Verstaatlichung" und „Sozialdisziplinierung". Dabei wirkten primär Bürokratie und Militär seit Ende des 17. Jahrhunderts „auf eine allmähliche Auflösung territorialständischer Partikularismen und ihre Absorption in einem zentral gesteuerten, von oben nach unten durchgegliederten und nach rationalen Verfahrensregeln handelnden Staatswesen hin" (Frevert 1984, S. 23). Hierdurch wurde es dem Staat möglich, seinen Untertanen Rechtssicherheit, Privilegien und Schutz zu gewähren. Der auf diese Weise entstandene „Anstaltsstaat" (Weber) war gekennzeichnet durch eine Vielzahl bürokratischer Eingriffe in nahezu alle Lebensbereiche. Die absolutistische Politik strebte systematisch die Schwächung der mittleren Ebene (Städte und Adel) zugunsten der monarchischen Zentralgewalt an und vergrößerte dabei „zugleich den Wirkungsraum der ‚königlichen Bedienten'" (Frevert 1984, S. 23). Die in der merkantilistischen Wirtschaftspolitik angelegten staatlichen Interventionen in die traditionelle Wirtschafts- und Sozialverfassung, die Unterstellung der Bergwerke unter die Staatsaufsicht (Direktionsprinzip[55]) und die gezielte Wirtschaftsförderung der außerhalb der Zunftordnung stehenden Manufakturen und Verlage führten zu einer weitreichenden Erosion der ständischen Strukturen. 1731 wurde die Monopolstellung der Zünfte mit Erlass der *Reichszunftordnung* endgültig beseitigt, ihr Selbstverwaltungsrecht stark eingeschränkt. Die Zünfte wurden hiermit „der Staatsgewalt unterstellt und ihre Selbstständigkeit genommen" (Kleeis 1981, S. 35), widerspenstige Zünfte konnten aufgelöst und verboten werden (Fröhlich 1976, S. 30). Zugleich wurden die Gesellenverbände verboten, „die Standesvertretung der Gesellen hörte auf, in der Öffentlichkeit zu existieren" (Peschke 1962, S. 55). Ihre Unterstützungskassen existierten hingegen an vielen Orten fort, blieben aber weiterhin berufsständisch geschlossen. Dies grenzte die Mitgliederzahl und damit die Höhe der Beitragseinnahmen der Kassen stark ein. Deshalb blieben auch ihre Möglichkeiten zur Gewährung (materieller) Unterstützungsleistungen an erkrankte Mitglieder bescheiden. Zugleich wurden die Kassenverwaltungen zunehmend „polizeilich beaufsichtigt und den Gesellen das Recht genommen, mit den Kassengeldern willkürlich zu verfahren" (Schirbel 1930, S. 99). Trotzdem blieb das Unterstützungswesen der Gesellen in seinen „elementarsten

[55] Die *„Revidirte Bergordnung für das Herzogthum Cleve, Fürstenthum Meurs und die Grafschaft Mark" vom 29.04.1766* unterwarf mit Einführung des Direktionsprinzips die Bergbauunternehmungen (Gewerke) der „völligen Bevormundung" durch die Bergämter. In § 2 heißt es hierzu: „So sollen künftighin unter des Berg-Amtes Direction alle Zechen betrieben ... werden" (Zitiert nach Tenfelde 1981, S. 64). Die in drei Instanzen (Ministerialbehörde, Oberbergamt, Bergamt) gegliederte bergbauliche Fachbürokratie vollzog „in einem umfangreichen Verordnungs- und Überwachungswesen das obrigkeitliche Direktionsgebot bis in die Details des Abbauvorgangs, der Arbeitsfunktionen und des bergbauverbundenen sozialen Umfelds" (Tenfelde 1981, S. 65). Der Staat übernahm damit die direkte Leitung der Gruben und Regulierung der Arbeitsverhältnisse.

Grundzügen im Laufe der Jahrhunderte unverändert fortbestehen" (Schirbel 1930, S. 99). Es ging als solches später in die Gesetzliche Krankenversicherung ein. Die Knappschaften wurden im 18. Jahrhundert endgültig der Aufsicht der Bergämter unterstellt. Sie „durften nur bestehen als zünftige Traditionsträger, wurden aber sofort verboten, wenn sie nur den geringsten Versuch zur Interessenvertretung machten" (Peschke 1962, S. 53). Überall dort, wo die traditionellen Korporationen eine tendenziell extroverse Orientierung angenommen und sich zu Interessenkoalitionen oder Abwehrorganisationen gegen nicht-ständische Tendenzen entwickelt hatten, gerieten sie nun in einen unausweichlichen Machtkonflikt mit dem absolutistischen Staat. Die Korporationen gingen in diesem Konflikt unter oder mussten sich der Staatsgewalt beugen, was nicht nur ihre Transformation in Einrichtungen der mittelbaren Staatsverwaltung, sondern auch den Verlust ihres Repräsentationsmonopols sowie des Anspruchs auf eine Regulierung aller Lebensvollzüge ihrer Mitglieder bedeutete.

Zu gleicher Zeit setzte auch das Interesse des Staates an den gesundheitlichen Verhältnissen seiner Untertanen und damit ein Prozess der Politisierung von Gesundheit und Krankheit ein. „Gesundheit wurde zu einer Bedingung staatlicher Machtvollkommenheit, die auf die physische Reproduktion der Bevölkerung gerichteten administrativen Maßnahmen zu einem wichtigen Teil des inneren Staatsbildungsprozesses" (Frevert 1984, S. 23). Mit dem Niedergang der mittelalterlichen Korporationen verloren auch ihre Unterstützungskassen an Bedeutung. Die enge Bindung der Kassen an die Korporationen wurde ihnen nun zum Verhängnis. Im 18. Jahrhundert existierten schließlich nur noch organisatorisch selbstständige, berufsständisch weiterhin hochgradig exklusive, lokal begrenzte, staatlich streng reglementierte und beaufsichtigte gewerbliche Unterstützungs- und Knappschaftskassen, die auf das reine Unterstützungswesen bei Krankheit-, Unfall oder Tod reduziert waren[56]. Neu hinzukommende Kassen oder „Krankeninstitute" wurden zumeist durch die Kommunalbehörden oder von bürgerlichen und adeligen Honoratioren auf lokaler Ebene ins Leben gerufen und dienten der Unter-

56 Die Zünfte des 18. Jhds. waren bedingt durch die beginnende industrielle Revolution i.d.R. „keine Vereinigungen von gleichgestellten, sowohl produzierenden als auch handeltreibenden Handwerksmeistern mehr, sondern sie stellten Zusammenschlüsse bereits lohnabhängiger Handwerker-Arbeiter dar" (Boch 1985, S. 81). Während z.B. in der Textilbranche bis zum Ende des 18. Jhds. die Einführung der Gewerbefreiheit die staatliche Auflösung der Zünfte mit sich brachte, betrieb die kurpfälzische Regierung im Falle des Solinger Schneidwarenhandwerks aus protektionistischen Gründen eine entgegengesetzte Politik, „die deren zünftige Organisation bis zum Jahre 1806 stärkte" (Boch 1985, S. 81). So wurde noch 1794 den Solinger Scherenmachern die Bildung einer Zunft gestattet. Wie alle zünftig organisierten Handwerker des Solinger Schneidwarengewerbes hatten auch die Scherenmacher zu diesem Zeitpunkt bereits den „Status der lohnabhängigen ‚Selbstständigkeit'" (Boch 1985, S. 82). Ihre „Bruderschaft" erhielt deshalb nicht die traditionellen Zunftprivilegien. Interessant ist die Scherenmacher-„Bruderschaft" aber deshalb, weil sie eine eigenständige Kranken- und Sterbekasse für ihre Mitglieder errichtete, die in Solingen als Vorbild für die gewerblichen Unterstützungskassen im 19. Jhd. diente (Schmidt 1922, S. 31).

stützung bestimmter Berufsgruppen (vor allem Gesellen, Hausgesinde, Dienstboten) oder armer Kranker. Finanziert wurden diese Krankeninstitute und Armenkassen entweder durch vom Lohn einbehaltene Pflichtbeiträge der Mitglieder, nicht selten auch durch Beiträge der Dienstherren und Arbeitgeber, oder durch Spenden reicher Bürger. Die Mitgliedschaft, der Empfang von Leistungen sowie Art und Umfang der Unterstützungsleistungen waren streng reglementiert. Die Kassen richteten sich über ein System von Verhaltensregeln und Leistungsvoraussetzungen disziplinierend gegen die eigenen Mitglieder und Leistungsempfänger. Sie waren das Ergebnis eines staatlich organisierten Prozesses der funktionalen Trennung der traditionellen Kassen von den bestehenden Korporationen. Neue Kassen wurden nun in aller Regel nicht mehr durch die betroffenen Personen-/Berufsgruppen selbst gegründet, sondern waren zumeist Ergebnis staatlicher oder bürgerlicher (Fremd-)Organisierung. Die so geschaffenen eigenständigen sozialen Gebilde besaßen aufgrund ihres Wesens und ihrer inneren Strukturierung bereits einen quasi proto-organisationalen Charakter. Sie zielten aufgrund ihrer nahezu monofunktionalen Ausrichtung nur noch auf die partielle Inklusion der Mitglieder ab. Nichtsdestotrotz führte gerade die von den Kassen dabei weiterhin reproduzierte berufsständisch-elitäre Vergemeinschaftungsform zur späteren Übernahme des berufs-„ständischen Gedankens“ (Laue 1937) als Gliederungsprinzip in die Gesetzliche Krankenversicherung.

Der absolutistische Staat mischte sich von nun an auch massiv in die innere Strukturierung und Verwaltung der Kassen ein. Das *Preußische Allgemeine Landrecht von 1794* legte beispielsweise fest, dass Handwerksgesellenkassen nur noch unter Aufsicht der Gewerksältesten errichtet werden durften, womit die Selbstverwaltung der Kassen faktisch aufgehoben wurde (Asmuth 1984, S. 15). Die Knappschaftskassen hatten ihre Selbstverwaltung noch früher verloren. Ebenso wie die Gewerke und die Knappschaften gerieten auch ihre Kassen seit Anfang des 18. Jahrhunderts mit der Einführung des Direktionsprinzips unter die unmittelbare Verwaltung und Oberaufsicht der Bergämter. Damit wurde auch hier durch staatliches Reglement eine organisationale Trennung zwischen Knappschaft und Knappschaftskasse vollzogen. Die Knappschaft als Bruderschaft der Bergleute verlor dadurch den Hauptinhalt ihrer Tätigkeit, „die gegenseitige soziale Hilfe und Solidarität“ (Peschke 1962, S. 52). Sie büßte neben den traditionellen Privilegien vor allem den Status der bergmännischen Hilfs- und Interessengemeinschaft ein und bekam zunehmend den Charakter eines reinen Traditionsvereins. Auch bei den Knappschaften wurde die Fähigkeit zur Totalinklusion der Mitglieder also letztlich durch staatlichen Zwang gebrochen. Für die monofunktional ausgerichteten Knappschaftskassen erließen die Bergämter im Rahmen der regionalen Bergordnungen und zunehmend auch auf

Grundlage einer landesweit vereinheitlichten staatlichen Berggesetzgebung detaillierte Kassenstatuten und überwachten ihre Einhaltung. Fortan ernannten die Bergämter die Knappschaftsältesten, beaufsichtigten die gesamte Kassenverwaltung und wachten über die Verwendung der Kassenressourcen[57]. Per Gesetz wurde die Pflichtmitgliedschaft aller in einem Bergwerksunternehmen beschäftigten Bergarbeiter in der entsprechenden Knappschaftskasse vorgeschrieben. Die Pflichtbeiträge wurden von nun an zwangsweise vom Lohn unmittelbar nach dessen Auszahlung eingezogen. Wer den Kassenbeitrag nicht bezahlte, verlor seinen Arbeitsplatz. Solche Regelungen waren im Prinzip nicht neu; denn schon die schlesische Bergordnung von 1622 schrieb beispielsweise die Koppelung des Arbeitsplatzes an die Beitragszahlung zur Knappschaftskasse vor (Peschke 1962, S. 52). Neu war hingegen die Festschreibung in überregionalen Berggesetzen durch den Staat. Auf diese Weise wurden die Bergarbeiter in den vormals von ihnen selbstgegründeten Knappschaftskassen mehr und mehr zu „Objekte[n] der Bergherren" (Peschke 1962, S. 53) und der Obrigkeiten. Frerich/Frey (1996a, S. 22) sprechen deshalb schon zu diesem Zeitpunkt von „staatlich verordneten Knappschaftskassen". Umfang und Voraussetzungen der gewährten Leistungen konnten innerhalb des durch Knappschaftsrecht und Kassenstatut vorgegebenen Rahmens allerdings weiterhin von jeder Kasse selbst festgelegt werden. Dies hatte zur Folge, dass die Unterstützungsleistungen lange Zeit recht unterschiedlich blieben, da sie stark von der Mitgliederstärke sowie der Größe und Ertragskraft des jeweiligen Bergwerksunternehmens und den dementsprechend unterschiedlichen finanziellen Möglichkeiten der einzelnen Kasse abhängig waren.

Die ursprünglich von Handwerksmeistern, Gesellen oder Bergarbeitern als kollektive Vereinigungen zur gegenseitigen Hilfe bei Unfall und Krankheit gegründeten Unterstützungskassen wandelten sich mit der Zeit in einem konfliktreichen Prozess bis zu Beginn des 19. Jahrhunderts immer mehr zu Instrumenten der Verwaltung, Kontrolle, Subsumtion und Sozialdisziplinierung ihrer Mitglieder und verloren damit zugleich weitgehend ihren multifunktionalen Charakter. Die ehemals aus der Notwendigkeit zur Vergrößerung der Anzahl der Beitragseinzahler oder zur Ausbildung einer einheitlichen berufständischen Identität hervorgegangene (selbstgewählte) Zwangsmitgliedschaft für sämtliche Angehörige bestimmter Berufsgruppen

---

[57] Schon die *Berggesetzgebung Friedrich des Großen* von 1766-1772 enthielt Instruktionen über Errichtung, Führung, Verwaltung, Finanzierung und Mindestleistungen der Kassen. Hinzu kam eine gesetzliche Zuschusspflicht der Bergbauunternehmen, die ein Novum für die damalige Zeit darstellte (Tamm 1998, S. 82). Das *Preußische Allgemeine Landrecht von 1794* kann als Abschluss der Entwicklung im 18. Jhd. gelten. Es galt subsidiär überall, wo das Knappschaftsrecht nicht durch eine Bergordnung geregelt war und wies den Bergwerksunternehmen „einen erheblichen Teil der Kosten der Krankenhilfe zu" (Frerich/Frey 1996a, S. 23). Hierzu gehörte u.a. die Lohnfortzahlung für erkrankte oder verunfallte Bergarbeiter für die Dauer von 4 bis 8 Wochen. Erst danach trat die Knappschaftskasse für die Verpflegungs- und Behandlungskosten ein.

wurde nun zu einer allgemeinen obrigkeitlichen Fessel für alle Kassenmitglieder. Denn mit der Unterordnung unter den feudal-absolutistischen Staat ging das Recht der traditionellen Korporationen zur Ausübung von Zwang und Selbstverwaltung auf den absolutistischen Staat über. Die ab dem späten 18. Jahrhundert vorherrschenden Unterstützungskassen – wozu auch die in vielen Städten und Gemeinden gegründeten kommunalen Armenkassen zählten – waren primär staatlich verordnete und beaufsichtigte, funktional spezialisierte Zwangsanstalten, deren Hauptaufgabe in der finanziellen Entlastung der Städte (Armenetats) und der lokalen Arbeitgeber von ihren unmittelbaren Fürsorgepflichten[58] gegenüber bestimmten, in eine Notlage geratenen Personen(-gruppen) bestand. Mit den traditionellen Formen genossenschaftlicher Unterstützung im Krankheitsfall hatten solche (fremdbestimmten) Kassen nur noch wenig gemeinsam. Dieser Formwandel des Kassenwesens ging weitgehend einher mit der langsamen Etablierung der modernen Organisationsform.

1.2 Typenvielfalt und strukturelle Anpassungsprozesse: Die Expansion der Kassenlandschaft im „langen" 19. Jahrhundert

Spätestens seit Beginn des 19. Jahrhunderts entstand mit der sprunghaften Etablierung der kapitalistischen Produktionsweise und der damit einhergehenden endgültigen Erosion traditioneller Wirtschafts- und Lebensformen[59] eine rasch anwachsende Masse des von allen bisherigen – nun ebenfalls im Niedergang begriffenen – Einrichtungen zur sozialen Sicherung ausgeschlossenen Proletariats. „Die Manufaktur und dann die Fabrik wurden zur gesellschaftlich dominierenden Produktionsstätte" (Herder-Dornreich 1994, S. 58), die Dominanz des Lohnarbeitsverhältnisses begann. In der existentiellen Frage der Absicherung der Arbeiter vor

---

[58] Seit dem Mittelalter hatten Arbeitgeber bestimmte, zumeist gesetzlich fixierte Fürsorgepflichten für ihre Bediensteten. Hierzu gehörten u.a. Pflege und ärztliche Versorgung im Krankheitsfall und ein Verbot krankheitsbedingter Kündigungen. An solche Traditionen knüpften auch die Regelungen im *Preußischen Allgemeinen Landrecht von 1794* und der preußischen Gesindeordnung von 1810 an (Kleeis 1981, S. 47-50; Peters 1978, S. 29f.; Siebeck 1981, S. 857f.; Zöllner 1981, S. 77).

[59] Als ein entscheidender, die Erosion der traditionellen Wirtschafts- und Lebensformen beschleunigender Faktor kann die staatliche Auflösung der Zünfte durch die Einführung der Gewerbefreiheit betrachtet werden. In Frankreich bestand sie seit 1791. Nach diesem Vorbild wurde sie ab 1806 in den französisch besetzten Teilen der Rheinprovinz etabliert. Preußen führte sie mit der *Stein-Hardenberg'schen Reformgesetzgebung* bis 1810 ein, das Königreich Westfalen 1808, das Großherzogtum Berg 1809. Sachsen, Baden, Württemberg und Bayern erst Anfang der 1860er-Jahre, obwohl auch hier bereits seit Beginn des 19. Jhds. die „Allmacht der Zünfte" gebrochen und die örtliche freie Gewerbeausübung ermöglicht worden war (Frerich/Frey 1996a, S. 32-34). Mit der Gewerbeordnung des Norddeutschen Bundes von 1869 wurde schließlich das Prinzip der totalen Gewerbefreiheit verwirklicht (Bechtel 1967, S. 337f.; Herder-Dornreich 1994, S. 57-58).

krankheitsbedingten Lohnausfällen gewann das Krankenkassenwesen – nun auf Basis moderner, weitgehend funktional spezialisierter formaler Organisationen – an strategischer Bedeutung. Die Organisierung der Arbeiter in Krankenkassen wurde dementsprechend früh als adäquates Mittel zur Bearbeitung der sozialen Frage sowohl „von oben" (Staat und Bürgertum) als auch „von unten" (Gewerkschaften) begriffen. Deshalb handelt es sich bei den modernen Krankenkassen um eine Art von „Infrastrukturorganisationen" (Perrow 1989, 1991), die primär zur Bewältigung eines Teils der sozialen Folgen kapitalistischer Vergesellschaftung und zur Unterstützung der organisationalen Sozialisation der Lohnarbeiterschaft entstanden. Insofern kam den Krankenkassenorganisationen im weitesten Sinne vor allem eine herrschaftsstabilisierende Funktion zu. Allerdings ist zu beachten, dass die Kassenlandschaft des beginnenden 19. Jahrhunderts aus einer Vielfalt verschiedener, aufgrund klar definierter Mitgliedergruppen hochgradig exklusiver und voneinander abgegrenzter Kassentypen bestand. Jeder Kassentypus für sich bildete dabei gewissermaßen eine in sich geschlossene organisationale Teilpopulation, die sich durch zum Teil extrem heterogene Strukturen, Größenklassen und eine unterschiedliche Populationsdichte auszeichneten. Insofern konnte zumindest in der ersten Hälfte des 19. Jahrhunderts von einer einheitlichen Krankenkassenlandschaft noch keine Rede sein. Dann aber setzten in jeder Teilpopulation nahezu unabhängige voneinander spezifische *isomorphistische Anpassungsprozesse* ein, die zu einer strukturellen Homogenisierung der jeweiligen „Populationsmitglieder" und damit letztlich auch des gesamten (typenübergreifenden) organisationalen Feldes (beziehungsweise der Gesamtpopulation) der Krankenkassen führten. Erst in diesem Prozess formte sich langsam die für uns heute so geläufige vereinheitlichte *Krankenkassenorganisation* als die strukturell dominante Form der Bearbeitung der sozialen Folgen von „Krankheit" aus.

1.2.1 Staatliche Kontrolle und Pflichtmitgliedschaft: Die zwangsweise Homogenisierung und Fusionierung der Knappschaftskassen

Der Einfluss des Staates auf die Ausgestaltung der Krankenkassenorganisationen beschränkte sich zunächst auf wirtschaftliche Schlüsselsektoren und auf bestimmte privilegierte Gruppen der Lohnarbeiterschaft. Dabei nahmen der Bergbau und die Bergarbeiterschaft eine Vorreiterrolle ein. Angesichts der fortschreitenden Technisierung und Industrialisierung setzten ab den 1820er-Jahren vor allem in Preußen Bestrebungen ein, das bisher lokal in eine Vielzahl von Provinzial-Bergordnungen zersplitterte Bergrecht zu vereinheitlichen. Auch hinsichtlich des

Knappschaftswesen gab es Reformen, wobei die Bergbehörden stets bestrebt blieben, ihr Direktionsrecht gegenüber den *Knappschaftskassen* möglichst umfassend durchzusetzen. Die Verwaltung der Kassen oblag dabei praktisch ausschließlich den Beamten der Bergämter, die nach eigenem Ermessen Knappschaftsälteste hinzuziehen konnten. Überhaupt nicht beteiligt wurden die Bergwerksbesitzer. Die bestehenden Knappschaftskassen wurden auf diese Weise „immer mehr zu behördlich verwalteten Unterstützungskassen" (Frerich/Frey 1996a, S. 63). Ab den 1820er-Jahren etablierte sich eine an der Aufgliederung der Bergarbeiter in verschiedene Klassen und Lohngruppen orientierte Beitragsstaffelung ebenso wie die nach der Klassenzugehörigkeit und Beitragshöhe differenzierte Gewährung von Unterstützungsleistungen, 1847 wurde bei der Bemessung von Rentenzahlungen erstmals die Dauer der Mitgliedschaft in der Knappschaftskasse berücksichtigt. Seit den 1840er-Jahren besaßen die Mitglieder der Knappschaftskassen für sich und ihre Familien einen durch das staatliche Knappschaftsrecht verbrieften „unbedingten Rechtsanspruch" (Tamm 1998) gegen die Kasse auf Unterstützungsleistungen im Krankheitsfall. Hierzu zählten vor allem die freie medizinische Versorgung und Arznei durch einen angestellten Bergarzt oder Bergchirurgen, die Zahlung eines gewissen Krankengeldes für die Dauer der Arbeitsunfähigkeit sowie gegebenenfalls eine Invalidenpension oder Witwen- und Waisengeld. Die damit vergleichsweise privilegierte Stellung bezweckte, trotz der fortschreitenden „Proletarisierung" (Hue 1913) „bei den Arbeitern im Bergbau durch Absicherungen und materielle Zuwendungen Loyalität gegenüber dem Staat herzustellen" (Tamm 1998, S. 82). Die Bergarbeiter entwickelten so neben einer obrigkeitsloyalen Grundhaltung[60] ein ausgeprägtes „'Elitebewusstsein', das zu Abgrenzungstendenzen gegenüber anderen Arbeitergruppen führte" (Tamm 1998, S. 82)

Wie bei den Unterstützungskassen der Handwerker sahen auch die Statuten der meisten Knappschaftskassen vor, dass die Kassenmitglieder ihren Anspruch auf Unterstützungsleistungen verloren, sobald sie die Arbeitsstätte (Zeche) wechselten (Herold 1965, S. 118-119). Durch die Bindung der Kassenleistungen an den Arbeitsplatz und die Arbeitsleistung sollte die Fluktuation im Bergbau eingeschränkt und das benötigte Arbeitskräftepotenzial an die Zechenstandorte auch nach Wegfall des Direktionsprinzips und des staatlich regulierten Arbeitsmarktes ab den 1850er-Jahren gebunden werden[61]. Nach Tamm (1998, S. 82) manifes-

---

[60] Die loyale Haltung der Bergarbeiter gegenüber dem Staat bewährte sich erstmals „während der Revolution von 1848 bei dem Einsatz ‚treuer Knappen' zur Sicherung von Einrichtungen und führenden Vertretern des Bergbaus" (Tamm 1998, S. 82).

[61] In Preußen wurde das Direktionsprinzip zwischen 1851 (Miteigentümergesetz) und 1860 (Freizügigkeitsgesetz) abgeschafft. Die Bergbauunternehmen erhielten die uneingeschränkte Verfügungsgewalt über die Zechen. Die Aufgaben der Bergbehörden reduzierten sich auf die polizeiliche Beaufsichtigung des Bergbaus

tierte sich „der Erfolg dieser Politik [...] in dem bemerkenswerten Aufschwung des Knappschaftswesens“, der in den Folgejahren einsetzte. So existierten 1852 in Preußen bereits 53 Knappschaftskassen in denen insgesamt 56462 Bergarbeiter (rund 83 Prozent) organisiert waren (*Tab. 2*). Dabei ist zu beachten, dass sowohl die Verbreitung als auch das mitgliedermäßige Anwachsen der Knappschaftskassen unter anderem durch das Einsetzen eines „unvergleichlichen Aufschwungs im Kohlenbergbau“ (Schirbel 1930, S. 167) in den 1850er-Jahren bedingt waren. Hinzu kommt, dass das damalige Knappschaftswesen durch eine extreme *Zersplitterung* in Knappschaftskassen „von verschiedenartigster Größe“ und unterschiedlichster Leistungsfähigkeit geprägt wurde. Nach Schirbel (1930, S. 167) existierten neben Kassen, die bereits „Zehntausende“ von Mitgliedern hatten, auch unzählige Kassen mit lediglich „einigen Hunderten von Mitgliedern“. Während die mitgliederstarken Kassen aufgrund der relativ hohen und konstanten Beitragseinnahmen langfristig in der Lage waren, gegenüber ihren Mitglieder „die satzungsmäßigen Versprechungen zu halten“, befanden sich viele der kleinen Kassen oftmals „nahe dem Zusammenbruch“ (Schirbel 1930, S. 167). Dementsprechend unsicher blieb bei solchen chronisch finanzschwachen Kassen „die Erreichung des Versicherungszwecks“ (Schirbel 1930, S. 167). Dies bedeutete für den einzelnen Bergarbeiter, dass die tatsächliche Gewährung von Unterstützungsleistungen im Krankheitsfall immer von der aktuellen Finanzlage der Kasse abhing, an die er aufgrund seines Arbeitsplatzes gebunden war[62]. Insofern blieb die Situation vieler Bergarbeiter im Krankheitsfall prekär. Die Knappschaftskassen waren weit davon entfernt, „das Los der Bergleute in ausreichendem Maße zu erleichtern“ (Schirbel 1930, S. 189). Laut Schirbel (1930, S. 168) war es deshalb an der Zeit, „das gesamte Unterstützungswesen der Bergleute einer durchgreifenden Revision zu unterziehen“.

Das am 10.04.1854 in Preußen erlassene *„Gesetz betreffend die Vereinigung der Berg-, Hütten- und Salinenarbeiter in Knappschaften“* (kurz: Knappschaftsgesetz) hatte „den doppelten Zweck, diejenigen Bergleute, die noch nicht in Knappschaften zusammengefasst wa-

(„Inspektionsprinzip“) und Bestätigung von Arbeitsordnungen. Sie hatten keinen Einfluss mehr auf die Lohnfestlegung. Die staatliche Lenkung des Arbeitsmarktes im Bergbau war zu Ende (Frerich/Frey 1996a, S. 64f.). Für die Bergarbeiter bedeutete dies, dass die Arbeitsbedingungen „unter der Freiheit des Eigentums immer härter, die Betriebsgefahren immer größer“ wurden (Schirbel 1930, S. 167).

62 Für Schirbel (1930, S. 166) resultierte die geringe Leistungsfähigkeit der Knappschaftskassen aus „der Verquickung der Krankenversicherung mit der Pensionsversicherung“; denn „um beiden Versicherungsarten gerecht zu werden, waren die Beiträge zu gering“. 1873 wendeten die preußischen Kassen nur 36,4 % ihrer Ausgaben für die Gesundheitspflege (7 % Arzthonorare, 13,6 % Medizin und sonstige Kurkosten, 15,8 % Krankengeld) auf. Die Ausgaben für dauerhafte Pensionen (Invalide, Witwen, Waisen) machten hingegen gut 47 % aus (Schirbel 1930, S. 187). 1878 war der Anteil für Gesundheitspflege auf ca. 31 % gesunken, während die Pensionsausgaben bei rund 59,5 % lagen (Schirbel 1930, S. 189). Erst das KVG von 1883 brachte die „bilanztechnische Trennung der Kranken- von den Pensionskassen bei fortwährend derselben Leistung“ (Tenfelde 1981, S. 288) sowie die Zusammenlegung kleinerer Knappschaftskassen.

ren, einzubeziehen", das heißt die Beitragsbasis der Kassen zu erhöhen und so ihre prekäre Finanzlage zu verbessern, sowie bei den bereits bestehenden Knappschaftskassen „die erkannten Mängel abzustellen" (Kleeis 1981, S. 87). Das Knappschaftsgesetz enthielt wesentliche Neuerungen, die entscheidend zu einer strukturellen Homogenisierung des knappschaftlichen Kassenwesens und eindeutigen Funktionszuweisungen (Organisationszwecken) beitrugen. Eine ganze Reihe dieser Strukturelemente flossen später in das Krankenversicherungsgesetz von 1883 ein (Schirbel 1930, S. 169). 1854 wurden erstmals ein (landes-)gesetzlich fixierter *Versicherungszwang* für alle preußischen Bergarbeiter sowie obligatorisch auf Unternehmensebene zu errichtende, unter der Aufsicht der staatlichen Bergbehörden (Oberbergämter) stehende, ansonsten aber paritätisch von Arbeitgebern und Knappschaftsältesten selbstverwaltete Kassen vorgeschrieben. Mit der gesetzlichen Einführung der *Selbstverwaltung* wurden die Knappschaftskassen „aus der alten engen Verbindung mit den staatlichen Bergbehörden" (Kleeis 1981, S. 88) herausgelöst und zu quasi-selbstständigen intermediären Organisationen. Allerdings behielten die Behörden weiterhin erhebliche Aufsichts- und Regulierungskompetenzen gegenüber den Kassen, zu denen auch die Festlegung der Kassengröße durch die Definition des Geschäftsgebietes gehörte. „Die oberste Aufsichtsbehörde war der Handelsminister. Er setzte die Bezirke der Knappschaftsvereine fest und bestätigte deren Satzungen" (Kleeis 1981, S. 88). Auf diese Weise erhielten alle Knappschaftskassen die Rechte und den Status einer juristischen Person, die eigenständig Rechtsgeschäfte abschließen, vor Gericht auf Leistungen verklagt werden und ihre Forderungen auf dem Verwaltungswege beispielsweise gegen die eigenen Mitglieder und die Arbeitgeber durchsetzen oder einklagen konnte. Die Kassen wurden damit zu vollgültigen korporativen Akteuren. Das Knappschaftsgesetz enthielt deshalb auch detaillierte Bestimmungen zur Wahl und Bezahlung von Knappschaftsbeamten (Verwaltungsangestellten der Kassen) und Knappschaftsärzten sowie zur Rechnungslegung. Insofern bestanden ganz entscheidende Vorgaben für die innere Strukturierung der Knappschaftskassen, die so quasi zwangsweise nach dem Vorbild der Staatsverwaltung strukturiert wurden. Das *Knappschaftsgesetz* diente damit gewissermaßen als gesetzliche „Blaupause" für alle Knappschaftskassen und löste einen staatlich initiierten Prozess von *zwangsweisem Isomorphismus* in dieser Kassenpopulation aus.

Spätestens ab den 1850er-Jahren kann davon gesprochen werden, dass die Knappschaftskassen maßgebliche Elemente der modernen Organisationsform beinhalteten. Diese per Gesetz verordnete „Zwangsorganisation" (Schirbel 1930, S. 168) und die damit einhergehenden Strukturierungsvorgaben wurden in der Folgezeit durch die Kassenorganisationen aber auch selbstständig weiterentwickelt und ausgeprägt. Die Knappschaftskassen waren also im Rahmen der gesetzlichen Vorgaben auch durchaus zur selbstständigen Ausbildung von bürokratischen Routinen und Verfahrensvorschriften und damit zur Verfestigung und Reproduktion ihrer Organisationsstrukturen in der Lage. Dieser ab 1854 staatlich forcierte Prozess der Organisationsentwicklung wurde durch das *„Allgemeine Berggesetz"* von 1865, mit dem die Knappschaftskassen einen erweiterten Selbstverwaltungsspielraum und die volle Satzungsautonomie erhielten (Kleeis 1981, S. 90-91) noch entscheidend begünstigt. Darüber hinaus schrieb das Knappschaftsgesetz von 1854 aber auch einen ganzen Katalog von Mindestleistungen vor, die fortan jede Knappschaftskasse ihren Mitgliedern zu gewähren hatte. Hierzu gehörten neben der durch die Knappschaftsärzte zu erbringenden „freien Kur und Arznei" auch Krankengeld für die gesamte Dauer der krankheitsbedingten, und „ohne eigenes grobes Verschulden" entstandenen Erwerbsunfähigkeit sowie eine unter bestimmten Voraussetzungen lebenslängliche Unterstützung bei Invalidität oder Tod des „Ernährers". Zugleich wurde eine allgemeine Beitragspflicht gleichermaßen für Bergarbeiter (⅔) als auch für Arbeitgeber (⅓) festgelegt, wobei die Einziehung und Abführung der am Lohn orientierten Arbeiterbeiträge an die jeweilige Knappschaftskasse den Arbeitgebern übertragen wurde.

Entscheidend ist, dass mit Erlass des *Knappschaftsgesetzes 1854* für einen ausgewählten, strategisch wichtigen Berufszweig die erste Form einer „öffentlich-rechtliche[n] Pflichtversicherung" (Tamm 1998, S. 82) etabliert wurde, die als „Vorprägung der späteren Sozialversicherung" (Zöllner 1981, S. 82) interpretiert werden kann und deren Sonderstellung in der Folgezeit weder durch das *Hilfskassengesetz von 1876* noch durch das *Krankenversicherungsgesetz von 1883* in Frage gestellt wurde (Kleeis 1981, S. 90-91). 1923 wurden die noch bestehenden landesrechtlichen Unterschiede im Knappschaftsrecht (insbesondere im Beitrags- und Leistungsrecht) mit der Schaffung eines für das gesamte Reichsgebiet einheitlich geltenden *Reichsknappschaftsgesetzes* nivelliert. Die Durchführung der knappschaftlichen Krankenversicherung oblag ab diesem Zeitpunkt der *Reichsknappschaft*, der Vorläuferorganisation der Bundesknappschaft. Bis heute nimmt die auf Reichs- beziehungsweise Bundesebene zentralisierte knappschaftliche „Einheitsversicherung" im System der Gesetzlichen Krankenversicherung eine organisationale Sonderstellung ein. Trotz der ab 1883 erfolgten Eingliederung in die Gesetzliche Krankenversicherung blieben ihre branchenspezifische Schließung, ein eigenständiges medizinisches Versorgungssystem (Knappschaftskrankenhäuser und -Ärzte) sowie der im Grundsatz bifunktionale Charakter auch im Rahmen der heute als „Einzelkasse[..] auf Bundesebene" (Alber 1992, S. 66) fungierenden Bundesknappschaft faktisch bestehen.

Die Evolution der Organisationspopulation der Knappschaftskassen weist gegenüber den übrigen Krankenkassentypen (Populationen) einige Besonderheiten auf. Während zunächst ab den 1850er-Jahren eine durchaus typische Zunahme der Neugründungen von Knappschaftskassen zu verzeichnen war, setzte schon ab etwa der Mitte der 1870er-Jahre ein beständiger Schrumpfungsprozess ein. Die rein quantitative Verkleinerung der Population war Ergebnis eines gesetzlich forcierten Zusammenschlusses kleinerer Knappschaftskassen zu größeren mitglieder- und leistungsstärkeren Einheiten. Dieser organisationale Schrumpfungsprozess der Population war begleitet von einem gleichzeitigen Prozess des Mitgliederwachstums, an dessen Ende ein nahezu hundertprozentiger Organisationsgrad der Bergarbeiterschaft und die Zentralisierung auf nur eine reichsweite Großkrankenkasse stand. Bei keiner anderen Kassenart wurde der Prozess der Zusammenfassung und Zentralisierung so frühzeitig und konsequent bis zur Ausbildung einer einzigen reichsweiten Einheitskasse vorangetrieben. Insofern stellen die Knappschaftskassen gewissermaßen ein organisationspolitisches Novum innerhalb des Feldes der gesetzlichen Krankenkassen dar.

Tab. 2: Entwicklung der Knappschaftskassen in Preußen 1852-1919

Jahr	Knappschafts-kassen in Preußen	Knappschafts-kassen reichsweit	Kassen-Mitglieder in Preußen	Mitglieder pro Kasse	Mitglieder in Prozent aller preuß. Bergarbeiter	Anteil der Ärztehonorare an den Ausgaben in Prozent
1852	53		56 462	1 065	83 %	
1868	78		170 112	2 181		
1873	89		242 721	2 727		7 %
1876	88		255 000	2 898		
1878	84		252 388	3 005		
1885	80	195	376 786	4 710		
1890	75		460 000	6 133		
1900	70	189	638 392	9 120		
1913	65	150	989 196	15 228		
1919	55	128	1 109 084	20 165		

Quellen: Fischer/Krengel/Wietog 1982, S. 209; Frerich/Frey 1996a, S. 35, 64, 121; Kleeis 1981, S. 87-91; Schirbel 1929, S. 187-191; Zöllner 1981, S. 83; eigene Berechnungen

Das in den 1850er-Jahren etablierte System der Knappschaftskassen wurde hier auch deshalb so ausführlich beschrieben, weil seine staatlich sanktionierten Organisations- und Strukturierungsprinzipien – Versicherungszwang, fixierte Mindestleistungen, rechtlich einklagbare

Leistungsansprüche der Mitglieder, Mitversicherung der Familienangehörigen, Zuschusspflicht der Arbeitgeber, Aufsichtsbefugnisse der Behörden, eigenständige juristische Person und Selbstverwaltung der Kassen – in der Folgezeit enormen direkten oder indirekten Einfluss auf die weitere Entwicklung und organisationale Ausgestaltung des Kassenwesens in anderen Gewerbezweigen hatten. Gerade das Knappschaftskassenwesen wurde in der öffentlichen sozialpolitischen Debatte zwischen 1850 und 1890 immer wieder als Vorbild für die Strukturierung anderer Kassenarten herangezogen (Tenfelde 1981, S. 355) und bildete damit die Grundlage für diverse *isomorphistische Prozesse* der Diffusion, Imitation und Variation „bewährter" Strukturen in den übrigen Organisationspopulationen. Die Knappschaftskassen wiesen also nicht nur bereits seit den 1850er-Jahren einen ausgeprägten organisationsförmigen Charakter auf, sondern enthielten auch schon eine ganze Reihe wichtiger Strukturierungsprinzipien der späteren Gesetzlichen Krankenversicherung. Insofern gehörte dieser Kassentyp zu ihren wichtigsten historischen Wurzeln und nahm vielfach gewissermaßen eine „Vorbildfunktion" an.

1.2.2 Arbeitgeberkontrolle, Betriebszugehörigkeit und Statushierarchien: Der lange Weg zur Homogenisierung der Fabrikkrankenkassen

Außer im Bergbau wurde vor allem in Preußen seit etwa den 1830er-Jahren im Zuge der Expansion des Fabrikwesens in verschiedenen industriellen Gewerbezweigen eine ganze Reihe von betrieblichen Krankenkassen gegründet[63]. Diese erste Gründungswelle erreichte in den 1870er-Jahren ihren Höhepunkt. Als organisationales Vorbild dienten hierbei vielfach die Knappschaftskassen, deren innere Strukturierung zumindest teilweise kopiert wurde (Frevert 1984, S. 195). *Fabrikkrankenkassen* entstanden in aller Regel unter Obhut und durch Initiative des jeweiligen Fabrikherren und unterlagen zumindest in der Frühphase der Industrialisierung keiner staatlichen Reglementierung. Dies führte vor allem hinsichtlich Mitgliedergröße und Leistungsniveau zur Ausbildung einer sehr heterogenen Population betrieblicher Kassen.

---

63 Einzelne BKK'n finden sich schon im 18. Jhd.. So z.B. die Hilfskasse des Blaufarbenwerkes Pfannenstiel (1717), die Kranken-, Unfall- und Sterbekasse der Textilfabrik Schneider (1777) und die Hilfskasse der Firma Andreae (1788). Die eigentliche Expansion setzte erst im 19. Jhd. ein. Als Beispiele seien die Kasse der Mechanischen Werkstätte Friedrich Harkorts (1820) und die 1836 gegründete Kasse für die rund 50 Arbeiter der Gussstahlfabrik der Firma Friedrich Krupp genannt. Frühe Kassen sind aus der Porzellan- und Textilindustrie überliefert, wie z.B. die Fabrikkrankenkasse der Jung'schen Spinnerei in Wuppertal-Hammerstein (1838). 1846 richtete die Maschinenfabrik Esslingen eine Kasse mit Beitrittszwang ein (Frerich/Frey 1996a, S. 61; Frevert 1984, S. 194, 388; Henning 1973, S. 198; Herder-Dornreich 1994, S. 61).

Der Kassenbeitritt war bis Anfang der 1850er-Jahre in den meisten Kassen freiwillig; denn „nur die Arbeiter, die sich davon einen Vorteil versprachen, sollten sich als Kassenmitglied einschreiben" (Frevert 1984, S. 194). Mit Zahlung eines am Wochenverdienst orientierten Beitrags waren die Mitglieder berechtigt, im Krankheitsfall ein in der Höhe beitragsabhängiges Unterstützungsgeld sowie kostenlose ärztliche Behandlung und Arznei in Anspruch zu nehmen. Da die Fabrikbesitzer vor 1849[64] zu einem Arbeitgeberbeitrag nicht gesetzlich verpflichtet waren, beteiligten sie sich zumeist nur sporadisch und willkürlich an der Finanzierung der Fabrikkasse, „entweder um negative Bilanzen durch einmalige Zuwendungen auszugleichen oder um bei besonderen Gelegenheiten durch hohe Geldspenden ihre Generosität zu demonstrieren" (Tamm 1998, S. 83). Sehr rasch entwickelte sich die Fabrikkrankenkasse zu einem bevorzugten Instrument betrieblicher Sozialpolitik, da sich ein doppelter Nutzen aus ihr ziehen ließ. Zunächst konnte gerade bei zunehmender Betriebsgröße durch Errichtung einer eigenen Krankenkasse „das zuvor noch gänzlich ungeregelte Problem der Krankenhilfe in feste und geordnete Bahnen gelenkt werden" (Frevert 1984, S. 194). Bisher musste jedem erkrankten arbeitsunfähigen Arbeiter, auf den der Fabrikherr aus betriebswirtschaftlichen Erwägungen nicht verzichten wollte, eine persönliche Unterstützungsleistung zugewendet werden. Mit Errichtung der Fabrikkasse wurde die individuelle Krankenhilfe des Fabrikherrn von einer „nach kodifizierten Regeln arbeitende[n] Institution" (Frevert 1984, S. 194) übernommen. In diesem Sinne wirkte die Fabrikkasse also auf eine Formalisierung und Versachlichung der Leistungsgewährung hin. An die Stelle unsicherer und willkürlicher, Dankbarkeit und Loyalität einfordernder individueller Geldzuweisung trat ein einklagbarer Rechtsanspruch auf eine schriftlich fixierte Leistung. Außerdem trug die Fabrikkasse so entscheidend zur Entlastung des Fabrikherrn von seinen traditionell umfassenden Fürsorgepflichten, das heißt seiner Verantwortung für die physische Reproduktion seiner Belegschaft bei. Die Kasse bewirkte dabei vor allem die finanzielle „Entlastung von den ,immerwährenden Vorschüssen' des Unternehmers an seine Arbeiter in Notfällen bzw. bei außerordentlichen Ausgaben" (Hilger 1996, S. 114). Hinzu kam die weitgehende Entpolitisierung des insbesondere bei Konflikten um die Lohnhöhe umkämpften Bereichs der Subsistenzsicherung der Arbeiter. Fortan war es nicht mehr der Fabrikherr, sondern die unpersönliche Fabrikkasse, die in Person des Kassen-

[64] Erst die „*Verordnung betr. Die Errichtung von Gewerberäthen und verschiedene Abänderungen der allgemeinen Gewerbeordnung" vom 09.02.1849* regelte die Frage der Leistung von Zuschüssen der Fabrikherren an ihre BKK (½ des Arbeitnehmerbeitrags). Das *Preußische Unterstützungskassengesetz von 1854* sah ebenfalls einen Arbeitgeberpflichtbeitrag vor. Darüber hinaus wurden sie verpflichtet, den Arbeitnehmerbeitrag einzuziehen und an die Kasse weiterzuleiten (Schirbel 1930, S. 123). In der Verordnung von 1849 wurde erstmals die Möglichkeit der Pflichtmitgliedschaft geschaffen, da „durch Ortsstatut der Beitrittszwang der Arbeitnehmer einer Fabrik zu deren Betriebskrankenkasse festgelegt werden konnte" (Kleeis 1981, S. 72).

beamten dem arbeitsunfähigen Mitglied entweder eine Unterstützungsleistung – nun nach statuarisch fixierten (bürokratischen) Verfahrensvorschriften und Leistungskriterien – gewährte oder nicht. Dabei ist entscheidend, dass die Beschäftigten als Kassenmitglieder faktisch die finanziellen Lasten der Krankenversorgung über den nach der Lohnhöhe gestaffelten Kassenbeitrag selbst finanzierten. Fortan beteiligte sich der Fabrikherr nur noch in besonderen Notfällen mit Zuschüssen oder großzügigen Spenden an der Kassenfinanzierung. Fabrikherren wie Krupp setzten solche Zuwendungen im übrigen ganz bewusst „als soziales Differenzierungs- und Selektionsmittel ein“ (Frevert 1984, S. 195), mit dem sie besondere Leistungen, loyales Verhalten oder die Betriebstreue insbesondere ihrer Stammarbeiter belohnten. Ein regelmäßiger Arbeitgeberbeitrag zur Fabrikkasse wurde hingegen kategorisch abgelehnt. Hierin variierte die Organisationsform der Fabrikkrankenkasse also ganz entscheidend von derjenigen der Knappschaftskassen.

Die preußischen Unternehmer verwahrten sich lange Zeit erfolgreich „gegen jede staatliche und kommunale Einmischung in ihren Mikrokosmos, den Betrieb, vor allem in dessen Sozialeinrichtungen“ (Tamm 1998, S. 83). Insofern entstanden die *preußische Verordnung von 1849* und das *Unterstützungskassengesetz von 1854* gegen den vehementen Wiederstand der Fabrikherren, die den Wohlfahrtscharakter ihrer Kassen und die Freiwilligkeit ihrer Zuschüsse als „mustergültiges Vorbild unternehmerischer Fürsorge“ (Hilger 1996, S. 110) verteidigten, das keiner staatlichen oder kommunalen Reglementierung, Kontrolle oder Aufsicht bedurfte[65]. Die anfängliche Ablehnung der Unternehmer legte sich allerdings in der Folgezeit. Trotz fortdauernder liberaler Agitation gegen den Kassenzwang und der durch das *Hilfskassengesetz von 1876* eröffneten Möglichkeit, die Fabrikarbeiter alternativ in überbetrieblichen Orts- oder eingeschriebenen Hilfskassen zu versichern (sogenannter Kassenzwang bei freier Kassenwahl), hielt die überwiegende Mehrheit der Fabrikanten doch an eigenen betrieblichen Kassen fest[66]. Die entscheidenden Gründe für den in den expandierenden industriellen Ballungsgebieten des Westens gegen Ende der 1850er-Jahre einsetzenden und bis in die 1870er-

[65] Nach Frevert (1984, S. 197) bekämpften v.a. die Unternehmer aus der Metall- und Hüttenindustrie die Einführung des Arbeitgeberpflichtbeitrags (½ des Arbeitnehmerbeitrags). Dies lag am relativ hohen Lohnniveau, wodurch die Arbeitgeber zu vergleichsweise hohen Beitragsanteilen gezwungen waren. Befürchtet wurde so eine Schwächung der Konkurrenzfähigkeit. Solange es jeder Gemeinde freistand, ob sie einen Beitragszwang einführte, musste von einer ungleichen Belastung der Unternehmer und Wettbewerbsverzerrungen ausgegangen werden. Da in den Industriezweigen verschiedene Lohnniveaus herrschten, fielen die Arbeitgeberbeiträge, wie auch die allgemeinen Beitragseinnahmen der Kassen, unterschiedlich hoch aus. Dies erklärt die Abweichungen in Leistungsumfang und -dauer zwischen den BKK'n (Hilger 1996, S. 118).

[66] Seit 1854 wurden Neugründungen nur noch ab mindestens 50 Mitgliedern genehmigt. Kleinere Kassen galten als nicht lebensfähig. Diese Richtgröße wurde 1883 in § 60 KVG übernommen (Asmuth 1984, S. 78).

Jahre anhaltenden Gründungsboom betrieblicher Kassen[67] waren dabei der Mangel an qualifizierten Facharbeitern sowie die hohen Fluktuations- und Absentismusraten. Insofern hatten viele Unternehmer ein großes Interesse daran, den im Laufe der Zeit eingestellten und ausgebildeten Stamm an qualifizierten Fachkräften langfristig an den Betrieb zu binden und gegen Abwerbungen („Debauchiren") zu schützen. Neben der durch die Fabrikkasse erreichten stärkeren Bindung an den Betrieb, ermöglichte die eigene Kasse auch die „reibungslose Einfügung der Arbeiter in den Arbeitsprozess, der mit zunehmender Differenzierung störanfälliger wurde und ein hohes Maß an Arbeitsdisziplin erforderte" (Asmuth 1984, S. 81). Deshalb gewann die betriebliche Krankenkasse als Stabilisierungs- und Integrationsinstrument, das sich in erster Linie auf die Stammbelegschaft konzentrierte, auch mit der Zeit an Bedeutung für die betriebliche Personal- und Sozialpolitik (Asmuth 1984, S. 80; Fischer 1978).

Für den Lohnarbeiter hatte die Fabrikkasse eine „äußerst mobilitätshemmende Wirkung und zwar nicht nur wegen der Ausgestaltung der Leistungen an sich, sondern aufgrund der Tatsache, dass der Arbeiter bei Beendigung des Beschäftigungsverhältnisses sämtliche Rechte aus den eventuell jahrelang gezahlten Beiträgen verlor" (Asmuth 1984, S. 80). Die im Vergleich zu anderen Kassentypen in der Regel höheren Beiträge zahlten sich demzufolge nur dann für einen Arbeiter aus, wenn er sich dauerhaft alle Ansprüche auf die höheren Leistungen und die Chance von an die Mitgliedsdauer gebundenen außerordentlichen Unterstützungen durch Aufrechterhaltung seiner wiederum an die Betriebszugehörigkeit gebundenen Kassenmitgliedschaft bewahrte. Insofern band die Fabrikkrankenkasse tatsächlich den Facharbeiter an den Betrieb, verstärkte also seine ohnehin schon erhebliche Abhängigkeit vom Fabrikherrn. Hinzu kommt, dass sich die Fabrikkasse zu einem exklusiven Ordnungs- und Disziplinierungsinstrument des Arbeitgebers entwickelte, durch welches die Fabrikarbeiter zur Verinnerlichung der bürgerlichen „Kardinaltugenden" – Gesundheit, körperliche Tüchtigkeit, Ordnungsliebe, Sauberkeit, Sparsamkeit – (Frevert 1984, S. 208) erzogen werden sollten. In diesem Sinne stellten die Kassenstatuten in der Regel einen engen Zusammenhang zwischen Gesundheit und Moral her. Sie verkoppelten also materielle Leistungsangebote mit formalisierten Verhaltensvorgaben. Hierzu gehörte auch eine intensive Krankenüberwachung. Die Kassenverfassungen waren völlig auf den Fabrikherrn ausgerichtet. Er hatte als einziger genaue Kenntnis über die Kassenbestände, verschaffte sich über seinen Vorsitz im Kassenvorstand

[67] 1876 bestanden laut Herder-Dornreich (1994, S. 61) rund 2600 Fabrikkassen mit rund 700.000 Mitgliedern (d.h. ca. 269 Mitglieder pro Kasse). Dies entsprach rund 16 % aller Arbeiter.

sowie über den für die Behandlung der Mitglieder angestellten Fabrikarzt[68] einen uneingeschränkten Einfluss auf Kassenverwaltung und Leistungsgewährung und bekam zugleich einen Überblick über Gesundheitszustand und Krankheitsverhalten seiner Arbeiter. „Perfekter konnte die Machtstellung des Unternehmers nicht abgesichert sein: er entwarf die Statuten, d.h. die Geschäftsgrundlage, er beschloss eine Erhöhung der Beiträge, er zog die Beiträge ein, er entschied über die Ausgaben, er verwaltete und investierte das Kassenvermögen, und er kontrollierte sich selbst" (Frevert 1984, S. 210)[69]. Die Grundmotivation des Fabrikherrn zur Errichtung einer Fabrikkasse „rührte demnach aus den letztlich ökonomischen Vorzügen der Kasse für den Betrieb, was nicht ausschließt, dass ‚religiöse, sozialethische oder philanthropische Erwägungen' hinzutreten konnten" (Asmuth 1984, S. 81). Die Mitglieder besaßen hingegen keinen Einfluss auf die Kassenverwaltung. In der Regel kamen sie mit ihrer Kasse nur in Berührung, wenn sie krank waren; denn ihre Beiträge wurden vom Unternehmer direkt vom Lohn abgezogen und der Kasse überwiesen. Hinzu kommt, dass gerade die Fabrikkasse durch die Staffelung der Kassenbeiträge und -leistungen analog zur betrieblichen Lohnabstufung einerseits zur organisationalen Verstetigung und Normalisierung des Lohnarbeitsverhältnisses und der hieran gekoppelten Verhaltensstandards beitrug, andererseits dazu diente, die betriebliche Leistungs- und Statushierarchie auch außerhalb der unmittelbaren Produktionssphäre zu reproduzieren. Statt zu einer Homogenisierung der Arbeiterschaft trug die Fabrikkasse zur Verfestigung der bestehenden sozialen Trennungs- und Differenzierungsmuster bei und etablierte neben der betrieblichen Einkommenshierarchie eine entsprechende Kassenstatushierarchie bezüglich des Zugangs zu Unterstützungsleistungen. An ihrer Spitze standen die privilegierten Facharbeiter mit festen relativ hohen Lohneinkommen und entsprechenden Leistungsansprüchen. Am unteren Ende der Hierarchie befanden sich hingegen die unqualifizierten, gering entlohnten Hilfsarbeiter mit niedrigen Leistungsansprüchen. Für diese „peripheren" Arbeiter reichte das ausgezahlte Krankengeld in der Regel nicht zur Subsistenzsicherung der Familie aus, weshalb ihre Situation prekär blieb. Im übrigen benutzte der Fabrikherr seine Kasse nicht selten, um unliebsame, leistungsschwache oder langzeitkranke Arbeiter zu entlassen (Asmuth 1984, S. 96). Insgesamt besaßen die Fabrikkassen also einen ausgeprägt

[68] Der von der Kasse honorierte Arzt spielte als betriebliches Kontrollorgan eine wichtige Rolle. Er führte alle Einstellungsuntersuchungen durch, attestierte Arbeitsfähigkeit oder -unfähigkeit und hatte damit „das Schicksal der kranken Arbeiter in der Hand" (Reininghaus 1983, S. 289). Außerdem entschied der Fabrikarzt über Invalidität und sollte Simulanten entlarven.

[69] Viele Fabrikkassen bildeten erhebliche Rücklagen. Das Kassenvermögen wurde i.d.R. vom Fabrikherrn als billiges Investitionskapital für seinen Geschäftsbetrieb genutzt und unter den marktüblichen Kreditkonditionen verzinst. Die Kassen bildeten einen für den Fabrikherren frei verfügbaren Kapitalfonds. Somit stellten die Kassenbeiträge der Mitglieder ein günstiges Darlehen an ihren Arbeitgeber dar (Frevert 1984, S. 199)

organisationsförmigen Charakter. Ihre innere Strukturiertheit führte zur Reproduktion der Muster sozialer Ungleichheit auch „in persönlichen Krisensituationen“ (Frevert 1984, S. 280). So konnten Solidarisierungseffekte der Belegschaft und gewerkschaftliche Einflüsse begrenzt werden. Zunkel (1962, S. 237) bezeichnet sie deshalb auch als ein „Mittel, um den Emanzipationsbestrebungen“ der Arbeiterschaft „entgegenzuwirken“.

Wichtig ist, dass die so heterogene Organisationspopulation der Fabrikkrankenkassen endgültig erst durch das *Krankenversicherungsgesetz von 1883* hinsichtlich von Mindestgröße, interner Strukturierung und Mindestleistungsniveau homogenisiert wurde. Der schon früh einsetzende Prozess *mimetischer Isomorphie*, vor allem in Form der Übernahme eines Teils der Organisationsstrukturen der Knappschaftskassen, wurde also auch hier letztlich durch eine staatlich initiierte Form des *zwangsweisen Isomorphismus* ergänzt und überlagert. Erst hierdurch wurde die strukturelle Homogenisierung der Fabrikkassen, die von Anfang an über eine große strukturelle Variationsbreite verfügten, entscheidend vorangetrieben. Die historische Evolution der Fabrik- oder Betriebskrankenkassen, wie sie ab 1883 genannt wurden, als eigenständige organisationale Population zeichnete sich durch einen lang anhaltenden Anstieg der Zahl der Populationsmitglieder aus. 1913 wurde schließlich die größte Populationsdichte mit insgesamt 7.699 betrieblichen Kassen erreicht. 1914 setzte dann, ausgelöst durch die in der *Reichsversicherungsordnung* erfolgte Anhebung der für Betriebskrankenkassen zulässigen Mindestkassengröße auf 150 Mitglieder, ein langsames Absinken der Kassenanzahl ein, das im Prinzip bis heute anhält (eigene Zusammenstellung).

Dieser Schrumpfungs- und Konzentrationsprozess lässt sich zum Teil durch die gesetzlich verordnete Auflösung beziehungsweise Zusammenlegung mitgliederschwacher Kassen zu größeren, leistungsfähigeren und vor allem einheitlich strukturierten Organisationen erklären. Darüber hinaus bestand in der Population der Betriebskrankenkassen aber auch aufgrund ihrer unmittelbaren organisationalen Kopplung an das wirtschaftliche Überleben des jeweiligen Unternehmens eine höhere „Sterblichkeitsrate“ als bei anderen Kassenarten. Wurde nämlich das Trägerunternehmen aufgelöst, so verlor auch die dazu gehörige Kasse ihre Existenzgrundlage und Mitgliederbasis. Dieser Selektionsprozess bewirkte mit, dass die verbliebenen Betriebskrankenkassen langfristig immer homogener wurden.

Tab. 3: Beispiele lokaler Entwicklung des Fabrikkassenwesens 1854-1885

Ort	Jahr	Anzahl Kassen	Mitglieder	Mitglieder pro Kasse	Anteil an den örtlichen Arbeitern in Prozent
Barmen	1871	76	8.084	106	
Bielefeld	1855	1	190	190	22 %
	1868	10	2.995	300	
	1876	13	3.395	261	76 %
Bochum	1855	8	760	95	
	1868	20	6.985	349	
Dortmund	1855	4	3.643	911	
	1868	16	9.006	563	
Düsseldorf	1854	4	249	62	
	1868	12	1.721	143	
	1874	19	3.128	165	62 %
	1885	35	8.067	231	
Elberfeld	1859	1	285	285	
	1862	3	1.045	348	
	1883	7	1.838	263	
Hagen	1855	10	1.096	110	
	1868	38	6.132	161	

Quellen: Asmuth 1984, S. 81 + 175f.; Frevert 1984, S. 193-194, 388; Reininghaus 1983, S. 295f.; Löwenstein 1910, S. 334-346; Ünlüdag 1989, S. 229; eigene Berechnungen

1.2.3 Berufsständische und lokale Exklusivität: Das heterogene Spektrum der örtlichen Handwerker- und Fabrikarbeiterkassen

Neben den auf betrieblicher Ebene organisierten Knappschafts- und Fabrikkassen entstand seit Beginn des 19. Jahrhunderts eine Vielzahl von *Unterstützungskassen auf lokaler Ebene* zunächst für Handwerksgesellen[70], zunehmend aber auch für die anwachsende Fabrikarbeiterschaft. Es handelte sich hierbei um exklusive Selbsthilfeeinrichtungen auf freiwilliger, berufsgenossenschaftlicher und lokaler Basis[71]. In der Folgezeit entstand eine Vielzahl hinsicht-

[70] Das *Preußische Allgemeine Landrecht von 1794* regelte v.a. das Kassenwesen der Handwerksgesellen neu (§§ 396-400). Neue Kassen durften fortan nur noch mit landesherrlicher Genehmigung gegründet werden. Von einer Krankenfürsorge für Fabrikarbeiter war hier noch keine Rede.

[71] Mit Einführung der Gewerbefreiheit 1810 und Aufhebung von Zunftzwang und -Monopol hatten auch die noch existierenden, unter kommunaler Aufsicht stehenden alten Gesellenkassen ihren verbindlichen Charakter verloren. Wenn auch viele alteingesessene Handwerker an ihrer Kasse festhielten, „so geschah es doch immer häufiger, dass neu zugewanderte (und unzünftige) Gesellen sich der Teilnahme und Beitragszahlung entzogen" (Frevert 1981, S. 296). Damit stand die wirtschaftliche Lebensfähigkeit der Gesellenkassen auf dem Spiel. Hinzu kam, dass die nicht organisierten Gesellen bei einer schweren Erkrankung und längeren Arbeitsunfähigkeit unweigerlich der kommunale Armenkasse oder ihrem Meister zur Last fielen. Nach Frevert (1981, S. 295-296) bemühte sich deshalb z.B. der Bielefelder Magistrat 1826 bei der Bezirksregierung um die Genehmigung einer Zwangsverpflichtung aller Gesellen zum Kassenbeitritt, die er aber nicht erhielt. Daraufhin handelte er mit den ortsansässigen Handwerksmeistern einen Vertrag aus, „in dem sich die Meis-

lich der Mitgliedschaftsbedingungen und des Leistungsumfangs verschiedenartiger Unterstützungskassen (Reidegeld 1996, S. 172f.). Sie verfügten vielfach über sehr geringe Mitgliederzahlen und ein extrem heterogenes Leistungsspektrum. Vor allem die in der Regel pro Berufsgruppe einzeln – selten auch für mehrere verwandte Berufsgruppen gemeinschaftlich – organisierten Gesellenkassen zählten nach Schirbel (1930, S. 113) in vielen Orten „kaum mehr als einige Dutzend Mitglieder". Zumeist existierten keine Kassenstatuten, in denen feste Beiträge und Leistungen fixiert waren. Formalisierte Verfahren für die Leistungsvergabe fehlten dementsprechend genauso wie die Möglichkeit, größere Rücklagen zu bilden. In der Regel wurden die für alle Mitglieder gleichen Beiträge und Unterstützungen pro Quartal in einer Vollversammlung neu und dem Bedarf entsprechend festgelegt. Ihrem Wesen nach waren diese Kassen „noch sehr unmittelbare Umlagesysteme für Notfälle" (Göckenjan 1989a, S. 91). Die Handwerksmeister waren bis 1845 zu keinem anteiligen Beitrag verpflichtet. Die Unterstützungsleistungen beschränkten sich auf ein an den örtlichen Lebensmittelpreisen orientiertes Krankengeld, kostenlose Medikamente – in der Regel altbewährte Hausmittel – und ärztliche Behandlung durch einen „einzigen bestimmten Arzt, welcher für alle Gebrechen des Leibes ausreichen musste" (Schirbel 1930, S. 114). Für seine Dienste erhielt der Kassenarzt eine jährliche Pauschale[72]. Sofern es die Kassenfinanzen erlaubten, wurde darüber hinaus auch eine kostenlose Krankenhausbehandlung gewährt. Die Gesellenkassen beruhten auf Beitrags- und Leistungsgrundsätzen, die „unterschiedslos für alle Mitglieder galten" (Frevert 1984, S. 254). Wie in früheren Zeiten wurde Krankheit als Übel betrachtet, das jeden „Handwerksbruder" jederzeit heimsuchen konnte und für welches das Kollektiv der über den Berufsstand verbundenen ortsansässigen Personen gemeinsam vorsorgen musste. Allerdings konnte es – nicht zuletzt aufgrund der schlechten Zahlungsmoral der Mitglieder (Eisenberg 1986, S. 128f.) – vorkommen, „dass der Erkrankte auf die Leistung der Kasse warten musste, weil ihre Geldmittel erschöpft waren. Die Wartezeit dauerte dann bis zur Beschlussfassung über ergänzende Umlagen und deren Einziehung", sofern nicht die Innung mit einem Darlehen einsprang (Schirbel 1930, S. 114). Die Gesellenkassen blieben so weiterhin mit den be-

---

ter verpflichteten, keinen Gesellen zu beschäftigten, der der Krankenkasse des Gewerks nicht angehörte." Als Vorbild diente die Elberfelder Regelung (Frevert 1984, S. 160). Während in den 1820er-Jahren auf Freiwilligkeit und private Initiative der Betroffenen gesetzt wurde, verbot 1845 die Barmer Gemeindeverwaltung den Meistern, Gesellen zu beschäftigen, die nicht Mitglied einer Kranken- und Sterbeauflage waren oder sich im örtlichen Krankenhaus „abonniert" hatten (Köllmann 1960, S. 180; Ünlüdag 1989, S. 229).

72 Reininghaus (1983, S. 289) berichtet, dass die Ausgaben für Krankengelder und Arznei bei den Gesellenkassen das jährliche Arzthonorar bei weitem überstiegen. Demzufolge sollen die jährlichen Beiträge der Kasse an den verpflichteten Arzt nie höher als 10 oder 20 Taler gewesen sein. Ein Jahreshonorar von umgerechnet 30 bis 60 Mark war für Kasse wie Arzt nur marginal.

stehenden Innungen verbunden. Nun zwar organisatorisch verselbstständigt und freiwillige Einrichtung der Gesellen, blieben sie doch den zünftigen Traditionen verbunden und reproduzierten den „korporatistischen Geist“ des Handwerks (Frevert 1984, S. 164). Für Reidegeld (1996, S. 170-171) ist gerade die kleinräumige Orientierung und die auf berufsgenossenschaftlicher Basis erfolgende Zersplitterung der Gesellenkassen ein bis in die heutige Sozialversicherung hinein fortwirkendes „Geburtsmerkmal“ des modernen Kassenwesens und „eine Folge der alten Handwerkskultur und der räumlichen und politischen Abgeschlossenheit der Siedlungsgebiete und Kommunikationsbeziehungen der ‚alten Zeit'“. Die Gesellenkassen waren weiter hochgradig berufsständisch-exklusive soziale Gebilde, die nicht nur erhebliche gesundheitliche und moralische Anforderungen an Beitrittswillige stellten, sondern auch massiv disziplinierend auf die Mitglieder einwirkten[73]. Doch gerade die berufsmäßige Homogenität mag dazu beigetragen haben, dass die von den Fabrikkassen bekannten Ungleichheiten im Krankheits- und Leistungsspektrum in den Gesellenkassen nicht aufkamen. Lange Zeit scheiterten Versuche der Behörden, bestehende Gesellenkassen zu größeren, mehrere unterschiedliche Berufsgruppen umfassenden, leistungsstärkeren Kassen zusammenzufassen am überlieferten Zugehörigkeitsgefühl der Handwerksgenossen (Frevert 1984, S. 255). Die vor allem bei den Knappschaftskassen so „effektiven“ Formen eines staatlich forcierten zwangsweisen Isomorphismus scheiterten hier also noch an der strukturellen Beharrungskraft der traditionellen Handwerkerorganisationen.

Allerdings blieb für die Mitglieder der Erhalt einer Unterstützung im Krankheitsfall nicht nur wegen der geringen Leistungsfähigkeit der Kassen unsicher. Aufgrund der unklaren Rechtslage und zumeist fehlender Statuten bestand kein einklagbarer Rechtsanspruch gegen die Kasse. Nach Schirbel (1930, S. 113) blieb vor allem die Mitgliederzahl „der einzelnen bei den vielen Innungen eines Ortes angesetzten Gesellenkassen“ derart gering, dass sie „für das Ausmaß der Unterstützungen ein unübersteigbares Hindernis“ bildete. Viele Kassen erreichten einfach keine Größe, die einen genossenschaftlichen „Risikoausgleich“ zwischen den Mitgliedern ermöglicht hätte. Sie konnten deshalb auch keine festen Leistungsversprechen abgeben[74]. Solche „Zwergkassen“ (Schirbel) „streiften teilweise die Grenze zum kollektiven Sparen weniger, meist beruflich verbundener Menschen“ (Reidegeld 1996, S. 171).

---

73 Reidegeld (1996, S. 173) spricht von „Risikoselektion“. Viele Statuten beinhalteten, dass Bewerber „völlig gesund“ sein mussten (Gutachten). Der Bewerber musste unverheiratet und zwischen 20 und 40 Jahren alt sein sowie einen „unbescholtenen Ruf in jeder Hinsicht“ nachweisen. Lehrlinge wurden nicht aufgenommen. „Hang zur Trunkenheit“ schloss die Aufnahme aus, Alkoholismus und Kriminalität führten zum Verlust der Mitgliedschaft und der eingezahlten Beiträge.

74 Noch 1855 hatten z.B. die Bielefelder Gesellenkassen im Schnitt nur 30 Mitglieder (Frevert 1981, S. 299).

Für die Fabrikarbeiterschaft blieb die Situation noch unbefriedigender. Entsprechende *Unterstützungskassen auf genossenschaftlicher, freiwilliger Grundlage* wurden erst vereinzelt entweder nach Vorbild der Gesellenkassen auf örtlicher Ebene oder aber in Anlehnung an bestimmte Vereine, vor allem an die im Vormärz und 1848/49 entstandenen Arbeiterbildungsvereine gegründet. Diese Kassengründungen auf lokaler Ebene orientierten sich also in der Regel an den Strukturen bereits bestehender örtlicher Organisationen. Tennstedt (1977e, S. 14) hat 63 Kassen ermittelt, die zwischen 1801 und 1847 entstanden und ihren Mitgliedern ausschließlich Barleistungen gewährten. Zumeist verfügten sie nur über eine schmale personelle und finanzielle Basis[75]. „Für eine wirksame Durchführung der Selbsthilfe reichten weder Mittel noch Verwaltungskräfte" (Tennstedt 1977e, S. 15). Die sozialpolitische Bedeutung solcher Hilfskassen war deshalb eher gering (Förtsch 1995, S. 36). Hinzu kam, dass die selbstorganisierten und selbstfinanzierten *Fabrikarbeiterkassen* ähnlich rigide, lokal-berufsständisch orientierte Selektions- und Ausschlusskriterien wie die Gesellenkassen entwickelten. Sie imitierten also in einem Prozess von mimetischem Isomorphismus vor allem deren Muster sozialer Schließung[76]. Gerade die besonders bedürftigen Personengruppen waren damit auch hier vom Kassenbeitritt ausgeschlossen. Die Fabrikarbeiterkassen blieben deshalb primär auf Facharbeiter beschränkt und damit faktisch genau wie die übrigen Kassenarten „Organisationen bessergestellter Minderheiten" (Hobsbawm 1977, S. 277).

Hinsichtlich der Leistungsarten und -niveaus ergibt sich ein heterogenes, buntscheckiges Bild. Meistens wurden kostenlose Medikamente gewährt, in gewissem Umfang auch ärztliche

---

75 Tennstedt (1977e, S. 15) macht dies am Beispiel von Hamburg deutlich: Die Kasse des Vereins der Arbeiter hatte 45 Mitglieder und 550 Mark Vermögen, die Kasse des Vereins „Einigkeit" nur 23 Mitglieder und 500 Mark. Allerdings gab es auch größere Kassen, wie die des Vereinigten Freundschaftsklubs mit 280 Mitgliedern und 3.440 Mark Vermögen oder die Kasse des Vereins „Goldener Bienenkorb" mit 500 Mitgliedern und 2.600 Mark. Eher eine Ausnahme bildete der von der „Arbeiterverbrüderung" Berlins gegründete *„Gesundheitspflegeverein"*, der 1849 schon 10000 Mitglieder zählte, aber 1853 polizeilich aufgelöst wurde (Herder-Dornreich 1984, S. 60.). Hauptzweck dieses von 6 Gewerken und Arbeitsgemeinschaften mit 327 Mitgliedern gegründeten und rasch anwachsenden Vereins war die Finanzierung von Vereinsärzten, die „gleich Hausärzten den Mitgliedern mit Rat und Tat zur Seite stehen" sollten sowie die Errichtung von Kassen und Instituten, die für die Gesundheitspflege der Mitglieder „erforderlich und wünschenswert sind" (zitiert nach: Tennstedt 1977e, S. 16). Der Gesundheitspflegeverein finanzierte Leistungen, die neben der Zahlung der Arztkosten auch Krankengeld und Arzneimittel umfassten und auch auf die Familienangehörigen der Mitglieder ausgedehnt werden konnten.

76 Das „Unbescholtenheitskriterium" und das „Gesundheitskriterium" findet man auch in den Statuten vieler Fabrikarbeiterkassen. Bestimmte Arbeitergruppen wurden pauschal von der Mitgliedschaft ausgeschlossen. Hierzu zählten Gesinde, Tagelöhner und Arbeiter, die in besonders gesundheits- oder unfallgefährlichen Betrieben (z.B. Bleiweißfabriken) arbeiteten. Auch Arbeiterinnen waren vielfach ausdrücklich ausgeschlossen, „obwohl sie schon nach Zehntausenden zählten" (Schirbel 1930, S. 124). Oft bestanden auch Verdienstunter- und Höchsteintrittsaltersgrenzen. Dauerhaft Kranke wurden i.d.R. mit einer einmaligen Abfindung aus der Kasse „entlassen". Bei „diffamierenden Krankheiten" (Krätze, Syphilis) oder Erkrankungen und Unfällen, die auf „grobes Selbstverschulden" (Leichtsinn, ausschweifendes Leben, Völlerei, Schlägerei) zurückgingen, gab es keine Unterstützung (Reidegeld 1996, S. 173-174; Reininghaus 1983, S. 287-288).

Versorgung oder Verpflegung in einem Krankenhaus. Im Vordergrund stand aber immer die Zahlung von Krankengeld, das in der Regel maximal die Hälfte des Normalverdienstes erreichte und damit nur „eine notdürftige Überbrückung der arbeitsfreien Zeit erlaubte" (Frevert 1981, S.297). Die Finanzierung ärztlicher Behandlungen spielte für die Masse der Arbeitsbevölkerung nur eine untergeordnete Rolle und blieb auch für die Kassen marginal (Tennstedt 1983a, S. 222). In der Regel hatte jede Kasse lediglich mit einem einzigen Arzt einen Pauschalvertrag über die Behandlung der Mitglieder abgeschlossen, bei größeren Kassen kam bestenfalls noch ein Wundarzt oder Chirurg hinzu. Die Funktion dieses Kassenarztes bestand neben der ärztlichen Versorgung aller Krankheiten primär in der Feststellung der Arbeitsunfähigkeit von Kassenmitgliedern, was wiederum Grundvoraussetzung für den Krankengeldbezug war. Hierbei hatte der faktisch angestellte Kassenarzt bei Strafe der eigenen Entlassung die strikten Handlungsanweisungen der jeweiligen Kasse zu befolgen. Insofern bestand seine Hauptaufgabe in der Verhinderung von Simulantentum. Oftmals wurde das Krankengeld trotzdem nur bei schweren Erkrankungen und dann erst nach Ablauf mehrerer Karenztage für eine begrenzte Dauer gezahlt (Reininghaus 1983, S. 287). Die Unterstützungsleistungen waren immer abhängig vom aktuellen „Cassa-Bestand" der jeweiligen Kasse, wobei die Beitragseinnahmen schon aufgrund der niedrigen Arbeitslöhne gering blieben. Vielfach führte eine schlechte Kassenlage zur Erhöhung der Beiträge oder Minderung der Leistungen. Nicht selten wurden bestimmte Unterstützungsleistungen auch nur „unter dem Vorbehalt einer bestimmten Kassenlage oder der Ansammlung eines entsprechenden Reservefonds zugesagt" (Reidegeld 1996, S. 175). Trotz solcher Regelungen konnte die Gefahr der Zahlungsunfähigkeit („fauler Bankrott") oder längerfristigen Leistungseinstellung nicht gebannt werden (Reidegeld 1996, S. 175). Die Absicherung der Kassenmitglieder war gerade aufgrund der relativen Willkür und Unsicherheit der Unterstützungsleistungen wohl „kaum mehr als ein Tropfen auf den heißen Stein" (Tennstedt 1983a, S. 222). Die soziale Situation der Masse der Arbeitsbevölkerung blieb im Krankheitsfall weiter prekär, zumal sich die kassenseitige Unterstützung ohnehin nur auf den Lohnarbeiter selbst, nicht aber auf dessen Familie bezog. Tennstedt (1983a, S. 220) konstatiert deshalb, „dass die faktische sozialpolitische Bedeutung der Kassen begrenzt und zudem gering gewesen ist". Sofern ein Arbeiter nicht Mitglied einer Kasse war, blieb er im Falle krankheitsbedingter Arbeitsunfähigkeit ohne jegliche Unterstützung und fiel genau wie ein nichtorganisierter Handwerksgeselle zwangsläufig der entwürdigenden kommunalen Armenpflege und dem Armenarzt zur Last[77].

[77] Das preußische *„Gesetz über die Verpflichtung zur Armenpflege"* von 1842 legte Art und Umfang der Ar-

Erst ab Mitte der 1840er-Jahre wurde der preußische Staat aktiv, um die Zersplitterung und „den Wildwuchs der Kassen zu bändigen“ (Tenfelde 1981, S. 355). Die ab diesem Zeitpunkt „von oben“ ausgehenden Initiativen zur Verbreitung des Kassenwesens entstanden zunächst als Reaktion auf die zunehmenden Arbeiterunruhen des Vormärz. Die preußische Regierung teilte dabei im Grundsatz die Auffassung vieler bürgerlichen Sozialreformer, dass reine polizeiliche Repressionen als Reaktion auf soziale Unruhen keine dauerhafte Lösung der „sozialen Frage“ bedeuten könne. Es galt vielmehr, „die durch ein stark anwachsendes Fabrikarbeiterpotenzial verursachten politischen und ökonomischen Veränderungen wirksam zu steuern, um die Gefährdung gesellschaftlicher Grundstrukturen zu minimieren“ (Tamm 1998, S. 87). Die preußische Kassenpolitik entsprang also keinesfalls primär humanitären Gesichtspunkten. Im Vordergrund stand stattdessen – Inhalt und Zeitpunkt der staatlichen Initiativen prägend – ein herrschaftsstabilisierendes Motiv. Über die Etablierung einer integrationsfördernden Krankenkassenorganisation sollten „die lohnabhängigen Unterschichten zur kollektiven Vorsorge für den Fall einer kurzfristigen Arbeits- und Erwerbsunfähigkeit gezwungen werden“ (Frevert 1981, S. 297). Nach Reidegeld (1996, S. 170) lautete die „Botschaft“ der preußischen Kassenpolitik dementsprechend vor allem: „Finanzielle Selbsthilfe ja und möglichst viel, wenn nötig mit Zwang, aber keineswegs autonome Selbstverwaltung durch die Versicherten und ihre Organisationen.“

1845 begann die preußische Regierung im Rahmen der *Allgemeinen Gewerbeordnung* dann mit der Reform des bestehenden Unterstützungskassensystems. Zunächst wurden Fabrikarbeiter den Gesellen in der Kassenfrage gleichgestellt und beiden Gruppen die Beibehaltung der bereits vorhandenen Kassen zur gegenseitigen Unterstützung erlaubt. Insofern erhielten die bestehenden Unterstützungskassen auf Gegenseitigkeit ihre gesetzliche Anerkennung, wurden aber zugleich in „ein komplexes System staatlich autorisierter und überwachter korporativer Zuständigkeiten“ (Frevert 1984, S. 165) eingebunden. Neugründungen von Kassen der Arbeiter, Gesellen und Innungen wurden hingegen ab sofort von einer staatlichen Genehmigung abhängig gemacht und damit die staatlichen Kontrollmöglichkeiten erweitert. Der Staat behielt sich vor, die Einrichtung der Kassen „nach Befinden abzuändern und zu ergänzen“ (§ 144 GewO). Die Gewerbeordnung von 1845 enthielt noch keine Vorschriften über Organisation, Aufbringung der Kassenbeiträge und Umfang der Kassenleistungen. Entscheidend ist aber, dass Städte und Gemeinden ermächtigt wurden, durch Ortsstatut eine örtliche

---

menfürsorge fest. Sie umfasste lediglich die Aufrechterhaltung des Existenzminimums. Die Unterstützung trat subsidiär ein und hatte den zeitweiligen Verlust des Wahlrechts und des Rechts auf Bekleidung öffentlicher Ämter zur Folge (Zöllner 1981, S. 76). Viele Gemeinden errichteten spezielle *Armenkassen*.

Beitritts- und Beitragspflicht für alle Gesellen, Gehilfen, Handwerksmeister und Arbeiter festzusetzen. Hiermit wurde zugleich ein Formwandel der Kassen von selbstorganisierten, genossenschaftlichen Selbsthilfeeinrichtungen hin zu öffentlich-rechtlichen „Zwangsunterstützungskassen" (Herder-Dornreich 1994, S. 72) eingeleitet. Schon 1849 wurden die Regelungen der Gewerbeordnung in einer Verordnung[78] ergänzt und verschärft. Ab diesem Zeitpunkt rücken die Fabrikarbeiter eindeutig in den Mittelpunkt staatlicher Kassenpolitik. Es ging nun primär um die „Ausdehnung des Kassenwesens innerhalb behördlich geregelter Grenzen auf die Fabrikarbeiterschaft unter Organisierung im Kommunalverband" (Tenfelde 1981, S. 355). Zu den neuen Bestimmungen gehörte unter anderem die ortsstatuarische Möglichkeit, die Arbeitgeber zu Beiträgen in maximal halber Höhe der Arbeiterbeiträge zu zwingen und „die Einziehung der beiderseitigen Beiträge den Gewerbetreibenden zu übertragen" (Schmoller 1918, S. 390), ein absolutes Novum zur damaligen Zeit (Ritter 1983, S. 20). Im Gegenzug durften die Kassen nicht mehr länger durch die Mitglieder selbst verwaltet werden. Die Kassenverwaltung hatte nun sowohl durch Mitgliedervertreter als auch durch Arbeitgeberrepräsentanten gemeinsam entsprechend dem gesetzlich vorgeschriebenen Beitragsanteil (Mitglieder ⅔, Arbeitgeber ⅓ der Sitze im Vorstand) unter behördlicher Aufsicht zu erfolgen. Die Ausführung der Verordnung von 1849 lag allerdings wie schon diejenige der Gewerbeordnung von 1845 im Ermessen der jeweiligen Gemeinde. Insofern blieben die Regelungen fakultativ. Ab 1853[79] durfte keine Kasse mehr ohne vorherige behördliche Genehmigung gegründet werden. Bereits bestehende Unterstützungskassen mussten sich nachträglich genehmigen lassen, wobei die Erteilung der Genehmigung von der vorherigen Umwandlung in eine Zwangskasse unter behördlicher Aufsicht abhängig gemacht wurde. In vielen Städten und Gemeinden scheiterte der Erlass von Ortsstatuten zunächst am Widerstand einflussreicher Fabrikbesitzer und Handwerksmeister im Gemeinderat. Bis Ende 1853 existierten deshalb gerade einmal 226 Ortsstatute im ganzen Königreich Preußen, davon nur 58 mit einer festgeschriebenen Beitragspflicht der Arbeitgeber (Preußischer Minister für Handel, Gewerbe und öffentliche Arbeiten 1876, S. II). Bemerkenswert ist, dass gerade die Errichtung von allgemeinen Fabrikarbeiterkassen sehr zu wünschen übrig ließ, was neben dem Widerstand der Arbeitgeber allerdings auch an dem geringen Interesse der Arbeiterschaft an einer Pflichtmitgliedschaft in solchen örtlichen, betriebsübergreifenden Unterstützungskassen und den ver-

---

78 *„Preußische Verordnung betr. Die Errichtung von Gewerberäthen und verschiedene Abänderungen der allgemeinen Gewerbeordnung"* (1849).

79 Das preußische *„Gesetz über den Geschäftsverkehr von Versicherungsanstalten"* schrieb die Genehmigungspflicht für alle Versicherungen vor und stellte ungenehmigte Kassengründungen unter Strafe (§ 340 Nr. 6 StGB).

hältnismäßig hohen Kassenbeiträgen lag[80]. Insgesamt scheint es primär zu einer „Reorganisation bestehender Kassen“ gekommen zu sein (Preußischer Minister für Handel, Gewerbe und öffentliche Arbeiten 1876, S. II). Sofern Ortsstatute erlassen wurden, konzentrierte sich die Durchsetzung der Pflichtmitgliedschaft in erster Linie auf die bereits bestehenden, an die neue Gesetzeslage anzupassenden Kassen und nicht etwa auf die massenhafte Neugründung von Unterstützungskassen mit Beitrittszwang[81]. Angesichts der schleppenden Entwicklung zog die preußische Regierung 1854 mit dem *„Gesetz betreffend die gewerblichen Unterstützungskassen“* (kurz: Unterstützungskassengesetz) wichtige, bisher den Gemeinden überlassene Kontrollfunktionen an sich. Von nun an konnten die Bezirksregierungen die Einrichtung von Unterstützungskassen mit Zwangsmitgliedschaft für Gesellen, Fabrikarbeiter und alle Lohn erhaltenden Lehrlinge auch gegen den Widerstand der Kommunen per Ortsstatut festlegen. Zugleich erhielten alle Kassentypen den *Status juristischer Personen* (§ 4 UKG)[82]. Mit diesem Gesetz wurden die gewerblichen Unterstützungskassen den Knappschaftskassen inhaltlich und organisatorisch gleich gestellt. Für Tamm (1998, S. 88) hatte sich damit die Krankenkassenorganisation „gegenüber anderen Versicherungsformen als Modell kooperativ organisierter Absicherung etabliert“. Auch hier erfolgte also ein staatlich forcierter Prozess zwangsweiser *und* mimetischer Isomorphie, an dessen Abschluss die weitgehende Homogenisierung der Organisationspopulation stand. Dieser strukturelle Homogenisierungsprozess war jedoch stärker als bei anderen Kassentypen zwischen den verschiedenen gesellschaftlichen Interessengruppen umkämpft und zog sich deshalb in die Länge.

---

80 Noch 1858 richteten in Barmen über 1000 Arbeiter aus 22 Betrieben als Reaktion auf die ein Jahr zuvor durch die Stadt erfolgte Errichtung einer allgemeinen Unterstützungskasse für die nicht in Innungs- und Fabrikkrankenkassen Versicherten, eine Petition zur Befreiung vom Versicherungszwang an den preuß. Handelsminister von der Heydt, „da sie der Auffassung waren, dass freiwillige Unterstützungskassen bzw. Lohnfortzahlung der Firma im Krankheitsfall genug Schutz böten“ (Ünlüdag 1989, S. 229). Der Konflikt schwelte in den Folgejahren weiter und führte dazu, dass der Beitrittszwang endgültig erst 1868 eingeführt wurde (Ünlüdag 1989, S. 229).

81 In Elberfeld wurde auf Basis der *Gewerbeordnung von 1845* und der *Verordnung vom 09.02.1849* am 14.03.1854, d.h. kurz vor Erlass des UKG am 03.04., vom Gemeinderat ein gewerbliches Ortsstatut verabschiedet und am 14.05.1854 vom preuß. Minister für Handel, Gewerbe und öffentliche Arbeit genehmigt. Alle in Elberfeld beschäftigten Gesellen, Gehilfen und Fabrikarbeiter wurden zum Beitritt zu den bestehenden bzw. zu errichtenden Unterstützungskassen verpflichtet. Selbstständige Gewerbetreibende (Handwerksmeister) mussten den IKK'n beitreten (Ünlüdag 1989, S. 228). Die Umwandlung der freiwilligen Kassen in Zwangskassen zog sich hin. Das Elberfelder Ortsstatut trat deshalb erst am 01.06.1856 in Kraft (Löwenstein 1910, S. 334). Das zeigt, „wie schleppend der Geschäftsgang bei den Behörden war, wenn es sich um die Krankenversicherung der arbeitenden Klassen handelte“ (Schirbel 1930, S. 124).

82 Mit der Verleihung des Statuts der juristischer Person wurden die Kassen zu vollgültigen korporativen Akteuren, die selbstständig Rechtsgeschäfte abschließen konnten. Ihre Haftung beschränkte sich auf das Kassenvermögen. Zugleich wurde „der Rechtsanspruch eines jeden Mitglieds nicht nur auf die Leistungen, sondern auch auf die Beitragsentrichtung der Arbeitgeber jederzeit durchsetzbar“ (Frevert 1981, S. 301).

Seit den 1850er-Jahren entwickelte sich auf Basis von Ortsstatuten eine Vielzahl zunächst noch unterschiedlicher Zwangskassen, die erst „allmählich zahlenmäßig an Bedeutung gewannen" (Herder-Dornreich 1994, S. 73). Im Königreich Preußen wuchs zwischen 1854 und 1874 die Anzahl der Gesellenkassen, die entweder eine oder mehrere Handwerkergruppen umfassten, auf 2710 Kassen mit rund 275145 Mitgliedern, die der Fabrikarbeiterkassen, welche für die Arbeiter entweder einer oder aber mehrerer Fabriken gemeinsam gegründet wurden, auf 1931 Kassen mit rund 455583 Mitgliedern an. Außerdem entstanden bis 1874 insgesamt 236 Unterstützungskassen, die für Handwerker- und Fabrikarbeitergruppen gemeinsam zuständig waren (Ortskassen) mit 64555 Mitgliedern. Insgesamt existierten 1874 – einer Statistik des preußischen Handelsministeriums zufolge – an die 4877 gewerbliche Unterstützungskassen mit zusammen 795283 Mitgliedern (eigene Zusammenstellung)[83].

Die Zahl der in Unterstützungskassen Organisierten hatte sich also innerhalb von 20 Jahren mehr als verdreifacht. Geht man davon aus, dass 1874 reichsweit cirka 5 Millionen Personen in Handwerk und Industrie beschäftigt waren (Frerich/Frey 1996a, S. 86), so entsprach dies einem Organisationsgrad von annähernd 16 Prozent[84]. Allein auf Preußen bezogen waren 1874 rund 3,1 Prozent der Bevölkerung unmittelbar in Unterstützungskassen organisiert. Rein quantitativ hatte sich die Zahl der Unterstützungskassen zwischen 1854 und 1874 nahezu verdoppelt, wobei diese Entwicklung in den einzelnen preußischen Provinzen allerdings äußerst unterschiedlich verlief. Bemerkenswert ist, dass die durchschnittliche Mitgliederzahl pro Kasse von 99 in 1854 lediglich auf 163 in 1874 anstieg. Kassen mit mehr als 1000 Mitgliedern waren auch 1874 noch eine Ausnahmeerscheinung. Obwohl 1874 die Gesellenkassen rein quantitativ immer noch gut 55 Prozent aller Kassen ausmachten, hatten sie doch mit 102 Mitgliedern die mit Abstand geringste Durchschnittsgröße, während die schnell an Zahl und Umfang zunehmenden Fabrikarbeiterkassen und die noch relativ seltenen Ortskassen bereits auf Durchschnittsgrößen von 236 beziehungsweise 274 Mitglieder kamen. Die Kassenlandschaft wurde somit auch 1874 noch durch eine große Zahl von kleinen Kassen vor Ort sowie durch ein „Vielerlei der Kassenarten" geprägt, „welche im Aufbau und Ausbau so mannigfaltig von einander differierten" (Schirbel 1930, S. 148).

---

83 Ähnliche Zwangskassen entstanden laut Tennstedt (1977e, S. 15) ab den 1850er-Jahren auch außerhalb des Königreichs Preußen in Hannover, Kurhessen, Schleswig-Holstein und Oldenburg. In Sachsen, den thüringischen Fürstentümern, Braunschweig, Mecklenburg und Hamburg bestand Kassenzwang bei freier Wahl unter den bestehenden Kassen.

84 1855 gab es in Preußen ca. 1.420.400 Handwerker und Fabrikarbeiter. Davon waren 19,4 % in Unterstützungskassen organisiert. 1861 waren es 24,3 % (Frerich/Frey 1996a, S. 35). Bis 1874 stieg die Mitgliederzahl im Verhältnis schneller als die Gesamtzahl der Handwerker und Arbeiter. Auch im Vergleich zum allgemeinen Bevölkerungswachstum in Preußen stieg die Mitgliederzahl deutlich überproportional an (*Abb. 3*).

Hierzu gehörte auch, dass selbst 20 Jahre nach Erlass des Unterstützungskassengesetzes die Arbeitgeber noch lange nicht zu jeder Kasse einen eigenen Beitrag leisteten. So erhielten nur 20 Prozent aller Gesellenkassen und 58 Prozent aller Ortskassen Arbeitgeberbeiträge. Dabei machte der Anteil der Arbeitgeberbeiträge an den Beitragseinnahmen der *Gesellenkassen* durchschnittlich nur 6 Prozent aus – die Gesellenkassen finanzierten sich damit nahezu ausschließlich über Mitgliedsbeiträge –, während der Anteil der Arbeitgeberbeiträge bei den *Ortskassen* bereits 21 Prozent der Gesamteinnahmen ausmachte. Zur gleichen Zeit betrug der Anteil der Arbeitgeberbeiträge bei den *Fabrikarbeiterkassen* durchschnittlich 28 Prozent und war damit am höchsten von allen Kassenarten (eigene Zusammenstellung). Bei allen drei Kassenarten dieser Population hatte sich auf Seiten der Arbeitgeber die – gesetzlich seit 1854 eigentlich vorgeschriebene – Zahlung einer Prozentualquote (bis maximal 50 Prozent) des Arbeitnehmerbeitrags als dominante Beitragsart grundsätzlich etabliert. In der Fläche erreichten 1874 aber erst die Fabrikarbeiterkassen annähernd die im *Unterstützungskassengesetz* festgelegte maximale Arbeitgeberbeteiligung von einem Drittel des Gesamtbeitrags. Bei den übrigen Kassenarten stellte hingegen die gesetzlich vorgesehene Ausnahmeregelung in Form der Genehmigung eines in den Kassenstatuten reduzierten Arbeitgeberbeitrags offenbar den Regelfall dar. Hinzu kam, dass eine große Zahl von Handwerksmeistern gegenüber der Krankenkasse „ihren Verpflichtungen nicht oder nur unzureichend nachkamen" (Asmuth 1984, S. 58)[85]. Im Gegensatz zu den Kassen der Fabrikarbeiter hatten es die Gesellenkassen nämlich „mit einer Vielzahl von Arbeitgebern zu tun, die oft nur einen oder zwei Gesellen beschäftigten und für die der Arbeitgeberbeitrag eine erhebliche finanzielle Belastung bedeutete" (Asmuth 1984, S. 58)[86]. Das Ziel des *Unterstützungskassengesetzes*, mit dem festgelegten Regel-

---

[85] Noch 1883 war die Finanzlage der Düsseldorfer Schuhmachergesellenkasse prekär, weil 131 Meister mit der Überweisung der Beiträge in Verzug waren. Die Kommunalbehörden waren bei solchen Kassen ständig damit beschäftigt, zu kontrollieren, ob alle Arbeitgeber ihren gesetzlichen Pflichten (An- und Abmeldung der Gesellen, Einzug der Gesellenbeiträge vom Lohn, Überweisung von Arbeitgeber- und Mitgliedsbeitrag an die Kasse) nachkamen, säumige Zahlungen anzumahnen und auf dem Verwaltungswege einzuziehen. In Düsseldorf wurde allein in den Jahren 1883/84 gegen insgesamt 28 Schuhmachermeister eine „Execution" durchgeführt, die zumeist mit der Pfändung des ausstehenden Betrages endete (Asmuth 1984, S. 58).

[86] Jede Kasse konnte mit behördlicher Genehmigung per Statut den Arbeitgeberbeitrag reduzieren. 1855 erhielt z.B. die Düsseldorfer Schuhmachergesellenkasse von der Bezirksregierung die Genehmigung, den Beitrag der Meister auf ⅓ der Gesellenbeiträge herabzusetzen (Asmuth 1984, S. 57). Bemerkenswert ist, dass die Schuhmachergesellen generell einen Arbeitgeberbeitrag ablehnten. Vielfach wurden Handwerksmeister auf Antrag der Oberbürgermeister wegen unzumutbarer finanzieller Belastungen von der Beitragspflicht entbunden. Bei Fabrikbesitzern blieben die Behörden zumeist hart. Eine weitere Möglichkeit bestand in der behördlichen Auflösung der Kasse. In Elberfeld stellten 1859 z.B. die Mitglieder und die Fabrikanten den Antrag zur Auflösung der erst 1856 gegründeten und 1586 Mitglieder zählenden Unterstützungskasse für Weber- und Wirkermeister. Die Fabrikanten begründeten dies mit unzumutbaren Belastungen durch die zu leistenden Zuschüsse, den Webermeistern hingegen erschien „ihre Behandlung als Fabrikarbeiter – wie sie das

satz von ⅓ des Gesamtbeitrags (= 50 Prozent des Arbeitnehmerbeitrags) eine gleichmäßige Belastung aller Arbeitgeber zu erreichen und Wettbewerbsverzerrungen zu verhindern, wurde insofern also nicht erfüllt. Während zumindest eine grobe Dreiteilung der Population trotz gewisser Angleichungstendenzen grundsätzlich weiterbestand und so den „Fortschritt im Krankenversicherungswesen" hemmte (Schirbel 1930, S. 148), war zugleich eine „fortschreitende Nivellierung der Unterstützungsleistungen" (Schirbel 1930, S. 146) zumindest unter den größeren Kassen mit stabilen Beitragseinnahmen feststellbar. Im Bereich der Leistungsgewährung war damit der Prozess eines mimetischen Isomorphismus am weitesten vorangeschritten. So gewährten 3352 Unterstützungskassen neben Krankengeld auch freie ärztliche Versorgung und Arznei (= 72 Prozent aller Kassen). Weitere 259 Kassen – primär Gesellenkassen – gewährten zwar kein Krankengeld aber eine freie ärztliche Behandlung. Damit boten insgesamt rund 78 Prozent aller Kassen eine kostenlose medizinische Versorgung für ihre Mitglieder durch angestellte Kassenärzte an. 1874 zahlten allerdings immer noch 708 Kassen (15 Prozent) ihren Mitgliedern ausschließlich ein wöchentliches Krankengeld, das auch zur Deckung ärztlicher Behandlungen oder des Erwerbs von Arzneimitteln ausreichen musste (eigene Zusammenstellung). Es ist leider nicht rekonstruierbar, ob es sich bei diesen Kassen vorwiegend um finanzschwache Kassen handelte. Allerdings dürfte das von ihnen praktizierte reine Geldleistungsprinzip zumindest teilweise auch auf die noch fehlende Akzeptanz ärztlicher Dienstleistungen bei ihren Mitgliedern zurückzuführen sein[87]. 1874 schrieben rund 71 Prozent aller Kassen, die insgesamt 63 Prozent aller Kassenmitglieder umfassten, keine Karenzzeiten mehr vor. Dies lässt einerseits auf relativ gefestigte Kassenfinanzen, andererseits aber auch auf etablierte Krankenkontrollmechanismen, wie beispielsweise ärztliche Krankenscheine, schließen. Die Dauer der an einen, zumeist wöchentlich erneuerbaren, ärztlichen Arbeitsunfähigkeitsnachweis gebundenen Leistungsgewährung lag bei 66 Prozent der Kassen zwischen 2 und 6 Monaten, bei weiteren 11 Prozent wurde die Leistungsdauer sogar länger als 6 Monaten fortgesetzt (eigene Zusammenstellung).

Statut vorsah – als im Widerspruch stehend mit den ihnen durch die Gewerbe-Ordnung gegebenen Meisterrechten" (Löwenstein 1910, S. 336). Am 05.12.1859 wurde dem Auflösungsantrag stattgegeben.

87 Schon 1859 schafften sowohl die Elberfelder Unterstützungskasse für Färber, Drucker, Formenstecher und Graveure (660 Mitglieder) als auch die Unterstützungskasse für Fabrikarbeiter (1427 Mitglieder) durch Statutenänderung die „bisherige Gewährung der ärztlichen Hilfe durch angestellte Kassenärzte" wieder ab (Löwenstein 1910, S. 335). Statt dessen wurde die wöchentliche Bar-Unterstützung auf 3 Taler (ca. 9 Mark) erhöht. Das reine Geldleistungsprinzip blieb bis 1883 bei den beiden größten Kassen in Elberfeld in Kraft und kann insofern weniger mit der Finanzlage als vielmehr mit einer grundlegenden kassenpolitischen Entscheidung erklärt werden.

Abb. 3: Bevölkerungsentwicklung und Kassenmitglieder in Preußen 1854-1874

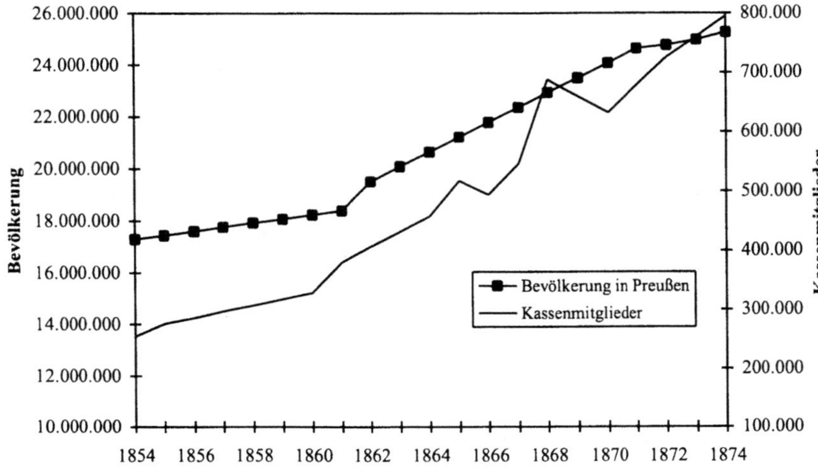

Quellen: Frerich/Frey 1996a, S. 35; Hohorst/Kocka/Ritter 1978, S. 101; eigene Berechnungen

1.2.4 Die Externalisierung der Krankheitsbehandlung an Kassenärzte

In der zweiten Hälfte des 19. Jahrhunderts nahm die Zahl der Kassen, die das reine Geldleistungsprinzip praktizierten, unter anderem auch deshalb stetig ab, weil sich bei Aufsichtsbehörden wie Kassenvorständen die Ansicht durchsetzte, dass rein monetäre Unterstützungsleistungen „mit der Gefahr verbunden [seien; T.T.], dass die medizinische Versorgung in einem Maße eingeschränkt werden konnte, die der Heilung des Kranken entgegenstand" (Asmuth 1984, S. 107). Die aus Kostengründen fehlende Inanspruchnahme des Arztes durch den Erkrankten würde – so die Argumentation – zu einer unnötigen Verlängerung der Arbeitsunfähigkeitszeit und damit der Krankengeldzahlungen führen, wodurch „die Mittel der Kasse über Gebühr beansprucht würden" (Asmuth 1984, S. 107)[88]. Deshalb schien das *Sachleistungsprinzip* in Form der von der Kasse institutionalisierten (kostenlosen) Zwangsnachfrage nach ärztlichen Dienstleistungen besser geeignet, um Handwerksgesellen und Fabrikarbeitern, die in der Regel noch mit keinem Heilkundigen in Berührung gekommen waren, an die Inanspruchnahme medizinischer Versorgungsleistungen zu gewöhnen und damit die Kassenfinan-

[88] Mit dieser Begründung lehnte der Düsseldorfer Oberbürgermeister Hammers im Jahre 1867 einen Arbeitgeberantrag ab, das reine Geldleistungsprinzip in der Textilarbeiterkasse einzuführen (Asmuth 1984, S. 107).

zen langfristig zu entlasten. Auf diese Weise bildeten gerade die Unterstützungskassen das erste nennenswerte „Forum, in dem Ärzte und Arbeiter unmittelbar aufeinander trafen“ (Frevert 1984, S. 235). Für Frevert (1981, S. 308) bestand in der Folgezeit eine der wesentlichen Aufgaben der Krankenkassen darin, „das Krankheitsverhalten ihrer Mitglieder in Richtung auf einen disziplinierten (und disziplinierenden) Umgang mit dem Körper unter der Kontrolle der ärztlichen Profession zu beeinflussen“. Bis 1874 hatte – wie weiter oben bereits dargestellt – die überwiegende Mehrzahl der Unterstützungskassen die medizinische Bearbeitung ihres primären Organisationsgegenstandes „Krankheit“ an externe professionelle Experten, die sogenannten *Kassenärzte*, ausgegliedert. Einem solchen Kassenarzt oblag dabei nicht nur die sachgerechte medizinische Behandlung sämtlicher Erkrankungen, sondern auch die soziale Kontrolle und Disziplinierung der erkrankten Kassenmitglieder. Die meisten Unterstützungskassen forderten von jedem erkrankten Mitglied einen wöchentlichen ärztlichen Nachweis der Arbeitsunfähigkeit (Attest oder Krankenschein). Hierfür mussten die Mitglieder immer „ihren“ Kassenarzt konsultieren. Dessen Gutachten entschied letztlich darüber, ob und für welchen Zeitraum ein Patient arbeitsunfähig war und demzufolge Krankengeld von der Kasse beanspruchen konnte. Die Konsultationspflicht bestand für das Kassenmitglied auch dann, wenn das Vertrauensverhältnis zwischen Arzt und Patient grundlegend gestört war. Auf diese Weise wurde der Kassenarzt zum von der Krankenkasse bestellten „sachkundigen Richter über den Gesundheitszustand eines Mitgliedes“ (Frevert 1984, S. 268). Aus Sicht der Krankenkassen sollte damit gewährleistet werden, dass ein objektives, auf einer naturwissenschaftlich-rationalen, vermeintlich „wertfreien“ Medizin beruhendes Urteil über das körperliche Befinden des Patienten gefällt und die im Sinne der Kassenfinanzen effizienteste Heilbehandlung zur Wiederherstellung der mit „Gesundheit“ verbundenen Arbeitsfähigkeit ausgewählt wurde. Durch die Übertragung derart weitgehender Gutachter- und Kontrollbefugnisse erlangte der Kassenarzt einen massiven Einfluss auf das Krankheitsverhalten der Kassenmitglieder. Diese mussten alle ärztlichen Anordnungen im Hinblick auf die Art des medizinischen Heilverfahrens, die Krankenpflege, Ausgeherlaubnis oder die Notwendigkeit einer Krankenhausbehandlung widerspruchslos befolgen, wollten sie nicht die satzungsgemäße Unterstützung der Kasse ganz oder teilweise verlieren. Jedes erkrankte Mitglied hatte sich damit unter Androhung gravierender Sanktionen in eine durch den Arzt weitgehend definierte „Krankenrolle“ zu fügen. Auf diese Weise erhielt der Kassenarzt sein erstes gesellschaftliches Definitions- und Handlungsmonopol verliehen. Er wurde so zum öffentlich legitimierten „Sachwalter der Körperlichkeit“ (Labisch 1989, S. 32). Mit den Krankenkassen bot sich dem Arzt „ein Experimentierfeld an, auf dem sich sowohl die versittlichende Kraft der Hygiene als auch die kurativen Fähigkeiten der Medizin unter Beweis stellen ließen“ (Frevert 1984, S. 235).

Für das einzelne Mitglied waren Beschwerden bei seiner Kassen gegen den Kassenarzt häufig nicht erfolgreich, „vor allem wenn es sich um Fälle handelte, in denen dem Patienten infolge von Übertretungen der ärztlichen Anweisungen das Krankengeld gestrichen worden war“ (Asmuth 1984, S. 108). Die Kassenvorstände und Kommunalbehörden wiesen die eingehenden Beschwerden zumeist nicht nur ab, sondern die Beschwerdeführer liefen oftmals sogar Gefahr, als Simulanten oder Drückeberger abgestempelt zu werden. Für die Kassenverwaltung reduzierte sich „Krankheit“ mit der Delegation der Krankheitsbearbeitung an den Kassenarzt zunehmend auf einen Kostenfaktor, den es zu minimieren galt. Zwar verlor die Kassenverwaltung mit der Auslagerung die entscheidende Kompetenz, um selbstständig über die sachliche Berechtigung eines Leistungsanspruchs entscheiden zu können. Dem Verlust an „Definitionsmacht“ stand jedoch die Bereinigung entscheidender „Konfliktzonen“ gegenüber, die bis dahin die Atmosphäre und das Vertrauensverhältnis zwischen Kassenmitgliedern und Verwaltung in der Kasse schwer belastet hatten. Gerade die Delegation der Entscheidung, ob ein Kassenmitglied „gesund“ oder „krank“ im Sinne des Vorliegens eines Anspruchs auf Unterstützungsleistungen war, an einen faktisch externen Experten, „versachlichte den Zuteilungsprozess“ (Frevert 1984, S. 269) und ermöglichte die „soziale Pazifizierung“ (Labisch 1985, S. 603) der Kassen. Sie trugen entscheidend dazu bei, dass größere Konflikte zwischen den Kassenmitgliedern und den Kassenbeamten unter Berufung auf den scheinbar unabhängigen und objektiven ärztlichen Befund vermieden werden konnten.

Während die Stellung des Kassenarztes gegenüber den Patienten durch die Krankenkasse selbst gestärkt wurde, blieb sie gegenüber dem Kassenvorstand hingegen schwach. Die ärztlichen Leistungen wurden in der Regel pauschal abgegolten. Dies bedeutete, dass der Kassenarzt gegen Zahlung eines festen Jahresgehalts unabhängig von der Zahl der zu behandelnden Erkrankten und der tatsächlichen Konsultationen die gesamte medizinische Versorgung der Kassenpatienten zu gewährleisten hatte. Durch das Anstellungsverhältnis bei der Kasse verwandelte sich der vormals frei praktizierende, nahezu ausschließlich Privatpatienten behandelnde Arzt in einen „Spezialisten für versicherte Arbeiter“ (Göckenjan 1986, S. 289). Da die wirtschaftliche Lage der Mehrzahl der Ärzte, die ausschließlich auf die Einnahmen ihrer Privatpraxis angewiesen waren, vielfach relativ schlecht war, bot die Kassenarztstellung neben den umfassenden Einflussmöglichkeiten eine Chance zur Stabilisierung und Verstetigung der

Einkommenssituation[89]. Vor allem die kontinuierliche Erwerbsmöglichkeit verlieh den Kassenvorständen eine äußerst starke Position bei der Aushandlung der entsprechenden Kassenhonorare. Die Ärzte mussten im allgemeinen die angebotenen Honorare akzeptieren, wollten sie den Vertrag mit der Kasse erhalten. Zugleich nahmen die Kassenvorstände massiven Einfluss auf die ärztliche Tätigkeit, beispielsweise bei der Entscheidung über Arbeitsunfähigkeit oder Verordnung von Heilmitteln (Asmuth 1984, S. 110). Damit stand der Kassenarzt nicht selten zwischen den wirtschaftlichen Interessen der Kasse und denen des Erkrankten.

Während vielerorts die Krankenkassen aufgrund ihrer geringen Mitgliederzahl und der beschränkten Ressourcen nur einen Kassenarzt für eine insgesamt beschränkte ärztlichen Versorgung anstellen konnten (sogenanntes „Ein-Arztsystem“), verfiel man in Berlin bereits in den 1850er-Jahren „auf den Gedanken, für die sämtlichen Kassen eines Ortes gemeinsam eine größere Anzahl von Kassenärzten, verteilt auf die einzelnen Ortsbezirke, anzustellen und Spezialärzte für besondere Krankheiten zu bestimmen“ (Schirbel 1930, S. 136). 1851 gründete der Berliner Magistrat auf Grundlage des ein Jahr zuvor erlassenen Ortsstatuts „unter dem Namen ‚Gewerks-Kranken-Verein‘ eine Kassen- und Ärztegemeinschaft, der jede Berliner Kasse zum Zwecke der ärztlichen und arzneilichen Versorgung der Kassenmitglieder beizutreten hatte“ (Schirbel 1930, S. 137). Der faktische Zwangsverein der örtlichen Krankenkassen, dem 1871 an die 70 Unterstützungskassen angeschlossen waren[90], basierte auf der Idee der Ressourcenzusammenlegung zur Finanzierung einer flächendeckenden kassenärztlichen Versorgung. Mitglied im Gewerkskrankenverein waren nicht die einzelnen Kassenmitglieder, sondern die Krankenkassen selbst, die je nach Mitgliederstärke einen gestaffelten Beitrag abführten. Während die einzelne Kasse ihrem Mitglied weiterhin ein Krankengeld gewährte, stellte der Gewerkskrankenverein sogenannte „Gewerksärzte“ ein, welche die medizinische

---

89 Das Jahrbuch der Stadt Berlin von 1872 berichtet, dass von 800 niedergelassenen Ärzten „nicht 100 von dem Ertrage ihrer Praxis mit ihrer Familie, nach zeitgemäßen Begriffen, anständig leben und ihre Kinder entsprechend erziehen, ausbilden und versorgen können“. Der jährliche Bruttoertrag einer mittleren Privatpraxis wurde auf rund 2.000 Taler (ca. 6.000 Mark) geschätzt, von denen gut die Hälfte an „Spesen“, d.h. an Betriebskosten für die Praxis und für eine standesgemäße Ausstattung und Wohnung abgingen (Tennstedt 1977e, S. 68). 1872 betrug das jährliche durchschnittliche Arbeitseinkommen eines Arbeiters im Druckereigewerbe 1.130 Mark, im Bergbau 918 Mark, in der Metallverarbeitung 700 Mark und im Textilgewerbe nur 410 Mark. Das durchschnittliche Jahreseinkommen im Dienstleistungssektor lag bei 1.419 Mark (Hoffmann 1965, S. 461, 468, 489). Die Berliner Privatärzte gehörten damit – auch nach Abzug aller Kosten – zu den Spitzenverdienern unter den Ärzten, deren Situation sonst eher bescheiden war. In Düsseldorf bewegte sich das Jahresgehalt der Kassenärzte der Textilarbeiterkasse zwischen 360 Mark (1864/69) und 1.200 Mark (1882/83). Im Durchschnitt der Jahre 1856-1870 betrug das Honorar 0,81 Mark pro Kassenmitglied. Bei der Allgemeinen Fabrikarbeiterkasse war die Besoldung der Ärzte etwas höher (Asmuth 1984, S. 109).

90 1863 hatten nur vier der angeschlossenen Kassen mehr als 5000 Mitglieder, 17 weniger als 200 und 14 sogar weniger als 100 Mitglieder (Fischer 1933b, S. 399; Eisenberg 1986, S. 128). Gerade für diese Zwergkassen bildete die Mitgliedschaft im Gewerkskrankenverein die einzige finanzierbare Möglichkeit der Teilnahme an einer kassenärztlichen Versorgung ihrer Mitglieder.

Versorgung für alle Kassenmitglieder übernehmen sollten. Finanziert wurden die Ärztehonorare aus den regelmäßigen Zahlungen der angeschlossenen Unterstützungskassen in die Vereinskasse. Dieses Modell erwies sich in der Folgezeit als derart erfolgreich, dass 1871 insgesamt 37 Gewerksärzte die ärztliche Versorgung von insgesamt 75642 Kassenmitgliedern in Berlin sicherstellten (Fischer 1933b, S. 399)[91]. Durch dieses Modell der (zwangsweisen) Ressourcenbündelung wurde in Berlin die massenwirksame Ausdehnung der kassenärztlichen Behandlung ermöglicht. Nun wurden nahezu alle Kassenmitglieder unter ein einheitliches System ärztlicher Behandlung und Verhaltenskontrolle derart umfassend subsumiert, wie es die einzelnen Kassen niemals vermocht hätten. Für den einzelnen Arzt war dieses System nicht nur aus Honorargründen verlockend, sondern auch, weil sich hierdurch der für ärztliche Behandlung zugängliche Personenkreis enorm vergrößerte. Allerdings wirkte auch der Gewerkskrankenverein äußerst rigide regulierend und überwachend auf die angestellten Kassenärzte ein, die bei ihrer täglichen Arbeit eine ganze Reihe von scharfen Instruktionen beachten mussten. „Bei Verstößen gegen seine Vertragspflichten wurde dem Kassenarzt die sofortige Entlassung oder die Aufkündigung angedroht" (Schirbel 1930, S. 142).

1.2.5 Die freien Hilfskassen zwischen Integration und Ausschluss aus dem organisationalen Feld der gesetzlich legitimierten Krankenkassen

1876 wurden mit dem *„Gesetz über die eingeschriebenen Hilfskassen"* die sich in der Vergangenheit parallel zu den Zwangskassen entwickelnden sogenannten *freien Hilfskassen auf Gegenseitigkeit*[92] in das bereits bestehende Krankenkassensystem organisational eingepasst und das gesamte Kassenwesen durch Erlass erster Mindeststandards auf eine einheitliche Grundlage gestellt (Reidegeld 1996, S. 205f.; Stollberg 1983). Nach Stolt/Vesper (1973, 15) wurden damit „die ersten Normativbestimmungen für die Krankenversicherung" geschaffen. Auch hierbei handelte es sich also primär um eine Form von staatlich verordnetem *zwangsweisem Isomorphismus*. Die Mitgliedschaft in einer vielfach von den sozialdemokratischen Gewerkschaften getragenen überregionalen zentralisierten Hilfskasse befreite fortan nur noch dann von der Pflichtmitgliedschaft in einer der gesetzlichen Zwangskassen, wenn sich die Hilfskasse „einschreiben" ließ. Damit wurde vor allem eine bisher noch nicht staatlich kon-

[91] Jeder Kassenarzt betreute also durchschnittlich 2044 Kassenmitglieder.

[92] Die freien Hilfskassen entstanden seit den 1850er-Jahren nach Vorbild der englischen friendly societies. Sie rekrutierten ihre Mitglieder „aus dem neugebildeten Stande der Industrie- und Facharbeiter" (Pelzer 1955, S. 159).

trollierte organisationspolitische Nische erfasst und jegliche Gegenorganisation zum staatlich kontrollierten Krankenkassenwesen schon im Ansatz unterbunden.

Mit der „Einschreibung“ erhielt jede Hilfskasse den Status einer *juristischen Person* (mit Haftungsbeschränkung auf das Kassenvermögen) und wurde damit den Zwangskassen rechtlich gleichgestellt. Sie unterlag nun der Staatsaufsicht (Stier-Somlo 1906, S. 239), musste ihre Multifunktionalität aufgeben und wurde zur monofunktionalen Krankenkasse[93]. Im Unterschied zu den Zwangskassen war die Mitgliedschaft in einer solchen Hilfskasse, die sich im allgemeinen nur aus Mitgliedsbeiträgen finanzierte, aber freiwillig. Ein weiterer Unterschied bestand darin, dass die Hilfskassen ihren Mitgliedern bis etwa 1892 noch primär Barleistungen gewährten, „die diese zur Bezahlung der ärztlichen Behandlung und als Ausgleich für den Verdienstausfall nutzen konnten“ (Förtsch 1995, S. 36). Voraussetzung für die Einschreibung war die rechtliche Selbstständigkeit der Hilfskasse. Dies bedeutete, dass sie zwar weiterhin von einer Gewerkschaft oder einem Verein gegründet werden konnte. Sie musste aber formalrechtlich und bilanztechnisch von diesem getrennt als eigenständiges korporatives Gebilde geführt werden. Das war eine entscheidende Veränderung gegenüber der bisherigen multifunktionalen Ausrichtung gewerkschaftlicher Unterstützungskassen und ihrer „Einbettung“ in die Arbeitnehmerorganisationen (Reidegeld 1996, S. 209; Tennstedt 1983b, S. 300).

Hilfskassen, die sich nicht „einschreiben“ ließen, wurden zu reinen Sterbekassen oder bloßen Zuschusskassen und damit für die Krankenunterstützung bedeutungslos (Tennstedt 1983b, S. 302). Die solchermaßen marginalisierten „freien“ Hilfskassen verloren rasch einen Großteil ihrer bisherigen Mitgliederbasis, für die eine weitere Kassenmitgliedschaft nicht mehr attraktiv war. Durch die staatlichen Maßnahmen wurden diese Hilfskassen gewissermaßen aus dem gesetzlich legitimierten Krankenkassensystem und damit aus dem kassenspezifischen organisationalen Feld exkludiert. Für die Hilfskassen bedeutete dieser Prozess faktisch eine Aufspaltung ihrer Population in diejenigen, die aufgrund ihrer strukturellen Konformität in das gesetzlich regulierte Krankenkassensystem integriert blieben und in die zu Zuschusskassen degradierten Hilfskassen, in denen eine (freiwillige) Mitgliedschaft nicht mehr von der Pflichtmitgliedschaft in einer Zwangskasse befreite. Damit wurde ein großer Teil der Hilfskassen von der weiteren Entwicklung abgekoppelt und ausselektiert. Dieser Selektionsprozess, im gewissen Sinne eine Art von staatlich vorangetriebener sukzessiver „Marktbereinigung“, in der die Populationsdichte verringert wurde, bewirkte die Homogenisierung der

[93] Jede eingeschriebene Hilfskasse musste ihre Leistungen auf vorübergehende Arbeitsunfähigkeit und Todesfälle beschränken, d.h. also ihr Leistungsniveau absenken (Reidegeld 1996, S. 209).

(Rest-)Population der „eingeschriebenen" Hilfskassen. Bis Ende 1880 hatten in Preußen 559 Kassen mit insgesamt 123000 Mitgliedern das Recht einer „eingeschriebenen Hülfskasse" erworben. Hierunter befanden sich nur 112 neue gegründete Kassen. Im übrigen Reichsgebiet erlangten zusätzlich nochmals 321 Kassen dieselben Rechte (Reidegeld 1996, S. 208). Mit der *Novelle zur Reichsgewerbeordnung* wurden 1881 alle eingeschriebenen Hilfskassen, die ihre Leistungen an die der Zwangskassen anpassten, den Innungskassen gleichgestellt. Neben die strukturelle Homogenisierung trat also noch die Angleichung der Leistungsarten und -niveaus. Die solchermaßen angepassten Kassen bildeten die Vorläufer der Ersatzkassen. Sie wurden in der Folgezeit zu einem der „Eckpfeiler des Systems der Gesetzlichen Krankenversicherung" (Herder-Dornreich 1994, S. 61). Dabei zeichneten sie sich vor allem durch eine in allen wesentlichen Elementen bestehende strukturelle Homogenität mit den übrigen gesetzlichen Kassenarten aus. Eine strukturelle Variation bestand bei den Ersatzkassen lediglich noch darin, dass die Arbeitgeber auch weiterhin nicht an der Kassenselbstverwaltung, die im übrigen nach dem Vorbild der übrigen Kassenarten aufgebaut war, beteiligt waren.

Die eigentliche Boomphase der Hilfskassen dauerte nur von 1880 bis 1892. Ende 1880 hatten sämtliche eingeschriebenen und landesrechtlichen freien Hilfskassen nur noch etwa 60000 Mitglieder. Bis 1885 stieg ihre Zahl auf 854507 an, was knapp 20 Prozent aller Kassenmitglieder entsprach. 1890 betrug sie 955153, worunter aber nur 810455 Mitglieder eingeschriebener Hilfskassen waren (Kleeis 1981, S. 118). Dies entsprach einem Anteil von 12,3 Prozent der Mitglieder der gesetzlichen Krankenversicherungskassen. Die Entwicklung verdeutlicht zum einen den Transformationsprozess der Hilfskassen zu Nebenträgern der GKV, zum anderen aber auch ihre sinkende Attraktivität bei der staatlichen Repressionen sowie einer rigiden Mitgliederselektion seitens der Hilfskassen ausgesetzten Arbeiterschaft. Ab 1892 beschleunigte sich der Niedergang des Hilfskassenwesens[94], der neben der zwangsweisen Übernahme des Sachleistungsprinzips auch durch den strategischen Richtungswechsel der sozialdemokratischen Gewerkschaftsbewegung auf die Allgemeinen Ortskrankenkassen verursacht wurde (Tennstedt 1976a, S. 390). Hiermit wurde das Projekt der Etablierung sozialdemokratisch kontrollierter Gegenorganisationen in Form der Hilfskassen aufgegeben und statt dessen die Unterwanderung der bereits etablierten und „bewährten" Ortskrankenkassen angestrebt, über die sich die Chance eines Zugriffs auf wesentlich größere Teile der Lohnarbeiter-

[94] Die Hilfskassen wurden 1892 mit der *Novelle zum KVG* zur Gewährung der Sachleistungen in natura gezwungen. Das bedeutete für die i.d.R. kleinen Kassen eine Verteuerung der Kassenleistungen und ein existenzbedrohendes Finanzproblem. Als Folge waren viele Hilfskassen zur Umwandlung in reine Zuschusskassen oder Selbstauflösung gezwungen (Stollberg 1983, S. 340). Übrig blieben die durch die RVO in die GKV integrierten Ersatzkassen.

schaft bot. Übrig blieb eine bis heute rapide geschrumpfte Population von Ersatzkassen als voll integrierter Teil des organisationalen Feldes der modernen Krankenversicherungskassen.

1.3 Homogenisierungseffekte der Gesetzlichen Krankenversicherung

1.3.1 Die Versicherungstechnologie als Motor der Homogenisierung

Insgesamt war die Entwicklung des Kassenwesens zu Beginn der 1880er-Jahre durch den langsamen „Verfall zahlreicher alter Kassen" gekennzeichnet, dem zugleich aber „ein Aufblühen zahlreicher jüngerer, moderner Kassen", gegenüberstand (Schippel o.J., S. 837). Diese Neugründungen wiesen bereits alle Wesensmerkmale moderner Organisationen auf, blieben aber in ihren personellen und materiellen Zugriffsmöglichkeiten noch eingeschränkt. Das „Netz der Versorgungs- und Vorsorgeeinrichtungen" (Herder-Dornreich 1994, S. 77) wurde also ein wenig engmaschiger, war aber noch weit davon entfernt, wirklich flächendeckend und massenwirksam zu werden. Nach wie vor war die Entstehung von Krankenkassenorganisationen mehr oder weniger zufallsabhängig und auf die industriellen und städtischen Zentren beschränkt. Ebenso variierten die jeweiligen Unterstützungsleistungen immer noch hinsichtlich Art und Umfang. Von einem echten Aufschwung des Krankenkassenwesens oder einer strukturellen Dominanz kann zu diesem Zeitpunkt nur bedingt ausgegangen werden[95]. Allerdings waren die einzelnen Kassenpopulationen mittlerweile wesentlich homogener als zu Beginn des Entwicklungsprozesses in den 1850er-Jahren.

Als 1883 das *Krankenversicherungsgesetz* (KVG) verabschiedet wurde, existierte fast ausschließlich in den industriellen Zentren und Großstädten eine Vielzahl voll entwickelter, wenn auch zumeist kleiner und räumlich begrenzter Krankenkassenorganisationen, in denen bereits maßgebliche Teile der bessergestellten Handwerker und Facharbeiterschaft nach berufsständischen Kriterien separat zwangsorganisiert waren. Schon vor 1883 wurde also „die Entwicklung dessen, was heute als die ‚gegliederte Struktur unserer Krankenversicherung'

[95] Die Zahl der Zwangskassen und ihrer Mitglieder war zwischen 1876 und 1880 sogar leicht rückläufig. Dies dürfte ein Indiz für eine Abwanderung von Mitgliedern in die Hilfskassen sein. Die Stagnation des Zwangskassenwesens wurde durch den Aufschwung der eingeschriebenen Hilfskassen – v.a. der überregionalen gewerkschaftlichen Kassen (Reidegeld 1996, S. 208f.) – kompensiert. Zählt man die 1880 in Preußen bestehenden 559 eingeschriebenen Hilfskassen nämlich zu den 4901 gewerblichen Unterstützungskassen hinzu, so dürften gegen Ende 1880 rund 5460 Kassen mit 962602 Mitgliedern existiert haben. Damit waren rund 3,5 % der preußischen Bevölkerung in Krankenkassen organisiert. 1874 waren es noch 3,1 %.

bezeichnet wird, in die Wege geleitet" (Alber 1992, S. 25). Die 1883 vom Staat verordnete Gesetzliche Krankenversicherung war nach Reidegeld (1996, S. 223) „als Fortsetzung der früheren preußisch-deutschen Gewerbe- und Hilfskassengesetzgebung konzipiert". Sie nahm eine ganze Reihe bestehender Entwicklungslinien, Ordnungs- und Strukturprinzipien sowie die „Formenvielfalt des ursprünglichen Kassenwesens" (Reidegeld 1996, S. 178) auf, bildete somit quasi ein „Amalgam dieser Traditionen" (Alber 1992, S. 25), verallgemeinerte und erweiterte die adaptierten Elemente allerdings „um einige wichtige, richtungsweisende Komponenten" (Förtsch 1995, S. 26).

Hierzu gehörte vor allem die endgültige Ablösung des traditionellen Prinzips der gegenseitigen, kollektiv-solidarischen Unterstützung der Kassengenossen entsprechend der vorhandenen materiellen Ressourcen und des konkreten Hilfsbedarfs durch die flächendeckende Etablierung des allgemeinen *Assekuranzprinzips* für alle Krankenkassen. Damit wurde die bis in die 1880er-Jahre vor allem noch bei den Gesellenkassen verbreitete Tradition des Umlageprinzips und des kurzfristigen Ausgleichs von Einnahmen und Ausgaben bei schwieriger Finanzlage abgeschafft. An ihre Stelle trat das sich besonders im letzten Drittel des 19. Jahrhunderts bei modernen Krankenkassenorganisationen verbreitende Prinzip der rationalen Versicherung als einer Form der individuellen Lösung der jeweiligen Reproduktionsrisiken. In ihrer rational-kalkulierenden Form bildete die Versicherung geradezu ein „Konzentrat an Modernität" (Borscheid 1983, S. 309)[96]. Neu im Vergleich zu den traditionellen Unterstützungskassen war dabei nicht die Umlage quasi schicksalhafter (materieller) Gefahren, die einer Person durch Krankheit, Arbeitsunfähigkeit oder Invalidität drohen konnten, auf ein möglichst homogenes Kollektiv von Beitragszahlern, also beispielsweise die ortsansässigen Mitglieder einer bestimmten Berufsgruppe. Das spezifisch Neue der modernen *„Krankenversicherungskasse"* war vielmehr die Übernahme des Risikobegriffs aus dem privaten Versicherungswesen. Der Terminus stand dort für eine Wahrscheinlichkeitsverteilung von bestimmten, konkret definierten und bewerteten Schadensereignissen. Die Besonderheit des Risikobegriffs bestand in der spezifischen Umgangsweise mit Ereignissen und Gefahren, die einem Kollektiv von Individuen widerfahren konnten. Ein versicherbares Risiko musste grundsätzlich kalkulierbar sein. Das setzte zunächst die Bildung eines möglichst großen normalistischen homogenen Feldes quantitativer Vergleichbarkeit voraus, das im Bereich der Krankenversicherung durch das Rechtsprinzip des „sozialen Rechts" konstituiert wurde. Die eigentliche Erfassung und

96 Die rationale, auf dem Geist der „Rechenhaftigkeit" (Weber) beruhende moderne Versicherung wird von Reidegeld (1996, S. 152) als ein „Kind des beginnenden 19. Jahrhunderts" bezeichnet.

Kalkulation erfolgte dann auf der Basis des in diesem Normalfeld gesammelten umfangreichen empirischen Materials mit Hilfe der Statistik und Wahrscheinlichkeitsrechnung (Versicherungsmathematik). Um auf solche Weise kalkulier- oder berechenbar zu werden, musste das jeweilige Risiko grundsätzlich kollektiv sein. Der versicherungsmäßige Risikoausgleich im Kollektiv erfolgte dann, „indem Versicherungsnehmer einzelne Schadenverteilungen zum Versicherer transferieren und dieser daraus eine Gesamtschadenverteilung des Kollektivs ermittelt[e]" (Koch/Donner/Voigt 2001, S. 1927). Wichtig ist, dass das Risiko ein Kapital darstellte, dessen Verlust durch den jeweiligen „Assecuradeur" (Reidegeld 1996, S. 151) materiell kompensiert werden konnte (Ewald 1991, 1993). Der versicherungsmäßige Ausgleich des Krankheitsrisikos erforderte eine möglichst breite Risikostreuung – im Sinne einer Streuung der Krankheitskosten entsprechend ungleichmäßig auftretender Versicherungstatbestände – innerhalb möglichst großer und homogener Risikogruppen von Versicherten. Auf Grundlage des Gesetzes der großen Zahl, das heißt der Schaffung eines möglichst großen Kollektivs von Beitragszahlern (Henke 1985, S. 58f.; Herder-Dornreich 1994, S. 176f.), erzeugte die Krankenversicherung „durch Zusammenfassung vieler einzelner individueller Unsicherheiten ein sehr hohes Maß an kollektiver Sicherheit" (Koch/Donner/Voigt 2001, S. 1927). Mit der Entstehung des Industrieproletariats im Verlauf des 19. Jahrhunderts wurde Krankheit im Sinne einer die physische Existenz bedrohenden Arbeitsunfähigkeit zum „Massenphänomen der Industriegesellschaft" (Stolleis 1983, S. 615) und damit für die von ihrer Arbeitskraft abhängige lohnarbeitende Bevölkerung grundsätzlich zum versicherbaren Risiko. Im juristischen Sinne bildete die Versicherung eine „Gemeinschaft" gleichartig Gefährdeter „mit selbstständigen Rechtsansprüchen auf wechselseitige Bedarfsdeckung" (Sellien/Sellien 1971, Sp. 1883)[97]. Die damit zusammenhängende *Formalisierung*, *Ökonomisierung* und *Verrechtlichung* bildete ein weiteres Merkmal der modernen Krankenversicherung, mit der sich diese von den kollektiv-genossenschaftlichen „Bedarfsdeckungssystemen" (Reidegeld 1996, S. 152) der vormodernen Unterstützungskassen unterschied. Da jede Versicherung grundsätzlich entgeltlich ist, hatte jedes Mitglied einer Krankenversicherungskasse einen von der Lohnhöhe abhängigen, satzungsmäßig festgelegten Beitrag zu zahlen. Diese Beiträge wurden zusammen mit den Arbeitgeberzuschüssen analog der privaten Versicherung einem Sicherungsfonds zugeführt[98], aus dem bei Eintreten eines Versicherungsfalls – hier das krankheitsbedingte Un-

---

97 Koch/Donner/Voigt (2001, S. 1927) definieren Versicherungskollektive ebenfalls als „Gemeinschaft von Personen mit gleichen Interessen (Risikotransfer) und gleichen Rechten".

98 Gerade die Einführung der Kategorien Ungewissheit und Zufall in den Kapitalkreislauf schuf also die Basis für die Akkumulation ökonomischer Ressourcen in Form von Versichertenbeiträgen.

vermögen eines Lohnarbeiters zur Erzielung von Arbeitseinkommen – ein „Verlustausgleich" in Form von kostenloser ärztlicher Behandlung oder Krankengeld gewährt wurde (*Äquivalenzprinzip*). In diesem Sinne ermöglichte die Krankenversicherung „als Technik des Schadensausgleichs die wirtschaftliche Stabilisierung und den Schutz vor finanzieller Überforderung" (Reidegeld 1996, S. 152) der Kassenmitglieder.

Die moderne Versicherung war also „eine geistige Schöpfung, die verschiedenartige, insbesondere wirtschaftliche, mathematische und rechtliche Elemente" miteinander verband (Farny 1976, Sp. 4214). In Anlehnung an Ewald (1991, S. 198) und Defert (1991, S. 231f.) kann die Krankenversicherung als politische „Technologie des Krankheits-Risikos" beschrieben werden. Für Ewald (1993, S. 211) besteht das entscheidende Charakteristikum der modernen Versicherung in der Anwendung eines spezifischen Rationalitätsschemas, bei dem bestimmte Elemente der Realität auf Grundlage eines Wahrscheinlichkeitskalküls zerlegt, neu zusammengefügt und geordnet werden. Bei der Übertragung des allgemeinen Versicherungsprinzips auf das Krankenkassenwesen erfolgte dann eine Transformation der bisher rein versicherungstechnischen Kategorie in eine soziale Kategorie. Mittels der Kategorie des sozialen Risikos wurden die dem Proletariat in der aufstrebenden kapitalistischen Gesellschaft zwangsläufig widerfahrenden Übel nämlich „normalisiert". Auf diese Weise wurden sie als grundsätzlich jederzeit und für jedes Individuum mögliche, zufallsabhängige, aber „hinsichtlich der individuellen Verhaltensweisen neutrale[..], sozusagen ordnungsgemäße[..]" (Ewald 1993, S. 21) Folgen des unverzichtbaren Zusammenwirkens aller Individuen (Lohnarbeiter und Unternehmer) im gemeinsamen Streben nach gesellschaftlichem Fortschritt und Steigerung des Gemeinwohls umgedeutet. Das soziale Risiko wurde nach Ewald (1993, S. 22) so „zum allgemeinen Objektivierungsprinzip sozialer Probleme", die erst dann gelöst werden konnten, wenn man sie als individuelle Risiken auffasste. Auf diese Weise konnte die aufgrund der kapitalistischen Vergesellschaftung des Proletariats eingetretene prekäre Subsistenzsicherung in einzelne, scheinbar klassenunabhängige soziale Risiken wie Krankheit, Alter, Invalidität oder Arbeitslosigkeit aufgespalten und einzelnen Versicherungsorganisationen zugeordnet werden. Durch diese grundsätzlich veränderte Betrachtungsweise individueller und gesellschaftlicher Ereignisse als Risiken vollzog sich die Umstellung des Regulationsmodus gesellschaftlicher Prozesse vom Prinzip individueller Verantwortung hin zum *Prinzip des sozialen Risikos*. Das Risiko wurde „zugleich soziales Prinzip der Identifikation und allgemeine Form der Bewertung der Moralität der Verhaltensweise" (Ewald 1993, S. 22). In der Krankenversicherung bedeutete dies die Identifikation und Bewertung des jeweiligen Gesundheits- und Krankenverhaltens der Versicherten. Die Gesamtbevölkerung unterschied sich nun nicht mehr nach Klassenzugehörigkeit, sondern nach der jeweiligen Größe der sozialen Risiken, die durch individuelle Merkmale wie Lebensalter, Geschlecht oder Beruf bestimmbar waren und homogenen Risikoklassen zugeordnet werden konnten. Auf diese Weise konnte jedes Individuum innerhalb der als homogen gedachten Normalitätsgesellschaft entsprechend seines Abstands bezüglich eines statistischen Durchschnittsrisikos verortet werden.

Tab. 4: Risiko als Schlüsselbegriff der modernen (Kranken-)Versicherung

Ergebnis individuellen Handelns	als Wahrscheinlichkeitsverteilung	als Realisation
in der realen (materiellen) Sphäre	„individuell unwägbare *Gefahr*" in Form von: Krankheit, (Arbeits-)Unfall, Arbeitsunfähigkeit.	*„realer Schaden*" in Form von: konkreter (physiologischer oder psychischer) Erkrankung oder Unfall, Einkommensausfall oder Einkommensminderung durch Arbeitsunfähigkeit, Kosten für ärztliche Behandlung, Arznei, Krankenpflege.
in der versicherungstechnischen (abstrakt-rationalen) Sphäre	*„Krankheits-Risiko"* Wahrscheinlichkeitsverteilung des Eintritts bestimmter Krankheiten. Erhebung von individuellen Handlungsweisen, die zur Ausprägung von *Risikofaktoren* beitragen. Statistische Ermittlung (sozialmedizinischer und epidemiologischer) Risikomaßzahlen / *Risikoklassen*, Auswertung von Mortalitätsstatistiken, Bildung von Durchschnittstypen.	Zufallsabhängiges *„Schadenereignis"* (Versicherungsfall). Hier: Krankheit als definierbarer regelwidriger Körper- oder Geisteszustand, der ärztlicher Hilfe bedarf und / oder Arbeitsunfähigkeit zur Folge hat. *Schadensausgleich* in Form von Sach- oder Geldleistungen durch die Krankenkasse. Arztgutachten als Voraussetzung für kalkulierbare Ausgleichsleistungen.

Quelle: Eigene Ausarbeitung in Anlehnung an Farny 1989, S. 24; vgl. auch Achinger 1966, S. 42; Brennecke/Schelp 1993, S. 25f.; Henke 1985; Krasney 1976, S. 412.

Gegen Ende des 19. Jahrhunderts hatte das Versicherungsprinzip durch die Etablierung der Sozialversicherung enorm an Bedeutung gewonnen, wobei es in diese – wie gezeigt – nur modifiziert einging. Anders als in der privaten Versicherung wurden in der Gesetzlichen Krankenversicherung nämlich die Beiträge von Arbeitern und Arbeitgebern gemeinsam und nicht nur vom Versicherten allein getragen. Außerdem bemass sich die Beitragshöhe nach dem Arbeitsverdienst des Versicherten und nicht nach dem versicherten Risiko (bestimmte Krankheiten, Alter, Geschlecht). Zugleich erhielten alle Versicherten die gleichen Sachleistungen (Arzt, Arznei, Krankenhauspflege) unabhängig vom entrichteten Beitrag[99]. Hierin la-

[99] Der Beitrag lag bei 1,5 bis 6 % des Lohns. Für die Ausgaben galt das *Kostendeckungsprinzip*. Bei Kassendefiziten bestand eine kommunale Vorschusspflicht (Frerich/Frey 1996a, S. 99).

gen nach Förtsch (1995, S. 29) „nicht zu unterschätzende Momente sozialen Ausgleichs begründet“. Vor allem die Gesetzliche Krankenversicherung sollte die soziale Integration der organisierten Arbeiterschaft unterstützten. Sie galt deshalb auch als „Versicherung gegen Revolutionen“ (Ewald 1991, S. 209). Ende des 19. Jahrhunderts war das Versicherungsprinzip so „zu einer überragenden Antwort auf das Jahrhundertthema der ‚sozialen Frage'“ (Reidegeld 1996, S. 150) geworden. Für die Evolution des organisationalen Feldes der Krankenkassen bewirkte dabei gerade die modifizierte Übertragung des bewährten Versicherungsprinzips einen entscheidenden *isomorphistischen Anpassungsschub*. Es wurde gewissermaßen als „organisationales Strukturierungsmuster“ und Bindeglied über die verschiedenen Kassenarten gelegt. Die Beibehaltung der kassenartenspezifischen Differenzierung spricht zugleich für ein hohes Maß an struktureller Beharrungskraft der Kassen.

1.3.2 Allgemeiner Versicherungszwang als konstitutives Element

Eine weitere, mit der Versicherungstechnologie als solcher eng verbundene Neuerung bestand in der Ausweitung des bisher bestehenden örtlichen (ortsstatuarischen) Kassenzwangs für bestimmte Berufsgruppen zu einer ortsunabhängigen *allgemeinen Krankenversicherungspflicht* für große Teile der Industriearbeiter- und Handwerkerschaft, deren Lohneinkommen unter einer Versicherungspflichtgrenze von 2.000,- Mark Jahreseinkommen lag (Herder-Dornreich 1994, S. 81; Peschke 1962, S. 264; Stier-Somlo 1906, S. 94ff.).

Das Instrument der gesetzlich verankerten Versicherungspflicht wurde hierbei ganz offen als Mittel zur Ausbildung einer möglichst homogenen Krankenkassenlandschaft eingesetzt. Die Reichsregierung selbst argumentierte, dass ohne allgemeinen Versicherungszwang keine „ausreichende regionale Dichte mit Krankenkassen erzielt worden sei, und dass die Versorgungsniveaus zu unterschiedlich geblieben wären“ (Herder-Dornreich 1994, S. 80) [100]. Dabei

[100] Die Expansion des Mitgliederkreises der Krankenkassen lässt sich laut Herder-Dornreich (1994, S. 177) als ein Prozess der „stufenweise[n] Einführung von Zwang“ beschreiben. Als erste Stufe gilt die Einführung regionalen und berufsständischen Zwanges durch die *Allgemeine preußische Gewerbeordnung von 1845*. Die zweite Stufe wurde durch das *Hilfskassengesetz von 1876* erreicht, mit dem die Gemeinden die Möglichkeit zur Gründung von Krankenkassen mit Zwangsmitgliedschaft erhielten. Die dritte Stufe bildete schließlich das *KVG von 1883* mit der Einführung eines allgemeinen Zwangs. Das allgemeine Zwangsprinzip legte nicht nur den zu versichernden Personenkreis (Versicherungszwang), sondern auch die Zugehörigkeit zu einer bestimmten Kassenart fest. Für Herder-Dornreich bildete der allgemeine Zwang deshalb ein „neues Organisationsprinzip“. Er ermöglichte in der GKV die Anwendung des für einen ausreichenden Risikoausgleich notwendigen Gesetzes der Großen Zahl. Auf diese Weise entstanden – als „anstaltsmäßige Zwangsanstalten“ (Weber 1980, S. 210) organisierte – mitgliederstarke Krankenversicherungskassen, welche die Krankheitsrisiken adäquat bewältigen konnten. Insofern war Zwang also konstitutiv für die GKV. Indem dieser allgemeine Zwang von den Versicherten als Pflicht internalisiert und damit zur „Obligation“ (Durk-

ging es primär um die massive Ausweitung der organisationalen Zugriffsmöglichkeiten auf die Arbeitsbevölkerung, das heißt des Praxisfelds der Kassen. Ziel war die Schaffung großer und homogener Kollektive, die zur effizienten Anwendung der Versicherungstechnologie notwendig waren. Der Versicherungspflicht konnte in sieben verschiedenen, strukturell angeglichenen aber weiterhin streng berufsgruppenspezifisch-exklusiven Kassenarten nachgekommen werden.

Tab. 5: Die Träger der Gesetzlichen Krankenversicherung nach dem KVG

Kassenarten	Merkmale
1. Gemeindekrankenversicherung	Sie war keine selbstständige Krankenkasse, sondern eine für alle Gemeinden obligatorische (subsidiäre) Einrichtung. Ihr gehörten alle Personen an, die in keiner anderen Kasse unterkamen. Sie war eine Einrichtung der Gemeinde, die als Versicherer auftrat und die Verwaltung durch ihre Organe führte. Mehrere Gemeinden konnten eine gemeinsame Kasse errichten, wenn dies wegen zu geringer Mitgliederzahl oder zu hoher Belastung der Versicherten geboten erschien. Vorschriften über Mindestleistungen gab es nicht.
2. Ortskrankenkassen	Ihre Errichtung erfolgte auf Gemeindebeschluss. Sie umfassten meist alle in einem Gewerbezweig oder einer Betriebsart beschäftigten Personen. Dies entsprach einem ungefähr gleichen Krankheitsrisiko. Die Bildung berufsgruppenübergreifender Ortskrankenkassen für mehrere „Gewerbezweige" gemeinsam war möglich, wenn die Zahl der in den jeweiligen Berufsgruppen Beschäftigten weniger als hundert betrug. Das Kassenstatut wurde von der Gemeinde aufgestellt und von der höheren Verwaltungsbehörde genehmigt. Die Kassenverwaltung stand unter staatlicher Aufsicht.
3. Betriebskrankenkassen	Die Errichtung für einen oder mehrere Betriebe war unter bestimmten Voraussetzungen (Mindestgröße 50 Personen) möglich. Kassenmitglieder waren alle dort beschäftigten Personen.
4. Baukrankenkassen	Von den Bauherren zu errichtende besondere Art von Betriebskrankenkassen für die bei Eisenbahn-, Kanal-, Wege- Strom-, Deich-, Festungsarbeiten und in anderen vorübergehenden Baubetrieben beschäftigten Personen.
5. Innungskrankenkassen	Die Errichtung erfolgte auf Grund eines Statuts durch die jeweilige Innung. Sie dienten zur Versicherung aller im Gewerbebetrieb der Innungsmitglieder beschäftigten versicherungspflichtigen Personen. Die bestehenden Handwerkerkassen wurden zu Innungskrankenkassen transformiert und in das System der reichsgesetzlichen Krankenversicherung integriert.
6. Knappschaftskassen	Die Knappschaftskassen bestanden auf Grundlage des Allgemeinen Berggesetzes von 1865 fort. Nach § 74 KVG mussten sie ab 1887 ihre Mindestleistungen an das BKK-Niveau anpassen.
7. Ersatzkassen (eingeschriebene Hilfskassen)	Die Hilfskassen erhielten, sofern sie ihre Mindestleistungen an das Niveau der Gemeindekrankenversicherung anpassten, den Status von „Ersatzkassen". Damit befreite die (freiwillige) Mitgliedschaft in ihnen von der Versicherungspflicht in den Zwangskassen. Die Hilfskassen mussten eine behördliche Bescheinigung besitzen. Alle übrigen Hilfskassen wurden zu reinen Zuschusskassen.

Quellen: Frerich/Frey 1996a, S. 97f.; Förtsch 1995, S. 26; Herder-Dornreich 1994, S. 82-83; Kleeis 1981, S. 117f.; Pelzer 1955, S. 158-161; Peters 1978, S. 57-58; Zöllner 1981, S. 95

Für den einzelnen Versicherten war der Beitritt zu der für seinen Beschäftigungszweig zuständigen Kasse obligatorisch. Die einzige Alternative bestand in der freiwilligen Mitgliedschaft in einer der zu Ersatzkassen transformierten „eingeschriebenen" Hilfskassen, die ab

heim 1961) wurde, gelang die dauerhafte Reproduktion der Ordnungsprinzipen der GKV (Feige 1979; Herder-Dornreich 1994, S. 234f.; Weber 1931).

1883 als gleichwertige Träger der Gesetzlichen Krankenversicherung neben die Zwangskassen traten (Alber 1992, S. 25; Herder-Dornreich 1994, S. 83; Peters 1959, S. 43-45). Da das deutsche Krankenversicherungssystem sich auf die Arbeiterschaft konzentrierte, wurde es bald schon als „*Klassenversicherung*" (Herold 1965, S. 118) bezeichnet, weshalb sich auch die Angestellten gegen ihre Einbeziehung wehrten. Sie forderten stattdessen die Schaffung einer „Sondereinrichtung für Angestellte" (Frerich/Frey 1996a, S. 117), was im Kern auf separate Angestelltenkrankenversicherungskassen hinauslief.

1.3.3 Strukturelle Homogenisierung trotz Kassenpluralismus

Das bestehende „buntscheckige Bild" (Pelzer 1955, S. 160) der Krankenkassenlandschaft wurde 1883 nicht nur beibehalten, sondern sogar noch um einige neue Kassentypen erweitert. Bereits existierende Kassen bestanden weiter, soweit sie die gesetzlichen Vorgaben erfüllten und in das vorgegebene Typenschema eingeordnet werden konnten. Die vorhandenen Kassen wurden auf diese Weise zu *Trägern der Krankenversicherung* transformiert (Töns 1980, S. 27). Die aufgrund des KVG neu zu schaffenden Krankenkassen wurden ebenso wie die bestehenden Kassen nach Berufsklassen oder Gemeindezugehörigkeit dezentralisiert. Alle Trägerkassen der Krankenversicherung umfassten damit als Mitgliederkreis eine klar abgegrenzte zwangsversicherte Risikogemeinschaft (Manow 1999, S. 147) und blieben letztlich lokal und berufsständisch begrenzt. Für Reidegeld (1996, S. 224) war die „groteske, ‚risikoselektierende', mobilitätshemmende" Zersplitterung der Kassenlandschaft die unmittelbare Folge des „konservativen Charakters" des Krankenversicherungsprojekts. Gerade der „vormoderne Zug" der Krankenversicherung verkomplizierte nicht nur ihre Etablierung, sondern sicherte vor allem „den allen Gesetzen der Versicherungsmathematik Hohn sprechenden ‚Zwergkassen' ein langes Leben" und beeinträchtigte damit die Leistungsfähigkeit der Gesetzlichen Krankenversicherung.

Offiziell wurde der Pluralismus der Krankenversicherungsträger, das heißt die Beibehaltung der Differenzierung des organisationalen Feldes der Kassen in verschiedene, voneinander abgeschlossene Kassenpopulationen, „unter anderem mit dem Hinweis auf die leichtere Durchführung der Selbstverwaltung sowie auf die bessere Kontrolle gegen Simulation begründet, die durch die ‚Betroffenen' selbst gewährleistet sei" (Förtsch 1995, S. 26). Entscheidend war allerdings, dass mit dem KVG von 1883 die Rechtsformen ebenso wie die inneren Strukturierungs- und die Ordnungsprinzipien für nahezu alle Kassenarten durch hoheitlichen

Akt vereinheitlicht wurden. Damit waren die Kassen als eigenständige korporative Akteure endgültig etabliert und in ihren Organisationsstrukturen weitgehend homogenisiert. In diesem Homogenisierungsprozess wurden einige traditionelle Elemente in die Krankenversicherungsgesetzgebung übernommen. So übertrug das KVG zum Beispiel vom bisherigen Hilfskassenwesen Elemente der dortigen *Versichertenselbstverwaltung* auf alle Zwangskassenarten (außer der Gemeindekrankenversicherung), modifizierte diese aber[101]. Für alle Zwangskassen wurde die Beteiligung der Arbeitgeber sowohl an der Finanzierung als auch an der Kassenverwaltung obligatorisch. Entsprechend dem von ihnen nun einheitlich zu leistenden Anteil von einem Drittel der Beitragszahlungen mussten die Arbeitgeber sowohl im Vorstand, der die Kasse nach außen vertrat, als auch in der Generalversammlung, dem Legislativorgan der Kasse mit Rechtsetzungsbefugnissen, mit ⅓ der Stimmen vertreten sein (Pelzer 1955, S. 161-162)[102]. Nur die aus den Hilfskassen hervorgegangenen Ersatzkassen wurden weiterhin ausschließlich von Versichertenrepräsentanten verwaltet, eine Sonderregelung, die bis in die heutige Zeit Bestand hat[103].

Der öffentlich-rechtliche Charakter der Krankenversicherung wurde insbesondere dadurch unterstrichen, dass alle gesetzlichen Zwangkassentypen einheitlich den Status einer *Körperschaft des öffentlichen Rechts* erhielten und damit faktisch zu (rechtlich verselbstständigten) Organisationen der mittelbaren Staatsverwaltung wurden. Auf diese Weise übernahmen alle gesetzlichen Krankenkassen eine der Staatsverwaltung entlehnte bürokratische Organisationsstruktur mit ihren strengen Über- und Unterordnungsverhältnissen, einer Schar von Kassenbeamten, der aktenmäßigen Fallbearbeitung, der Unpersönlichkeit der Stelle sowie einer ausgeprägten Arbeitsteilung und unterstanden zugleich einer (beschränkten) Staatsaufsicht (Pelzer 1955, S. 162). Ziel der öffentlichen Körperschaft als intermediärer Organisation zwischen Staat und Gesellschaft war immer die Verwaltung der als Staatsbürger definierten Untertanen (Bieback 1976; Endrös 1985). Indem die gesetzlichen Krankenkassen diese hoheitliche *extro-*

---

101 Nach Manow (1999, S. 146f.) diente die „Beigabe eines ‚Tropfen demokratischen Öls' in Form von Elementen der Versicherten-Selbstverwaltung" dazu, die organisierte Arbeiterschaft in die GKV und langfristig den neuen Staat zu integrieren. Die Selbstverwaltung in den Kassen forcierte die „Akzeptanz und Attraktivität der Kranken- und Sozialversicherung innerhalb der Arbeitnehmerschaft", welche die GKV zunehmend als „Sphäre möglicher Selbstbestimmung entdeckte".

102 Erst das *Bundesgesetz über die Selbstverwaltung und über Änderungen von Vorschriften auf dem Gebiete der Sozialversicherung* vom 22. Februar 1951 änderte dieses Verhältnis von ⅓ zu ½ ab. Seither bestehen die Organe der Krankenversicherung (mit Ausnahme der Ersatzkassen) je zur Hälfte aus Vertretern der Versicherten und der Arbeitgeber (Pelzer 1955, S. 162).

103 Die Ersatzkassen wurden wie die traditionellen Hilfskassen ausschließlich aus Versichertenbeiträgen finanziert. Die Arbeitgeber brauchten keine Beiträge an sie zu entrichten. Dies änderte sich erst mit der *RVO*. Die Arbeitgeber von Ersatzkassenmitgliedern hatten dann den Pflichtbeitrag an eine der gesetzlichen Zwangskassen (i.d.R. eine AOK) abzuführen.

verse Ausrichtung übernahmen, wurden die Kassenmitglieder ebenso zu ihrem Organisationspublikum wie die Erbringer medizinischer Dienstleistungen (Ärzte, Apotheker und Krankenhäuser), mit denen sie nun in Vertragsbeziehungen traten. Dies verdeutlicht ihren organisationalen Charakter. Die Krankenkassen traten nun als voll ausgeprägte, wenn auch lediglich semi-autonome (öffentlich-rechtliche) Organisationen in die sich etablierende Organisationsgesellschaft ein. Charakteristisch war hierbei, dass die öffentlich-rechtliche Krankenkassenorganisation – mit massiver staatlicher Unterstützung – sehr rasch alle traditionellen Formen kollektiver Unterstützung marginalisierte und im Bereich des Gesundheitswesens sowohl quantitativ als auch sozial-qualitativ dominant wurde. Lediglich die Ersatzkassen blieben noch bis 1937 in der Rechtsform des Versicherungsvereins auf Gegenseitigkeit bestehen, was ihren Sonderstatus in der Gesetzlichen Krankenversicherung als „Nebenversicherungsträger" (Tennstedt 1976a, S. 400) unterstrich. Allerdings glichen auch sie ihre Organisationsstrukturen schon weit vor 1937 denen der öffentlich-rechtlichen Zwangskassen in wesentlichen Teilen an, imitierten auf diese Weise also quasi die öffentlich-rechtlichen Körperschaften und hatten letztlich auch in der Rechtsform des Versicherungsvereins auf Gegenseitigkeit einen ebenso eindeutig organisationalen Charakter wie die Zwangskassen (Peters 1983, S. 264).

Mit Konstituierung der Gesetzlichen Krankenversicherung etablierte sich dementsprechend ein spezifisches organisationsgestütztes korporatives Herrschaftssystem zur Bearbeitung des gesellschaftlichen Problems von Krankheit. Das heute organisational hochgradig ausdifferenzierte und sektoralisierte Gesundheitswesen hat also 1883 entscheidende Weichenstellungen für seine weitere Entwicklung erfahren. Da sich der Sektoralisierungsprozess unmittelbar über die Ausbildung spezialisierter monofunktionaler Organisationen vollzog, kann das moderne Gesundheitswesen als eine typische Erscheinung und Folge der sich etablierenden Organisationsgesellschaft gedeutet werden[104]. Die staatliche Krankenversicherungspolitik

[104] Beispielsweise war vor 1883 die Ausdifferenzierung in einen ambulanten und stationären Sektor nur rudimentär angelegt. Doch auch das *Krankenhaus* hat eine Organisationsgeschichte, die weit zurückreicht. Bis in die 1870er-Jahre diente es primär zur Pflege von armen, alten und alleinstehenden Personen oder Schwerkranken. Viele frühe Kassenstatuten sahen vor, dass die Unterbringung im Krankenhaus „für Rechnung der Kasse" erst dann erfolgen sollte, wenn „nach ärztlichem Ermessen die häuslichen Verhältnisse des Erkrankten nicht geeignet [waren], demselben eine geregelte Behandlung und Pflege angedeihen zu lassen" (Statut der Düsseldorfer Metallarbeiterkasse, zitiert nach Asmuth 1984, S. 167f.). Das Klientel des Krankenhauses war damit zahlenmäßig begrenzt. Im Vergleich zu seinem heutigen Stellenwert in der medizinischen Versorgung kam ihm also eher eine marginale Bedeutung zu. Es lassen sich aber Parallelen zwischen der Etablierung der modernen Kassenorganisation und der „Herausbildung der Institution Krankenhaus im modernen Sinne" erkennen. Gerade das Kassenwesen prägte entscheidend „den Transformationsprozess vom Spital zum Krankenhaus" (Brinkschulte 1998, S. 12), da es die materielle und personelle Basis für eine stabile Nachfrage nach Krankenhausleistungen schuf. Als ab 1883 für die Versicherten freie Krankenhausversorgung zur GKV-Regelleistung wurde, entstand ein enormer Nachfrageschub, der eine rasante Ausbildung der modernen Krankenhausorganisation begründete.

der Folgejahre konzentrierte sich damit quasi zwangsläufig auf die Verflechtung und Kooperation mit den sich im Gesundheitswesen ausbreitenden Organisationen und die Regulierung der zwischen ihnen bestehenden (materiellen und rechtlichen) Beziehungen.

1.3.4 Die strukturellen Folgen des Sachleistungsprinzips

Neben der Homogenisierung der Organisationsstrukturen führte das KVG von 1883 durch die Festlegung eines gesetzlichen Katalogs an *Mindestleistungen* auch zu einer weitgehenden Vereinheitlichung und Standardisierung der von den Kassen zu gewährleistenden medizinischen Versorgungsleistungen in gesamten Reichsgebiet (Herder-Dornreich 1994, S. 83). Dabei konnten die einzelnen Kassen in bestimmten Grenzen weitere freiwillige Leistungen durch Kassenstatut festlegen, sofern sie diese aus den Beitragszahlungen ihrer Mitglieder finanzieren konnten. Zumeist orientierten sich die örtlichen Krankenkassen dabei am Leistungsniveau der Ortskrankenkassen (Löwenstein 1910, S. 345). Die Festschreibung von Art und Mindestumfang der Kassenleistungen leitete ab 1883 einen Prozess der Umkehrung des Verhältnisses zwischen Geld- und Sachleistungen ein, in dem das ursprünglich dominante Geldleistungsprinzip durch das *Sachleistungsprinzip* verdrängt wurde[105].

Damit vollzog sich zugleich quasi „unter der Hand ein tiefgreifender Funktionswandel" (Manow 1999, S. 157) der Krankenkassen. Ab 1883 beschränkten sich die Barleistungen der gesetzlichen Krankenkassen auf die Zahlung von Krankengeld an arbeitsunfähige Kassenmitglieder. Höhe und Dauer der Krankengeldzahlung bemaßen sich einheitlich auf 50 Prozent des ausgefallenen Arbeitslohns. Das Krankengeld musste nach zwei Karenztagen für maximal 13 Wochen gewährt werden. Die Krankengeldleistung war damit gesetzlich fixiert und verallgemeinert, womit der bisherige Spielraum der Kassen bei Bar-Unterstützungen zur Kompensation des Einkommensverlusts im Krankheitsfall abgeschafft wurde. Für alle übrigen Unterstützungsleistungen schrieben die *§§ 6 Abs. 1 Nr. 1 und 7 Abs. 1 KVG* vor, dass den Mitgliedern nicht mehr – wie bisher gerade von kleineren Kassen oder den Hilfskassen praktiziert – die Kosten zur Bezahlung eines Arztes oder Krankenhausaufenthaltes mit Barleistungen (anteilig) erstattet werden konnten, sondern dass die Krankenkasse fortan „freie ärztliche Behandlung, Arznei sowie Brillen, Bruchbänder und ähnliche Heilmittel" oder „freie Kur und

105 Ursprünglich betrug das Verhältnis zwischen Geld- und Sachleistungsprinzip 1,7 : 1, 1925 war Parität erreicht. 1955 lag die Relation bei 1 : 4 und seit dem Lohnfortzahlungsgesetz von 1969 „übersteigen die Sachleistungen die Barleistungen um mehr als den Faktor 10" (Alber 1992, S. 29). 1996 machte Krankengeld nur noch 7 % der GKV-Ausgaben aus (Manow 1999, S. 157).

Verpflegung in einem Krankenhaus“ für alle Mitglieder sicherzustellen hatte. Damit bekamen die Kassenmitglieder gegenüber ihrer Kasse einen Rechtsanspruch auf medizinische Sach- und Dienstleistungen in *natura*. Auf diese Weise wurde die Finanzierung medizinischer Dienstleistungen zur Hauptaufgabe der Krankenkassen. Wie und durch wen die medizinische Versorgung gewährt wurde, war den Kassen selbst überlassen, da das KVG hierüber (noch) keine Vorschriften enthielt. Zur Sicherstellung der Versichertenansprüche nutzten sie zumeist die vorhandene örtliche medizinische Infrastruktur insbesondere an niedergelassenen Ärzten, mit denen sie Einzeldienstverträge abschlossen. Das Verhältnis zwischen Kassenmitglied und Arzt wurde damit generell geldlos, ein direktes Vertragsverhältnis bestand nur noch zwischen Kasse und Arzt. Auf diese Weise kam es nach 1883 zur endgültigen Ablösung des bisher dominanten direkten privatrechtlichen Vertragsverhältnisses zwischen Patient und Arzt, wie es bis heute noch für die Behandlung von Privatpatienten maßgeblich ist, durch ein privatrechtliches Dreiecksverhältnis zwischen Arzt, Kasse und Kassenpatient (Töns 1983, S. 36f.).

Die Etablierung des Sachleistungsprinzips als dominantes Leistungsprinzip der Gesetzlichen Krankenversicherung löste quasi zwangsläufig einen massiven Anstieg der Nachfrage nach ärztlichen Dienstleistungen aus. Für die Kassen wurde die Sicherstellung der ärztlichen Behandlung ihrer Mitglieder gerade deshalb zum zentralen Problem, weil von ihr aufgrund der Doppelrolle des Kassenarztes als Gutachter und Dienstleister letztlich die Gewährung nahezu aller anderen Leistungen ausging. Nun waren alle Kassenmitglieder gezwungen, ärztliche Dienstleistungen in Anspruch zu nehmen, wollten sie in den Genuss der Kassenleistungen kommen. Dies war die Grundlage für einen alsbald einsetzenden gewaltigen Medikalisierungsschub, in dessen Folge ein stetig wachsender Anteil der Bevölkerung in einen mehr oder weniger regelmäßigen Kontakt mit zunehmend approbierten Medizinern kam. Dieser „qualitative Veränderungssprung“ (Wehler 1995, S. 738) implizierte zugleich einen tiefgreifenden Mentalitätswandel bei großen Teilen der Bevölkerung. Der Erkrankte gewöhnte sich alsbald daran, „seinen Körper der Kontrolle des ärztlichen Experten zu unterstellen, seinen Anweisungen zur Wiederherstellung der Gesundheit zu folgen“ (Wehler 1995, S. 739). Insofern veränderte sich das Arzt-Patienten-Verhältnis nachhaltig. Der Kassenpatient wurde zunehmend vom Beistand des medizinischen Experten abhängig und kompensierte dies mit einer Steigerung des Vertrauen in dessen Leistungsfähigkeit. Der Arzt festigte so seine Machtposition gegenüber dem Patienten. Zugleich stieg mit wachsender Klientenzahlen und dementsprechender Einkommensstabilisierung überdies auch der soziale Status des Kassenarztes an. Der niedergelassene, frei praktizierende approbierte (Kassen-)Arzt nahm damit eine Schlüsselposition innerhalb des durch die Krankenversicherung finanzierten Gesundheitswesens ein. Insofern ist es nicht verwunderlich, dass sich die Frage der Honorierung seiner Dienstleistungen in der Folgezeit rasch zum zentralen Konfliktfeld zwischen Kassen und Ärzteschaft entwickelte.

Abb. 4: Bevölkerungsentwicklung, Kassenmitglieder und Versicherte 1885-1930

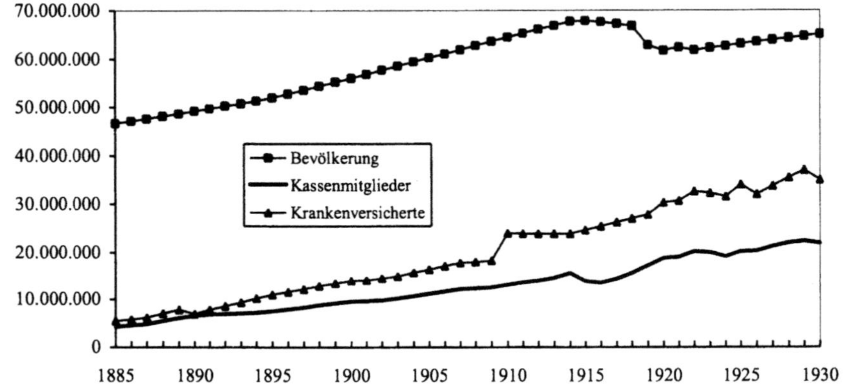

Quelle: eigene Zusammenstellung (Versicherte = Mitglieder + mitversicherte Familienangehörige)

Die Weiterentwicklung der Gesetzlichen Krankenversicherung stand nach 1883 im Zeichen eines organisationsgestützten *„doppelten Inklusionsprozesses“* (Alber 1992, S. 25), welcher auf der einen Seite durch fortschreitende Ausdehnung des Mitgliederkreises und auf der anderen Seite durch Erweiterung des Leistungskatalogs gekennzeichnet war. Gerade die Versicherungspflicht bildete hier die Basis für die in den Folgejahren vollzogene sukzessive Ausdehnung des kollektiven Versicherungszwangs auf immer weitere Personen- und Berufsgruppen[106]. Mit Erlass des KVG setzte so eine wahre „Mitgliederexplosion“ in den Krankenkassen ein. 1885 waren bereits rund 4,2 Millionen Mitglieder pflichtversichert. Der Anteil der Kassenmitglieder an der Gesamtbevölkerung betrug 9,2 Prozent. Bis 1930 stieg die Mitgliederzahl auf cirka 22 Millionen an, was 33,7 Prozent der Gesamtbevölkerung entsprach. Berücksichtigt man noch die Familienangehörigen der Mitglieder, die als unmittelbares Organisati-

[106] Die Versicherungspflicht wurde etappenweise ausgedehnt: 1885: Transportarbeiter, 1900: selbstständige Hausindustrielle, 1903: Handlungsgehilfen- und Lehrlinge, 1911: Dienstboten, unständige Beschäftigte, Arbeiter im Wandergewerbe, land- und forstwirtschaftliche Arbeiter, Hausgewerbetreibende, Apothekengehilfen und -lehrlinge, Bühnen- und Orchesterarbeiter, Lehrer und Erzieher, Lehrlinge aller Berufe, 1920: Artisten und Musiker, 1938: Hebammen und alle in der Kranken-, Wochen-, Säuglings- oder Kinderpflege tätigen Personen, 1941: Rentner, 1972: Landwirte, 1975: Behinderte, Studenten, 1981: Künstler (Alber 1992, S. 28; Manow 1999, S. 155f.; Tauchnitz 1999a, S. 151f.).

onspublikum zunehmend in den Kreis der Leistungsempfänger einbezogen wurden, so stieg der Anteil der unmittelbar der zurichtenden Formalität der Kassenorganisation unterworfenen Personen an der Gesamtbevölkerung bis 1930 auf knapp 54 Prozent. Die Gesetzliche Krankenversicherung hatte sich damit zur „Volksversicherung" (Manow 1999, S. 159) gemausert.

Damit wird deutlich, welch großen Einfluss die Krankenversicherungskassen auf das Gesundheits- und Krankheitsverhalten der Menschen erlangt hatten. Letztere mussten sich zwangsläufig den Gesundheits- und Verhaltensimperativen der Krankenkassen unterwerfen und diese als verbindlich anerkennen, da sie nur durch ein entsprechend nachweisbares kassenkonformes, diszipliniertes Verhalten ihren Anspruch auf Unterstützungsleistungen gegenüber „ihrer" Kasse erwerben und behalten konnten. Auf diese Weise aggregierte die Kassenorganisation allgemeine, nach außen artikulierbare Interessen, auf die das einzelne Mitglied bei wachsender Kassengröße keinen Einfluss mehr hatte und in denen es sich mit seinen, sich aus der unmittelbaren Lebenswelt ergebenden kurzfristigen Reproduktionsbedürfnissen auch kaum mehr wiederfinden konnte. Der nach innen gerichtete Zurichtungs- und Disziplinierungscharakter der Kassen, das heißt die durch die Kassenorganisation erfolgende Fremdbestimmung kollektiven Handelns, vollzog sich primär durch eine fortschreitende *Zentralisierung*, *Bürokratisierung* und *Hierarchisierung* der Kassenverwaltung. Dieser Prozess war – parallel zu steigenden Versichertenzahlen – mit der Expansion des hauptamtlichen Verwaltungsstabes, also einer wachsenden Zahl an Kassenbeamten und Krankenkontrolleuren (Krankenkommissaren) verbunden, deren primäre Aufgabe in der permanenten Verhaltenskontrolle der leistungsbeanspruchenden Versicherten bestand. Bis 1930 war es der modernen Kassenorganisation auf diese Weise gelungen, nicht nur quantitativ, sondern auch sozialqualitativ dominant zu werden. Der „Erfolg" bestand unter diesem Gesichtspunkt vor allem in ihrem Beitrag zur Verdrängung jeglicher Alternativen zu einer organisationsförmigen Bearbeitung von Krankheit und war nicht unwesentlich in ihrer, alle traditionellen Alternativen der Krankenunterstützung übertreffenden, wirtschaftlichen Leistungsfähigkeit begründet.

Die Einführung einer systematischeren Pflichtversicherung mit Beitragszwang auch über die Großstädte und industriellen Ballungsräume hinaus ermöglichte nämlich „längerfristig eine Steigerung der Leistungsfähigkeit der Versicherung" (Göckenjan 1987, S. 16), da sie das finanzielle Budget der Krankenkassen entscheidend vergrößerte. Die gesetzlichen Krankenkassen wurden so zu „Sammelstellen kollektiver Gelder, mit denen sie individuelle Behandlungen finanzieren konnten" (Rosewitz/Webber 1990, S. 15). In der Folgezeit vollzog sich aufgrund des Mitgliederzuwachses und einem dementsprechenden Anwachsen der Kassenbudgets auch eine schrittweise Ausdehnung des Leistungskatalogs der Gesetzlichen Krankenversicherung und Anpassung der Kassenleistungen an den medizinischen Fortschritt. Zum Teil wurde diese Ausdehnung durch gesetzliche Regelungen (Mindest- oder Regelleistungen) verursacht[107], zum Teil aber auch durch freiwillige statuarische Regelungen der Kassen selbst (Satzungs- oder Kann-Leistungen) veranlasst. Eine Reihe ursprünglicher Satzungsleistungen, wie beispielsweise die ab 1892 (Novelle zum KVG) zulässige und in der Folgezeit von vielen größeren Kassen praktizierte freiwillige Ausweitung der Sachleistungen auf die Familienangehörigen der Mitglieder[108], wurde erst 1930 durch gesetzliche Regelung – quasi nachholend – auf die Ebene der verallgemeinerten Regelleistungen gehoben und damit für alle Krankenkassen gleichermaßen verbindlich (Alber 1992, S. 28; Zöllner 1981, S. 98).

Sowohl der erweiterte Mitgliederkreis als auch die erhebliche Verbesserung der Kassenleistungen hinterließen in den Finanzdaten der Gesetzlichen Krankenversicherung „deutliche Spuren“ (Alber 1992, S. 29). Während sich die Ausgaben der Krankenversicherung 1885 noch auf rund 0,3 Prozent des Bruttosozialprodukts beschränkten, betrug ihr Anteil 1930 bereits 4,1 Prozent. Das vermittelt einen ersten Eindruck von der ungeheuren Dimension der Ausweitung der Kassenausgaben innerhalb von 45 Jahren seit Gründung der Gesetzlichen Krankenversicherung. Im gleichen Zeitraum kam es zur annähernden Verdreifachung des durchschnittlichen Beitragssatzes von ursprünglich 1,9 Prozent auf rund 5,8 Prozent. Trotz der steigenden Ausgaben erwirtschafteten die Kassen Einnahmeüberschüsse, die sich rasch zu einem Vermögensstand thesaurierten, der spätestens ab Mitte der 1890er-Jahre die Jahresausgaben überschritt (Zöllner 1981, S. 104). 1930 wurde sogar ein Rekordüberschuss von knapp 130 Millionen Mark erreicht, der in die Rücklage eingestellt werden konnte. Die Akkumulation der Versichertenbeiträge zu einem beträchtlichen Kassenvermögen in Verbindung mit einer restriktiven Handhabung der Leistungsgewährung zeigen, wie „erfolgreich“ der (universale) Modus der modernen, formalen Organisation von den Krankenkassen übernommen wurde und welch enorme volkswirtschaftliche Bedeutung das organisationsförmige Krankenversicherungswesen innerhalb eines knappen halben Jahrhunderts erlangte.

---

[107] 1919 wurde z.B. die Mutterschafts- und Wochenhilfe gesetzlich verankert (Manow 1999, S. 155).

[108] Laut Zöllner (1981, S. 98) bestand schon 1900 bei rund der Hälfte aller versicherten Arbeiter die Familienversicherung. Nach Tennstedt (1976a, S. 387) wurden 1913 auf ein Mitglied 2 bis 3 Familienangehörige gerechnet, womit sich der Kreis der Sachleistungsempfänger enorm vergrößerte. Da i.d.R. keine Zusatzbeiträge von den Familienangehörigen erhoben wurden, ging die Leistungsausweitung „überwiegend zu Lasten des allgemeinen Beitrags“ der Mitglieder.

Abb. 5: Entwicklung von Gesamteinnahmen, Gesamtausgaben und Vermögen der gesetzlichen Krankenkassen 1885-1930

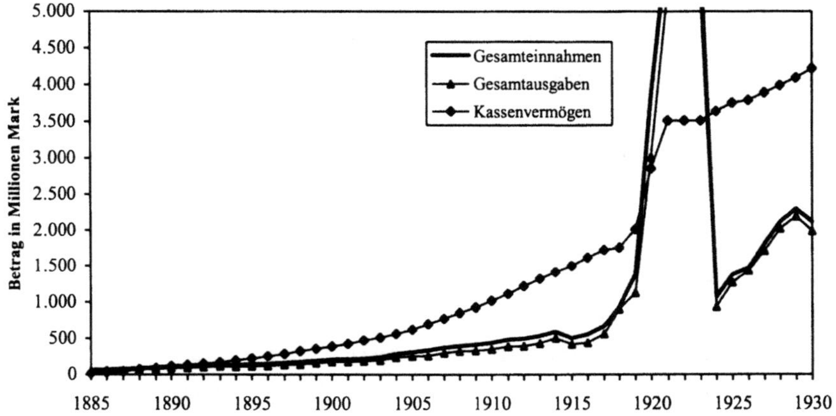

Quelle: eigene Zusammenstellung; eigene Hochrechnung des Kassenvermögens

1.4 Die endgültigen Konturen des organisationalen Feldes der modernen Krankenversicherungskassen

1.4.1 Zentrale Gebilde im Feld: Die Allgemeinen Ortskrankenkassen

Der Erlass des *Krankenversicherungsgesetzes* löste einen wahren „Gründungsboom" (Fröhlingsdorf 1993, S. 18) von Krankenkassen aus, wobei zunächst „innerhalb einer ortsmäßig abgegrenzten Region an das tradierte berufsmäßige Organisationsprinzip" (Tennstedt 1976a, S. 389) angeknüpft wurde. Während 1884 im Reichsgebiet insgesamt rund 17511 verschiedene Krankenkassen bestanden, hatte sich ihre Zahl bis 1910 auf 23354 erhöht, was einer Steigerungsrate von rund 33 Prozent entsprach. Die bestehende Kassenvielfalt erwies sich allerdings schon 1910 als trügerisch, da rund 90 Prozent aller Kassen auf die Gemeindekrankenversicherung, Betriebskrankenkassen und Ortskrankenkassen entfielen. Daneben bestanden noch rund 1400 als Ersatzkassen anerkannte (eingeschriebene oder landesrechtliche) Hilfskassen. Innungs-, Knappschafts- und Baukrankenkassen machten zusammen lediglich 4,4 Prozent aller Kassen aus. Zwischen 1885 und 1910 stieg die durchschnittliche Mitgliederzahl pro Kasse von 224 auf 560, die durchschnittliche Kassengröße erhöhte sich also um das 2½-fache (eigene Zusammenstellung). Auch hier ist zu beachten, dass die Kassengrößen sowohl innerhalb als auch zwischen den jeweiligen Kassenarten extrem variierten. Insgesamt lässt sich damit feststellen, dass sich zu Beginn des 20. Jahrhunderts bereits die für nahezu alle organisationalen Felder typischen *organisationalen Zentrum-Peripherie-Strukturierungen* auch im Kassenwesen herausgebildet hatten. Während die Ersatzkassen noch eine semiperiphere Stellung einnahmen, bildeten die Innungs-, Knappschafts- und Baukrankenkassen lediglich den peripheren Bereich. Dem gegenüber bildeten insbesondere die Allgemeinen Ortskrankenkassen und die Betriebskrankenkassen das organisationale Zentrum des gemeinsamen Feldes aus. Sie dominierten das Feld und hatten die größte Bedeutung für seine strukturelle Weiterentwicklung. Ebenso dienten ihre Organisationsstrukturen als Vorbild, an dem sich die isomorphistischen Anpassungsbewegungen in den übrigen Kassenpopulationen orientierten. Als 1913 die Selektion und Elimination der Gemeindekrankenkassen aus dem gemeinsamen Feld erfolgte, wurden ihre Mitglieder auf die Allgemeinen Ortskrankenkassen übertragen und so deren zentrale Position weiter gestärkt.

Schon ab 1885 stellten die *Allgemeinen Ortskrankenkassen* mit reichsweit rund 1,5 Millionen Mitgliedern (36 Prozent aller Kassenmitglieder) eindeutig die Hauptträger der Gesetzlichen Krankenversicherung dar. Bereits 1885 waren sie mit einer durchschnittlichen Mitgliederzahl von rund 416 die mit Abstand mitgliederstärksten Kassen und lagen damit deutlich über dem Kassendurchschnitt. Aufgrund des rasch steigenden Mitglieder- und Vermögensbestands war es ihnen möglich, ihre Unterstützungsleistungen über die gesetzlichen Mindestleistungen anzuheben und so ihren Vorsprung gegenüber den übrigen Kassenarten noch weiter auszubauen. 1911 gab es reichsweit bereits über 7 Millionen Mitglieder von Ortskrankenkassen. Damit vereinigten die Ortskrankenkassen rund 53 Prozent aller Kassenmitglieder auf sich und verfügten über eine leistungsfähige durchschnittliche Kassengröße von 1523 Mitgliedern (Tennstedt 1977e, S. 27)[109].

Hinzu kam, dass ab Mitte der 1880er-Jahre reichsweit ein „Trend zum Zusammenschluss" (Stremmel 1993, S. 69) gleichartiger Kassen auf lokaler Ebene einsetzte. Diese Fusionswelle

[109] Die Situation in *Elberfeld* nach der Einführung des *KVG* dient als Beispiel: 1883 entstanden aus der Umwandlung bisheriger gewerblicher Unterstützungskassen insgesamt 13 Ortskrankenkassen, deren Mitgliederzahl zwischen 72 und 7476 variierte. Sie umfassten 15232 Mitglieder, d.h. ca. 88 % aller Kassenmitglieder. Daneben wurden 7 BKK'n errichtet bzw. umgewandelt, deren Mitgliederstärke zwischen 55 und 711 schwankte. Insgesamt waren 1838 Mitglieder in den örtlichen BKK'n versichert. Das entsprach einem Mitgliederanteil von ca. 11 %. Daneben existierten eine IKK mit 120 Mitgliedern und eine eingeschriebene Hilfskasse mit 151 Mitgliedern. Ortskrankenkassen und BKK'n umfassten zusammen 99 % der Versicherten. In der Folgezeit verschob sich das Verhältnis zu Gunsten der Ortskrankenkassen. 1910 zählten sie bereits 41135 Mitglieder, die BKK'n nur 3467. Die erste Ortskrankenkasse konnte deshalb schon 1910 die kostenfreie Familienversicherung einführen (Löwenstein 1910, S. 342-346).

erfasste vor allem die vielen „besonderen“ Ortskrankenkassen, die sich verstärkt zu einer mitgliederstarken und leistungsfähigen „allgemeinen“ Ortskrankenkasse zusammenschlossen und damit zu den zentralen Gebilden innerhalb des organisationalen Feldes der Krankenkassen wurden. Überall dort, wo 1883 auf traditioneller Grundlage eine Vielzahl verschiedener Ortskrankenkassen entstanden war, wurde es für die versicherungspflichtigen Arbeiter recht kompliziert, die für sie zuständige Ortskrankenkasse herauszufinden. Hinzu kam, dass ein Arbeitsplatzwechsel immer wieder den Wechsel der Krankenkasse erforderlich machte, was teilweise zu Leistungsverlusten der Versicherten führte. Ausschlaggebend für die einsetzenden Kassenfusionen waren aber primär die wachsenden Finanzschwierigkeiten der kleineren Ortskrankenkassen, die aufgrund der örtlichen Gegebenheiten keine ausreichende Mitgliedergröße erreichen konnten. Während in Barmen beispielsweise Mitte der 1880er-Jahre nur eine mitgliederstarke Allgemeine Ortskrankenkasse als „Hauptträger der Sozialversicherung“ (Köllmann 1960, S. 180) durch die Kommune eingerichtet worden war[110], schlossen sich im Nachbarort Solingen die zunächst gegründeten vier Ortskrankenkassen erst zwischen 1892 und 1907 schrittweise zur „Allgemeinen Ortskrankenkasse Solingen“ zusammen, die ein Jahr später bereits 11114 Mitglieder zählte und damit gut 62 Prozent aller versicherungspflichtigen Kassenmitglieder der Stadt umfasste (Stremmel 1993, S. 70)[111].

1.4.2 Konzentration und Selektion: Die Entstehung überregionaler Kassen

Der Prozess der *Vereinheitlichung* und *Zentralisierung* und die damit verbundene *Mitglieder- und Ressourcenkonzentration* in wenigen großen und damit leistungsfähigen Krankenkassen auf örtlicher und überörtlicher Ebene entwickelte mit Erlass der *Reichsversicherungsordnung* eine besondere Dynamik, die bis 1914 zu einer Halbierung der Kassenzahlen führte. Die dramatische Absenkung der jeweiligen Populationsdichte erfolgte über einen über die Mitglie-

---

110 Von der durch das *KVG* eröffneten Möglichkeit der Gemeinden, nur eine AOK zu gründen, machten außer Barmen nur wenige Kommunen Gebrauch (z.B. Altona, Bonn, Koblenz, Osnabrück). Zumeist entstand eine Vielzahl „besonderer“ Ortskrankenkassen. Ihre Zahl betrug in Berlin 58, Breslau 54, Königsberg 23, Danzig und Leipzig jeweils 18, München 10 und Dresden 7. Schon 1885/86 bemühten sich aber Großstädte wie Leipzig und Dresden um die Zusammenlegung der Ortskrankenkassen (Tennstedt 1977e, S. 26).

111 Neben der AOK bestanden in Solingen noch 10 BKK'n und IKK'n, mit insgesamt 2985 Mitgliedern (17 % aller Mitglieder) sowie 6 Hilfskassen mit 3781 Mitgliedern (21 %). Damit waren 1908 bereits rund 36 % der Solinger Bevölkerung Kassenmitglieder. Berücksichtigt man, dass auf jedes Mitglied durchschnittlich ein Familienangehöriger kam, so erhöhte sich der Anteil der Versicherten nach Einführung der Familienversicherung auf ca. 72 % und lag damit über dem Reichsdurchschnitt. Insgesamt hatte Solingen einen ähnlich hohen Versichertenanteil wie Berlin. Die Zahl der Kassenmitglieder lag generell in den Städten wesentlich höher als in ländlichen Regionen. In der Provinz Posen betrug der Versichertenanteil 1885 z.B. nur 2,7 %. Bis 1911 war er auf 8,1 % angestiegen (Spree 1981, S. 184; Stremmel 1993, S. 70; Tennstedt 1981, S. 170).

deranzahl geführten zwangsweisen Selektions- und Fusionsprozess. So wurden für Ortskrankenkassen und Betriebskrankenkassen *Mindestkassengrößen* von 250 beziehungsweise 150 Mitgliedern eingeführt. Allein dies führte zu einer Welle von Fusionen und Auflösungen bei den kleinen Kassen. Ein noch drastischerer Rückgang zeichnete sich bei den Ersatzkassen ab, für die eine Mindestgröße von 1000 Mitgliedern festgesetzt wurde. Innerhalb kürzester Zeit reduzierte sich die Zahl der Ersatzkassen, die als Versicherungsvereine auf Gegenseitigkeit aufsichtsrechtlich dem Reichsaufsichtsamt für Privatversicherungen unterstellt waren, von 1356 – mit insgesamt 949236 Mitgliedern (Tennstedt 1977e, S. 27 + 35) – auf ganze 67 Kassen im Jahre 1914. Hinzu kam, dass keine neuen Ersatzkassen mehr zugelassen wurden (Stolt 1973; Tennstedt 1977e, S. 37), wodurch die Ersatzkassenpopulation gezielt an einer erneuten Expansion gehindert wurde. Der durch die *Reichsversicherungsordnung* ausgelöste Trend zur (zwangsweisen) Reduzierung der Kassenpopulationen und die Konzentration zu mitgliederstärkeren und leistungsfähigeren (zum Teil überregionalen) Kassen legte den Grundstein für die Entstehung von reichsweit agierenden *Großkassen* wie der Barmer Ersatzkasse (BEK) oder der Deutschen Angestellten Krankenkasse (DAK), die beide durch gezieltes „Fusionsmanagement" auf Größenwachstum und eine überregionale Ausweitung des Geschäftsgebietes setzten und bis 1933 mit 500.000 (BEK) beziehungsweise 280.000 Mitgliedern (DAK) zu „Ersatzkassenriesen" aufstiegen (BEK 1984; Böge/Stein 1999). Ein solcher Zentralisationsprozess entwickelte sich auch bei den Allgemeinen Ortskrankenkassen, die ab 1914 ein enormes Mitgliederwachstum erlebten. Hierzu trug neben der Verschmelzung der örtlichen Ortskrankenkassen zu einer Allgemeinen Ortskrankenkasse auch die durch die *Reichsversicherungsordnung* verfügte Auflösung der Gemeindekrankenversicherung und der Baukrankenkassen – also die gesetzliche Elimination von zwei Organisationspopulationen – bei, deren Mitglieder größtenteils von den Allgemeinen Ortskrankenkassen übernommen wurden. In der Folgezeit entstanden in den Großstädten zentralisierte mitgliederstarke „Groß-AOK'n". Darunter bildete die AOK Berlin 1922 mit rund 523.000 Mitgliedern die größte Kasse des Reiches (Göckenjan 1989a, S. 93)[112]. Dieses Größenwachstum der Krankenkassen führte zugleich zum Aufbau eines Heeres von sach- und fachkundigen Kassenbeamten, „die das Interesse der Kasse nach jeder Richtung hin wahrzunehmen im Stande" waren (Tennstedt 1977e, S. 30). Die Kassen waren so zu (von zumeist hauptamtlichen Geschäftsführungen nach wirtschaftlichen Gesichtspunkten geführten) *bürokratischen Großbetrieben* geworden. Die

[112] 1922 existierten zehn AOK'n mit jeweils über 100.000 Mitglieder. Diese Großkassen vereinigten insgesamt rund 2,2 Millionen Mitglieder auf sich, was 19 % aller AOK-Mitglieder entsprach (Statistisches Jahrbuch des Deutschen Reichs 1924, S. 337).

quantitativ gewachsenen, finanziell erstarkten Kassenorganisationen monopolisierten bald den Gesundheitsmarkt und insbesondere die Nachfrage nach medizinischen Versorgungsleistungen. Hinzu kam, dass einige Großkassen wie die AOK Berlin mit dem Aufbau kasseneigener Versorgungseinrichtungen, sogenannten Ambulatorien, begannen und damit in unmittelbare Konkurrenz zu den etablierten Leistungsanbietern gerieten (Döhler 1984a-c; Göckenjan 1989a). Seit den 1890er-Jahren verschlechterte sich deshalb vor allem das Verhältnis zu den niedergelassenen Ärzten auf gravierende Weise. Der mit Etablierung der Gesetzlichen Krankenversicherung und des Sachleistungsprinzips als dominantem Versorgungsprinzip einsetzende Funktionswandel der Krankenkassen koppelte Ärzte und Kassen zunehmend aneinander (Stolleis 1983, S. 616). Zugleich ermöglichte der alsbald einsetzende „Aufstieg der Krankenkassen" (Manow 1999, S. 159) diesen die Konzentration einer erheblichen Verhandlungsmacht gegenüber der niedergelassenen Ärzteschaft, auf deren Mitarbeit sie zugleich existenziell angewiesen waren. In der Folgezeit kam es zu harten Verteilungs-, Kompetenz- und Statuskämpfen zwischen Kassen und niedergelassenen Ärzten. Diese Kämpfe lösten eine *organisatorische Rüstungsspirale* aus, in deren weiterem Verlauf sowohl mitgliederstarke, hochorganisierte und zentralisierte Kassen- als auch Ärzteverbände als Interessenorganisationen entstanden, die über ein hohes Maß an „Verbandsmacht" (Stolleis 1983, S. 617) verfügten. Insofern kann man tatsächlich, wie eingangs geschehen, mit Alber (1992, S. 29) die Geschichte der „durch die Krankenversicherung strukturierten Sozialbeziehungen [...] weitgehend als [...] Kampf um Lebenschancen organisierter Interessengruppen" begreifen.

Abb. 6: Die Entwicklung des Kassenwesens 1885-1930

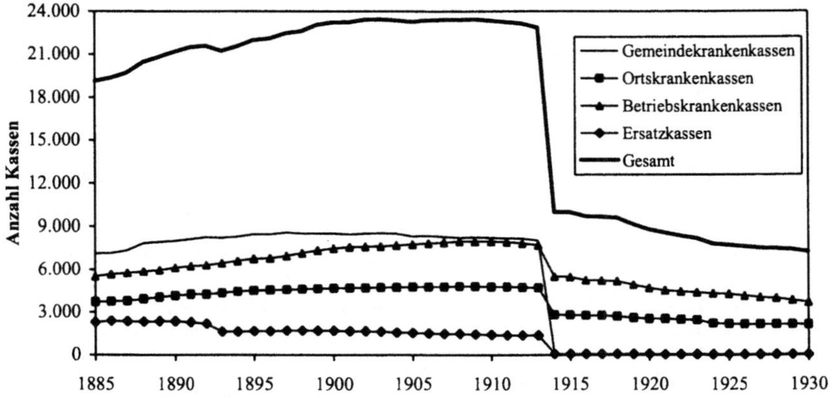

Quelle: eigene Zusammenstellung

1.4.3 Der Zusammenschluss der Kassen in zentralisierten Dachverbänden

Schon ab Mitte der 1880er-Jahre hatten sich einzelne Krankenkassen auf örtlicher Ebene, aber auch innerhalb von Regierungsbezirken, Provinzen und Bundesländern zunehmend in losen Vereinigungen zusammengeschlossen. Solche (überregionalen) verbandsmäßigen Organisationen der Krankenkassen waren im *KVG von 1883* noch nicht vorgesehen gewesen. Die Verbandsbildung „entstand aus Bedürfnissen der Praxis und auf Initiative der Selbstverwaltung" (Zöllner 1981, S. 104) der einzelnen Kassen, wobei auch hierbei die Allgemeinen Ortskrankenkassen eine Vorreiterrolle spielten. Erst 1892 wurde mit der *Novelle zum KVG* die Möglichkeit der Bildung freier Vereinigungen gesetzlicher Krankenkassen auf Bezirksebene gesetzlich geregelt (Peters 1983, S. 266f.). Die *Kassenverbände* bildeten fortan eigenständige Rechtssubjekte mit eigener Rechtspersönlichkeit (Peters 1983, S. 266), waren also vollgültige korporative Akteure. Verbandsmitglieder waren nicht die Kassenmitglieder, sondern die Kassenorganisationen. Zweck der ersten Kassenvereinigungen war in der Regel ein Meinungs- und Erfahrungsaustausch zu diversen Kassenproblemen und die Abhaltung von Verbandstagen (Tennstedt 1976a, S. 391), aber auch die Interessenvertretung der organisierten Kassen gegenüber den staatlichen Stellen, um dort „die Vorstellungen der Krankenkassen zu Gehör zu bringen" (Förtsch 1995, S. 151). Mit zunehmender Organisierung der Vertragspartner der Kassen in schlagkräftigen Interessenverbänden etablierten sich die Kassenvereinigungen nach der Jahrhundertwende als wichtigste Verhandlungspartner und Hauptgegner der Ärzte und Apotheker und waren damit Teil der organisationalen Rüstungsspirale zwischen Kassen und Ärzteschaft. Als erster regionaler Kassenverband Deutschlands konstituierte sich 1886 der *„Württembergische Krankenkassen-Verband"*, der zunächst 56 Kassen umfasste. Bis 1911 stieg die Zahl der Mitgliedskassen auf über 300 an (Förtsch 1995, S. 149)[113]. Fast überall entstanden nun Provinzialverbände, wie die „Freie Vereinigung rheinisch-westfälischer Krankenkassen" oder die „Freie Vereinigung von Krankenkassen im Regierungsbezirk Wiesbaden", die 1894 den Anstoß zur Gründung des *„Centralverbandes von Ortskrankenkassen im Deutschen Reiche"* gab (Tennstedt 1977e, S. 84). Damit war der erste reichsweite Kassenverband entstanden, der ein umfangreiches sozialpolitisches Programm propagierte und sich mit

[113] Der *Württembergische Krankenkassenverband* mischte sich bereits seit der Jahrhundertwende zunehmend in die Auseinandersetzungen mit der Ärzteschaft ein. Hierzu gehörte unter anderem die Initiative zur Einführung angestellter Vertrauensärzte bei den Ortskrankenkassen, welche die Verschreibungspraxis der Kassenärzte kontrollieren und den Kampf gegen die Simulanten unterstützen sollten. Hinzu kam ab 1903 die Initiierung einer „Revisionseinrichtung zwecks Prüfung der Aerzte- und Apothekerrechnungen" sowie die Errichtung von fünf paritätisch besetzten Schiedsgerichten, welche „die Aufgabe hatten, unter einem neutralen Vorsitzenden die Streitigkeiten zwischen Krankenkassen und Ärzten zu schlichten" (Förtsch 1995, S. 152).

der Arztfrage beschäftigte (Tennstedt 1977e, S. 88). Bis 1911 bildete der *Ortskrankenkassenverband* ein flächendeckendes Netz von Landes- oder Unterverbänden mit allen Charakteristika einer modernen, verpflichtungsfähigen Interessenorganisation aus. Hierzu gehörte neben hauptamtlichen Verbandsfunktionären auch ein eigenes Verbandsorgan, die Zeitschrift „Die Ortskrankenkasse" (Tennstedt 1977e, S. 85 + 89). Nach seinem Vorbild, zum Teil aber auch in politischer Abgrenzung, gründeten zwischen 1907 und 1914 alle übrigen Kassenarten reichsweite Spitzenverbände, denen in der Regel regionale Kassenvereinigungen vorausgingen. Interessant ist, dass 1912 der *„Gesamtverband der Krankenkassen Deutschlands"* als politisch motivierte organisationale Gegengründung zum sozialdemokratisch dominierten „Zentralverband der Ortskrankenkassen im Deutschen Reich" entstand. Der Gesamtverband wurde vor allem von den Hirsch-Dunckerschen Gewerkvereinen, den christlichen Gewerkschaften, dem deutsch-nationalen Arbeiterkongress und dem deutsch-nationalen Handlungsgehilfen-Verband getragen und strebte „eine nationale Vereinigung der Krankenkassen Deutschlands" an (Tennstedt 1977e, S. 99). Damit wurde faktisch eine interessenpolitische Spaltung der Ortskrankenkassenpopulation zementiert.

Sehr rasch gelang den miteinander konkurrierenden und sich politisch bekämpfenden Spitzenverbänden die Organisierung eines Großteils der bestehenden Krankenkassen[114]. Sie bekamen damit Zugriff auf ein großes Mitglieder- und Ressourcenpotenzial, was sie zu konfliktfähigen und zugleich verpflichtungsfähigen Verhandlungspartnern des Staates und der Ärzteorganisationen machte. Die Verbände erlangten so das Verhandlungs- und Entscheidungsmonopol in allen wesentlichen Fragen der kassenärztlichen Versorgung. Ein wesentlicher Grund für die Erstarkung und Zentralisierung der Kassenverbände lag in der durch den Hartmannbund vorangetriebenen Eskalation der finanziellen Verteilungskonflikte zu überregionalen Großkonflikten, denen eine entsprechende „Verbandsmacht" der Kassen im Sinne einer „Waffengleichheit" entgegengesetzt werden musste. Mit dieser Externalisierung von Konflikten und Verhandlungen auf die Verbandsebene verloren die Mitgliedskassen einerseits ihre bisherige Handlungsautonomie, andererseits bewirkte gerade diese Auslagerung eine extreme Verantwortungsentlastung für die jeweilige Organisationselite. Nun schlossen die Kassenverbände für alle Mitgliedskassen verbindliche Rahmen-(Tarif-)Vereinbarungen quasi „von Organisation zu Organisation" (Tennstedt 1977e, S. 102) ab, auf dessen Verbindlichkeit jede Kassenführung gegenüber den faktisch einflusslos gewordenen Mitgliedern verweisen konnte. Die schwersten Konflikte mit der organisierten Ärzteschaft hatte der *Hauptverband*

[114] 1932 waren gut 94 % aller Krankenkassen Mitglied eines Verbandes.

der deutschen Ortskrankenkassen als größter und sozialdemokratisch dominierter Verband auszutragen. Aber auch die übrigen Verbände der „RVO-Kassen“ standen vielfach in Konfrontation mit den Ärzteverbänden. Die Ersatzkassen und der 1912 gegründete *„Verband kaufmännischer eingeschriebener Hilfskassen (Ersatzkassen)“* unterhielten hingegen zumeist „ein gutes Verhältnis zur deutschen Ärzteschaft“ (Tennstedt 1976a, S. 396). Dies lag daran, dass sie aufgrund finanzkräftigerer Mitglieder größere Zugeständnisse in Honorierungsfragen machten, aber auch der Ärzteschaft ideologisch näher standen als die übrigen „RVO“-Kassen.

1923 wurde die Monopolstellung der Kassenverbände mit ihrer Integration in den *Reichsausschuss für Ärzte und Krankenkassen* staatlicherseits akzeptiert (Peters 1983, S. 267). Damit waren sie einerseits in einer „Zwangsarbeitsgemeinschaft“ (Tennstedt 1976a, S. 399) mit den Ärzteverbänden zusammengeführt worden, andererseits aber auch endgültig als vollgültige Verhandlungspartner von Staat und Ärzteorganisationen etabliert. Die Spitzenfunktionäre der Kassenverbände wurden nun ebenso wie die des Hartmannbundes „einflussreiche informelle ‚Gesprächspartner' des Reichsarbeitsministeriums“ (Tennstedt 1976a, S. 399) und nahmen maßgeblichen Einfluss auf die Kassengesetzgebung der Weimarer Republik. 1934 erfolgte dann jedoch die Unterstellung der Kassenverbände unter die Aufsicht des Reichsarbeitministeriums. 1937 wurden sie als Reichsverbände in rechtsfähige Körperschaften des öffentlichen Rechts mit Zwangsmitgliedschaft umgewandelt. Zugleich mussten sie eine „Arbeitsgemeinschaft zum Zwecke der gemeinsamen Beratung und Herbeiführung einer einheitlichen Leitung“ (Peters 1983, S. 267) als Dachorganisation bilden und verloren ihre bisherige Autonomie und Monopolstellung, die sie erst nach 1945 wiedererlangen konnten.

1.5 Fazit: Krankenkassenorganisation als umkämpftes Feld

Das moderne Krankenkassenwesen formierte sich wie dargestellt im eigentlichen Sinne im Verlauf des „langen“ 19. Jahrhunderts aus einer Vielzahl „schwimmender Formen“ (Türk/Lemke/Bruch 2002) traditioneller berufsständisch-korporativer Kassenformen und unter dem vereinheitlichenden Druck staatlicher Kassenpolitik in einem durchaus widersprüchlichen, keinesfalls unilinearen Entwicklungsprozess zu einem eigenständigen *organisationalen Feld.*

Dabei ist entscheidend, dass trotz der Vielzahl von unterschiedlichen Kassentypen oder Kassenpopulationen alle Krankenkassen spätestens seit 1883 im Kern denselben Organisationsprinzipien unterlagen, die in den von Türk gebildeten Organisationsdimensionen: Gebilde, Ordnung und Vergemeinschaftung hinreichend beschrieben werden können. In der *Gebildedimension* wurden die Krankenkassen als juristische Personen, vor allem in der Rechtsfigur der Körperschaft des öffentlichen Rechts konstituiert. Die rechtliche Konstruktion der Krankenkassen als quasi-selbstständige korporative Akteure und damit die Zuschreibung des Status' von handlungsfähigen Subjekten ermöglichte ihnen die Akkumulation von Mitgliedsbeiträgen sowie von Handlungs- und Definitionsmacht für „Gesundheit" und „Krankheit". Zugleich ermöglichte die Organisationsform den Kassen aber auch die Auftrennung und Ausblendung aller über die Bearbeitung von „Krankheit" hinausgehenden gesellschaftlichen Kontexte. Für die Kassenorganisationen bedeutete das die Beschränkung und Spezialisierung auf die Verwaltung der Versichertengelder und die (bürokratische) Bearbeitung des sozialen Problems „Krankheit". Hierzu gehörte auch die Externalisierung der eigentlichen Krankheitsbehandlung und Gutachtenfunktion an frei praktizierende Ärzte. Unmittelbar damit verbunden war, dass die Kassen spezifische Rollenmuster (Kassenbeamter / Kassenfunktionär, Kassenarzt, Kassenpatient / Versicherter) konstruierten und miteinander kombinierten. Dies bewirkte, dass die involvierten natürlichen Personen ausschließlich in der von ihnen eingenommenen Rolle agierten und somit die Möglichkeit besaßen, ihr eigenes Verhalten den fremdgesetzten Erwartungen der Organisation und nicht mehr ihrer Person zuschreiben zu lassen. Die Folge war eine Verantwortungsentlastung durch Rollentrennung. Beispielsweise konnte sich die Kasse gegenüber ihren Mitgliedern auf die Gutachten eines externen Sachverständigen berufen. Die daraus resultierenden materiellen Folgen für die Mitglieder konnten insofern weder der Kasse noch der Person des zuständigen Kassenbeamten zugeschrieben werden. Insofern resultiert auch das bis heute asymmetrische Arzt-Patienten-Verhältnis primär aus den durch die modernen Krankenkassenorganisationen selbst konstruierten Rollenmustern und Hierarchien. Es wurde deutlich, dass die modernen Krankenkassen als quasi-intermediäre Instanzen Staat und Gesellschaft miteinander verkoppelten. Dabei kam dem modernen Staat eine entscheidende Rolle bei der Ausbildung und Regulierung der modernen „Krankenversicherungskassen" zu. Da der überwiegende Teil der Bevölkerung nicht zur freiwilligen Organisierung in den Kassen zu bewegen war, löste erst die ab den 1850er-Jahren begonnene, ab 1883 aber breit vorangetriebene staatlich verordnete Zwangsversicherung immer größerer Teile der Handwerksgesellen und Fabrikarbeiter eine bedeutende quantitative Expansion der Kassenpopulationen aus. Insofern war allgemeiner Zwang von Anfang an ein konstitutiver Bestandteil des Institutionalisierungsprozesses des modernen Kassenwesens. Die vor allem ab 1883 schubweise voranschreitende organisationale Einbindung immer größerer Bevölkerungsteile erzeugte eine alltägliche Kassenpraxis und bei den inkludierten Personenkreisen auch einen faktischen Konsens und eine Verinnerlichung der Organisationsprinzipien. Dies verdeutlicht den dialektischen Prozess von Zwang und Konsens, in dem sich die modernen Kassen konstituierten. In diesem Sinne waren die Krankenkassen wichtige „Sozialisationsagenturen" (Brückner 1972, S. 16) in denen die strategisch wichtigen Teile der Lohnarbeiterschaft an die bürgerlichen Normalitäts-, Rationalitäts- und Gesundheitsvorstellungen assimiliert und damit in die bürgerliche Gesellschaft integriert werden konnten. Aufgrund ihres öffentlich-rechtlichen Status' waren die Kassen unmittelbar in die primär auf Herrschaftsstabilisierung ausgerichtete staatliche Sozialpolitik integriert. Als intermediäre Instanzen mit hoheitlichen Befugnissen dienten sie dabei zur Verantwortungsentlastung des Staates von der unmittelbaren Reproduktionssicherung der Lohnarbeiterschaft. Sie formierten also kein eigenständiges Organisationsregime, sondern waren eindeutiger Bestandteil des staatlich-administrativen Organisationsregimes, in dem ihnen eine spezifische Rolle von „boundary spanners" zukam.

In der *Ordnungsdimension* ist charakteristisch, dass sich alle Krankenkassen durch funktionale Klassifikationen und Selektionen der Kassenmitglieder konstituierten. Zu den konstitutiven Ordnungsprinzipien gehörte vor allem das Prinzip der Versicherung auf Gegenseitigkeit. Die Versicherungstechnologie ermöglichte es den Kassen, „Krankheit" als individuelles soziales Risiko im Sinne einer konsequenten Einzelfallsubsumtion bearbeitbar zu machen, die Versicherten in Risikoklassen einzuteilen und an diese Klassifikationen die Zuweisung von Leistungsanrechten, Beitrags- und Verhaltenspflichten zu koppeln. Weitere Ordnungsprinzipien waren aber auch das Prinzip der (staatlich beaufsichtigten) Selbstverwaltung der Kassen, durch das eine an der staatlichen Bürokratie ausgerichtete interne Hierarchisierung erreicht wurde, sowie ab 1883 das Sachleistungsprinzip und der obligatorische Arbeitgeberbeitrag, durch den die Kassenressourcen vergrößert wurden. Diese Ordnungselemente waren Bestandteil eines spezifischen rationalistischen Handlungsmodells, das ab 1883 in Form der Institution der Gesetzlichen Krankenversicherung eine hohe normative Kraft entfaltete. Die Folge war eine Ausrichtung der Organisations- und Leistungsstrukturen aller Kassen an diesen Kernelementen einer „zweckmäßigen Ordnung". So wurden beispielsweise traditionelle, eher genossenschaftlich-assoziative Elemente ebenso wie das traditionelle Geldleistungsprinzip gegenüber den auf ökonomische und bürokratische Effizienz ausgerichteten Organisations- und Leistungsstrukturen (Effizienzfiktionen) fast vollständig verdrängt. Dies bewirkte, dass Kassen, welche die allgemeinen Leitprinzipien nicht übernahmen, aus dem gemeinsamen organisationalen Feld ausselektiert wurden, da sie als ineffizient und nicht leistungsfähig genug galten. Gerade dieser, durch staatliche Reglementierungen wie die Festsetzung von Mindestkassengrößen und Mindestleistungen zusätzlich forcierte, Selektionsprozess bewirkte einen immensen Homogenisierungsschub über die einzelnen Kassenpopulationen hinweg. In diesem Prozess glich sich die Formalität der jeweiligen Krankenkassenarten immer mehr an. Ab etwa 1914 setzte dann ein Trend zur massiven Verringerung der Populationsdichten über die Eliminierung von „Minikassen" und Zentralisierung der Versicherten auf immer wenigere Kassen ein. Die so entstandenen Kassenorganisationen waren aufgrund ihrer Ressourcenkonzentration in der Lage, größere ökonomische Reproduktionsrisiken abzudecken und somit ihre wirtschaftliche Lage langfristig zu stabilisieren. Auf dieser materiellen und organisatorischen Grundlage ergab sich dann wiederum die Möglichkeit, den Versicherungsschutz auch auf die Familienangehörigen auszudehnen.

Beim Blick auf die *Vergemeinschaftungsdimension* der Krankenkassen wurde deutlich, dass es sich um sozial hochgradig exklusive, primär an das Bestehen eines Normal-Lohnarbeitsverhältnisses gekoppelte soziale Vergemeinschaftungen handelte, die sich über eine Vielzahl personeller Aus- und Abgrenzungsmuster voneinander abschlossen. Zu den dominanten Vergemeinschaftungskriterien gehörten vor allem Betriebs- oder Berufsgruppenzugehörigkeit, aber auch Kategorien wie Ortsansässigkeit (Lokalität), Alter oder Geschlecht. Dabei wurden traditionelle Verhaltens-, Identitäts- und Differenzierungsmuster vormoderner Selbsthilfeeinrichtungen der Handwerksgesellen und Bergarbeiter in die modernen Krankenkassenorganisationen übernommen, dort konserviert, organisational verformt und in Form patriarchaler, berufsständisch-elitärer Denk- und Verhaltensmuster durch die Kassenmitglieder reproduziert. Die sich auf Grundlage derart verfestigter Muster sozialer Schließung herausgebildeten organisationsbasierten Kollektividentitäten dürften der Grund dafür sein, dass sich die Differenzierung des Kassenwesens in verschiedene Krankenkassentypen beziehungsweise von einander mehr oder weniger abgeschlossene Kassenpopulationen bis in die Gegenwart im sogenannten System der „gegliederten" Krankenversicherung zumindest rudimentär erhalten hat. Diese strukturelle Beharrungskraft der einzelnen Kassenorganisationen beziehungsweise -populationen, im Sinne eines Festhaltens an berufsständisch-exklusiven Schließungsformen verdeutlicht, dass der Homogenisierung des modernen Kassenwesens gewisse Grenzen gesetzt waren.

Es wurde deutlich, dass trotz der aufrechterhaltenen organisationalen Differenzierung des Kassenwesens in verschiedene Krankenkassentypen oder -populationen, so etwas wie eine

„organizational community" (Mc Kelvey/Aldrich 1983) ausgebildet wurde. Die einzelnen Krankenkassenpopulationen waren nämlich keinesfalls völlig gegeneinander abgeschottet. Vielmehr standen sie seit Konstituierung der Gesetzlichen Krankenversicherung in einen immer engeren wechselseitigen Austauschverhältnis. Dies lag zum einen an dem gemeinsamen Praxisfeld und dem sich überschneidenden Aktionsbereich, wodurch die Kassen in immer häufigere Interaktionen und Verbindungen miteinander traten. Zum anderen standen sie aufgrund der relativ klaren berufsgruppenspezifischen Mitgliederzuordnung nicht in unmittelbarer Konkurrenz um dieselben potenziellen Organisationsmitglieder und konnten insofern ein eher kollegiales Verhältnis auf der Ebene ihrer Funktionseliten ausbilden. Darüber hinaus bildeten sich seit 1883 aber auch innerhalb des organisationalen Feldes spezifische Zentrum-Peripherie-Strukturierungen aus, durch die gewissermaßen eine Hierarchisierung der beteiligten Kassenpopulationen in Haupt- und Nebenträger der Krankenversicherung erfolgte. Dabei waren die Allgemeinen Ortskrankenkassen aufgrund ihrer Mitgliederstärke unbestritten die mächtigsten Organisationen im Feld, die von den übrigen, weniger machtvollen Kassen gewissermaßen „umlagert" wurden. Mit der ab 1883 ansteigenden Kassendichte und Versichertenzahl nahm außerdem die Informationsdichte dramatisch zu, welche die Kassenorganisationen beispielsweise in Form von ärztlichen Attesten zu bewältigen hatten. Hinzu kam, dass die einzelnen Kassenarten durch die Gesetzliche Krankenversicherung quasi per Definition einen gemeinsamen organisationalen Bereich konstituierten. Insofern war es lediglich eine Frage der Zeit, bis die organisationalen Akteure ein Bewusstsein dafür entwickelten, dass sie in einen gemeinsamen Bereich eingebunden waren und gemeinsame Deutungssysteme beziehungsweise eine einheitliche Gemeinwohlideologie ausbildeten.

In der hier angewandten neoinstitutionalistischen Sichtweise kann die beschriebene Homogenisierung des organisationalen Feldes der Krankenkassen als Ergebnis sich gegenseitig verstärkender isomorphistischer Anpassungsprozesse, die hier im Sinne von DiMaggio/Powell (1983) vor allem in der Form von *zwangsweisem* und *mimetischem Isomorphismus* stattfanden, beschrieben werden. Dies unterstreicht den hohen Einfluss sowohl der staatlichen Kassenpolitik wie auch von organisationalen Effizienzmythen und organisationsgesellschaftlichen Kontexten auf die Konstituierung und Entwicklung des organisationalen Feldes der Krankenkassen. Das moderne Krankenkassenwesen befand sich damit von Anfang an in einem engen wechselseitigen und durchaus widersprüchlichen Verhältnis zur Gesamtgesellschaft. Die isomorphistischen Anpassungsbewegungen innerhalb des organisationalen Feldes stellten deshalb auch keinen unilinearen Entwicklungsprozess dar. Vielmehr war die endgültige Form der Kassenorganisation umkämpft. Schließlich standen die Kassen im Spannungsfeld verschiedener organisierter Interessen (vor allem Staat, Arbeitgeber, Gewerkschaften/Sozialdemokratie), die über die Gesetzgebung oder die Kassenselbstverwaltung Einfluss auf ihre Ausgestaltung nehmen und die Kassen für die eigenen Partikularinteressen instrumentalisieren wollten. Insofern war das Krankenkassenwesen immer ein auch von externen (organisierten) Interessengruppen umkämpftes Feld.

Daneben bildete jede Kassenpopulation bis 1914 in der Regel (mindestens) eine eigenständige Interessenorganisation in Form eines reichsweit zentralisierten Dachverbands aus. Zweck der Verbandsbildung war zum einen die eigenständige Einflussnahme auf die Reichsregierung, zu deren zentralen Ansprechpartnern die Verbände avancierten. Zum anderen ging es von Anfang an um die Bündelung von Verhandlungsmacht und Ressourcen gegenüber den erstarkten zentralisierten Ärzteorganisationen, das heißt um die Bildung von wirtschaftlichen Kampforganisationen. Da die einzelnen Kassenverbände lediglich die stark voneinander abweichenden Partikularinteressen der eigenen Population vertraten und im übrigen unter dem Einfluss unterschiedlicher politischer Parteien und Interessengruppen standen, gelangen zumeist nur temporäre Koalitionen zwischen den Verbänden. Ein koordiniertes Vorgehen im Sinne der Bündelung von Verhandlungsmacht und Festlegung gemeinsamer Kampfpositionen sowohl gegenüber dem Staat als auch den Ärzteorganisationen kam hingegen nicht zustande. Diese interessenpolitische Aufspaltung des organisationalen Feldes der Krankenkassen bewirkte eine insgesamt eher schwache Stellung gegenüber Staat und Ärzteorganisationen. Gerade deshalb stellten die Kassenverbände zu keinem Zeitpunkt ihres Bestehens wirkliche Monopolorganisationen dar, wie das zum Beispiel bei den zentralisierten Ärzteorganisationen der Fall war. Allerdings dominierten auch hier vielfach die mächtigsten Interessenverbände das Geschehen; in diesem Fall also vor allem die beiden untereinander politisch zerstrittenen Verbände der Ortskrankenkassen und der Verband der Betriebskrankenkassen. Sie standen nicht nur im Zentrum der Auseinandersetzungen mit den Ärzteorganisationen, sondern reproduzierten auch die Zentrum-Peripherie-Strukturierungen des organisationalen Feldes auf der Verbandsebene. Diese drei Verbände waren es schließlich auch, die 1913 auf der Kassenseite das „Berliner Abkommen" mit den Ärzteverbänden unterzeichneten und damit auch gegen den Widerstand der übrigen Kassenverbände die institutionellen Grundlagen für das spätere korporatistische Netzwerk mit den Ärzteorganisationen legten.

2. Felder der Organisierung II: Organisation als Motor ärztlicher Professionalisierung

2.1 Die historischen Wurzeln der modernen Ärzteorganisationen

2.1.1 Segmentierung und Status der Ärzteschaft in der Ständegesellschaft

Die organisierte Ärzteschaft besitzt grundsätzlich eine eigenständige *Organisations- und Professionalisierungsgeschichte*[115], die bis in die 1880er-Jahre weitgehend unabhängig von der des Krankenkassenwesens verlief. Die historischen Wurzeln der ärztlichen Organisationen reichen bis zu den mittelalterlichen Orden der Priesterärzte und den Ärzteschulen von Salerno (1080) und Montpellier (1150) zurück, in denen die wissenschaftlich-medizinische Ausbildung begründet wurde (Schirbel 1930, S. 325). Während zuvor das Wissen über die zeitgenössische Heil- und Arzneikunst in den Klöstern aufgezeichnet und vermittelt wurde, entstanden nun erste, von angesehenen Medizinern gestiftete öffentliche Ärzteschulen. Die Vorläufer der Universitäten bewirkten eine erhebliche Verbesserung der fachlichen Qualifikationen der Ärzte, waren aber nur einem kleinen Teil von ihnen zugänglich. Fast zeitgleich entstanden in einigen größeren Städten spezielle Zünfte und Gilden der zum Handwerkerstand zählenden Wundärzte, Chirurgen, Barbiere und Apotheker (Labisch 1992a, S. 51; Schmitt 1966, S. 18). Zweck der Korporationen war die Inkorporierung der medizinisch-handwerklichen Berufsgruppen in die mittelalterliche Ständegesellschaft.

Die extrem heterogene Gruppe der Heilkundigen differenzierte sich im Mittelalter in das höhere und niedere Medizinalpersonal aus. Zum *höheren Medizinalpersonal* gehörten die „gelehrten", wissenschaftlich-theoretisch ausgebildeten Ärzte, aber auch die Wundärzte und Chirurgen. Sie waren Praktiker, die statt des akademischen Studiums eine Handwerkerausbildung und in der Regel sehr gute anatomische Kenntnisse vorweisen konnten. Diese Dreiteilung innerhalb des höheren Medizinpersonals entsprach einer frühen Form sozialer Segmentierung der Ärzteschaft „in verschiedene Subgruppen, die sich hinsichtlich ihrer Herkunft, Vorbildung und Ausbildung, ihres Status' und des Zugangs zu je unterschiedlichen Klienten-

[115] Unter *„Professionalisierung"* wird der Prozess der Formierung der Ärzteschaft zur eigenständigen, homogenen Berufsgruppe verstanden. Er hat vier Merkmale: 1. Streben nach dem Marktmonopol, 2. Kontrolle über Ausbildung und Zugang zum Beruf, 3. Normierung des Verhaltens der Gruppenmitglieder durch Definierung einer eigenen Berufsethik, 4. Durchsetzung einer beruflichen Autonomie, u.a. durch vereins- oder verbandsmäßigen Zusammenschluss der Berufsgruppenmitglieder (Huerkamp 1985; Jütte 1997, S. 17).

gruppen scharf voneinander unterschieden" (Huerkamp 1985, S. 22). Die „gelehrten" Ärzte „studierten und lehrten zwar die Wundarznei, übten sie aber nicht persönlich aus, weil sie es für unter ihrer Würde erachteten, das chirurgische Messer zu handhaben" (Karger-Decker 2001, S. 158). Dies überließen sie den Wundärzten und Chirurgen, die diese ursprüngliche „Hilfstätigkeit" zu einer selbstständigen handwerklichen Dienstleistung weiterentwickelten. Hierbei handelte es sich weniger um eine frühe Form sozialer Arbeitsteilung als vielmehr um einen *Prozess sozialer Differenzierung* über die Verkopplung von Profession und sozialem Status. Den „gelehrten" Ärzten galt die handwerkliche Tätigkeit der Chirurgen als anrüchig und „unehrenhaft". Hieran konnten auch die „Ehrbarkeit" des Wundhandwerks betonende kaiserliche Dekrete nichts ändern. Bis zu ihrer Verwissenschaftlichung wurde die Chirurgie von den akademischen Ärzten deshalb nicht als heilkundige Disziplin akzeptiert[116]. Sie beschränkten sich in der Regel darauf, das „körperliche Befinden des Patienten durch Befragung und durch eigene Beobachtung, nicht aber durch physische Untersuchung festzustellen" (Huerkamp 1985, S. 22) und die durch reine Symptomanalyse feststellbaren „inneren" Leiden per Verordnung von Arzneimitteln zu behandeln. Damit vermieden sie jede unmittelbare Berührung mit den Konkretionen von Krankheit (Schmutz, Blut, Eiter) und behaupteten zugleich ihren „Sozialstatus als Gelehrte, gekennzeichnet durch ‚feinere' Bildung und Lebensart" (Huerkamp 1985, S. 34). So gelang es ihnen, „sich von den anderen ärztlichen Subgruppen, den handwerklich ausgebildeten und handwerklich tätigen Chirurgen und Wundärzten deutlich abzusetzen" (Huerkamp 1985, S. 34).

Neben den Vertretern des höheren Medizinpersonals existierte das sich aus einem schier unübersichtlichen Heer unterschiedlich qualifizierter, wandernder oder ortsansässiger, frei praktizierender Heilpersonen zusammensetzende *niedere Medizinpersonal*. Den Gesundheitsmarkt des Mittelalters und der frühen Neuzeit teilte sich somit gewissermaßen „eine Hierarchie von Heilberufen, die von den akademisch gebildeten Ärzten über die anerkannten Handwerkschirurgen, Wundärzte, Bader, Barbiere und Hebammen bis zu den vielen frei praktizierenden Heilern, Quacksalbern und Wunderdoktoren in Stadt und Land reichte" (Münch 1998, S. 388). Die akademischen Ärzte bildeten dabei zwar die mit Abstand kleinste Schicht, standen aber zugleich an der Spitze der medizinischen Statushierarchie und entwickelten dabei einen ausgesprochenen Standesdünkel. Ihre Zugehörigkeit zum hochangesehenen Stand

[116] Erst als in der 2. Hälfte des 17. Jhds. Desault, leitender Wundarzt der Pariser Charité, mit der wissenschaftlichen Chirurgie ein universitäres Lehrgebiet begründete, „begannen die akademisch gebildeten Doctores, deren Vertreter als ebenbürtig anzusehen" (Karger-Decker 2001, S. 158). Für die Wundärzte und Chirurgen bedeutete dies eine Monopolisierung und Enteignung ihres praktischen Handlungswissens durch die akademischen Ärzte und den Beginn ihrer Verdrängung aus dem Markt für medizinische Versorgungsleistungen.

der Gelehrten prägte ihre kollektive Identität und wurde zur Grundlage ihres Bewusstseins und Verhaltens. Zu ihrem bevorzugten Klientel gehörten die Angehörigen der Adelshöfe, die begüterten Patrizierfamilien oder aufstrebende Städte, die sich „fest angestellte promovierte ‚Medici' oder einen Stadtphysikus leisten konnten" (Münch 1998, S. 389). So ist es nicht verwunderlich, dass sich in den mittelalterlichen Städten im Regelfall nur wenige akademisch ausgebildete Ärzte gleichzeitig aufhielten. Dies führte wiederum dazu, dass die kleine Minderheit der studierten Ärzte „nicht nur eine sehr angesehene Stellung in der mittelalterlichen Gesellschaftsordnung, sondern auch [...] eine sehr starke Anbieterposition gegenüber dem Patienten [...] einnahmen" (Herder-Dornreich 1994, S. 51). Das Ansehen des akademischen Arztes bei seinem, in der Regel den höheren Ständen angehörenden Publikum war also recht hoch. Schließlich galt er als „ausgesprochener Gelehrter, der auch gründliche philosophische Kenntnisse besaß" (Schirbel 1930, S. 332). Insofern hing der hohe soziale Status des mittelalterlichen akademischen Arztes viel wesentlicher mit seiner Zugehörigkeit zum gelehrten Stand, als mit seinen medizinischen Qualifikationen oder gar persönlichen Heilerfolgen zusammen[117].

Aufgrund des Mangels an gesicherten wissenschaftlich-medizinischen Erkenntnissen und der Vielfalt an unterschiedlichen Diagnose- und Therapieverfahren beruhten spektakuläre Heilerfolge berühmter mittelalterlicher Ärzte zumeist eher auf der praktischen Erfahrung des Behandelnden oder glücklichen Umständen als auf gesichertem medizinischen Wissen. Gerade deshalb verfügte der Arzt des Mittelalters noch nicht über eine gefestigte medizinische Autorität im eigentlichen Sinne, wie sie seit dem 19. Jahrhundert selbstverständlich wurde. Während sich die Zugehörigkeit zu dem in der sozialen Hierarchie der mittelalterlichen Ständegesellschaft an erster Stelle angesiedelten gelehrten Stand quasi automatisch aus seinem akademischen Abschluss ergab, basierte die wesentlich schwieriger zu erlangende Anerkennung als kompetenter Arzt primär auf dem Vertrauen seiner Patienten in seine praktischen medizinischen Fähigkeiten. Diese waren aber gerade bei den theoretisch ausgebildeten „gelehrten" Ärzten eher unterentwickelt. Nur sehr wenige, an so avantgardistischen Hochschulen wie Salerno oder Padua ausgebildete Ärzte gingen über die üblicherweise theoretisierend erfolgende Beschäftigung mit innerer Medizin und Pharmazie hinaus zur praktischen Anwendung ihres

[117] Nach Helsper/Schadewald (1996, S. 41) ließen sich studierte Ärzte bevorzugt in Bischofs- und Universitätsstädten nieder. In Köln wirkte z.B. *Albertus Magnus* Graf zu Bollstädt, dessen wissenschaftliche Ausstrahlung wohl „mehr auf seinen theologisch-philosophischen Schriften" als seiner ärztlichen Heilkunst beruhte. Die mittelalterlichen Ärzte verstanden sich als Universalgelehrte. Die theoretische Medizin machte also nur einen Teil ihres wissenschaftlichen Wirkens aus. Die eigentliche Zugangsvoraussetzung zu hohen Ämtern und Würden bildete deshalb auch nicht ihr medizinisches Können, sondern die umfassende akademische Bildung, durch die sie sich in die geistig-intellektuelle Elite der Ständegesellschaft einreihten.

Wissens auf dem Gebiet der Wundheilung und Chirurgie über. Sie „scheuten sich nicht, die Wundheilkunst auszuüben, und bezeichneten sich selbstsicher als ‚beider Arzneien Doktor'" (Karger-Decker 2001, S. 56). Da sie es durch die Kombination von theoretischem Grundlagenwissen und praktischer Behandlungstätigkeit zu beachtlichen Heilerfolgen brachten, erlangten sie hohes öffentliches Ansehen, blieben aber eine kleine Minderheit.

Während sich die exklusiven und teuren „gelehrten" Ärzte primär auf die zahlungskräftige Oberschicht konzentrierten, bildeten die Wundärzte, Handwerkschirurgen, Barbiere und Bader das eigentliche Rückgrad der medizinischen Grundversorgung der Städte und Dörfe. „Sie operierten, versorgten Wunden, Hautleiden und Knochenbrüche, zogen Zähne, sprangen den Hebammen bei schwierigen Geburten bei, ließen zur Ader, schröpften und purgierten. Spezialisten unter ihnen betätigten sich als Steinschneider, Starstecher und Bruchoperateure, zuweilen mit einer großen, sogar auswärtigen Klientel" (Münch 1998, S. 390). Insofern wurde die qualifikatorische Trennung der Ärzteschaft innerhalb des höheren Medizinpersonals in wissenschaftlich gebildete „gelehrte" Ärzte und handwerklich ausgebildete Wundärzte und Chirurgen von einer sozialen Trennung überlagert, die zugleich die in der Ständegesellschaft dominanten Muster sozialer Ungleichheit reproduzierte: „Die in der Hierarchie der Ärzteschaft die unteren Ränge einnehmenden Wundärzte, Barbierchirurgen usw. waren auch für die medizinische Versorgung der unteren Ränge der gesellschaftlichen Hierarchie verantwortlich" (Huerkamp 1985, S. 35). So ist es denn nicht verwunderlich, dass der weitaus größte Teil der Bevölkerung bis zur Einführung der Gesetzlichen Krankenversicherung mit keinem akademisch ausgebildeten Arzt in Berührung kam. Neben der geringen Ärztedichte und der für viele unerschwinglichen Behandlungshonorare macht Huerkamp (1985, S. 35) hierfür die große kulturelle und soziale Distanz gegenüber dem „gelehrten" Arzt verantwortlich. Wenn überhaupt eine approbierte Heilperson zu Rate gezogen wurde, so war dies zumeist ein Wundarzt und zwar „gleichgültig, ob es sich nun um ‚innere' oder um ‚äußere' Krankheiten handelte". Daneben spielte das dem niederen Medizinpersonal zugerechnete Netz nicht-ärztlicher Heilpersonen eine bedeutende Rolle in der medizinischen Versorgung der Landbevölkerung. Solche Laienheiler, die von der Ärzteschaft nicht selten als Kurpfuscher oder Quacksalber diffamiert wurden, waren gerade auf dem Lande zumeist die einzigen, auf die im Krankheitsfall zurückgegriffen werden konnte. Ihre Heilpraktiken bestanden einerseits „in der Anwendung von Kräutermitteln, Tees, selbstgefertigten Salben", andererseits aber auch „in symbolisch-magischen Akten, wozu das ‚Besprechen' der erkrankten Körperteile sowie sympathetische Verfahren, etwa die Übertragung von Krankheiten vom menschlichen Organismus auf tote

Körper mit Hilfe genau einzuhaltender Rituale“ (Huerkamp 1985, S. 36) gehörten. Solche *„Volksärzte“* spiegelten in ihrer heterogenen Zusammensetzung die Vielfalt volksmedizinischer Heilmethoden wider. Neben Segensprechern und „Wunderdoktoren“, denen übernatürlich-magische Kräfte zugeschrieben wurden, waren vor allem Scharfrichter, Schäfer, Hirten, weise Kräuterfrauen und Dorfgeistliche in den lokalen Gemeinschaften medizinisch tätig. Ob sie helfen konnten, hing nicht nur von ihren tatsächlichen medizinischen Kenntnissen und Fähigkeiten ab, sondern auch vom „heilenden Glauben“ (Schirbel 1930, S. 334) ihrer Patienten an den Erfolg der Behandlung.

Insgesamt scheint das Vertrauen in die ärztliche Kunst und das Vermögen sowohl der approbierten Ärzte als auch der Laienheiler und Wunderdoktoren, ihre Gesundheit wiederherzustellen, bei der breiten Masse der Bevölkerung nicht allzu groß gewesen zu sein. Nach Huerkamp (1985, S. 37) war zum einen die subjektive Krankheitsschwelle wesentlich höher angesetzt als heute. Zum anderen wurden Krankheiten zunächst vielfach innerhalb der eigenen Familie mit bewährten Hausmitteln behandelt. Ein Laienmediziner oder eine approbierte Heilperson wurde nur im äußersten Notfall konsultiert, das heißt, wenn sich durch die Selbstmedikation kein Heilungserfolg einstellte und die Arbeitsfähigkeit des Erkrankten erheblich beeinträchtigt wurde. Ärzte wurden also zumeist nur bei schwerwiegenden, lebensbedrohlichen Erkrankungen zu Rate gezogen. Das geringe Vertrauen in die ärztliche Heilkunst hing dabei vor allem mit den ihnen zur Verfügung stehenden beschränkten Behandlungsmöglichkeiten und den insgesamt geringen Heilungserfolgen der mittelalterlichen und frühneuzeitlichen Mediziner zusammen. Diese standen nicht nur den großen infektiösen Massenerkrankungen wie den Pestepidemien, sondern auch vielen anderen Erkrankungen, die sie weder umfassend diagnostizieren, geschweige denn erfolgreich therapieren konnten, weitgehend rat- und hilflos gegenüber. Hinzu kam das Ausmaß an Scharlatanerie und Quacksalberei, durch welche die Ärzteschaft zusätzlich in Misskredit geriet.

Laut Schirbel (1930, S. 352) war das sich ausbreitende *„Kurpfuschertum“* nicht nur auf die Kritiklosigkeit des Publikums zurückführbar, sondern „es verdankte zu allen Zeiten seine Existenz dem Umstande, dass umsichtige, rücksichtslose und geschäftstüchtige Menschen Lücken fanden und auszufüllen suchten, die die Schulmedizin offen gelassen hatte“. Für ihn bildeten die „landfahrenden“ Krankenbehandler des Spätmittelalters (Starstecher, Bruch-, Steinschneider, Zahnbrecher usw.) eine logische Konsequenz aus der Konzentration der studierten Ärzte auf die theoretische Medizin. Viele dieser vagabundierenden „Doktores“ „suchten und fanden ein beifall- und opferfreudiges Publikum“ (Schirbel 1930, S. 352), dem sie mit gewaltigem Reklameaufwand auf Jahrmärkten und Rummelplätzen ihre Wunderheilmittel oder Kuren anpriesen. Dabei schreckten sie auch vor betrügerischen Werbemethoden nicht zurück (Karger-Decker 2001, S. 86). Der Verantwortung für die Folgen ihrer teilweise drastischen und wenig erfolgreichen Behandlungsmethoden entzogen sie sich in der Regel nach Erhalt des Honorars „durch schleunige Abreise“ (Schirbel 1930, S. 353). Da die unterschiedlichen Gruppen von Heilpersonen lange Zeit in unmittelbarer Konkurrenz um die selben Patientengruppen standen, verwischten sich oftmals „die Grenzen zwischen zünftigen Aerzten und Nutznießern der Heilkunst, zumal auch mancher ‚diplomierte' Herr sich nicht scheute, seine Kunst ‚auf den Markt zu bringen'“ (Schirbel 1930, S. 353). Noch 1761 vermittelte Hönns „Betrugs-Lexicon“ „ein gesundes Misstrauen, das sich unterschiedslos gegen Quacksalber, Bader und Ärzte richtete und mit den Betrügereien der drei wichtigsten Heilergruppen schonungslos abrechnete“ (Münch 1998, S. 390).

2.1.2 Erste berufsständisch-exklusive Zwangskorporationen der Ärzte

Während die Wundärzte und Chirurgen auf lokaler Ebene in Zünften und Gilden zwangsweise vergemeinschaftet wurden[118], sind für die Repräsentanten des niederen Medizinpersonals weder vergleichbare Korporationen noch relevante Formen von Assoziationen rekonstruierbar. Auch die „gelehrten“ Ärzte wurden nicht auf lokaler Ebene in die Zwangskorporationen der Zünfte und Gilden einbezogen. Dies lag zunächst daran, dass neben den als Leib- oder Stadtärzten angestellten Medizinern nur äußerst selten frei praktizierende, niedergelassene Ärzte existierten. Außerdem kam ihre Integration in eine Handwerkszunft schon deshalb nicht in Frage, da sie dem in der sozialen Hierarchie der Ständegesellschaft an erster Stelle stehenden Stand der Gelehrten angehörten. Die Einbeziehung in eine Korporation der in der ständischen Rangfolge wesentlich niedriger angesiedelten Handwerker wäre deshalb standesunwürdig gewesen.

Statt dessen bedurfte es Korporationen, die der exponierten Position der „gelehrten“ Ärzte im vertikalen Differenzierungsgefüge der ständischen Gesellschaft entsprachen. Deshalb wurden die Ärzte nicht auf lokaler Ebene, sondern an ihren Universitäten in ärztlichen *Fakultäten* zwangsweise vergemeinschaftet. Die Fakultäten überwachten nicht nur um die Aus- und

---

[118] Bis zur allgemeinen Aufhebung der Zünfte in Preußen 1811 blieb das Recht zur Ausübung einer chirurgischen Tätigkeit an den Besitz einer Barbierstubengerechtigkeit gebunden (Hudemann-Simon 2000, S. 45). Die Zünfte der Barbiere, Wundärzte und Chirurgen regulierten den örtlichen Arbeitsmarkt genauso rigide wie die übrigen Handwerkerzünfte.

Fortbildung der Ärzte, sondern beaufsichtigten diese auch nachdem sie ihr Studium mit Verleihung des Doktortitels abgeschlossen und die Universität verlassen hatten, hinsichtlich der Einhaltung spezifischer Standesregeln in Berufstätigkeit und gesamter Lebensführung. Sie waren damit genauso multifunktional-disziplinierend ausgerichtet wie die Zünfte und Gilden. Wie diese nahmen sie faktisch eine Totalinklusion und eine umfassende Kontrolle der involvierten Subjekte vor. Gleich anderen Korporationen übte auch die ärztliche Fakultät gewissermaßen die „Funktionen einer Standesorganisation aus" (Schmitt 1966, S. 18). Ein Unterschied bestand lediglich darin, dass sich die mittelalterlichen Zünfte auf die jeweils in einer bestimmten Stadt tätigen Wundärzte und Chirurgen bezogen und damit eine Inklusion der jeweiligen Personengruppen auf lokaler berufsständischer Basis vornahmen. Die Fakultäten der „gelehrten" Ärzte bezogen sich hingegen auf die jeweilige universitäre Ausbildungsstätte anstatt auf die berufliche Wirkungsstätte. Da die meisten Studenten der Medizin dem höheren, zum Teil bereits akademisch gebildeten Bürgertum entstammten, waren sie hier unter ihresgleichen. Insofern bildeten die ärztlichen Fakultäten eine *ständisch-exklusive Vergemeinschaftung*, die ihrer Positionszuweisung in der ständischen Ordnung gerecht wurde. Während die Zünfte eine soziale Schließung auf Basis der Zugehörigkeit zu einem speziellen Berufsstand vornahmen, erfolgte die soziale Schließung der Fakultäten auf Basis der erworbenen universitären Bildung, die wiederum die Zugehörigkeit zu einem exklusiven Stand begründete.

Mit Auflösung der mittelalterlichen Gesellschaft setzte der Niedergang der Zünfte und Gilden der Wundärzte und Chirurgen ein. Im 17. Jahrhundert verloren sich ihre Spuren (Schmitt 1966, S. 18), wobei einzelne Zünfte noch bis zur Einführung der Gewerbefreiheit Anfang des 19. Jahrhunderts fortbestanden[119]. Zeitgleich büßten auch die Fakultäten immer mehr ihre traditionell starke Stellung hinsichtlich der autonomen Definition der Qualifikations- und Prüfungserfordernisse für angehende Ärzte ein. 1725 wurde den Fakultäten in Preußen schließlich mit Einführung einer zentralen staatlichen Prüfungsordnung für Medizinstudenten das Recht zur Approbation, das heißt zur selbstständigen Prüfung und Verleihung des Doktortitels, entzogen und einer staatlichen Behörde, dem *„Ober-Collegium Medicum"* in Berlin übertragen. 1798 ging hieraus eine ständige zentrale staatliche Prüfungskommission hervor (Huerkamp 1985, S. 46), „während ein neues Reglement die Studenten dazu verpflichtete, einen Monat lang zwei Patienten der Charité selbstständig zu behandeln, also erstmals

[119] Nach Rees (1931, 21) bestand z.B. in Elberfeld die Zunft der Barbiere und Wundärzte noch bis 1810. Erst mit der allgemeinen Aufhebung der Zünfte wurde „das Privilegium der Barbiere und Wundärzte, das seit 1711 bestand, und damit die Zunft aufgelöst. Bis dahin wurden Zahl und Qualifikation der ortsansässigen Barbiere durch die Zunft festgelegt. Hierzu gehörte, dass alle Barbiere approbierte Wundärzte sein mussten. 1810 wurde die Zunftlade dann nebst Siegel und Protokollbuch der Stadt Elberfeld übergeben.

einen praktischen Teil im Prüfungsablauf verankerte“ (Hudemann-Simon 2000, S. 46). In dem im „langen“ 19. Jahrhundert rasant einsetzenden Prozess gesellschaftlicher Dekorporierung verloren die Fakultäten neben den zentralen Prüfungskompetenzen auch viele Elemente ihres ursprünglichen ständisch-exklusiven Charakters. Rudimente blieben allerdings erhalten und wurden von der entstehenden bürgerlichen Gesellschaft und ihren modernen Organisationsformen absorbiert, zum Teil aber auch modifiziert und organisational überformt.

2.1.3 Selbstverwaltung, Kontrolle und Exklusivität: Die Medizinkollegien als Vorläufer der modernen Ärzteorganisationen

Seit dem 17. Jahrhundert finden sich Elemente neuer „Organisationsformen der Mediziner in den Collegia Medica, in den ärztlich-wissenschaftlichen Gesellschaften und in den zu Beginn des 19. Jahrhunderts entstehenden ärztlichen Vereinen“ (Schmitt 1966, S. 18) wieder. Die unmittelbaren Vorläufer der modernen ärztlichen Vereinigungen entstanden also erst mit Beginn einer historischen Phase der allmählichen Herausbildung und Etablierung der modernen Organisationsform. Bemerkenswert ist hierbei, dass es sich bei den Mitgliedern solcher Vereinigungen in der Regel ausschließlich um akademisch ausgebildete, approbierte Ärzte handelte. Wundärzten und Chirurgen wurde hingegen eine Mitgliedschaft verwehrt. Es handelte sich also um hochgradig exklusive Vergemeinschaftungen. Außerdem gelang es den *Medizinkollegien* alsbald, die noch existierenden „Chirurgenzünfte zu verdrängen“ (Hudemann-Simon 2000, S. 44). Die von den „Collegia Medica“ ausgeschlossenen Heilpersonengruppen schafften es zumeist nicht, eigene neue Organisationen aufzubauen. Dies erwies sich in den Konflikten der Folgezeit als schwerwiegender struktureller Nachteil gegenüber der organisierten Ärzteschaft und trug entscheidend zu deren erfolgreicher Monopolisierung des Gesundheitsmarktes bei.

Ausschlaggebend für die Bildung der *„Collegia Medica“* waren die Bemühungen des absolutistischen Staates um eine einheitliche, zentralistische „Organisation“ des Medizinalwesens, in deren Verlauf er die bisherige kommunale Aufsicht über die lokalen Medizinalberufe auf Staatsebene monopolisierte. Die von den jeweiligen Landesherren ab Mitte des 17. Jahrhunderts erlassenen *Medizinalordnungen*[120] regelten die Ausbildung und die Verhältnisse des

[120] Z.B. reglementierte die *Jülich-Bergische Medizinalordnung von 1708* alle relevanten Fragen des Gesundheitswesens. U.a. wurden die sanitären Verhältnisse, „das Verhalten der Ärzte zueinander sowie ihre Stellung gegenüber der Öffentlichkeit gesetzlich geregelt“ (Helsper/Schadewaldt 1965, S. 59). Sie gilt deshalb

gesamten Heilpersonals und stellten diese zugleich unter die Aufsicht sogenannter höherer Medizinalbehörden. Bemerkenswert ist, dass es sich hierbei zwar um obrigkeitliche Institutionen, nicht aber um staatliche Behörden im klassischen Sinne handelte. Vielmehr ordnete der Staat die Bildung von „Collegia Medica" als selbstständige, wenn auch in der Regel zwangsweise Zusammenschlüsse aller approbierten Ärzte an[121]. Diese intermediär zwischen Staat und Einzelakteuren des Gesundheitswesens angesiedelten organisationsförmigen Gebilde wachten von nun an nicht nur über das standeswürdige Verhalten ihrer ärztlichen Mitglieder, sondern bekamen darüber hinaus noch zusätzlich die Kontrolle und Prüfung aller weiteren relevanten Gruppen von Heilpersonen übertragen. Das heißt, dass sie sowohl die Wundärzte und Chirurgen als auch die Apotheker, Barbiere und Hebammen überwachten. Neu hinzukommende „Sanitätspersonen" mussten sich beim Kollegium anmelden, wo sie vor der Approbation zunächst „auf ihre Fähigkeiten geprüft werden sollten" (Helsper/Schadewaldt 1965, S. 60). Die „Collegia Medica" der approbierten Ärzte bekamen damit eine zentrale Schlüsselposition innerhalb des Gesundheitswesens. Als erste „ärztliche Selbstverwaltungsinstanz" (Helsper/Schadewaldt 1965, S. 62) vereinigten die Kollegien die Aufsichts- und Verwaltungsaufgaben einer staatlichen Behörde mit denen einer ärztlichen Standesorganisation und erlangten damit eine Machtfülle, wie sie selbst die seit den 1860er-Jahren gegründeten Ärztekammern nicht mehr erreichten[122].

Medizinkollegien entstanden 1644 in Hamburg[123], 1685 in Berlin und Köln, 1687 in Regensburg, 1708 in Düsseldorf[124] und 1731 in Nürnberg. 1723 wurde in Berlin ein „Collegium medico-chirugicum", 1731 in Donaueschingen ein „Gremium Chirurgicum" gegründet, deren Ziel in erster Linie die universitätsunabhängige Ausbildung einer „Elite von Wundärzten" war

---

als Vorläufer späterer ärztlicher Standesordnungen. Außerdem definierte sie die Aufgaben und Kompetenzen des zu errichtenden Medizinkollegiums.

121 In Preußen entstand ein flächendeckendes Netz von Medizinkollegien. 1724 besaß jede Provinz ihr eigenes Kollegium. Die übrigen deutschen Staaten folgten mit der Zeit (Hudemann-Simon 2000, S. 43).

122 1865 erfolgte die erste landesweite Regelung des Ärztekammerwesens in Sachsen, 1871 in Bayern, 1887 in Preußen. Die von den Landesregierungen eingerichteten Ärztekammern übernahmen viele Grundelemente der „Collegia Medica". Sie waren öffentlich-rechtliche Körperschaften, in denen zumeist ein Beitrittszwang für alle approbierten Ärzte bestand. Die Kammern erörterten alle Fragen und Angelegenheiten, die den ärztlichen Beruf oder die (öffentliche) Gesundheitspflege betrafen, besaßen eine eigene Ehren- und Standesgerichtsbarkeit und kümmerten sich um die Wahrung und Vertretung der Interessen der Ärzteschaft gegenüber dem Staat. Außerdem erstellten sie Gutachten für die Behörden (Schmitt 1966, S. 21).

123 Das Hamburger „Collegium Medicum" zählte zu den wenigen Kollegien, die als freiwilliger Zusammenschluss der örtlichen gelehrten Ärzte und Naturforscher entstanden. Seine Statuten beginnen mit den Worten: „Das Fundament unseres Medizinalkollegs ist das Wohl der Bürgerschaft und der Ärzte" (Jütte 1997, S. 19). 1701 wurde es in „Societas Medica" umbenannt. Es bestand bis 1722 und hatte zum Schluss rund 100 Mitglieder (Schmitt 1966, S. 20).

124 Das Düsseldorfer Medizinkollegium führte bis 1814 die Oberaufsicht über das Gesundheitswesen, vor allem über die Approbationsverhältnisse im gesamten Bergischen Land. Danach ging die Aufsicht auf die preußische Bezirksregierung über (Eckhardt 1937, S. 10).

(Hudemann-Simon 2000, S. 45). Daneben entstanden *wissenschaftliche Akademien*, die als Aus- und Fortbildungsstätten für Ärzte, Chirurgen und interessierte Laien weltweite Anerkennung erwarben. Hierzu zählten unter anderem die 1652 in Schweinfurt gegründete und 1677 von Kaiser Leopold I. bestätigte Akademie der Naturforscher („Leopoldina"), die 1766 in Gießen errichtete „Hochfürstliche Akademische Gesellschaft der Weltweisheit und Arzneigelehrtheit" (Stobrawa 1979, S. 10; Schmitt 1966, S. 19) und die chirurgische Akademie in Düsseldorf. Letztere entstand 1765 als Umwandlung des 1747 gegründeten „Collegium anatomico-chirugicum". Im Gegensatz zum „Collegium Medicum" handelte es sich hier um eine reine „Ausbildungsstätte für Wundärzte und für an der Heilkunde interessierte Laien" (Helsper/Schadewaldt 1965, S. 74). Führende Mitglieder des Düsseldorfer „Collegium Medicum" gehörten dem Professorenkollegium der chirurgischen Akademie an und beteiligten sich an Errichtung und Betrieb der ersten bergischen Hebammenschule (Helsper/Schadewaldt 1965, S. 64). Die Medizinkollegien spielten also gerade über zahlreiche personelle Verflechtungen eine wichtige Rolle bei der Entwicklung der medizinischen Infrastruktur.

Neben Aufsichts- und Prüfungsfragen beschäftigten sich die *„Collegia Medica"* mit allen Fragen ärztlicher Ethik und Standesordnung und übten die „Gerichtsbarkeit in Medicinal-Sachen" (Helsper/Schadewaldt 1965, S. 63) aus. Gegenüber dem einzelnen Arzt erlangten sie so eine enorme Machtfülle, unterlag doch seine gesamte ärztliche Tätigkeit und Lebensführung der zentralen Kontrolle durch das Kollegium. Außerdem arbeiteten die „Collegia Medica" zunehmend sanitätspolizeiliche Empfehlungen zur Vermeidung von Epidemien aus, erstellten Gutachten für private, städtische und landesherrliche Behörden, bekämpften die „Quacksalberei" (Schmitt 1966, S. 20), förderten die Wissenschaften und machten Vorschläge zur Verbesserung der Medizinalgesetzgebung. Die akademischen Ärzte betonten den direkten Zusammenhang zwischen Volksgesundheit und staatlicher Machtentfaltung und empfahlen sich dem Landesherrn damit als unverzichtbares Expertengremium. Für Diepgen (1949, S. 274) handelte es sich bei ihnen um eine „eigenartige Verquickung esoterischer Standesinteressen, ärztlich-wissenschaftlicher und wissenschaftlicher Belange mit amtlicher Überwachung des ganzen Volksgesundheitswesens". Die Medizinkollegien waren „Gebilde der Selbstverwaltung, derer sich der Staat in Medizinalangelegenheiten bediente" (Schmitt 1966, S. 19). Sie stellten soziale Gebilde dar, die dem Wesen nach einer Frühform der öffentlich-rechtlichen Körperschaft entsprachen, stellten also „semi-professionelle Organe" (Frevert 1984, S. 36) der Ärzteschaft dar. Sie blieben zwar in den absolutistischen Staat integriert, waren aber schon weitgehend rechtlich verselbstständigte korporative Akteure (Bieback 1976).

Der absolutistische Staat vereinheitlichte und zentralisierte also nicht nur die Medizinalgesetzgebung, sondern verlagerte auch erste hoheitliche Aufgaben auf intermediäre, protoorganisationale Gebilde, denen die (berufliche) Kontrolle aller medizinischen Heil- und Hilfspersonen oblag. Indem sich der Staat dabei auf Repräsentanten der akademisch-medizinischen Funktionseliten zur Durchsetzung seines zentralstaatlichen Regelungsanspruchs stützte, stabilisierte er einerseits seine eigene Herrschaft, andererseits lagerte er erste Konfliktfelder auf eigenständige organisationsförmige Gebilde aus. Hier findet sich eine frühe Form der staatlichen *Verantwortungsentlastung durch Externalisierung von Kontrollzuständigkeiten* auf intermediäre Instanzen zwischen Staat und Privatpersonen. Die akademischen Ärzte wurden auf diese Weise als medizinische Quasi-Staatsbeamte in die soziale Hierarchie des absolutistischen Staates integriert, sicherten so ihren traditionellen Status als staatstragende Gelehrte, steigerten aber zugleich über die Erweiterung ihres Praxisfeldes und die Ausdehnung ihrer Expertenkontrolle auch das Prestige und Ansehen als ärztliche Berufsgruppe. Die Zentralisierung und Übertragung hoheitlicher Kontrollbefugnisse über alle medizinischen Heilberufe, eine Aufgabe, die zuvor auf kommunaler Ebene dem Stadtphysikus zufiel, verschaffte den akademischen Ärzte eine zentrale Position und Vorrangstellung im Gesundheitswesen. Insofern bildeten die „Collegia Medica" die Grundlage für einen bis in das 20. Jahrhundert andauernden ärztlichen *Professionalisierungsprozess*, in dessen späterem Verlauf die akademische Ärzteschaft die professionelle Dominanz gegenüber den nichtärztlichen Heilpersonen (Chirurgen, Badern, Hebammen usw.) erlangen und auf diese Weise den expandierenden Markt medizinischer Dienstleistungen monopolisieren konnte.

Für Schmitt (1966, S. 19) waren die „Collegia Medica" dem Wesen nach „Kollegien von amtlicher Geltung". Sie entwickelten sich zu gesundheitspolitischen Sub-Machtzentren. Dies stärkte sowohl die wissenschaftliche Autorität als auch die kollektive Identität der approbierten Ärzte, die sich in ihrer Auffassung, ein unverzichtbarer Bestandteil des Staates zu sein, bestärkt sahen. Die in den Kollegien angelegte *extroverse Orientierung* auf die Überwachung und Disziplinierung aller Heilberufe verdeutlicht ihren ausgesprochen proto-organisationalen Charakter. Allerdings gab der Staat nicht die gesamte Aufsicht und Regelungskompetenz für das Medizinalwesen an die Kollegien ab. So behielt er beispielsweise die zentrale Oberaufsicht über das medizinische Ausbildungs- und Prüfungswesen. Seit 1725 besaß die preußische Staatsbürokratie mit dem zentralen Staatsexamen auch gegenüber den akademischen Ärzten selbst die Möglichkeit, „die angehenden Ärzte mit Hilfe standardisierter, formalisierter Qualifikationserfordernisse unmittelbar zu kontrollieren" (Huerkamp 1985, S. 46). Damit verbunden war, dass sich der Staat die Erteilung der Genehmigung zur ärztlichen Praxisausübung vorbehielt[125], die vom Bestehen der Staatsprüfung abhängig gemacht wurde[126]. Darüber hinaus wurde den Ärzten durch die Medizinalordnungen eine allgemeine Hilfeleistungspflicht auferlegt. Zugleich wurden ihre Honoraransprüche für die geleistete Hilfe durch staatliche *Tax- oder Gebührenordnungen* reglementiert (Schmitt 1966, S. 19). Auf diese Weise nahm der spätabsolutistische Staat starken Einfluss auf die Gestaltung der unmittelbaren Einkommenssituation der niedergelassenen, frei praktizierenden Ärzteschaft[127]. Die in den „Collegia Medica" zusammengeschlossen akademischen Ärzte blieben somit den eher an Herrschaftsstabilisierung denn an Hebung der Volksgesundheit orientierten weitreichenden staatlichen Regelungs- und Kontrollbestrebungen unterworfen. Insofern unterlagen ihre Kollegien in letzter Instanz immer selbst der Aufsicht des Landesherrn, „der sich das Recht anmaßte, auch über interne Fragen bestimmter Korporationen zu bestimmen" (Helsper/Schadewaldt 1965, S. 59). Dies relativierte nicht nur die ihnen verliehene professionelle Handlungsautonomie, sondern machte die gelehrten Ärzte auch in sozioökonomischer Hinsicht dauerhaft vom staatlichen Wohlwollen abhängig.

Gegen Ende des 18. Jahrhunderts wurden die zentralen Kompetenzen der „Collegia Medica" zur Ausübung der „Medicinal-Polizey" und der gesamten „Gerichtsbarkeit in Medicinal-Sachen" (Helsper/Schadewaldt 1965, S. 63) zunehmend beschnitten und schließlich gänzlich an staatliche Behörden (Bezirksregierungen, Gesundheitsämter) übertragen. Die vom Staat vormals auf die Kollegien ausgelagerten hoheitlichen Kompetenzen wurden also auf entsprechend spezialisierte Behörden zurückverlagert, die teilweise ausschließlich für diesen Zweck geschaffen wurden. Erhalten blieb den Kollegien lediglich eine „Tätigkeit in wissenschaftlicher wie auch kollegialer Hinsicht" (Helsper/Schadewaldt 1965, S. 62). Die meisten Kollegien erwiesen sich in der Folgezeit jedoch als unfähig, durch eine Neuausrichtung auf rein wissenschaftlich-medizinische Angelegenheiten den Anschluss an die relevanten Wissenschaftsströmungen der Zeit zu finden. Die ehemals machtvollen Kollegien verloren zunehmend an Bedeutung und stellten zu Beginn des 19. Jahrhunderts fast überall ihre Tätigkeit ein.

[125] Die Frage der Ausübung einer ärztlichen Praxis war in den deutschen Ländern unterschiedlich geregelt. Teilweise bestand Niederlassungsfreiheit, zum Teil wurde den Ärzten der Wohnsitz von der Landesregierung zugewiesen. Diese Regelungen blieben im wesentlichen bis zu den Gewerbeordnungen des 19. Jhds. bestehen (Schmitt 1966, S. 21; Stobrawa 1979).

[126] Alle Personen, die sich ohne ärztliche Staatsprüfung mit der Heilung Kranker befassten, machten sich strafbar (sog. „Kurpfuscherei").

[127] Schon im Mittelalter hatten die städtischen Obrigkeiten mit Gesetzen und Verordnungen Einfluss auf den ärztlichen Stand genommen. Nun regelten die Medizinalordnungen der absolutistischen Landesherren einheitlich alle Verhältnisse des Heilpersonals. Alle Ärzte wurden auf diese Ordnungen, die eine Mischung aus Berufs- und Ärzteordnung darstellten, vereidigt.

Nach Helsper/Schadewaldt (1965, S. 62), die den Niedergang des Düsseldorfer „Collegium Medicum“ bis 1814 beschreiben, lag dies vor allem daran, dass dem Kollegium in dieser Umbruchphase Männer vorstanden, „die weit mehr Beamte als Wissenschaftler waren“.

2.2 Vereine als Katalysatoren ärztlicher Professionalisierungspolitik

2.2.1 Verwissenschaftlichung und Normierung des Medizinstudiums als Grundlage ärztlicher Professionalisierung

Die privilegierte Stellung und der soziale Status des akademischen Arztes blieb bis zum Beginn des „langen“ 19. Jahrhunderts weitgehend unverändert. Dann allerdings löste sich mit der Erosion der traditionellen Ständegesellschaft auch sein, mit dem Gelehrtenstand verknüpfter besonderer sozialer Rang auf. An die Stelle der alten Ständegesellschaft trat zunehmend die sich formierende bürgerliche Gesellschaft, in der sich neue „Formen gesellschaftlicher Organisation“ (Jütte 1997, S. 17) etablierten. Damit einher ging ein tiefgreifender Wandel in Stellung und Funktion der traditionellen Professionen. „Die stilistischen und kulturellen Kriterien, welche die Homogenität und Exklusivität des ‚Gelehrtenstandes‘ in der ständischen Gesellschaft gesichert hatten, wurden in den letzten Jahrzehnten des 18. Jahrhunderts nachhaltig durch ein neues Bildungsideal und das Entstehen einer neuen bildungsbürgerlichen Kultur erschüttert, die sich in der wachsenden Zahl von Zeitungen, Magazinen, literarischen und politischen Journalen sowie den rasant zunehmenden Gründungen von Lesegesellschaften manifestierte“ (Huerkamp 1985, S. 46). Gegenüber den traditionellen akademischen Fachrichtungen Jura, Theologie und Medizin gewann die Philosophie an Gewicht. Hinzu kam die staatlicherseits vorangetriebene Vereinheitlichung und Formalisierung der universitären Ausbildung. Die staatliche Hochschulpolitik bezweckte primär die Neuausrichtung der Universitäten auf „beruflich-utilitaristische Funktionen hin“ (Huerkamp 1985, S. 47). Durch die Schwerpunktverlagerung der Universitäten auf die Vermittlung und Prüfung von Fachwissen sollte primär ein für die expandierenden administrativen Aufgaben des Staates ausreichend qualifizierter Stamm von Staatsbeamten ausgebildet werden. Zugleich setzte sich auf diesem Wege die staatliche Zentralgewalt endgültig gegenüber den traditionellen regionalen, ständisch-korporativen Kräften durch.

In dieser Situation konnten die akademischen Ärzte, als typische Repräsentanten der traditionellen Professionen, ihre bisherige privilegierte gesellschaftliche Stellung nur dadurch erhalten, dass sie adäquate Äquivalente für die in Auflösung begriffenen ständischen Werte fanden. „Diese konnten nur in einer stärkeren Betonung formalisierter Qualifikationskriterien bestehen, die eine klare Abgrenzung nach unten ermöglichten und die alten sozialen Barrieren aufrechterhielten" (Huerkamp 1985, S. 47). Während der angesehene akademische Arzt bisher seine privilegierte Stellung seiner auf einem formalen Universitätsabschluss beruhenden Zugehörigkeit zum gelehrten Stande verdankte, musste er sich die exponierte Stellung eines medizinischen Experten in der entstehenden bürgerlichen Leistungsgesellschaft durch den speziellen Erwerb medizinischen Fachwissens und durch nachweisbare ärztliche Leistungen und Heilungserfolge im wahrsten Sinne des Wortes erarbeiten. Die Verwissenschaftlichung des Medizinstudiums, wie sie unter anderem im Wandel der Prüfungsordnungen und der Verschärfung der Examensanforderungen zum Ausdruck kam, eröffnete den akademisch ausgebildeten (promovierten) Ärzten die Möglichkeit „ihr berufliches Handeln stärker als wissenschaftlich angeleitetes, nach wissenschaftlichen Prinzipien erfolgendes zu präsentieren und es dadurch von der Tätigkeit von Laien am Krankenbett abzusetzen" (Huerkamp 1985, S. 47). Insofern bedeutete Verwissenschaftlichung der Medizin nichts anderes als eine zunehmende *Professionalisierung* der Ärzteschaft, die sich wiederum in erster Linie als ein Prozess der langsamen Monopolisierung des Expertenwissens über die Bearbeitung von Krankheiten – der zentralen ärztlichen Machtressource – darstellte. Gerade die Verwissenschaftlichung der Medizin bot dem Arzt so zum einen die Chance zur Hebung seines Ansehens als medizinischer Experte und damit die Erlangung einer privilegierten Stellung. Zum anderen ermöglichte ihm die damit verbundene Marktmacht die Befreiung aus dem bisherigen entwürdigenden Patronage-Verhältnis zu seinen wohlhabenden bürgerlichen und adeligen Patienten, um deren Gunst die Ärzte bisher nicht nur untereinander, sondern auch mit allen nichtärztlichen Gruppen von Heilpersonen konkurrieren mussten. Von nun an wandelte sich das Arzt-Patienten-Verhältnis zunehmend in ein Abhängigkeitsverhältnis des Patienten vom medizinischen Experten. Darüber hinaus gelang den akademischen Ärzten in der Folgezeit gerade mit Hilfe des von ihnen initiierten wissenschaftlich-medizinischen Diskurses die allmähliche Ausdehnung ihres Kontrollbereichs „auch auf jene Schichten [...], die ihnen zuvor ablehnend oder gleichgültig gegenüberstanden" (Frevert 1984, S. 37) und damit die schrittweise Erweiterung der Nachfrage nach ärztlichen Dienstleistungen. Die Durchlöcherung der sozialen Barrieren, die bisher gerade die proletarische Bevölkerungsmehrheit von der Inanspruchnahme eines studierten Arztes abgehalten hatten, gelang ihnen dann ab der zweiten Hälfte des 19. Jahrhunderts vor allem im Rahmen ihrer verstärkten Tätigkeit als Kassenärzte.

Der bis zum Ende des 19. Jahrhundert andauernde ärztliche Professionalisierungsprozess ging einher mit einer, über mehrere Etappen staatlicher (preußischer) *Medizinalgesetzgebung* bis 1852 weitgehend abgeschlossenen Formierung der gesetzlichen Grundlagen für die Bildung einer „homogene[n] Berufsklasse von Ärzten mit Universitätsausbildung“ (Wehler 1995, S. 736). Bei den akademischen Ärzte waren die Universitäten seit Alters her die zentralen Orte, an denen am ehesten eine gemeinsame Denkhaltung und zunehmend auch einheitliche Normen und Modelle des Organisierens des Gesundheitswesens und der eigenen Berufsgruppe geschaffen werden konnten. Es lag deshalb nahe, dass sich die staatliche Regulierung zunächst auf die Universitäten konzentrierte. Mit dem preußischen *Gesetz von 1852* wurde dann erstmals auch eine gesetzliche Verankerung der Ärzteschaft als *„Einheitsstand“* vollzogen; die approbierten Ärzte führten seither den Titel „Praktischer Arzt, Wundarzt und Geburtshelfer“ (Huerkamp 1985, S. 58). Dies bedeutete eine entscheidende Etappe im Prozess der ärztlichen Professionalisierung, da nunmehr endgültig die „traditionelle Hierarchie der Heilpersonen“ verschwand und die Differenzierung in akademische Ärzte (innere Medizin) und Wundärzte (äußere Medizin) obsolet wurde. An ihre Stelle trat eine einheitlich ausgebildete akademische Ärzteschaft, „die sowohl die gesamte Heilkunde abdeckte als auch alle Bevölkerungsgruppen zu versorgen beanspruchte“ (Huerkamp 1985, S. 58). Andere Heilpersonen, wie beispielsweise die Hebammen, unterstanden fortan der ärztlichen Aufsicht und Anweisungsbefugnis. Damit verbunden war ein Wandel des ärztlichen Leitbildes. Anstelle des traditionellen „gelehrten“ Arztes, der manuelle Heiltätigkeiten verachtete und seinen Status „eher durch würdevolles Auftreten und geistreiche Gespräche mit seinen gebildeten Patienten gesichert sah“, trat zunehmend der Praktiker, „der in allen Feldern der Heilkunst bewandert war, sich nicht scheute, selbst Hand anzulegen, und auch sog. ‚niedere Verrichtungen’ selbst auszuführen, [...] der Verantwortung für seine Patienten, seien sie nun arm oder reich, übernahm, der bei ‚Wind und Wetter’, bei Nacht und Nebel’ zu seinen Kranken eilte“ (Huerkamp 1985, S. 58). Der *„praktische Arzt“* definierte sich also primär durch seine Beruflichkeit und nicht mehr durch die Zugehörigkeit zum gebildeten Stand.

In dem mit der Professionalisierung der Ärzte einhergehenden Prozess einer zunehmenden *Medikalisierung* der Bevölkerung schaffte es die zunächst kleine akademische Ärzteschaft, die traditionellen nichtwissenschaftlichen Heilpersonen immer mehr vom Markt für medizinische Dienstleistungen zu verdrängen. Dies gelang unter anderem durch die Übernahme und

Verwissenschaftlichung von wesentlichen Tätigkeiten der nichtapprobierten Wundärzte und Chirurgen[128]. Die approbierte Ärzteschaft verbreiterte damit ihr Qualifikationsprofil in entscheidender Weise. Dies ermöglichte ihr den Einbruch in die traditionelle Klientel ihrer Konkurrenten, was den Repräsentanten der traditionellen Heilpersonen schließlich die Existenzgrundlage entzog. Schon in den ersten Jahrzehnten des 19. Jahrhunderts ging die Zahl der „reinen Ärzte" gegenüber den zugleich als Arzt und Chirurgie (und Geburtshelfer) Approbierten stark zurück, so dass letztere um 1840 bereits rund 70 Prozent der gesamten Ärzteschaft ausmachten (Hudemann-Simon 2000, S. 48). Der Erfolg dieses Prozesses resultierte vor allem daraus, dass der spätabsolutistische Staat sehr frühzeitig auf die staatlich approbierten und kontrollierten akademischen Ärzte bei der Reorganisation und Standardisierung der medizinischen Infrastruktur setzte und damit ihre Bemühungen um eine *Monopolisierung des Marktes medizinischer Dienstleistungen* aus Gründen der Herrschaftsstabilisierung zumindest teilweise unterstützte.

Die von der Berufsgruppe der approbierten Ärzten vorangetriebene Medikalisierung war gerade aufgrund der engen Wechselbeziehung zwischen Staat und approbierter Ärzteschaft von so durchschlagendem Erfolg gekrönt. Allerdings blieb die primär auf dem gemeinsamen Interesse an einer Medikalisierung aller Lebensbereiche beruhende Koalition zwischen Ärzteschaft und Staat letztlich immer brüchig. Während es der akademischen Ärzteschaft nämlich primär um die totale Monopolisierung der Heiltätigkeit ging, strebte der Staat hingegen die umfassende Kontrolle des Medizinalpersonals und seine Vereinnahmung für die eigenen Medikalisierungsbestrebungen an.

2.2.2 Die Entdeckung der Organisationsform durch die Ärzteschaft

Ein entscheidender Grund für die „Erfolgsgeschichte" der ärztlichen Professionalisierung im „langen" 19. Jahrhundert lag auch in der Instrumentalisierung des Organisationsmodus, primär in Form des bürgerlichen Vereins, für die Formierung und Artikulation der ärztlichen Standesinteressen. Deshalb kann die Geschichte ärztlicher Professionalisierung auch als Geschichte der Organisierung der Ärzteschaft begriffen werden. Dabei war der ungefähr seit Ende des 18. Jahrhunderts einsetzende Zusammenschluss der Ärzte in Vereinen, „die gesellige, wissenschaftliche, politische oder wirtschaftliche Zwecke verfolgen konnten" (Huerkamp

---

[128] 1827 gab es in Preußen 1919 promovierte Ärzte, 352 Wundärzte 1. und 2073 Wundärzte 2. Klasse. Der Anteil der promovierten Ärzte betrug also schon rund 44 % (Schmitt 1966, S. 24).

1985, S. 241), – ebenso wie die massenhafte Gründung von Vereinen überhaupt – ein „Kennzeichen der Geschichte des 19. Jahrhunderts“ (Huerkamp 1985, S. 241) und damit beispielhaft für die Entstehung und Etablierung der Organisationsgesellschaft.

Nach Richter (1873a, S. 66) lebten die Ärzte bis zum Ende des 18. Jahrhunderts noch „im Allgemeinen wie die Spinnen, jeder in seinem Netze“ und „manifestierten auch sattsam die sprichwörtliche Feindschaft dieser Insekten“. Zum Teil lag der fehlende innere Zusammenhalt an der geringen Zahl akademischer Ärzte, die in der Regel weit zerstreut wohnten und deshalb keinen engeren Kontakt zueinander hatten. Insofern waren die Chancen für eine ärztliche Organisierung auf lokaler Ebene anfangs schon aufgrund der viel zu geringen potenziellen personellen Basis schlecht. Die Beziehungen der niedergelassenen Ärzte waren außerdem vielfach durch „Brotneid“, Konkurrenz um die begrenzte Menge zahlungskräftiger Patienten und „Streitereien“ geprägt (Huerkamp 1989, S. 65). Hinzu kam, dass die Ärzteschaft fest in die staatlich fixierten *Medizinalordnungen* eingebunden waren, durch die ihre Rechte und Pflichten detailliert festgeschrieben waren. Außerdem war die Zahl der frei praktizierenden, niedergelassenen Ärzte aufgrund des begrenzten Marktes zahlungskräftiger Patienten eher gering. Die meisten approbierten Ärzte strebten nach wie vor eine Karriere im staatlichen Beamtenapparat, vor allem als Stadt- oder Kreisphysikus und Armenarzt an. Derartige Tätigkeiten als „Amtsarzt“ verschafften den akademisch ausgebildeten Ärzten einerseits eine gewisse materielle Grundsicherung, andererseits aber eine höhere Reputation und gewisse gesellschaftliche Unabhängigkeit. Die Position des Kreisphysikers ermöglichte ihnen nämlich die Ausübung gesundheitspolizeilicher Aufsichts- und Verwaltungstätigkeiten über das gesamte Medizinalwesen des entsprechenden Kreises[129]. Damit ergab sich zugleich die Chance auf Teilhabe an der staatlichen „Vermessung“ und rational-bürokratischen Organisierung des Gesundheitswesens im Sinne einer auch von vielen Medizinalreformern propagierten umfassenden „medicinischen Policey“[130]. Solche „Physikatsstellen“ erfreuten sich auch deshalb großer Beliebtheit, weil sie gute Chancen für den Aufbau einer einträglichen Privatpraxis als Nebentätigkeit er-

---

[129] Im 19. Jhd. galten Kreisphysiker in Preußen „dienstrechtlich als ‚die Gehilfen und technischen Berater des Landrates' in allen gesundheitspolizeilichen Angelegenheiten“ (Stremmel 1991, S. 14). Dieser konnte sie kontrollieren aber nicht entlassen oder maßregeln. Fachvorgesetzte waren nur die Regierungspräsidenten bzw. die dortigen Medizinalräte oder Sanitätskommissionen.

[130] Der Solinger Stadtphysikus Dr. Spiritus fertigte z.B. 1823 für den Düsseldorfer Regierungspräsidenten eine „medizinische Topographie“ des Kreises Solingen an. Dabei entwarf er „ein vielschichtiges, schillerndes Panorama des Kreises“ (Stremmel 1991, S. 11). Spiritus trug neben medizinischen Aspekten auch Informationen über die klimatisch-geographischen Bedingungen, die Tier- und Pflanzenwelt, die ökonomische Situation, „die Geschichte und nicht zuletzt manigfaltige Facetten des Alltags und des Charakters der Bevölkerung“ (Stremmel 1991, S. 11) zusammen. Seine Topographie lieferte den Behörden wichtige Informationen über den Zustand des Gesundheitswesens und die sozioökonomische Situation im Kreis. Sie schuf die Voraussetzung für eine zweckrationale Verwaltungstätigkeit (Stremmel 1991, S. 26-30).

öffneten. Das zahlungskräftige Publikum deutete nach Stremmel (1991, S. 16) nämlich die „Physiker als Ärzte höherer Ordnung, so dass die Doktoren im Physikat oft ‚eine Reklame, eine Empfehlung zur Gewinnung von Privatpraxis' sahen". Hinzu kam schließlich noch, dass ein Amtsarzt seiner sozialen Position nach dem neuen Bürgertum, bestehend aus den Angehörigen der freien und akademischen Berufe und der Beamtenschaft, angehörte und damit neben der Elite des Besitzbürgertums zu den städtischen Honoratioren zählte.

Gerade die Mitglieder des neuen Bürgertums, die materiell häufig an den Staat gebunden waren[131], entfalteten im „langen" 19. Jahrhundert aber aufgrund ihrer Bildung und ihres Prestiges eine ganze Reihe „innovatorische[r] Aktivitäten" (Möller 1986, S. 294) und wurden zu den eigentlichen Promotoren des bürgerlichen Vereins- und Organisationswesens. In der zweiten Hälfte des 18. Jahrhunderts war zunächst das „Bedürfnis, in eigenen ärztlichen Vereinen einen berufsständischen Verhaltenskodex zu entwickeln und ärztliche Standesinteressen zu vertreten" (Huerkamp 1985, S. 241) gering ausgeprägt. Der approbierte Arzt suchte in der Regel zunächst aus eigener Kraft seinen Platz als anerkannter Wissenschaftler in der bürgerlichen Gesellschaft zu bestimmen und schloss sich deshalb vielfach in erster Linie den entstehenden *allgemeinen bürgerlichen Lese- oder Geselligkeitsvereinen* an. Eigenständige ärztliche Vereine bildeten sich im allgemeinen erst dort, wo es eine Mindestzahl ortsansässiger Ärzte gab. Sie waren damit vielfach ein Ergebnis der ersten Welle *organisationaler Differenzierung im Vereinswesen*. So war es nur folgerichtig, dass eigenständige ärztliche Vereinsgründungen zunächst ein Phänomen in größeren Städten oder an Universitätsstandorten blieben und diese Vereine hinsichtlich ihrer Mitgliederzahl weitgehend an die Wachstumswellen der Städte und der Nachfrage nach ärztlichen Leistungen gebunden blieben[132]. In den letzten zwei Jahrzehnten des 18. Jahrhunderts setzte im Rahmen der ersten großen Welle bürgerlicher Vereinsgründungen auch eine „erste Stufe ärztlicher Vereinsbildungen" (Stobrawa 1979, S. 11) ein. Dabei entstand bereits eine gewisse Zahl eigenständiger Ärztegesellschaften, wie beispielsweise 1780 in Mannheim die *„Gesellschaft praktischer Ärzte, Wundärzte und Geburts-*

131 Kreisphysiker erhielten ein Jahresgehalt von nur rund 200 Talern (ca. 600 Mark). Sie waren deshalb gezwungen, „ihren Lebensunterhalt weitgehend aus den Gebühren für amtliche Tätigkeiten und aus den Einnahmen ihrer privaten Praxis zu bestreiten, wobei ein Großteil ihrer Leistungen nach der Gebührenordnung (Medizinaltaxe) abgerechnet wurde" (Stremmel 1991, S. 14).

132 In Berlin kamen Ende des 18. Jhds. auf 160.000 Einwohner nur 40-50 akademische Ärzte. Auf jeden Arzt kamen ca. 3500 Einwohner, von denen aber nur eine kleine begüterte Klientel ihre Dienste nachfragte. In der Mark Brandenburg standen 1802 ca. 114 gelehrten Ärzten 334.931 Stadt- und 439.162 Landbewohner gegenüber, d.h. auf jeden Arzt kamen 6.790 Personen. Obwohl die Mehrzahl nicht zu ihren Klienten zählte, „bedeutete die große Einwohnerzahl pro Arzt für diesen doch immerhin eine Chance, im Laufe der Jahre eine Praxis mit so vielen zahlungsfähigen Patienten aufzubauen, dass er ein standesgemäßes Auskommen hatte" (Huerkamp 1985, S. 29).

helfer". Zumeist wurden aber aufgrund der ohnehin geringen Mitgliederbasis eher gemischte naturwissenschaftlich-medizinische Vereine gegründet, in denen sich die angesehenen örtlichen Wissenschaftler unterschiedlicher Fachrichtungen zusammenschlossen. Voraussetzung für jede Art von Vereinsbildung war also immer das Vorhandensein einer Mindestgröße an organisierbarem Potenzial.

Abb. 7: Bevölkerungsentwicklung und Anzahl der berufstätigen Ärzte in Barmen 1785-1925 (inklusive Homöopathen und Assistenzärzte)

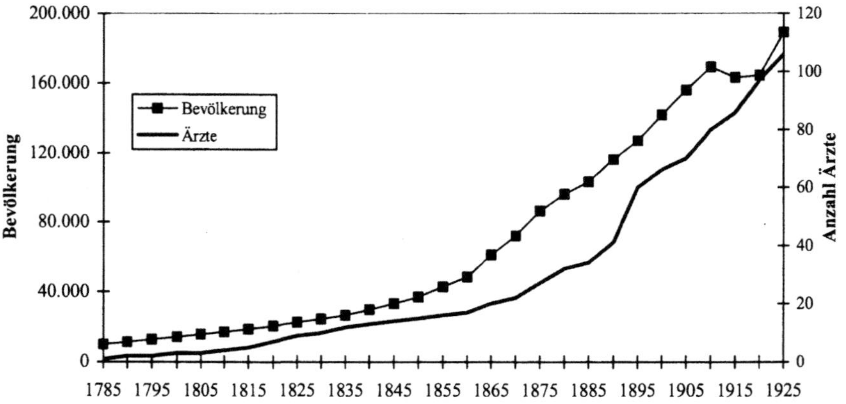

Quellen: Apfel 1924, S. 9-12; Rogge 1998, S. 173; eigene Berechnungen

2.2.3 Variation, Imitation und Speziation: Expansion und Ausdifferenzierung ärztlicher Vereine aus dem allgemeinen Vereinswesen

Eigenständige ärztliche Vereinsgründungen entstanden zunächst nach dem Vorbild der *bürgerlichen Lesevereine*. Die Ärzte zielten auf eine weitgehende Kopie dieser Organisationsform ab, was beispielsweise die *„Mecklenburgische medizinisch-literarische Sozietät"* (1808) belegt. Zu solchen Vereinsgründungen gehörten auch die Ende des 18. Jahrhunderts entstandene *Jablonow'sche Gesellschaft zu Leipzig* oder die *Senkenberg'sche Gesellschaft zu Frankfurt am Main*. Sie stellten freiwillige Verbindungen von Wissenschaftlern, Universitätsprofessoren und wissenschaftlich interessierten Bildungsbürgern auf lokaler Ebene dar, die „gemeinschaftlich/genossenschaftlich Bücher und Zeitschriften zum Selbststudium erwarben" (Stobrawa 1979, S. 11). Die ersten Vereine entstanden zunächst an Universitätsstandorten, da hier die Ansammlung von Menschen mit ähnlichen Interessen als organisierbarem Potenzial durch die räumliche Konzentration von Wissenschaftlern am frühesten gegeben war. Von den traditionellen Korporationen, den Fakultäten und Medizinkollegien unterschieden sich die ärztlichen Vereine zum einen durch die Freiwilligkeit der Mitgliedschaft und zum anderen durch ihren tendenziell monofunktionalen Charakter, das heißt die Konzentration auf bestimmte Vereinsaufgaben und Zwecke. Sie umfassten nicht mehr den ganzen Menschen. Die *medizinischen Lesegesellschaften* und *Vereine* konzentrierten sich auf die Förderung der wissenschaftlichen Fortbildung durch Selbststudium, die wissenschaftliche Konversation und den Erfahrungsaustausch unter den Mitgliedern. Zwar hatten sie in der Regel nur wenige Mitglieder, nichtsdestotrotz waren sie dem Wesen nach aber bereits hochgradig exklusive soziale Gebilde, die sich gegen alle Nichtakademiker durch strenge, von den bürgerlichen Geselligkeitsvereinen kopierte Aufnahmebedingungen (Ballotieren) und hohe Mitgliedsbeiträge abschlossen. Wie alle bürgerlichen Vereine koppelten auch die medizinisch-wissenschaftlichen Vereine die Mitgliedschaft an die Einhaltung spezifischer Rollen und Regeln, zu denen unter anderem auch das korrekte Verhalten in der Öffentlichkeit gehörte. Auf diese Weise trugen sie unmittelbar zur Einübung und Verfestigung sowohl des allgemeinen bürgerlichen Normenkodex als auch des speziellen wissenschaftlichen Habitus' bei. Sie dienten in der Frühphase nahezu ausschließlich der Pflege der (medizinischen) Wissenschaft und der Hebung ihres Ansehens in der bürgerlichen Öffentlichkeit. Wirtschaftliche oder berufsstandespolitische Fragen spielten im Vereinsleben hingegen eine untergeordnete Rolle.

Trotz der geringen Mitgliederzahlen entwickelten nahezu alle ärztlichen Vereinigungen von Anbeginn an ein starkes auf die bürgerliche Öffentlichkeit gerichtetes Sendungsbewusstsein. Hiervon zeugen unter anderem eine Vielzahl von den Vereinen veröffentlichter wissenschaftlicher Abhandlungen[133]. Darüber hinaus übersetzten viele Ärztevereine eine ganze Reihe von „Abhandlungen auswärtiger ärztlicher Gesellschaften ins Deutsche" (Richter 1873a, S. 66) und vertrieben diese auf eigene Kosten. Durch eine derartige (publizistische) Pflege des „Nimbus der in Praxis und Theorie gleichermaßen ausgewiesenen Wissenschaft" (Jütte 1997, S. 20) sollte das wissenschaftliche Niveau und damit das Ansehen der Ärzte als eigentlicher Experten in allen Fragen des Gesundheitswesens in der bürgerlichen Öffentlichkeit gefördert werden. Sehr früh bemühten sich größere Ärztevereine auch schon um Fragen „der Linderung

[133] Als Beispiele seien die ab 1819 vom Dresdner Ärzteverein publizierte „Zeitschrift für Natur- und Heilkunde", die 1829 in „Protokolle der Gesellschaft für Natur- und Heilkunde" umbenannt und zweimal jährlich veröffentlicht wurde, sowie das ab 1842 in Bonn herausgegebene „Correspondenz-Blatt rheinischer und westfälischer Aerzte" genannt.

der Not in den Kreisen der Standesangehörigen" (Speidel 1962, S. 6), was 1846 beispielsweise zur Gründung der *„Württembergischen ärztlichen Unterstützungskasse"* (Speidel 1962, S. 6) oder 1859 zur Einrichtung der *Witwenkasse des Lübecker Ärztevereins* (Schmitt 1966, S. 27) führte. Dies verdeutlicht einerseits den Trend zur Externalisierung aller über die „Pflege der Wissenschaft" hinausgehenden Vereinsaufgaben und deutet andererseits auf erhebliche Vereinsressourcen hin, die für solche Unterstützungseinrichtungen benötigt wurden.

Die frühen Ärztevereine fungierten primär als Multiplikatoren, die über die umfangreiche Publizierung ärztlichen Schrifttums und die Abhaltung medizinisch-wissenschaftlicher Tagungen einen „erheblichen Anteil an der Hebung des sozialen Prestiges der Ärzteschaft hatten" (Jütte 1997, S. 21). Darüber hinaus wirkten sie aber auch in die noch heterogene Ärzteschaft selbst hinein. Schon früh wurde der eigenständige ärztliche Verein als geeignetes Mittel zur Förderung und Pflege der ärztlichen Kollegialität durch die Ausbildung eines „neuen Gemeingefühls" (Heuß 1916, S. 249), das heißt entsprechender Identitäts- und Bewusstseinshaltungen unter seinen Mitgliedern, erkannt und propagiert. Der ärztliche Verein trug damit ganz entscheidend zur Einübung organisationaler Praktiken und zur Verbreitung des Gedankens der Organisation und Standeseinheit unter der Ärzteschaft bei. Er bildete in der Folgezeit den entscheidenden Modus, über den sich die ärztliche Vergemeinschaftung als *Formierung eines eigenständigen Berufs- und Expertenstandes* vollzog. Dieser Prozess erforderte von den Ärzten eine systematische Abgrenzung sowohl von anderen wissenschaftlichen Fachrichtungen als auch von allen nichtärztlichen Konkurrenten, wozu eine eigenständige protoorganisationale Basis die Grundvoraussetzung bildete. Gerade durch die frühen ärztlichen Vereine wurde auf diese Weise der Boden für die im Verlauf des 19. Jahrhunderts erfolgende sprunghafte Entwicklung des ärztlichen Vereinswesens bereitet.

Grundsätzlich war die Entwicklung des ärztlichen Vereinswesens in der ersten Hälfte des 19. Jahrhunderts in die allgemeine Phase der Ausweitung, Differenzierung und Vervielfältigung des bürgerlichen Vereinswesens eingebettet. Die meisten eigenständigen ärztlichen Vereine waren dabei Folge einer fortschreitenden bürgerlichen Interessendifferenzierung. So bildeten viele örtliche Lesegesellschaften oder allgemein-wissenschaftliche Vereine mit steigenden Mitgliederzahlen zunächst spezifische medizinische Sektionen, aus denen sich in den ersten Jahrzehnten des 19. Jahrhunderts oftmals eigenständige Ärztevereine entwickelten. Viele ärztliche Vereine waren also das Ergebnis eines Prozesses *organisationaler Differenzierung* oder *Speziation*, das heißt sie entstanden als organisationale Abspaltungen von bereits existierenden Vereinen aufgrund einer zunehmenden Interessendifferenzierung innerhalb der wachsenden Mitgliedschaft. Parallel kam es zur Ausbildung spezifischer organisationaler Variationen innerhalb des sich auch nach wissenschaftlichen Schwerpunkten und Fachrichtungen ausdifferenzierenden Vereinswesens[134]. Als Ergebnis dieser Differenzierungsprozesse entstand bis etwa 1840 eine erste organisational abgrenzbare Population von Ärztevereinen[135].

Seit den 1830er-Jahren entwickelte sich außerdem mit Gründung des *Württembergischen Ärztevereins* (1832), dem alle Ärzte des Landes angehörten, bei den Ärzten eine erste „Tendenz zum großräumigen Zusammenschluss“ (Jütte 1997, S. 19)[136]. Solche überregionalen Ärzteorganisationen entstanden nicht zuletzt aus der Notwendigkeit heraus, lebensfähige Vereine auf eine möglichst große Mitglieder- und Ressourcenbasis zu stellen. Hierzu bot sich aufgrund der immer noch geringen Arztdichte eine überregionale Organisierung an. Überregionale Ärzteorganisationen stellten gewissermaßen frühe *Variationen* innerhalb der Population der Ärztevereine dar, unterschieden sich im Hinblick auf ihre innere Strukturierung allerdings kaum von den lokalen Ärztevereinen. Mit den 1840er-Jahren setzte dann die massenhafte Ausdehnung des ärztlichen Vereinswesens auf alle Bezirke, Provinzen und Regionen ein. Die Population der Ärztevereine erlebte ihren ersten großen Wachstumsschub.

Trotz der ausgesprochenen Exklusivität, mit der sich die Ärztevereine vor allem gegenüber allen niederen Schichten abschlossen, war doch in den meisten Vereinen den Wundärzten bis in die 1850er-Jahre ein Beitritt nicht generell verwehrt. Ihre zumindest partielle Inklusion in die Ärztevereine dürfte auch eine Erklärung für das weitgehende Fehlen relevanter eigener Vereine der Wundärzte sein. Eine Ausnahme bildete nur Württemberg, „wo aufgrund der Rivalität zwischen den beiden Gruppen Mitte der 1840er-Jahre die Wundärzte einen eigenen Verein gründeten“ (Jütte 1997, S. 20). Diese faktische Gegenorganisation zum Ärzteverein bildet eines der wenigen Beispiele für eine Speziation, das heißt der organisationalen Ab-

---

134 Schon 1810 wurden z.B. in Berlin die *Hufeland'sche Gesellschaft* sowie die *Gesellschaft für Natur- und Heilkunde* gegründet. Quasi als Kopien des Berliner Vorbildes wurden 1818 in Düsseldorf die *„Niederrheinische Gesellschaft für Natur- und Heilkunde (Medizinische Sektion)“* und in Dresden die *„Gesellschaft für Natur- und Heilkunde“* gegründet (Richter 1873a, S. 66) sowie 1828 die *„philosophisch-medizinische Gesellschaft zu Würzburg“*. 1846 entstand parallel zum Elberfelder Ärzteverein auch der *„Naturwissenschaftliche Verein für Elberfeld und Barmen“*, eine Vereinigung von rund zwei Dutzend Laienforschern, die sich die „Erforschung der physischen Constitution der Gegend von Elberfeld und Barmen“ zum Ziel gesetzt hatten (Illner 1982, S. 107).

135 Die älteste, heute noch existierende ärztlich-wissenschaftliche Vereinigung entstand 1808 mit der *„Physikalisch-medizinischen Gesellschaft zu Erlangen“* (Schmitt 1966, S. 21). Lokale ärztliche Vereine entstanden dann u.a. 1809 in Lübeck, 1816 in Hamburg, 1818 in Bonn, 1823 in Kassel, 1829 in Donaueschingen, 1831 in Bremen, 1833 in Köln und Gießen, 1841 im Herzogtum Oldenburg und in Aachen, 1844 in Gotha und Düsseldorf, 1845 im oberen Breisgau, 1846 in Elberfeld und 1848 in Würzburg (Finkenrath 1928, S. 1-2; Illner 1982, S. 107; Jütte 1997, S. 19). Damit war die organisationale Basis für eine expandierende Population gelegt.

136 Weitere Beispiele sind der „Verein Pfälzischer Ärzte“ (1839) und der „Verein der Ärzte des Regierungsbezirks Düsseldorf“ (1844) (Graf 1890, S. 4).

spaltung, in deren Folge eine neue organisationale Variation innerhalb der ärztlichen Vereinspopulation entstand. Von den übrigen ärztlichen Vereinen unterschied sich der Wundärzteverein nur durch die inkludierte Berufsgruppe, nicht aber hinsichtlich seiner inneren Strukturierung. Das Ende der getrennten Wundarztausbildung 1849 und die Schaffung des ärztlichen Einheitsstandes ab 1852 entzogen der wundärztlichen Gegenorganisation die personelle Basis. Die Folge war ihre Auflösung, das heißt Elimination aus der Population. Derartige Selektionsprozesse bewirkten, dass die Population der Ärztevereine immer homogener wurde.

Abb. 8: Gründungswellen der Ärztevereine in Preußen 1810-1890

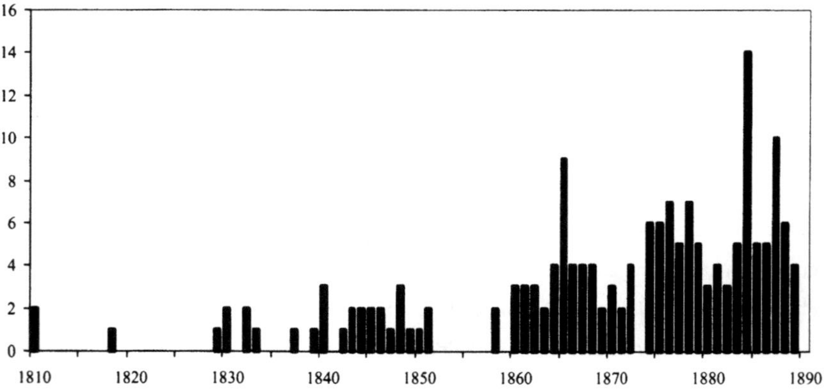

Quelle: eigene Zusammenstellung

2.2.4 Ärztevereine als Medien zur Interessenaggregation und -Artikulation

Nach 1840 trat die Entwicklung des ärztlichen Vereinswesens in ein neues Stadium ein. Es begann ein Prozess zunehmender Politisierung, in dessen Verlauf sich die vormals wissenschaftlich-medizinischen, primär introvers ausgerichteten Vereinigungen zu extrovers orientierten, berufsständischen *Interessenorganisationen* wandelten und damit endgültig den Charakter moderner Organisationen annahmen. Mit steigendem ärztlichen Interesse am öffentlichen und politischen Leben nahm die Zahl der Ärztevereine rapide zu. Die in den 1840er-Jahren einsetzende Entwicklung verlief parallel zur allgemeinen gesellschaftspolitischen Entwicklung, die durch das politische Erwachen des Bürgertums, „das Entstehen sozialer Bekenntnisse und demokratischer Ideen" (Stobrawa 1979, S. 13) geprägt war. Die ärztlichen Vereine der 1840er-Jahre waren dem Wesen nach nicht mehr private Zirkel oder Lesevereine, sondern freiwillige „Zusammenschlüsse von standes- und gesundheitspolitisch interessierten Ärzten“ (Jütte 1997, S. 24), die mittels „Assoziation“[137] standespolitische, im weitesten Sinne also *organisierte Interessen* zu artikulieren und durchzusetzen begannen. Getragen wurde das ärztliche Organisationsbestreben nach Richter (1973a) vor allem vom „Gedanke[n], dass alle Ärzte nur einen einzigen Stand bilden sollten“ (S. 67) und der zunehmenden Erkenntnis, „dass es möglich sei, eine Anzahl unabhängiger Ärzte zu gemeinschaftlichem Wirken zu vereinigen“ ohne damit lediglich „unaufhörlichen Zwist und Zwiespalt“ (S. 68) zu produzieren. Durch die Organisierung der Ärzte sollte ein „Gefühl der Gemeinsamkeit und Zusammengehörigkeit in [...einer; T.T.] Körperschaft“ (Richter 1873a, S. 67), also eine kollektive Identität erzeugt werden. Erst über den damit einhergehenden Weg der Vereinheitlichung des ärztlichen Standes konnte es gelingen, gemeinsame organisationsfähige Bedürfnisse zu definieren.

Der tiefgreifende Wandel im Wesen der Ärztevereine bestand deshalb vor allem in der Übernahme der Funktion der Bündelung, Selektion und Transformation individueller ärztlicher Bedürfnisse in organisationsfähige (kollektive) Bedürfnisse, das heißt in artikulierbare organisierte Interessen, und der damit verbundenen betont *extroversen* Orientierung. In erster Linie zielten diese Bemühungen auf die Homogenisierung der ärztlichen Profession und kollektive Definition und Steuerung der Konditionen und Methoden ärztlicher Tätigkeit ab. Deshalb arbeiteten die Ärztevereine seit den 1840er-Jahren mit einer Vielzahl von Tagungen, Kongressen, Publikationen, Denkschriften und Eingaben zielstrebig auf eine allgemeine *Medizinalreform*[138] hin. Sie profilierten sich damit einerseits als gesundheitspolitische Experten und richteten sich andererseits offen gegen den zentralen Regulierungs- und Herrschaftsanspruch des obrigkeitlichen Staates, dem sie mit ihren Organisationen erste Ansätze eines quasi-privaten Herrschaftssystems entgegenzusetzen trachteten[139]. Die ärztlichen Organisationsbestrebungen zielten insofern auf eine Beeinflussung beziehungsweise Mitwirkung an der politischen Herrschaft ab.

---

[137] In einem Leitartikel der Zeitschrift *„Medicinische Reform“* von 1849 wird *„Assoziation“* von Virchow beschrieben als „freie Innung, welche ohne alle Exclusion die Basis der Selbstregulierung sucht, welche demnach die Einzelbestrebungen ohne Beschränkung der natürlichen Berechtigung derselben, ‚maaslos' zulässt, aber sie durch Gegenseitigkeit der Verpflichtungen in diejenige Form leitete, die der organischen Form aller zuträglich ist“ (zitiert nach Jütte 1997, S. 33).

[138] Die Medizinreformbewegung der 1840er-Jahre befasste sich mit 3 zentralen gesundheits- und gesellschaftspolitischen Themen. Sie geben Aufschluss über den Grad der Politisierung der Ärzteschaft: 1. verfassungsmäßig garantierte öffentliche Gesundheitspflege, 2. Verbesserung der medizinischen Versorgung für arme Kranke, 3. Mitspracherechte der Ärztevereine in Medizinalangelegenheiten und Gewährung weitreichender beruflicher Autonomie (Jütte 1997, S. 31).

[139] Nach „innen“ wurde dieses System durch umfassende Kontrolle und Disziplinierung der Mitglieder über Disziplinarausschüsse, Schieds- und Ehrengerichte abgesichert, die eine ganze Reihe von Strafen (bis zum Ausschluss) verhängen konnten. Dabei kopierten die Ärzteorganisationen z.T. die interne Organisationsgerichtsbarkeit der Advokatenkammern (Finkenrath 1928, S. 10; Graf 1890, S. 6).

Vom rasch gewonnenen Selbstbewusstsein der organisierten Ärzteschaft zeugte beispielsweise das Auftreten des *Badischen Ärztevereins*, der 1848 in einer Petition ein Mitspracherecht in allen Medizinalangelegenheiten sowie weitgehende berufliche Autonomie und die Befreiung „aus der Bevormundung und Beaufsichtigung der Regierungen“ (Jütte 1997, S. 28) forderte. Im selben Jahr verfasste die *Generalversammlung der Berliner Ärzte* einen „Aufruf an die preußischen Ärzte, sich überall in größeren Städten und Kreisen in Vereinen zusammenzuschließen“ (Schmitt 1966, S. 28). Alle auf diese Weise gegründeten lokalen Ärztevereine sollten dann unverzüglich das Gesuch der Berliner Ärzte an das preußische Kultusministerium unterstützen, worin diese forderten, „dass die neue medizinische Verfassung nicht eher abzuschließen sei, bis ein Kongress preußischer Ärzte sich über dieselbe geäußert habe“ (Schmitt 1966, S. 28). Ärztliche Organisierung wurde seit den 1840er-Jahren also primär als Mittel effektiver politischer Einflussnahme auf den Staat beziehungsweise die Medizingesetzgebung wie auch als Medium zur erfolgreichen Abwehr staatlicher Kontrollansprüche sowie ärztlicher Emanzipation propagiert. Der Widerspruch zwischen dem Streben nach weitreichender ärztlicher Autonomie und Selbstverwaltung auf der einen Seite und der gleichzeitigen Forderung nach umfassender Beteiligung der Ärzteschaft am öffentlichen Gesundheitswesen und der Gesundheitsgesetzgebung mit der Konsequenz großer Staatsnähe auf der anderen Seite prägt das ambivalente Verhältnis zwischen Ärzteorganisationen und Staat bis in die Gegenwart.

Gerade am Beispiel der sogenannten *„Medizinalreformbewegung“* der 1840er-Jahre wird deutlich, dass die organisierte Ärzteschaft in ihrem Streben nach Einflussnahme auf den Staat und Anerkennung als autonomer Gesprächspartner immer zugleich auch standes- beziehungsweise professionalisierungspolitische Ziele verfolgte. Hierin verbarg sich primär das Ziel, vermittels Organisation die Machtposition der Ärzte gegenüber dem Staat und der nichtärztlichen Konkurrenz entscheidend zu stärken, das heißt im gewissen Sinne eine größtmögliche „Marktmacht“ bezogen auf spezifische medizinische Dienstleistungen zu erlangen. Dabei versuchten die Ärzteorganisationen von Anfang an mit großer Kraftanstrengung, die nichtärztlichen Konkurrenten vom gemeinsamen Markt zu verdrängen und diesen für sich zu monopolisieren. Darüber hinaus verfolgten sie detaillierte arbeitsmarktpolitische Strategien bezüglich der eigenen Profession. Sie bemühten sich um die Erlangung einer umfassenden Kontrolle über die Nachwuchsrekrutierung, die Zugangsvoraussetzungen zur ärztlichen Ausbildung, ihre Inhalte und die Examina, die Zulassung zur ärztlichen Praxis und die Festlegung der Dienstleistungspreise (Medizinaltaxe) sowie um das Recht auf Selbstverwaltung inklusive

Autojurisdiktion in Konfliktfällen (Huerkamp 1982, S. 80; Wehler 1995, S. 736). Die Ärzteorganisationen trugen damit erheblich zur Homogenisierung und Standardisierung der Ärzteschaft bei und erwiesen sich als maßgebliche Katalysatoren im Prozess ärztlicher Professionalisierung. Die ärztlichen Organisationen bildeten hierzu die zentralen Orte für die Entwicklung und Verbreitung verbindlicher Normvorstellungen des professionellen und standesgemäßen Verhaltens. In ihnen wurden sowohl gemeinsame professionelle Denkhaltungen von den Mitgliedern (re-)produziert als auch entsprechende Normen und Modelle des Organisierens vermittelt. Im Prozess der ärztlichen Professionalisierung spielten die Ärztevereine gerade deshalb eine so zentrale Rolle, weil sie die organisationalen Bezugspunkte für alle wesentlichen Elemente der ärztlichen Profession bildeten. So stellte der Ärzteverein sowohl die Basis für die ärztliche Vergemeinschaftung auf Grundlage der einheitlichen formalen Qualifikation (Hochschulstudium) als auch für die (weitgehend) durch den Staat verliehene gemeinsame, kognitive (berufsständische) Basis der Ärzteschaft dar. Das führte notwendigerweise zur Homogenisierung der ärztlichen Einstellungen und Motive sowie zur Abgrenzung gegenüber anderen Professionen. Die Ärzteorganisationen brachten so in kurzer Zeit „einen Pool von weitgehend austauschbaren Individuen mit nahezu identischen Orientierungen und Dispositionen“ (Walgenbach 1995, S. 285) hervor. Organisationsvermittelte ärztliche Professionalisierung erfolgte also primär in einem Prozess *„normativer Isomorphie“* (DiMaggio/Powell 1983). Ärztliche Organisationsbildung war somit die entscheidende Voraussetzung und institutionelle Absicherung für die erfolgreiche ärztliche Professionalisierung: *ohne Organisierung keine eigenständige ärztliche Profession.*

2.2.5 Staatliche Zwangskorporierung oder freie Interessenorganisation: Ärztliche Organisationskonzepte der 1840er-Jahre im Widerstreit

Zur Durchsetzung der in 1840er-Jahren aufgestellten ärztlichen Forderungen bedurfte es einerseits der umfassenden Organisierung der Ärzteschaft, andererseits aber auch der Mitwirkung des Staates. Diese erfolgte insbesondere über eine entsprechend modifizierte Medizingesetzgebung, die durch Formalisierung der Ausbildungsabschlüsse zur Homogenisierung der Ärzteschaft beitrug und den Zugang zur ärztlichen Berufsausübung sowohl für Personen ohne entsprechende Abschlüsse versperrte als auch gegenüber der ansteigenden Zahl von Ärzten durch Erhöhung der Zugangsvoraussetzungen regulierte[140]. Der Staat spielte damit eine entscheidende Rolle bei der gesellschaftlichen Etablierung und Legitimierung der *ärztlichen Einheitsprofession*. Darüber hinaus bedurfte es allerdings auch der aktiven Unterstützung des Staates bei der unmittelbaren Organisierung der Ärzteschaft, das heißt beim Aufbau einer eigenständigen Macht- und Ressourcenbasis der Ärzteorganisationen. Dabei war eigentümlich, dass in den 1840er-Jahren viele ärztliche Reformvorschläge „den Zusammenschluss der Ärzteschaft zu Vereinen mit wissenschaftlichen und kollegialen Zielen und die Durchsetzung ihrer Forderungen von der Regierung selbst zu erhalten wünschten" (Finkenrath 1928, S. 10). Dies bedeutete nichts anderes, als dass ein großer Teil der Ärzteschaft dem Staat die Rolle des *zentralen Organisators eines ärztlichen Einheitsstandes* zuwies. Für einen Teil der Ärzte bestand die zentrale organisationspolitische Leitidee dementsprechend nicht ohne weiteres in der Erlangung einer mit dem ärztlichen Professionsstatus verbundenen vollständigen beruflichen Autonomie und Unabhängigkeit von staatlicher Fremdkontrolle, sondern im Gegenteil gerade in einer noch stärkeren „Einbindung der ärztlichen Tätigkeit in staatliche Regulierung" (Huerkamp 1985, S. 244). So forderte unter anderem der *Kölner Ärzteverein* eine aktive Unterstützung des Staates beim Zusammenschluss der Ärzte ein, „die darin bestehen müsste, dass den Vereinen eine legale Existenz, eine wirkliche Autorität, ein Einfluss auf die öffentlichen Angelegenheiten verliehen würde" (zitiert nach Graf 1890, S. 6). Einige Vereine stellten sich darüber hinaus sogar eine staatliche „Zwangskorporierung" aller wissenschaftlich ausgebildeten Ärzte vor. 1849 sprach sich zum Beispiel die Generalversammlung von Delegierten aller ärztlichen Vereine und Gesellschaften Berlins für die Errichtung ärztlicher Körperschaften des öffentlichen Rechts (mit Zwangsmitgliedschaft) durch den Staat aus. So sollte ein einheitlicher organisierter Ärztestand geschaffen werden. Zugleich forderte der Verein für diese Körperschaften weitreichende berufsständische Selbstverwaltungsbefugnisse, die selbstständige Regulierung aller wesentlicher Medizinalangelegenheiten und eine eigenständige, nur durch das Strafrecht begrenzte, Organisationsgerichtsbarkeit gegenüber den eigenen Mitgliedern (Schmitt 1966, S. 29)[141]. Von den auf eine enge staatliche Einbindung der Ärzteschaft

[140] Auslöser war die 1842 vom Kölner Ärzteverein angestoßene Diskussion über eine „Überfüllung des ärztlichen Standes" (Graf 1890, S. 5). Tatsächlich war die Zahl der Ärzte schneller als die Gesamtbevölkerung angestiegen und die Konkurrenz auf dem begrenzten Gesundheitsmarkt angewachsen. Das verschlechterte die materielle Lage der etablierten Ärzte (Huerkamp 1985, S. 243; Jütte 1997, S. 25). Zeitgleich sprachen sich die Ärzte des Regierungsbezirks Düsseldorf in einer Petition für die Vereinheitlichung der Ärzteschaft durch Schaffung einer einzigen Kategorie geprüfter Medizinpersonen mit der Befähigung für die drei Fächer Medizin, Chirurgie und Geburtshilfe aus und schilderten die sich aus der *Ärzteschwemme* „ergebende Notlage des ärztlichen Standes in grellen Farben" (Graf 1890, S. 5). Als Gegenmittel empfahlen sie die Beschränkung des in Preußen seit 1808 bestehenden freien Niederlassungsrechts für Ärzte.

[141] Dieses Organisationsmodell lag später den *Ärztekammern* zugrunde (Stobrawa 1979, S. 15).

setzenden Ärzten und Vereinen gingen in der Folgezeit auch die zunehmenden Rufe nach einer staatlichen Einschränkung der Niederlassungsfreiheit aus, wodurch eine gleichmäßigere Verteilung der Ärzte auf Stadt und Land erreicht und der „Überfüllung" des ärztlichen Standes besser gegengesteuert werden sollte. Eine Minderheit forderte sogar die vollständige Verbeamtung und Besoldung der Ärzte durch den Staat (Huerkamp 1985, S. 244).

Da viele Ärzte aktiv an der demokratisch-revolutionären Bewegung der 1848er-Zeit teilnahmen, tendierte schließlich die Mehrheit der Ärzteschaft doch zur „freien" Assoziation, das heißt zur selbstständigen, auf freiwilliger Grundlage erfolgenden Organisierung mit dem Ziel der Lösung aus der staatlichen Bevormundung und Abhängigkeit. Insofern war die Ärzteschaft hinsichtlich der Anwendung und inhaltlichen Ausgestaltung des Modus der Organisation – als freie oder zwangsweise Organisierung – lange Zeit mitnichten homogen; die Art der Organisierung blieb vielmehr ein durchaus auch innerhalb der Ärzteschaft umstrittenes Unterfangen, und erst allmählich setzten sich die Vertreter des Modells einer staatsunabhängigen „freien" Organisation, die alleine „von der energischen Mitwirkung ihrer Mitglieder" (Virchow zitiert nach Alexander 1903, S. 1) getragen werden sollte, gegen die Befürworter einer staatlichen, eher korporativen Zwangsorganisierung durch. Trotz aller Differenzen war sich eine Mehrheit der ärztlichen Reformer schließlich darin einig, dass die Ärztevereine flächendeckend an die Stelle der bisherigen staatlichen Medizinkollegien treten und damit als intermediäre, staatsnahe aber doch von staatlicher Bevormundung und bürokratischer Gängelung befreite Organisationen mit weitreichenden Hoheitsbefugnissen das gesamte Gesundheitswesen selbstständig regeln sollten.

Die unter anderem von den Ärztevereinen in Preußen extensiv vorgetragenen „Ansprüche auf Geltung und Übertragung von Machtbefugnissen im Gesundheitswesen" (Stobrawa 1979, S. 13) führten 1849 schließlich zur Einberufung einer Konferenz von Ärzten und Medizinalbeamten durch den preußischen Kultusminister. Sie beschloss, dass „der Stand der Ärzte zu vereinheitlichen sei, dass nur das Gymnasialzeugnis als Zulassung zum Universitätsstudium anerkannt werden dürfe" (Schmitt 1966, S. 30). Außerdem wurde die Approbation als allgemeine Voraussetzung für die ärztliche Praxis und eine strenge Bestrafung der Kurpfuscherei gefordert. Vom preußischen Staat wurde darüber hinaus die Garantie einer allgemeinen Berufs- und Niederlassungsfreiheit für alle Ärzte und damit die Beendigung der behördlichen Unterstellung der Privatärzte unter die amtlichen Ärzte verlangt (Schmitt 1966, S. 30). In gleicher Weise verhandelten ärztliche Delegationen überall in Deutschland mit den Medizinalbehörden. Der eigentliche organisationspolitische Erfolg der Ärztevereine lag dabei wohl vor allem darin, dass sich die Regierungen der deutschen Staaten endlich mit den Forderungen der Ärzteschaft beschäftigten. Allerdings gingen sie letztlich kaum auf die ärztlichen Forderungen ein.

2.3 Interessenhomogenisierung und organisationale Zentralisierung: Der Aufbau einer einheitlichen ärztlichen Dachorganisation

2.3.1 Homogenisierung und Selektion: Die Formierung organisierter ärztlicher Interessen auf lokaler Organisationsbasis

Trotz des enormen Aufschwungs, den das ärztliche Vereinswesen gegen Ende der 1840er-Jahren genommen hatte, fehlte es an einem Dachverband, der die organisierte „Willensbildung in den ärztlichen Vereinen, die meist auf lokaler Ebene oder allerhöchstens Provinzebene gegründet wurden, hätte zusammenfassen und sie gegenüber dem Adressaten der ärztlichen Forderungen, dem Staat wirkungsvoll vertreten können" (Huerkamp 1985, S. 245). Insofern blieben die Ärzteorganisationen regional zersplittert und damit gegenüber der zentralstaatlichen Macht letztlich unterlegen und nicht durchsetzungsfähig[142]. Dies lag unter anderem daran, dass innerhalb der Ärzteschaft die Forderung zur Zusammenfassung der lokalen Ärzteorganisationen zu überregionalen, zentralisierten und damit schlagkräftigeren Verbänden auf erheblichen Widerstand traf. Gerade ein Protagonist des ärztlichen Vereinswesens wie Virchow sprach sich beispielsweise ganz vehement gegen die Bildung größerer überregionaler „Zentralkörperschaften" aus und forcierte statt dessen den „örtlichen Zusammenschluss der Ärzte" (Finkenrath 1928, S. 13).

Das hatte allerdings zur Folge, dass sich viele erst in der Aufschwungphase der 1840er-Jahre gegründete Ärztevereine in der folgenden Reaktionsperiode wieder auflösten oder wieder auf die Pflege des kollegialen Verkehrs und der Wissenschaft beschränkten. Die nach der Niederlage der bürgerlichen Revolution von 1848 zum Stillstand gekommene bürgerliche Bewegung bedeutete dementsprechend in gleichem Maße „Stillstand bei der organisatorischen und strukturellen Gliederung des ärztlichen Standes, des ärztlichen Vereins- und Ver-

[142] Einer der wenigen Erfolge der ärztlichen Reformbewegung bestand in der Aufhebung der Wundärzteausbildung und Abschaffung der Hierarchisierung der Ärztekategorien. Nach Huerkamp (1985, S. 245) lag dies primär darin, dass sich hier ärztliche Interessen mit staatlichen Zielen deckten. Die Behörden hatten nämlich eingesehen, „dass das Modell einer ständisch abgestuften medizinischen Versorgung der Untertanen sich überlebt hatte und in der Praxis gescheitert war".

bandslebens" (Stobrawa 1979, S. 13). Die Reaktionszeit bedeutete auch für das Gesundheitswesen in den deutschen Ländern ein konservatives „roll back"[143]. Neugründungen von Ärztevereinen waren in den 1850er-Jahren dementsprechend selten und es scheint zumindest oberflächlich betrachtet so, als ob das ärztliche Vereinsleben in diesem Jahrzehnt stagniert hätte. Allerdings merkt Jütte (1997, S. 35) an, dass die Diskussion um einschneidende medizinische Reformen niemals gänzlich abgeebbt sei, sondern sich lediglich aus der breiten Öffentlichkeit „in die kleinen Zirkel der von Ärzten gelesenen Fachzeitschriften" verlagert hätte und auch trotz staatlicher Gängelung weiterhin Petitionen und Denkschriften verfasst worden seien. Nach wie vor wurden vereinzelt neue Ärztevereine gegründet, die sich nicht nur auf die „fachimmanente Diskussion wissenschaftlich-medizinischer Fragen beschränkten" (Jütte 1997, S. 36). Richtig ist allerdings auch, dass von den 174 Ärztevereinen, die 1890 in Preußen existierten, nur sechs Vereine in den 1850er-Jahren gegründet wurden, „während immerhin 18 Vereine ihre Gründung auf das Jahrzehnt 1840-1849 datierten" (Huerkamp 1985, S. 245).

Zu den Neugründungen der 1850er-Jahre gehörte unter anderem auch der seit 1853 bestehende *„Verein Berliner Armenärzte"*, der trotz einer beschränkten Mitgliederzahl die „soziale Frage" in das Zentrum seiner Arbeiten stellte (Jütte 1997, S. 36). Schon gegen Ende der 1850er-Jahre setzte dann eine Wiederbelebung des ärztlichen Vereinswesens ein, die sich in einer Zunahme von Neugründungen niederschlug. So entstand beispielsweise 1858 der *„Verein Berliner Ärzte"*, der vor allem jüngere Ärzte als Mitglieder gewinnen konnte und als organisationale Gegengründung zu der seit 1844 bestehenden „Gesellschaft für wissenschaftliche Medizin" entstand. Die zwischen beiden Organisationen ausgetragenen Konflikte wurden schließlich 1860 durch ihren Zusammenschluss zur *„Berliner medizinischen Gesellschaft"* gelöst, welche sich in der Folgezeit als „Repräsentantin der ganzen, einzigen Wissenschaft" (Jütte 1997, S. 36) verstand. Durch die Fusion entstand eine schlagkräftige Ärzteorganisation mit rund 204 Mitgliedern und einer ansehnlichen Ressourcenausstattung. Ende der 1870er-Jahre bildete diese Gesellschaft mit über 400 Mitgliedern den größten ärztlichen Einzelverein im Deutschen Reich. Bis 1885 stieg ihre Mitgliederzahl dann sogar auf über 600 an. Der Berliner medizinischen Gesellschaft wuchs aufgrund der für die damalige Zeit außergewöhnlich hohen Mitgliederzahl und den entsprechend umfangreichen materiellen Ressourcen alsbald

[143] Die Behörden lehnten die Einbeziehung der Ärztevereine ab. Außerdem verpflichteten sie die Ärzte z.B. in Preußen per Strafgesetzbuch (§ 200) ab 1851 zur medizinischen Hilfeleistung und zwar unabhängig, ob der Patient zur Bezahlung in der Lage war. Hessen-Darmstadt erließ ein Medizinalstatut, das – zusammengesetzt aus Fragmenten alter Verordnungen – „die Privatärzte (sogar hinsichtlich der Behandlungsweise) zu Untergebenen der Staatsärzte machte" (Schmitt 1966, S. 35) und damit ihre staatliche Bevormundung noch vergrößerte. Im Königreich Hannover wurde das gesamte öffentliche Gesundheitswesen unter die Oberaufsicht des Polizeipräsidenten der Landeshauptstadt gestellt (Jütte 1997, S. 35; Schmitt 1966, S. 31).

die Rolle des Meinungsführers in zentralen medizinischen und gesundheitspolitischen Fragen zu, die sie unter anderem in den Diskussionen um die Einführung der Gewerbeordnung des Norddeutschen Bundes (1869) voll ausspielte.

Ab Mitte der 1860er-Jahre setzte dann eine durch den Staat forcierte erneute Gründungswelle ärztlicher Vereine ein (Jütte 1997, S. 39f.; Richter 1873b, S. 84-89; Schmitt 1966, S. 31). So wurden allein in Preußen zwischen 1865 und 1872/73 rund 33 neue Ärztevereine gegründet. Bemerkenswert ist hierbei, dass gegenüber den frühen Vereinsgründungen der 1840er-Jahre, von denen viele noch relativ lockere, unbeständige Zusammenschlüsse bildeten, die Organisationsstrukturen der neuen Vereine wesentlich gefestigter und formalisierter waren. Dies schlug sich vor allem in der Ausarbeitung detaillierter Vereinsstatuten mit fixierten Organisationszielen und Beitragsordnungen, der Wahl fester Vereinsvorstände sowie der Durchführung regelmäßiger Mitgliederversammlungen nieder (Huerkamp 1985, S. 246). Charakteristisch war in diesem Zusammenhang auch die langsame Etablierung einer gewissen *Organisationselite*, die alle gesundheitspolitisch relevanten Themen zu monopolisieren begann. Während sich in den 1840er-Jahren neben den delegierten Mitgliedern der Ärztevereine auch eine große Zahl unorganisierter Ärzte an der Diskussion wissenschaftlicher und gesundheitspolitischer Fragestellungen beteiligte, konzentrierte die entstehende ärztliche Organisationselite diese Funktion nun zunehmend auf sich und bildete damit das eigentliche Sprachrohr im Kampf der Ärzteschaft um Standeseinheit, Expertenstatus und Marktmonopol. Unorganisierte Ärzte wurden hingegen von den Reformdiskussionen systematisch exkludiert. Zunehmend bestimmten die Ärzteorganisationen, was innerärztlich diskutiert, als ärztliche Reformforderung öffentlich artikuliert und politisch gegenüber dem Staat als ärztliches Interesse vertreten wurde. Die Inklusion in die ärztliche Organisation wurde damit zur Voraussetzung für die weitere Partizipation an den ärztlichen Reformdiskursen. Damit wandelten sich die Vereinsziele von der Förderung der wissenschaftlichen Weiterbildung und Pflege der ärztlichen Kollegialität hin zum „Streben, die Lage des ärztlichen Standes zu bessern und ihn in der öffentlichen Achtung zu heben“ (Bartels zitiert nach Huerkamp 1985, S. 246). Gerade die Veränderung der Organisationsstrukturen im Sinne einer zunehmenden Formalisierung und Festigung war eine entscheidende Voraussetzung dafür, „dass der Verein sich stärker auf die Vertretung ärztlicher Interessen nach außen hin konzentrierte“ (Huerkamp 1985, S. 246), das heißt eine betont extroverse Orientierung ausbildete. Nichtsdestotrotz blieb aber auch die Pflege von Wissenschaft und Geselligkeit ein fester, wenn auch nachrangiger Bestandteil des ärztlichen Vereinslebens. Insgesamt war die Population der Ärztevereine nicht nur quantitativ gewachsen, sondern bezüglich ihrer Organisationsformen bereits durch ein enges Wechselspiel von staatlichen Zwängen, normativem Druck und mimetischen Prozessen wesentlich homogener geworden.

Seit den 1860er-Jahren unterstützte und förderte der Staat den Zusammenschluss der Ärzteschaft in eigenständigen Organisationen wieder. Dies erleichterte ihm die Einflussnahme auf die Masse der organisierten Ärzteschaft sowie die Instrumentalisierung der personellen wie materiellen Vereinsressourcen zur Verfolgung gesundheitspolitischer Ziele. Zunächst kam die Regierung deshalb in nahezu allen deutschen Staaten den Forderungen der organisierten Ärzteschaft in wesentlichen Punkten entgegen und hob eine Reihe von Bestimmungen auf, die ihre bisherige berufliche Praxis eingeengt und reglementiert hatten. So wurde 1869 eine (liberale) *Gewerbeordnung für den Norddeutschen Bund* verabschiedet, die weitgehend den Vorstellungen und Wünschen der einflussreichen Berliner Medizinischen Gesellschaft entsprach. Insofern kann die Einfügung der die Ärzteschaft tangierenden Bestimmungen in die neue Gewerbeordnung auch zumindest teilweise als Ergebnis einer durchaus erfolgreichen Lobby-Arbeit der einflussreichen Berliner Ärzteorganisation interpretiert werden. Für die Ärzteschaft wesentliche Punkte der neuen Gewerbeordnung waren die Abschaffung des Kurierzwangs[144], die Einführung der Niederlassungsfreiheit, der freien Verhandelbarkeit des Honorars und die auch von vielen Ärzten geforderte Aufhebung des Kurpfuschereiverbotes. Die Ausübung der Heilkunst als freies Gewerbe war damit an jedem Ort des Bundesgebietes grundsätzlich zugelassen, wurde allerdings weiterhin an einen Befähigungsnachweis, das heißt eine Approbation gebunden. Mit der Reichsgründung erlangte die Gewerbeordnung dann ab 1871 für das gesamte Reich Geltung.

Der erstarkte und territorial gewachsene Staat zog sich damit aus wesentlichen Teilen des Heilwesens zurück, ordnete die bisher stark reglementierte Ärzteschaft der Gewerbeordnung unter und überließ die bisherige Regulierung den Marktkräften. Damit verlor die Befürchtung der Gegner einer reichsweiten Organisierung des Ärztestandes, „dass diese Gelegenheit genutzt werden könne, um den ärztlichen Stand noch mehr als bisher in die Bande der Bürokratie zu schlagen und ihn geradezu in einen Haufen von unbezahlten Medicinal-Polizei-Beamten und rechtlosen Staatsdienern zu verwandeln“ (Richter 1873b, S. 91) an Überzeugungskraft. Allerdings wurde auch deutlich, dass die Ärzteschaft ihre volle Freiheit auf Kosten der bisherigen „Standesprivilegien“ errungen hatte. So ließ gerade die formalrechtliche

---

144 *§ 144 Abs. 2 GewO* hob auch die Bestimmungen des *§ 200 StGB* auf. Ab 1869 waren die Ärzte nicht mehr zur Behandlung aller Patienten unabhängig von deren Zahlungsfähigkeit verpflichtet.

Gleichstellung von approbierten Ärzten und nichtapprobierten Laienheilern „das Bedürfnis stärker hervortreten, ‚dass sich die eigentlichen, wissenschaftlich gebildeten und staatlich geprüften Ärzte Deutschlands fester als bisher aneinander schließen'" (Huerkamp 1985, S. 248). Außerdem machten sich recht bald schon die materiellen Nachteile der neuen Gewerbeordnung in Form eines verschärften Konkurrenzdrucks auf dem deregulierten Markt für medizinische Dienstleistungen bemerkbar: „Die Kurpfuscherei nahm überhand, der Zulauf junger Ärzte in das Berufsleben wurde immer größer" (Schmitt 1966, S. 32). Beide Entwicklungen verschlechterten die materiellen Existenzbedingungen eines großen Teils der Ärzteschaft und forcierten damit zusätzlich die Bildung neuer beziehungsweise das Wachstum bereits existierender Ärztevereine. Neben standespolitischen wurden nun vor allem wirtschaftliche Fragen auf den Vereinsversammlungen behandelt[145].

2.3.2 Interessenaggregation auf Reichsebene: Die Gründung des Deutschen Ärztevereinsbunds im Trend der Zeit

Von der Gründung des Deutschen Reiches 1871 ging „ein letzter mächtiger Impuls zum Zusammenschluss auf überregionaler Ebene" (Huerkamp 1985, S. 248) aus. Sehr schnell entstanden nun die großen Interessenverbände und Berufsorganisationen als reichsweit organisierte machtvolle *pressure groups*[146]. Für die bisher weitgehend lokal organisierte Ärzteschaft lag es deshalb nahe, nach der Reichsgründung ihre Organisationsstrukturen ebenfalls „umzugestalten, neuzuordnen und den politischen und staatlichen Gegebenheiten anzupassen" (Stobrawa 1979, S. 17). Bei der im selben Jahr von der *Gesellschaft Deutscher Naturforscher und Ärzte* erhobenen Forderung nach einer „freiheitlichen und einheitlichen Reichsärzteorganisation" (Stobrawa 1979, S. 17) orientierte sich diese an bereits bestehenden verbandlichen Vorbildern, baute aber zunächst auf staatliche Unterstützung bei der Gründung. Als diese ausblieb, wurde 1872 durch einen Aufruf des Dresdner Medizinprofessors Richter der endgül-

---

145 Ein Beispiel war der 1864 gegründete *Barmer Ärzteverein*, der sich primär mit wirtschaftlichen Fragen der lokalen Ärzteschaft befasste. 1869 beschloss er einheitliche Mindestentgelte für ärztliche Leistungen. Jedes Vereinsmitglied sollte für Atteste zur Lebensversicherung ein Minimum von 3 Talern (9 Mark), für die Ausstellung eines Rezeptes 7½ und für einen Krankenbesuch 12½ Silbergroschen von allen Patienten (mit Ausnahme der ärmsten Fabrikarbeiter) verlangen. Darüber hinaus wurde ein „schwarzes Buch" über „faule Kunden" angelegt. Mitte der 1870er-Jahre bekämpfte er die als Kurpfuscherei diffamierte Konkurrenz durch die örtlichen Apotheker. 1878 gab er seine erste Stellungnahme zu den Arbeiterkrankenkassen ab und setzte das Jahresentgelt (Remuneration) für Kassenärzte auf 3 Mark pro unverheiratetem und 6 Mark pro Kassenmitglied mit Familie fest. Im selben Jahr kam es zum ersten größeren Konflikt mit der örtlichen allgemeinen Unterstützungskasse um die Gültigkeit der ärztlichen Atteste (Apfel 1924, S. 5-18).

146 1871 wurden u.a. der Deutsche Lehrerverein und der Verband deutscher Architekten- und Ingenieur-Vereine gegründet (Huerkamp 1985, S. 248).

tige Anstoß „zur freiwilligen Zusammenfassung aller ärztlichen Vereine im Deutschen Reichsgebiet“ (Finkenrath 1928, S. 19) gegeben. Laut Richter (1873b, S. 92) nahmen die Ärztevereine mit der Bildung eines Dachverbandes „ihre eigene Angelegenheit selbst und als Gesamtheit in die Hände“. Für die Notwendigkeit des Zusammenschlusses in einem reichsweiten zentralen ärztlichen Interessenverband sprach dabei auch, dass die Reichsregierung sofort nach der Reichsgründung mit der Zentralisierung strategischer Kompetenzen im Gesundheitswesen begonnen hatte[147]. Aus ärztlicher Sicht bedurfte es deshalb dringend der Schaffung einer zentralen, machtvollen und verpflichtungsfähigen Interessenorganisation, die als gleichwertiger Verhandlungspartner und zentraler Adressat dem Staat in allen wichtigen Fragen gegenübertreten konnte. Nur mit einer schlagkräftigen Dachorganisation, welche die Aktivitäten der lokalen Ärztevereine koordinierte, bestand eine Chance, den ärztlichen Partikularinteressen gegenüber dem Staat Gehör zu verschaffen.

Vor diesem Hintergrund wurde schließlich 1873 in Wiesbaden der *Deutsche Ärztevereinsbund* gegründet, „um die über das neu geeinte Deutschland zerstreuten ärztlichen Vereine ebenfalls zu einer ‚einheitlichen Körperschaft' zusammenzufassen“ (Feldmann 1898, S. 147). Von den 1873 reichsweit bestehenden rund 170 Ärztevereinen traten dem Ärztevereinsbund sofort 84 bei (Schmitt 1966, S. 37). Damit umfasste der neue Dachverband, der „bis 1936 die zentrale Organisation der deutschen Ärzteschaft“ (Vogt 1998, S. 48) darstellte, bereits in seinem Gründungsjahr rund 49 Prozent aller Ärztevereine. Zum zentralen Organisationszweck wurde die Vereinigung der ärztlichen Vereine Deutschlands „zu gegenseitiger Anregung und gemeinsamer Bethätigung der wissenschaftlichen und praktischen, auch sozialen Beziehungen des ärztlichen Standes“ (Graf 1890, S. 21) in Paragraph 1 der Verbandssatzung festgeschrieben. Während die Satzung die „Pflege der ärztlichen Wissenschaft und aller sozialen und Standesinteressen der deutschen Ärzte“ (Graf 1890, S. 21) noch als gleichberechtigte Aufgaben des Verbandes in einem Satz nannte, so wurde doch schon sehr bald die Vertretung der ärztlichen Standes- und Berufsinteressen zur zentralen Aufgabe der ärztlichen Dachorganisation, die damit einen mehr oder weniger ausgeprägten monofunktionalen Charakter und eine betont extroverse Orientierung annahm. Dabei unterschied sich die als Standespolitik verklärte Interessenpolitik des Ärztevereinsbundes „in nichts von dem materiellen Interessenegoismus der Agrarier und Industriellen, der Arbeiter und Handwerker“ (Wehler 1995, S.

[147] Die Staatsprüfung für angehende Ärzte wurde einheitlich geregelt, 1874 ein Reichsimpfgesetz erlassen und 1876 mit dem *Reichsgesundheitsamt* „eine oberste Reichsbehörde zur Vorbereitung und Koordination medizinalpolitischer Gesetzesvorhaben geschaffen“ (Huerkamp 1985, S. 248).

740). Mit der Verbandsbildung war die organisierte Ärzteschaft also endgültig in der modernen Organisationsgesellschaft angekommen.

Die Fokussierung des Ärztevereinsbundes auf die Vertretung ärztlicher Interessen war dabei auch Resultat der wissenschaftlichen Ausdifferenzierung und Spezialisierung der Ärzteschaft. Seit Anfang der 1870er-Jahren war nämlich die Zahl der einzelnen wissenschaftlich-ärztlichen Fachgesellschaften stetig angewachsen[148]. Der Ärztevereinsbund hätte also gewissermaßen auf wissenschaftlichem Feld in Konkurrenz zu diesen hochgradig spezialisierten wissenschaftlichen Organisationen treten müssen, was organisationspolitisch eher zur Verstärkung der organisationalen Zentrifugalkräfte innerhalb der Ärzteschaft beigetragen hätte. Als zentrale Funktion, über die sich der Ärztevereinsbund profilieren und seine Existenz als Dachverband legitimieren konnte, kam deshalb nur die Vertretung der organisierten Interessen der Ärzte vor allem gegenüber dem Staat in Frage. Trotzdem wurden weiterhin auch wissenschaftlich-hygienische Fragen auf den Ärztetagen diskutiert. Wie jeder Interessenverband beanspruchte auch der Ärztevereinsbund, die einzig legitime Vertretung der allgemeinen ärztlichen Standesinteressen gegenüber dem Staat zu sein. Die von ihm artikulierten Forderungen nach ärztlicher Selbstverwaltung und Monopolstellung, das heißt nach Durchsetzung ärztlicher Partikularinteressen wurden ideologisch zu einem als Gemeinwohl definierten Allgemeininteresse überhöht. Eine wohlfahrtsoptimale Organisierung des Gesundheitswesens konnte, so die Konsequenz der Argumentation, nur durch Umsetzung der ärztlichen Forderungen durch den Staat gelingen. Nach innen wurde diese Interessenpolitik durch die Behauptung einer ärztlichen „Interessensolidarität" ideologisch abgesichert (Türk/Lemke/Bruch 2002, S. 174).

Der Deutsche Ärztevereinsbund trug auf diese Weise maßgeblich zur Formierung eines eigenständigen ärztlichen Standes durch die zusammenfassende und homogenisierende Organisierung der Ärzteschaft bei. Entscheidendes Merkmal des Interessenverbandes war es dabei, dass nicht einzelne Ärzte, sondern nur rechtsfähige ärztliche Vereine und Körperschaften des öffentlichen Rechts in ihm organisiert wurden. Damit wurde ein bereits von verschiedenen anderen Interessenverbänden erfolgreich umgesetztes Organisationsmodell von den Ärzteor-

[148] Es entstanden z.B. die Deutsche Gesellschaft für Chirurgie, die Gesellschaft für Gynäkologie, für Ophtalmologie, der Kongress für Innere Medizin, der Verein der deutschen Irrenärzte und die Anatomische Gesellschaft. Außerdem gab es in jeder Sektion der Versammlung der deutschen Naturforscher und Ärzte die Gelegenheit zum wissenschaftlichen Austausch. Als 1873 der Deutsche Verein für Gesundheitspflege gegründet wurde, bestand auch für diesen Bereich eine spezialisierte Organisation mit wissenschaftlichem Fokus (Huerkamp 1985, S. 249).

ganisationen übernommen[149]. Der exklusive Charakter des Ärztevereinsbundes wurde daran deutlich, dass grundsätzlich nur diejenigen Ärztevereine dem Bund beitreten konnten, „deren Mitglieder wissenschaftlich geprüfte und staatlich anerkannte Ärzte waren" (Schmitt 1966, S. 36). Vereinsmitglieder anderer wissenschaftlicher Berufe (Apotheker, Chemiker, Techniker) durften bei der Bemessung der von jedem Mitgliedsverein zu stellenden Delegierten zu den Ärztetagen nicht mitgezählt werden und hatten kein Mitspracherecht in Verbandsangelegenheiten (Schmitt 1966, S. 36)[150]. Der Ärztevereinsbund übertrug damit die von den Mitgliedsorganisationen geschaffenen Muster sozialer Schließung auf die Verbandsebene. Er reproduzierte beziehungsweise verallgemeinerte dieses auf lokaler Ebene geschaffene organisationsbasierte System sozialer Ungleichheit gewissermaßen auf einer höheren Ebene.

Abb. 9: Zur zahlenmäßigen Entwicklung der dem Deutschen Ärztevereinsbund angeschlossenen Vereine (1873-1933)

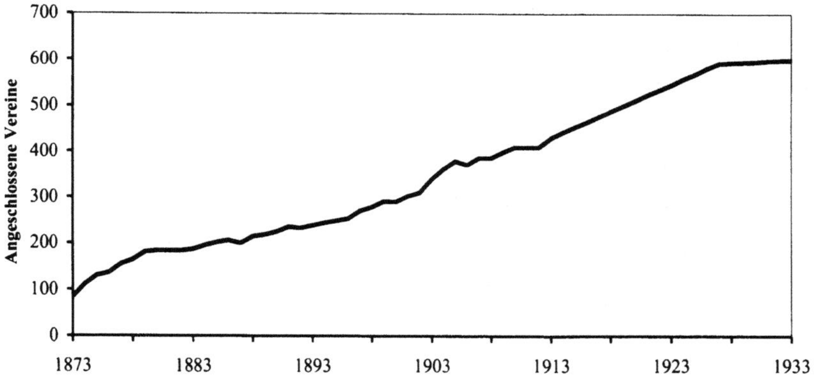

Quelle: Eigene Zusammenstellung

[149] Der Ärztevereinsbund bildete ein Verbandsmodell aus, das u.a. auch von den Krankenkassen zur Verbandsbildung benutzt wurde. Ebenso wie der Ärztevereinsbund waren auch die Kassenverbände überregionale Zusammenschlüsse von rechtlich selbstständigen Einzelorganisationen und nicht von Individuen. Deshalb finden sich in den Verbandsstrukturen parallele Entwicklungen (vgl. *Kapitel 14.3*) Ob die Kassen bei der Verbandsbildung das Organisationsmodell des Ärztevereinsbundes bewusst kopierten oder eher wie dieser dem allgemeinen „organisationspolitischen Zeitgeist" folgten, ließ sich nicht rekonstruieren. So oder so dürfte es sich aber um eine Form von *„mimetischem Isomorphismus"* im Sinne von DiMaggio/Powell (1983, S. 150) handeln. Im Ergebnis führte es zur nahezu optimalen Anpassung der Verbandsstrukturen, was eine Grundvoraussetzung für die spätere Etablierung eines funktionsfähigen Organisationsnetzwerkes bildete.

[150] Die Zahl der nichtärztlichen Mitglieder in lokalen Ärztevereinen war aufgrund der hohen Abschließung gegenüber Nichtärzten äußerst gering. Mit Gründung entsprechender Berufsorganisationen verschwanden sie völlig: 1887 „Verein Deutscher Chemiker E.V.", 1904 „Verband konditionierender Apotheker für das Deutsche Reich", 1915 „Deutscher Schutzverband der freien technischen Berufe E.V." (Schmitt 1966, S. 36).

Eigentliche Träger des vom Ärztevereinsbund praktizierten Verbandsmodells einer reichsweiten Dachorganisation blieben die lokalen Mitgliedsvereine. Die Organisierung der ortsansässigen Ärzte musste dementsprechend durch die Vereine „vor Ort" geleistet werden. Sie trugen damit auch die Hauptaufgabe in der Homogenisierung und exklusiven Zusammenfassung der Ärzteschaft zu einem einheitlichen Ärztestand. Laut Herold-Schmidt (1997, S. 48) scheiterten in der Folgezeit alle Bemühungen zur Transformation des Ärztevereinsbundes in einen Verband mit Einzelmitgliedschaft gerade an der Befürchtung, „‚die deutschen Ärzte [...] aus ihrer Gleichgültigkeit nicht aufrütteln' zu können, wenn man sich nicht ‚des Bindegliedes der alten festgegründeten Lokalvereinigungen' bediene".

Nachdem sich die von vielen Ärzten ursprünglich angestrebte staatliche Zwangsorganisierung nicht hatte durchsetzen lassen, bediente man sich nun also faktisch der bestehenden lokalen Ärzteorganisationen, um so auf einen Schlag einen umfassenden Zugriff auf die Masse der bereits organisierten Ärzte zu bekommen, der bei einer individuellen Einzelmitgliedschaft erst nach langjähriger Aufbauarbeit eigener Organisationsstrukturen (Orts- und Landeseinheiten) hätte erfolgen können. So waren schon 1876 über die angeschlossenen Ärztevereine rund 62 Prozent aller berufstätigen Ärzte im Ärztevereinsbund organisiert. Dieser Organisationsgrad erreichte 1927 mit 92,6 Prozent einen absoluten Höchststand, den weder der Hartmannbund noch andere Berufsverbände erreichen konnten (Schmitt 1966, S. 38). Der reichsweite Zusammenschluss einer rasch wachsenden Zahl ärztlicher Vereine in einem einheitlichen Spitzenverband bedeutete für den einzelnen Mitgliedsverein und seine ärztlichen Mitglieder primär die Unterordnung unter die Verbandsstrukturen und dessen „Disziplinargewalt" (Graf 1890, S. 54).

Damit verbunden war die Übertragung weitreichender, bisher auf der lokalen Vereinsebene angesiedelter Kompetenzen und Ressourcen auf die Dachorganisation. Der Ärztevereinsbund erlangte damit zugleich zumindest einen partiellen Zugriff auf die personellen und materiellen Ressourcen der angeschlossenen Vereine. Sobald außerdem eine Angelegenheit sich zu einer „die Allgemeinheit der Ärzte betreffenden Frage" (Finkenrath 1928, S. 22) entwickelte, konnte diese auf der Verbandebene zentralisiert, das heißt zur „Verbandsaufgabe" erklärt werden. Für die lokalen Ärztevereine bedeutete dies einen erheblichen Verlust ihrer bisherigen Handlungsautonomie und Sachkompetenz sowie die Unterwerfung unter die für sie verbindlichen Verbandsbeschlüsse. Darüber hinaus passten die dem Verband angeschlossenen Vereine zwangsläufig ihre Organisationsstrukturen weitgehend aneinander an, was sich unter anderem in der Verbreitung von sogenannten „bindenden Beschlüssen", Standesordnungen und Ehrengerichten in den angeschlossenen Lokalvereinen äußerte. Die Straffung der Organisationsstrukturen schränkte das bisherige Prinzip der freiwilligen Mitgliedschaft ein. Primär sollte es „im Interesse der Collegialität und der Standesehre in gewissen Beziehungen einheitliche Grundsätze des Handelns geben, deren Nichtbeachtung Ausschluss aus dem Verein zur Folge“ (Helsper/Schadewaldt 1965, S. 140) hatte. Bezweckt wurde die Sicherstellung der Verpflichtungsfähigkeit der Mitgliedsorganisationen gegenüber den Beschlüssen des Dachverbands. Damit trug der Ärztevereinsbund entscheidend zur Homogenisierung der ärztlichen Vereinslandschaft und der ihre Strukturen reproduzierenden Ärzteschaft bei.

Der von der Verbandsbildung (Verbandsebene) ausgehende isomorphistische Anpassungsdruck auf die Mitgliedsorganisationen kann primär als eine *Mischung aus Zwang und normativem Druck* interpretiert werden. Sehr rasch bildete der Ärztevereinsbund in der Folgezeit eine in der bis 1933 nur geringfügig modifizierten Verbandssatzung fixierte formale Organisationsstruktur mit einer Vielzahl von *Gremien und Ausschüssen*, eine bis auf einen angestellten Hauptgeschäftsführer weitgehend ehrenamtlich arbeitende *Funktionselite* sowie ein eigenes, primär aus satzungsgemäßen Zahlungen der Mitgliedsvereine gespeistes *Verbandsvermögen* aus. Das ermöglichte der neuen „Reichs-Ärzte-Organisation“ (Finkenrath 1928, S. 25) die Durchführung einer umfangreichen Öffentlichkeitsarbeit zur gesellschaftlichen Verbreitung der Positionen des Ärztevereinsbundes. Auf diese Weise wirkte die ärztliche Dachorganisation in die bürgerliche Öffentlichkeit, zugleich aber auch in die über das Reich verstreute Ärzteschaft hinein und trug damit entscheidend zur Vereinheitlichung des ärztlichen Standes wie auch der ärztlichen Organisationsstrukturen bei.

Tab. 6: Verbreitete Elemente innerer Strukturierung der Ärztevereine in 1889

Es besitzen:	Mitgliedsvereine im Ärztevereinsbund	Anteil an allen Mitgliedsvereinen in Prozent	Nicht dem Ärztevereinsbund angehörende Vereine
a) eine geschriebene Standesordnung	105	48 %	33
b) einen Ehrenrat (ohne Standesordnung)	61	28 %	23
c) keine der beiden Institutionen	53	24 %	74
Summe	219		130

Quellen: Graf 1890, S. 54; eigene Bearbeitung

2.3.3 Exklusivität und Extroversität: Zur Effizienz ärztlicher Verbandspolitik

Gegenüber dem Staat setzte der Ärztevereinsbund wie eine moderne Lobbyorganisation vor allem Petitionen und Denkschriften ein. Allerdings blieb der Erfolg eher mäßig. Wichtige Medien der verbandlichen Öffentlichkeitsarbeit waren zum einen das vom Verband publizierte *„Ärztliche Vereinsblatt für Deutschland"*, zum anderen aber auch der *„Deutsche Ärztevereinstag"* als jährliche Delegiertenversammlung. Der „Ärztetag" als Verbandstag und „Sprachrohr für die Wünsche und Forderungen der deutschen Ärzte" (Huerkamp 1985, S. 249) war „das Forum, auf dem man sich über die Verfolgung der Ziele Rechenschaft gab und neue Ziele setzte" (Schmitt 1966, S. 35). Er wurde „zum zentralen Forum für alle die Ärzteschaft beschäftigenden Themen" (Herold-Schmidt 1997, S. 49). Die rasch wachsende Bedeutung des Ärztetags lag primär an der sich schnell verbreiternden Mitgliederbasis der ärztlichen Lokalvereine, womit der Verbandstag „nach außen" (bürgerliche Öffentlichkeit, Behörden, Krankenkassen, nichtorganisierte Ärzte) an gesellschaftspolitischem Gewicht gewann. Im Zentrum der Verhandlungen und Aussprachen standen dabei Fragen, die unmittelbar die ärztlichen Berufs- und Standesinteressen betrafen. Hierzu zählten beispielsweise die Bekämpfung der Kurpfuscherei und des Geheimmittelunwesens, die ärztliche Prüfungsordnung sowie die Forderung nach einer Reichsärzteordnung[151], ärztliche Honorarfragen, die Forderung nach Errichtung ärztlicher Ehrengerichte, das Verhältnis der Ärzteschaft zu den Lebensversicherungsgesellschaften, Fragen der öffentlichen Gesundheitspflege.

Zu den Themen gehörte auch die Errichtung von spezifischen ärztlichen *„Infrastrukturorganisationen"* (Pensions- und Unterstützungsvereinen, Witwen- und Waisenkassen, Rechtsschutzvereinen) auf lokaler und Landesebene (Finkenrath 1928, S. 26ff.; Helsper/Schadewaldt 1965, S. 166-169; Huerkamp 1985, S. 249ff.). Gerade der durch den Ärztevereinsbund forcierte Ausbau selbstständiger, mit eigenen materiellen Ressourcen ausgestatteter Unterstützungsorganisationen für notleidende Ärzte, Arztwitwen und -waisen durch die Lokalvereine trug in der Folgezeit nicht unerheblich zur steigenden Attraktivität der Mitgliedschaft bei.

[151] Von einer reichsweit gültigen, vom Staat erlassenen ärztlichen Standesordnung (Berufsordnung) versprach man sich „eine Beseitigung der Schwierigkeiten, die sich im Verhältnis der Kollegen untereinander zeigten" (Schmitt 1966, S. 41). Darüber hinaus sollte Einfluss auf die nichtorganisierten Ärzte genommen werden. 1882 wurden die vom Verband ausgearbeiteten Grundzüge einer deutschen Ärzteordnung erstmals an die Reichsregierung in Form einer Petition gesandt. Der Entwurf beinhaltete einen Katalog von Bestimmungen über die ärztlichen Prüfungsordnungen, die Zulassung als Arzt (Approbation), den Zulassungsentzug, die Promotion, Rechte und Pflichten approbierter Ärzte, die Freizügigkeit des Arztes, die Freiwilligkeit der ärztlichen Hilfeleistung und die Vereinbarung des ärztlichen Honorars. Hinzu kamen Ausführungen über das Recht zur selbstständigen ärztlichen Behandlung in öffentlichen und privaten Heilanstalten, bei Krankenkassen und Kassenverbänden (Stobrawa 1979, S. 21).

Nach Huerkamp (1985, S. 253) gehörten schon 1876 reichsweit den ärztlichen Unterstützungsorganisationen insgesamt 7425 Ärzte, das heißt rund 60 Prozent aller berufstätigen Ärzte und damit fast alle Mitglieder der angeschlossenen Ärztevereine an. Der fünfte und sechste Ärztetag (1877 und 1878) empfahlen gerade mit Blick auf die für einen steigenden Organisationsgrad der Ärzteschaft förderliche Wirkung den Ausbau der bestehenden Unterstützungsorganisationen und die Schaffung weiterer Organisationen, wo diese noch nicht bestanden. Charakteristisch für den gegenüber den Mitgliedsorganisationen noch relativ schwachen Dachverband war zugleich die Ablehnung der Mehrheit der Delegierten gegen die Errichtung einer zentralen Hilfskasse, die primär den Verband als solchen aufgewertet hätte und deren Ressourcen von diesem kontrolliert worden wären (Huerkamp 1985, S. 253). Die monofunktionalen Unterstützungs- und Schutzorganisationen auf zumeist lokaler Ebene waren vielfach nur für Mitglieder des jeweiligen ärztlichen (Träger-)Vereins zugänglich. Sie bildeten damit für die ärztlichen Vereine faktisch so etwas wie organisationale „Türöffner" für die Organisierung der örtlichen Ärzte. Vielfach bildeten also eher die individuellen materiellen Vorteile als kollektive standespolitische Interessen die Ursachen für den rasch zunehmenden Organisationsgrad der Ärzteschaft. Zugleich ermöglichte die Schaffung eigenständiger Unterstützungsorganisationen den Ärztevereinen neben der Externalisierung von Unterstützungsaufgaben vor allem die Spezialisierung auf die Vertretung standespolitischer Interessen.

Von 1874 bis 1909 stieg die Zahl der dem Verband angeschlossenen Vereine auf 399 an. Zugleich vervierfachte sich die Zahl der organisierten Ärzte, was einen Anstieg des Organisationsgrads auf gut 79 Prozent bedeutete. Der Ärztevereinsbund hatte sich insofern als das unumstrittene professionspolitische Zentrum der Population der Ärztevereine etabliert und die nicht anschlusswilligen Vereine weitgehend von der organisierten Interessenartikulation marginalisiert. Obwohl der hohe Organisationsgrad also eine eindrucksvolle organisations- und professionalisierungspolitische Erfolgsbilanz des Ärztevereinsbundes auswies, „sahen die Ärzte im allgemeinen ihre standespolitischen Interessen keineswegs in zufriedenstellender Weise in der Öffentlichkeit vertreten und durchgesetzt" (Huerkamp 1985, S. 253). Vielmehr machte sich nach Huerkamp (1985, S. 253f.) unter den organisierten Ärzten eine eher pessimistische Stimmung breit, die mit dem Gefühl zusammenhing, trotz Ärztevereinsbund in der Öffentlichkeit und gegenüber dem Staat beständig an Ansehen zu verlieren. Das hing primär mit externen Faktoren, wie dem aufgrund fortschreitender ärztlicher Spezialisierung zunehmend anonymisierten Arzt-Patienten-Verhältnis, der wachsenden Konkurrenz mit sogenannten Kurpfuschern, den immer stärker auf den Gesundheitsmarkt nachdrängenden jungen Ärzten sowie mit der zunehmenden Zahl von angestellten Kassenärzten und den relativ niedrigen Arzthonoraren zusammen. Dabei wurden die *Grenzen der organisationspolitischen Wirksamkeit des Ärztevereinsbundes* als einer privatrechtlichen Vereinigung lokaler Ärzteorganisationen vor allem an zwei Problemkreisen deutlich.

Das erste zentrale Problem resultierte aus der veränderten Stellung der Ärzteschaft zum Staat, die sich aus ihrer Einordnung in die *Gewerbeordnung von 1869* und die damit einhergehende Freigabe der Heilkunde ergeben hatte. Der Ärztevereinsbund suchte auf dem Wege der Einflussnahme auf die öffentliche Meinung sowie durch eine Flut von Petitionen und Eingaben eine Wiederausgliederung der Ärzte aus der Gewerbeordnung und den Erlass einer gesonderten „Ärzteordnung" zu erreichen. Auf diese Weise sollte eine besondere staatlich geschützte Stellung der Ärzteschaft bewirkt werden. Einen ersten Erfolg der Bemühungen des Ärztevereinsbundes stellte in dieser Hinsicht die 1887 in Preußen vorgenommene Errichtung von *Ärztekammern* als öffentlich-rechtliche Körperschaften mit Zwangsmitgliedschaft dar, die über ärztliche Ehrengerichte und damit eine eigenständige, wenn auch beschränkte Disziplinargewalt verfügten (Huerkamp 1985, S. 254). Allerdings erfolgte die Gründung von Ärztekammern in erster Linie „durch die wohlwollende Vermittlung des Preußischen Ministerpräsidenten Fürst Bismarck und des Kultusministers von Gossler" (Stobrawa 1979, S. 19). Wenngleich man also durchaus von einem Teilerfolg des Ärztevereinsbundes sprechen kann, so blieb der Verband doch auf die aktive Unterstützung durch den Staat angewiesen. Insofern war der Ärztevereinsbund eher ein relativ loser Verbund lokaler Organisationen, mit einem begrenzten Zentralisierungsgrad. Er war deshalb nicht zum Aufbau einer das politische Herrschaftssystem maßgeblich tangierenden Gegenmacht in der Lage, sondern beschränkte sich trotz des beständig steigenden Organisationsgrades weitgehend auf reine Lobbyarbeit und vermied die offene Konfrontation mit staatlichen Stellen. Seine standespolitischen Forderungen hatten insofern nur dann eine Chance, wenn sie in das staatspolitische Kalkül passten.

Das zweite zentrale Problem bestand in der Frage der Stellung der Ärzte zu den Krankenkassen, das mit Erlass des *Krankenversicherungsgesetzes* im Jahre 1883 in Gestalt der *„Kassenarztfrage"* zur zentralen Fragestellung des Ärztevereinsbundes und des ärztlichen Vereinslebens avancierte. Während also einerseits gegenüber dem Staat „durch den unermüdlichen Einsatz des Geschäftsausschusses des Deutschen Ärztevereinsbundes und der Ärztetage" (Stobrawa 1979, S. 20) für staatlich anerkannte körperschaftliche Ärzteorganisationen (Kammern) mit weitreichenden Selbstverwaltungsbefugnissen geworben wurde, erforderte andererseits die Durchsetzung wirtschaftlicher Interessen gegenüber den Krankenkassen auf einem weitgehend unregulierten Markt für freie ärztliche Dienstleistungen eher eine zentralisierte, gewerkschaftsähnliche und staatlich unabhängige Organisationsform, die als *organisierte Gegenmacht* den Kassen gegenübertreten konnte. Zu einem solchen organisations- und interessenpolitischen Spagat, der die Ausbildung einer „doppelten Identität" vorausgesetzt hätte, war der Ärztevereinsbund aber nicht in der Lage. Das große Manko des Verbands bestand nicht etwa in fehlender Organisationsfähigkeit als solcher. Hier agierte er erfolgreich als Katalysator ärztlicher Professionalisierungs-, Standes- und Organisationspolitik. Es mangelte ihm an der zur Durchsetzung organisierter Interessen notwendigen Konfliktfähigkeit gegenüber dem organisierten Staat wie auch den Kassen und ihren Verbänden. Gerade für die Vertretung statusbezogener Erwerbsinteressen der Ärzte war diese Form der Dachorganisation also ungeeignet. Für Schmitt (1966, S. 40) war der Ärztevereinsbund deshalb letztlich eher ein Honoratiorenverband als ein moderner Interessenverband: „Vorsitzender und Ausschussmitglieder versahen nach wie vor ihren Beruf als praktischer Arzt. Der hauptamtlich angestellte Generalsekretär errang sich zwar mit der Zeit eine starke Stellung innerhalb der Führungsspitze, er blieb aber stets an die Weisungen des Vorsitzenden sowie an die Beschlüsse des Ärztetages gebunden. Selbst als die ungünstigen Auswirkungen der Versicherungsgesetzgebung auf den ärztlichen Stand offenbar wurden, änderte sich nicht der ‚konservative Charakter des Bundes'." Die Ärztefunktionäre als Repräsentanten der „freien Berufe" standen also nach wie vor dem „wirtschaftlichen Organisationsgedanken", wie er sich in den Gewerkschaften manifestierte, „gänzlich fremd, ja feindlich" (Heuss 1916, S. 237) gegenüber. Die damit verbundene strukturelle Beharrungskraft verhinderte eine verbandliche Reorganisation.

Im Zentrum der nach 1883 ausbrechenden Konflikte mit den Kassen stand gerade deshalb auch nicht die ärztliche Dachorganisation, sondern der einzelne lokale Ärzteverein. Der wies aber aufgrund seiner räumlichen, personellen und materiellen Begrenztheit naturgemäß nur eine eingeschränkte Konfliktfähigkeit auf und war damit den örtlichen Kassen bei einer offenen Konfrontation oft unterlegen[152]. Gerade die Tatsache, dass sich in der Frühphase der Aus-

[152] Die Erfolgschancen der Ärztevereine hingen i.d.R. vom Organisationsgrad der lokalen Ärzteschaft ab. Im Zentrum der Kämpfe standen zumeist die AOK'n. Es gibt aber auch Beispiele für Kampferfolge lokaler Ärztevereine. 1885 konnte z.B. der *Verein der Ärzte Düsseldorfs* im Konflikt mit der AOK zumindest einen Teilerfolg verbuchen. Zwar setzte die AOK eine Senkung der pauschalen Ärztehonorare durch, doch erreichte der Ärzteverein im Gegenzug, dass zukünftig nur noch Vereinsmitglieder als Ärzte zur Behandlung zugelassen wurden (sog. *System der „organisierten freien Arztwahl"*). So erlangte der Verein ein örtliches Monopol auf Kassenarztstellen, was seine Attraktivität bei den ansässigen Ärzten erhöhte und die Mitgliederzahlen ansteigen ließ (Helsper/Schadewald 1965). Hinzu kam, dass alle Mitglieder durch „bindende Beschlüsse" verpflichtet wurden, für kein Kassenhonorar tätig zu werden, dass unter den zwischen Verein und Kassen vereinbarten Mindestsätzen lag. Zuwiderhandlungen führten zum Vereinsausschluss. Hiervon waren zeitweise alle für die AOK tätigen Kassenärzte betroffen. Nach mehreren Auseinandersetzungen zwischen

einandersetzungen die Konflikte zwischen Ärztevereinen und Kassen in einem lokal begrenzten Kontext abspielten, machte ihre Eskalation zu landesweiten Großkonflikten noch nahezu unmöglich. Das Resultat der beschränkten Konfliktressourcen und Handlungsspielräume der beteiligten Akteure war eine natürliche Begrenzung der Konfliktintensität und -dauer, wodurch die gesellschaftlichen Folgen der organisierten Konflikte begrenzt blieben. Gerade die begrenzte Konfliktfähigkeit wurde in der Folgezeit allerdings zum Hauptargument für die von beiden Seiten vorangetriebene *organisationale Aufrüstung*. Letztlich waren es also politische Vorgänge, die in Gestalt der Gesetzlichen Krankenversicherung 1883 enormen Einfluss auf die Weiterentwicklung des ärztlichen Vereinslebens beziehungsweise die Ausrichtung der ärztlichen Organisationen ausübten.

2.3.4 Ärztestatus und Einkommen: Die veränderte Situation ab 1883

Mit dem *Krankenversicherungsgesetz* wurden die Ärzte zu gesetzlich definierten Vertragspartnern der Krankenkassen bei der Sicherstellung der erforderlichen medizinischen Versorgung der Kassenmitglieder. Die große Mehrzahl der Kassen schloss daraufhin je nach Größe und Leistungsfähigkeit privatrechtliche Verträge mit einem oder mehreren ortsansässigen Ärzten ab. Diesen *Vertragsärzten* wurde dann gegen Zahlung eines Honorars die exklusive medizinische Versorgung der erkrankten Kassenmitglieder übertragen[153]. Als gängige Honorierungsformen dominierten verschieden Formen der Pauschalvergütung. Daneben bestand aber auch die Möglichkeit der Einzelleistungsvergütung nach der amtlichen Gebührenordnung, wobei in diesem Fall häufig Rabatte auf die Sätze der ortsüblichen Minimaltaxe(n) ver-

---

dem Düsseldorfer Verein und den örtlichen Kassen über Honorarhöhe und Abrechnungsmodalitäten übernahm der Verein 1892 die Organisation der Honorarverteilung. Seitdem wurden dem Verein pauschal die Honorare für alle auf einer Kassenarztliste aufgeführten Vereinsmitglieder übergeben. Eine eigens eingerichtete Krankenkassenkommission verteilte diese „nach Maßgabe der Einzelleistungen in eigener Regie weiter" (Helsper/Schadewaldt 1965, S. 143). Der Düsseldorfer Verein monopolisierte so die Honorarverteilung unter den Kassenärzten, eine Funktion, die 40 Jahre später die Kassenärztlichen Vereinigungen innehatten.

153 Mit dem *KVG* schob sich die Krankenkasse als dritte Kraft zwischen Arzt und Patient. Bei der Organisation der ärztlichen Versorgung beschritten sie aber kein grundsätzliches Neuland, sondern setzten auf bekannte und bewährte Systeme. Die eigentliche Innovation der GKV bestand in der durch die Verankerung des *Naturalleistungsprinzips* initiierten Verallgemeinerung der ärztlichen Versorgung. Anders als beim Barleistungsprinzip waren alle Kassenmitglieder verpflichtet, einen Vertragsarzt aufzusuchen (System *„fixierter Kassenärzte"*). Auch die von einigen Betriebs- und Fabrikkrankenkassen in Barmen praktizierte *„beschränkte freie Arztwahl"*, bei der die Patienten zwischen mehreren Vertragsärzten wählen konnten, bedeutete keine völlige Wahlfreiheit. Viele größeren Kassen betrieben ein *„Distriktarztsystem"*. Dabei wurde der Einzugsbereich der Kasse nach Wohnbezirken eingeteilt. Für jeden Distrikt war nur ein bestimmter Arzt zuständig. Distriktarztsysteme wurden zuvor schon von den Knappschaftskassen und dem Berliner Gewerkskrankenverein praktiziert (Herold-Schmidt 1997, S. 84; Huerkamp 1985, S. 195).

einbart wurden (Herold-Schmidt 1997, S. 84). Innerhalb kürzester Zeit existierte eine Vielzahl unterschiedlicher Vergütungsformen für Kassenärzte. Nach einer ersten groben Erhebung des Ärztevereinsbundes hatten 1886 rund 60 Prozent aller Kassen ein Honorar auf Pauschalbasis vereinbart, während reichsweit nur 40 Prozent der Kassen Einzelvergütungen bezahlten. Dabei bestanden starke regionale Verschiebungen im Reichsgebiet (Tamm 1998, S. 1152).

Tab. 7: Modelle kassenärztlicher Honorierung

1. Pauschalhonorar	1a. Kopfpauschale	1b. Fallpauschale	2. Einzelleistungsvergütung
Fixer jährlicher Geldbetrag, mit dem sämtliche ärztliche Behandlungsleistungen abgegolten sind.	Fixer jährlicher Geldbetrag pro Kassenmitglied, unabhängig von der tatsächlichen ärztlichen Behandlungsleistung.	Fixer jährlicher Geldbetrag pro ärztlichen Behandlungsfall.	Vergütung der einzelnen Behandlungsleistung nach der amtlichen Gebührenordnung, evt. abzüglich eines Rabatts auf die ortsüblichen Mindestsätze (*Einzelhonorarvertrag*).

Quelle: Herold-Schmidt 1997, S. 84

Mit dem *Krankenversicherungsgesetz* fiel den approbierten Ärzten erstmals „ein öffentlich-rechtliches Monopol an einer Klientel zu“ (Göckenjan 1987, S. 16). Mit einem Mal bekamen sie exklusiven Zugriff auf ein beständig anwachsendes (zwangsversichertes) Patientenpotenzial, „das sie vorher kaum zu Gesicht bekommen hatten“ (Tamm 1998, S. 142). Für diejenigen Ärzte, denen es in der Folgezeit gelang, die begehrten Kassenarztposten zu erhalten, stieg mit der Ausdehnung des Marktes für Gesundheitsdienstleistungen der Umfang der ärztlichen Behandlungstätigkeit erheblich an. Während viele Ärzte zunächst die Kassenarzttätigkeit quasi als Nebentätigkeit neben ihrer originären Privatpraxis betrieben hatten, wurde die Behandlung der rasch wachsenden Zahl von Kassenpatienten alsbald zur dominierenden Tätigkeit. Die Privatpraxis verlor hierbei auch im Hinblick auf ihren Anteil am ärztlichen Gesamteinkommen an Bedeutung.

Zugleich wurde den Ärzten innerhalb der Krankenversicherung wie zuvor schon in vielen frühen Fabrik- und Ortskrankenkassen eine *zentrale Machtposition* gegenüber den erkrankten Kassenmitgliedern zugewiesen. Beispielsweise setzte der Bezug von Krankengeld eine ärztliche Erwerbsunfähigkeitsbescheinigung, regelmäßige Vorstellungen beim Arzt und die strikte Befolgung seiner Anordnungen voraus. Damit wurde die ärztliche Position gegenüber den Patienten erheblich gestärkt. Insofern eröffnete die Gesetzliche Krankenversicherung der Ärzteschaft sowohl hinsichtlich ihres sozialen wie auch materiellen Status im Grundsatz bislang ungeahnte Perspektiven.

Den sich ergebenden Vorteilen, standen aus Sicht der Ärzte allerdings auch erhebliche negative Auswirkungen der Krankenversicherung gegenüber. Für die exklusive Machtposition gegenüber den Kassenpatienten mussten die Kassenärzte nämlich in der Regel eine erhöhte Abhängigkeit von den Krankenkassen in Kauf nehmen. Die Kassen betrieben von Anfang eine auf Ausgabenbegrenzung ausgerichtete Leistungspolitik[154]. Deshalb waren die Kassenvorstände an einer sparsamen Arzneimittelverordnung und restriktiver Krankschreibungspraxis interessiert und engten über eine Fülle von Instruktionen und Kontrollen den therapeutischen Handlungsspielraum der Kassenärzte empfindlich ein. Das besondere *Abhängigkeitsverhältnis* des Arztes von der jeweiligen Kasse wurde noch dadurch verstärkt, dass der Vorstand den Kassenarztvertrag bei Verstößen gegen seine Direktiven jederzeit kündigen konnte. Hinzu kam, dass die Kassen aus der Flut der Bewerber nur besonders geschickte und erfahrene Ärzte für eine Kassenarztstelle zuließen. Sie betrieben also eine umfangreiche Bewerberselektion, spielten die Ärzte gegeneinander aus und erlangten sehr rasch eine große Marktmacht gegenüber der Ärzteschaft. Jeder Kassenarzt hatte bei allen von ihm zu treffenden Entscheidungen (Therapien, Arzneirezepte, Atteste) also immer zu aller erst die Interessen der Kasse zu berücksichtigen und nicht das Wohl des Patienten. Er geriet damit einerseits in „Zwiespalt mit seiner Rolle als Kassenarzt, andererseits als ‚Berater und Beschützer der Kranken'" (Tamm 1998, S. 144). Die Krankenkassen zielten im allgemeinen darauf ab, dass zwischen Kasse und Arzt „ein festes beamtenähnliches Verhältnis" bestehen sollte, „damit das Interesse der Kasse vom Arzte wahrgenommen werden könnte, der sonst zu leicht in eine für die Kasse schädliche Abhängigkeit vom Patienten kommen könnte. Hierdurch würden Arzt- und Apotheken-Kosten zu hoch und die moralische Anschauung der Patienten gefährdet, weil sie die Kasse mit Hilfe der Ärzte zur Arbeitslosenversicherung benützen würden und aus geheuchelter Krankheit Gewinn zu schlagen versuchen würden" (Dresel 1913, S. 35f.). Letztlich lief dies auf eine Quasi-Anstellung beziehungsweise Verbeamtung der Ärzte durch die Kassen hinaus. Der eben erst gegen den Staat etablierte Status des „freien Arztberufs" drohte so zu einem lohnarbeitsähnlichen Arbeitsverhältnis degradiert zu werden (Schmitt 1966, S. 43).

Die Ärzte, die sich nach Herold-Schmidt (1997, S. 82) „gerne als das Urbild der liberalen Bourgeoisie betrachteten", standen fortan nicht mehr in einer direkten und unmittelbaren

---

[154] 1885 betrug der Anteil der Arzthonorare an den GKV-Leistungsausgaben rund 21,9 %, 1933 lag er bei 27,5 %. Im Zeitraum von 1885 bis 1933 betrug der Anteil der Arzthonorare durchschnittlich 25 % der Leistungsausgaben, blieb also über fast 50 Jahre nahezu konstant. Die Entwicklung der Arzthonorare verlief somit proportional zur Ausdehnung der Gesamtleistungsausgaben. Dies dürfte u.a. ein Resultat der restriktiven Honorarpolitik der Kassen sein. Feststellbar ist aber auch, dass der prozentuale Anteil der Arzthonorare mit Auftreten des Hartmannbundes anstieg und 1915 ca. 29,7 %, 1932 sogar 35,7 % der Kassenleistungen ausmachte (eigene Zusammenstellung).

Rechtsbeziehung zu ihren Patienten. Die mit dem KVG erfolgte Einschaltung der Krankenkasse als dritter Instanz, die als Arbeitgeber fungierte, konfrontierte die Ärzte mit einer für sie völlig neuen und ungewohnten Situation. Nicht wenige Ärzte befürchteten deshalb, durch die Gesetzliche Krankenversicherung in eine neuerliche Abhängigkeit gegenüber den Kassen zu geraten, „nachdem die staatliche ‚Bevormundung' gerade erst wenige Jahre überwunden war" (Herold-Schmidt 1997, S. 82). Dies lag einerseits daran, dass das KVG die nähere Ausgestaltung der Beziehungen zwischen Krankenkassen und Ärzten völlig offen ließ und damit eine breite Palette denkbarer Vertragsbeziehungen ermöglichte. Andererseits stellte sich sehr rasch heraus, dass die Kassen auch in finanzieller Hinsicht gegenüber den Ärzten am längeren Hebel saßen. Gerade in den städtisch-industriellen Ballungszentren stand eine wachsende Zahl ortsansässiger Ärzte zum Teil in scharfer Konkurrenz um die knappen Kassenarztstellen. Hier konnten die Kassenvorstände, die im übrigen aus Kostengründen immer darum bemüht waren, die „Zahl dieser Kassenarztsitze so niedrig wie möglich zu halten" (Helsper/Schadewaldt 1965, S. 142), ohne große Mühe „die Honorare drücken und sich billige ärztliche Hilfe für ihre Mitglieder verschaffen" (Huerkamp 1985, S. 196). Mit der Anstellung als Kassenarzt verlor dieser das Recht zur freien Bewertung seines Honorars gegenüber dem Patienten. Nun war er bei der Abrechnung seiner Behandlungsleistungen an die mit den Krankenkassen vereinbarten Honorarsätze (Taxen) gebunden. Ein direktes Vertragsverhältnis bestand lediglich zu der sinkenden Zahl von Privatpatienten, die weiterhin unmittelbar die ärztlichen Dienstleistungen in Bar bezahlten. Schon bald wurden Klagen über eine aus ärztlicher Sicht zu geringe Honorierung und honorarpolitische Gängelung durch die Kassen laut. Eine Reihe von Ärztefunktionären sprach sogar von einer drohenden „Proletarisierung des Ärztestandes" (Zepler 1903, S. 627).

Hierzu muss angemerkt werden, dass die reale Einkommenssituation der Ärzteschaft extrem heterogen war. So verschlechterte sich gerade für jüngere Ärzte aufgrund steigender Arztzahlen und explodierender Versichertenzahlen die Chance zum Aufbau einer einträglichen Privatpraxis gegen Ende des 19. Jahrhunderts. Zugleich bestand allerdings für diejenigen Ärzte, die eine der knappen Kassenarztstellen innehatten, die Möglichkeit, ihr Einkommen erheblich zu verbessern (Herold-Schmidt 1997, S. 89). Neben regionalen[155] bestanden allerdings auch kassenspezifische Unterschiede in der Kassenarztvergütung, da sowohl die Zahl der zu betreuenden Patienten als auch die Honorierungsformen zwischen den einzelnen Kas-

155 Bei der Honorierung existierte ein Ost-West-Gefälle. Im industriellen Westen, z.B. in Krefeld, wurden 1885 Pauschalen von 3,00 Mark pro Kassenmitglied erreicht, während ein Arzt in Breslau 1,60 Mark, in Frankfurt/Oder 1,30 Mark pro Mitglied erhielt (Huerkamp 1985, S. 201).

senarten stark differierten. Während der Kassenarzt einer Allgemeinen Ortskrankenkasse zumeist gegen Zahlung einer Jahrespauschale durchschnittlich rund 1000 Versicherte medizinisch zu betreuen hatte und damit an die Grenze seiner Behandlungskapazitäten stieß, waren es in den Gemeindekassen lediglich 640 und in den Betriebskrankenkassen nur 335 Personen. Derjenige Arzt, der einen Vertrag mit einer Betriebskrankenkasse überwiegend für Pauschalhonorar vereinbart hatte, stand sich dementsprechend besser als ein für eine Ortskrankenkasse oder Gemeindekrankenkasse tätiger Arzt. Für ersteren machte die Versorgung der Kassenpatienten nämlich aufgrund des überschaubaren Behandlungsaufwand nur einen Teil seiner ärztlichen Dienstleistungen aus. Der Arbeitsaufwand zur Betreuung der Kassenpatienten konnte gering gehalten werden und war in der Regel durch die Pauschalhonorierung, für den Arzt eine Art fixes Grundeinkommen, mehr als abgegolten. Daneben blieb dem Arzt genügend Zeit für die Betreuung zahlungskräftiger Privatpatienten. Hierdurch war seine Einkommenssituation insgesamt wesentlich besser als die seiner Kollegen, die bei anderen Krankenkassentypen unter (Pauschalhonorar-)Vertrag standen und mit der ärztlichen Betreuung der Kassenpatienten voll ausgelastet waren. Diesen Ärzten brach die bisherige Privatpraxis weg. Das hatte zur Folge, dass sie den bisherigen „breite[n] Boden, auf welchem die Praxis des jungen Arztes sich aufbaut" (Graf 1890, S. 30) verließen und nun vollständig auf die Einnahmen aus Kassenarzttätigkeit angewiesen waren. Hierdurch gerieten sie zwangsläufig in ein erhebliches Abhängigkeitsverhältnis zu den Kassen (Schneider 1981). Viele dieser Ärzte versuchten mit mäßigem Erfolg, die entstandenen Einkommenseinbußen durch Einforderung höherer Kassenarzthonorare zu kompensieren (*Tab. 7; Tab. 8*). Die Lage der Kassenärzte war im großen und ganzen also keinesfalls durchweg „so schlecht, wie sie von Standesvertretern zweckpessimistisch dargestellt wurde" (Herold-Schmidt 1997, S. 89).

Die seit Einführung der Gesetzlichen Krankenversicherung eher negative Einschätzung der ärztlichen Verdienstlage resultierte nach Herold-Schmidt (1997, S. 89) nicht zuletzt auch daraus, dass sich das mit dem in den letzten Jahrzehnten des 19. Jahrhunderts einsetzenden Aufschwung der wissenschaftlichen Medizin allgemein gestiegene Selbstbewusstsein der etablierten ärztlichen Profession auch in höheren Einkommensvorstellungen ausdrückte. Dabei orientierten sich die Ärzte vor allem an den Juristen und Offizieren, die als Repräsentanten der staatstragenden Schichten eine deutlich höhere gesellschaftliche Position als sie selbst einnahmen. Die ärztlichen Bemühungen um eine ihrem Stande angemessene Honorierung zielten also vor allem darauf ab, „über die finanzielle Anerkennung ihrer realen Leistung für das ‚Allgemeinwohl' ihr Ansehen an die gesellschaftliche Position der höheren Beamten anzugleichen“ (Tamm 1998, S. 154; vgl. auch Göckenjan 1987, S. 15ff., 1985, S. 416f.). Das ärztliche Dilemma bestand nun freilich darin, dass derartige Einkommenserwartungen letztlich nur auf der breiten personellen und materiellen Basis der Krankenversicherung erfüllt werden konnten, da die Zahl der Privatpatienten hierzu nicht ausreichte. Zugleich wurde das latente Gefühl einer gesellschaftlichen Unterlegenheit gegenüber den anderen staatstragenden Professionen durch die Befürchtung bestärkt, durch die eher ungünstigen Honorarregelungen der Kassen von der angestrebten Gleichstellung mit den Beamten abgekoppelt zu werden.

Tab. 8: Kassenärzte und Honorierungsformen nach einer Umfrage des Deutschen Ärztevereinsbundes in 1885

Kassenart	Kassen	Mitglieder	Vertragsärzte	Mitglieder pro Arzt	Anteil Einzelhonorarverträge
Gemeindekassen	258	160.000	249	643	64 %
Ortskrankenkassen	494	404.000	396	1.020	40 %
Betriebskrankenkassen	594	148.000	442	335	32 %
Summe	1.346	712.000	1.087	655	

Quelle: Tamm 1998, S. 153; eigene Berechnungen

2.3.5 Der Wendepunkt ärztlicher Organisationspolitik: Die Kassenarztfrage als Motor organisationaler Aufrüstung und Standespolitik

Das zu Beginn der Gesetzlichen Krankenversicherung weitgehend ungeklärte Verhältnis zwischen Kassen und Ärzten barg ein erhebliches Konfliktpotenzial. Die aus dem *KVG* resultierenden Probleme und Konflikte avancierten in der Folgezeit in Gestalt der *„Kassenarztfrage“* im ärztlichen Vereinsleben und in ärztlichen Publikationen zum Hauptthema. Sie übten so einen erheblichen Einfluss „auf den einzelnen Arzt wie auch auf die Organisationsstruktur der Ärzteschaft zum Ende des 19. und nicht nur zu Beginn des 20. Jahrhunderts, sondern bis heute“ (Stobrawa 1979, S. 23) aus. Dabei ist anzumerken, dass es sich nicht um grundsätzlich neue Phänomene handelte. Schon vor 1883 hatte es immer wieder ärztliche Klagen über die zentralen Nachteile einer Kassenarzttätigkeit gegeben (Unterbezahlung, Einschränkung des Handlungsspielraums durch die Kassenvorstände, jährliche Rechenschaftspflicht gegenüber der Kasse; vgl. Frevert 1984, S. 236ff.). Allerdings drangen sie vor Erlass des KVG „kaum jemals bis in die Spalten der ärztlichen Vereinspresse vor“ (Huerkamp 1985, S. 196).

Hinzu kommt, dass sich gerade der Ärztevereinsbund weder am Entstehungsprozess des Krankenversicherungssystems und den Diskussionen zum laufenden Gesetzgebungsverfahrens beteiligten noch den Erlass des KVG überhaupt zur Kenntnis nahmen oder auch nur aus ärztlicher Sicht Stellung bezogen. Dies ist erstaunlich, wenn man bedenkt, dass der Deutsche Ärztevereinsbund 1883 bereits 187 Ärztevereine mit insgesamt 7864 Mitgliedern vertrat. Das entsprach einem Organisationsgrad von immerhin rund 57 Prozent. Im eigentlichen Sinne hatte er also bereits das ärztliche Repräsentationsmonopol erreicht. Doch gerade im *Ärztlichen Vereinsblatt* fand das neue *Krankenversicherungsgesetz* bis Oktober 1883 keinerlei Resonanz[156]. Es scheint so, als ob die ärztliche Dachorganisation „die ungeheure revolutionierende Bedeutung dieses Gesetzes für die weitere Entwicklung des Aerztestandes" (Apfel 1924, S. 18) schlichtweg übersah und dem neuen Gesetz keine Bedeutung beimaß. Auch August (1931, S. 7) konstatiert, dass man sich offenbar über den enormen Einfluss der Gesetzlichen Krankenversicherung auf den sozialen Status der Ärzteschaft, die Organisation der ärztlichen Versorgung sowie die rechtlichen Beziehungen zwischen Arzt und Patient einerseits und Arzt und Krankenkasse andererseits „auf keiner Seite in Deutschland von vornherein" im klaren gewesen sei. Ein Grund für die fehlende Beschäftigung mit dem KVG durch den Ärztevereinsbund lag auch darin, dass im Mittelpunkt der bisherigen ärztlichen Interessenpolitik die Auseinandersetzungen mit dem Staat um eine neue *Ärzteordnung* gestanden hatten, „bei der es um die Vor- und Nachteile der Einbindung des ärztlichen Berufsstandes in die Gewerbeordnung ging" (Tamm 1998, S. 146). Noch ein knappes Jahr vor Erlass des KVG hatte der zehnte Ärztetag in Nürnberg die vom Dachverband vorgelegten „Gründzüge einer deutschen Ärzteordnung" (Graf 1890, S. 43f.) angenommen, „um nicht mehr mit jedem kleinen Gewerbetreibenden gleichgesetzt zu werden" (Tamm 1998, S. 146). Die organisierte Ärzteschaft beurteilte zu diesem Zeitpunkt die Honorarfrage noch als zweitrangiges Problem. Die mit der Gesetzlichen Krankenversicherung verbundene Zwangsversicherung eines Großteils der Arbeiterschaft wurde zunächst sogar „freudig begrüßt" (Graf 1890, S. 30). Sie führte zur sozia-

[156] Erst der *Elberfelder Arzt Künne* eröffnete die Diskussion mit einem Artikel in der Oktoberausgabe des Ärztlichen Vereinsblatts, in dem er eine zukünftige Regelung der Vertragspraxis zwischen Ärzten und Kassen forderte, mit der den sozio-ökonomischen Veränderungen Rechnung getragen werden müsse. Für Künne hing der soziale Status des Arztes unmittelbar von seiner materiellen Stellung, also der Einkommenshöhe ab. Gerade das Einkommen sei aber durch die Einführung der GKV bedroht. In der Ausdehnung der Pflichtversicherung auf die besserverdienenden Schichten läge die Gefahr, dass den Praxen die Privatpatienten entzogen würden, was sich für viele als existenzgefährdend erweisen könne. Hinzu käme, dass „die schlecht honorierten Kassenärzte durch die Not zu neuer und scharfer Konkurrenz" getrieben würden, was die Interessenpolitik erschwere. Künne kritisierte die fehlende Geschlossenheit des Ärztestandes in der Frage einer angemessenen Honorierung (Ärztliches Vereinsblatt für Deutschland (1883) 12, Sp. 269f.). Sein Artikel löste eine enorme Resonanz innerhalb der Ärzteschaft aus (Tamm 1998, S. 146ff.).

len Absicherung der Masse der Lohnarbeiterschaft im Krankheitsfall und zur erheblichen Ausweitung des Marktes für medizinische Dienstleistungen, schuf also eine Masse „behandlungswürdiger", weil durch die Versicherungsmitgliedschaft solventer Klientel. Übersehen wurde dabei, dass sich der Markt für medizinische Dienstleistungen mit der Expansion der Versichertenzahlen grundlegend verändern würde. Die rapide Ausdehnung des Versicherungsprinzips bis zum Ersten Weltkrieg bewirkte nämlich, dass die Kassenarzttätigkeit, die bis 1883 von vereinzelten Ärzten mehr oder weniger als Anhängsel zur Privatpraxis ausgeübt worden war, für immer mehr Ärzte zur entscheidenden Grundlage ihrer Existenzsicherung wurde (Huerkamp 1985, S. 199)[157].

Abb. 10: Quantitative Entwicklung der Patientenzahlen pro Arzt 1885-1910

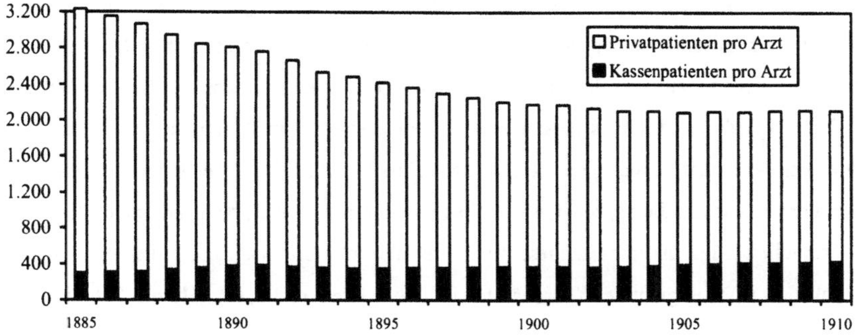

Quelle: eigene Zusammenstellung und Berechnung

Den organisierten Ärzten wurden ihre Versäumnisse jedoch bald bewusst. Der *zwölfte Ärztetag in Eisenach von 1884* bedeutete dann einen *Wendepunkt ärztlicher Standespolitik.* Die Ärztefunktionäre begriffen, dass das KVG einen fundamentalen Eingriff in ihre Belange darstellte. Es lag also nahe, kollektive ärztliche Forderungen zu entwickeln, um „das ‚materielle Wohl und Wehe des ärztlichen Standes' und damit seine Leistungsfähigkeit für das ‚Allgemeinwohl' zu retten" (Tamm 1998, S. 149). Diese Erkenntnis kam vor allem daher, dass die ungeklärte Stellung der Ärzte zu den Krankenkassen und die damit verbundene Honorarfrage mit Erlass des KVG sehr rasch zu einem die gesamte organisierte Ärzteschaft tangierenden *Kardinalprobleme* wurde, das alle bisherigen Konflikte in den Schatten stellten. Die vor 1883 nur von wenigen Ärzten in ihrem Verhältnis zu den Kassenvorständen konkret erfahrenen

[157] Schon 1908 widmeten ca. 90 % der praktischen Ärzte etwa drei Viertel ihrer Tätigkeit der Durchführung der Arbeiterversicherung (Huerkamp 1985, S. 199).

Konfrontationslinien verschärften sich mit der quantitativen Ausdehnung der Krankenversicherung und wurden so zum Massenphänomen. Hinzu kam, dass parallel zum Wachstum der Versicherungspopulation eine enorme Nachfrage nach approbierten Ärzten einsetzte. Das hatte wiederum zur Folge, dass die Zahl der Ärzte in den Folgejahren wesentlich stärker zunahm als die Gesamtbevölkerung. Während letztere zwischen 1885 und 1900 um rund 20 Prozent anstieg, nahm die Zahl der berufstätigen Ärzte bis 1890 um 20 Prozent, bis 1900 sogar um 78 Prozent zu (Thiele 1974, S. 29; Wehler 1995, S. 739).

Reichsweit stieg die Zahl der Approbationen zwischen 1885 und 1890 um mehr als 57 Prozent an. In Barmen verdoppelte sich zwischen 1878 und 1895 die Zahl der niedergelassenen Ärzte sogar. Diese *„Ärzteschwemme"* resultierte aus der erheblich angestiegenen Attraktivität des Medizinstudiums, die wiederum durch die verbesserte Aussicht auf ein gesichertes Kassenarzteinkommen erhöht wurde. Damit einher gingen die gesellschaftliche Akzeptanz der Ärzte als Gesundheitsexperten sowie die Differenzierung der ärztlichen Berufsrollen in eine zunehmende Zahl von Spezialisten für einzelne Krankheitsfelder (Fachärzte). Entscheidend war allerdings, dass das entstandene Ärzteüberangebot in Kombination mit der relativ schlechten wirtschaftlichen Lage vieler niedergelassener Ärzte zu einer *massiven innerärztlichen Konkurrenz* um die begrenzten Kassenarztstellen führte, die „mehr und mehr die Regeln der ärztlichen Ethik und die Standesehre zu erschüttern" (Graf 1890, S. 31) drohten, und die „unwürdige Abhängigkeit der Kassenärzte von den Kassenvorständen"(Herold-Schmidt 1997, S. 85) noch verstärkten.

Hinzu kamen die für das Selbstwertgefühl und Standesbewusstsein vieler Ärzte zunehmend unerträglichen Zustände bei der Besetzung von Kassenarztstellen. Stein des Anstoßes war hierbei, dass die Anstellung eines Kassenarztes vor allem bei den Allgemeinen Ortskrankenkassen in der Regel durch einen Arbeiterausschuss erfolgte, der die Bewerberauswahl durchführte und vor dem sich jeder Arzt vorzustellen hatte. Viele Ärzte sahen sich selbst als Angehörige der gesellschaftlichen Oberschicht. Sie mussten es zwangsläufig als standesunwürdig empfinden, dass ihre neuen Dienstherren häufig einfache Arbeiter und zudem oft aktive sozialdemokratische Funktionäre waren, „welche die ärztlichen Berufsinteressen [als] völlig nebensächlich betrachteten" (Apfel 1924, S. 18). Nach Apfel (1924, S. 19) musste dies „eine völlige Demoralisierung und Zersetzung der Aerzteschaft mit sich bringen [...]. Manche jungen Aerzte machten damals, um überhaupt sich eine wirtschaftliche Grundlage schaffen zu können, bei Gevatter Bandwirker und Schlosser Besuch, baten demütig um Anstellung als Kassenarzt, und waren der Gnade oder Ungnade des Kassenvorstandes wehrlos ausgeliefert“[158]. Für die Mehrzahl der organisierten Ärzte stellte sich die Einbindung in die Gesetzliche Krankenversicherung also primär als Verlust an Entscheidungsfreiheit und Selbstständigkeit dar. Hinzu kam ein „Gefühl der materiellen Benachteiligung und der beruflich-gesellschaftlichen Degradierung“ (Herold-Schmidt 1997, S. 86), was ihrem Selbstverständnis und Bedürfnis nach gesellschaftlicher Anerkennung zutiefst widersprach. Als Mittel zur Brechung der „Kassenallmacht“ und Durchsetzung statussichernder Einkommen wurde offen der Zusammenschluss des Ärztestandes in kampfkräftigen *Interessenorganisationen* propagiert.

2.4 Von der Standesorganisation zum wirtschaftlichen Kampfverband

2.4.1 Ressourcenmonopolisierung und Exklusion: Ärztliche Organisierung für „freie Arztwahl“ und gegen „Kurpfuschertum“

Bis zur Jahrhundertwende blieben die privatrechtlichen, lokalen Ärzteorganisationen weitgehend die Hauptträger der Auseinandersetzungen mit den Krankenkassen. Die ehemaligen Lesezirkel und medizinischen Standesorganisationen machten in wenigen Jahren vielerorts einen rasanten *Formwandel zu Interessen- und Kampforganisationen* der örtlichen Ärzte durch. Statt wie zuvor Petitionen und Bittschriften an die staatlichen Stellen zu richten, konzentrierten sich viele Ärztevereine nun primär auf den Konflikt mit den örtlichen Kassen oder Kassenverbänden, in dem es in erster Linie um die Durchsetzung der materiellen Interessen der lokal organisierten Ärzteschaft ging. Neben der kassenärztlichen Honorierung entwickelte sich ab Anfang der 1890er-Jahre die Einführung der *„freien Arztwahl“* zur zentralen und populärsten Forderung der organisierten Ärzteschaft, mit deren Durchsetzung das Zulassungsmonopol der Krankenkassen gebrochen werden sollte[159].

---

[158] Das „Arbeitgeberverhalten“ von Kassenvorständen war kein ausschließliches Phänomen der AOK'n, sondern auch bei den übrigen Kassenarten, z.B. den von Unternehmern geleiteten BKK'n oder den staatlich verwalteten Bahnkrankenkassen, gängige Praxis (Huerkamp 1985, S. 219).

[159] Im „Ärztlichen Vereinsblatt“ wurde 1890 über die *„freie Arztwahl“* diskutiert. Es wurde vorgeschlagen, fortan sämtliche ortsansässigen Ärzte zur Behandlung der Kassenpatienten zuzulassen. So könnten die Versicherten unter allen Ärzten frei wählen (Huerkamp 1985, S. 224). 1891 machte der *19. Ärztetag* diese Forderung zu einem zentralen Anliegen. Dabei wurde sie als solche schon 1848 von demokratisch und medizinalreformerisch gesinnten Ärzten (Virchow) für den Bereich der Armenpflege erhoben. Unmittelbar nach Einführung der GKV entstanden einige lokale Vereinbarungen zwischen Ärztevereinen und Kassen über die Einführung einer „freien Arztwahl“. Den Anfang machte der *Ärzteverein Krefeld*, der 1885 mit der AOK vereinbarte, „dass alle zum Verein zählenden Mediziner zur Behandlung der Kassenmitglieder zuzulassen seien“ (Tamm 1998, S. 173), und damit eine Art *„organisierter* freier Arztwahl“ durchsetzte. Im selben Jahr schloss der *Ärzteverein Nürnberg* solche Vereinbarungen mit den örtlichen AOK'n und BKK'n. Laut Tamm

Gegenüber den ersten Jahren nach Inkrafttreten der Gesetzlichen Krankenversicherung, in denen sich die organisierte Ärzteschaft nahezu ausschließlich mit dem Problem einer angemessenen Honorierung ihrer Tätigkeit und den standespolitischen Folgen der Krankenversicherung beschäftigt hatte, trat mit der Forderung nach „freier Arztwahl“ ein bedeutsamer *Paradigmenwechsel in der Politik der ärztlichen Organisationen* ein. Erstmals ging es nun nicht nur um die Gruppe derjenigen Ärzte, die aktuell „bei den Kassen in Arbeit und Brot standen, sondern auch um die Gruppe derer, die keine Kassenpraxis hatten und denen durch die freie Arztwahl ermöglicht werden sollte, ebenfalls an den Segnungen der Kassengesetze teilzuhaben“ (Huerkamp 1985, S. 224). Ursprünglich war die Parole der „freien Arztwahl“ von den Gewerkschaften und der Sozialdemokratie aufgestellt worden, um so die Qualität der ärztlichen Versorgung zu erhöhen. Mit eben dieser Forderung hatten sie die Wahlkämpfe um die Besetzung der Selbstverwaltungsorgane der Allgemeinen Ortskrankenkassen gewonnen (Thiele 1974, S. 28). Die organisierte Ärzteschaft machte sich nun die Forderung der Arbeiter zu eigen, begriff „freie Arztwahl“ jedoch ausschließlich als eine ökonomisch und standespolitisch begründete Forderung nach Zulassung aller Ärzte zur Kassenpraxis, was angeblich auch „im Interesse der Krankenkassen selbst“ sei[160].

Dabei ging es weder den lokalen Ärztevereinen noch dem Ärztevereinsbund um einen von den Kassen unkontrollierten, freien Zugang aller ortsansässigen Ärzte und nichtapprobierten Heilpersonen zur Behandlung der Kassenpatienten. Wie schon angedeutet strebten die Ärzteorganisationen die Beseitigung der Anstellungsautonomie der Krankenkassen an. Das bisherige Zulassungsmonopol der Kassen war gefallen, sobald alle ortsansässigen *und* organisierten Ärzte automatisch zur Kassenpraxis zugelassen werden mussten. Die Kassen schlossen dann nicht mehr länger mit jedem Arzt einen individuellen privatrechtlichen Vertrag ab, sondern handelten fortan mit dem ärztlichen Lokalverein einen *Kollektivvertrag* aus. Die ärztlichen Vereinsmitglieder waren dann, sofern sie sich zur „Einhaltung bestimmter Bedingungen in der kassenärztlichen Tätigkeit bereit erklärten, zur Behandlung der Kassenkranken berechtigt“

(1998, S. 173) bestanden solche Vereinbarungen nur mit finanzkräftigen Kassen. Sie standen in Konkurrenz zu den Hilfskassen, welche „die Ansprüche ihrer Mitglieder auf ärztliche Dienstleistungen durch hohes Krankengeld kompensierten und damit dem Versicherten die Wahl des Arztes überließen“. Solche Regelungen blieben bis 1891 eine Ausnahme. Viele Ärzteorganisationen betrachteten die „freie Arztwahl“ nur als *eine* Möglichkeit, die ärztliche Behandlung unter Berücksichtigung der örtlichen Marktsituation anzubieten. Anfangs gingen viele Vereine und Kassen aufgrund der unkalkulierbaren finanziellen Risiken äußerst vorsichtig damit um. Nach ersten Erfahrungen mit der Einführung der „freie[n] Arztwahl unter einer möglichst großen Zahl von Ärzten“ (Graf 1890, S. 33) verflüchtigten sich viele der ursprünglichen Vorbehalte.

160 So z.B. *Sanitätsrat Dr. Busch* (Krefeld) auf der Tagung der Berliner „Zentralstelle für Arbeiter-Wohlfahrtseinrichtungen“ im April 1895 in Düsseldorf (Busch 1895a; GA Nr. 94 vom 23.04.1895, S. 938; FP Nr. 95 vom 24.04.1895, S. 3; FP Nr. 96 vom 25.04.1895).

(Huerkamp 1985, S. 227). Vielfach übernahm der Ärzteverein dann auch die Verteilung des vereinbarten ärztlichen Gesamthonorars unter seinen Mitgliedern entsprechend den jeweils erbrachten Behandlungsleistungen. Damit waren die Kassenärzte der Kontrolle der Kassenvorstände fast vollständig entzogen.

Die Durchsetzung der „freien Arztwahl“ bedeutete also eine erhebliche Verschiebung der Machtverteilung zugunsten der ärztlichen Organisationen und zu Lasten der Krankenkassen. Insofern war es gerade der Kampf um die „freie Arztwahl“, mit dessen Hilfe die Ärzteorganisationen die Eingangsstufe in das System der Gesetzlichen Krankenversicherung, das heißt eine zentrale Schlüsselstellung, besetzen wollten. Durch den Abschluss von Kollektivverträgen sollte den Vereinsmitgliedern ein exklusiver Zugang zum Patienten- und Ressourcenpotenzial der Kassen sowie das wissenschaftlich-medizinische Therapiemonopol gesichert werden. Damit wurde ein zunehmender Organisationsdruck auf alle nichtorganisierten approbierten Ärzte ausgeübt. Sofern diese nicht eine reine Privatpraxis betrieben oder als „fixierte“ Kassenärzte mit ihrer materiellen Position zufrieden waren, wurden sie zum Vereinsbeitritt gezwungen, wollten sie nicht vom Markt der Kassenpatienten exkludiert werden.

Darüber hinaus konnte so aber auch die stark angestiegene Zahl der als *„Kurpfuscher“* diffamierten „unlizensierte[n] Heiler aller Art“ (Huerkamp 1982, S. 92) von der Partizipation am Markt für kassenärztliche Dienstleistungen legal ausgeschlossen werden (Regin 1995, S. 385ff.; 1996). Dies bekamen insbesondere die *Homöopathen* zu spüren. Obwohl bereits seit 1829 eine eigenständige „Gesellschaft Homöopathischer Ärzte“ existierte, waren die meisten Homöopathen noch bis in die 1870er-Jahre Mitglieder der Ärztevereine, wurden dann aber systematisch aus diesen ausgeschlossen und seither immer stärker öffentlich diffamiert[161]. Die durch die hochgradig exklusiven Ärzteorganisationen (re-)produzierten Muster sozialer und professioneller Trennung und Schließung bedeuteten für alle zum Organisationspublikum de-

[161] Der Barmer Ärzteverein beschloss z.B. am 06.05.1878, dass nur praktische Ärzte Mitglieder werden konnten, Homöopathen wurden ausgeschlossen (Apfel 1924, S. 13). In gleicher Weise verfuhr in den 1880er-Jahren der *Verband der Berliner ärztlichen Standesvereine*, der – „auf dem Standpunkt der Minderwertigkeit der Homöopathie“ stehend – 1881 beschloss, „dass Konsultationen mit Homöopathen und in Deutschland nicht approbierten Medizinalpersonen nicht zulässig sind“ (Alexander 1903, S. 123f.). Der Berliner *„Verein der freigewählten Kassenärzte“*, dem in der „Kurpfuscherfrage“ ein „Vorbildcharakter“ zukam (Göckenjan 1987, S. 18), schloss alle nichtapprobierten Naturheilkundigen und alle homöopathisch orientierten approbierten Ärzte aus. Seit Anfang der 1890er-Jahre führte die organisierte Ärzteschaft ihren öffentlichkeitswirksamen Feldzug gegen das Kurpfuschertum“ – 1897 beschloss der Ärztetag sogar die Einrichtung einer besonderen *Kurpfuschereikommission* – also primär gegen ehemalige Vereinskollegen, denen sie nach der Mitgliedschaft in der Standesgemeinschaft der Ärzte nun auch noch die materielle Existenzgrundlage streitig machte. Als 1903 die *„Gesellschaft zur Bekämpfung des Kurpfuschertums in Deutschland“* auf Initiative des Deutschen Ärztevereinsbundes gegründet wurde, hatten die approbierten Ärzte schon längst ein faktisches Behandlungsmonopol bei den Krankenkassen durchgesetzt und alle übrigen Heilpersonen erfolgreich verdrängt (Herold-Schmidt 1997, S. 62).

gradierten nichtapprobierten Heilpersonen also eine gravierende Verschlechterung ihrer materiellen Existenzchancen, wurden sie doch vom Zugang zum wachsenden Potenzial an Kassenpatienten als ihrer bisherigen Haupteinkommensquelle abgeschnitten.

Diese von den Ärzteorganisationen vorangetriebene Exklusion und Marginalisierung aller Vertreter alternativer und medizinkritischer Heilmethoden vom expandierenden Markt für ärztliche Dienstleistungen stellte sich zugleich auch als (ideologischer) Kampf der naturwissenschaftlichen Schulmedizin gegen alle alternativen, naturheilkundlichen Therapiemethoden dar, in dem die approbierten Ärzte mit allen (organisationalen) Mitteln „Wissenschaftlichkeit" gegen „die in Arbeiterkreisen hoch angesehenen naturheilkundlichen Methoden" (Göckenjan 1987, S. 18) durchsetzten[162]. Unter dem Deckmantel des Kampfes um „freie Arztwahl" und gegen das „Kurpfuschertum" ging es also immer auch um organisationales Erreichen und Sichern des Meinungs- und Definitionsmonopols in Heilfragen durch die Repräsentanten der wissenschaftlich-rationalen (Schul-)Medizin. Überall wo die sogenannte „freie Arztwahl" in den Folgejahren durchgesetzt wurde, war der Zugang zur Kassenarztpraxis in der Regel nur noch über eine Mitgliedschaft im Ärzteverein möglich, die wiederum an eine naturwissenschaftlich-medizinische Universitätsausbildung und die Approbation gebunden war. Zugleich wurde den Krankenkassen jede Form von naturheilkundlichen Therapieangeboten für ihre Mitglieder verwehrt und die Alternativmedizin damit marginalisiert. Letztlich strebte die organisierte Ärzteschaft also keine „freie Arztwahl", sondern eine organisational regulierte und monopolisierte Form der freien Wahl zwischen ihren Vereinsmitgliedern an.

Der Kampf um eine derart „*organisierte* freie Arztwahl" bedeutete für die approbierten Ärzte einen entscheidenden Fortschritt im Prozess ihrer Professionalisierung. Nach der vermittels Organisation forcierten Formierung und Homogenisierung des approbierten Ärztestandes, der Erlangung der Kontrolle über die ärztliche Ausbildung und den Berufszugang sowie der Etablierung sanktionierbarer Standesordnungen und Verhaltensnormen zielten die Ärzteorganisationen nun in einem weiteren Schritt auf die Monopolisierung des Zugangs zur Behandlung des riesigen Potenzials an Kassenpatienten ab. Auf diese Weise suchte die organisierte Ärzteschaft den Zugriff auf die Kassenressourcen zu erlangen, die der selbstbewusst gewordenen Profession ein standesgemäßes Einkommen sichern sollten. Sie bezweckte eine Ablösung des Nachfrageoligopols der Krankenkassen durch ein *Angebotsmonopol* der Ärztevereine sowie eine damit verbundene massive Marktbereinigung auf Kosten aller nichtappro-

[162] Laut Scholz (2002, S. 7) wandten sich noch um 1900 allein in Preußen rund 28 % aller Patienten mit ihren Leiden lieber an Laienheiler statt an approbierte Ärzte.

bierten Heilpersonen. Der von den Ärzteorganisationen geführte Kampf um die „freie Arztwahl" war also keineswegs ein „Abwehrkampf [...] gegen drohende Vergesellschaftungstendenzen" (Huerkamp 1982, S. 81) der Gesetzlichen Krankenversicherung, sondern vielmehr ein *gezielter Kampf um die Kontrolle und den exklusiven Zugriff auf die Krankenversicherungsressourcen.* Überall dort, wo die Ärztevereine nämlich ein Angebotsmonopol erlangten, nutzten sie dieses umgehend für eine Einführung der Einzelleistungshonorierung und Erhöhung der Honorarsätze[163]. Der Kampf der Ärzte um die „organisierte freie Arztwahl" veranschaulicht deshalb den extroversen Charakter der Ärzteorganisationen und den ökonomischen Kern dieses Kampfes in eindrucksvoller Weise.

2.4.2 Integration durch Speziation: Organisationale Differenzierung als Folge ärztlicher Interessendifferenzierung

Am Beispiel der „freien Arztwahl" wird deutlich, wie heterogen die organisierte Ärzteschaft gegen Ende des 19. Jahrhunderts immer noch war und wie ungenügend der Ärztevereinsbund als „quasiständische Organisation" (Schulz 1973, S. 41) seinen bisherigen primären Organisationszweck, die Formierung und Vertretung einheitlicher organisierter ärztlicher Standesinteressen, erfüllte. Gerade die Frage der „freien Arztwahl" polarisierte die Ärzteschaft derart, dass hierdurch die etablierten Ärzteorganisationen in ihren Grundfesten erschüttert wurden. Dies offenbarte die unterschiedlichen Interessenlagen innerhalb der Ärzteschaft und verdeutlichte, wie weit die ärztliche Profession „noch von korporativen Handlungsmustern entfernt" war (Tamm 1998, S. 182).

Zunächst standen viele der etablierten, fest angestellten und damit ein faktisches Stellenmonopol besitzenden Kassenärzte („Kassenlöwen") der mit der „freien Arztwahl" verbundenen allgemeinen Zulassung aller Ärzte zur Kassenpraxis äußerst ablehnend gegenüber. Ein solcher Schritt hätte nämlich ihre bisherige privilegierte Stellung und ihre sichere Einnahmequelle (Jahresfixum) gefährdet. Sie organisierten sich schließlich in eigenen Vereinen wie dem Dresdner *„Verein gegen die übereilte Einführung der freien Arztwahl"* (1904)[164], dem rund 175 Distriktärzte beitraten, oder dem von Berliner Gewerksärzten gegründeten *„Verein*

[163] Laut Göckenjan (1987, S. 19) zahlten die Berliner Kassen, die 1892 eine „organisierte freie Arztwahl" eingeführt hatten, eine doppelt so hohe Kopfpauschale wie zuvor. Die Ärzte hielten aber auch diese Honorare für standesunwürdig. Kassenverwaltungen und Aufsichtbehörden bezeichneten sie hingegen als „ruinös und unakzeptabel im Sinne der Allgemeinheit".

[164] Die Dresdner Distriktärzte gehörten zu den Kritikern des Systems der „freien Arztwahl". Sie plädierten für eine beamtenähnliche Anstellung in räumlich abgegrenzten Bezirken mit einem Jahresgehalt zwischen 1.000 und 4.500 Mark (Huerkamp 1985, S. 231ff.; Tamm 1998, S. 182).

Berliner Kassenärzte" (Huerkamp 1985, S. 234). Derartige Vereine waren dem Wesen nach *organisationale Gegengründungen* zu den bestehenden lokalen Ärzteorganisationen und dem Ärztevereinsbund, zu deren Organisationspolitik sie in Opposition standen und deren Organisations-, Meinungs- und Interessenvertretungsmonopol sie zumindest im Falle der „freien Arztwahl" in Frage stellten. Die intern gleich strukturierten Gegenorganisationen wurden von den privilegierten, konservativen Minderheiten der niedergelassenen Ärzteschaft getragen, die aufgrund ihrer durch exklusive Verträge mit einer oder mehreren Kassen gesicherten Existenz vom bisherigen „fixierten Kassenarztsystem" profitiert hatten und durch die Einführung der „freien Arztwahl" ihre materiellen Interessen gefährdet sahen. Aus eben diesen Gründen lehnten auch die angestellten Bahnärzte, deren Verband 1909 rund 350 Mitglieder zählte, sowie die zahlenmäßig große Gruppe der Knappschaftsärzte, von denen 1905 allein bei den 72 preußischen Knappschaftsvereinen 1480 angestellt waren, die Einführung der „freien Arztwahl" rundweg ab (Huerkamp 1985, S. 233). Alle diese Ärzteorganisationen griffen die Agitation des Ärztevereinsbunds für die „freie Arztwahl" seit den 1890er-Jahren verstärkt an, prangerten sie als „verhängnisvollen Fehler" an und warnten angesichts der „notorisch großen Zahl der ärztlichen Gegner der freien Arztwahl" davor, „dass viele ehrenwerte deutsche Ärzte sich von jener Organisation abwenden" könnten. Mit der Drohung einer organisationalen Spaltung der organisierten Ärzteschaft „in zwei feindliche Lager"[165] wurde das Repräsentationsmonopol des Deutschen Ärztevereinsbundes angegriffen. Damit wurde deutlich, wie brüchig der so oft beschworene „esprit de corps" (Busch 1895b, Sp. 70) – das Standesbewusstsein – der organisierten Ärzteschaft angesichts divergierender wirtschaftlicher Interessen zwischen den einzelnen Ärztegruppen in Wirklichkeit war.

Hauptträger des Kampfes um die *„organisierte freie Arztwahl"* waren vor allem die jüngeren Ärzte, die noch keine existenzfähige Privat- oder nennenswerte Kassenpraxis aufbauen konnten. Es waren also primär die Nicht-Kassenärzte, die durch das bestehende System „fixierter Kassenärzte" von der einträglichen Kassenarzttätigkeit ausgeschlossen waren und deshalb eine Verallgemeinerung der Zulassung auf alle (organisierten) Ärzte anstrebten. Insofern stellte der Kampf um „freie Arztwahl" auch einen *Intergenerationenkonflikt* zwischen den wirtschaftlichen Interessen der etablierten „älteren" Kassenärzte und denjenigen der nachströmenden jungen Ärzte dar, der wenige Jahre später in der Gründung des Hartmannbundes kulminierte. Mit der Durchsetzung der „organisierten freien Arztwahl" wurde also nicht nur

[165] Alle Zitate aus einer Resolution des rund 300 Ärzte umfassenden *Bochumer Knappschaftsärztevereins* vom 27.10.1907 (Huerkamp 1985, S. 233; Tamm 1998, S. 183).

die Anstellungsautonomie der Krankenkassen, sondern zugleich auch das individuelle Kassenarztmonopol einer Gruppe (etablierter) ärztlicher Vereinsmitglieder gebrochen und durch ein allgemeines Zulassungsmonopol einer Ärzteorganisation ersetzt.

Aufgrund der berufsständischen und lokalen Zersplitterung der Krankenkassenlandschaft gestalteten sich die Versuche der organisierten Ärzte in den 1890er-Jahren, mit einzelnen Kassen entsprechende Kollektivverträge über die Einführung der „organisierten freien Arztwahl" zu schließen, allerdings sehr unterschiedlich. Eine Reihe großer Kassen führte schon kurz nach Erlass des *Krankenversicherungsgesetzes* die „freie Arztwahl" von selbst ein[166]. Die Mehrzahl der übrigen Krankenkassenvorstände lehnte die „freie Arztwahl" aber vor allem aus finanziellen Gründen ab. Seit Beginn der 1890er-Jahre entstanden deshalb in einer ganzen Reihe von Städten *lokale wirtschaftliche Ärzteorganisationen*, „die entweder als besondere Abteilungen oder Kommissionen des lokalen Ärztevereins oder als eigenständige Vereine zur Einführung der freien Arztwahl, die allgemeine Zulassung zur Kassenpraxis durchsetzen wollten" (Huerkamp 1985, S. 236)[167]. Gegründet und getragen wurden diese „*Vereine für die freie Arztwahl*" wiederum vor allem von den jüngeren Ärzten, die selbst noch keine nennenswerte Kassenpraxis und damit das größte wirtschaftliche Interesse an der Durchsetzung der Vereinsziele hatten.

Eine solche „Spezialvereinsbildung" (Alexander 1903, S. 54) stellte einen *Prozess der organisationalen Differenzierung und Auslagerung* und damit eine weitere *Speziation* innerhalb der Population der Ärzteorganisationen dar. Die Organisationsbildung war hier primär eine Reaktion auf die Interessendifferenzierung zwischen den Ärztegenerationen. Der lokale Ärzteverein konnte sich nun wieder primär um die „Überwachung ärztlicher Moral und Pflege kollegialer Kommunikation" (Thiele 1974, S. 26), das heißt um das breite Spektrum der ärztlichen Standesangelegenheiten kümmern und befriedigte damit vor allem die Bedürfnisse der älteren etablierten Ärzte. Zugleich gliederte er die Behandlung aller wirtschaftlichen Fragen, also das zwischen den Ärztegenerationen umstrittenste Feld, gewissermaßen an eine selbstständige Tochterorganisation aus. Eine solche organisationsbasierte Arbeitsteilung ermöglichte einerseits dem lokalen Ärzteverein die weitgehende Verantwortungsentlastung von wirtschaftlichen Fragestellungen und lagerte andererseits ein die Standeseinheit bedrohendes Konfliktfeld in eine darauf spezialisierte und in der Regel durch den Verein kontrollierte Or-

---

166 Z.B. die Nürnberger Gemeindekrankenkasse (1895: 44.000 Mitglieder), die Freiburger Ortskrankenkasse (8.000 Mitglieder) und die Ortskrankenkasse von Cannstadt (Huerkamp 1985, S. 236).

167 Beispiele sind: „Verein freigewählter Kassenärzte" (1891), „Verein zur Einführung freier Arztwahl" (1891) in Berlin, „Verein zur Einführung der freien Arztwahl" in Breslau (1893) und Stuttgart (1894), „Verein für freie Arztwahl" (1894) in Köln (Alexander 1903, S. 54; Huerkamp 1985, S. 236ff.; Speidel 1962, S. 12).

ganisation aus. Nach Alexander (1903, S. 54) arbeiteten von nun an beide Organisationen, personell eng miteinander verflochten und „jede im Rahmen ihres Programms, einträchtig an der Lösung [...] schwerer Aufgaben und kämpften Schulter an Schulter gegen alle Versuche, den freien Wettbewerb ärztlicher Tätigkeit zu untergraben".

Durch diese *organisationale Differenzierung* trugen die lokalen Ärzteorganisationen primär den divergierenden ärztlichen Interessen Rechnung. Zugleich gelang es ihnen auf diese Weise, die inhomogenen ärztlichen Interessen weiterhin auf lokaler Ebene in für die Bearbeitung und Vertretung der jeweiligen Interessen spezialisierten Organisationen zusammenzufassen und so die beiden großen Kampf- und Einflussfelder – Standesvertretung gegenüber dem Staat und wirtschaftliche Interessenorganisation gegenüber den Kassen – untereinander aufzuteilen. Durch die enge Zusammenarbeit zwischen Ärztevereinen und wirtschaftlichen Lokalvereinen wurde die erreichte Einheit des ärztlichen Standes sichergestellt. Diese Form der organisationalen Differenzierung nach spezifischen Vereinszwecken fand 1900 ihre Entsprechung auf Verbandsebene mit der Bildung der *„Zentralstelle für freie Arztwahl"* als Dachorganisation der wirtschaftlichen *Vereine*[168]. Damit war ein dichtes Netzwerk ärztlicher Organisationen entstanden, die sowohl auf lokaler als auch auf Verbandsebene eng miteinander kooperierten. Entscheidend war hierbei, dass diese strukturell weitgehend homogen waren.

Die eigentliche Stärke des Ärztevereinsbunds, dem aufgrund seiner nur mit mäßigem Erfolg betriebenen Lobbyarbeit gegenüber dem Staat immer wieder organisatorischer Konservatismus vorgeworfen wurde, lag also in seiner Fähigkeit zur organisationalen Konsolidierung der ärztlichen Vereinslandschaft sowie zur zumindest partiellen organisationsförmigen Integration der divergierenden ärztlichen Interessen und ihrer Verklammerung mit den staatlichen Institutionen. Durch die Differenzierung zwischen Standes- und Erwerbsinteressen und die Aufteilung ihrer Bearbeitung in funktional spezialisierte Organisationen gelang es, die interessenpolitischen Zentrifugalkräfte innerhalb der Ärzteschaft zu bändigen. Der Problematik, angesichts einer hohen ärztlichen Interessenheterogenität einen schlagkräftigen Interessenverband zu etablieren, begegnete der Ärztevereinsbund also durch die Bildung von Kooperationen und personellen Verflechtungen mit den wirtschaftlichen Lokalvereinen, die nicht selten gerade von mit der Organisationspolitik des Bundes unzufriedenen jungen Ärzten – im wei-

---

[168] Auf Betreiben des Ärztevereinsbunds wurde im Juni 1900 im Anschluss an den 28. Ärztetag die *„Zentrale für freie Arztwahl"* als Dachorganisation der wirtschaftlichen Vereine gegründet. Sie sollte den Zweck haben, „die bis dahin errungenen Erfolge auf dem Gebiete der freien Arztwahl für die Zukunft sicherzustellen, und durch Aufklärung und Belehrung, sowie durch Sammlung, Bearbeitung und Verwertung des Materials über die Verhältnisse der Ärzte zu den Krankenkassen für die weitere Ausgestaltung der freien Arztwahl Sorge zu tragen" (Puppe 1911, S. 16). Sie war keine organisationale Gegengründung zum Ärztevereinsbund, sondern agierte „in enger Fühlung mit dem Ärztevereinsbund" (Puppe 1911, S. 16).

testen Sinne als lokale Abspaltungen – gegründet worden waren. Auf diese Weise wurden diese eng an den Ärztevereinsbund gebunden und stellten somit keine organisationale Konkurrenz oder existentielle Bedrohung des Dachverbandes und der ärztlichen Standeseinheit dar. Die ärztliche Dachorganisation konnte sich so weitgehend aus den wirtschaftlichen Konflikten mit den Kassen heraushalten ohne ihr eigentliches Repräsentationsmonopol zu verlieren. Insofern stellten die wirtschaftlichen Vereine am ehesten eine Erweiterung des Spektrums ärztlicher Spezialorganisationen und eine Verantwortungsentlastung für den Dachverband dar. Die eigentliche Bedeutung des Deutschen Ärztevereinsbundes für die Organisierung der Ärzteschaft lag deshalb vor allem darin, „den Organisationsgedanken in die Reihen der Ärzte" hineinzutragen (Plaut 1913, S. 32) und damit den Boden für das Entstehen sowohl wirtschaftlicher Ärzteorganisationen als auch der öffentlich-rechtlichen Ärztekammern zu bereiten.

2.4.3 Wirtschaftsverband versus Standesverband: Der Hartmannbund als organisationale Gegengründung zum Ärztevereinsbund

Bis zur Jahrhundertwende hatten die ärztlichen Lokalorganisationen in ihrem Bemühen um die Einführung der freien Arztwahl allerdings nur geringe Erfolge vorzuweisen. Vielfach scheiterten sie an der immer noch geringen Geschlossenheit der Ärzteschaft. Solange nämlich die bekämpften Krankenkassen ihr Arztsystem frei wählen konnten, da sie für jede Variante genügend vertragsbereite (unorganisierte) Ärzte fanden, konnten die ärztlichen Organisationen kaum einen wirksamen Druck auf sie ausüben. Hinzu kam, dass sich ihr lokaler Charakter bei den Verhandlungen mit den sich zunehmend überregional organisierenden Krankenkassen als Achillesferse erwies. „Vielfach war es für die Kassenvorstände ein Leichtes, wenn sie nicht auf die Forderungen und Bedingungen der ortsansässigen Ärzte eingehen wollten, vakante Stellen durch Ausschreibungen mit Ärzten von außerhalb zu besetzten" (Huerkamp 1985, S. 238). In direkten Konfrontationen (kollektiver Boykott, Kündigung sämtlicher Arztverträge) zogen die Ärzteorganisationen vielfach den kürzeren. Den sich zunehmend auch auf Reichsebene in Zentralverbänden organisierenden Krankenkassen konnten die lokalen Vereine, deren unmittelbarer Einfluss sich auf die jeweilige Stadt oder Gemeinde beschränkte, kaum eine wirksame Gegenmacht entgegensetzen. In den allermeisten Fällen, in denen es bis 1900 zur Einführung der *„organisierten freien Arztwahl"* kam, geschah dies denn auch nicht aufgrund von erfolgreichen Kampfmaßnahmen der organisierten Ärzteschaft, sondern vielmehr „durch das Eingehen von Kassenvorständen – z.T. unter dem Druck der Mitgliedschaft

– auf die entsprechenden Verhandlungsangebote der Ärztevereine bzw. der ‚Vereine für freie Arztwahl', etwa in Mainz, Düsseldorf, Mannheim, Stuttgart, Danzig und Frankfurt" (Huerkamp 1985, S. 239). Die vielen Niederlagen der Ärzteorganisationen in den lokalen Kämpfen mit den überlegenen Krankenkassen trugen aber dazu bei, das kollektive Bewusstsein der organisierten Ärzteschaft zu schärfen.

Vor allem unzufriedene jüngere Ärzte traten in den Vereins- und Verbandsgremien immer selbstbewusster auf und „scheuten sich nicht mehr, mit konkreten Forderungen an die Öffentlichkeit zu gehen" (Tamm 1998, S. 194). Im Zentrum der ärztlichen Diskussionen stand dabei der „Wunsch nach einer einheitlichen, starken wirtschaftlichen Interessenorganisation, die es mit den Kassen aufnehmen konnte" (Huerkamp 1985, S. 239). Propagiert wurde dabei zunehmend der überregionale ärztliche Zusammenschluss in einem *zentralisierten wirtschaftlichen Interessenverband*. Hierbei orientierte man sich am Vorbild der erfolgreich mit dem Mittel des Streiks agierenden Arbeitergewerkschaften. Durch eine solche zentralisierte Kampforganisation sollte eine *kartellartige ärztliche Verhandlungsführung* gegenüber den Krankenkassen ermöglicht und damit ein ärztliches Angebotsmonopol geschaffen werden. Zugleich sollte die reichsweit zentralisierte Organisation der „Zusammenfassung und Disziplinierung der Masse der Ärzte" (Puppe 1911, S. 15) dienen, was als unumgängliche Voraussetzung für den erfolgreichen wirtschaftlichen Kampf angesehen wurde. Was zuvor bereits zur Domestizierung der Arbeiterschaft gedient hatte, sollte nun also auch bei der Organisierung der Ärzte helfen. Laut Heuss (1916, S. 237) wurde gegen Ende des 19. Jahrhunderts die Parole „wir müssen ‚gewerkschaftlich' vorgehen" immer mehr zur *organisatorischen Zauberformel* der Ärzteschaft. An die Stelle der Idee des Standes- oder Honoratiorenverbandes trat damit der spezifisch wirtschaftliche Verbandsgedanke. Dabei ist zu beachten, dass die in anderen organisationalen Kontexten bereits bewährte Organisationsform der hierarchisch straff durchorganisierten und zentralisierten Gewerkschaften für die Population der Ärztevereine und ihres eher lose organisierten Dachverbands einen organisationalen Gegenentwurf darstellte, der mit den bisherigen Strukturen kaum kompatibel war.

Nachdem Überlegungen zur Umgestaltung des Deutschen Ärztevereinsbundes an der strukturellen Beharrungskraft der etablierten Dachorganisation gescheitert waren, wurden die Stimmen zur Gründung einer eigenständigen, von staatlicher Beeinflussung unabhängigen wirtschaftlichen Selbsthilfeorganisation nach gewerkschaftlichem Vorbild immer lauter. Der Arzt Dr. Hartmann aus Leipzig veröffentlichte im Juni 1900 einen offenen Brief, der große Resonanz innerhalb der unzufriedenen Ärzteschaft fand. In diesem Schreiben schlug er den reichsweiten wirtschaftlichen Zusammenschluss der Ärzte in einer sowohl von den öffentlich-rechtlichen, unter staatlichem Einfluss stehenden Ärztekammern als auch vom Ärztevereinsbund, der sich zur Vertretung materieller Interessen „nach 27 jähriger Erfahrung als gänzlich ohnmächtig erwiesen“ habe (Puppe 1911, S. 19), unabhängigen Interessenorganisation vor. Hartmann schwebte zur Besserung der Stellung der Ärzte zu den Krankenkassen eine schlagkräftige, zentralisierte Kampforganisation vor, die möglichst die gesamte Ärzteschaft auf dem Boden der Selbsthilfe umfassen, dem einzelnen Mitglied „große Opfer und einige Straffheit der Gesinnung auferlegte“ (Heuss 1916, S. 240) und die ärztlichen Interessen mit dem Mittel des Streiks, der Zentralisierung der Verhandlungsführung und Tarifverträgen durchsetzen sollte. Zu diesem Zweck schlug er die Gründung einer reichsweiten ärztlichen „Streikkasse“ als „pekuniären Stützpunkt“ für die zu erwartenden Auseinandersetzungen vor und pries die „Opferwilligkeit“ der Arbeiterschaft als Vorbild für den Kampf der Ärzte (Plaut 1913, S. 93).

Im September 1900 wurde schließlich der *„Verband der Ärzte Deutschlands zur Wahrung ihrer wirtschaftlichen Interessen“* als Reaktion auf die ablehnende Stellungnahme des Deutschen Ärztevereinsbundes von rund 20 Ärzten in Leipzig gegründet. Die Gründung des „Leipziger Verbandes“, der 1924 in *„Verband der Ärzte Deutschlands (Hartmannbund)“* umbenannt wurde, leitete nun auch organisatorisch den Paradigmenwechsel in der ärztlichen Standes- und Interessenpolitik ein. Dominiert von der Generation junger Ärzte, entwickelte sich der Hartmannbund, basierend auf dem Prinzip der Einzelmitgliedschaft rasch zu einer schlagkräftigen Kampforganisation und pressure group, die sich ausdrücklich als Gewerkschaft von Arbeitnehmern definierte, lautstark für die materiellen Interessen der Ärzte eintrat und „selbst das Mittel des Streiks nicht scheut[e], um einer Proletarisierung des ärztlichen Standes entgegenzuwirken“ (Tamm 1998, S. 199). Bemerkenswert ist hierbei, dass sich die bislang individualistischen, in ihrer Mentalität mehrheitlich vorindustriell-ständisch geprägten Ärzte bei der Gründung des Hartmannbundes gerade die ansonsten eher verabscheuten Organisationen der Arbeiterbewegung zum Vorbild nahmen. Der eigentliche organisationspolitische Paradigmenwechsel bestand hier darin, dass die bislang eher organisationsunwilligen Ärzte als Repräsentanten der „freien Berufe“ nun „mit den hochmodernen Mitteln der entstehenden Industriegesellschaft die Auswirkungen eben dieser neuen Gesellschaft im gesundheitspolitischen Bereich [...] bekämpfen“ (Herold-Schmidt 1997, S. 90) wollten. Erstmals wurde die Verbesserung der wirtschaftlichen Situation der Ärzte zum ausdrücklichen Organisationszweck erklärt. Statt des relativ losen Zusammenschlusses in lokalen Standesvereinen wurde die rigide Organisierung aller Ärzte in einem straff organisierten, zentral gesteuerten reichsweiten Interessenverband als das Mittel propagiert, mit dem die Machtfrage in der Gesetzlichen Krankenversicherung entschieden werden konnte. Hinsichtlich der Organisationsstrukturen stellte der Hartmannbund weitgehend eine Kopie der Gewerkschaften und damit ein Beispiel für die gezielte Implantation eines erfolgreichen neuen Organisationsmodells in eine bislang strukturell homogene Organisationspopulation dar. Dieser Akt der Speziation und Variation erwies sich als entscheidender Motor für die weitere Evolution der Ärzteorganisationen.

Die mit dem Hartmannbund erfolgte *organisationale Gegengründung* „ärztlicher Nobodies gegen den führenden, noch unter Honoratiorendominanz stehenden" (Göckenjan 1987, S. 25) Ärztevereinsbund rief bei dessen Funktionselite „arge Verstimmung" (Puppe 1911, S. 18) hervor. Der Hartmannbund, der sich mit seiner aggressiven Status- und Einkommenspolitik für eine möglichst weitreichende professionelle Autonomie der Ärzteschaft einsetzte, wurde als ernstzunehmender Konkurrent und Eindringling in das originäre Tätigkeitsfeld des Ärztevereinsbundes betrachtet, auf dem dieser bisher „unermüdlich, wenn auch nicht mit dem gewünschten Erfolge, gearbeitet hatte" (Puppe 1911, S. 18). Die Gründung des Hartmannbundes legte insofern eine organisationspolitische Schwäche des Ärztevereinsbundes offen und stellte zugleich sein bisher unangefochtenes Repräsentationsmonopol der organisierten ärztlichen Interessen in Frage. Zugleich wurde mit der rigorosen Organisationspolitik des Hartmannbundes eine reichsweite Konfrontation mit den Krankenkassenkartellen nach gewerkschaftlichem Vorbild und damit ein interorganisatorischer Großkonflikt ungekannten Ausmaßes bewusst provoziert. Dies stieß aber bei den Funktionären des Ärztevereinsbundes, die zur Durchsetzung der ärztlichen Ziele immer noch primär auf den Verhandlungsweg und Eingaben an die Regierung setzten, naturgemäß auf massive Ablehnung. Vielfach wurden die Hartmann'schen Forderungen wegen ihrer, der organisierten Arbeiterbewegung entlehnten Kampfformen (Kassenboykott, Sperre von Arztstellen, Streik) und ihrer Radikalität als standesunwürdig und für die ärztlichen Interessen schädlich angeprangert. Die Repräsentanten des Ärztevereinsbundes sprachen dem Hartmannbund rundweg jede Existenzberechtigung ab, da er „eine Zersplitterung der ärztlichen Bestrebungen", das heißt die organisationale Spaltung herbeiführen würde (Puppe 1911, S. 18) und warnten deshalb offen vor der Mitgliedschaft. Zugleich drohten sie damit, dass „eine Trennung der zukünftigen Wege" der beiden Organisationen, im weitesten Sinne die Feststellung der Unvereinbarkeit einer Doppelmitgliedschaft, unvermeidbar sei (Puppe 1911, S. 19).

Hinzu kam die anfangs scharfe Ablehnung des Hartmannbundes durch viele lokale Ärztevereine, die in der überregionalen Neugründung ebenfalls einen „unerfreulichen Nebenbuhler“ sahen (Finkenrath 1928, S. 33). Der junge Hartmannbund stieß zunächst bei der Mehrzahl der Ärzte eher auf Skepsis und Misstrauen denn auf begeisterte Zustimmung. Insbesondere die älteren Ärzte begegneten ihm reserviert oder ablehnend. Das verwundert nicht, revolutionierte doch seine Organisationspolitik das gesamte überlieferte Wertesystem – die moralische Ökonomie – des alten Ärztestandes und ließ ihrer Meinung nach „Ethik zur Monetik verkommen“ (Tamm 1998, S. 202). Der neue Kampfverband disqualifizierte gerade diejenigen Tugend, aus der sich bislang Tätigkeit und Selbstbild (die „Würde“) des Arztes hergeleitet hatten, nämlich die aus einer am Gemeinwohl orientierten, humanitären Grundhaltung geleistete bedingungslose Hilfe für jeden leidenden Menschen, auch wenn sie sich finanziell nicht auszahlte (Göckenjan 1987, S. 25). Da der Hartmannbund mit seiner Organisationspolitik dieses Selbstkonzept des alten Ärztestandes bewusst negierte, zog er dessen „maßlosen Hass auf sich“ (Göckenjan 1987, S. 24). Die Gründung des Hartmannbundes war also in der Tat nicht nur ein Ergebnis der *organisationalen Rüstungsspirale* zwischen Krankenkassen und Ärzteschaft und damit „eine spezifische Reaktion auf den gesellschaftlichen Großtrend Sozialversicherung“ (Göckenjan 1987, S. 25), sondern auch das Ergebnis eines *Generationenkonflikts* innerhalb der Ärzteschaft.

Mit der Gründung des Hartmannbundes trat organisationspolitisch eine neue Ärztegeneration in Erscheinung, deren erste Praxisjahre und Erfahrungsschatz als praktizierende Ärzte mit der Etablierung der Krankenversicherung zusammenfielen, der sie die Schuld für ihre Einkommens- und Karriereprobleme zuschrieb. Für diese Ärztegeneration stand nicht mehr die ärztliche Standeswürde oder Moral im Zentrum ihres Handelns, sondern die mit allen organisatorischen Mitteln voranzutreibende Lösung ihrer wirtschaftlichen Probleme, die ihren gesellschaftlichen Status bedrohten. Der innerärztliche „Generationenkonflikt“ zu Beginn des 20. Jahrhunderts spiegelte damit nicht nur den Übergang zu einem, an die moderne Organisationsgesellschaft angepassten materiellen Wertesystem, sondern auch den Wandel der gesellschaftlichen Integrationsmedien wider. In der modernen Organisationsgesellschaft ist nämlich „die Karriere (und nicht mehr die Moral!) zum wichtigsten Mechanismus der Integration von Individuum und Gesellschaft avanciert“ (Luhmann 1997, S. 742).

Für den traditionellen Arzt bildete die Standeswürde, zu der die selbstlose medizinische Hilfe gehörte, den wirksamsten Schutz vor moralischer Diskreditierung, also dem Verdikt, sich an der Not anderer zu bereichern. Zugleich leistete sie einen konstitutiven Beitrag zu seiner Integration in das Ordnungsschema der vormodernen Gesellschaft, also der Zuweisung von Rang und Status. An ihre Stelle trat in der entwickelten modernen Gesellschaft die *„Karriere“* als dominantes gesellschaftliches Inklusionsmedium, die sich primär über das individuelle Einkommen definierte. Da die junge Ärztegeneration mit ihren Forderungen im Ärztevereinsbund an der etablierten, der „Moral“ noch verhafteten Organisationselite gescheitert war, bildete sie mit der Gründung des Hartmannbundes konsequenterweise ihre eigene organisationspolitische Plattform aus. Die Tatsache, dass hierfür ein organisationsfähiges Potenzial junger Ärzte vorhanden war, zeigt, dass zumindest die junge Ärztegeneration in der modernen Organisationsgesellschaft angekommen war.

Trotz aller Anfeindungen und Verdächtigungen gewann der Hartmannbund nach seiner Gründung unter den jungen Ärzten rasch an Bedeutung. 1901 zählte die neue Interessenorganisation 668 Mitglieder, die vor allem in Sachsen und Thüringen angesiedelt waren. Dies entsprach einem Organisationsgrad von nur 2,6 Prozent. Doch schon 1903 schnellte die Mitgliederzahl auf 9662 Ärzte in die Höhe und hatte sich damit mehr als vervierzehnfacht. Der Hartmannbund erreichte auf diese Weise innerhalb von nur drei Jahren seit seiner Gründung einen Organisationsgrad von fast 35 Prozent und stellte damit einen ernstzunehmenden Konkurrenten für den Ärztevereinsbund dar. Der sprunghafte Mitgliederzulauf resultierte vor allem aus der reichsweiten Resonanz auf die ersten größeren, von einer massiven Öffentlichkeitsarbeit des Verbandes begleiteten Aktionen gegen Krankenkassen in Gera und Mühlhausen. Hinzu kamen noch 3000 neue Mitglieder, die vom Scheitern des Ärztevereinsbundes in den Verhandlungen mit den staatlichen Stellen hinsichtlich der Forderungen der organisierten Ärzte gegenüber der *Novelle des Krankenversicherungsgesetzes von 1903*[169] enttäuscht waren (Plaut 1913, S. 99f.). Die Entwicklung verdeutlicht den Stimmungswandel innerhalb der Ärzteschaft, für die der Hartmannbund spürbar an Attraktivität gewonnen hatte.

---

[169] Die *Novelle von 1903* beinhaltete die Erweiterung der Kassenleistungen, eine Verstärkung der Befugnisse der Aufsichtsbehörden und die Ausdehnung der Versicherungspflicht auf Handlungsgehilfen und -lehrlinge (Frerich/Frey 1996a, S. 103). Die Wünsche der organisierten Ärzte (Einführung der freien Arztwahl, Festlegung einer staatlichen Mindesttaxe als Basis für das ärztliche Honorar und Ausschluss von „Kurpfuschern“ von der Behandlung der Kassenpatienten; Tamm 1998, S. 205) blieben unberücksichtigt, eine Klärung der Stellung der Ärzte zu den Kassen erfolgte nicht. Die Regelung von 1892 bestand fort, die den Kassen das alleinige Recht zur Festlegung des Arztsystems zusprach. Ihre Anstellungsautonomie blieb unangetastet. Die Novelle dokumentierte das Scheitern der Bemühungen des Ärztevereinsbundes, mit Petitionen und Eingaben den Gesetzgeber zum Handeln zu bewegen. Sie löste Erbitterung in der Ärzteschaft aus (Plaut 1913, S. 101).

Abb. 11: Entwicklung des Organisationsgrads von Ärztevereinsbund und Hartmannbund 1876-1933

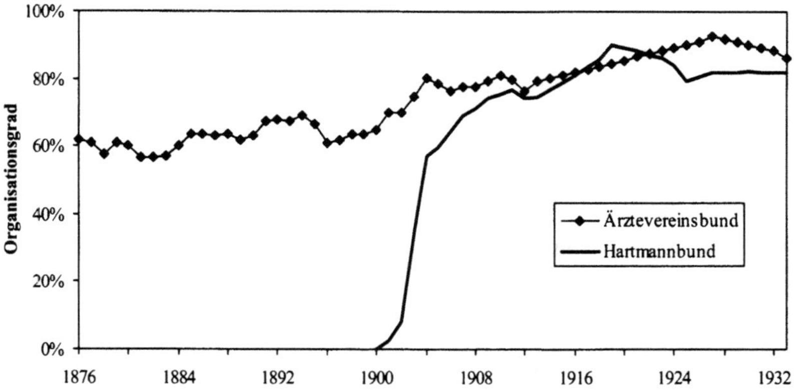

Quelle: eigene Zusammenstellung und Berechnungen

2.4.4 Integration durch Fusion: Die Eingliederung des Hartmannbundes in den Ärztevereinsbund

Der (organisationspolitisch) angeschlagene Ärztevereinsbund löste 1903 den sich zuspitzenden Machtkampf um das Repräsentationsmonopol für die organisierten Interessen der deutschen Ärzteschaft durch den auf dem *31. Ärztetag in Köln* beschlossenen Zusammenschluss mit dem Hartmannbund. Damit griff er, nun auf einer anderen (organisationalen) Ebene auf die schon bewährte Integrationspolitik der Vorjahre zurück. Der Hartmannbund wurde als (organisatorisch selbstständige) *„wirtschaftliche Abteilung"* in den Ärztevereinsbund integriert. Mit dieser Fusion wurde „ein Grundstein korporativer ärztlicher Handlungsmacht gelegt, dessen Tragweite nicht hoch genug eingeschätzt werden kann" (Tamm 1998, S. 209). Der Ärztevereinsbund schaffte es auf diese Weise, eine organisationspolitische Spaltung der Ärzteschaft zu vermeiden und gleichzeitig sein Repräsentationsmonopol zu sichern. Während dem Hartmannbund nun offiziell die Vertretung aller die Ärzteschaft tangierenden wirtschaftlichen Fragen übertragen wurde, konnte sich der Ärztevereinsbund wieder auf seine ursprüngliche Aufgabe, die standespolitische Vertretung, konzentrieren.

Da sowohl Ärztevereinsbund als auch Hartmannbund eigenständige Organisationen in Form selbstständig eingetragener Vereine mit eigener Rechtspersönlichkeit und Verwaltung blieben, wurde mit dem Zusammenschluss faktisch eine *Art interorganisationaler Arbeitstei-*

lung zwischen der vor allem auf den Staat gerichteten Honoratioren- und Lobbyarbeit des Ärztevereinsbundes und der primär gegen die Krankenkassen gerichteten wirtschaftlichen Interessenvertretung der Ärzteschaft durch den Hartmannbund institutionalisiert. Für den Ärztevereinsbund führte die Auslagerung dieses spezifischen Aufgabenfeldes zur Entlastung von der Verantwortung für die Vertretung der wirtschaftlichen Interessen der Ärzteschaft. Sie erfolgte sowohl gegenüber den eigenen Mitgliedern als auch gegenüber dem Staat hinsichtlich der gesellschaftlichen Folgen der ärztlichen Kampfaktionen, wofür der Hartmannbund die alleinige Verantwortung trug. Damit entledigte sich der Ärztevereinsbund der Zuständigkeit für ein innerverbandlich umstrittenes organisationspolitisches Feld. Zugleich erkannte er den Führungsanspruch des Hartmannbundes in wirtschaftlichen Fragen an, was eine Reaktion auf den durch die vorhergegangenen Ärztetage deutlich gewordenen Stimmungswandel in der Ärzteschaft darstellte. Die organisationspolitische Einbindung des Hartmannbundes als wirtschaftspolitische (monofunktionale) Spezialorganisation in die ärztliche Dachorganisation stellte insofern eine Möglichkeit für den Umgang mit einer akuten innerorganisatorischen Interessendifferenzierung dar. Sie wurde der „doppelten Identität" (Türk/Lemke/Bruch 2002, S. 178) der ärztlichen Dachorganisation am ehesten gerecht.

Die faktische Teilung der Organisationsmacht zwischen zwei intern unterschiedlich strukturierten Verbandsorganisationen – der klassischen, von Lokalvereinen getragenen Standesorganisation und dem modernen, auf Einzelmitgliedschaft beruhenden wirtschaftlichen Kampfverband – vermied nämlich die drohende organisationspolitische Spaltung in zwei konkurrierende Interessenorganisationen, die zugleich zwei divergierende Konzepte zweckmäßiger ärztlicher Organisierung symbolisierten. Die Fusion war außerdem auch in materieller Hinsicht für beide Organisationen von Vorteil[170]. Durch den Zusammenschluss der Organisationen wurde eine zahlenmäßig erstarkte, nach Einfluss und Sozialprestige strebende junge Ärztegeneration in den Ärztevereinsbund eingebunden und letzterem damit langfristig die

170 Für den Ärztevereinsbund hätte eine Zuspitzung der Konfrontation mit dem Hartmannbund, deren Ausgang offen schien, dazu geführt, dass dessen Anhänger aus den lokalen Ärztevereinen ausgetreten oder ausgeschlossen worden wären. Dies hätte aber zur Schwächung der Vereine geführt und die Verhandlungsbasis gegenüber den Kassen untergraben. Für den Hartmannbund hätte eine entsprechende Zuspitzung bedeutet, dass er wesentlich länger für den Aufbau einer schlagkräftigen reichsweiten Gegenorganisation (inklusive des Aufbaus der Streikkasse als dem zentralen Ressourcenpool) benötigt hätte, die er „von unten" gegen die etablierten Organisationen vor Ort hätte errichten müssen. Dabei wären große Verbandsressourcen in einem innerärztlichen Organisationskonflikt gebunden worden. Außerdem wäre er bei den Kämpfen mit den Kassen ggf. in Konkurrenz mit den Ärztevereinen geraten. Damit hätte die Gefahr bestanden, dass lokale Ärztevereine und Hartmannbund von den Kassen gegeneinander ausgespielt worden wären. Die Kampfkraft der Ärzteorganisationen wäre eher geschwächt worden. Deshalb war auch der Hartmannbund an einer Kooperation mit dem Ärztevereinsbund interessiert. Schon 1900 schlug er vor, einen Vertreter seines Geschäftsausschusses als assoziiertes Mitglied in die Generalversammlung oder den Vorstand des Ärztevereinsbundes aufzunehmen, was der Bund da noch brüsk ablehnte (Puppe 1911, S. 18).

Überlebensfähigkeit gesichert, da der Dachverband auf diese Weise seinen Einfluss auf die Masse der organisierten Ärzte und deren Ressourcen behielt.

Abb. 12: Die personelle und organisatorische Verflechtung zwischen Deutschem Ärztevereinsbund und Hartmannbund

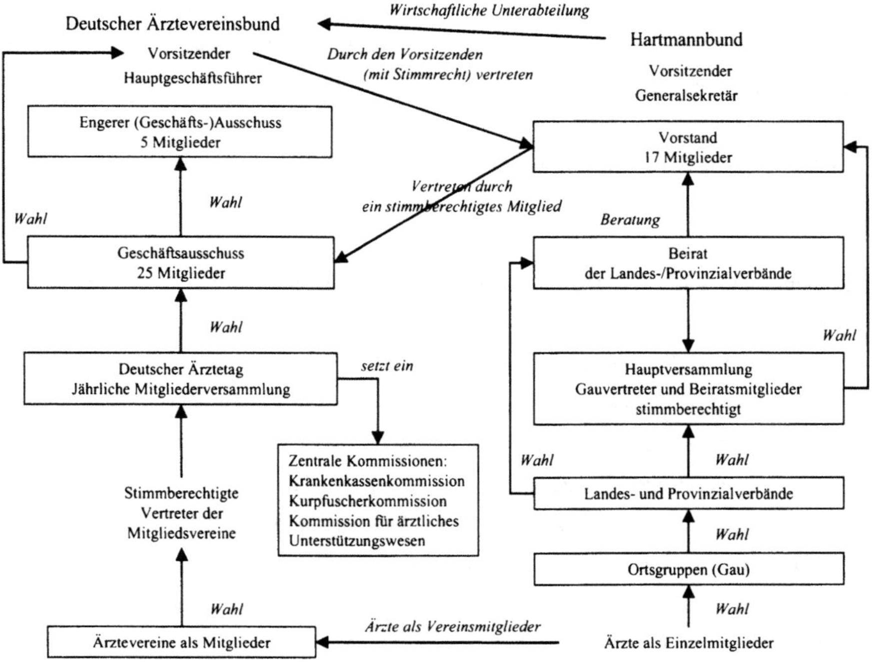

Quellen: Finkenrath 1928, S. 44; Herold-Schmidt 1997, S. 52; eigene Ergänzungen

Indem sich der Hartmannbund formal als wirtschaftspolitische Unterabteilung in den Ärztevereinsbund eingliederte, erkannte er dessen Repräsentationsmonopol an, ohne jedoch seine Handlungsautonomie aufzugeben. Zugleich gewann er an organisationspolitischer Bedeutung, was sich vor allem in den explosionsartig steigenden Mitgliederzahlen niederschlug. Die Fusion mit dem Ärztevereinsbund verschaffte dem Hartmannbund die offizielle *Legitimation* der etablierten Standesorganisation, die nun alle organisierten Ärzte aufforderte, dem wirtschaftlichen Verband als Mitglied beizutreten und damit seine Entwicklung zur „kampfkräftigen Organisation der Ärzte“ (Schmitt 1966, S. 58) entscheidend unterstützte. Darüber hinaus konnte der Hartmannbund an den personellen, organisatorischen und materiellen Ressourcen der

Dachorganisation partizipieren[171]. Hinzu kam, dass er sich innerhalb der etablierten Organisationsstrukturen des Ärztevereinsbundes gerade auf seinem Spezialgebiet profilieren konnte. Binnen kurzer Zeit wurde er so zur eigentlichen „Triebfeder im ärztlichen Interessenkampf" (Schmitt 1966, S. 40). Während der Ärztevereinsbund in den Folgejahren in den Hintergrund trat, dehnte der Hartmannbund sein Aufgabengebiet immer weiter aus, da nahezu alle Fragen und Konflikte in irgendeiner Weise die wirtschaftlichen Interessen der Ärzte tangierten. Seine Aktivitäten drückten gerade „im ersten Vierteljahrhundert des 20. Jahrhunderts dem ärztlichen Stand einen unverkennbaren Stempel auf" (Stobrawa 1979, S. 25).

2.4.5 Expansion, Zentralisierung und Ressourcenmonopolisierung: Organisationale Aufrüstung und Strategie des Hartmannbundes

Mit Gründung des Hartmannbundes begann ein beispielloser *ärztlicher Aufrüstungsprozess*. In nur wenigen Jahren baute der wirtschaftliche Interessenverband eine umfassende, straff organisierte Organisationsstruktur mit einem reichsweiten Netz aus Orts-, Landes- und Provinzialverbänden auf. Die Geschäfte des Hartmannbundes wurden von einem hauptamtlichen Generalsekretär geführt, dem in der Hauptgeschäftsstelle schon 1911 neben zwei angestellten Ärzten (stellvertretender Generalsekretär, Leiter der Abteilung Stellenvermittlung) noch 28 Angestellte als klassischer Verwaltungsstab zur Seite standen (Puppe 1911, S. 27). Hinzu trat ein Heer von ehrenamtlichen Obmännern, Universitätsobmännern, Vertrauensmännern, Haupt- und Sektionskassierern, welche die Hauptlast der Verbandsarbeit auf allen Ebenen der Organisation trugen (Plaut 1913, S. 112).

All dies trug dazu bei, dem Hartmannbund den Charakter eines straff organisierten *modernen Funktionärsverbandes* zu geben. Die Entwicklung der ärztlichen Interessenorganisation reihte sich „in einen gesamtgesellschaftlichen Prozess ein, der durch die Tendenz zum Berufspolitiker, zum hauptamtlichen Verbandsfunktionär" (Herold-Schmidt 1997, S. 51), charakterisiert wurde. Mit der redaktionellen Übernahme der Zeitschrift *„Ärztliche Mitteilungen"* erhielt der Hartmannbund ein eigenes Verbandsorgan, über das in der Folgezeit ein Großteil der Agitations- und Werbekampagnen organisiert wurde. Zugleich nutzte der Verband aber auch das *„Ärztliche Vereinsblatt"*, das Zentralorgan des Ärztevereinsbundes, für seine Eigenwerbung (Tennstedt 1977e, S. 77). Daneben wurden eine verbandseigene Versandbuch-

[171] Der Dachverband stellte ihm die Hälfte seiner Beitrageinnahmen zur Verfügung und übertrug ihm außerdem die Stellenvermittlung für vakante Praxen. Viele der lokalen kassenärztlichen Vereine schlossen sich als Ortsgruppen dem Hartmannbund an (Schmitt 1966, S. 62; Stobrawa 1979, S. 26; Tennstedt 1977e, S. 77).

handlung und ein eigener Verlag als erwerbswirtschaftlicher Zweig gegründet. Auf diese Weise versuchte der Verband, im Bereich der ärztlichen Fachliteratur und Zeitschriften „den Buchhandel zu Gunsten seiner Mitglieder auszuschalten und den Verdienst für seine Zwecke zu verwenden“ (Puppe 1911, S. 32). Daneben entstanden mit der Zeit neben einer *Witwen- und Waisenkasse* noch eine ganze Reihe weiterer Wohlfahrtseinrichtungen des Hartmannbundes für seine Mitglieder und deren Angehörige[172]. Darüber hinaus unterhielt er eine *Auskunftsstelle*, die umfassende Beratung in allen ärztlichen Rechtsfragen anbot, sowie ein für Mitglieder kostenloses *Stellenvermittlungsinstitut*. Gerade die vom Hartmannbund durch Bekämpfung der etablierten privatwirtschaftlichen Vermittlungsinstitute (Schmitt 1966, S. 62) monopolisierte ärztliche Stellenvermittlung erhöhte die Attraktivität des Verbandes für junge Ärzte und steigerte dessen Einfluss auf die Universitätsabsolventen und Medizinstudenten. Hinzu kam allerdings, dass der Verband von jedem Arzt, der die kostenlose Stellenvermittlung in Anspruch nahm, eine ehrenwörtliche Verpflichtung verlangte, im Gegenzug keine vom Verband gesperrten Kassenarztstellen anzunehmen. Ziel war die weitgehende Eindämmung der ärztlichen Konkurrenz und eine Ausschaltung des ärztlichen „Streikbruchs“, die für den Ausgang der Kampfaktionen gegen die Krankenkassen entscheidend waren. Auf viele Ärzte wurde durch die ehrenwörtlichen Verpflichtungen ein erheblicher moralisch-sozialer Druck ausgeübt. Insbesondere die noch nicht etablierten jungen Ärzte, die wegen ihrer hohen Mobilität eine besondere Gefahr für ein geschlossenes Vorgehen der organisierten Ärzteschaft darstellten, wurden frühzeitig in die Politik der Interessenorganisation integriert. Der so ausgeübte soziale Druck förderte ein verbandskonformes Verhalten und als Konsequenz auch die Mitgliedschaft.

Alle Einrichtungen des Hartmannbundes steigerten für nichtorganisierte Ärzte naturgemäß den Anreiz, dem wirtschaftlichen Verband beizutreten. Zugleich banden sie die eigenen Mitglieder fester an die Organisation, bedeutete doch ein Austritt aus dem Hartmannbund den Verlust einer ganzen Reihe materieller Vorteile. Auf diese Weise gelang es dem neuen Verband, die größten Teile vor allem der niedergelassenen Ärzteschaft zu integrieren. Im Falle des Hartmannbundes verlief der Prozess der Inklusion also nicht ausschließlich über die an formalen Bildungszertifikaten vermittelte Zugehörigkeit zum ärztlichen Stand, wie dies beim Ärztevereinsbund der Fall war, sondern auch über die Gewährung konkreter materieller Vorteile für die Dazugehörenden. Hinzu kam, dass aufgrund der mit zunehmender Zahl von *Kol-*

[172] Folgende Einrichtungen entstanden: 1910: Darlehens- und Sterbekasse, 1918: Alterszulagekasse, 1920: Witwenhilfe, 1922: Ärztefrauenbegräbniskasse (Schmitt 1966, S.63).

lektivverträgen einsetzenden tendenziellen *Monopolisierung der ärztlichen Angebotsseite* durch die ärztliche Kampforganisation auf die nichtorganisierten niedergelassenen Ärzte ein massiver wirtschaftlicher Beitrittsdruck ausgeübt wurde, da nur noch durch die Verbandsmitgliedschaft eine Inklusion in das System der Gesetzlichen Krankenversicherung möglich war. Da die Einnahmen aus der Kassenarztpraxis für immer mehr niedergelassene Ärzte existenzsichernd waren, entstand mit zunehmenden Erfolgen des Hartmannbundes für die Masse der Ärzte ein faktischer Zwang zum Beitritt. Eine Exklusion aus dem durch den Verband monopolisierten System der kassenärztlichen Behandlung hätte für sie nicht nur den Verlust der wirtschaftlichen Basis, sondern auch die gefürchtete Einbuße ihres sozialen Status' bedeutet. Insofern trieb eine mehrschichtige Status- und Existenzangst dem Hartmannbund gerade mit zunehmenden Kampferfolgen eine erhebliche Zahl von ärztlichen Mitgliedern zu. Mit seiner verzweigten Organisationsstruktur imitierte der Hartmannbund dabei immer mehr die sozialdemokratischen Organisationsnetzwerke und nahm den typischen Charakter einer *modernen Interessenorganisation* an.

Die Motive für einen Beitritt zum Hartmannbund waren also primär materieller und erst in zweiter Linie standespolitischer Art. Insofern lösten seine erfolgreich geführten wirtschaftlichen Kämpfe eine *sich selbst verstärkende Dynamik des Mitgliederwachstums* aus. In vielen Großstädten erreichte die Kampforganisation schon 1909 einen beträchtlichen Organisationsgrad. Bis 1913 hatte der Hartmannbund in rund 1088 lokale Konflikte eingegriffen und davon 995 zu seinen Gunsten entschieden (Thiele 1974, S. 35). Die Erfolgsquote von gut 91 Prozent verdeutlicht die Verschiebung der Machtverhältnisse zugunsten der organisierten Ärzte. Sie verschaffte der wirtschaftlichen Kampforganisation in der Ärzteschaft ein enormes Ansehen und Prestige. Die meisten Konflikte zwischen Hartmannbund und Krankenkassen waren bis 1913 noch rein lokaler Art. So fanden beispielsweise bis 1909 rund 76 Prozent aller Kämpfe in Kleinstädten mit maximal 10000 Einwohnern und dementsprechend kleinen Krankenkassen statt (Puppe 1911, S. 105). Maßgeblich für den Aufstieg des Hartmannbundes waren allerdings die spektakulären Kämpfe, die er 1904 gegen die *Leipziger Ortskrankenkasse*, die mit rund 132.000 Mitgliedern größte Krankenkasse Deutschlands, und gegen die im *Kölner Krankenkassenverband* zusammengeschlossenen 38 lokalen Orts-, Betriebs- und Innungskrankenkassen mit zusammen ebenfalls über 100.000 Mitgliedern erfolgreich führte (Huerkamp 1985, S. 289ff.; Neuhaus 1986, S. 279ff.; Schmitt 1966, S. 69ff.). Hauptstreitobjekte waren immer die Erhöhung der Arzthonorare und die Einführung der *„organisierten freien Arztwahl"*, wie sie seit dem 30. Ärztetag von 1902 offiziell genannt wurde (Plaut 1913, S.

178; Puppe 1911, S. 105). Der Ärztetag forderte ganz bewusst eine „organisierte freie Arztwahl“, bei der nur diejenigen Ärzte zur Kassenarztpraxis zugelassen wurden, die Mitglied im Hartmannbund waren. Eine so auf die Organisationsmitglieder beschränkte Arztwahl sollte die „erhebliche innerärztliche Konkurrenz und Interessenheterogenität, die bis dahin ein einheitliches Vorgehen der Ärzteschaft weitgehend verhindert hatte, beseitigen und die Basis für eine wirksame Arbeit des Verbandes bereiten“ (Thiele 1974, S. 33). Sie war zugleich der Versuch einer Monopolisierung der Kassenzulassung durch die ärztliche Dachorganisation und damit ein Prozess sozialer Schließung gegenüber allen Arten von Nichtmitgliedern.

Die Strategie des Hartmannbundes in diesen, von heftiger Agitation und der Militärsprache entlehnten Parolen wie „Fällt Leipzig – Fällt Deutschland“ (Tamm 1998, S. 212) oder ärztlichen Zeitungsüberschriften wie „Vom Kölner Kriegsschauplatz“ (Huerkamp 1985, S. 288) begleiteten Organisationskämpfen war immer die gleiche. Ziel war es, eine gleichzeitige fristlose Kündigung der Dienstverträge durch alle Kassenärzte zu erreichen und die kassenärztliche Versorgung einer Krankenkasse damit lahm zu legen. Entscheidend für den Erfolg eines solchen „Ärztestreiks“ war, dass die Kasse nicht genügend personellen Ersatz für die freigewordenen Kassenarztstellen bekam und damit die ärztliche Versorgung ihrer Mitglieder nicht sicherstellen konnte. Da die Krankenkassen aber gesetzlich dazu verpflichtet waren, ihren Mitgliedern freie ärztliche Hilfe in natura zu gewähren, befanden sie sich bei einem geschlossenen Vorgehen aller Ärzte in einer schwachen Position und waren, konnten sie keine auswärtigen Ärzte anwerben, alsbald zum Einlenken auf die Forderungen des Hartmannbundes gezwungen. Bei den generalstabsmäßig vorbereiteten Aktionen war der Hartmannbund in der Wahl seiner Mittel zur Erzwingung der notwendigen Geschlossenheit der Ärzteschaft wenig zimperlich.

Als erfolgreiches Mittel erwiesen sich sogenannte *„Schutz- und Trutzbündnisse“*, in denen sich alle beteiligten Ärzte durch Unterzeichnung eines entsprechenden „Revers“ ehrenwörtlich dazu verpflichteten, „Verträge, die sie mit Krankenkassen abschlossen, der zuständigen Kommission vorher zur Genehmigung vorzulegen und sich außerdem nicht um Kassenarztstellen zu bewerben, die zwischen Ärzteschaft und Kassen in irgendeiner Weise umstritten waren“ (Huerkamp 1982, S. 99). Hierbei wurde die enge personelle Verflechtung und organisationale Arbeitsteilung zwischen Hartmannbund, Ärztevereinsbund und den öffentlich-rechtlichen Ärztekammern erfolgsentscheidend (Schmitt 1966, S. 253). Die lokalen Ärztevereine und die bei den Ärztekammern angesiedelten Krankenkassenvertragskommissionen übten nämlich einen enormen moralischen Druck auf alle ortsansässigen Ärzte aus, die entsprechende ehrengerichtlich verwendbare Selbstverpflichtungserklärung zu unterschreiben. Allen Ärzten, die sich trotz geleisteter Unterschrift um eine vom Hartmannbund gesperrte Kassenarztstelle bewarben, wurden wegen solch „unkollegialem“ Verhalten von den Ärztekammern hohe Konventionalstrafen und ehrengerichtliche Verfolgung angedroht. Auf diese Weise wurde der persönliche Handlungsspielraum des einzelnen Arztes stark eingeengt und den Zielen der Kampforganisation untergeordnet. Hinzu kam, dass in den ärztlichen Presseorganen sogenannte *„Cavete-Listen“* mit Orten veröffentlicht wurden, an denen es Konflikte mit Krankenkassen gab oder wo solche erwartet wurden. Damit sollten alle potenziellen auswärtigen Ärzte davon abgehalten werden, ohne vorherige Rücksprache mit dem lokalen Vertrauensmann des Hartmannbundes eine kassenärztliche Tätigkeit anzunehmen. Ärzte, die trotzdem als „Nothelfer“ der Kassen arbeiteten, wurden vielfach als Außenseiter verfehmt und verleumdet. Darüber hinaus wurde durch finanzielle Abgeltungen in Form der Übernahme des durch den „Streik“ entstehenden Einkommensausfalls, Zahlung von Abstandssummen an arbeitswillige „Nothelfer“ oder sogar den Aufkauf von Arztpraxen versucht, die ärztliche Geschlossenheit mit allen Mitteln zu erreichen und „Streikbrecher“ zur Aufgabe zu bewegen. Die Rigorosität der Kampfmethoden veränderte nicht nur die Qualität der Kassenkonflikte, sondern bedeutete für den Hartmannbund, der auf die zentrale Leitung und Richtlinienkompetenz bei allen Kampfaktionen und Vertragsverhandlungen pochte, auch einen erheblichen Finanz- und Kontrollaufwand. Innerhalb weniger Jahre hatte es die ärztliche Kampforganisation geschafft, ein beträchtliches Organisationsvermögen zu akkumulieren, das in Form eines mächtigen *Kampffonds* die finanzielle Basis für die großen Kämpfe mit den Krankenkassen darstellte[173]. Dieses Vermögen speiste sich neben den Pflichtmitgliedsbeiträgen vor allem aus erheblichen Unterstützungszahlungen des Ärztevereinsbundes aber auch aus Spenden und Anleihen bei seinen Mitgliedern (Puppe 1911, S. 94f.).

Der für die Ärzte erfolgreiche Ausgang der überwiegenden Mehrzahl der Kassenkämpfe führte zur Steigerung des ärztlichen Selbstvertrauens und zu einem raschen Anstieg der Mitgliederzahl des Hartmannbundes. Zugleich nahm auch die Bereitschaft von nichtorganisierten Ärzten – die sich ihre Existenz aufbauen oder sich verändern wollten – ab, den Angeboten bestreikter Kassen zu folgen und als ärztliche „Nothelfer“ (Streikbrecher) einzuspringen. Daher genügte in den Jahren nach den großen Auseinandersetzungen in Köln und Leipzig oftmals bereits die reine Androhung eines Ärztestreiks, um die jeweilige Krankenkasse zum Einlen-

[173] Bis 1908 hatte der Hartmannbund 1,5 Millionen Mark an finanziellen Abgeltungen gezahlt, davon allein 500.000 Mark im Kölner Ärztestreik (Puppe 1911, S. 94f.; Tennstedt 1977e, S. 78).

ken zu zwingen. Bis 1913 etablierte sich der Hartmannbund auf diese Weise zum anerkannten und unangefochtenen kollektiven Verhandlungspartner der Krankenkassen, der im Bewusstsein seiner organisationalen Macht selbst vor reichsweiten ärztlichen *Generalstreiks* zur Interessendurchsetzung nicht zurückschreckte (Göckenjan 1987, S. 27).

2.4.6 Die Zentralisierung der Verhandlungs- und Konfliktführung auf Spitzenverbandsebene

Die Verschiebung des Kräfteverhältnisses zugunsten der Ärzteorganisationen gab nach 1900 wiederum den Ausschlag für den Zusammenschluss der meisten Kassen in reichsweiten Interessenverbänden, um so „den Ärzten überhaupt noch wirkungsvoll entgegentreten zu können" (Schneider 1981, S. 868). Bei den großen Krankenkassenverbänden handelte es sich insofern also um *Gegenorganisationen*, die der Wiederherstellung des Machtgleichgewichts zwischen Kassen und Ärzteorganisationen dienen sollten, die *organisationale Rüstungsspirale* aber weiter anheizten. Die Etablierung reichsweiter Interessenverbände der Krankenkassen und der organisierten Ärzteschaft führte zwangsläufig zur Verlagerung des organisationalen Kampfes um die kassenärztliche Versorgung von der (lokalen) Ärzteverein-Kasse-Ebene auf eine übergeordnete Ärzteverband-Kassenverband-Ebene (Schneider 1981, S. 868).

Die *Zentralisierung der Verhandlungs- und Konfliktführung* durch die machtvollen Spitzenorganisationen löste nicht nur eine Entgrenzung der bisher lokal begrenzten Konflikte und damit einen Trend zu reichsweit organisierten Großkonflikten (1913, 1923/24) zwischen den zentralisierten Interessenverbänden aus, sondern eröffnete zugleich auch die Möglichkeit zentraler Vertragsabschlüsse in Form von *Rahmen- oder Manteltarifverträgen*[174], an die alle Mitgliedsorganisationen und Einzelmitglieder gebunden waren. Der Spielraum der lokalen Ärzteorganisationen beschränkte sich fortan auf die Regelung örtlicher Besonderheiten, wobei auch hierfür Musterverträge des Hartmannbundes vorgegeben wurden. Letztlich hatten die lokalen Ärztevereine ihre ehemalige Handlungsautonomie damit weitgehend an die zentralisierte ärztliche Kampforganisation verloren.

Ein entscheidender Meilenstein für die weitere Entwicklung bildete dabei das *„Berliner Abkommen"* von 1913, das zwischen dem Hartmannbund und dem Deutschen Ärztevereins-

[174] Bereits 1907 sprach Hartmann von der „Möglichkeit und Nützlichkeit kassenärztlicher Tarifverträge" (Kuhns 1925, S. 201). Beispiele sind die Tarifverträge mit dem 120.000 Versicherte umfassenden Verband kaufmännischer Hilfskassen (1907), dem Verband der deutschen Lebensversicherungsgesellschaften (1907), der Postbeamtenkasse (1912), der Eisenbahnbetriebskrankenkasse (1919) und dem Verband der gewerblichen Ersatzkrankenkassen (1920) (Huerkamp 1985, S. 295; Kuhns 1925, S. 189-254). Mit der *Verordnung vom 23. Dezember 1918* wurde der „Tarifvertragsgedanke" staatlicherseits legitimiert und damit die Spitzenorganisationen aufgewertet (Hadrich 1955, S. 13).

bund auf der einen Seite und dem Verband zur Wahrung der Interessen der deutschen Betriebskrankenkassen, dem Gesamtverband der Krankenkassen Deutschlands und dem Hauptverband der Ortskrankenkassen geschlossen wurde. In diesem ersten freiwillig, wenn auch durch Intervention der Reichsregierung vereinbarten privatrechtlichen Vertrag zwischen den Spitzenorganisationen von Ärzten und Krankenkassen, gaben die Kassen angesichts der faktischen Übermacht der Gegenseite ihre bisherige kassenärztliche Zulassungsautonomie auf und verloren damit ihre dominierende Stellung in der Gesetzlichen Krankenversicherung. Zugleich eröffnete das Abkommen den ärztlichen Spitzenorganisationen die „Gelegenheit zur Mitbestimmung im Rahmen der kassenärztlichen Beziehungen" (Schneider 1981, S. 868). Insofern war das Abkommen ein Ergebnis ärztlicher Organisationspolitik, das heißt der erfolgreichen Durchsetzung der organisierten Interessen der Ärzte. Darüber hinaus bildete es mit den verschiedenen, paritätisch von Vertretern der Kassen und Ärzteorganisationen besetzten Gremien sowie dem für die Überwachung des Abkommens gegründeten *Zentralausschuss der Spitzenverbände* den Ausgangspunkt einer gemeinsamen Selbstverwaltung im Gesundheitswesen und damit die Basis für die Etablierung eines engmaschigen Organisationsnetzwerks im ambulanten Sektor.

2.4.7 Zentrum und Peripherie: Die Zähmung der organisationspolitischen Zentrifugalkräfte innerhalb der Ärzteschaft

Obwohl die Ausdifferenzierung der ärztlichen Organisationslandschaft noch bis in die 1930er-Jahre anhielt, konnte die Zweckkoalition aus Deutschem Ärztevereinsbund und Hartmannbund das errichtete *Repräsentationsmonopol* für die organisierten ärztlichen Gesamtinteressen behaupten. Die beiden Spitzenorganisationen waren die unangefochtene zentrale „Berufsinteressenvertretung" (Finkenrath 1928, S. 43) der organisierten Ärzteschaft, welche die Artikulation, Mobilisierung und Durchsetzung der ärztlichen Interessen eindeutig dominierte. Sie bildeten damit das organisationale Zentrum im großen Feld der ärztlichen Organisationen. Mit ihrer nie ernsthaft angegriffenen Monopolstellung übten sie den nachhaltigsten Einfluss sowohl auf die Weiterentwicklung des ärztlichen Organisationswesens als auch auf die Gestaltung der organisierten Beziehungen zwischen Krankenkassen und Kassenärzten aus und bestimmten damit in großen Teilen die organisationsförmige Strukturierung des ambulanten Sektors im Gesundheitswesen.

Die Festigung der beiden ärztlichen Großorganisationen im Zentrum des organisationalen Feldes bedeutete, dass die beiden Spitzenorganisationen für die übergeordneten standespolitischen und wirtschaftlichen Interessen der gesamten Profession in ihrem allgemeinen Vertretungsanspruch von den weiterhin erfolgenden organisationalen Gegengründungen bis auf weiteres nicht ernsthaft bedroht werden konnten. Allen anderen Organisationen mangelte es hierfür an personellen und materiellen Ressourcen. In den sich verfestigenden *Zentrum-Peripherie-Strukturen* des Feldes ärztlicher Organisationen bildeten sie eindeutig die organisationale Peripherie. Von dieser Position aus konnten sie keinen Einfluss auf die Gestaltung der ärztlichen Interessenpolitik nehmen oder gar das Repräsentationsmonopol der beiden großen Verbände bedrohen. Im übrigen fand nach wie vor eine äußerst rege ärztliche Organisationsbildung statt, die Ausdruck der weiterhin hohen Interessenheterogenität innerhalb der ärztlichen Profession im allgemeinen wie auch der niedergelassenen Ärzte im besonderen war. Zum einen gab es eine Reihe politisch und weltanschaulich motivierter Organisationsgründungen, die aufgrund ihres geringen Organisationsgrades aber keine Gefahr für das Organisationsmonopol von Ärztevereinsbund und Hartmannbund darstellten[175]. Zum anderen fand die Bildung von spezifischen Interessenorganisationen für Angehörige vieler ärztlicher Fachgemeinschaften/-Gebiete statt, welche die zunehmende fachliche Ausdifferenzierung der ärztlichen Profession (vom Allgemeinmediziner zum Facharzt) und die damit einhergehende Entwicklung von gruppenspezifischen Sonderinteressen widerspiegelte. Das veranschaulicht die Schwierigkeiten bei der kollektiven Organisation der ärztlichen Interessen durch die Spitzenorganisationen. Zugleich wird deutlich, dass die Population der Ärzteorganisationen weiter expandierte und durch verschiedene Prozesse der Variation geprägt wurde. Die organisationspolitische Integrationsleistung von Ärztevereinsbund und Hartmannbund bestand dementsprechend gerade darin, die hohe Zahl organisierter ärztlicher Partikularinteressen in übergeordneten standes- und wirtschaftlichen Allgemeininteressen zu bündeln, in Zweckkoalitionen einzubinden und so die organisationspolitischen „Zentrifugalkräfte“ im Interesse der eigenen Herrschaftssicherung langfristig zu absorbieren beziehungsweise alle unintegrierbaren Bestandteile zu exkludieren. Nach „außen“ war dieser Prozess mit der gleichzeitigen Zentralisierung der interessenpolitischen Beziehungen zum Staat wie auch zu den Kassenverbänden auf der Ebene der beiden Spitzenverbände verbunden.

---

[175] Hierzu zählte z.B. der sozialdemokratische Ärzteverein, der bis 1914 nur rund hundert Mitglieder zählte und damit interessenpolitisch völlig bedeutungslos blieb (Wehler 1995, S. 741).

2.5 Der Abschluss der ärztlichen Aufrüstung: Die Gründung der Kassenärztlichen Vereinigungen

2.5.1 Der Griff nach den Kassenressourcen: Verbandliche Konzepte zur Schaffung homogener kassenärztlicher Monopolorganisationen

Bis zum Beginn der 1930er-Jahre kam es, von einer Reihe heftiger überregionaler Auseinandersetzungen einmal abgesehen, tendenziell zu einer *Verstetigung und Stabilisierung* der Beziehungen zwischen den Spitzenorganisationen der Ärzte und den Krankenkassenverbänden. Insgesamt betrachtet hatte sich ein, wenn auch fragiles organisatorisches Kräftegleichgewicht zwischen den gegnerischen Interessenorganisationen und damit ein primär durch den Hartmannbund vertretenes organisiertes Angebotsmonopol der niedergelassenen Ärzte auf der einen und ein in verschiedene Kassenarten differenziertes organisiertes Nachfrageoligopol etabliert. Hinzu kam die zunehmende organisationale und personelle Verflechtung in einer wachsenden Zahl von paritätisch besetzten Steuerungs- und Verhandlungsgremien. Die gerade hierüber institutionalisierten „Spielregeln" bewirkten tendenziell die Verlagerung von der offenen Konfrontation hin zu einer *kollektiven Konsensproduktion* im Rahmen bilateraler Verhandlungen zwischen den Funktionseliten der Spitzenorganisationen.

Allerdings stellten vor allem die in der Zeit der Weltwirtschaftskrise zwischen den Spitzenverbänden getroffenen Kollektivvereinbarungen – wie das *Honorarabkommen vom Juli 1931*, in dem angesichts der bedrohlichen Finanzkrise der Gesetzlichen Krankenversicherung und des massiven staatlichen Drucks dramatische Kürzungen der Arzthonorare um bis zu 20 Prozent vereinbart wurden (Göckenjan 1987, S. 31) – die Verpflichtungsfähigkeit insbesondere des Hartmannbundes auf eine harte Probe. Die ärztliche Spitzenorganisation verfolgte mit ihrem, in den eigenen Reihen stark umstrittenen Entgegenkommen in der Honorarfrage jedoch weitreichendere strategische Ziele. Zum einen sollte so eine weitere Notverordnung der Reichsregierung und damit eine verstärkte staatliche Reglementierung verhindert werden, die den Handlungsspielraum der ärztlichen Organisationen weiter eingeschränkt und die berufliche Selbstständigkeit der Kassenärzte bedroht hätte (Wolff 1997, S. 131)[176]. Zum anderen wurde mit dem Abkommen „die Verhandlungsbasis für ein umfassendes Reformprojekt ge-

[176] Schon die bisherige Notverordnungspolitik der Brüning-Regierung hatte das Angebotsmonopol der Ärzteorganisationen beschnitten. 1931 drohte der Reichsarbeitsminister dann angesichts der GKV-Finanznot mit der Umwandlung der niedergelassenen Kassenärzte in Kassenangestellte. Die Regierung dachte über eine „Sozialisierung der Ärzteschaft" nach (Webber 1992, S. 213; 1988, S. 174), was eine Aufhebung der ärztlichen professionellen Autonomie und den Verlust des Status' eines „freien" Berufs bedeutet hätte.

legt, das vom Hartmannbund vorbereitet wurde" (Göckenjan 1987, S. 31). Der Hartmannbund strebte dabei langfristig die Veränderung der bisherigen ärztlichen Honorierungsform im Sinne eines Übergangs von der Pauschal- zur Einzelleistungsvergütung an. Darüber hinaus zielte er aber auch auf die Übernahme der Honorarverteilung unter den Kassenärzten in eigener Regie sowie die zentrale Beaufsichtigung der wirtschaftlichen Mittelverwendung ab und war deshalb in der Frage der Honorierungsform grundsätzlich kompromissbereit[177].

Als Sachwalter dieser beiden zentralen Aufgaben sollten kollektive Organisationen der Kassenärzte, sogenannte *Kassenärztliche Vereinigungen*, nach einheitlichem Schema auf lokaler Ebene gegründet werden. Nach den Vorstellungen des Hartmannbundes, die 1931 nach kontroverser Diskussion durch den 50. Deutschen Ärztetag in Köln abgesegnet und offiziell vom Deutschen Ärztevereinsbund mitgetragen wurden, sollte die neue kassenärztliche Organisationsform die Bürgschaft für die Sicherstellung der ärztlichen Versorgung aller Krankenversicherten sowie die eigenverantwortliche Verteilung der Vergütung und die alleinige Kontrolle über die kassenärztliche Tätigkeit übernehmen. Auf diese Weise würden „Leistung und Kontrolle der kassenärztlichen Tätigkeit eine Selbstverwaltungsaufgabe der Ärzteschaft" (Göckenjan 1987, S. 32).

Eine derartige Lösung, die für die Kassen einen weitreichenden Kontrollverlust über den Einsatz maßgeblicher Teile ihrer Beitragseinnahmen bedeutete, war grundsätzlich nicht neu. Ähnliche Regelungen hatten schon 1892 der Düsseldorfer Ärzteverein und der Berliner Verein der „freigewählten Kassenärzte" getroffen. Derartige Vereinbarungen auf lokaler Ebene bestanden aber in der Regel nur mit einigen der örtlichen Kassen und standen damit immer „unter dem Druck alternativer Lösungen" (Göckenjan 1987, S. 32). Hinzu kamen die vielen kassenärztlichen Vereine, die bisher auf lokaler Ebene die unmittelbaren Verhandlungen mit den Krankenkassen geführt hatten. Nach Vorstellung des Hartmannbundes sollte es sich nun aber um eine allgemein anerkannte, flächendeckende, einheitliche und über das Mittel der Zwangsmitgliedschaft verfügende „monopolistische Kollektivvertretung" (Wolff 1997, S.

177 Der 1931 entwickelte Kompromiss bestand in der Festlegung eines durch die beteiligten Organisationen zu vereinbarenden fixen Anteils an den Kasseneinnahmen zur Abgeltung sämtlicher ärztlicher Leistungen. Es blieb grundsätzlich bei der Pauschalvergütung. Die Höhe der Pauschale (Gesamtvergütung) sollte einen bestimmten Prozentsatz der Beitragseinnahmen betragen und pro behandeltem Versicherten zu entrichten sein. Auf diese Weise wurden die Ausgaben für die ärztliche Behandlung erstmals an die Entwicklung der Beitragseinnahmen und die Grundlohnsumme gekoppelt. Dies bedeutete aber, dass die Gesamtheit der Kassenärzte die materiellen Risiken hoher Erkrankungsraten, die Kosten unnötiger Verschreibung und Einzelleistungen sowie den „zu erwartenden Kostenschub durch das dauernde Hineindrängen der Jungärzte in die Kassenpraxis" (Göckenjan 1987, S. 31) selbst tragen musste. Um entsprechend steuernd und regulierend eingreifen zu können, forderten Hartmannbund und Ärztevereinsbund die Kontrolle über die Mittelverteilung und -verwendung sowie die kassenärztliche Zulassung.

132) aller Kassenärzte handeln. Derartige strategische Ziele, die unter bewusster Inkaufnahme von Einkommenseinbußen der Mitglieder und unter Ausnutzung der wirtschaftlichen Krisensituation der Gesetzlichen Krankenversicherung auf den Ausbau der Machtstellung der eigenen Organisation und die langfristige Stärkung der professionellen Autonomie der organisierten Kassenärzte abstellten, waren nicht nur in den eigenen Reihen stark umstritten (Göckenjan 1987, S. 32; Webber 1988, S. 174). Bis auf die beiden großen Spitzenverbände der Ortskrankenkassen, dem Hauptverband der Ortskrankenkassen und dem Gesamtverband der Krankenkassen Deutschlands, lehnten alle Kassenverbände ein solches Abkommen mit den Ärzteorganisationen ab. Vor allem der Verband der deutschen Betriebskrankenkassen widersetzte sich dem ärztlichen Ansinnen, weil diese Regelung zur endgültigen Abschaffung der ohnehin schon durch Kollektivverträge, gemeinsame Ausschüsse und Zwangsarbeitsgemeinschaften eingeschränkten Direktionshoheit der Kassen über die ärztliche Versorgung ihrer Mitglieder geführt hätte (Tennstedt 1977e, S. 132).

2.5.2 Homogenisierung und Zentralisierung durch Zwang: Die verordnete Gründung der Kassenärztlichen Vereinigungen

Vor dem Hintergrund des Scheiterns einer kollektiven Einigung zwischen den ärztlichen Dachorganisationen und den Kassenverbänden wurde die Konstruktion der *Kassenärztlichen Vereinigung* Ende 1931 zwangsweise durch eine Notverordnung des Reichspräsidenten flächendeckend eingeführt. Der Gesetzgeber orientierte sich dabei inhaltlich weitgehend an dem zwischen Hartmannbund, Ärztevereinsbund und den beiden Spitzenverbänden der Ortskrankenkassen ausgearbeiteten Vertragsentwurf. Dabei wurde nun die Vergütung der kassenärztlichen Leistungen in Form einer, an der Entwicklung der Grundlohnsumme der Versicherten orientierten Kopfpauschale als allgemeine Honorierungsform in Form der Gesamtvergütung vorgeschrieben. Darüber hinaus wurden die Kassenärztlichen Vereinigungen als rechtsfähige, genossenschaftlich organisierte *Körperschaften des öffentlichen Rechts* konzipiert, denen alle zur Kassenpraxis zugelassenen Ärzte angehören mussten. Es bestand somit „für alle zugelassenen Kassenärzte eine durch Gesetz angeordnete, nicht umgehbare Zwangsmitgliedschaft" (Schneider 1983, S. 31). Sie begann mit der Zulassung zur Kassenpraxis, zu deren Voraussetzungen die Eintragung des Arztes in das beim Oberversicherungsamt geführte Arztregister gehörte, und endete frühestens mit Wegfall der Zulassung[178]. Zugleich wurde der Vorstand der örtlichen wirtschaftlichen Vereinigung der Ärzte (Ortsgruppe des Hartmannbundes) zum Vorstand der Kassenärztlichen Vereinigung ernannt (Schneider 1983, S. 31). Auf diese Weise entstand eine weitgehende personelle Kontinuität und Verflechtung zwischen den Mitgliedern der bestehenden ärztlichen Organisationen und der neuen Kassenärztlichen Vereinigung. Insbesondere die „Verquickung dieser öffentlich-rechtlichen Institution mit dem privaten, wirtschaftliche Interessen verfolgenden Hartmannbund" (Tennstedt 1976a, S. 402) wurde auf diese Weise institutionalisiert. Die Funktionseliten des Hartmannbundes erhielten so den disziplinierenden Zugriff auf nahezu die Gesamtheit der niedergelassenen Ärzte vor Ort und dehnten ihren Einfluss erheblich aus. Organisatorisch bauten die neuen Kassenärztlichen Vereinigungen weitgehend auf den lokalen ärztlichen Vorgängerorganisationen, den *kassenärztlichen Vereinen* und *Krankenkassenkommissionen* auf, die angesichts des Verlustes ihrer bisherigen Aufgaben an die neuen Zwangsvereinigungen überflüssig wurden und deren Mitglieder in die neue kollektive Zwangsorganisation übergingen. Die neue organisationale Variation innerhalb des organisationalen Feldes der Ärzteorganisationen bewirkte also die faktische Auflösung älterer, lokaler und auf freiwilliger Mitgliedschaft beruhender Organisationsformen. Die Folge war ein weiterer Homogenisierungsschub im Feld. Insofern handelte es sich bei der Einführung der Kassenärztlichen Vereinigungen vor allem um einen isomorphistischen Anpassungsprozess durch Zwang seitens des Staates wie auch durch die etablierten ärztlichen Interessenorganisationen, die sich hiervon die interessenpolitische Homogenisierung der Ärzteschaft und damit die Stärkung ihres organisationsbasierten Herrschaftssystems versprachen.

Die Aufgaben der Kassenärztlichen Vereinigungen wurden durch den Gesetzgeber detailliert vorgegeben und entsprachen inhaltlich den Vorstellungen der Ärzteorganisationen. Die neuen öffentlich-rechtlichen Körperschaften wurden gegenüber den Krankenkassen zu den originären Gewährträgern für die ordnungsgemäße kassenärztliche Versorgung der Versicherten ernannt. Um diese Aufgabe sicherstellen zu können, bedurfte es einer möglichst umfassenden Kontrolle der Tätigkeit der Kassenärzte. Diese Aufgabe oblag den eigens hierfür gegründeten Prüfungsausschüssen. Gleichzeitig übernahm die kassenärztliche Organisation unter bestimmten Voraussetzungen auch die Haftung für die Kosten der Arzneiverordnungen (Stobrawa 1979, S. 31). Zur Durchführung ihrer Aufgaben wurden die Kassenärztlichen Ver-

[178] Nach der 1931 erlassenen *Zulassungsordnung* wurde unter Zulassung zur Kassenpraxis die „Berechtigung zum Abschluss eines Einzelvertrages" verstanden (Schneider 1983, S. 36). Während sie bis 1931 nur für eine bestimmte Kasse erfolgte, erwarb der Kassenarzt jetzt die Berechtigung zur Behandlung aller Versicherten eines Zulassungsbezirks, egal welcher Kasse sie angehörten.

einigungen darüber hinaus mit (hoheitlichen) Disziplinarbefugnissen gegenüber den eigenen ärztlichen Mitgliedern ausgestattet, die in Mahnung, Verwarnung, Vertragsstrafen oder dem (zeitweiligen) Ausschluss von der Kassenarzttätigkeit bestehen konnten. Ebenso wurden sie zum Abschluss von Kollektivverträgen mit den Kassen ermächtigt, erhielten die Berechtigung zur Entgegennahme der zu zahlenden Gesamtvergütung sowie das Recht, die Honorarverteilung unter ihren Mitgliedern nach eigenem Ermessen vorzunehmen (Schneider 1983, S. 31f.).

Die Kassenärztlichen Vereinigungen erhielten damit sowohl gegenüber den Krankenkassen als auch gegenüber den eigenen Mitgliedern eine starke Machtposition. Die Kassen verloren faktisch die Kompetenzen für die Organisierung der ambulanten Krankenversorgung und die Kontrolle über die Kosten der ärztlichen Behandlung an die neue Kassenärzteorganisation. Allerdings entlastete diese Konzeption die Kassen zum einen von allen unmittelbaren Konflikten mit den ärztlichen Organisationen hinsichtlich einer Begrenzung der Kassenarztzahl aus Kostengründen, zum anderen von „dem traditionellen Legitimationsproblem, ihren Versicherten aus diesen Gründen nur einen beschränkten Zugang zu den verfügbaren Ärzten geben zu können" (Göckenjan 1987, S. 33). Insofern führte die neue Regelung auch zur Befriedung eines bedeutenden Konfliktfeldes zwischen Kassen und Ärzten. Der eigentliche Konflikt wurde nun nämlich in die Kassenärztliche Vereinigung selbst verlagert und damit zu einem rein innerärztlichen Verteilungskonflikt. Um Konflikte zu meistern, bekam die ärztlichen Vereinigung weitreichende Kontroll- und Disziplinarrechte gegenüber dem einzelnen Arzt. Dieser stand nun nicht mehr in einer unmittelbaren Rechtsbeziehung zu den Kassen, sondern war an den durch die Kassenärztliche Vereinigung vereinbarten kollektiven Gesamtvertrag gebunden. Insofern wechselte er von einem mehr oder weniger ausgeprägten privatrechtlichen Abhängigkeitsverhältnis zu den Kassen in ein öffentlich-rechtliches Abhängigkeitsverhältnis zu den neuen Kassenärztlichen Vereinigungen, die „sozusagen zwischen die Krankenkassen und die einzelnen Ärzte geschaltet wurden" (Webber 1992, S. 212).

Hinsichtlich seiner individuellen Entscheidungsspielräume wurde der einzelne Arzt nun doppelt abhängig von der eigenen kassenärztlichen Organisation. Sie kontrollierte sein Verhalten im Sinne einer professionellen Selbstregulierung und besaß als öffentlich-rechtliche Körperschaft mit dem Mittel der Zwangsmitgliedschaft von allen Ärzteorganisationen die weitreichendste Möglichkeit, die eigenen Mitglieder auf die erzielten Verhandlungsergebnisse ebenso wie auf normierte Verhaltenserwartungen zu verpflichten. Gleichzeitig fungierte die Kassenärztliche Vereinigung aber auch als kollektive Abwehrorganisation gegen Versuche der Fremdregulierung durch die Krankenkassen und den Staat (Groser 1992, S. 171; Stone

1980) und verallgemeinerte damit endgültig das System ambulanter medizinischer Versorgung durch niedergelassene, frei praktizierende Ärzte. Für den Hartmannbund und den Ärztevereinsbund bedeutete die Etablierung der Kassenärztlichen Vereinigungen weder den Verlust ihres „Monopolistenstatus'" (Wolff 1997, S. 132), noch einen Funktions- oder Machtverlust, sondern vielmehr den Abschluss des von den beiden Spitzenorganisationen systematisch vorangetriebenen *organisationalen Aufrüstungsprozesses* der Ärzteschaft.

Mit der Schaffung der Kassenärztlichen Vereinigung standen sich nun im ambulanten Sektor alle maßgeblichen, gesetzlich legitimierten „Frontorganisationen" als öffentlich-rechtliche Körperschaften, das heißt auf gleicher rechtlicher Basis gegenüber. Damit zog die organisierte Ärzteschaft auch im Hinblick auf Verpflichtungsfähigkeit und Organisationsgrad ihrer Mitglieder mit den Kassen gleich. Über die enge personelle Verflechtung und das hohe Maß an organisationaler Arbeitsteilung zwischen den privatrechtlich organisierten Ärzteverbänden, den öffentlich-rechtlichen Ärztekammern und der ebenfalls quasi-staatlichen Kassenärztlichen Vereinigung etablierte sich ein spezifischer (kassen-)ärztlicher *Organisationsblock*, im weitesten Sinne ein eigenständiges, organisationsgestütztes ärztlich-korporatives Herrschaftssystem, als machtvoller Gegenpol zu den Krankenkassen.

Mit der Errichtung der Kassenärztlichen Vereinigung und der damit einhergehenden gesetzlichen Regelung des Verhältnisses zwischen Ärzteorganisationen und Kassen war der *Endpunkt der organisationalen Rüstungsspirale* im ambulanten Sektor knapp 50 Jahre nach Einführung der Gesetzlichen Krankenversicherung weitgehend erreicht. Insgesamt hatte sich das Kräfteverhältnis in dem mittlerweile institutionalisierten korporatistischen Netzwerk zu Gunsten des (hegemonialen) ärztlichen Organisationsblocks verschoben. Darüber hinaus hatten die etablierten Ärzteorganisationen ihren organisationspolitischen Hauptzweck mit der Übertragung des rechtlich abgesicherten Monopols für die ambulante Behandlung an die Kassenärztliche Vereinigung und der entsprechenden Exklusion aller Versorgungsalternativen zur privaten Kassenpraxis aus der Krankenversicherung erreicht. Das war zugleich der Höhepunkt und (vorläufige) Abschlusspunkt des organisationsgestützt vorangetriebenen Prozesses ärztlicher Professionalisierung. Insofern bedeutete die Einrichtung der Kassenärztlichen Vereinigungen einen strategischen (organisationspolitischen) Sieg der beiden ärztlichen Spitzenverbände. Die Schaffung der neuen kassenärztlichen Organisation – als semi-autonomer „Monopolorganisation" mit weitreichenden Kompetenzen und Zugriffsmöglichkeiten – war somit „der politische Preis, den die Ärzteverbände, vor allem der Hartmannbund, für ihre Kooperation bei der Sanierung der Krankenkassen forderten" (Webber 1992, S. 212). Seit längerem schon hatten Ärztevereinsbund und Hartmannbund ausgeprägt korporatistische Tendenzen entwickelt, auf eine *Verkörperschaftlichung* und die Übernahme staatlicher Aufgaben im gesundheitspolitischen Regel- und Gesetzessystem hingewirkt. Diesem „Trend zu einem öffentlich-rechtlichen Status“ (Wolff 1992, S. 132) der ärztlichen Organisationen entsprach die Schaffung der Kassenärztlichen Vereinigung, die den niedergelassenen Ärzten die staatliche Anerkennung ihrer gegen die Kassen bereits weitgehend durchgesetzten Funktion als *Treuhänder der kollektiven Ressourcen der Gesetzlichen Krankenversicherung* brachte. Mit der Auslagerung der staatlichen Aufgaben der Ressourcenallokation auf die Kassenärztlichen Vereinigungen wurden die dermaßen Privilegierten aber auch dazu verpflichtet, ihre Gruppeninteressen dem als „Gemeinwohlorientierung“ staatlich definierten Netzwerkzweck unterzuordnen. Eine erfolgreiche Repräsentation und Artikulation der ärztlichen Partikularinteressen gelang fortan also nur dann, wenn diese mit dem allgemeinen staatlichen Interesse an einem funktionsfähigen Organisationsnetzwerk und finanziell stabilen Krankenversicherungssystem in Einklang gebracht werden konnten.

Darüber hinaus bedeutete für die freie Berufsgruppe der niedergelassenen Ärzte die „Selbstverwaltung in Körperschaften des öffentlichen Rechts eine Anerkennung ihrer sozialen Funktionen“ (Groser 1992, S. 171) und damit die staatliche Zuweisung und Garantie eines exklusiven sozialen Rangs und Status', ähnlich dem der staatlichen Funktionseliten. Die organisierte Ärzteschaft hatte endlich den angestrebten Platz in der sozialen Hierarchie der modernen Organisationsgesellschaft erhalten, erkaufte sich diesen allerdings mit einer engen Einbindung in das Staatsgefüge[179]. Gleichzeitig machten die Ärzteorganisationen nach rund 30 Jahren Kassenkampf ihren „Frieden mit den Kassenverbänden“ (Tennstedt 1977e, S. 133) und unterwarfen sich den Funktionserfordernissen des korporatistischen ambulanten Organisationsnetzwerks. Dieses bis Ende 1931 vollständig ausgebildete Netzwerk aus Kassen und Ärzteorganisationen erwies sich in der Folgezeit in seiner Grundstruktur und Funktionslogik trotz aller politischen und organisatorischen Umbrüche als so beständig, das es in seinen Grundzügen noch heute den ambulanten Sektor beherrscht.

179 Die organisierte Ärzteschaft (re-)produzierte mit dem Prinzip der Kassenärztlichen Vereinigung ein Element „des Modells eines formierten, autoritären Ständestaats nach italienischem Vorbild“ (Wolff 1997, S. 133). Dies mag ein Grund für die reibungslose Eingliederung der Ärzteschaft in den NS-Staat sein. Nach 1933 wurden alle Ärzteorganisationen zusammengefasst, zentralisiert und verkörperschaftlicht. Zugleich wurde die Stellung der Ärzte weiter gestärkt und unauflösbar in den NS-Staat inkorporiert (Manow 1999, S. 160).

2.6 Fazit: Die „doppelte Identität" der ärztlichen Organisationen

Auch die ärztlichen Organisationen bildeten im „langen" 19. Jahrhundert in einem widersprüchlichen Entwicklungsprozess ein eigenes *organisationales Feld* aus. Es wurde deutlich, dass die Ärzteorganisationen grundsätzlich andere historische Wurzeln besitzen als die Krankenkassen und sich zumindest bis 1883 weitgehend unabhängig von diesen entwickelten. Trotzdem wiesen die ärztlichen Organisationstypen (Ärztevereine, -Verbände, -Kammern, Kassenärztliche Vereinigungen) im Kern dieselben Organisationsprinzipien auf, denen auch die Krankenkassen unterlagen. Sie können deshalb mit den Türk'schen Organisationsdimensionen rekonstruiert werden.

In der *Gebildedimension* wurden die Ärzteorganisationen als eigenständige juristische Personen je nach Organisationstyp in der Rechtsfigur des eingetragenen Vereins (Ärztevereine, Hartmannbund) oder der Körperschaft des öffentlichen Rechts (Ärztekammern, Kassenärztliche Vereinigungen) konstituiert. Anders als bei den Krankenkassen, die seit den 1850er-Jahren zunehmend als öffentlich-rechtliche Körperschaften gegründet wurden, war die ärztliche Organisationsgeschichte zunächst primär mit der Rechtsform des Vereins als der dominanten bürgerlichen Organisationsform des 19. Jahrhunderts verbunden. Die schubweise Ausbildung einer eigenständigen Population von Ärztevereinen setzte auf den Ergebnissen der ersten bürgerlichen Organisationsbewegung auf. Sie war das Resultat bürgerlicher Interessendifferenzierung und eines damit einhergehenden Prozesses der Ausdifferenzierung und Spezialisierung des Vereinswesens. Ärzteorganisationen entstanden vor allem als Abspaltungen von bereits bestehenden wissenschaftlichen oder bürgerlichen (geselligen) Vereinen, deren Strukturen sie imitierten. Aber auch völlige Neugründungen orientierten sich an den allgemeinen Vereinsstrukturen und den bereits bestehenden ärztlichen Vereinen. Die Konstituierung spezieller, mit eigener Rechtspersönlichkeit ausgestatteter Ärztevereine kann als Bestrebung der dem (mittleren oder gehobenen) Bürgertum entstammenden akademischen Ärzteschaft nach Emanzipation vom obrigkeitlichen Staat und der Herausbildung einer eigenständigen organisierten Willensbildung und Interessenvertretung interpretiert werden. Mit dem eigenen Verein schuf sich die Ärzteschaft einen abgrenzbaren Rechtsraum, der sich von dem des Staates unterschied. Allerdings wurde er durch ein spezielles Organisationsrecht (Vereinsrecht) staatlich reguliert. Kein Ärzteverein bildete insofern ein außerhalb der staatlichen Rechtsordnung stehendes oder gegen sie gerichtetes Gebildekonstrukt. Zugleich etablierten die Ärztevereine durch Verabschiedung ärztlicher Standesordnungen und interner Ehrenräte ein eigenes ärztliches Standesrecht mit autonomer Gerichtsbarkeit (Graf 1890). Sie erwiesen sich damit als Sozialisationsinstanzen, in denen die Ärzte nicht nur organisationsgerechte Verhaltensweisen erlernten, sondern die vor allem über die Definition einer ärztlichen Berufsethik das Verhalten der Mitglieder normierten und disziplinierten. Der Ärzteverein erwies sich damit als organisationale Grundvoraussetzung und eigentlicher Motor zur Formierung der Ärzteschaft zu einer eigenständigen homogenen Berufsgruppe. Auf dieser organisationalen Basis war es schließlich möglich, dass das bis 1931/32 etablierte ärztliche Organisationsfeld (Ärztevereine mit Dachverband, Hartmannbund, Ärztekammern, Kassenärztliche Vereinigungen) ein bis heute ungebrochenes Monopol auf die Definition, Normierung und Kontrolle der ärztlichen Profession erlangen konnte. Dies umfasste neben der Mitbestimmung bei der ärztlichen Ausbildung und der Kontrolle des Zugangs zu Arztberuf und Kassenarzttätigkeit auch die Definition ärztlicher Rollenmuster, die Kontrolle der beruflichen Tätigkeit sowie die Regulierung des ärztlichen Einkommens. Für den Staat hatten die ärztlichen Interessenorganisationen vor allem eine „Entlastungsfunktion", konnte er doch Verwaltungsaufgaben des Gesundheitswesens auf sie externalisieren. Zur Wahrung der staatlichen Kontrolle über die intermediären ärztlichen Monopolorganisationen wurde auf die Rechtsform der Körperschaft des öffentlichen Rechts zurückgegriffen. Das erklärt, warum die Ärztekammern und die Kassenärztlichen Vereinigungen, die strategische Ressourcen der Ärzteschaft kontrollierten und relativ autonom in der Verwaltung ihrer spezifischen Aufgabenfelder waren, einen öffentlich-rechtlichen Status erhielten. Auf diese Weise blieb eine unmittelbare Verflechtung der organisierten Ärzteschaft mit den staatlichen Institutionen gewährleistet. Ebenso wie die Krankenkassen wurden auch die Ärzteorganisationen (unabhängig von der Rechtsform) als korporative Akteure konstituiert, denen eigene Handlungskompetenzen, Verantwortung und Akkumulationsfähigkeit zugeschrieben werden konnte. Sie besaßen damit beispielsweise die Möglichkeit zur Akkumulation von Mitgliedsbeiträgen und zum Aufbau eines eigenen Organisationsvermögens. Die akkumulierten Ressourcen konnten gezielt zur öffentlichen Artikulation, Verbreitung und Durchsetzung der organisierten ärztlichen Interessen eingesetzt werden. Sie bildeten unter anderem den finanziellen Grundstock für die Gründung des Deutschen Ärztevereinsbunds und dienten als Kampffonds des Hartmannbunds. Gerade die Fähigkeit zur Ressourcenakkumulation war also Voraussetzung für den erfolgreichen Kampf der organisierten Ärzteschaft um berufliche Autonomie und Monopolisierung des expandierenden Gesundheitsmarktes. Bei diesen Organisationskämpfen, die entscheidende Elemente im Prozess der ärztlichen Professionalisierung darstellten, ging es im Kern um die Monopolisierung von

Machtressourcen sowohl gegenüber den eigenen Organisationsmitgliedern (*introverse Orientierung*), im Sinne der Formierung und Assimilierung einer homogenen ärztlichen Profession, als auch gegenüber Staat, Krankenkassen und Patienten (*extroverse Orientierung*), im Sinne der Befreiung von der Kontrolle durch berufsfremde Instanzen und Laien. Die Ärzteorganisationen bildeten also ein doppelt orientiertes, das heißt sowohl nach innen als auch außen gerichtetes Herrschaftssystem aus.

In der *Ordnungsdimension* ist charakteristisch, dass sich die Ärzteorganisationen durch spezifische Klassifikationen und Selektionen konstituierten. An die Stelle der traditionellen Hierarchie der Heilpersonen trat seit den 1850er-Jahren eine zunehmend einheitlich vorgebildete akademische Ärzteschaft, welche die Masse der Organisationsmitglieder stellte. Während insbesondere die Chirurgie durch zunehmende Verwissenschaftlichung in den Rang der akademischen Ärzteschaft aufstieg und damit auch in die ärztliche Organisation inkludiert wurde, entstand daneben eine neue organisationsbasierte hierarchische Klassifikation von (nichtuniversitären) Heilpersonen, die von einer Vereinsmitgliedschaft exkludiert wurden. Sie bildeten das medizinische Organisationspublikum und wurden seit Mitte des 19. Jahrhunderts der ärztlichen Aufsicht und Anweisung unterstellt (z.B. Hebammen und Krankenschwestern). Wie bei der Konstituierung jeder Profession bedurfte es auch bei den Ärzten zunächst also einer klaren Definition ihres „Produkts“ und seiner Abgrenzung von konkurrierenden Produkten anderer Berufsgruppen. Da das „Produkt“ des Arztes eine spezielle Dienstleistung darstellte und als solche personengebunden war, konnte „seine Standardisierung nur über eine ‚Standardisierung der Produzenten' erfolgen“ (Huerkamp 1985, S. 16). Hierbei kam der Organisationsform eine entscheidende Rolle zu. Denn durch sie wurde ein sozial abgrenzbarer Raum geschaffen, auf den sich ärztliche Normierungsbestrebungen beziehen konnten. Gerade die von den Ärzteorganisationen vorangetriebene Entwicklung einer eigenständigen ärztlichen Berufsethik, die Formulierung ärztlicher Standesnormen und eines Pflichtenkodex wurden zu Grundvoraussetzungen für die Formierung der ärztlichen Profession. In diesem Kontext ist auch das ärztliche Bestreben um eine Standardisierung der wissenschaftlichen Ausbildung und Maximierung der beruflichen Autonomie zu sehen. Für den ärztlichen Professionalisierungsprozess war deshalb die Normsetzungsfunktion der Ärzteorganisationen von herausragender Bedeutung, da hierdurch eine gemeinsame Denkhaltung geschaffen und einheitliche Normen und Modelle des Organisierens vermittelt wurden. Die Entwicklung organisationaler Normvorstellungen hinsichtlich eines zweckgerichteten, wissenschaftsgeleiteten ärztlichen Handelns und Berufsethos bildete sich im Laufe des 19. Jahrhunderts aus. Sie schlug sich vor allem im Formwandel der ärztlichen Organisationszwecke nieder, die sich in der zweiten Hälfte des 19. Jahrhunderts allmählich von der Pflege geselliger und wissenschaftlicher Zwecke auf die Vertretung spezifischer ärztlicher Standesinteressen verlagerten. Der Kampf um wirtschaftliche Interessen erlangte erst nach 1883 zentrale Bedeutung. Er blieb stets mit Statusinteressen verkoppelt. Die Organisationsziele wurden nun wesentlich konkreter formuliert und grenzten deutlicher das wissenschaftlich-gesellige Leben von den explizit definierten standespolitischen und wirtschaftlichen Zielen ab. Damit einher ging eine Betonung der in Statuten und Satzungen deklarierten Organisationszwecke, was eine zusätzlich einheitsstiftende Wirkung entfaltete. Entscheidend blieb allerdings, dass die ärztliche Profession ihre berufliche Autonomie und die Monopolisierung des Marktes medizinischer Dienstleistungen nur mit Hilfe staatlichen Schutzes erreichen konnten. Da sich die Ärzteorganisationen aber nur bedingt auf medizinisches Expertentum und anderen Anbietern qualitativ überlegenes medizinisches Wissen als Basis für die Legitimierung ihrer monopolistischen Ziele berufen konnten, griffen sie auf ideologische Strukturen der alten traditionalen Ordnung zurück, vor allem auf die besondere ärztliche Verpflichtung auf das Gemeinwohl. Dies erklärt zum einen, warum die deutschen Ärzte und ihre Organisationen auch ideologisch eng mit dem Staat verbunden waren und warum lange zwei divergierende Konzepte ärztlicher Organisierung (staatliche Zwangsorganisation versus wirtschaftlicher Interessenverband) in der Ärzteschaft umstritten blieben. Zum anderen wird die bis heute erhalten gebliebene „doppelte Identität" der ärztlichen Interessenorganisationen deutlich, die auf der Verknüpfung von statusbezogenen Erwerbsinteressen mit einer staatstragenden Gemeinwohlideologie beruhte.

Bei Betrachtung der *Vergemeinschaftungsdimension* der Ärzteorganisationen wurde deutlich, dass es sich um sozial hochgradig exklusive Vergemeinschaftungen handelte, die sich durch an organisationsvermittelte Regeln der Mitgliedschaft (formales Bildungszertifikat, Geschlecht, Wohnort) gekoppelte personelle Ausgrenzungsmuster von anderen Berufsgruppen abschlossen. Die Ärztevereine waren insofern zumeist lokale, elitäre Vereinigungen der akademischen (männlichen) Ärzteschaft, die sich durch eine klare Außenabgrenzung und soziale Distanzierung von den übrigen nichtuniversitär ausgebildeten Heilpersonengruppen auszeichneten. Sie förderten die Etablierung einer spezifischen ärztlich-professionellen Kultur, indem sie neue Kommunikationsräume und Assimilationsinstanzen für die akademischen Ärztegenerationen schufen. Durch die Verbindung von ähnlichem sozialem Status (Zugehörigkeit zum Bürgertum, normiertes Medizinstudium und Abschluss, Berufsethos) und gleichen askriptiven Merkmalen (Geschlecht, Nationalität) kam so über die reine Mitgliedschaft hinaus auch eine

Art „Statuskontrakt" (Weber) zustande, durch den sich ein mehr oder weniger starkes kollektives Wir-Gefühl etablieren konnte. Die organisationsvermittelte Ausbildung ärztlicher Kollektividentitäten hatten soziale Schließungen und damit neue Formen sozialer Ungleichheit zur Folge. In diesem Sinne diente die ärztliche Organisation der bewussten Statusdifferenzierung. Die reine Mitgliedschaft sollte die Zugehörigkeit zur ärztlichen Statusgruppe beziehungsweise dem Ärztestand demonstrieren. Die zeitgleiche Exklusion und Marginalisierung fast aller übrigen (nichtuniversitären) Heilpersonengruppen bewirkte wiederum die Homogenisierung der ärztlichen Organisationsmitglieder. Insofern erwies sich die ärztliche Organisation als Modus zur Absicherung und Verstärkung des ärztlichen Professionalisierungsprozess. Dabei gewannen die ärztliche Organisierbarkeit und der konkrete Organisationsgrad zunehmend an Bedeutung.

Bis zur Einführung der Gesetzlichen Krankenversicherung war der ärztliche Organisierungsgrad noch variabel, da eine Vereinsmitgliedschaft auf freiwilliger Basis beruhte. 1883 begann aber nicht nur die massive Ausweitung des Marktes für ärztliche Dienstleistungen, sondern es traten auch die Krankenkassen als relevante Akteure des Gesundheitswesens auf den Plan. Sie nahmen einen viel direkteren und unmittelbareren Einfluss auf das Medizinalwesen als der Staat und bedrohten die ärztlichen Bemühungen um berufliche Autonomie. Deshalb wurde nun ein neues „Paradigma ärztlicher ‚Organisationsphilosophie' und Politik erforderlich" (Bauch 1996, S. 46). Mit der „Kassenarztfrage" wurde die Frage einer professionellen Organisation der Ärzteschaft zur conditio sine qua non. Ging es zuvor nur um die Vergrößerung ärztlichen Einflusses auf den Staat, so bedurfte es nun einer (wirtschaftlichen) Abwehrorganisation gegen die Krankenkassen. Damit entstand ein faktischer Organisierungszwang der niedergelassenen Ärzteschaft. Dieser schlug sich im steigenden Organisationsgrad der ärztlichen Dachorganisationen nieder. Dabei spielte allerdings auch die rigide ärztliche Organisationspolitik eine entscheidende Rolle, die vor allem durch das Zusammenspiel von Ärztevereinen, -Kammern und Hartmannbund praktiziert wurde und mit der Gründung der Kassenärztlichen Vereinigungen als öffentlich-rechtliche Zwangskorporationen ihren Höhepunkt fand. Insofern spielte sich in der Entwicklungsgeschichte der Ärzteorganisationen ein Übergang von der freiwilligen zur zwangsweisen Vergemeinschaftung ab. Das Problem der Transformation der (heterogenen) individuellen Bedürfnisse einer in Facharzt- und Einkommensgruppen gespaltenen, eher organisationsunwilligen Ärzteschaft in verallgemeinerungsfähige, organisierte Interessen wurde also durch Bildung von Monopolorganisationen gelöst.

Charakteristisch für das ärztliche Feld ist, dass sich aus einer ursprünglich kleinen Population von lokalen Ärztevereinen schrittweise ein dichtes Netz spezifischer, monofunktional ausgerichteter Interessenorganisationen entwickelte. Dabei praktizierten Ärztevereine, Ärztevereinsbund, Ärztekammern und Hartmannbund eine ausgeprägte organisationale Arbeitsteilung, in die ab Ende 1931 auch die Kassenärztlichen Vereinigungen integriert wurden. Die einzelnen Organisationen bearbeiteten ein gemeinsames Praxisfeld und standen dabei in einem engen wechselseitigen Austauschverhältnis. Aufgrund klar abgegrenzter Aufgaben bestand trotz des gleichen Mitgliederkreises kein unmittelbares Konkurrenzverhältnis. Die interorganisationalen Beziehungen zeichneten sich durch eine recht enge personelle Verflechtung sowohl auf der Ebene der Funktionseliten als auch der Mitglieder aus. Dem geballten organisationalen Zugriff konnte sich kein niedergelassener Arzt entziehen. Die niedergelassenen Ärzte wurden auf diese Weise von den monopolisierten (materiellen) Leistungen und Ressourcen abhängig, die die ärztlichen Organisationen für sie bereitstellten. Dieser sich selbst verstärkende Prozess begünstigte die Machtkonzentration bei den jeweiligen Organisationseliten und erklärt den ab 1900 rasch ansteigenden ärztlichen Organisationsgrad. Ebenso wie die Krankenkassen bildeten auch die Ärzteorganisationen eine eigene *„organizational community"* (Mc Kelvey/Aldrich 1983), die auf der ausgeprägten organisationalen Arbeitsteilung zwischen den Organisationstypen oder Populationen beruhte. Das Feld der Ärzteorganisationen wurde gerade durch das hohe Ausmaß an Interaktionen geprägt. Außerdem stieg die verarbeitbare Informationsdichte zwangsläufig mit der Ausdehnung der Gesetzlichen Krankenversicherung ebenso wie durch die Zunahme der Ärztezahlen bis in die 1930er-Jahre rapide an. Die enge Kooperation und Aufgabenteilung führte dazu, dass die organisationalen Akteure dafür ein Bewusstsein entwickelten, dass sie in einen gemeinsamen Bereich eingebunden waren. Hieraus resultierte die Ausbildung einer gemeinsamen Gemeinwohlideologie, die das existierende ärztliche Ressourcenmonopol legitimieren sollte.

Innerhalb des großen ärztlichen organisationalen Feldes bildeten sich *Zentrum-Peripherie-Differenzierungen* aus, durch die eine Hierarchisierung der involvierten Organisationen erfolgte und eine Vielzahl interorganisationaler Verbindungsmuster zwischen den unterschiedlichen Populationen entstand. Dabei ist auffällig, dass das ärztliche Feld multizentrisch ausgerichtet war. Zum einen existierte eine organisationale „Doppelspitze" aus Ärztevereinsbund und Hartmannbund, die als zentrale Interessenorganisationen die „Außenbeziehungen" des Feldes regelten und über ein erhebliches Ressourcenpotenzial verfügten. Hierbei wurde deutlich, das der Ärztevereinsbund zwar eine relativ lose strukturierte Dachorganisation war, aber trotzdem für die ärztliche Vereinspopulation das organisationale Zentrum darstellte, während der straff organisierte und zentralistische Hartmannbund als moderner Funktionärsverband die Formulierung und Artikulation der wirtschaftlichen Interessen der Ärzteschaft dominierte. Dementsprechend marginal blieb der Einfluss ärztlicher Gegenorganisationen. Daneben existierten allerdings noch die Landesärztekammern, die für die zentralen Fragen der ärztlichen Zulassung (Approbation), Standesordnung und Disziplinierung auf Landesebene eine zentrale Stellung im organisationalen Feld einnahmen. Wie die Ärztevereine gegenüber dem Ärztevereinsbund, so bildeten die örtlichen Ärztekammern die organisationale Peripherie der weisungsbefugten Landesärztekammern. Sie hatten im Gesamtfeld den Status von organisationalen Subzentren, da ihnen die reichsweite Dachorganisation fehlte. Interessant ist, dass mit der Bildung der Kassenärztlichen Vereinigungen neue organisationale Zentren gebildet wurden, die den gesamten Bereich wirtschaftlicher Interessen und die kassenärztliche Zulassung monopolisierten. Damit verloren Hartmannbund und Ärztevereinsbund aber einen Teil ihrer zentralen Stellung. Infolge der ab 1933 einsetzenden Neukonfiguration des ärztlichen Organisationsfeldes durch die Schaffung zentralisierter öffentlich-rechtlicher Organisationen in Gestalt der Kassenärztlichen Vereinigung Deutschlands (1933) und der Reichsärztekammer (1935) wurden nicht nur neue machtvolle organisationale Zentren und Beherrschungsstrukturen geschaffen, sondern auch die bisherigen zentralen (privaten wie öffentlichen) Organisationen abgeschafft. 1936 erfolgte nämlich die Auflösung von Hartmannbund, Ärztevereinsbund und der Landesärztekammern. Ihre Zuständigkeiten, Ressourcen und Mitglieder wurden auf die neuen Monopolorganisationen übertragen. Dieser Schritt bedeutete den kompletten Austausch der zentralen Organisationen. Zugleich wurden so die organisationalen Grundlagen und Strukturen für das, wenn auch wesentlich schwächer zentralisierte bizentral auf Bundesärztekammer und Kassenärztliche Bundesvereinigung ausgerichtete organisationale Feld der Nachkriegsära geschaffen, das seit 1955 das deutsche Gesundheitswesen prägt. Dabei spielten die lokalen Ärztevereine als ursprüngliche Horte ärztlicher Organisierung nur noch eine völlig marginale Rolle. In neoinstitutionalistischer Sichtweise kann die Konstituierung und Strukturierung des Feldes der Ärzteorganisationen als Ergebnis sich gegenseitig verstärkender isomorphistischer Homogenisierungsprozesse interpretiert werden, die im Sinne von DiMaggio/Powell (1983) primär in Form von *normativem Isomorphismus* stattfanden und damit auf das engste mit dem Prozess ärztlicher Professionalisierung verknüpft waren. Zugleich wirkte aber ebenso eine Vielzahl von Zwängen und mimetischen Prozessen auf die ärztliche Profession und ihre Organisationen ein. Insofern erwiesen sich auch hier die staatliche Organisationspolitik, organisationale Rationalitätsmythen und organisationsgesellschaftliche Kontexte als maßgebliche (externe) Einflussfaktoren für die Entwicklung des organisationalen Feldes. Das ärztliche Organisationsfeld blieb lange Zeit zwischen verschiedenen ärztlichen Interessengruppen und Organisationsphilosophien umkämpft. Dies erklärt, warum es keinen unilinearen Entwicklungs- und Homogenisierungsprozess gegeben hat. Das Ergebnis war letztlich ein struktureller Dualismus aus mit hoheitlichen Rechten ausgestatteten Zwangsorganisationen und auf freiwilliger Mitgliedschaft beruhenden Ärztevereinen, die ihren gesundheitspolitischen Einfluss weitgehend verloren hatten.

3. Felder der Organisierung III: Der Staat als zentrale Herrschaftsinstanz und organisierendes Zentrum

3.1 Das Wesen des modernen Interventionsstaates

Im Bildungs- und Entwicklungsprozess von Krankenkassen und Ärzteorganisationen zu eigenständigen organisationalen Feldern ebenso wie bei ihrer Verkopplung zu einem korporatistischen Netzwerk hatte der moderne Staat große Bedeutung. In beiden Feldern spielte er vor allem in Gestalt des „Gesetzgebers" (Regierung), der Ministerialbürokratie und der Aufsichtsbehörden die zentrale Rolle eines organisierenden und „regulierenden ‚Dritten'" (Krätke 1991, S. 130). Der Staat war als eigenständiger Akteur an jedem organisationalen Feld beteiligt und nahm über den Erlass normativer Regelungen (Gesetze) unmittelbaren Einfluss auf dessen Zusammensetzung, Ausgestaltung und Fortexistenz. Die weitreichendsten Eingriffe konnten dabei zur Neu- oder Rekonfigurierung des jeweiligen Feldes und Organisationsgefüges durch zwangsweise *Fusionen*, *Auflösungen* (z.B. Gemeindekrankenkassen 1913, Ärztevereinsbund, Hartmannbund, Landesärztekammern 1936) und *Neugründungen* (z.B. Seekrankenkasse 1928, Kassenärztliche Vereinigungen 1932) von Organisationen oder ganzen Populationen führen. Hinzu trat eine Politik, die auf die strukturelle Homogenisierung der vorhandenen Organisationsformen durch Etablierung eines spezifischen Organisationsrechts gerichtet war. Staatliche Sozialversicherungs- und Gesundheitspolitik war also in erster Linie Organisations- und Feldpolitik. Die zentrale Stellung des Staates im Prozess der Organisationsentwicklung ergab sich aus der für die moderne Gesellschaft markanten „Herausbildung des Nationalstaates als zentrale[r] Herrschaftsinstanz (Interventionsstaat)“ (Türk/Lemke/Bruch 2002, S. 114). Außerdem bildeten die in der bürokratischen Verwaltungsstruktur des Staates angelegten Organisationsprinzipien die Grundlage der für die moderne Gesellschaft typischen Form von („legaler“) Herrschaftsausübung. Insbesondere über die Rechtsfigur der öffentlich-rechtlichen Körperschaft gelang es dem Staat, die bewährten Organisationsprinzipien in den Krankenkassen und strategisch wichtigen Ärzteorganisationen zu verankern und sie damit in seinen Herrschaftsbereich zu integrieren.

In der hier vertretenen Sichtweise wird der moderne Staat als voll handlungsfähiger korporativer Akteur sowie eigenständige organisierte und organisierende Macht verstanden. Dem widerspricht nicht, ihn seinem Wesen nach als den „verobjektivierte[n] Ausdruck eines sozialen Verhältnisses, eine verselbstständigte Gestalt der Beziehungen zwischen den Individuen, Gruppen, Klassen und Klassen'fraktionen'“ (Hirsch 1992, S. 211) zu betrachten. Den Staat als zentrale Herrschaftsinstanz der modernen Gesellschaft zu beschreiben bedeutet nämlich nicht, ihn und seine Behörden als starre Instrumente von Herrschaft, sondern eher als Ausdruck der jeweiligen gesellschaftlichen Kräfteverhältnisse zu begreifen. Gerade weil sich im Staat die Mittel der Herrschaftsausübung konzentrieren, stellt er somit ein zwischen den unterschiedlichen (organisierten) Interessen und Fraktionen *umkämpftes Feld* dar. Im Staat werden gewissermaßen „die gesellschaftlichen Kämpfe in verdichteter Form ausgetragen“ (Türk/Lemke/Bruch 2002, S. 114). Aufgrund der Verflechtung mit den gesellschaftlichen Interessengruppen spiegelt staatliche Politik zumeist eine Art Kompromissgleichgewicht zwischen den Herrschaftsinteressen der staatlichen Funktionseliten und den organisierten Interessen der relevanten gesellschaftlichen Akteure wider. Vielfach kommt es zur Verstetigung dieser Kooperation in „'korporativen' Institutionen, welche die Regulierung weiter Politikfelder übernehmen“ (Wehler 1995, S. 665), also in parastaatlichen Organisationen oder korporatistischen Organisationsnetzwerken. Eine absolute Trennung von modernem Staat und Gesellschaft existiert deshalb nicht. Beide befinden sich in einem komplexen Vermittlungszusammenhang von Staatsintervention, Selbstregulierung und gesellschaftlichen Einflüssen.

In kapitalistischen Gesellschaftsformationen kann der bürokratische Macht- und Interventionsstaat seine spezifische Formbestimmtheit allerdings nur so lange erhalten, wie er den ökonomischen Reproduktionsprozess als Kapitalverwertungsprozess sichern, das heißt desintegrative Tendenzen eindämmen kann. Gleichzeitig setzt die Aufrechterhaltung des ökonomischen Reproduktionsprozesses immer auch die Existenz des Staates voraus. Beide stehen in einem dialektischen Verhältnis zueinander. Der Staat ist somit seiner Form nach eine verselbstständigte, auf den Akkumulationsprozess des Kapitals bezogene und von dessen Widersprüchen geprägte „Institutionalisierung der physischen Zwangsgewalt“ (Hirsch 1992, S. 211). Er ist dem Wesen nach „Klassenstaat“, wird aber zugleich zum entscheidenden Ort der Vermittlung der für die bürgerliche Gesellschaft überlebenswichtigen Klassenkompromisse. Der Staat wird zur zentralen Integrationsinstanz, wodurch ihm aber immer wieder neue Verwaltungs- und Steuerungsaufgaben zufallen. Aus diesem Grund ist der moderne Staat notwendigerweise ein Interventionsstaat, ohne aber mit der Gesellschaft wieder völlig zu verschmelzen. Er sichert den Fortbestand der bürgerlichen Gesellschaft als „Einheit von Zwang und Konsens“ (Gramsci) und bedient sich dabei primär des Mediums intermediärer Organisationen oder korporatistischer Organisationsnetzwerke zur Staatsentlastung. Gegen Ende des 19. Jahrhunderts hatte er sich auf diese Weise zum Staat der Gesellschaft beziehungsweise zum „Sozial-Staat“ (Lemke 1997) entwickelt. Damit verbunden war eine massive Ausdehnung staatlicher Steuerungsfunktionen, die in erster Linie zur Regulierung des sich entfaltenden Kapitalismus dienten. In diesem Kontext entstand auch die organisationsgestützte Sozialversicherungs- und Gesundheitspolitik des ausgehenden 19. Jahrhunderts. Die tatsächliche staatliche Interventions- und Rechtsetzungsmacht hing dabei stets von den jeweiligen gesellschaftlichen Akteurs- und Kräftekonstellationen ab und war insofern alles andere als statisch. Dies erklärt, warum es keine linearen Entwicklungen in der staatlichen Sozialversicherungs- und Gesundheitspolitik gab.

3.2 Krankenkassen als Experimentierfeld staatlicher Organisationspolitik

3.2.1 Kassengesetzgebung als Mittel zur Durchsetzung staatlicher Kontrolle

Der preußisch-deutsche Obrigkeits- und Interventionsstaat trat im Rahmen der Krankenversicherungsgesetzgebung vor allem als Organisator des gesellschaftspolitisch relevant gewordenen organisationalen Feldes der Krankenkassen auf. Dabei war der Modus der formalen Organisation schon vor Erlass des *Krankenversicherungsgesetzes* von 1883 als Instrument zur Beherrschung und Steuerung makrogesellschaftlicher Prozesse (Türk/Lemke/Bruch 2002, S. 192) erkannt worden. So wirkte gerade die preußische Krankenkassenpolitik, die sich schon in der Kassengesetzgebung zwischen 1845 und 1876 manifestierte, in Form einer gezielten

Organisationspolitik auf die Ausdehnung der staatlichen Verfügungs- und Regulierungsmacht auf einen bis dahin in Form genossenschaftlicher Selbsthilfe durch die involvierten Subjekte weitgehend „selbst"-organisierten Bereich des Gesundheitswesens hin. Entscheidend war bereits hier, dass keine Zentralisierung des Gesundheitswesens im Sinne einer „Verstaatlichung" betrieben wurde. Vielmehr übertrug der Staat einer Reihe von, durch ihn strukturell überformten, legitimierten und kontrollierten Organisationen eine quasi-eigenverantwortliche Bearbeitung des Krankheitsrisikos ihrer Mitglieder.

Die Krankenkassen waren schon seit 1845 zum bevorzugten „Experimentierfeld staatlicher Arbeiterpolitik, auf dem sich Strukturelemente und Instrumente des wilhelminischen Interventions- und Sozialstaats hatten ausbilden können" (Frevert 1984, S. 182), geworden. Beherrscht wurden diese sozial- und organisationspolitischen Experimente, in denen die moderne Organisationsform eine ganz zentrale Bedeutung erhielt, weniger von problemorientierten Überlegungen einer optimalen Absicherung der wachsenden und politisch zunehmend unruhigeren Lohnarbeiterschaft gegen die vielfältigen Pathologien und Risiken der kapitalistischen Produktionsweise als von grundlegenden herrschaftsstrategischen Erwägungen der Ministerialbürokratie. Vor allem unter den staatlichen Funktionseliten und bürgerlichen Sozialreformern begann eine, ab den 1850er-Jahren einsetzende und im letzten Drittel des 19. Jahrhunderts intensivierte Diskussion über die Schaffung spezifischer Institutionen zur Transformation der durch die Etablierung des Lohnarbeitsverhältnisses als dominanter Erwerbsart entstandenen gesellschaftlichen Unsicherheiten und Armutsgefahren in sowohl für die Individuen als auch für den Staat dauerhaft berechen-, ökonomisch und rechtlich kalkulierbare Problemlösungsmuster. Dabei setzte sich verstärkt die Auffassung durch, dass die „soziale Frage" nicht allein durch staatliche Repressionen gegenüber der sich organisierenden Arbeiterbewegung zu lösen sei. Vielmehr konnte die bestehende Gesellschaftsordnung und damit der herrschaftspolitische Status quo langfristig nur durch eine soziale „Reform von oben" (Stone 1980, S. 21) erhalten bleiben, die auf die Integration der Masse der Lohnarbeiterschaft in die „nationalstaatliche Ordnung" (Alber 1992, S. 30) abzielte. Der moderne „Gesetzes- und Verwaltungsstaat" (Benöhr 1979, S. 308) benutzte zur Durchsetzung seines Herrschafts- und Regulierungsanspruchs in erhöhtem Maße das Instrument der Sozialgesetzgebung. Bereits zwischen 1845 und 1876 wurde auf diese Weise in einer Reihe von Kassengesetzen das Modell eines organisationsbasierten Pflichtversicherungssystems entwickelt, dessen Grundidee die zwangsweise Inklusion der relevanten Teile der Lohnarbeiterschaft in semi-autonome, nach dem Vorbild der Staatverwaltung strukturierte Krankenkassenorganisationen war. Ganz bewusst knüpfte der Staat dabei an vorhandene, eingespielte institutionelle Arrangements wie das korporative, berufsständische Organisationsmodell (Manow 1999, S. 154), den traditionellen Dualismus aus Zwang und Selbsthilfe der bestehenden Kassen (Lamping/Tamm 1994, S. 118) sowie an bewährte Organisationsprinzipien des öffentlichen Rechts an. Die durch den Obrigkeitsstaat auf diese Weise instrumentalisierten und zu Organisationen der mittelbaren Staatsverwaltung umgeformten, in der Tradition berufsständischer Selbsthilfeorganisationen stehenden Kranken-, Hilfs- und Unterstützungskassen wurden „sukzessiv zum ideologie- und gesellschaftskonform postulierten, korporativen Reorganisationsprinzip einer sich auflösenden resp. weitgehend selbst regulierenden Gesellschaft" (Lamping/Tamm 1994, S. 118).

Die existierenden Krankenkassen waren vom Wesen her schon vor Beginn der staatlichen Interventionen weitgehend entwickelte Organisationen im hier verstandenen Sinne. Der preußische Staat leitete aber einen Formwandel von der kleinräumigen, heterogenen, eher privatberufsständischen zur gleichmäßigen, homogenen, staatlich-korporativen Organisierung des Kassenwesens und damit eine neue qualitative Stufe in der Anwendung des Organisationsmodus auf dieses Feld ein. Dabei war entscheidend, dass mit der Übertragung der *öffentlichrechtlichen Körperschaft* und des *Subsidiaritätsprinzips* auf bereits bekannte und bewährte Organisationsprinzipien zurückgegriffen wurde. Der Staat formte die Krankenkassen also gewissermaßen nach dem Vorbild seiner eigenen Staatsverwaltung um und unterwarf sie damit der staatlich-administrativen Herrschaftslogik. Ziel war einerseits die enge Einbindung der Kassenorganisationen in die Staatsverwaltung, andererseits eine Homogenisierung und Vereinheitlichung der Kassenstrukturen. Dies vereinfachte für den Staatsapparat die Ausübung einer zentralen Kontrolle; denn nun bewegten sich die Aufsichtsbehörden auf dem ihnen vertrauten Terrain des öffentlichen Rechts. Insofern handelte es sich um einen durch Gesetze und Verordnungen forcierten Prozess von *„zwangsweisem Isomorphismus"* (DiMaggio/Powell 1983), der schon vor Einführung der Krankenversicherung weit voran geschritten war.

Mit der Krankenversicherungsgesetzgebung verlagerte der Staat seine traditionellen Fürsorgeverpflichtungen gegenüber dem Staatsvolk auf eigenständige, „aus dem staatlichen Behördenorganismus herausgelöste" (Peters 1983, S. 258) intermediäre Organisationen, denen innerhalb des gesetzlich definierten Handlungsrahmens die selbstständige (materielle und medizinische) Versorgung eines fixierten Mitgliederkreises im Krankheitsfall übertragen wurde. Dabei ermöglichte die universal einsetzbare moderne Organisationsform zugleich die Auftrennung des Gesamtkomplexes der materiellen Reproduktionssicherung in verschiedene, durch auf bestimmte Aufgaben spezialisierte Organisationen bearbeitbare Sphären (Krankenversorgung, Unfallfolgenbearbeitung, Alterssicherung, Armenfürsorge). Auf dieser Basis erfolgte eine entsprechende Ausdifferenzierung der staatlichen Sozialpolitik und der Staatsverwaltung, die sich zunehmend auf die Kontrolle der dezentralisierten, sich selbstregulierenden organisierten Handlungszentren in der Gesellschaft stützen konnte[180].

Gerade die Organisierung der sozialen Absicherung im Krankheitsfall brachte dabei nicht nur eine Verantwortungsentlastung des Staates, sondern wirkte darüber hinaus auch noch auf eine Verstetigung des Lohnarbeitsverhältnisses und damit auf eine gesellschaftliche Stabilisierung der proletarischen Lebenslagen hin, bot die primär aus Lohnersatzleistungen bestehende Unterstützung der Krankenkassen den Mitgliedern doch eine reale Möglichkeit, „eine lohnabhängige Existenz ohne Rückhalt durch eine zweite (Subsistenz)Ökonomie durchzuhalten" (Krätke 1991, S. 135). Damit gewann der Staat zugleich an „Macht zur Regulierung der diversen proletarischen Lebenslagen" (Krätke 1991, S. 136)[181]. Es war nun möglich, spezifische proletarische Lebenslagen oder Lebensrisiken zu klassifizieren und zu normieren, die einer materiellen Kompensationsleistung bei Lohnausfall bedurften (Krankheit, Unfall, Alter, Arbeitslosigkeit). Diese wurden dann an hierauf spezialisierte Organisationen zur selbstständigen Bearbeitung unter staatlicher Oberaufsicht übertragen und damit inhaltlich aus den (Lohn-)Kämpfen zwischen organisierter Arbeiterschaft und Arbeitgebern herausgelöst. Das führte wiederum zu einer erheblichen Entpolitisierung und Kanalisierung der Arbeitskämpfe in nicht systemgefährdende Bahnen. In diesem Sinne war auch die staatlich regulierte Krankenkassenorganisation ein *Instrument der gesellschaftlichen Konfliktkanalisierung* (Lamping/Tamm 1994, S. 124). Gerade die Krankenkassen reproduzierten im weiteren das Leitbild eines spezifischen Durchschnittstypen vom lohnarbeitenden Menschen, „bei dem es im Zweifelsfall an Geld oder Gesundheit mangelt[e]" (Achinger 1966, S. 41) und erbrachten damit erhebliche Sozialisationsleistungen unter den Kassenmitgliedern. Sie trugen so zur Reproduktion der kapitalistischen Produktionsweise bei. Hinzu kam, dass die mit dem Selbstverwaltungsprinzip verbundene größtmögliche Selbstkontrolle der Versicherten und der Arbeitgeber

---

180 Die Bearbeitung des Feldes staatlicher Sozialpolitik durch auf jeweils ein Teilsegment spezialisierte Organisationen ermöglichte z.B. die Abtrennung der sozialen Sicherung für Lohnarbeiter von der Armenfürsorge. Damit wurde der Teil der Armut entdiskriminiert, der aufgrund krankheitsbedingtem Lohnausfall entstand. Im Gegensatz zu den Leistungen der Armenfürsorge grenzten die primär in Form von Krankengeld gewährten Unterstützungsleistungen der Krankenkassen „die Empfänger nicht von der politischen und gesellschaftlichen Entwicklung aus, sondern schlossen sie letztlich in integrativer Absicht an die bürgerlich-kapitalistische [Gesellschaft, T.T.] an" (Lamping/Tamm 1994, S. 118). Als arm galt nur noch, wer keinen Zugang zu dem an das Lohnarbeitsverhältnis geknüpften sozialen Sicherungssystem hatte und damit auf die (repressive) Armenfürsorge als letzte Instanz angewiesen war. Fortan war Armut ein Resultat der Exklusion vom Arbeitsmarkt und damit vom organisierten System sozialer Sicherung (Krätke 1991, S. 132).

181 Evers (1986, S. 83) spricht hier von der „politischen Produktion" bzw. in Anlehnung an Touraine von der „'Programmierung' von Lebensweisen".

über die Tätigkeit „ihrer" Krankenkassen zum „institutionellen Mittel der ‚Domestizierung' von Sozialbereichen unter Staatsaufsicht" (Lamping/Tamm 1994, S. 125) wurde. Gerade die staatlich initiierte, politisch harmlose Partizipation der Arbeiter, bei denen es sich vor allem in den Ortskrankenkassen zumeist um aktive Sozialdemokraten oder Gewerkschafter handelte, an quasi-öffentlichen Verwaltungsaufgaben im Rahmen der Kassenselbstverwaltung führte zur Internalisierung bürgerlicher Verhaltensimperative und sukzessiven Eingliederung der Arbeiterfunktionäre in den modernen Verwaltungsstaat. Die Einbindung in die praktisch-bürokratische Verwaltungsarbeit und die Verantwortungsübernahme in den staatlich kontrollierten Krankenkassen setzte einen nachhaltigen „Akkulturationsprozess" (Ritter 1983, S. 51) der organisierten Teile der Lohnarbeiterschaft in Gang. Das war in der Folgezeit eine Ursache für die Verstärkung reformistischer Tendenzen in der organisierten Arbeiterbewegung; denn „durch das ‚Gerinnen' der Bewegung in den integrativ-repressiven Selbstverwaltungsmechanismen verflüchtigte sich ihr revolutionärer Elan zusehends" (Lamping/Tamm 1994, S. 125).

3.2.2 Sozialversicherung als Instrument staatlicher Herrschaftssicherung

Die vom monarchistisch-konstitutionellen Staat seit Beginn der 1880er-Jahren massiv vorangetriebene organisationsgestützte Sozial(versicherungs-)Politik war in ihrem strategischen Kern vor allem eine Reaktion auf die zunehmende Organisierung der Arbeiterbewegung. In der entstehenden Organisationsgesellschaft war sie der erste staatliche Versuch einer sozialintegrativen Stabilisierung der sich rasant entwickelnden kapitalistischen Gesellschaftsformation mittels aktiv vorangetriebener Organisierung[182]. Im weitesten Sinne bildete die gesamte Sozialversicherung, in deren institutionellem Rahmen die Gesetzliche Krankenversicherung wenn auch als „entwicklungsgeschichtlich und durch gewisse Zeitumstände bedingte Einzelregelung" (Pense 1934, S. 48) stand, eine Art von *Gegenorganisierung gesellschaftlicher Teilbereiche „von oben"* mit dem Ziel der Sicherung und Legitimierung staatlicher Herrschaft. Dabei war die staatliche Sozialpolitik, die eine Verantwortungsverlagerung auf inter-

[182] Nach Stone (1980, S. 20f.) bestand das zentrale Problem der Bismarck-Regierung darin, die fortschreitende Industrialisierung des Reiches so zu forcieren und zu steuern, dass die mit der Entwicklung kapitalistischer Produktionsverhältnisse zwangsläufig auftretenden sozialen Konflikte und desintegrativen Tendenzen zu keiner ernsthaften Gefahr für das politische Herrschaftssystem werden konnten. Dabei setzten sich innerhalb der Regierung und Ministerialbürokratie gegenüber den bisherigen wirtschaftsliberalen Positionen zunehmend konservative Vorstellungen einer neuen Korporatisierung der Gesellschaft, d.h. der gesellschaftlichen (Selbst-)Steuerung über intermediäre, öffentlich-rechtliche und staatlich kontrollierte Organisationen, durch. Ein Netzwerk aus durch die (Pflicht-)Mitglieder selbstverwalteten Organisationen sollte nach dieser Vorstellung die unweigerlich auftretenden sozialen, ökonomischen und politischen Konflikte aufnehmen, in für den Fortbestand der politischen Ordnung ungefährliche Bahnen kanalisieren und klein arbeiten.

mediäre öffentlich-rechtliche Organisationen und damit eine Staatsentlastung anstrebte, in letzter Instanz doch nur „eine von vielen Methoden der präventiven Sicherung der bürgerlichen Gesellschaft gegen soziale Eruptionen und in ihrer jeweiligen Form das Ergebnis komplizierter Lernprozesse, gesellschaftlicher Machtstrukturen und der politischen Entscheidung zwischen unterschiedlichen Alternativen“ (Saul 1980, S. 178). Demzufolge waren die staatlich umgeformten Krankenkassen also nichts anderes als (herrschaftsförmige) Institutionen einer Sozialpolitik, die den Modus der Organisation primär zur Einbindung und Erzeugung von Staatsloyalität instrumentalisierten. Die Kassen dienten somit als „Stützkorsett gegen gesellschaftliche Desintegration“ (Lamping/Tamm 1994, S. 128), das heißt zur organisationsbasierten „Konsolidierung des Staats- und Gesellschaftssystems“ (Saul 1980, S. 182)[183].

Die Handlungsautonomie der Kassen in Fragen der Krankenversorgung, Beitrags- und Leistungsbemessung bewegte sich in einem durch die Sozialgesetzgebung vorstrukturierten und die Aufsichtsbehörden überwachten engen Rahmen. Die Reorganisierung der traditionellen Kassen zu quasi-verstaatlichten „Domestizierungsinstanzen und Integrationsmedien“ (Lamping/Tamm 1994, S. 118) kam einer obrigkeitlichen Aneignung und korporativen Überformung der bisherigen, auf berufsständischer Grundlage stehenden Selbsthilfeorganisationen gleich. Vor 1883 entwickelten die Kassen aufgrund ihrer lokalen, heterogenen Strukturierung und den dementsprechend beschränkten Zugriffsmöglichkeiten auf die Kernbereiche der politisch-strategischen Zielgruppe der Lohnarbeiterschaft im Sinne einer herrschaftlichen Systemstabilisierung nur eine sehr begrenzte Integrationswirkung. Erst die reichsweite Ausdehnung und strukturelle Homogenisierung des Kassenwesens in Form einer rechtlich, organisations- und leistungsmäßig vereinheitlichten, „selektiven öffentlich-rechtlichen, in der Regel zu ⅔ von den Versicherten und zu ⅓ von den Arbeitgebern finanzierten Zwangsversicherung“ (Lamping/Tamm 1992, S. 119) konnte die beabsichtigte Massenwirkung entfalten. Die Einführung einer vereinheitlichten, qualitativ verbesserten Krankenversicherung im Jahre 1883 war somit das Ergebnis eines staatlichen Lernprozesses im herrschaftsförmigen Umgang mit der modernen Organisationsform. Sie war an die vorherige Etablierung einer modernen staatlichen Verwaltungs- und Gesetzgebungsorganisation gebunden, die zur Kontrolle und Steuerung der, auf einen sozio-ökonomischen Großraum angelegten und durch intermediäre Orga-

---

[183] Die Knappschaftskassen, seit 1865 öffentlich-rechtlich strukturiert, dienten als konzeptionelles Vorbild für eine erfolgreiche soziale Integration. Die durch die *Knappschaftsgesetze* geschaffene soziale Sicherheit der Bergarbeiter wurde als Erklärung für „den politischen Konservatismus und die Staatsloyalität der ‚treuen Knappen', ihre relativ erfolgreiche Integration in Staat und Gesellschaft sowie die Schwierigkeit der Sozialdemokratie, im Bergbaugebiet Fuß zu fassen“ (Lamping/Tamm 1994, S. 118) herangezogen. Die in die GKV mündende Arbeiterversicherungspolitik bemühte sich deshalb, diese „Erfolgsrezept“ zu kopieren.

nisationen selbstständig organisierten Krankenversicherung in der Lage war. In diesem Sinne stellte das *Krankenversicherungsgesetz* von 1883 den vorläufigen Endpunkt einer Vielzahl äußerst widersprüchlich verlaufener Entwicklungsprozesse dar, „die auf Politisierung, öffentliche Kontrolle und spezifische Vergesellschaftung eines privatwirtschaftlichen Erwerbsrisikos abzielten und als Wechselwirkungen zwischen gesellschaftlichen Wandlungsprozessen, politischen Interessen und institutionellen Aspekten der Kassenentwicklung“ (Lamping/Tamm 1994, S. 118) interpretiert werden können.

3.3 Verwaltungsexpansion zur Institutionenkontrolle: Die Folgen organisationsbasierter Sozial- und Gesundheitspolitik

Im letzten Drittel des 19. Jahrhunderts kam es zum „Ausbau organisational gestützter Ordnungs-, Sicherheits- und Sozialpolitik“ (Türk/Lemke/Bruch 2002, S. 148). Der moderne Staat entwickelte sich zum organisierenden Zentrum der Gesellschaft und zum selbsternannten Hüter der Allgemeininteressen. Die damit verbundene Übertragung vormals staatlicher Aufgaben auf intermediäre Organisationen zur selbstständigen Bearbeitung bedeutete jedoch keinen Rückzug des Staates. Es kam vielmehr zur Zentralisierung des Staatsapparats und Konzentration staatlicher Gewalt in den Händen der höheren Staatsbürokratie durch die Bildung spezieller Fachministerien. Die Folge war eine Stärkung des staatlich-administrativen Organisationsregimes. Die staatliche Interventionspraxis konzentrierte sich auf die Kontrolle und Steuerung der organisierten gesellschaftlichen Bereiche. Die in der Gesellschaft entstandenen (semiautonomen) organisierten Handlungs- und Willenszentren blieben damit im Hinblick auf Gründung, innere Verfassung und Auflösung vom Staat abhängig. Die Ausbildung der Organisationsgesellschaft brachte also nicht nur staatlich legitimierte (mit hoheitlichen Kompetenzen ausgestattete) intermediäre Instanzen zur organisationsförmigen Bearbeitung gesellschaftlicher Felder hervor, sondern führte auch zur Ausdehnung der staatlichen Steuerungsfunktionen, die durch Bildung staatlicher Organisationen bearbeitet werden sollten. Es kam zum massiven Ausbau der Reichsverwaltung und explosionsartigen Anstieg des Bedarfs an Verwaltungsexperten. Während die Spitze der Reichsbürokratie noch Ende der 1870er-Jahre nur rund 500 Angehörige zählte, war sie 1914 auf über 2000 angestiegen (Wehler 1995, S. 861).

Dieser Entwicklungstrend schlug sich nicht nur in der Vergrößerung oder Neugründung von Reichsministerien, sondern auch in der Bildung zahlreicher eigenständiger zentraler Ämter und Aufsichtsbehörden nieder. Für das dem Kompetenzbereich des ebenfalls erweiterten *Reichsministeriums des Inneren* unterstellte Gesundheitswesen sei zunächst die Einrichtung des *Kaiserlichen Gesundheitsamtes* (1876) erwähnt, dem das gesamte Feld der öffentlichen Gesundheitspflege übertragen wurde. Die zentrale Behörde, der ab 1879 als außerordentliches Mitglied auch der Vorsitzende des Ärztevereinsbundes angehörte, hatte primär beratende Aufgaben. Sein Expertenstab erstellte Gutachten und Statistiken, bereitete Gesetzesvorlagen vor und überwachte die Ausführung gesundheitspolitischer Vorgaben. Hinzu kamen eigenständige medizinische Forschungsarbeiten (Herold-Schmidt 1997, S. 78-79). 1884 wurde das *Reichsversicherungsamt* gegründet. Ihm oblag die Beaufsichtigung der gesamten Sozialversicherung. Die Besonderheit dieser Reichsbehörde bestand darin, dass hier „sowohl die Aburteilung der Rechte der Beteiligten [...] als auch die Entscheidung in den Organisations- und sonstigen Verwaltungssachen in die Hand einer und der selben Behörde" (Bödiker 1984, S. 528) gelegt wurden. Das Amt vereinigte auf in sich Rechtsprechung und Verwaltung und bekam damit einen enormen Einfluss auf die Entwicklung der Sozialversicherung. In den Folgejahren wurden die Zuständigkeitsbereiche ausgeweitet. Für den Bereich der Krankenversicherung wurde das Reichsversicherungsamt durch die *Reichsversicherungsordnung* zur obersten Spruch- und Beschlussinstanz. Oberste Aufsichtsbehörde blieb hingegen das zuständige Ministerium selbst (Peters 1978, S. 71-74)[184]. Der Staat verfügte damit schon seit etwa Mitte der 1880er-Jahre über einen machtvollen zentralisierten und spezialisierten Verwaltungsapparat, der zur Bearbeitung der durch die Sozialversicherungsgesetzgebung entstandenen Verwaltungsaufgaben in Form von Kontrolle, Steuerung und Beeinflussung der im Gesundheitswesen etablierten Organisationskomplexe und Felder in der Lage war.

3.4 Strukturelle Folgen der Institutionalisierung der Gesetzlichen Krankenversicherung

3.4.1 Die Krankenversicherung als Spielball organisierter Interessengruppen

Die Gesetzliche Krankenversicherung hatte erhebliche Auswirkungen sowohl auf die Krankenkassenorganisationen als auch die niedergelassene Ärzteschaft, die hiermit ein faktisches Behandlungsmonopol auf alle Versicherten übertragen bekam. Trotzdem wurden beide

[184] Nach dem Ersten Weltkrieg ging die Rechtsaufsicht vom Reichsinnen- auf das Reichsarbeitsministerium über. die Aufgabenverteilung blieb ansonsten unverändert bestehen.

Hauptakteure, ebenso wie die Versicherten selbst, in die dem Gesetz vorgelagerte Konzeptions- und Diskussionsphase nicht einbezogen und damit als Objekte der staatlichen Organisierung faktisch vor vollendete Tatsachen gestellt. Dementsprechend wurde nahezu die gesamte öffentliche und parlamentarische Diskussion, die der Einführung vorausging, zwischen den Repräsentanten der Ministerialbürokratie und Vertretern nichtsozialistischer Parteien, Ökonomen, Sozialwissenschaftlern, kirchlich-sozialen Kreisen, Teilen der Unternehmerschaft[185] sowie Mitgliedern der sozialdemokratischen Reichstagsfraktion und Gewerkschaften mit zum Teil äußerst kontroversen Standpunkten geführt (Breger 1994; Herder-Dornreich 1994, S. 77-80; Lamping/Tamm 1994, S. 117-124; Peschke 1962, S. 228f.; Reidegeld 1996, S. 196; Ritter 1983, S. 42-52; Saul 1980; Ullmann 1979).

Die gemeinwirtschaftlich-korporative Konzeption einer durch semi-autonome Organisationen selbstverwalteten Krankenversicherung war dabei in letzter Konsequenz das Ergebnis vielschichtiger gesellschaftlich-politischer Auseinandersetzungen sowie spezifischer Akteurs- und Kräftekonstellationen, in denen die kollektiven Akteure des Gesundheitswesens noch keine Rolle spielten. So entstand das *Krankenversicherungsgesetz* von 1883 primär als ein Kompromiss zwischen den Stabilitätsinteressen des staatlich-administrativen Systems und den politischen Interessen der „regierungstreuen" konservativen und national-liberalen Parteien sowie den ökonomischen Interessen der deutschen Großindustrie. Diese Zweckkoalition von Teilen der Ministerialbürokratie[186] mit machtvollen organisierten Interessengruppen aus Politik und Wirtschaft setzte das heute geläufige Modell der Gesetzlichen Krankenversicherung unter Betonung des Aspekts „institutioneller Kontinuität" (Lamping/Tamm 1994, S. 122) gegen alle Widerstände durch. Die strukturellen Grundlagen für das eigenständige organisationale Feld der Gesetzlichen Krankenversicherung wurden also entscheidend durch Repräsentanten des staatlich-administrativen und des kapitalistischen Organisationsregimes, das heißt ausschließlich von „externen" (organisierten) Interessen bestimmt. Diese Abhängigkeit von „externen" Interessen und Einflussfaktoren prägte nachhaltig die gesamte Entwicklungsgeschichte der Krankenversicherung und damit auch der in ihr involvierten Organisationen bis in die Gegenwart.

---

185 Die Diskussion wurde seitens der Unternehmer vor allem durch den von der Schwerindustrie dominierten „Centralverband der Industriellen" (1876) bestimmt.

186 Die Entscheidungen über die Ausgestaltung der GKV wurden in der Abteilung II des Reichsamts des Inneren unter Federführung von Theodor Lohmann getroffen (Lamping/Tamm 1994, S. 124).

3.4.2 Die Gesetzliche Krankenversicherung als Auslöser der organisationalen Rüstungsspirale

Mit der Gesetzlichen Krankenversicherung institutionalisierte der Staat 1883 eine politische Arena, in der sich Krankenkassen und Ärzte als aufeinander angewiesene Vertragspartner nahezu unvorbereitet wiederfanden. So verpflichtete der Gesetzgeber die Krankenkassen zwar dazu, mit den Ärzten unmittelbare Rechtsbeziehungen aufzunehmen und schob die Kassen damit als dritte Partei zwischen die bisherigen unmittelbaren Beziehungen zwischen Arzt und Patient. Allerdings unterblieb jede weiterführende gesetzliche Regelung des neuen Beziehungsdreiecks. Das *Krankenversicherungsgesetz* verkörperte insofern nicht nur die „Geburt des Kassenarztrechts an sich" (Schneider 1983, S. 8), sondern stellte auch die originäre Ursache und Wurzel für die in der Folgezeit ausbrechenden Spannungen zwischen Kassen und Ärzten dar. Die folgenden Konflikte („Kassenkämpfe") waren dabei letztlich nichts anderes als die mehr oder weniger nicht intendierten Folgen einer gänzlich auf die Organisierung der Krankenkassenseite (inklusive schrittweiser Ausdehnung des Versichertenkreises und des Leistungsspektrums) fixierten staatlichen Politik. 1883 sahen sich die niedergelassenen, frei praktizierenden Ärzte als bestenfalls in ärztlichen Standesvereinen organisierte Einzelpersonen hochorganisierten, rasch anwachsenden, allerdings extrem heterogenen Zwangskassen als Vertragspartnern gegenüber. Damit existierte ein relatives Kräfteübergewicht auf Seiten der Krankenkassen, die gegenüber den einzelnen Ärzten über den Abschluss privatrechtlicher Einzeldienstverträge deren Honorare, Zulassungs- und Arbeitsbedingungen mehr oder weniger vorgeben konnten[187]. Dies löste sehr bald in Gestalt einer Art nachholender Entwicklung einen Formwandel der bestehenden lokalen ärztlichen Standesorganisationen zu wirtschaftlichen Interessenorganisationen sowie einen allgemeinen *organisationalen Aufrüstungsprozess* aus. Dieser Trend führte tendenziell zu einer Schwächung der Verhandlungsposition der einzelnen Krankenkasse und zu ersten Kollektivverträgen mit Ärztevereinen auf lokaler oder bezirklicher Ebene. Den Grundstock für die sich entwickelnde organisierte ärztliche Gegenmacht bildeten also wie dargestellt die bestehenden lokalen Ärzteorganisationen. Die einzelnen, ebenfalls auf lokaler Ebene organisierten Kassen schlossen sich als Reaktion auf die erstarkenden Ärzteorganisationen wiederum zu relativ lockeren, bezirklichen, später dann zu

[187] Göckenjan (1985, S. 344) hält den „Abwehrkampf einer organisatorisch vereinzelten, hoffnungslos in die Defensive und soziale Abhängigkeit geratenen Ärzteschaft" für einen „professionspolitische[n] Mythos" der Ärzte und verweist auf die in vielen Orten wohlorganisierten Ärztevereine. Allerdings konnten diese, wie in *Kapitel III.2.* dargestellt, nur selten eine wirksame Gegenmacht gegenüber den Kassen entwickeln, da es letzteren immer wieder möglich war, auf nicht organisierte Ärzte auszuweichen. Es ist aber richtig darauf hinzuweisen, dass die Ärzteschaft keinesfalls so organisationspolitisch unterentwickelt war, wie es die standespolitische Verbandsgeschichtsschreibung gerne glauben machen möchte.

zentralisierten, überregionalen Interessenverbänden zusammen. Die Kassenverbände waren insofern klassische Gegenorganisationen zu denen der Ärzte, was wiederum einen der Gründe für die Entstehung des Hartmannbundes als reichsweiter rein wirtschaftlicher Kampforganisation nach gewerkschaftlichem Vorbild darstellte (*Kapitel III.2.*). Die Einführung der Gesetzlichen Krankenversicherung löste demzufolge nicht nur vielfältige Einzelkonflikte zwischen Kassen und Ärzten, sondern vor allem eine eigenständige *organisationale Entwicklungsdynamik* im Gesundheitswesen aus, in deren Verlauf sich eine kleine Zahl zentralisierter reichsweiter Anbieter- und Nachfrageverbände etablierte, die das Geschehen seit Beginn des 20. Jahrhunderts zunehmend monopolisierten. In gewisser Weise vollzog sich im Gesundheitswesen also derselbe Prozess der Kartellbildung, wie er einige Zeit zuvor bereits im Bereich der Wirtschaft stattgefunden hatte (Wehler 1995, S. 632-637). Man kann insofern auch von einem *Prozess nachholender Organisationsentwicklung* in einem sozialpolitisch relevanten Sektor der Organisationsgesellschaft sprechen beziehungsweise von „*mimetischem Isomorphismus*" (DiMaggio/Powell 1983). Mit Einrichtung der Kassenärztlichen Vereinigungen als Körperschaften des öffentlichen Rechts war Ende 1931 die *organisationale Rüstungsspirale* im ambulanten Sektor des Gesundheitswesens bis auf weiteres abgeschlossen.

Zur Erklärung dieser Entwicklungsdynamik ist die „*Theorie der Gegenmacht*" von *Galbraith* (1956, 1980) geeignet. Für ihn provoziert jede organisierte Macht (im Sinne einer monopolartigen Organisation) quasi zwangsläufig die Ausbildung einer ausgleichenden Gegenmacht *(„countervailing power")*, durch die schwächere Seite. Die dadurch ausgelöste organisationale Aufrüstungsspirale in Form einer sich selbstverstärkenden Dynamik von Organisationsbildungen und eines damit einhergehenden Konzentrationsprozesses kann schließlich durch Erreichen eines sich auf das Gesamtsystem positiv auswirkenden Kräftegleichgewichts zwischen den kollektiven Akteuren abgeschlossen werden. In diesem Sinne erfolgte im ambulanten Sektor bis 1932 ein stufenweiser Aufbau von zentralisierten Monopolorganisationen, die sich auf oberster Ebene in Kollektivverhandlungen gegenüberstanden. Damit verbunden war ein wechselseitiger Prozess der Machtangleichung und des „Aufeinandereinschwingens" der Verhandlungspartner, bis die beiderseitige Verbandsmacht ein, wenn auch labiles Gleichgewicht erreicht hatte (Feige 1980, S. 116-120).

Die Bildung der Spitzenverbände auf Seiten der Kassen wie der organisierten Ärzte führte zur Ausweitung der seit den 1890er-Jahren auf lokaler Ebene ausgetragenen materiellen Verteilungskonflikte zu reichsweiten Organisationskämpfen. Die Konflikte zwischen den antagonistischen Interessenorganisationen traten damit „in ihr massiv und hochgradig organisiertes

Stadium“ (Tennstedt 1976a, S. 394) ein und bekamen mehrfach systemgefährdende Ausmaße. Insbesondere in den vom Hartmannbund initiierten „Ärztestreiks“, die 1913 und 1923/24 den Charakter ärztlicher Generalstreiks hatten und die Staatsmacht unmittelbar herausforderten, nahm die Ärzteorganisation mehrfach sowohl den finanziellen Ruin großer Krankenkassen als auch den (Beinahe-)Kollaps der medizinischen Versorgung und der Gesetzlichen Krankenversicherung billigend in Kauf. Die Krankenversicherung mutierte in dieser Phase zum Kampffeld machtvoller Großorganisationen, die primär materielle und gesundheitspolitische Gruppeninteressen auf Kosten der Systemstabilität durchzusetzen trachteten.

Der Staat wurde von dieser Entwicklung offenbar zunächst überrascht. Schließlich war weder die einsetzende organisationale Eigendynamik noch die Ausbildung reichweiter Interessenverbände im Gesundheitswesen in dieser Form beabsichtigt gewesen. Vielmehr hatte der Staat zunächst auf die Steuerung der Krankenversicherung durch die bestehende Vielzahl lokal zersplitterter und damit hochgradig heterogener Krankenkassen und damit bewusst auf ein dezentralisiertes Konzept gesetzt. Organisationen der Kassenärzte spielten in dieser Konzeption überhaupt keine Rolle. Allerdings schien sich der Staat recht schnell mit der entstandenen Situation zentralisierter Interessenorganisationen im Gesundheitswesen arrangiert zu haben; denn die Reichsregierung unternahm so gut wie nichts, um den einmal in Gang gesetzten Prozess der verbandlichen Formierung von Krankenkassen und Kassenärzteschaft zu behindern. Dies mag daran liegen, dass Reichsregierung und Ministerialbürokratie zentrale verpflichtungsfähige Adressaten im Gesundheitswesen als sehr vorteilhaft für die Umsetzung der staatlichen Korporatisierungsstrategie und eines zentralen Steuerungsansatzes im Gesundheitswesen erkannten. Außerdem erleichterte die von den Interessenverbänden selbst vorangetriebene Homogenisierung des organisationalen Feldes der Gesetzlichen Krankenversicherung eine zentrale Steuerung und Einflussnahme auf den ambulanten Sektor erheblich. Die Spitzenverbände entwickelten organisationspolitische Normvorstellungen, denen sich die Mitgliedsorganisationen unterwerfen mussten und die sie auch an ihre Mitglieder weitergaben. Auf diese Weise wurden eine gemeinsame Denkhaltung sowie einheitliche Normen und Modelle des Organisierens im Interessenverband etabliert. Auf Seiten der Ärzteschaft trug dieser Prozess entscheidend zur Professionalisierung bei, da sich die organisierten Kassenärzte nun zunehmend auf eine reichsweit einheitliche organisationsvermittelte gemeinsame kognitive Basis stützen konnten und nahezu identische Orientierungen und Dispositionen entwickelten. Insofern löste die Bildung der Interessenverbände von Kassen und Ärzteschaft einen in den jeweiligen Verband hineinwirkenden Prozess *„normativer Isomorphie“* (DiMaggio/Powell

1983) aus, der nicht nur zur verbandlichen Festigung, sondern zur Homogenisierung des gesamten organisationalen Feldes beitrug. Hinzu kam, dass die organisationale Entwicklungsdynamik im Gesundheitswesen innerhalb des historischen Kontextes der sich etablierenden Organisationsgesellschaft stattfand und damit einen allgemeinen gesellschaftlichen Entwicklungstrend nur nachvollzog[188]. Die Reichsregierung besaß bereits genügend Erfahrungen aus dem Zusammenspiel mit Interessenverbänden aus anderen gesellschaftlichen Bereichen. Das schärfste Profil hatte dabei das bereits erfolgreich etablierte *korporatistische Arrangement* zwischen dem Staat und den Verbänden der Produktionsinteressen, die sich, wie dargestellt, auch aktiv an der Konstituierungsphase der Krankenversicherung beteiligt hatten.

3.4.3 Zum Charakter des Korporatismus im Gesundheitswesen

Nach Einführung der Gesetzlichen Krankenversicherung bekam es der Staat sehr schnell auch mit organisierten Interessengruppen aus dem Gesundheitswesen selbst zu tun. Die einmal gegründeten modernen Interessenverbände der Ärzte und Krankenkassen strebten nämlich alsbald nach einer „staatlichen Legitimierung ihrer Eigeninteressen" (Alber 1992, S. 30) und betrieben eine öffentlichkeitswirksame, zielbewusste Interessenpolitik. Hierzu gehörte, dass sowohl die Kassenverbände wie auch die Ärzteorganisationen – zunächst primär der Ärztevereinsbund als ärztliche Dach- und Lobbyorganisation – versuchten, zu ihren Gunsten Einfluss auf die weitere Ausgestaltung der Krankenversicherung und des Kassenarztrechts, also den rechtlichen Handlungsrahmen und die „Spielregeln" des organisationalen Feldes zu nehmen. Die Interessenverbände beider Seiten verfügten über erhebliche Organisationsmacht und Infrastruktur, die sie zur Durchsetzung der von ihnen organisierten Interessen einsetzen konnten. Der Staat wurde zum bevorzugten Adressaten ihrer Interessenpolitik. Es lag deshalb nahe, das Verhältnis zu den Interessenverbänden in ein bewährtes korporatistisches Arrangement einzubetten. Das Verhältnis zwischen den beteiligten Akteuren blieb allerdings bis heute ambivalent und entsprach damit zumeist den jeweiligen politischen Machtverhältnissen[189].

---

188 Stolleis (1983, S. 617) zieht beim Zusammenschluss der Kassen und Ärzte in Interessenverbänden Parallelen zum „Zusammenschluss der Wähler in den Parteien, der Arbeiter in den Gewerkschaften, der Industrie in Verbänden" und macht so den allgemeinen Trend zur Bildung von Interessenorganisationen seit der Jahrhundertwende deutlich. Dies liegt nach Stolleis daran, dass das isolierte Individuum in den „politischen und ökonomischen Auseinandersetzungen der Industriegesellschaft" ohne Chance gewesen sei und so zwangsläufig der „Verbandsmacht" bedurft hätte. In der Organisationsgesellschaft haben die Individuen also keine andere Wahl als die Bildung von beziehungsweise den Beitritt zu Organisationen, wollen sie von entscheidenden gesellschaftlichen Prozessen oder kollektiven Ressourcen nicht ausgeschlossen werden.

189 Der Ärztevereinsbund verfügte schon 1883 über enge Beziehungen zu den Bezirksregierungen und dem preußischen Innenministerium. Trotzdem wurde er noch nicht in die Beratungen zum *KVG* einbezogen.

Ab der Jahrhundertwende eskalierten die bisher lokalen, zwischen einer Kasse und einzelnen Ärzten oder dem regionalen Ärzteverein geführten Verteilungskämpfe zu organisierten Großkämpfen zwischen den reichsweit operierenden Interessenverbänden. Die Konflikte ähnelten damit den zwischen Arbeitgeberverbänden und Gewerkschaften geführten Tarifkämpfen. Wie im Bereich der industriellen Beziehungen griff der Staatsapparat auch bei den „Ärztestreiks" zumeist nicht unmittelbar in die Kämpfe ein, sondern überließ die Konfliktregulierung den kollektiven Hauptakteuren selbst. Hierin wird der Kern der staatlichen *Korporatisierungsstrategie* deutlich, die auf eine Selbststeuerung des Systems der Gesetzlichen Krankenversicherung durch eine überschaubare Zahl von zentralisierten Verbänden der Kassen und Leistungsanbieter auf der „mittleren Ebene" (Herder-Dornreich 1994, S. 734f.) setzte und die Interessenverbände über ein mehrstufiges System von Kollektivverhandlungen und paritätisch besetzten Schlichtungsgremien sowie die Zuweisung von Steuerungskompetenzen zum einen stabilisierte, zum anderen geschickt in die staatliche Wohlfahrtsproduktion einband.

Ein Element der auf das Gesundheitswesen angewandten sektorspezifischen Strategie der *Korporatisierung* bestand in der gesetzlich vorangetriebenen Vereinheitlichung der Verbandsstrukturen. Dieser Prozess begann mit der rechtlichen Angleichung der Kassenarten, wobei die Körperschaft des öffentlichen Rechts eine wichtige Rolle spielte. So wurde die Homogenisierung der Kassenlandschaft entscheidend vorangetrieben. Auf der Kassenseite wurde dieser isomorphistische Anpassungsprozess mit der Umwandlung der Ersatzkassen (1935/37) und der Reichsverbände der Krankenkassen (1937) in öffentlich-rechtliche Körperschaften endgültig abgeschlossen. Auf Seiten der Ärzteorganisationen wurden Ende 1931 die Kassenärztlichen Vereinigungen als öffentlich-rechtliche Körperschaften installiert. Sowohl Ärzte-

Nach 1900 begannen auch die Kassenverbände mit ihrer Lobbyarbeit, die sie in der Weimarer Republik intensivierten. Alle Spitzenorganisationen entwickelten dabei zwei große Strategielinien der Einflussnahme auf die staatliche Gesundheitspolitik: 1. Unmittelbarer Einfluss auf die Ministerialbürokratie durch Gutachten und Eingaben, 2. mittelbarer Einfluss über a. Mitglieder „externer" Interessenorganisationen (befreundete Parteien, Gewerkschaften, Unternehmerverbände), b. Instrumentalisierung der „Öffentlichen Meinung" mit Hilfe einer spezifischen Gemeinwohlrhetorik, c. Platzierung von Mitgliedern der eigenen Organisationseliten in der den politischen Entscheidungsprozess dominierenden Fachbürokratie des Ministeriums. Alle Interessenorganisationen haben dieses Repertoire bis heute ausgebaut und verfeinert. Im Laufe der Jahre entstand ein enges Netz personeller Verflechtungen mit dem Staatsapparat. Wie abhängig die Lobbyisten von den politischen Machtverhältnissen geblieben sind, zeigt ein Beispiel aus dem Jahr 2001: Nach dem Amtswechsel von Andrea Fischer (Grüne) zu Ulla Schmidt (SPD) als Gesundheitsministerin, wurden die Leiter der Abteilungen „Gesundheitsversorgung und Krankenversicherung" und „Gesundheitsvorsorge und Krankheitsbekämpfung" ausgewechselt. Unter Ministerin Fischer waren hier der ehemalige Ressortchef des AOK-BV Hermann Schulte-Sasse sowie Ulrike Riedel tätig. Diese Repräsentanten der Kasseninteressen wurden von Schmidt durch zwei Ärztelobbyisten, Dr. Edwin Smigielski, zuvor Geschäftsführer einer KV und beim Verband der Forschenden Arzneimittelhersteller tätig, und Dr. Stefan Winter, zuvor Dezernent bei der BÄK und Gentechnik-Experte, ersetzt. Die Maßnahme schwächte den Einfluss der Kassen und stellte den hohen Einfluss der Ärzteverbände wieder her (Gesundheit und Gesellschaft, Blickpunkt März 2001, S. 2).

vereinsbund und Hartmannbund blieben bis zu ihrer Auflösung 1936 Vereinigungen des bürgerlichen Rechts, waren aber ab 1931 aus den unmittelbaren Kollektivverhandlungen zwischen Kassenverbänden und Kassenärztlichen Vereinigungen formal ausgeschlossen. In diesem strategischen Bereich standen sich ab 1931 nur noch öffentlich-rechtliche Körperschaften und damit nahezu einheitlich strukturierte Organisationen der mittelbaren Staatsverwaltung mit ähnlich ausgebildeten Funktionseliten gegenüber. Ab diesem Zeitpunkt waren „die Bürokratien unter sich" (Stolleis 1983, S. 617). Die maßgeblichen Organisationen des Gesundheitswesens wurden so in einer Kombination aus normativem Druck und gesetzlichem Zwang immer weiter angeglichen und von „privaten" in öffentlich-rechtliche, staatstragende Organisationen transformiert. Durch die „Verkörperschaftlichung" entstand im Gesundheitswesen kein privates organisationsgestütztes Herrschaftssystem im eigentlichen Sinne. Zumindest die öffentlich-rechtlichen Kassen und Ärzteorganisationen blieben statt dessen in das staatlich-admistrative Organisationsregime eingebunden.

In der „Parastaatlichkeit" der Beziehungen zwischen Staat und den Interessenorganisationen von Krankenkassen und Ärzteschaft liegt die Besonderheit des *korporatistischen Arrangements* im ambulanten Sektor. Normalerweise wurden derartige Arrangements eher zwischen privaten Großorganisationen und dem Staatsapparat in strategisch wichtigen gesellschaftlichen Bereichen gebildet. „An die Stelle des Interessenausgleichs als eines marktförmigen ‚Bargaining' trat zunehmend ein politisch gelenkter Kompromiss, bei dem das Großkartell von Interessenverbänden und Ministerialbürokratie den Markt unter aktiver staatlicher Mitwirkung zu regulieren versuchte" (Wehler 1995, S. 673). Im Gesundheitswesen ging der Staat mit der „Verkörperschaftlichung" einen Schritt weiter und band damit die von ihm mitorganisierten Monopolorganisationen noch fester in sein Herrschaftssystem ein, verhielt sich ansonsten allerdings wie in den übrigen korporatistischen Arrangements. Die spezifische parastaatliche Form der Dreiecksbeziehungen zwischen Staat, Kassenverbänden und ärztlichen Organisationen galt nicht nur als Alternativstrategie einer von keinem der beteiligten Akteure gewollten „Verstaatlichung" des Gesundheitswesens, sondern wertete gleichzeitig den Interventionsstaat und die höhere Staatsbürokratie auf und konservierte damit die gesellschaftliche Machtkonfiguration. Hauptziel war immer die Aufrechterhaltung der Gesetzlichen Krankenversicherung als einer zentralen gesellschaftlichen Stabilitätsbedingung der modernen Industriegesellschaft und Legitimationsgrundlage des politischen Herrschaftssystems. Dies erklärt die hohe strategische Bedeutung dieses organisationalen Feldes. Die hier etablierte spezifische Form eines *sektoralen Korporatismus* erwies sich als sehr langlebig, durchsetzungs- und entwicklungsfähig sowie mit unterschiedlichen politischen Regimes kompatibel.

Wie in „klassischen" korporatistischen Arrangements vermied der Staat auch im Gesundheitswesen direkte Interventionen in die Beziehungen zwischen Krankenkassen und Ärzteorganisationen weitgehend. Selbst als 1913 mit dem angedrohten ersten ärztlichen Generalstreik eine systemgefährdende Krisensituation eintrat, intervenierte die Reichsregierung nicht mittels hierarchisch-gesetzgeberischer Vorgaben zur Sicherstellung der medizinischen Versorgung der Versicherten. Vielmehr förderte der Staat eine defensive Schlichtung des Konflikts in Form eines (privatrechtlichen) Vertrages zwischen den organisierten Hauptakteuren und etablierte sich damit gleichzeitig in der bis in die Gegenwart durchgehaltenen Rolle des schlichtenden Dritten. Gerade mit dem sogenannten *„Berliner Abkommen"* waren nach langwierigen und heftigen Auseinandersetzungen von den Krankenkassenverbänden und der organisierten Ärzteschaft gemeinsam in einem durch den Staat gewissermaßen moderierten Prozess die strukturellen „Grundlagen gelegt [worden, T.T.], die durch alle späteren gesetzgeberischen Normen verfeinert und modifiziert, nicht aber prinzipiell geändert wurden. Zugleich waren grundsätzliche Alternativen, wie etwa bei Krankenkassen angestellte Ärzte, die nach Rechtslage weiterhin möglich blieben, faktisch ausgeschlossen" (Zöllner 1981, S. 105f.). Der Staat erkannte damit die Spitzenverbände der Krankenkassen und Ärzteschaft offiziell als legitime Hauptakteure des gesundheitspolitischen Feldes und als seine zentralen Ansprechpartner an, wies ihnen allerdings zugleich auch die Hauptverantwortung für den Erhalt und die Stabilität des Systems der Gesetzlichen Krankenversicherung zu. Das 1913 geschlossene Abkommen markierte insofern die eigentliche Grundlage für die Etablierung des unter dem Begriff der „gemeinsamen Selbstverwaltung der Ärzte und Krankenkassen" (Gutknecht 1986, S. 45) subsummierbaren Modells von Kollektivverhandlungen in paritätischen Gremien als zentralem Steuerungsprinzip der Krankenversicherung und damit den eigentlichen Beginn der *Korporatisierung* dieses gesundheitspolitischen Feldes. Dem 1913 begonnenen Entwicklungspfad folgte dann die 1923 per Notverordnung erfolgte Institutionalisierung des *„Reichsausschusses für Ärzte und Krankenkassen"* in Form einer Zwangsarbeitsgemeinschaft der Spitzenverbände. Damit wurde das Medium der Kollektivverhandlung endgültig als zentrales Steuerungsinstrument etabliert.

Mit dieser Notverordnung, in der die zugelassenen Spitzenorganisationen beider Seiten namentlich aufgeführt waren, erfolgte eine verbindliche inhaltliche Definition des Begriffs des „Spitzenverbandes" durch den Gesetzgeber, der damit „an sich rein privatrechtliche Organisationen als die berufenen Vertretungen der beiderseitigen Interessen“ (Spielhagen 1925, S. 27) anerkannte. Die letzte punktuelle strukturverändernde Intervention des Staates erfolgte schließlich 1931 mit der Konstituierung der Kassenärztlichen Vereinigungen mit Gesamtvergütungsanspruch und Sicherstellungsauftrag für die ambulante Versorgung durch die *vierte Notverordnung* der Brüning-Regierung, deren Ergebnis im wesentlichen durch das *Gesetz über Kassenarztrecht* von 1955 auch für die Bundesrepublik verbindlich fest- und fortgeschrieben wurde und damit die Grundstruktur des Organisationsnetzwerks im ambulanten Sektor bis heute prägte. 1931 wurden die letzten unmittelbaren Beziehungen zwischen Krankenkassen und Ärzten beendet und die bisherige Autonomie der Kassen bei der Organisation der medizinischen Versorgung ihrer Mitglieder beendet. Statt dessen avancierte die Kassenärztliche Vereinigung „zur entscheidenden Schnittstelle zwischen Sozialversicherung und medizinischer Versorgung“ (Lauer-Kirschbaum 1994, S. 220). Das Ergebnis war die endgültige Schließung des Netzwerks aus staatlich sanktionierten und verpflichtungsfähigen Monopolorganisationen. Mit der ab 1913 einsetzenden Etablierung eines (gestaffelten) Systems von Kollektivverhandlungen zwischen den Verbänden der Krankenkassen und der Kassenärzte war eine staatlich forcierte „*Hochzonung* von Verhandlungskompetenzen“ (Döhler/Manow 1997, S. 119) auf der Ebene der Bezirks-, Landes- und Reichsverbände verbunden. Die entscheidenden Kollektivvertragskompetenzen beispielsweise für Honorarverhandlungen wurden auf diese Weise bei den Spitzenverbänden zentralisiert, während die lokalen Mitgliedsorganisationen einen Großteil ihrer bisherigen Verhandlungsautonomie und Steuerungskompetenzen an ihren Verband abtreten mussten. Damit wurden die Konflikte gerade da, wo sie zunächst am heftigsten ausgetragen worden waren, nämlich auf lokaler oder regionaler Ebene, ruhiggestellt. Diese Entwicklung bildete die Hauptursache für die einsetzende Formierung intensiver Netzwerkbeziehungen zwischen den Spitzenorganisationen beider Seiten. Sie wurden durch Installation eines umfassenden Ensembles von paritätisch besetzten Schiedsgremien und Entscheidungsgremien in Form von Vertrags-, Zulassungs- und später auch Wirtschaftlichkeitsausschüssen gefördert, in denen die Funktionseliten beider Seiten zu gemeinsamen Beschlüssen finden mussten. Dabei kam dem 1923 eingesetzten *Reichsausschuss*, dem späteren *Bundesausschuss der Ärzte und Krankenkassen*, eine zentrale Rolle bei der Richtlinienfestsetzung zu. Über die gemeinsamen Gremien entwickelte sich ein Geflecht gegenseitiger Beziehungen und Abhängigkeiten, durch welches die kollektiven Akteure über ihre Funktionäre nicht nur eng aneinandergekoppelt, sondern auch immer fester in die korporatistische Funktionslogik der Gesetzlichen Krankenversicherung eingebunden wurden. Zwischen allen beteiligten Akteuren bildete sich so mit der Zeit ein sozialpolitischer Grundkonsens im Sinne der Anerkennung einer Art gemeinsamen Organisationszwecks heraus, der auf dem Bemühen um die Sicherung des Systems der Krankenversicherung beruhte. Mit Übernahme der Verantwortung für die Systemstabilität durch die korporativen Hauptakteure in Form der „gemeinsamen Selbstverwaltung" „konnte sich eine die internen Konflikte um Struktur- und Verteilungsfragen überwölbende kollektive Identität der Institution der GKV herausbilden" (Lauer-Kirschbaum 1994, S. 222). Damit wurden systemgefährdende Konflikte, wie sie bis in die 1920er-Jahre zwischen den Großorganisationen entbrannt waren, weitgehend verhindert, da sie zu einer Aufkündigung des gemeinsamen Grundkonsenses geführt hätten.

Die staatliche Beaufsichtigung und aktive Förderung der Steuerung über ein schrittweise verfestigtes zwischenverbandliches Verhandlungssystem von Kassen und Kassenärzteorganisationen, in dem die Akteure in einer Art Interessenkoalition die bereitgestellten Ressourcen gemeinsam verteilten, entsprach dem Streben nach Staatsentlastung. Schon seit 1883 bevorzugte die Staatsadministration formal-prozedurale Regulative gegenüber direkten hierarchisch-inhaltlichen Interventionen, die zu einer unmittelbaren Konfrontation des Staates mit beteiligten kollektiven Akteuren führten. Unter dem politischen Primat möglichst weniger unmittelbarer Interventionen in das organisationale Feld setzte sich das prozedurale Kollektivverhandlungsmodell zwischen den Spitzenorganisationen ab 1913 rasch als eine Art „Minimallösung staatlicher Intervention" (Lauer-Kirschbaum 1994, S. 219) durch[190]. Mit der Institutionalisierung des Systems von Kollektivverträgen übertrug der Staat den von ihm anerkannten Spitzenorganisationen nicht nur die Verantwortung für die kollektive Steuerung des organisationalen Feldes, sondern band sie zugleich in ein „dichtes Netz von rechtlichen Regelungen, Verfahrensvorschriften und Verhandlungsgremien" ein. Trotz relativer Handlungsautonomie wurden sie „immer wieder Gegenstand z.T. recht detaillierter staatlicher Regulierung" (Manow 1999, S. 159). Der Staat behielt stets die Interventionsoption aufrecht. Er machte von ihr allerdings nur dann Gebrauch, wenn sich das zwischenverbandliche Machtgleichgewicht erheblich zugunsten einer Partei verschoben hatte oder das Gesamtsystem aufgrund interner Steuerungs- oder Ressourcenverteilungskrisen ineffizient zu werden drohte.

---

[190] Zur Moderierung des Verteilungskonflikts zwischen Kassenverbänden und Ärzteorganisationen war die Ministerialbürokratie eher zur Einführung eines Geflechts paritätischer Gremien (mit staatlicher Beteiligung) bereit als im Bereich der industriellen Beziehungen, „weil sie vor der hiermit verbundenen formalen staatlichen Anerkennung der Gewerkschaften zurückschreckte" (Döhler/Manow 1997, S. 130). Die Etablierung eines paritätischen Instanzenzuges in der GKV verfolgte also eine ähnliche Intention wie die institutionelle Regelung der industriellen Beziehungen, ging deren Realisierung aber zeitlich voraus (Schlottmann 1914).

Das staatliche Hauptinteresse galt immer der Stabilitätserhaltung der Krankenversicherung, die einen starken Eckpfeiler seiner Legitimation als „Sozial(versicherungs-)Staat" darstellte. Damit wurde für den Staat vor allem bei Wirtschaftskrisen die Bestandserhaltung der Krankenversicherung wichtiger „als die Sicherungsleistungen dieses Systems für einzelne Krisenopfer" (Krätke 1982, S. 118). Die Ausweitung des Handlungsspielraums der Verbandsebene machte den Staat in der Folgezeit jedoch zunehmend von der Kooperation der beteiligten Organisationen abhängig, ohne die kein gesundheitspolitisches Reformprojekt erfolgreich umsetzbar war. Das eingespielte, hoch exklusive Organisationsnetzwerk entwickelte nach 1945 ein derartiges Eigenleben, das es sich zunehmend als interventions- und reformresistent erwies. Seine strukturelle Beharrungskraft veranschaulichten sowohl das Scheitern der sogenannten *„Blanck-Reform"* zwischen 1958 und 1961 (Reuscher 1999), als auch die zahlreichen in den vergangenen Jahren immer wieder am Widerstand der „Gesundheitskartelle" (Meyer 2001) gescheiterten Versuche mehrerer Bundesregierungen zur grundlegenden Reformierung des Gesundheitswesens. So scheint es heute, als ob der Staat zum Gefangenen seiner eigenen, jahrzehntelang betriebenen Organisations- und Strukturpolitik geworden sei und an gesundheitspolitischer Handlungsfähigkeit eingebüßt hätte.

IV. Zur Strukturlogik des Organisationsnetzwerkes von Krankenkassen und Kassenärzteorganisationen

Im vorherigen Kapitel wurde ausführlich die Organisationsgeschichte der den ambulanten Sektor dominierenden Hauptakteure, Krankenkassen- und Ärzteverbände, sowie die zentrale Rolle des Staates beschrieben. Es wurde deutlich, dass beide Organisationspopulationen jeweils eigene *isomorphistische Anpassungsprozesse* durchliefen und insofern einer historisch-spezifischen Entwicklungslogik unterlagen. Bei aller Unterschiedlichkeit verwendeten beide Populationen jedoch denselben Modus formaler Organisation. Die ausgebildeten organisationalen (Teil-)Felder wurden dann erst durch die Institution der Gesetzlichen Krankenversicherung schrittweise zu einem gemeinsamen Feld verkoppelt. In diesem *Verschmelzungsprozess* bildete sich zwischen 1883 und 1931 das bis heute nahezu unverändert existierende, sich gewissermaßen selbst tragende sektorale Netzwerk aus Krankenkassen und Kassenärzteorganisationen unter staatlicher Beteiligung aus.

In diesem Kapitel erfolgt nun ein Wechsel der Untersuchungsperspektive von der einzelnen Organisationspopulation und den partikularen Interessenlagen auf die sich im gemeinsamen organisationalen Feld der Gesetzlichen Krankenversicherung ausbildenden Netzwerkstrukturen. Die Darstellung beschränkt sich dabei auf die wesentlichen Strukturmerkmale und institutionalisierten Muster, die die Interorganisationsbeziehungen zwischen Krankenkassen und Ärzteorganisationen maßgeblich geprägt haben. Es wird untersucht wie die Entstehung, Stabilisierung und Reproduktion eines immer umfangreicheren kooperativen Beziehungs- und Abhängigkeitsgeflechts zwischen den beteiligten Organisationen zu verfestigten Netzwerkstrukturen sowie routinisierten, auf Kooperation ausgerichteten Handlungsmustern und damit zur Ausbildung einer immanenten Entwicklungs- oder Strukturlogik geführt hat[191]. Der Begriff der *Strukturlogik* wurde hier gewählt, um ein empirisches Faktum zu beschreiben, bei dem „die Gesamtheit der in einem Netzwerk wirkenden Akteure, [...] Interessen und Strategien zu Zwängen und Strukturen führen, denen der einzelne Akteur gegenübersteht“ (Schubert 1995, S. 235) und denen er sich in der Regel nur durch Austritt oder Ausschluss hätte entziehen können. Das wäre allerdings gleichbedeutend mit der Exklusion von den Netzwerk-

191 In gewisser Weise kann die Entstehung des Organisationsnetzwerks deshalb auch als ein Prozess der Strukturation von Interorganisationsbeziehungen interpretiert werden (Giddens 1992).

ressourcen. Die spezifische Strukturlogik des hier untersuchten Netzwerks basierte vor allem auf der Selektivität seiner Strukturen, durch die bestimmte Handlungsoptionen und Organisationsformen der ambulanten Versorgung ausgeblendet werden. Mit zunehmender Konsolidierung der Netzwerkbeziehungen stieg der Grad der Zentralisierung und Ressourcenmonopolisierung sowie der Sektoralisierung und Systemintegration rapide an. Auf diese Weise entstand ein exklusives und abgeschlossenes Netzwerk, dass den Zugriff auf die kollektiven Ressourcen weitgehend selbstständig unter den beteiligten Organisationen in Form einer institutionalisierten Arbeitsteilung regulierte. Im folgenden sollen nun die Elemente und Prozesse, die zur Ausbildung der spezifischen Strukturen und Entwicklungslogik des ambulanten Sektors geführt haben, rekonstruiert werden.

1. Ressourcenmonopolisierung und Homogenisierung: Die strukturellen Folgen des Sicherstellungsauftrags der kassenärztlichen Versorgung

1.1 Selektivität: Die schrittweise Verdrängung der kasseneigenen Versorgungseinrichtungen durch die organisierte Ärzteschaft

Das *Krankenversicherungsgesetz* von 1883 verpflichtete die Kassen dazu, die ärztliche Behandlung ihrer Mitglieder in natura zu gewähren. Für das einzelne Mitglied bedeutete die Einführung des Sachleistungsprinzips, dass es zukünftig ärztliche Leistungen in Anspruch nehmen konnte, ohne dafür selbst Geldmittel aufwenden oder schuldrechtliche Verpflichtungen eingehen zu müssen. Die unmittelbare Beziehung zwischen Arzt und Kassenpatient wurde damit geldlos. Ein Kurierzwang der Ärzte bestand hingegen nicht[192]. Damit die Krankenkassen den sogenannten Sicherstellungsauftrag erfüllen konnten, waren sie deshalb gezwungen,

[192] Die Ärzte hatten durch die *Reichsgewerbeordnung* die Stellung von Gewerbetreibenden erhalten. *§ 144 Abs. 2 RGO* hob die bisherige Hilfeleistungspflicht für Medizinpersonen auf. Diese v.a. vom Ärztevereinsbund als „Befreiung von staatlicher Reglementierung initiierte Aufhebung des ‚Kurierzwangs' bedeutete, dass die Ärzte nach öffentlichem Recht nunmehr berechtigt waren, ihre Hilfe zu verweigern. Sie unterstanden jetzt nur noch den allgemeinen, für alle Staatsbürger geltenden Vorschriften zur Hilfeleistung, insbesondere *§ 360 Nr. 10 des Strafgesetzbuches* für das Deutsche Reich, wonach mit Geldstrafe oder Haft bestraft wurde, wer bei Unglücksfällen oder gemeiner Gefahr oder Not von der Polizeibehörde oder deren Stellvertreter zur Hilfeleistung aufgefordert wurde, dieser Aufforderung jedoch nicht Folge leistete, obwohl er ihr ohne erhebliche eigene Gefahr hätte nachkommen können" (Neuhaus 1986, S. 249; Flügge 1903).

mit niedergelassenen Ärzten privatrechtliche Verträge zu Gunsten ihrer Mitglieder abzuschließen (Heinemann 1928, S. 374). Mit diesen Einzeldienstverträgen verpflichteten sich die Ärzte, die Versicherten im Falle ihrer Erkrankung auf Kassenkosten zu behandeln und mit den nötigen Arzneimitteln zu versehen. Die Kassen waren zunächst in der Frage von Anzahl und Auswahl der zu beschäftigenden Ärzte wie auch der Art des Beschäftigungsverhältnisses weitgehend autonom.

Tab. 9: Eigeneinrichtungen, Beratungs- und Selbstabgabestellen der Krankenkassen 1916-1931

	Medizinische Eigenbetriebe							Erholungsstätten					Gesundheits- und Sozial-beratung		Selbstabgabestelle						
	Krankenhäuser	Lungenheilstätten	Zahnkliniken	Ambulatorien einzelner Krankenkassen	Ambulatorien von Kassenverbänden	Röntgen- und Lichtinstitute	Badeanstalten	Kurheime	Genesungs- und Erholungsheime	Kinderheime	Tageserholungsstätten	Kur-, Genesungs- und Erholungsheime von Kassenverbänden	Vertrauensärztliche Institute	Untersuchungsstellen für Gewerbekrankheiten	Verbandsstoffe	Geräte zur Krankenpflege	Nähr- und Stärkungsmittel	sonstige kleine Heilmittel	Abgepackte Arzneimittel	Brillen	Summe
1916			10				7		13		2				160	112	52	84	19		459
1917		2	15	1			9		18		2				156	140	69	106	61		579
1918		2	13	1			12		24		2										54
1919		1	9				11		13		2				162	155	56	108	23		540
1920		2	17				11		16		2				225	218	91	158	47		787
1921		1	17			7	12		32		2				261	217	96	182	62		889
1922																					
1923		2	43	12		19	21		51		4				504	384	301	280			1621
1924		1	50	4		32	21		60		9				491	383	267	257		9	1584
1925		3	73			50	38		79		9										252
1926	5	3	89	4		58	44		104		8										315
1927	4	5	94	3	39	71	68	6	95	10	7	30									432
1928	6	3	112	8	40	84	93	6	98	7	7	30									494
1929	6	4	115	6	40	98	110	8	103	10	6	31	1	21							559
1930	6	4	137	6	38	125	121	12	98	12	8	34	1	25							627
1931	6	4	126	10		134	136	12	97	11	5			24							565

Quelle: Döhler 1984a, S. 226-227; eigene Bearbeitung

Dieser Konzeption, in der die Krankenkassen im Regelfall alle medizinischen Versorgungsleistungen für ihre Mitglieder durch selbstständige (professionelle) Anbieter erbringen lassen mussten, lag die bis in die Gegenwart vorherrschende Auffassung zugrunde, dass die Kassen zwar nach „Kompetenz, Organisation und Qualifikation ihres Personals für die Verwaltung von Geldleistungen eingerichtet, nicht aber für die [eigenständige qualifizierte; T.T.] Erbringung komplexer Sach- und Dienstleistungen“ (Francke 1987, S. 77) geeignet seien. In einer solchen, von Anfang an primär auf eine Ausgliederung der fachlichen medizinischen Versorgung setzenden Konzeption blieb zwangsläufig nur geringer Spielraum für Ansätze einer alternativen Organisation von medizinischen Versorgungsleistungen durch Eigeneinrichtungen, Beratungs- und Selbstabgabestellen der Krankenkassen. Solche von den Kassen in Eigenregie betriebenen Versorgungseinrichtungen führten in der Regel ein Nischendasein, da sie zumeist nur als temporäre „Reaktion auf Mängel im System der medizinischen Versorgung" (Döhler 1984c, S. 357), das heißt zur Ausfüllung von Versorgungslücken, die von den professionellen medizinischen Akteuren nicht abgedeckt werden konnten, zugelassen waren. Die Krankenkassen nutzten ihre Eigeneinrichtungen zum einen also vor allem in Fällen von Versorgungsengpässen zur „Sicherstellung einer ausreichenden, qualitativ hochwertigen und preiswerten medizinischen Versorgung" ihrer Mitglieder, ohne durch selbst organisierte Alternativen eine Verdrängung der privaten Leistungsanbieter zu beabsichtigen. Zum anderen verstanden die Kassen ihre Eigeneinrichtungen aber auch als „Mittel zur aktiven Gestaltung der Versorgungsbedingungen im Gesundheitswesen" (Döhler 1984c, S. 357).

Insofern war die Entwicklung der Eigeneinrichtungen stark vom Handlungsspielraum der Krankenkassen in Versorgungsfragen abhängig. Ihr Aufschwung in den 1920er-Jahren war deshalb vor allem dem Umstand zu verdanken, dass zu diesem Zeitpunkt die „gesundheitspolitischen Konflikte um die strukturelle Gestaltung des Gesundheitswesens noch nicht entschieden waren" (Döhler 1984c, S. 357). Allerdings blieben die kostengünstigen Kasseneinrichtungen auch während ihrer Boomphase in der Weimarer Republik für eine flächendeckende Versorgung der Masse der Versicherten nur von untergeordneter Bedeutung. Sie scheiterten schließlich am Widerstand der organisierten Ärzteschaft, die alle Versorgungsalternativen als „Verdrängungswettbewerb" oder „Sozialisierungsstrategie" der Krankenkassen interpretierte und vor allem den Verlust ihrer bisherigen Schlüsselstellung im Gesundheitswesen sowie Einkommenseinbußen befürchtete. Gerade die „Furcht des medizinischen Mittelstandes davor, dass die Krankenkassen mit Hilfe der Eigeneinrichtungen eine ökonomische Vormachtstellung im Gesundheitswesen erringen könnten, förderte deren Konfliktbereitschaft" (Döhler 1984c, S. 361), diente also vor allem der Mobilisierung des ärztlichen Berufsstandes. Als sich die organisierte Kassenärzteschaft ab 1927 auch die Unterstützung des *Reichsschiedsamts* in dieser Frage sichern konnte, war der Niedergang der kasseneigenen Versorgungseinrichtungen besiegelt. Aufgrund einer „Rechtsklage der Berliner Ärzteverbände und vermittelnder Entscheidungen der Aufsichtsstellen verloren die Kassen 1927 ihre Organisations- und Direktionshoheit" (Göckenjan 1989, S. 93). Den bestehenden Ambulatorien und Selbstabgabestellen wurde zwar einen Bestandsschutz garantiert, sie durften aber nur noch zur Versorgung der Familienangehörigen von Kassenmitgliedern tätig werden. Die ambulante Versorgung der zahlenden Mitglieder sollte ausschließlich den freiberuflichen Ärzten vorbehalten bleiben. Eine gesundheitspolitische Diskussion über ein sinnvolles Nebeneinander von Einrichtungen der Kassen und privaten Leistungsanbietern blieb im Ansatz stecken (Döhler 1984a-c; Hansen/Heisig/Leibfried/Tennstedt 1981; Rosewitz/Webber 1990, S. 37). 1933 löste die nationalsozialistische Reichsregierung die noch verbliebenen kasseneigenen Versorgungseinrichtungen auf (Tennstedt 1977e, S. 175-177). Seither hat die organisierte Kassenärzteschaft „jegliche Form der *institutionellen* Erbringung ambulanter Leistungen mit allen Mitteln zu verhindern gesucht" (Rosewitz/Webber 1990, S. 37)[193].

Die anfänglichen Versuche der Kassen zum Aufbau alternativer Versorgungseinrichtungen zeugen noch von einem „*gesundheitspolitisch offensiven Verständnis von den Aufgaben der Krankenversicherung*" (Döhler 1984c, S. 357), das 1931 fast völlig verloren ging. Ein wesentlicher Grund lag in der Spezialisierung der Netzwerkakteure aufgrund der staatlich fixierten „Arbeitsteilung" zwischen Krankenkassen und organisierter Kassenärzteschaft. Während die Kassenärztlichen Vereinigungen sich aufgrund des ihnen mit ihrer Gründung übertragenen Sicherstellungsauftrags als Spezialisten der ambulanten ärztlichen Versorgung etablieren konnten, verloren die Kassen alle Versorgungskompetenzen. Somit blieb ihnen zwangsläufig nur die Spezialisierung auf die Beitragserhebung und -verwaltung, das heißt die Ressourcenverwaltung der Gesetzlichen Krankenversicherung. Die Einflussnahme auf die Ressourcenallokation als solcher war ihnen hingegen verbaut. Die so ausgelöste hochgradige Spezialisierung der Netzwerkakteure verstärkte zugleich ihre Abhängigkeit voneinander. Fortan mussten sie die ihnen vom Staat jeweils zugesprochene „Teilaufgabe auf die Gesamtaufgabe hin abgestimmt lösen" (Herder-Dornreich 1976a, S. 163) und waren zwangsläufig auf eine enge Kooperation angewiesen. Dabei führte die Selektivität der Netzwerkbeziehun-

---

[193] Einige große AOK'n errichteten nach dem Zweiten Weltkrieg erneut Ambulatorien und Selbstabgabestellen, um die kriegsbedingte Unterversorgung auszugleichen. Als Beispiel seien die Ambulatorien der AOK Berlin (Weyhmann 1977) und die Zahnklinik der AOK Düsseldorf genannt. Die Eigeneinrichtungen wurden 1955 im *GKAR* legalisiert, hatten aber nur eine marginale Bedeutung und verschwanden mit der Zeit fast ganz. Nach *§ 140 SGB V* können alle vor dem 01.01.1989 bestandenen Eigeneinrichtungen fortgeführt werden. Neueinrichtungen sind nur zulässig, wenn eine anderweitige Versorgung der Versicherten nicht sichergestellt werden kann. Selbstabgabestellen gibt es seit den 1980er-Jahren nicht mehr, nachdem der Bundesgerichtshof der Klage des Zentralverbandes der Augenoptiker stattgegeben hatte und u.a. die AOK'n Düsseldorf und Leer ihre Brillenabgabestellen schließen mussten (Döhler 1984a, S. 217ff.). Sie spielten sowohl während ihrer Blütezeit in den 1920er-Jahren als auch im Nachkriegsdeutschland nur eine marginale Rolle bei der Versorgung mit Sach- und Dienstleistungen.

gen dazu, dass alle alternativen Formen zur ambulanten Versorgung durch niedergelassene Ärzte auf Dauer ausgeblendet blieben.

1.2 Spezialisierung und Monopolisierung: Die Verteilung von Verfügungsrechten und Rollen zwischen den Akteuren

1.2.1 Kassen als Spezialisten zur Ressourcensammlung und -verwaltung

Mit Konstituierung der Gesetzlichen Krankenversicherung wurden die niedergelassene Ärzteschaft und die Krankenkassen als eigentliche Hauptakteure des im Entstehen begriffenen ambulanten Sektors also primär über den Sicherstellungsauftrag definiert und zugleich unlösbar aneinander gekoppelt. Dabei verlieh der Gesetzgeber zunächst den Krankenkassen eine starke Verhandlungsmacht gegenüber den einzelnen Ärzten, da er ihnen die zentrale Steuerungskompetenz für die ambulante Versorgung übertrug. Die Kassen konnten, unter Berufung auf die gesetzliche Verpflichtung zur Organisierung der ärztlichen Versorgung ihrer Mitglieder und als parastaatliche Verwaltungseinheiten strukturiert, zunächst nahezu autonom über die vertragliche Gestaltung ihrer Beziehungen zu den Kassenärzten entscheiden und besaßen fast uneingeschränkte Kontrollmöglichkeiten über deren Tätigkeit. In gewisser Weise wies die Krankenversicherungsgesetzgebung den Ärzten – wie übrigens auch den Apothekern und Krankenhäusern – zunächst nur die Rolle von fachkompetenten Erfüllungsgehilfen der Kassen zu (Töns 1983, S. 36). Augenscheinlich setzte der Staat sehr bewusst auf die vorhandenen, öffentlich-rechtlich (re-)strukturierten Kassen als zentrale intermediäre Organisationen, denen die Steuerungskompetenz im Gesundheitswesen übertragen wurde. Sie fungierten damit in erster Linie als Transmissionsriemen der staatlichen Gesundheits- und Sozialpolitik gegenüber den übrigen, noch schwach organisierten Akteuren im Gesundheitswesen. Zugleich gelang dem Staat damit die Einbindung der in der Kassenselbstverwaltung involvierten Gewerkschaften und Arbeitgeber – also machtvoller, antagonistischer, „externer" organisierter Interessengruppen – in die Steuerung des Gesundheitswesens. Die in die Kassenselbstverwaltung eingebundenen Akteure sahen sich in einer gemeinsamen Frontstellung gegen einen gewissermaßen in einem Prozess nachholender Organisationsentwicklung erstarkenden ärztlichen Verhandlungsgegner vereint. Die im Rahmen der Selbstverwaltung eingeübte Kooperation zwischen Arbeitnehmer- und Arbeitgebervertretern wurde von diesen mit der Zeit auch auf die industriellen Beziehungen übertragen und hatte dort eine durchaus vergleichbare gesellschaftlich stabilisierende Wirkung.

1.2.2 Der Arzt zwischen Behandlungsmonopol und Kasseninteressen

Die den Krankenkassen vom Staat verliehene Steuerungskompetenz beschränkte sich allerdings von Anfang an weitgehend auf den Bereich der Verwaltung der Beitragsgelder und die Kontrolle der Ausgaben für medizinische Dienstleistungen. Die Kompetenz zur Erbringung medizinischer Versorgungsleistungen wurde hingegen nicht den Kassen, sondern den Ärzten zugesprochen. Schon der Sicherstellungsauftrag in seiner Fassung von 1883 manifestierte auf diese Weise faktisch die professionelle Dominanz der Gruppe der approbierten Ärzte im Gesundheitswesen und schloss eigentlich jede selbstständige, mit Kassenmitteln finanzierte Behandlung der Versicherten durch Nicht-Ärzte aus. Dem niedergelassenen, frei praktizierenden approbierten Kassenarzt wurde somit eine zentrale Rolle in der ambulanten Versorgung der Kassenmitglieder zugewiesen.

Laut Göckenjan (1984) erhielt der Kassenarzt in der Gesetzlichen Krankenversicherung allerdings eine *Doppelrolle*. Im Rahmen der Patientenversorgung war er sowohl einzig legitimierter Therapeut als auch Sachverständiger im Sinne der Kassenziele, das heißt Behandler *und* Kontrollinstanz in einem. Die ihm übertragene an sich berufsfremde Kontrollfunktion knüpfte einerseits an die klassische Armenarzttätigkeit, andererseits an die Erfahrungen mit Systemen „fixierter Kassenärzte" an, wie sie zum Beispiel der Berliner Gewerkskrankenverein schon seit den 1850er-Jahren betrieben hatte. Die für den Arzt neue Rollendefinition wurde in der Gesetzlichen Krankenversicherung deshalb so wichtig, weil durch das ärztliche Gutachten die Anspruchsberechtigung für den Erhalt von Kassenleistungen festgelegt wurde. Gerade im Falle des Krankengeldes wurde der Arzt zur zentralen Instanz, die bestimmte, wann ein Patient „aus der Arbeitsrolle in einen alternativen Subsistenzstand" (Göckenjan 1984, S. 354) übergehen durfte, das heißt von der Kasse Lohnersatzleistungen erhielt. Der Kassenarzt stellte damit eine obligatorische Zugangsstation in das System der Kassenleistungen dar und gewann so an erheblicher Autorität gegenüber den Patienten. Bei seinen Gutachten hatte er immer die Kasseninteressen zu beachten. Die Rolle eines in erster Linie der Kasse loyal verpflichteten Sachverständigen stand aber dem bisherigen ärztlichen Selbstverständnis konträr entgegen. „Der praktische Arzt war traditionell gewöhnt, auf die Angaben der Klienten einzugehen, deren subjektive Empfindungen ernst zu nehmen, ihren Erwartungen weitgehend nachzukommen“ (Göckenjan 1984, S. 354). Er verstand sich als Berater und Helfer des Erkrankten. Nun bekam er Kontrolleurfunktionen, die er gegen seine Patienten wahrzunehmen hatte. Hierzu gehörte die Reglementierung des Patientenverhaltens und gegebenenfalls die Verweigerung bestimmter Kassenleistungen. Die neue Sachverständigenfunktion war somit ein „gegen Kranke gerichtetes ‚Vertrauens'-Verhältnis“ (Göckenjan 1984, S. 354). Der Arzt wurde zum „Vertrauensarzt“ der Kassen. Diese Doppelrolle entsprach nicht dem professionspolitischen Leitbild eines neutralen, objektiven Sachverständigen, sondern den Funktionserfordernissen der Gesetzlichen Krankenversicherung und war als solche vom vertragsschließenden Arzt zu akzeptieren. Sie bildete eine Wurzel für die Konflikte zwischen organisierter Ärzteschaft und Krankenkassen, manifestierte allerdings zugleich auch die zentrale Rolle des Arztes in der Krankenversicherung. 1883 bekam dieser vom Gesetzgeber die heute selbstverständliche „Funktion des öffentlich legitimierten Verteilers [...] erkrankungsbezogener Ressourcen“ (Göckenjan 1984, S. 355) zugesprochen. Seine zentrale Position in der Krankenversicherung erhielt er also nicht aufgrund eigener (medizinischer) Kompetenzen, sondern „durch die Organisations- und Richtlinien-Kompetenz der Krankenkassen bzw. durch deren Vorstände“ (Göckenjan 1984, S. 355). Diese Abhängigkeit prägte sein ambivalentes Verhältnis zu den Kassen wie zur Gesetzlichen Krankenversicherung und bestimmte maßgeblich die ärztliche Organisationspolitik.

Für die weitere Arbeit ist entscheidend, dass 1883 der inhaltliche Kern des Sicherstellungsauftrags, die exklusive ambulante Krankenbehandlung durch approbierte Ärzte, zum *allgemeinen Organisationsprinzip* der Gesetzlichen Krankenversicherung erhoben wurde (Francke 1987, S. 74). Hier lag die Hauptursache für die durch die Ärzteorganisationen in den Folgejahren betriebene „offensive Interessenvertretung“ (Göckenjan 1985, S. 351). Die Ärzteschaft berief sich im Grunde darauf, dass in einem staatlich organisierten System der Zwangsversicherung großer Teile der Arbeitsbevölkerung die Krankenversorgung der Betroffenen nur „durch staatlich legitimierte Ärzte in Frage kommen“ konnte (Göckenjan 1985, S. 351). Da die *Reichsgewerbeordnung* das Führen des Arzttitels an einen medizinischen Hochschulabschluss und die Approbation band, war die durch den Staat beauftragte Gruppe von Leistungsanbietern insofern durch das *Krankenversicherungsgesetz* eindeutig definiert. Sehr klar sprach das Gesetz nicht von einer freien, wie auch immer gearteten medizinischen, sondern einer *ärztlichen* Behandlung für die Kassenmitglieder[194]. Die Konsequenz dieses Be-

[194] Der ärztliche Kampf gegen das sog. „Kurpfuschertum“, d.h. gegen die Erbringung von Versorgungsleistungen durch Nicht-Ärzte, wurzelte genau in der für sie eindeutigen Auslegung des *KVG* von 1883. Als 1886

handlungsmonopols war, dass sehr schnell die meisten Maßnahmen in der ambulanten Versorgung ausschließlich von approbierten Ärzten ausgingen, von diesen diagnostiziert und bezüglich „Therapie, Tätigkeit des paramedizinischen Personals, Ausstattung mit therapiebezogenen Hilfsmitteln sowie der Bescheinigung und Beurteilung der Arbeits- und Leistungsfähigkeit" (Friedrich 1987, S. 96) entschieden wurden. Der Sicherstellungsauftrag fungierte damit als Basis für die professionelle Homogenisierung und einheitliche Organisierung der ambulanten Versorgung innerhalb des Gesundheitswesens. Er war Grundlage für die ärztlich organisierte Verdrängung aller nicht-approbierten Heilpersonen vom Markt der medizinischen Kassenleistungen.

Außerdem trug er mit Ausweitung des Versichertenkreises erheblich zur *Medikalisierung der Gesellschaft* bei, eröffnete er der Ärzteschaft doch einen exklusiven Zugang zum expandierenden Markt für medizinische Gesundheitsdienstleistungen. Der durch den Sicherstellungsauftrag ausgelöste Zwang der Kassen zur Verpflichtung von Ärzten löste eine erhebliche Nachfrage nach approbierten Medizinern aus und bildete damit einen wesentlichen Grund für die ab 1885 ansteigenden Arztzahlen. Auch in dieser Hinsicht wirkte der Sicherstellungsauftrag als Motor für die quasi nachholende ärztliche Organisationsbildung, für die sich nun eine adäquate Mitgliederbasis entwickelte. Er war damit ein wichtiger Bestandteil des organisationsbasierten Prozesses ärztlicher Professionalisierung. Der Sicherstellungsauftrag war gewissermaßen ein Ausfluss einer mehr oder weniger bewussten gesundheitspolitischen „Strukturentscheidung" (Friedrich 1987, S. 95) und damit ein entscheidendes Element staatlicher Organisationspolitik im Gesundheitswesen. Maßgeblich war, dass mit dieser Strukturentscheidung die Grundlagen für eine rund 120 Jahre andauernde, vermeintlich alternativlose Regelung der ambulanten Versorgung gelegt wurde.

bekannt wurde, dass einige Kassen weiter Homöopathen und Naturheilkundige unter Vertrag nahmen, intervenierten die Ärztevereine bei den Aufsichtsbehörden. Diese verneinten jedoch einen absoluten ärztlichen Monopolanspruch. Nach Behördenauffassung konnten die Kassenvorstände nicht-approbierte Heilkundige mit der Versorgung der Versicherten betrauen, wenn dies von den Mitgliedern gefordert wurde. Der Staat schloss sich 1887 der Auffassung offiziell an und trug damit den Forderungen von Kassen und Versicherten Rechnung (Göckenjan 1985, S. 351f.). Die folgenden Jahre waren vom Kampf der Ärzteorganisationen gegen die „Kurpfuscher" geprägt, die quasi aus der GKV „herausgestreikt" wurden. Letztlich musste sich die Ärzteschaft ihr Behandlungsmonopol also gegen den Widerstand von Kassen, Versicherten und Staat erkämpfen. Dabei war der ärztliche Organisationsgrad erfolgsentscheidend. Der Sicherstellungsauftrag stärkte die ärztliche Position maßgeblich und verlieh den Ärzteorganisationen eine gesetzliche und ideologische Legitimation. Erst hierdurch wurden sie zum akzeptierten Verhandlungspartner von Kassen und Staat.

1.2.3 Mimesis: Die Nachahmung gewerkschaftlicher Kampfformen durch die Ärzteorganisationen

Die mit der Übertragung des Sicherstellungsauftrags an die Krankenkassen verbundene zentrale Kontrolle über die ärztliche Tätigkeit sowie der faktische Kooperationszwang zwischen Kassen und Ärzten führten nach 1883 zunehmend zu Konflikten. Diese waren zunächst durch ein stark asymmetrisches Machtverhältnis zwischen Kassen und Ärzten geprägt. Sie wirkten jedoch gewissermaßen als Katalysatoren der ärztlichen organisationalen Aufrüstung. Der Kampf der organisierten Ärzte für eine *„organisierte freie Arztwahl"* beruhte im Grundsatz auf dem Versuch, die Ärzte von der Kassenkontrolle zu befreien, ihre Einstellungsautonomie abzuschaffen und alle wesentlichen Elemente der kassenärztlichen Tätigkeit durch die Ärzteorganisationen selbst zu regulieren. Umkämpft war also immer die Steuerungs- und Regulierungsautonomie der Krankenkassen in Fragen der Ressourcenallokation.

Als erfolgreiche Kampfform der Ärzteorganisationen gegen einzelne Krankenkassen erwies sich ab den 1890er-Jahren das Mittel des *„Ärztestreiks"*, einer kollektiven Einstellung der ärztlichen Tätigkeit für eine bestimmte Kasse. Die Ärzteorganisationen kopierten hiermit gewissermaßen die Kampfformen der Gewerkschaften im Feld der industriellen Beziehungen. Mit einer solchen streikähnlichen Aktion sollte über die dann unversorgten Kassenmitglieder ein sozialer und über die Aufsichtsbehörden ein politischer und rechtlicher Druck auf die „bestreikte" Kasse ausgeübt werden, den Forderungen der Ärzteorganisation nach Veränderung des Arztsystems oder Honorarerhöhungen nachzukommen. Da die Ärzte gesetzlich nicht mehr verpflichtet waren, Patienten medizinisch zu behandeln, die Kassen aber zur Gewährung ärztlicher Hilfe für ihre Mitglieder verpflichtet waren, konnte das geschlossene Vorgehen der Kassenärzte die betroffene Kasse in eine prekäre Situation bringen. Stellten die Ärzte ihre Tätigkeit nämlich kollektiv ein, so konnten sie weder von der betroffenen Krankenkasse, noch von den staatlichen Behörden gezwungen werden, die Kassenpatienten zu behandeln. Gelang es der „bestreikten" Kasse nicht, ihren Sicherstellungsauftrag gegenüber den eigenen Mitgliedern durch eine ausreichende Zahl von Ersatzärzten zu erfüllen, so drohte ein behördlicher Eingriff in die Kassenselbstverwaltung. Nach *Paragraph 56a Abs. 1 KVG* konnte nämlich seit 1892 die höhere Verwaltungsbehörde (Regierungspräsident) auf Antrag von mindestens dreißig betroffenen Versicherten und nach Anhörung der Kasse und der kommunalen Aufsichtsbehörde (Bürgermeister) verfügen, dass die Kasse die ärztliche Behandlung durch weitere Ärzte zu gewähren habe, „wenn durch die von der Kasse getroffenen Anordnungen eine den berechtigten Anforderungen der Versicherten entsprechende Gewährung jener Leistungen nicht gesichert ist". Konnte die betroffene Krankenkasse dieser Verfügung innerhalb einer bestimmten Frist nicht nachkommen, so war der Regierungspräsident berechtigt, „die erforderlichen Anordnungen statt der zuständigen Kassenorgane mit verbindlicher Wirkung für die Kasse" zu treffen (§ 56a Abs. 2 KVG). Dies kam einer Amtsenthebung des Kassenvorstands gleich. Statt seiner versuchte dann die Behörde einen Konsens mit den streikenden Ärzten zu erzielen, um so die kassenärztliche Versorgung sicherstellen zu können. Solche Einigungen erwiesen sich als vorteilhaft für die Ärzte und waren deshalb bei allen Kassenvorständen gefürchtet. Vor der Jahrhundertwende scheiterten allerdings bis auf wenige Ausnahmen (wie zum Beispiel dem *Barmer „Ärztestreik"* von 1898) fast alle lokalen Streikaktionen an der mangelnden Geschlossenheit der Ärzteschaft. Aufgrund der innerärztlichen Konkurrenz gelang es den bestreikten Kassen immer wieder, genügend arbeitswillige auswärtige Ärzte zu bekommen und die Streikmaßnahmen zu unterlaufen. Sie konnten also weiterhin ihr Kassenarztsystem, die Honorierungsform und Honorarhöhe sowie alle übrigen Vertragsbedingungen selbst bestimmen. Mit steigender Kassengröße wurde die Beschaffung einer ausreichenden Zahl von Ersatzärzten allerdings immer schwieriger. Nach Gründung des Hartmannbundes, der den „Ärztestreik" deshalb bevorzugt gegen Großkrankenkassen wie die Kölner und Leipziger Allgemeine Ortskrankenkasse einsetzte, zeigte sich der organisationspolitische Erfolg der ärztlichen Kampftaktik sehr schnell und brachte die Krankenkassen in eine zunehmend defensive Verhandlungsposition. Dabei hätten bei Gründung der Gesetzlichen Krankenversicherung wohl weder der Staat als Initiator noch die Krankenkassen selbst daran gedacht, dass gerade der Sicherstellungsauftrag den Ansatzpunkt für eine erfolgreiche ärztliche Gegenorganisation und Machtpolitik darstellen würde. Die ärztlichen Interessenorganisationen, allen voran der Hartmannbund, mussten sich ihre zentrale Position als alleinige Repräsentanten der organisierten Ärzteschaft sowie die Monopolisierung der Kontrolle über die Ressourcenallokation der Gesetzlichen Krankenversicherung also im wahrsten Sinne des Wortes erkämpfen. Damit verbunden war die Verschiebung der zunächst privatrechtlich-individuellen Vertragsbeziehungen zwischen einer Kasse und einem einzelnen Arzt hin zu kollektivvertraglichen Beziehungen zwischen Krankenkasse(n) und Ärzteorganisation(en). Entscheidend ist, dass gerade der Sicherstellungsauftrag der Kassen in Verbindung mit der „Kurierfreiheit" der Ärzte zum Ansatzpunkt für eine erfolgreiche Interessenpolitik von Hartmannbund und Ärztevereinsbund im Kampf um die gesundheitspolitische Steuerungskompetenz in dem sich nach der Jahrhundertwende etablierenden gesundheitspolitischen Organisationsnetzwerk wurde.

1.3 Kompetenzmonopolisierung durch Vernetzung: Die schrittweise Aneignung des Sicherstellungsauftrags durch die Ärzteorganisationen

Im Kampf mit den Ärzteorganisationen erwies sich der gesetzliche Sicherstellungsauftrag also als Achillesferse der Krankenkassen. Es gehörte zur Strategie des Hartmannbundes genau hier in den Konflikten mit den Kassen anzusetzen. Diese Organisationspolitik entwickelte sich zum „Erfolgsrezept" des ärztlichen Kampfverbandes. Dabei eskalierten die „Kassenkämpfe" mehrmals in einer Weise, die den Fortbestand des Systems der Gesetzlichen Krankenversicherung bedrohten. Dabei war die Möglichkeit organisierter Kämpfe in Form von „Ärztestreiks" vom Gesetzgeber offenbar gar nicht für möglich gehalten worden, bedurfte nun allerdings dringend einer staatlichen Regulierung, um die Stabilität der Gesetzlichen Krankenversicherung zu erhalten. Mit dem nach zahllosen streikähnlichen Aktionen der Ärzte auf Drängen der Reichsregierung im Dezember 1913 zustande gekommenen *„Berliner Abkommen"* wurde die organisationale Aufrüstung des ambulanten Sektors faktisch anerkannt. Zugleich begann der Staat aber auch mit der gezielten *Korporatisierung* dieses bedeutenden gesundheitspolitischen Feldes. Dies bedeutete zunächst, dass fortan die ärztlichen Spitzenorganisationen ein Mitspracherecht in Fragen der Zulassung zur kassenärztlichen Tätigkeit und der Gestaltung der ärztlichen Einzeldienstverträge mit den Kassen hatten. Damit wurde das mit dem Sicherstellungsauftrag verbundene umfassende Steuerungsmonopol der Krankenkassen erstmals an zwei entscheidenden Stellen eingeschränkt. Ab 1913 waren die Kassen in bestimmten Fragen auf die Kooperation mit den beiden ärztlichen Spitzenverbänden in paritätisch besetzten Ausschüssen und damit auf gemeinsame Entscheidungen angewiesen.

Während des Ersten Weltkrieges herrschte zwischen Krankenkassen und Ärzteorganisationen eine Art gesundheitspolitischer „Waffenstillstand". Wie die meisten kollektiven Akteure unterwarfen sich auch diese Interessenorganisationen der allgemeinen „Burgfriedenspolitik" des Kaiserreichs. Die Organisationseliten übten während dieser Zeit innerhalb der ab Ende 1913 eingerichteten paritätischen Steuerungsgremien erste kooperative Konfliktstile ein. Trotzdem flammten die Verteilungskonflikte zwischen Krankenkassen und organisierter Ärzteschaft nach dem Ende des Ersten Weltkrieg wieder auf und gewannen schnell an Heftigkeit. Hauptkonfliktgrund war dabei, dass die Kassenärzte für ihre Dienstleistungen einen regelmäßigen Inflationsausgleich erwarteten, während die Krankenkassen aufgrund der katastrophalen Wirtschaftslage an einem chronischen Finanzdefizit litten und sich zu höheren Honorarzahlungen nicht in der Lage sahen. Da die streikähnlichen Aktionen 1923 gänzlich außer Kontrolle zu geraten schienen und die ärztliche Versorgung der Versicherten zu kollabieren drohte, intervenierte der Staat mit einer Notverordnung. Damit wurde unter anderem der *„Reichsausschuss für Ärzte und Krankenkassen"* installiert, eine mit Repräsentanten der Spitzenverbände beider Seiten paritätisch besetzte zentrale Steuerungsinstanz mit Richtlinienkompetenz für strategische Bereiche der ambulanten Versorgung. Faktisch ging so ein großer Teil des Sicherstellungsauftrags der Krankenkassen auf das neue kollektive Steuerungsgremium über. Trotzdem wurden auch in der Folgezeit wiederholt ärztliche Streikaktionen durchgeführt, die sich Anfang der 1930er-Jahre unter dem Eindruck der Weltwirtschaftskrise derart zuspitzten, dass im Kabinett Brüning sogar über eine „Verstaatlichung der Kassenärzte" (Gerst 2000, S. A-827) diskutiert wurde. Auch wenn diese Überlegung nicht umgesetzt wurde, so suchte die Staatsadministration doch nach einer strukturellen Lösung, welche die organisierten Kassenärzte in die Steuerung der ambulanten ärztlichen Versorgung so einband, dass der permanente Konflikt endgültig ruhiggestellt werden konnte. Den Endpunkt dieser auf *Korporatisierung* und *Kollektivierung* der Beziehungen zwischen Krankenkassen und Ärzteorganisationen ausgerichteten staatlichen Politik bildete schließlich 1931 die Einrichtung der *Kassenärztlichen Vereinigungen* als Körperschaften des öffentlichen Rechts. Diese neuen Organisationen waren in erster Linie ein politischer Kompromiss zwischen den weitergehenden Vorstellungen des Reichsarbeitsministers Stegerwald (Zentrum), der 1931 angesichts der unversöhnlichen Gegensätze zwischen Kassen und Ärzteschaft[195] die Einführung eines Systems fest angestellter Ärzte erwog (Gerst 2000, S. A-826), und den unterschiedlichen Interessen der Krankenkassen und des Hartmannbunds in der Frage der Steuerung und Kontrolle der kassenärztlichen Tätigkeit.

Für den Hartmannbund bedeutete die Einrichtung der Kassenärztlichen Vereinigung dabei in gewisser Weise eine Art Kompensationsgeschäft. Als öffentlich-rechtliche Körperschaften wurden die Vereinigungen zu den einzigen gesetzlich legitimierten Selbstverwaltungsorganen der Kassenärzte erhoben und insofern mit deren Interessenvertretung gegenüber den Krankenkassen betraut. Die in ihr zwangsorganisierten Kassenärzte hatten, da es sich um quasistaatliche Organisationen handelte, nun kein Recht mehr zur kollektiven Verweigerung der kassenärztlichen Tätigkeit. Der Hartmannbund bekam zugleich eine einflussreiche Stellung in der ärztlichen Selbstverwaltung und wurde über seine lokalen Funktionseliten fest in die Kassenärztlichen Vereinigungen eingebunden. Insofern blieb die zentrale Macht- und Statusposi-

[195] Einige Ärztevertreter sprachen selbst in den 1930er-Jahren noch von einer „historischen Feindschaft" zwischen Kassen und Ärzteschaft (Vogt 1998, S. 482).

tion seiner Funktionäre innerhalb der Ärzteschaft erhalten. Zugleich musste die ärztliche Kampforganisation allerdings ihr bisheriges Repräsentationsmonopol für die wirtschaftlichen Interessen der Kassenärzte an die neuen Organisationen abgeben. Sie verlor damit ihre eigenständige Rolle in den Beziehungen zu den Kassen. Mit dem Verlust des Repräsentationsmonopols war faktisch auch ein Verlust an Organisationsmacht verbunden; denn der Hartmannbund verlor seine wichtigste Waffe: den „Ärztestreik". Zu bedenken ist allerdings, dass der 1931 innerhalb der organisierten Ärzteschaft nicht unumstrittene Verzicht auf die Herbeiführung eines vertragslosen Zustandes mit den Kassen durchaus den Vorstellungen einflussreicher ärztlicher Kreise nach einer Verkörperschaftlichung der Ärzteorganisationen und der Einordnung in die mittelbare Staatsverwaltung entgegenkam[196]. In gewissem Sinne beendete die Errichtung der Kassenärztlichen Vereinigungen auch den innerärztlichen „Generationenkonflikt" zugunsten der konservativ-korporativ eingestellten Mehrheit.

1931 wurde den neuen, nach dem Vorbild der Staatsadministration strukturierten, parastaatlichen kassenärztlichen Organisationen auch der gesamte Sicherstellungsauftrag für die ambulante kassenärztliche Versorgung übertragen. Ab diesem Zeitpunkt hatten die *Kassenärztlichen Vereinigungen* gegenüber den zur Sachleistung verpflichteten Krankenkassen und ihren Verbänden die Gewähr für eine gesetzes- und vertragsgemäße Durchführung einer flächendeckenden, wohnortnahen kassenärztlichen Versorgung aller Versicherten in ihrem Einzugsbereich zu übernehmen. Der Sicherstellungsauftrag der Kassenärztlichen Vereinigungen bezog sich damit auf die gesamte „exekutive Durchführung der den Ärzten gegenüber den Krankenkassen bestehenden Pflichten" (Schneider 1983, S. 92)[197]. Zugleich wurden alle Kassenärzte gegenüber ihrer Vereinigung dazu verpflichtet, jedem behandlungsbedürftigen Versicherten die qualifizierte medizinische Untersuchung und Therapie zukommen zu lassen, die dem jeweiligen medizinischen Entwicklungsstand entsprach. Neben der Verpflichtung zu einer qualifizierten Behandlung gehörte alsbald auch die Pflicht zu einer wirtschaftlichen Behandlungsweise. Darüber hinaus wurde die zwangsorganisierte Kassenärzteschaft für die Ver-

---

196 Die Mehrheit der verfassten Kassenärzteschaft begrüßte die gesundheitspolitische Neuordnung. So verband z.B. der Vorsitzende der rheinischen Ärztekammer, Prof. Hoppe, mit der Gründung der Kassenärztlichen Vereinigungen und der Übertragung des Sicherstellungsauftrags auf sie den Wunsch „dass die Ärzte hoffentlich für immer frei seien ‚von den leidigen, unsere besten Kräfte bindenden Kämpfen mit den Krankenkassen'" (Vogt 1998, S. 482).

197 Nach Schneider (1983, S. 92) muss zwischen einem *allgemeinen*, an Kassen und KV'en gerichteten Sicherstellungsauftrag zur gemeinsamen Organisierung der ärztlichen Versorgung und einem *besonderen* Sicherstellungsauftrag unterschieden werden, der ausschließlich den KV'en oblag „und der im Gegensatz zu dem allgemeinen Sicherstellungsauftrag ein Mittel zur Herbeiführung einer sichergestellten kassenärztlichen Versorgung darstellt". Die gesetzliche Verpflichtung der Ärzte zur Sicherstellung der medizinischen Versorgung der Versicherten schloss streikähnliche Aktionen und damit einen möglichen Versorgungskollaps aus.

teilung des ärztlichen Honorars sowie die Überprüfung von Qualität, Nützlichkeit und medizinischer wie wirtschaftlicher Notwendigkeit ärztlicher Leistungen selbst zuständig und erhielt zu diesem Zweck auch die entsprechenden Aufsichts- und Disziplinarbefugnisse gegenüber den Mitgliedern. Hierin bestand für den einzelnen Kassenarzt auch die *Janusköpfigkeit des Sicherstellungsauftrags*, erlangte die Kassenärztliche Vereinigung doch gerade aufgrund seiner Übertragung die entsprechenden Machtmittel zur Verpflichtung ihrer Mitglieder auf die Organisationszwecke. Der einzelne Kassenarzt musste sich den Verhaltensanforderungen und Kontrollen seiner Tätigkeit durch die Kassenärztliche Vereinigung unterwerfen, wollte er nicht seine wirtschaftliche Existenz aufs Spiel setzen. Insofern war die Zwangsorganisation sowohl Hüterin der ärztlichen Freiberuflichkeit und professionellen Autonomie als auch innerärztliches Kontroll- und Disziplinierungsinstrument zur Erzeugung von konformem Verhalten unter den Mitgliedern und zum Ausschluss unerwünschter Konkurrenz. Damit tauschte der Kassenarzt die aus dem bisherigen Einzeldienstverhältnis mit den Kassen entstandenen Zwänge gegen die Zwänge der neuen Organisation ein. Gerade die hohe, über Zwangsmitgliedschaft und Disziplinarhoheit sichergestellte *Verpflichtungsfähigkeit* der Kassenärztlichen Vereinigung machte sie zum vollwertigen Akteur des Gesundheitswesens, dem eigenständige Steuerungs- und Versorgungsaufgaben übertragen werden konnten.

1.4 Reziprozität: Die Institutionalisierung eines Systems gegenseitiger Abhängigkeiten zwischen Krankenkassen und Ärzteorganisationen

1931 wurde die Kassenärztliche Vereinigung in das seit 1883 dominante privatrechtliche Vertragsverhältnis zwischen Arzt und Kasse als Regulierungs- und Vertragsinstanz zwischengeschaltet. Dies führte zur Transformation des bisherigen Dreiecksverhältnisses (Patient-Kasse-Arzt) in ein Vierecksverhältnis (Patient-Kasse-Kassenärztliche Vereinigung-Arzt), in dem sich die Kassenärztliche Vereinigung vor den einzelnen Arzt schob beziehungsweise im Rechtsverhältnis mit den Kassen an dessen Stelle trat. Direkte Rechtsbeziehungen bestehen seither ausschließlich zwischen den Kassenärztlichen Vereinigungen und den Krankenkassen sowie in Form von Rahmenverträgen auch zwischen den Kassenverbänden und den ärztlichen Spitzenorganisationen. Kassenrechtliche Bindungen zu dem einzelnen Arzt existieren nicht mehr. Damit wurde der bisher dominante ärztliche Einzeldienstvertrag durch den zwischen Krankenkassen und Kassenärztlichen Vereinigungen ausgehandelten *Kollektivvertrag* abgelöst. Fortan standen sich nur noch weitgehend gleichartig strukturierte, öffentlich-rechtliche Organisationen mit Zwangsmitgliedschaft gegenüber, die gesetzlich verpflichtet wurden, bei der Organisierung der kassenärztlichen Versorgung der Versicherten zusammenzuarbeiten. Damit waren Maßnahmen oder Handlungen einer Seite nur noch „mit der Zustimmung, dem Einvernehmen oder dem Benehmen der anderen Seite möglich" (Francke 1987, S. 81). Gerade diese, eine Zusammenarbeit zwischen den beteiligten korporativen Akteuren erzwingende Regelung sollte eine verfahrensförmige, kooperative Konfliktregulierung gewährleisten.

Abb. 13: Vom privatrechtlichen Einzeldienstverhältnis zur kollektivvertraglichen Regelung der Beziehungen zwischen Kassen und Ärzteorganisationen

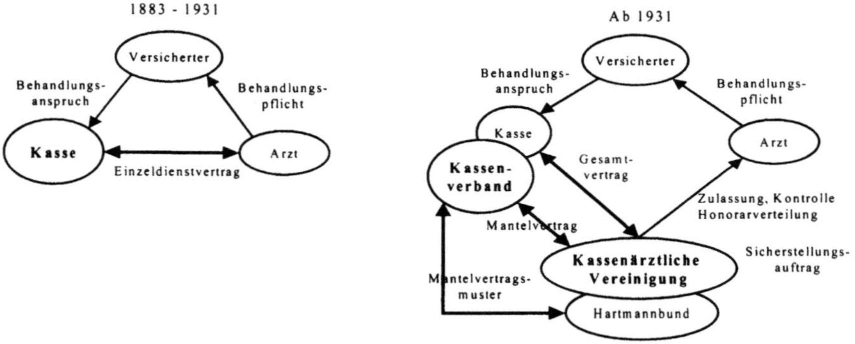

Die Krankenkassen verloren 1931 nahezu alle Kompetenzen zur Gestaltung, Steuerung und Kontrolle der ambulanten ärztlichen Versorgungsleistungen und wurden insofern in ihrer gesundheitspolitischen Steuerungsfähigkeit zugunsten der Kassenärztlichen Vereinigungen erheblich beschnitten. Ihre Möglichkeiten beschränkten sich nun auf eine bloße Mitwirkung an der Organisation der ambulant-ärztlichen Versorgung durch die Kassenärztlichen Vereinigungen, die sich primär auf Vergütungsfragen reduzierte. Fortan waren die Kassen zur Aufrechterhaltung der ihnen gesetzlich seit 1883 auferlegten Natural- oder Sachleistungspflicht auf die Kassenärztlichen Vereinigungen angewiesen, da nur diese nach der gesetzlichen Ausgestaltung zu ihren kassenärztlichen Mitgliedern Rechtsbeziehungen aufnehmen konnten, und somit der Weg zu den einzelnen Kassenärzten ausschließlich über deren Organisationen führte. Aufgrund dieser Konstruktion entstand zwangsläufig ein *strukturelles Ungleichgewicht* zwischen Kassen und Kassenärztlichen Vereinigungen, das bis heute in seiner Grundausrichtung erhalten geblieben ist. Die Krankenkassen wurden gewissermaßen zu Finanziers der Gesundheitsdienstleistungen degradiert, wobei sie so gut wie keine Möglichkeiten zur Einflussnahme und Kontrolle des ambulanten Leistungsgeschehens, das heißt von Art, Menge, Struktur und Qualität der ärztlichen Versorgung ihrer Mitglieder und eines großen Teils der von ihnen aufzubringenden, beitragsfinanzierten Leistungsausgaben, hatten. Deshalb kann die Zeit zwischen 1913 und 1931 auch als Prozess der schrittweisen Aushöhlung, Verlagerung und Aufteilung des an den Sicherstellungsauftrag gekoppelten Steuerungsmonopols der Krankenkassen in Fragen der Organisation der ambulanten Versorgung auf paritätische Steuerungsgremien sowie auf die neu gegründete Kassenärztliche Vereinigung gedeutet werden. 1931 teilte der Staat die Steuerungsbefugnisse und die damit verbundene Steuerungsmacht für den ambulanten Sektor zwischen den von ihm körperschaftlich re-organisierten Krankenkassen und Kassenärzteorganisationen auf. Es standen sich nun gleichartig strukturierte, parastaatliche Organisationen gegenüber, die einerseits das Nachfrageoligopol, andererseits das Angebotsmonopol für ambulante ärztliche Leistungen repräsentierten.

In gewisser Weise entstand so ein, wenn auch fragiles organisationales Kräftegleichgewicht zwischen Krankenkassen und Ärzteschaft, die beide aufeinander angewiesen waren. Der Staat baute nicht mehr auf die ausschließliche Steuerungskompetenz und Handlungsfähigkeit eines Organisationstyps, sondern verlagerte diese auf das von ihm maßgeblich ausgestaltete Organisationsnetzwerk, dem damit eine Art kollektiver Steuerungsfähigkeit zugebilligt wurde. Die von ihm legitimierten Netzwerkakteure wurden aufgrund der durch das Kassenarztrecht definierten Spielregeln auf eine kooperative, konsensbasierte gemeinsame Steuerung durch zentrale Gemeinschaftseinrichtungen (Ausschüsse) verpflichtet. Abgesichert wurde dieses System durch ein gesetzlich geregeltes Zwangsschlichtungsverfahren, dem sich die korporativen Akteure zu unterwerfen hatten, sofern sie nicht selbst zu einer einvernehmlichen Lösung fanden, sowie ein gestaffeltes System von Kollektivverträgen. Die Strategie der Übertragung der gesundheitspolitischen Steuerungsmacht auf das Organisationsnetzwerk selbst entsprach der traditionellen Strategie, direkte staatliche Interventionen in das organisationale Feld der Gesetzlichen Krankenversicherung zu vermeiden, führte aber zumindest langfristig zur Ausbildung einer netzwerkspezifischen Eigenlogik. Für den Fall des Steuerungsversagens der Netzwerkakteure behielt die Reichsregierung weiterhin die Option zur unmittelbaren Intervention.

Mit der Übertragung des Sicherstellungsauftrages auf die Kassenärztlichen Vereinigungen war aber auch die unmittelbare Übertragung des ambulanten Behandlungsmonopols an die niedergelassenen Kassenärzte verbunden. Sie erhielten auf diese Weise „Ausschließlichkeitsrechte gegenüber anderen an der medizinischen Versorgung Beteiligten" (Francke 1987, S. 82). Die Angehörigen aller nicht-ärztlichen Gesundheitsberufe durften nunmehr mit den Kassen abrechnungsfähige Leistungen nur noch aufgrund einer zuvor erfolgten ärztlichen Anordnung erbringen. Damit war nicht nur die ärztliche Behandlung selbst, sondern auch die Verordnung von Sach- und Dienstleistungen (Arznei-, Hilfs- und Heilmittel) ausschließlich den Kassenärzten vorbehalten, die somit eine zentrale Scharnierfunktion im System der Gesetzlichen Krankenversicherung erhielten. Hinzu kam, dass der Sicherstellungsauftrag der Kassenärzte auch die Konkretisierung der Leistungsstandards im Rahmen der gesetzlichen Vorgaben an die ärztliche Profession überwies und damit die Krankenkassen faktisch aus dem Bereich der Qualitätskontrolle ärztlicher Versorgungsleistungen für die Versicherten ausschloss. Darüber hinaus bedeutete diese eindeutig zu Gunsten der Kassenärzteschaft ausgefallene Strukturentscheidung eben auch, dass alle organisatorischen Alternativen zur Behandlung durch niedergelassene, freie (approbierte) Ärzte faktisch unterbunden waren, was an der Organisationsgeschichte der kasseneigenen Ambulatorien und Selbstabgabestellen bereits anschaulich dargestellt wurde. Spätestens ab 1931 blieb die ambulante Versorgung der Kassenpatienten also nahezu vollständig den freiberuflichen Ärzten vorbehalten.

1.5 Strukturelle Kontinuität und Selbstverständnis: Beibehaltung und Festigung des Angebotsmonopols der Ärzteorganisationen

Die Grundzüge und Strukturen des 1931 etablierten Organisationsnetzwerks blieben auch über die Zeit des Nationalsozialismus erhalten. Die nach Kriegsende 1945 alsbald in Westdeutschland einsetzende „Restauration des traditionellen Organisationsgefüges" (Rosewitz/Webber 1990, S. 22) im Gesundheitswesen knüpfte sehr bewusst an Institutionen der Weimarer Republik und dabei insbesondere an den Rechtszustand von 1931/32 an. 1955 bildete schließlich das *Gesetz über das Kassenarztrecht* die Rechtsgrundlage für die bundesdeutsche Neuauflage der Kassenärztlichen Vereinigungen, die wieder zur Sicherstellung der ambulanten kassenärztlichen Versorgung verpflichtet wurden (§ 368n, Abs. 1 RVO). An die Stelle der 1933 gegründeten *Kassenärztlichen Vereinigung Deutschlands* als zentralisierter öffentlich-rechtlicher Zwangskörperschaft traten nun die (regionalen) Kassenärztlichen Vereinigungen und die *Kassenärztliche Bundesvereinigung* als deren Dachorganisation. Wie 1931 wurde den Kassenärztlichen Vereinigungen also erneut der Sicherstellungsauftrag für die ambulante kassenärztliche Versorgung übertragen und damit die Machtposition der niedergelassenen Ärzteschaft politisch gestärkt. Die „ökonomischen Interessenorganisationen der Kassenärzte“ (Deppe 1980, S. 101) erhielten darüber hinaus wieder die Rechtsform der selbstverwalteten öffentlich-rechtlichen Körperschaft mit Zwangsmitgliedschaft. Damit hatte die Kassenärzteschaft seit 1955 praktisch das Angebotsmonopol für die gesamte ambulante ärztliche Versorgung sowie die Kontrollrechte über alle wirtschaftlichen Aspekte des ärztlichen Handelns fest in eigener Hand. Die organisierte Ärzteschaft konnte so nahezu ungehindert „ihre ökonomischen Interessen und ihr politisches Hauptziel nach Freiberuflichkeit unter Aufsicht des Staates durchsetzen und festigen“ (Deppe 1980, S. 101).

Innerärztlich war die Neuauflage der Einbeziehung aller Kassenärzte in das öffentliche Recht zu Anfang allerdings keineswegs unumstritten. Eine starke ärztliche Minderheit sah ihre beruflichen Freiheiten gerade durch das geplante Kassenarztrecht bedroht. Zur politischen Verhinderung des Gesetzes über das Kassenarztrecht entstand beispielsweise in Frankfurt am Main eine *„Notgemeinschaft Deutscher Ärzte“*, die nach eigenem Bekunden die Interessen von rund 20000 Ärzten repräsentierte (Vogt 1998, S. 485). Vor allem der 1949 neu gegründete Hartmannbund versuchte, an alte Traditionen anknüpfend, im Rahmen der politischen Diskussionen im Vorfeld des Gesetzes die Frage der Zulässigkeit ärztlicher Streiks zu thematisieren, konnte sich aber letztlich weder gegen die Auffassung der herrschenden politischen Parteien noch gegen die innerärztlich von einer einflussreichen Allianz aus der seit 1947 bestehenden *Bundesärztekammer* und dem ebenfalls 1947 gegründeten *Marburger Bund* sowie dem seit 1949 existierenden *Verband der niedergelassenen Ärzte Deutschlands (NAV)* durchsetzen[198]. Die Mehrheit der Kassenärzteschaft fand sich nach Vogt (1998, S. 485) schließlich „aus der Verantwortung ihres Berufs heraus bereit, auf den ‚vertragslosen Zustand' und damit praktisch auf ein Streikrecht zu verzichten, wenn ihnen der Sicherstellungsauftrag weiterhin übertragen werde und damit jeder für die Kassen tätige Arzt insoweit unter dem Schutz seiner Kassenärztlichen Vereinigung stehe, die ihn vor nachteiligen Folgen von Einzelverträgen mit den Kassen bewahrt“. Außerdem machte die Adenauer-Regierung unmissverständlich klar, dass „der Verzicht der Ärzte auf die Möglichkeit eines vertragslosen Zustands die unabdingbare Voraussetzung dafür [war, T.T.], dass den Kassenärztlichen Vereinigungen vom Gesetz-

[198] Der 1949 neu gegründete Hartmannbund sah sich mit Konkurrenzorganisationen konfrontiert, die ihm sein Repräsentationsmonopol streitig machten. Durch die nach 1945 ausdifferenzierte ärztliche Verbandslandschaft war die organisationspolitische Situation schwieriger als in der Weimarer Republik. Zwischen Marburger Bund und Hartmannbund kam es zu „organisierten innerärztlichen Auseinandersetzungen“ (Deppe 1987, S. 44), bei denen es um die Vorherrschaft in den Ärztekammern und KV'en ging. Bis heute konnte der Hartmannbund nicht mehr die alte Monopolposition und das Kampfpotenzial der 1920er-Jahre erreichen.

geber das Monopol der ambulanten ärztlichen Versorgung zugestanden wurde" (Gerst 2000, S. A-828). Bis heute sind diese strukturellen Grundsatzentscheidungen erhalten geblieben und prägen damit das gesamte deutsche Gesundheitswesen. In den vergangenen Jahrzehnten trugen sie „entscheidend zum friedlichen Miteinander der Vertragpartner in der Gesetzlichen Krankenversicherung bei" (Gerst 2000, S. A-828). Zugleich bildeten sie die Basis für eine durchaus erfolgreich betriebene ärztliche Interessenpolitik, welche die staatlich legitimierten Organisationen zum Transmissionsriemen der ärztlichen Professionalisierungs- und Standespolitik machte und diese damit zur Zementierung des ärztlichen Monopolanspruchs auf den ambulanten Sektor nutzte. Für die Stabilität des Systems der Gesetzlichen Krankenversicherung im Nachkriegsdeutschland war entscheidend, dass der im *Kassenarztrecht von 1955* verankerte Sicherstellungsauftrag stärker als in den früheren Fassungen das Zusammenwirken der Kassenärztlichen Vereinigungen mit den Krankenkassen bei der ärztlichen Versorgung der Versicherten betonte. Außerdem sah das Gesetz einen Rückfall des Sicherstellungsauftrags an die Kassen im Falle eines „Ärztestreiks" vor (Vogt 1998, S. 486). Die Hauptakteure wurden so gewissermaßen aneinander gekettet und auf eine *kooperative Organisationspolitik* eingeschworen. Die Kassenärztlichen Vereinigungen und die Kassenärztliche Bundesvereinigung haben deshalb in den vergangenen fünf Jahrzehnten immer wieder die für sie fundamentale Bedeutung des Sicherstellungsauftrags hervorgehoben, der für die ärztlichen Organisationen „zu den unverzichtbaren Essentials des Kassenarztrechts" (Vogt 1998, S. 486) gehört[199].

1.6 Sektoralisierung und Abschließung als Folge der Übertragung des Sicherstellungsauftrags an die Kassenärztlichen Vereinigungen

Eine bedeutsame Konsequenz der Übertragung des Sicherstellungsauftrages für die ambulante Versorgung an die Kassenärztlichen Vereinigungen war die hierdurch forcierte *„Versäulung"* des gesamten Gesundheitswesens (Friedrich 1987, S. 104)[200]. So entstanden seit den 1930er-

[199] Die Ärzteorganisationen verfassten 1955 fünf „Essentials", die sie als unverzichtbare Bestandteile des Kassenarztrechts verstanden: Die Erhaltung 1. der Freiberuflichkeit, 2. der Therapiefreiheit des Arztes nach dem gesicherten Stand der medizinischen Wissenschaft, 3. der Vertragsfreiheit zwischen Ärzten und Kassen, 4. der kassenärztlichen Selbstverwaltung und 5. des Sicherstellungsauftrags der KV'en für die ambulante ärztliche Versorgung (Vogt 1998, S. 483).

[200] Nach Friedrich (1987, S. 104) haben sich fünf unterschiedliche *Säulen* herausgebildet, die jeweils eigenständige, von einander getrennte Funktionsbereiche oder Sektoren bezeichnen: 1. die ambulante Versorgung, 2. die stationäre Versorgung, 3. die Prävention (Vorsorge und Früherkennung), 4. die Rehabilitation (Rehabilitations-, Nachsorge- und Kureinrichtungen), 5. die Pflegebedürftigkeit durch Krankheit und Alter.

Jahren und dann verstärkt seit 1955 starr voneinander abgegrenzte Bereiche der medizinischen Versorgung, wobei vor allem zwischen den beiden größten Sektoren, dem ambulanten und dem stationären Bereich, eine Verzahnung der Patientenversorgung bis heute nahezu ausgeschlossen blieb.

1.6.1 Das Belegarztsystem als frühes Beispiel einer integrierten Versorgung

Diese Entwicklung ist umso bedeutsamer, da im 19. Jahrhundert gerade zwischen diesen beiden Versorgungsbereichen bereits eine enge Verzahnung bestanden hatte, die durch die Person des Arztes gewährleistet wurde. Zu dieser Zeit gliederten sogenannte Organspezialisten (Augenärzte, Orthopäden usw.) ihrer ärztlichen Praxis vielfach eine Klinik mit bis zu 10 Betten an und begründeten so die erste Form der noch heute praktizierten belegärztlichen Tätigkeit. Das Grundprinzip der Versorgung beruhte dabei darauf, „dass der Arzt einen Patienten aus der ambulanten in die stationäre Behandlung übernahm und ihn medizinisch weiterhin betreute“ (Rosewitz/Webber 1990, S. 34). Auf diese Weise entstand das *Grundmodell einer integrierten medizinischen Versorgung* der Patienten durch einen Arzt, der damit die zentrale Koordination der gesamten Behandlungskette übernahm. Auch die noch im 19. Jahrhundert entstandenen modernen größeren Krankenhäuser hielten neben den fest angestellten Ärzten an einem abgewandelten *Belegarztsystem* fest. Hierdurch sollten die leitenden Ärzte (Chefärzte) ganztägig an das Krankenhaus gebunden werden. Als Anreiz wurde die Privatpraxis der bisher leitend tätigen Belegärzte ins Krankenhaus inkorporiert, wodurch die Ärzte die hauptberufliche Krankenhausleitung übernehmen konnten. Die damit verbundene Möglichkeit ärztlicher Privateinnahmen (neben der Gehaltszahlung) machte es für angesehene Ärzte interessant, im Krankenhaus statt in (vor dieser Regelung zumeist lukrativeren) Privatkliniken tätig zu sein. An größeren Krankenhäusern gab es auch weiter die reine Form belegärztlicher Tätigkeit „insoweit, als sich in eigener Praxis niedergelassene Ärzte für die stationäre Versorgung ihrer Patienten einige Betten anmieteten, statt ihrer Praxis eine kleine Klinik anzugliedern“ (Rosewitz/Webber 1990, S. 34). Die ursprüngliche Verzahnung zwischen ambulantem und stationärem Versorgungsbereich verlief also auf zwei Ebenen: 1. über die angestellten Chefärzte, die in der Institution Krankenhaus ihre ambulante Praxis weiter betreiben konnten, 2. über die niedergelassenen Ärzte, die über einen Belegarztvertrag ihre Patienten im Krankenhaus stationär behandeln konnten und so die Versorgungskontinuität sicherstellten.

1.6.2 Sektorale Schließung: Die Folge der Monopolisierung aller ambulanten Versorgungsleistungen durch die Kassenärzteorganisationen

Mit Konstituierung der Gesetzlichen Krankenversicherung nahm auch der Krankenhaussektor einen enormen quantitativen Aufschwung, da die Krankenkassen ihren Mitgliedern neben ambulanter ärztlicher Behandlung nach dem Sachleistungsprinzip nun auch die Behandlung in Krankenhäusern gewähren konnten. Infolge dessen stieg der Bedarf an Krankenhausdienstleistungen schlagartig an[201]. Nach der Jahrhundertwende setzten dann allmählich Auseinandersetzungen zwischen den organisierten Kassenärzten und den Krankenhäusern um das Verhältnis zwischen beiden Sektoren ein, die von den „betroffenen Akteuren eher unter finanziellen als unter medizinischen Gesichtspunkten geführt" (Rosewitz/Webber 1990, S. 39) wurden. Sehr früh schon versuchten die Kassenärzte, eine strikte Trennung zwischen beiden Versorgungsbereichen durchzusetzen und damit die traditionelle Verzahnung zwischen ambulanter und stationärer Behandlung aufzulösen.

Im Kern handelte es sich dabei stets um einen ökonomischen Verteilungskampf zwischen den beiden Sektoren. Der organisierten Kassenärzteschaft ging es hierbei vor allem um die Erlangung des Monopols für die gesamte ambulante ärztliche Versorgung der Kassenpatienten. Insofern bestand eine enge historische Verknüpfung zwischen dem Kampf der Ärzteorganisationen gegen die kasseneigenen Ambulatorien und den Konflikten zwischen organisierten Kassenärzten und Krankenhäusern über deren Beteiligung an der ambulanten (spezialärztlichen) Versorgung. Den Ärzteorganisationen ging es dabei stets auch darum, dass die von einem Krankenhaus ambulant erbrachten Leistungen seitens der Krankenkassen nicht höher vergütet wurden als vergleichbare in der Praxis eines niedergelassenen Kassenarztes erbrachte Versorgungsleistungen. Dies wäre aber auf eine Pauschalisierung der Vergütung für ambulante Krankenhausleistungen hinausgelaufen, gegen die sich die Krankenhäuser vehement zur Wehr setzten. Das Festhalten an der nicht pauschalisierten Vergütung der von ihnen über die Versorgung von Notfällen hinaus ambulant erbrachten spezialärztlichen Behandlungsleistungen erschloss den Krankenhäusern nämlich schon damals zusätzliche finanzielle Ressourcen, durch die sie in der Lage waren, die Defizite der in der Regel nicht kostendeckenden Pflege-

[201] Zwischen 1877 und 1917 stieg die Zahl der Krankenhausbetten im Deutschen Reich um 331 % von 107.337 auf 462.203 und zwischen 1921 und 1937 um 33 % von 471.211 auf 628.648 an. Die Bettendichte pro 10.000 Einwohner stieg von 24,2 in 1877 auf 70,8 in 1917 bzw. 77,6 in 1921 an und hatte 1937 bereits 92,7 erreicht. (Rosewitz/Webber 1990, S. 35). Die GKV stellte den Großteil der finanziellen Ressourcen für den Krankenhausbau zur Verfügung und hatte deshalb entscheidenden Anteil an Formierung und Wachstum des stationären Sektors.

sätze für die stationäre Behandlung von Kassenpatienten auszugleichen. Eine Neuordnung dieses Vergütungsmodus nach den Vorstellungen der Kassenärzteorganisationen hätte eine gravierende Verschlechterung der wirtschaftlichen Lage vieler Krankenhäuser bedeutet und erklärt deshalb das in dieser Frage liegende Konfliktpotenzial. Die Krankenhäuser, die seit jeher in unmittelbaren Vertragsbeziehungen zu den Krankenkassen standen, konnten ihre Vertragsautonomie während der Weimarer Republik weitgehend gegen die organisierte Kassenärzteschaft verteidigen. Auch die vierte Notverordnung des Reichspräsidenten von 1931, mit der die Beziehungen zwischen Krankenkassen und Kassenärzten auf kollektivvertragliche Basis gestellt wurden, hielt grundsätzlich am Modell der unmittelbaren Vertragsbeziehungen zwischen Krankenkassen und Krankenhäusern fest. Die staatlichen Regulierungseingriffe konzentrierten sich also weiterhin auf den ambulanten Sektor als den am weitesten entwickelten und das Gesundheitswesen dominierenden Sektor.

Die Bildung der Kassenärztlichen Vereinigungen und die Übertragung des Sicherstellungsauftrages für die gesamte ambulante Versorgung an die neuen Organisationen stärkte die Machtposition der niedergelassen Ärzte entscheidend. Von nun an waren ausschließlich die Kassenärzte für die ambulante Versorgung der Versicherten zuständig. Damit hatten nicht nur die Krankenkassen, sondern in letzter Konsequenz auch die Krankenhäuser ihre diesbezüglichen Kompetenzen weitgehend verloren. Schon unmittelbar nach ihrer Gründung begannen die Kassenärztlichen Vereinigungen, ihre Einflusssphäre systematisch über den eigentlichen Bereich der kassenärztlichen ambulanten Versorgung auszudehnen. Hierzu gehörten aus naheliegenden Gründen auch vielfältige Bemühungen, die Vergütung für ambulante Leistungen der Krankenhäuser in die für die Kassenärzte seit 1931 geltende Gesamtvergütung für alle ärztlich erbrachten Leistungen einzubeziehen und sie so ihrer unmittelbaren Kontrolle zu unterstellen. Für die Krankenhäuser hätte dies bedeutet, dass sie die von ihnen erbrachten ambulanten Versorgungsleistungen nicht mehr direkt mit den Kassen hätten abrechnen können und damit einen Bereich ihrer Vertragsautonomie zu Gunsten der organisierten Kassenärzte verloren hätten. Statt dessen hätten sie sich dem für die niedergelassenen Ärzte geltenden, zwischen Kassen und Kassenärztlichen Vereinigungen kollektivvertraglich vereinbarten und von den Kassenärzten exklusiv regulierten Vergütungsmodus unterwerfen müssen. Dies hätte bedeutet, dass sich die Krankenhäuser mit dem auf den Kassenarzt entfallenden Gesamtvergütungsanteil zufrieden geben und erhebliche Einnahmeverluste hätten hinnehmen müssen. Auf diese Weise wäre der Monopolanspruch der Kassenärztlichen Vereinigungen auf alle ambulanten ärztlichen Versorgungsleistungen für Kassenpatienten über die eigenen Sektorengrenzen hinaus ausgedehnt worden. Die Kassenärzteorganisationen hätten sich so eine Zugriffsmöglichkeit auf Teile der materiellen Ressourcen anderer Sektoren des Gesundheitswesens auf Kosten der dortigen korporativen Akteure sichern können. Die Kassenärztlichen Vereinigungen waren also extrem extrovers orientierte Organisationen, die das Medium des Sicherstellungsauftrags in erster Linie zur Vergrößerung ihrer organisationalen Macht einsetzten und als erste gesundheitspolitischen Organisationen auch über den eigenen, strikt gegen die übrigen Bereiche abgeschotteten Sektor hinaus, Einfluss- und Zugriffsmöglichkeiten auf das Ressourcenpotenzial anderer Organisationen des Gesundheitswesens suchten.

1.6.3 Die Reproduktion des kassenärztlichen „Ambulanzmonopols" durch Krankenkassen und Staat

Das ambulante Behandlungsmonopol der Kassenärzte wurde insbesondere durch die Krankenkassen mit reproduziert. Die Kassen und ihre Interessenverbände erkannten die spezifische Logik des ambulanten Organisationsnetzwerks sehr schnell an und arrangierten sich mit den Gegebenheiten. Dies lag nicht zuletzt daran, dass die Übertragung des Sicherstellungsauftrags an die Kassenärztlichen Vereinigungen die Krankenkassen weitgehend von der Verantwortung für Art, Umfang und Qualität der ärztlichen Versorgung und die dadurch entstehenden, beitragssatzrelevanten Leistungsausgaben gegenüber ihren Mitgliedern (und deren Arbeitgebern) befreite und damit eines der wesentlichen binnenorganisationalen Konfliktfelder weitgehend entpolitisierte. Insofern führte die Verlagerung des Sicherstellungsauftrags aus Kassensicht also nicht nur zu Kontrollverlusten, sondern auch zur *Externalisierung* eines innerorganisationalen Konfliktfelds. Dieser Umstand erklärt die durchaus ambivalente Haltung vieler Kassenfunktionäre zur Verlagerung des Sicherstellungsauftrags auf die Kassenärzteorganisationen. Gerade weil sich die 1931 etablierte Form einer sektorspezifischen organisationalen Ressourcen- und Rollenverteilung zwischen Krankenkassen und Kassenärztlichen Vereinigungen für beide Seiten als vorteilhaft erwies, bildete sie die Grundlage für ein bis in die Gegenwart weitgehend stabiles *institutionelles Arrangement*. Der Prozess der Institutionalisierung dieses spezifischen organisationalen Arrangements vollzog sich – wie dargestellt – in einem konfliktreichen Entwicklungsprozess seit 1883. Motor der Entwicklung waren dabei vor allem *isomorphistische Anpassungsprozesse* (im Sinne einer Homogenisierung und Standardisierung) im organisationalen Feld der Gesetzlichen Krankenversicherung. Es ist charakteristisch, dass die Hauptakteure das einmal institutionalisierte organisationale Arrangement nicht nur gegen externe Einflüsse und Interessen gemeinsam verteidigten, sondern sogar temporäre Koalitionen gegen korporative Akteure anderer Sektoren eingingen, die primär zur Stärkung der zentralen Stellung der Kassenärztlichen Vereinigungen in der ambulanten Versorgung beitrugen. Insofern wirkten die Krankenkassen also am Machtzuwachs der Kassenärzteorganisationen ebenso wie an der sektorübergreifenden Durchsetzung eines standardisierten Musters der Organisierung und Abrechnung der ambulanten ärztlichen Versorgung aktiv mit.

Als ein frühes Beispiel für eine solche sektorale Koalition sei das *Abkommen zwischen den Reichsverbänden der Krankenkassen und der Kassenärztlichen Vereinigung Deutschlands vom November 1944* genannt. Beide Hauptakteure des bereits institutionell gefestigten ambulanten Sektors schlossen hier eine Vereinbarung, in der die Einbeziehung der Kosten für *alle* ambulant ausgeführten Sachleistungen in die kassenärztliche Gesamtvergütung erstmals festgelegt wurde. Diese Vereinbarung wurde ohne Einbeziehung der Krankenhäuser und gegen deren erklärten Widerstand geschlossen. Maßgeblich für das auf den stationären Sektor ausstrahlende Abkommen, das der Kassenärzteorganisation zu Lasten der Krankenhäuser entscheidende strategische und materielle Vorteile einräumte, war der erzielte Konsens zwischen den Hauptakteuren des exklusiven und zu diesem Zeitpunkt hochzentralisierten ambulanten Organisationsnetzwerks. Auch in der Nachkriegszeit wurde das eigentlich auf die Dauer des Krieges zeitlich begrenzte Abkommen als Grundlage für die Strategie der Kassenärztlichen Vereinigungen genutzt, mit der sie die Organisierung und Abrechnung der ambulanten Behandlung von Kassenpatienten als ihre exklusive Domäne reklamierten. Die Konflikte zwischen organisierter Kassenärzteschaft und Krankenhäusern reichten dabei bis zur ärztlichen Androhung eines Boykotts der Krankenhauseinweisungen von Kassenpatienten und des Aufbaus von Praxiskliniken als kassenärztliche Konkurrenz- oder Paralleleinrichtungen. Die ärztliche Strategie wies gewisse Parallelen zu den Kampfmitteln des Hartmannbundes in der Weimarer Republik auf und trug den Organisationskonflikt primär auf dem Rücken der Versicherten aus.

Das *Gesetz über das Kassenarztrecht von 1955* erkannte schließlich die Monopolstellung der Kassenärztlichen Vereinigungen als Alleinträger der ambulanten Versorgung einschließlich der ambulanten Krankenhausbehandlung an. Damit wurde das „Ambulanzmonopol" (Rosewitz/Webber 1990, S. 43) der organisierten Kassenärzteschaft staatlich legitimiert. Die Kassenärztlichen Vereinigungen konnten auf dieser Basis ein „starkes Eigengewicht" (Naschold 1967, S. 67) entwickeln. Fortan durften nur noch *leitende Krankenhauschefärzte*, nicht aber die nachgeordneten Krankenhausfachärzte an der ambulanten Versorgung von Kassenpatienten durch Überweisung eines Kassenarztes beteiligt werden[202]. Voraussetzung war, dass die Beteiligung nach Ansicht des von den niedergelassenen Ärzten dominierten Zulassungsausschusses zur Sicherstellung der ambulanten Versorgung der Versicherten notwendig war. Die Kassenärztlichen Vereinigungen konnten also völlig selbstständig über die Beteiligung der Krankenhauschefärzte entscheiden und hatten den Ressourcenzugang komplett monopolisiert.

1.6.4 Abgrenzung und Extroversität: Der Zugriff der Kassenärztlichen Vereinigungen auf die Ressourcen des stationären Sektors

Das Gesetz von 1955 manifestierte eine organisationale Arbeitsteilung zwischen ambulantem und stationärem Sektor, in der die Krankenhäuser nahezu ausschließlich für die Versorgung der stationär aufgenommenen Kassenpatienten zuständig waren. Für den Bereich der, über die Notfallversorgung hinausgehenden, allgemeinen ambulanten ärztlichen Versorgung wurde keine institutionelle Einbindung der Krankenhäuser zugelassen. So wurden konkurrierende organisationsbasierte ärztliche Versorgungsformen vom ambulanten Sektor fern gehalten[203].

Entsprechend den Forderungen der Ärzteorganisationen war lediglich eine subsidiäre personelle Einbeziehung des leitenden Teils der angestellten Krankenhausfachärzte möglich, die unter bestimmten Bedingungen nach vorheriger Zustimmung der Kassenärzteorganisation und Vorliegen einer Überweisung tätig werden durften. Die *Krankenhauschefärzte* wurden damit zu „Lückenbüßern" degradiert, die nur noch dort in der ambulanten Versorgung einspringen durften, wo der Sicherstellungsauftrag von den Kassenärztlichen Vereinigungen nicht durch niedergelassene Ärzte vollständig gewährleistet werden konnte und die Gefahr einer medizinischen Unterversorgung bestand. In gewissem Sinne bildeten die Krankenhausfachärzte eine Art personellen *Ressourcenpool*, auf den die Kassenärzteorganisationen bei Bedarf zurückgreifen konnten, während sie ansonsten die Krankenhausärzte konsequent aus der ambulanten ärztlichen Versorgung der Versicherten ausschlossen. Somit war es gerade der an das Ambulanzmonopol der Kassenärztlichen Vereinigungen gekoppelte Sicherstellungsauftrag, der die Möglichkeit zum (endgültigen) Ausschluss jeder ärztlichen wie nicht-ärztlichen Konkurrenz vom Markt ambulanter Versorgungsdienstleistungen für Versicherte eröffnete. Vor diesem Hintergrund wird verständlich, dass sich die Kassenärzte „nach der ‚Eroberung des Ambu-

---

202 Diese Regelung galt wohlgemerkt nur für die Versorgung von GKV-Patienten. Privatpatienten konnten nach wie vor grundsätzlich jeden Arzt, egal ob dieser niedergelassen oder nebentätigkeitsberechtigter Krankenhausarzt war, frei in Anspruch nehmen (Vogt 1998, S. 592).

203 Einzige Ausnahme blieb die nach *§ 368n Abs. 3 RVO* weiterhin zulässige ambulante Tätigkeit von Universitäts-Polikliniken im Interesse von Forschung und Lehre (Vogt 1998, S. 486).

lanzmonopols' durch das Kassenarztrecht im Jahre 1955 in den Folgejahren und -jahrzehnten vehement dagegen gewehrt haben, den Krankenhäusern irgendeine Form ambulanter Tätigkeit, wie sie z.B. in Form vorstationärer Diagnostik und der nachstationären Therapie impliziert ist, zuzugestehen" (Rosewitz/Webber 1990, S. 40)[204].

1.6.5 Fragmentierung, Diskontinuität und Intransparenz: Auswirkungen der Sektoralisierung auf die medizinische Versorgung der Versicherten

Die historisch vom ambulanten Sektor ausgehenden und durch das *Gesetz über das Kassenarztrecht* von 1955 staatlich legitimierten Regelungen machten eine Verzahnung von ambulanter, stationärer Versorgung und Rehabilitation nahezu unmöglich, da sie eine, durch getrennte Budgets und Erstattungssysteme noch unterstrichene, weitgehende Abschottung der einzelnen Sektoren forcierten. Die Folgen dieser sektoralen Abschließung waren eine Fragmentierung und Diskontinuität in der medizinischen Versorgung der Versicherten sowie ungenügende Informationsflüsse zwischen den Sektoren und eine mangelhafte Transparenz in der Versorgungsqualität (Hugger 1979, S. 64; Lauterbach/Stock 2001, S. 24). Dies hatte zur Folge, dass vor- und nachstationäre ambulante Versorgungsmöglichkeiten nicht zufriedenstellend wahrgenommen werden konnten, da eine Koordination der Behandlung und der Informationsweitergabe zwischen niedergelassenem Arzt, Krankenhausarzt und Rehabilitationseinrichtung kaum stattfand. So ist zum Beispiel bis heute ein lückenloser Übergang von der (stationären) Krankenhausbehandlung in die (ambulante) kassenärztliche (Nach-)Behandlung nicht ohne weiteres praktikabel. Ist nämlich „bei ungenügendem Behandlungserfolg im Krankenhaus ambulante Weiterbehandlung erforderlich, so darf diese nicht vom Krankenhaus wahrgenommen werden. Vielmehr übernimmt sie ein Kassenarzt. Dieser muss gewöhnlich

[204] Erst 1993 erhielten die Krankenhäuser durch das *Gesundheitsstrukturgesetz* die Erlaubnis für *ambulante Operationen* von GKV-Patienten. Dies ist eine der wenigen Ausnahmen, in denen das Krankenhaus als Organisation in der ambulanten Versorgung tätig werden darf und nicht nur die persönliche Beteiligung einer exklusiven Gruppe von Krankenhausfachärzten zulässig ist. Ausschlaggebend war, dass zuvor eine Einigung mit den Kassenärzteorganisationen erzielt werden konnte und sich der Gesetzgeber Einsparungen bei den stationären GKV-Leistungsausgaben erhoffte. Das Gesetz lässt alle Krankenhäuser zum ambulanten Operieren zu, wobei sie nur die in einem „Katalog ambulant durchführbarer Operationen" festgelegten Leistungen erbringen dürfen. Der Inhalt des Katalogs, die einheitliche Vergütung für Krankenhäuser und Vertragsärzte und die zulässigen Maßnahmen zur Sicherung von Qualität und Wirtschaftlichkeit, werden in dreiseitigen Verträgen zwischen Kassenverbänden, Deutscher Krankenhausgesellschaft und KBV vereinbart. Zu dieser Einigung zwischen den Spitzenorganisationen der beiden Versorgungssektoren trug bei, dass das ambulante Operieren in freier Praxis (i.d.R. kleinere Eingriffe) für den niedergelassenen Arzt einen finanziellen Aufwand bedeutete, den er in Zeiten knapper Honorarsätze gerne an die Krankenhäuser weitergab. Abgerechnet werden die ambulanten Operationen der Krankenhäuser und Kassenärzte nach den gleichen Grundsätzen. Während die Operationsleistungen der Vertragsärzte aber über die KV'en abgerechnet werden, rechnen die Krankenhäuser ihre Leistungen weiterhin direkt mit den Kassen ab. (Vogt 1998, S. 604ff.).

vier oder mehr Wochen auf den Abschlussbericht des Krankenhauses warten; die sofortige Zusendung wenigstens eines Berichts ist seltene Ausnahme. So entsteht ein ‚therapeutisches Loch', das [unter Umständen; T.T.] physische Schädigungen für den Patienten aufkommen lässt" (Jahn 1975, zitiert nach Huggen 1979, S. 65).

In der strikten sektoralen Trennung wird deshalb auch der Hauptgrund für „Doppel- und Mehrfachuntersuchungen, unterschiedliche Therapiekonzepte in der Behandlung desselben Patienten sowie Kostenverschiebungen zwischen den Sektoren" (Lauterbach/Stock 2001, S. 24) gesehen. Eine sektorenübergreifende, integrierte medizinische Versorgung der Patienten konnte bis heute nicht realisiert werden. Die meisten entsprechenden Reformversuche blieben in Ansätzen stecken und scheiterten letztlich an der auf die Finanzierung sektorenspezifischer Versorgungsleistungen ausgerichteten Krankenversicherungslogik ebenso wie an der, von den sektoralen Organisationsnetzwerken mit ihren, nicht ohne weiteres miteinander kompatiblen historisch-spezifischen Zielsystemen, betriebenen sektoralen Abschottungspolitik[205]. Die seit den 1970er-Jahren unternommenen Versuche einer partiellen Durchbrechung und damit Lockerung der extrem starren Grenzen zwischen ambulantem und stationärem Sektor konnten letztlich nicht zur Integration der medizinischen Versorgung über die Sektorengrenzen hinaus führen und damit das ambulante Behandlungsmonopol der Kassenärzteorganisationen auch nicht ernsthaft gefährden[206]. Erst in den 1990er-Jahren geriet das Gesundheitswesen aufgrund

---

205 Das Zielsystem eines sektoralen Netzwerks leitetet sich aus den (partikularen) Zielen der beteiligten Organisationen und den gesetzlichen Vorgaben ab. Die im ambulanten und stationären Sektor etablierten Netzwerke basieren nicht nur auf unterschiedlichen Akteurkonstellationen, sondern haben auch spezifische Entstehungsgeschichten. Allerdings sind sie durch die GKV strukturell miteinander (lose) verkoppelt. Durch die netzwerkspezifischen Funktionslogiken ist es bis heute schwer, die Netzwerke miteinander im Rahmen einer integrierten Versorgung zu verbinden. Da die Kassen in beiden Netzwerken vertreten sind, wären ihre Repräsentanten dazu geeignet, eine netzwerkübergreifende Rolle – im Sinne von „boundary spanning roles" (Scott 1987) – zu übernehmen und so auf eine Anpassung der sektoralen Netzwerklogiken hinzuwirken. Zunächst müssten aber auch sie ihre sektorenspezifische Spezialisierung überwinden.

206 Erstmals führte das *Kostendämpfungsgesetz von 1977* die Möglichkeit einer zeitlich und inhaltlich begrenzten vor- und nachstationären Behandlung im Krankenhaus ein. Sie wurde für jeden Einzelfall von einer kassenärztlichen Überweisung sowie generell von vertraglichen Absprachen zwischen den Kassenverbänden und der KBV abhängig gemacht. Da solche Verträge ebenso wenig zustande kamen wie eine relevante Zahl an Einzelüberweisungen, erlangte die Vorschrift keine Bedeutung. *1986* verpflichtete der Gesetzgeber die KV'en dann auf Grund einer ambulanten psychiatrischen Unterversorgung im Zuge der *Psychiatriereform* dazu, „Institutsambulanzen in psychiatrischen Krankenhäusern und psychiatrischen Abteilungen an Allgemeinkrankenhäusern unter bestimmten Voraussetzungen generell an der Versorgung zu beteiligen" (Vogt 1998, S. 608). Den vorläufigen Endstand dieser punktuellen Entwicklung zur institutionellen Einbindung der Krankenhäuser bildete das *Gesundheitsstrukturgesetz* von 1993. Seither ist es ersteren erlaubt, ohne vorherige Einholung einer Ermächtigung oder vertragliche Absprachen mit den KV'en, unter bestimmten, gesetzlich definierten Voraussetzungen vor- und nachstationäre Behandlungen eigenständig durchzuführen. Versicherte, die zur stationären Behandlung eingewiesen worden sind, dürfen in medizinisch geeigneten Fällen durch das Krankenhaus ambulant behandelt werden, um zu klären, ob eine vollstationäre Behandlung erforderlich ist oder um diese vorzubereiten. Außerdem können Versicherte im Anschluss an die vollstationäre Behandlung ambulant durch das Krankenhaus nachbehandelt werden, um durch Versorgungskontinuität den Behandlungserfolg zu sichern oder zu festigen. Allerdings ist die vorstationäre Behandlung auf drei Behand-

der ausufernden Leistungsausgaben sowohl im ambulanten als auch im stationären Sektor unter politischen Druck. Mittlerweile scheinen fast alle politischen Kräfte in der Bundesrepublik entschlossen, „die von ihnen als sachgerecht und ökonomisch notwendig angesehene Verzahnung von Krankenhaus und Praxis bei künftigen Reformen weiter voranzutreiben“ (Vogt 1998, S. 609) und die Krankenhäuser damit stärker als bisher in die ambulante Versorgung der Versicherten mit einzubeziehen. Hiervon erhofft man sich vor allem die Realisierung von Einsparpotenzialen im stationären Bereich. Allerdings widersetzen sich die Kassenärzteorganisationen nach wie vor jeder Form einer institutionellen Einbeziehung der Krankenhäuser in den ambulanten Versorgungsbereich. So sprachen sich beispielsweise noch 1996 der 99. Deutsche Ärztetag und die Kassenärztliche Bundesvereinigung gegen jede institutionelle Integrationslösung und für die Beibehaltung der bisherigen personellen Verknüpfung über die Krankenhauschefärzte aus. Ebenso wurde eine generelle Ermächtigung aller Krankenhausfachärzte zur ambulanten Versorgung mit Mehrheit abgelehnt, da die Kassenärzte durch eine solche Maßnahme „weitere Einbrüche in ihren Sicherstellungsauftrag und in ihre derzeit durch Kostendämpfungsmaßnahmen ohnehin stark geschwächte wirtschaftliche Situation“ (Vogt 1998, S. 609) befürchteten. Insofern hält die organisierte Kassenärzteschaft an dem bestehenden sektoralen Modell und ihrem absoluten Behandlungsmonopol fest.

1.6.6 Sektorale Diffusion und strukturelle Beharrungskraft: Die Folgen der Institutionalisierung des ambulanten Organisationsnetzwerks

Entscheidend bei dieser Betrachtung ist, dass die maßgeblichen institutionellen Grundlagen für die Ausprägung und die hohe *strukturelle Beharrungskraft* eines bis heute weitgehend sektoral abgeschlossenen Gesundheitswesens gerade durch den ärztlichen Sicherstellungsauftrag der ambulanten Versorgung und die daraus resultierende Dominanz der organisierten Kassenärzteschaft gelegt wurden. Auf diese Weise konnte ein spezifisches *korporatistisches Modell* von Interorganisationsbeziehungen zwischen Krankenkassen, Kassenärzteorganisationen und Staat etabliert werden, das sich über einen langen Zeitraum hinweg als äußerst stabil erwies und über das die konträr ausgerichteten Organisationen weitgehend auf einen gemein-

---

lungstage innerhalb von fünf Tagen vor Beginn der stationären Behandlung begrenzt, während für die nachstationäre Behandlung sieben Behandlungstage innerhalb von vierzehn Tagen nach Ende der stationären Behandlung zugelassen sind. Der einweisende Kassenarzt ist immer über die Maßnahmen zu unterrichten. Nur im Einvernehmen mit ihm kann die Frist von vierzehn Tagen in medizinisch begründeten Einzelfällen verlängert werden. Dreiseitige Verträge zwischen den Spitzenverbänden der Krankenkassen, Krankenhausträgern und KV'en sind u.a. für die Vergütung, die Durchführung im allgemeinen, Wirtschaftlichkeitsprüfungen und die Verhinderung von Missbrauch gesetzlich vorgesehen *(§§ 115 Abs. 2 Nr. 4, 115a Abs. 2 SGB V)*.

samen Organisationszweck, die medizinische Versorgung der Versicherten, ausgerichtet werden konnten.

Der vom Bereich der kassenärztlichen Versorgung ausgehende „Prozess der sektoralen Diffusion“ (Döhler/Manow-Borgwardt 1992b, S. 91) des korporatistischen Ordnungsmodells nahm gerade deshalb vom ambulanten Sektor seinen Ausgangspunkt, „da hier bereits Strukturen entwickelt waren, die besonders günstige Anknüpfungschancen boten“ (Döhler/Manow-Borgwardt 1992b, S. 91). Allerdings wird das ambulante Sicherstellungsmonopol der Kassenärzteorganisationen, ein entscheidendes Grundelement dieses Ordnungsmodells, in wirtschaftlichen Krisenzeiten immer wieder zwischen Krankenkassen und Kassenärzten zum umkämpften Terrain. So müssen die Kassenärztlichen Vereinigungen als Monopolhalter gegenüber Staat und Krankenkassen seit den 1970er-Jahren beispielsweise aufgrund der unübersehbaren „Kostenexplosion“ im Gesundheitswesen die Effizienz der ihnen übertragenen alleinigen Steuerung der ambulanten Versorgungsleistungen zunehmend unter Beweis stellen und auftretende *Steuerungsdefizite*, wie die ungleichmäßige ambulant-ärztliche Regional- und Lokalversorgung bei steigenden Arztzahlen[207], begründen.

Erstaunlich ist unter diesen Umständen, dass der Sicherstellungsauftrag und das damit zusammenhängende Behandlungsmonopol der Kassenärzte trotzdem bis in die 1990er-Jahre hinein von den Kassen nicht grundsätzlich in Frage gestellt wurden. Vor allem dieser langfristige organisationspolitische „Grundkonsens“ zwischen den Funktionseliten von Kassen, Kassenärzteschaft und Staat ermöglichte es den Kassenärzteorganisationen, ihren Zuständigkeits- und Einflussbereich seit 1931 in mehreren Anläufen über die Grenzen des ambulanten Sektors hinaus in andere, sich ausbildende Sektoren des Gesundheitswesens auszudehnen. Die Aktivitäten der Kassenärztlichen Vereinigungen stellten dabei gewissermaßen einen *Prozess der organisationalen „Landnahme“* von Teilen anders organisierter Sektoren des Gesundheitswesens, allen voran des stationären Sektors, dar. Die dabei aufgetretenen Konflikte mit den dortigen korporativen Akteuren waren im Kern also immer *Kämpfe um eine Verschiebung der Sektoren- beziehungsweise Zuständigkeitsgrenzen*, bei denen es um die Ausdehnung des eigenen korporativen Ordnungsmodells ging. Allerdings stellten derartige „Grenzkonflikte“ die sektorale Ausdifferenzierung des Gesundheitswesens ebenso wenig in Frage, wie die innersektoralen Konflikte zu keiner grundsätzlichen Infragestellung der organisationalen Arbeits-

[207] Nach Hugger (1979, S. 65) bewirkt der Sicherstellungsauftrag in Verbindung mit Einzelleistungsvergütung und Niederlassungsfreiheit eine ärztliche Unterversorgung in ländlichen Gebieten und Stadtrandregionen, die „aufgrund der ungünstigen Altersstruktur speziell bei den Allgemeinpraktikern noch drastisch ansteigen dürfte“. Sehr ausgeprägt tritt dieses Phänomen in jüngster Zeit auch in den neuen Bundesländern in Form der ärztlichen „Landflucht“ auf.

teilung und Spezialisierung der beteiligten Organisationen führten. Auf beiden Konfliktebenen wahrten die involvierten Akteure also bei allen Gegensätzen letztlich immer einen gewissen „Grundkonsens“, der die Zerstörung des eigenen Netzwerks wie auch die des Gesamtsystems der Gesetzlichen Krankenversicherung verhinderte.

1.7 De-Institutionalisierung im neoliberalen Ordnungsdiskurs: Die Infragestellung der Kassenärztlichen Vereinigungen

Seit ungefähr Anfang der 1990er-Jahre wird auch das Gesundheitswesen zunehmend in einen Diskurs des *„organisationalen Neoliberalismus“* (Türk/Lemke/Bruch 2002) einbezogen. Grundlage dieses Diskurses ist die schleichende Infragestellung und Entwertung der etablierten organisationalen Muster und institutionellen Arrangements. Dies zielt zumeist auf eine umfassende Restrukturierung der gesellschaftlichen Kräfteverhältnisse und organisationalen Arrangements ab. Im Fall des ambulanten Sektors fiel die in den 1990er-Jahren von den unter Modernisierungsdruck geratenen Krankenkassen und Teilen der politischen Parteien entfachte gesundheitspolitische Grundsatzdiskussion gerade aufgrund der massiven Finanz- und Legitimationskrise der Gesetzlichen Krankenversicherung auf fruchtbaren Boden. Im Mittelpunkt der (öffentlichen) Kritik stehen die Steuerungseffizienz und das Versorgungsmonopol der Kassenärztlichen Vereinigungen. Erstmals seit Jahrzehnten wurden die Funktionsgrundlagen des etablierten Organisationsnetzwerks und damit des gesamten ambulanten Sektors offen in Frage gestellt.

In der so entfachten, von neoliberalen Ordnungsvorstellungen getragenen Diskussion geht es primär um Vorstellungen, „die Position der Vertragspartner und den Sicherstellungsauftrag ‚aufzulockern‘ und, anstelle der jetzigen Kassenzulassung im öffentlich-rechtlichen System, wieder eine individuelle Auswahl der einzelnen Kassenärzte durch die örtlichen Krankenkassen (nach einer Ärztebedarfsanalyse auf Grund regionaler Gesundheitskonferenzen) einzuführen“ (Vogt 1998, S. 484). Die Krankenkassen versprechen sich von einem solchen dezentralen „Einkaufsmodell“ die Wiedererlangung ihres einstigen Einflusses auf die Leistungserbringung und die notwendige Steuerungs- und Entscheidungshoheit über die Ressourcenallokation. Im Kern geht es also um nichts geringeres als die Rückübertragung des Sicherstellungsauftrags auf die Krankenkassen sowie die generelle Auflösung der Kassenärztlichen Vereinigungen. Die öffentliche Infragestellung derart elementarer struktureller Grundlagen des ambulanten Netzwerks durch die Krankenkassen war primär das Ergebnis der durch die Kostendämpfungspolitik der letzten zwei Jahrzehnte, vor allem aber durch das *Gesundheitsreformgesetz* (1989) und das *Gesundheitsstrukturgesetz* (1993) vollzogenen Schwächung der Stellung der Kassenärztlichen Vereinigungen. Die Kassenärzteorganisationen beklagten schon seit längerem die massive Einschränkung ihrer Gestaltungsspielräume durch die zunehmenden staatlichen Interventionen. Dies lief ihrer Meinung nach auf eine „Aushöhlung des Sicherstellungsauftrags zugunsten einer Machterweiterung der Krankenkassen" (Tesic 2000) hinaus. Resultat der staatlichen Interventionen und öffentlichen Infragestellung war auf jeden Fall eine schleichende Verschiebung der Machtverhältnisse im ambulanten Organisationsnetzwerk zugunsten der Krankenkassen. Die Kassenärztlichen Vereinigungen befinden sich derzeit deshalb in einer eher defensiven Position und wehren sich gemeinsam mit den (freien) ärztlichen Berufsverbänden vehement gegen alle Bestrebungen zur Veränderung der etablierten Netzwerkstrukturen und Zuständigkeiten. Die Ärzteorganisationen weisen darauf hin, dass die Vorstellungen der Krankenkassen auf eine „Rückkehr in den Rechtszustand vor 1914 mit all seinen Willkürmöglichkeiten hinauslaufen" (Vogt 1998, S. 484) würde. Deshalb sprechen führende Ärztefunktionäre schon von einer „Systemschlacht" (Tesic 2002) und drohen streikähnliche Gegenaktionen an. Gerade der Konflikt um den Sicherstellungsauftrag dient damit wieder einmal in erster Linie zur Mobilisierung der Ärzteschaft. Dabei ist bemerkenswert, dass auch innerhalb der Kassenärzteschaft – beispielsweise von der Zentralen Arbeitsgemeinschaft der Kassenärztlichen Vereinigung Nordrhein – bereits seit Mitte der 1990er-Jahre eigenständige Überlegungen zur Einführung von „mehr marktwirtschaftlichen Strukturen unter Reduzierung der Funktionen der Kassenärztlichen Vereinigungen, aber unter Aufrechterhaltung des Sicherstellungsauftrags angestellt" (Vogt 1998, S. 486) wurden.

Auch wenn nun offensichtlich von allen Akteuren die strukturellen Defizite in der medizinischen Versorgung thematisiert werden, so bleibt doch gerade deshalb zu bedenken, dass der Kassenärztlichen Vereinigung als einem maßgeblichen Akteur des ambulanten Organisationsnetzwerks nicht die alleinige „Sündenbockrolle" für offensichtliche institutionelle Fehlsteuerungen und wechselseitige Interessenblockaden im Netzwerk zugeschoben werden kann. Insofern erscheint es zumindest fraglich, ob eine schlichte Rückübertragung des Sicherstellungsauftrags auf die Krankenkassen – in ihrer jetzigen öffentlich-rechtlichen, auf reine Verwaltung ausgerichteten Strukturierung – zu einer wesentlichen Verbesserung der derzeitigen ambulanten Versorgung und zur Eindämmung des Anstiegs der Leistungsausgaben führen würde. Es ist unstrittig, dass die Krankenkassen über ihr bisheriges Rollenverständnis des

„payers“ hinaus weitreichende Steuerungskompetenzen im Hinblick auf Art, Umfang und Qualität der ärztlichen Versorgung haben sollten. Ob sie hierdurch allerdings ohne weiteres auch zum „player“ im Gesundheitswesen werden können, bleibt zumindest zweifelhaft. Schon jetzt wenden Kassenärztevertreter nicht ganz zu Unrecht ein, dass eine Rückübertragung des Sicherstellungsauftrags auf die Krankenkassen bedeuten würde, dass die derzeit noch knapp 350, auf unterschiedlich großem Geschäftsgebiet tätigen, über extrem unterschiedlich hohe Mitgliederbestände und Beitragseinnahmen verfügenden und obendrein untereinander im Wettbewerb stehenden Krankenkassen gemeinsam eine flächendeckende und einheitliche ambulante Versorgung der Versicherten garantieren müssten. Es stellt sich also zumindest die Frage, ob das Konglomerat von Krankenkassen über die entsprechend notwendige Steuerungsfähigkeit für eine solche Aufgabe derzeit überhaupt verfügt, zumal mit dem Wegfall der Kassenärztlichen Vereinigungen nicht nur ein organisationspolitisches Vakuum auf der Ärzteseite entstehen würde, sondern auch die (zwangs-)integrative Kraft der bisherigen kassenärztlichen Organisation verloren ginge. Damit entstünde die Gefahr, dass die Krankenkassen „erneut – wie bereits schon einmal in der Frühphase der GKV – als mächtige und nahezu unitarische Akteure einer zunehmend fragmentierten, innerlich zerstrittenen Ärzteschaft“ (Manow 1999, S. 164) gegenüber stünden. Die Folge wäre nicht nur die massive Verschiebung der Machtverhältnisse zu Gunsten der Krankenkassen, sondern auch die Ausbildung einer Vielzahl höchst unterschiedlicher ambulanter Versorgungs- und Vergütungssysteme. Insgesamt würde das System der ambulanten Versorgung also stark differenziert, unübersichtlich und konfliktanfällig, das heißt letztlich schwerer steuerbar. Dies liefe aber jahrzehntelangen gesundheitspolitischen Anstrengungen um eine qualitative, fachliche und regionenunabhängige Vereinheitlichung und Befriedung der ambulant-ärztlichen Versorgung völlig entgegen. Darüber hinaus würde der Wegfall des kollektiven kassenärztlichen Verhandlungspartners die bisherige organisationale Arbeitsteilung und damit die etablierten korporatistischen Arrangements aufheben. Außerdem bestünde die Gefahr, dass die derzeit noch weitgehend einheitliche, aber aufgrund der heterogenen Kassenlandschaft stets fragile Front der Krankenkassen und ihrer Verbände alsbald erodieren könnte. Die Folge wäre ein extrem heterogener, unübersichtlicher und instabiler ambulanter Versorgungssektor. Diese Punkte sollten bei einer gesundheitspolitischen Strukturdiskussion nicht außer Acht gelassen werden, da sich hieraus auch gravierende Konsequenzen für die Steuerungsfähigkeit und Interventionshäufigkeit des Staates ergeben könnten. Schließlich bildete gerade die Übertragung des Sicherstellungsauftrags an die, primär zu diesem Zweck wie auch zur öffentlich-rechtlichen Integration und

Homogenisierung der Ärzteschaft in das Versorgungssystem der Gesetzliche Krankenversicherung gegründeten Kassenärztlichen Vereinigungen einen historischen „Kompromiss zur Lösung der ambulanten gesundheitlichen Versorgungsfrage in Deutschland“ (Tesic 2002).

Wer diese Grundsatzentscheidung verändern will, was legitim ist, wozu aber nur der Staat selbst autorisiert ist, muss zunächst plausible organisationspolitische Alternativen aufzeigen, die an die Stelle der bisherigen Netzwerkakteure und des dann nicht mehr funktionsfähigen „überkommenen verbandlichen Gleichgewichtsmodells“ (Manow 1999, S. 164) treten und dessen Aufgaben erfüllen können, will er nicht den Kollaps beziehungsweise die Erosion des Gesamtsystems riskieren. Darüber hinaus steht zu vermuten, dass jede, wie auch immer aussehende „Revision des GKV-Organisationsrahmens“ (Friedrich-Ebert Stiftung 2002) nicht zu einem Weniger an Organisation, sondern lediglich zur Modifizierung des bestehenden organisationalen Netzwerks und damit des organisationsbasierten Herrschaftsgefüges führen wird[208]. Insofern bliebe der Erfolg einer derartigen Strukturreform zumindest fragwürdig.

2. Die Institutionalisierung einer verfahrensförmigen Konfliktregulierung: Die „Gemeinsame Selbstverwaltung der Krankenkassen und Ärzte“

2.1 „Gemeinsame Selbstverwaltung“ als zentrales Strukturmerkmal des ambulanten Organisationsnetzwerks

2.1.1 Zwischen staatlicher Steuerung und Selbstregulierung: Zum Wesen der Interorganisationsbeziehungen im ambulanten Sektor

Eng mit dem ambulanten Sicherstellungsauftrag verbunden, bildet heute die *„Gemeinsame Selbstverwaltung“* von Krankenkassen und Kassenärzten eines der „wichtigsten konstitutiven Prinzipien der ‚Gesetzlichen Krankenversicherung'“ (Offermanns 1995, S. 166). Sie gilt im

[208] Die KV'en arbeiten bereits am Aufbau regionaler Nachfolgeorganisationen, die im Falle der Auflösung an ihre Stelle treten sollen. Hierzu gehört die nordwürttembergische „Vertragsärztliche Vereinigung“. Sie hat einen „Medi-Verbund“ gegründet, der zur kollektiven Abwehr von Einzelverträgen dienen soll. Ebenso zählt hierzu die „Ärzte-Genossenschaft Schleswig-Holstein“, die sich als „Schutz- und Trutzgemeinschaft“ definiert. Am „Tag X“ soll sie die kollektive Verhandlungs- und Vertragsgestaltung mit den Kassen übernehmen (Schmidt 2002). Die Frage ist, wie organisations- und konfliktfähig diese Organisationen tatsächlich wären.

allgemeinen als ihr zentrales Strukturmerkmal. Die Gesetzliche Krankenversicherung zeichnet sich im Gegensatz zu anderen Sozialversicherungszweigen dadurch aus, „dass neben der hierarchischen Globalsteuerung durch den Staat in hohem Umfang und mit z.T. weiten Ermessensspielräumen Feinsteuerungsleistungen durch Gruppenverhandlungen“ (Lamping 1994a, S. 77), zwischenverbandliche Schiedsgremien und eine Vielzahl paritätisch besetzter Steuerungsinstanzen erbracht werden. Im Kern bedeutet dies, dass die Entscheidungen hinsichtlich der konkreten Ressourcenallokation weder über marktliche noch unmittelbare staatsbürokratische Strukturen zustande kommen, sondern „auf verschiedenen Ebenen und über historisch verfestigte und institutionell (z.T. nachträglich) abgesicherte Verhandlungsbeziehungen und Problemlösungsmuster“ (Lamping 1994a, S. 77) zwischen einer exklusiven Zahl von Organisationen im Rahmen staatlicher Handlungsvorgaben selbstständig getroffen werden.

Die zwischen den beteiligten Organisationen zu *institutionellen Arrangements* verfestigten Beziehungsmuster können als Netzwerkstrukturen bezeichnet werden. Sydow (1992, S. 102) definiert interorganisationale Netzwerke als „eine intermediäre Organisationsform *zwischen* Markt und Hierarchie, die sowohl marktliche und hierarchische, kompetitive und kooperative Elemente miteinander vereint“. Begreift man die Idealtypen „Markt“ und „Hierarchie“ als zwei Endpunkte eines Kontinuums möglicher interorganisationaler Beziehungsmuster, so ist dazwischen grundsätzlich ein breites Spektrum von institutionellen Arrangements beziehungsweise interorganisationalen Beziehungsformen denkbar, die sowohl gewisse marktliche als auch hierarchische Elemente in verschiedener Ausprägung und Umfang enthalten können. Außerdem können die Beziehungen durchaus unterschiedlich intensiv und stabil sowie sowohl von eher kooperativer als auch kompetitiver Natur sein. Entscheidend ist, dass die Netzwerkakteure versuchen, „über faktische oder Quasi-Verträge wechselseitige Bindungen und Verpflichtungen auf Verhandlungsergebnisse zu erreichen“ (Türk/Lemke/Bruch 2002, S. 279). Eine solche Netzwerkdefinition lässt Raum für Zwischenformen und ist deshalb grundsätzlich auch auf die hier untersuchten Interorganisationsbeziehungen im ambulanten Sektors übertragbar. Ein wesentlicher Grundzug der politischen Regulierung des deutschen Gesundheitswesens ist ja gerade die Ausbildung spezifischer Formen von quasi-selbstständiger Steuerung durch verpflichtungsfähige, öffentlich-rechtliche Organisationen innerhalb der Handlungsspielräume der *„Gemeinsamen Selbstverwaltung“*. Dabei ist charakteristisch, dass sich die entsprechenden, unter dem Begriff der „Gemeinsamen Selbstverwaltung“ subsummierbaren institutionellen Arrangements in den jeweiligen Versorgungssektoren unterschiedlich entwickelt haben. Die im ambulanten Sektor etablierte Form der „Gemeinsamen Selbstverwaltung“ charakterisiert deshalb nur die historisch-kontingente Form des dortigen Organisationsnetzwerks mit seiner spezifischen Entstehungs- und Entwicklungsgeschichte.

2.1.2 Strategische Selektivität: Selbstverwaltung als Form der Verhaltenskoordinierung und des kooperativen Interessenausgleichs

Für den Bereich der ambulanten Versorgung schreibt *Paragraph 72 SGB V* vor, dass Krankenkassen und Kassenärztliche Vereinigungen zur Sicherstellung der ambulanten ärztlichen Versorgung (Finanzierung und Produktion) der Versicherten zusammenwirken müssen. Die in dieser eindeutigen Weise grundsätzlich erst seit 1955 (*GKAR*) gesetzlich fixierte *Kooperationspflicht* der für den ambulanten Sektor staatlich zugelassenen Organisationen soll garantieren, dass die beteiligten Akteure alles „unterlassen, was dem gemeinsamen Bestreben zuwiderlaufen könnte“ (Schneider 1983, S. 85). Sie werden vom Gesetzgeber faktisch zur Zusammenarbeit und zum kollektiv-kooperativen Interessenausgleich gezwungen und haben ihre divergierenden Organisationsziele und Partikularinteressen der Erfüllung eines staatlich vorgegebenen gemeinsamen Netzwerkzwecks, der Sicherstellung der ärztlichen Versorgung der Versicherten, unterzuordnen. Orientierungsmaßstab sind deshalb in erster Linie die gesetzlichen Vorgaben im Sinne von Organisationsrechten, Leistungen und Aufsichtsrechten und weniger die tatsächlichen Bedürfnisse der Versicherten. Insofern kann der ambulante Sektor auch als *staatsnaher Sektor* bezeichnet werden.

Für Lamping (1994a, S. 85) bildeten hierarchische Ordnung, Machtausübung, Zentralisierung und Gehorsam die entscheidenden gesellschaftlichen Leitbilder, die sich in der Selbstverwaltung der Krankenversicherung niederschlugen[209]. Die staatliche Beaufsichtigung und aktive Förderung der interorganisationalen Beziehungen zwischen Kassen und Kassenärzteorganisationen hat dazu geführt, dass sich diese in ein dichtes „Netz von rechtlichen Regelungen, Verfahrensvorschriften und Verhandlungsgremien eingebunden sehen, an das staatlicherseits Kompetenzen delegiert werden können, das aber auch immer wieder Gegenstand z.T. recht detaillierter staatlicher Regulierung wird“ (Manow 1999, S. 159). Dabei diente die detaillierte gesetzliche Regelung der Netzwerkbeziehungen vor allem zur Vermeidung offener, systemgefährdender Konfrontationen zwischen den beteiligten organisierten Interessengruppen und der Ausrichtung der verhandelnden Organisationseliten auf gemeinsame Problemlö-

---

209 Zur verhaltenkonditionierenden, sozial disziplinierenden Funktion binnenorganisationaler Selbstverwaltung am Beispiel der Krankenkassen vgl. Tauchnitz 1999a, S. 91-101.

sungen. Primärer Zweck der „Gemeinsamen Selbstverwaltung“ war also die langfristige Stärkung der sektoralen Selbststeuerungsfähigkeit des Netzwerks durch die Institutionalisierung verfahrensförmiger Konfliktregulierungsinstrumente, vor allem in Form paritätischer Ausschüsse und Schiedsinstanzen. Zur „Befriedung“ des ambulanten Sektors trug dabei auch bei, dass sich die Funktionseliten der vernetzten Spitzenorganisationen mit der Zeit gegenüber ihrer Basis in starkem Maße verselbstständigten und insofern kooperativ erzielten, gruppeninteressenübergreifenden Verhandlungslösungen wegen des auf der Verbandsebene schwach ausgeprägten binnenorganisationalen Legitimations- und Weisungsdrucks aufgeschlossener gegenüberstanden (Alber 1992, S. 158). Das Prinzip der Ausgliederung und Übertragung bestimmter Steuerungsaufgaben an ein unter staatlichem Schutz und staatlicher Verantwortung stehendes Netzwerk aus intermediären Organisationen, die zur gemeinsamen, im Rahmen der gesetzlichen Vorgaben eigenverantwortlichen Regulierung und Durchführung der ambulantärztlichen Versorgung verpflichtet werden, wird von Lamping (1994a, S. 76) auch als „Ausdruck einer bestimmten organisatorisch-strukturellen Auffächerung staatlicher Verwaltung“ interpretiert. Krankenkassen und organisierte Kassenärzteschaft wurden hier gewissermaßen durch den gesetzlichen Auftrag zur „Gemeinsamen Selbstverwaltung“ miteinander verflochten. Dabei ist gerade für das ambulante Organisationsnetzwerk charakteristisch, dass es sich aus speziell zur Durchführung der Krankenversicherung geschaffenen beziehungsweise politisch überformten, mitgliedschaftlich organisierten, rechtlich und finanziell verselbstständigten öffentlich-rechtlichen Körperschaften mit Zwangsmitgliedschaft zusammensetzt.

Ein entscheidendes institutionelles Datum des Netzwerks bildete deshalb der weitgehende Abschluss der „körperschaftliche[n] Verfasstheit der Angebots- und Nachfrageseite, von Ärzten und Krankenkassen“ (Manow 1999, S. 161) im Jahre 1931. Das so etablierte Organisationsnetzwerk stellte ein bereichsspezifisches Konzept mittelbarer Staatsverwaltung und eine spezifische Form staatlicher Regulierung eines Versorgungssektors mittels öffentlich-rechtlicher Körperschaften dar. Der Staat verzichtete einerseits auf direkte Interventionen in die Netzwerkbeziehungen und beschränkte sich fortan weitgehend auf die rechtliche Gestaltung der Handlungsspielräume und „Spielregeln“, was ihm eine privilegierte Stellung gegenüber den übrigen Netzwerkakteuren und damit seine prinzipielle Steuerungshoheit sichert. Andererseits war er seither auf die Mitgestaltung und Mitwirkung der Netzakteure bei der Umsetzung gesundheitspolitischer Programme angewiesen, die gewissermaßen als „Mittler zwischen Staat und Gesellschaft“ fungierten. Gerade die Rechtsform der Körperschaft des öffentlichen Rechts sollte dabei die involvierten Organisationen auf die Kooperation mit dem

Staat verpflichten. Denn mit Erlangung des öffentlich-rechtlichen Status' wurden sie fest an den Staat gebunden. Außerdem gehört es bis heute zum Wesen der Körperschaft des öffentlichen Rechts, „dass ihre Entstehung (sowie ihre Auflösung) auf einem staatlichen Hoheitsakt beruht und diesem vorbehalten bleibt, und dass sie unter staatlicher Aufsicht ein Stück Staats- oder öffentlicher Verwaltung wahrnimmt und vollzieht, also hoheitlich und mit Machtmitteln (Befehl, Zwang) tätig wird bzw. über die Mittel verfügen kann" (Lamping 1994a, S. 79). Insofern hatten die beteiligten Netzwerkorganisationen alle ihnen obliegenden Aufgaben ausnahmslos staatlicher Übertragung zu verdanken. Nach Jellinek (1979, S. 292) ist deshalb „nicht das Ob, nur das Wie der Herrschaftsausübung und auch dieses nur innerhalb der gesetzlichen Schranken" das Privileg der öffentlich-rechtlichen Organisation. Das Eigenleben der beteiligten Netzwerkakteure und ihr eigenverantwortlicher materieller Funktionsbereich, im Sinne eines relativ eigenständigen Verwaltungshandelns, widersprechen insofern der Abhängigkeit vom Staat nicht; ein Faktum, dessen sich im übrigen die jeweiligen Organisationseliten zumeist durchaus bewusst sind. Die Konstruktion eines quasi öffentlich-rechtlichen Organisationsnetzwerks diente primär der Aufgaben- und Verantwortungsentlastung des Staates im Sinne einer organisationsförmigen Alternative zur direkten obrigkeitlichen Herrschaftsausübung durch eigene Organe. Sie trug letztlich dem Umstand einer zunehmend komplexeren, vernetzten Organisationsgesellschaft Rechnung, in der traditionelle, (offen) interventionistische Formen der Politikgestaltung nicht mehr ohne weiteres griffen. Die historische Entstehungsgeschichte des selbstverwalteten ambulanten Organisationsnetzwerks fußt darüber hinaus aber auch auf der vor „dem Hintergrund politischer Machtverhältnisse und der Staatskonzeption des 19. Jh. zu interpretierenden defensiven Tradition der deutschen Sozialversicherungspolitik" (Lamping 1994a, S. 76). Dabei stellte die uns heute bekannte Form der „Gemeinsamen Selbstverwaltung" eine unmittelbare, allerdings etappenweise Reaktion auf die bis in die 1930er-Jahre anhaltenden massiven Verteilungskonflikte zwischen Krankenkassen und organisierter Kassenärzteschaft sowie einen Versuch der institutionellen Einbindung der Ärzteorganisationen in die Gesetzliche Krankenversicherung dar.

Unter diesem Gesichtspunkt stellt das hier betrachtete Organisationsnetzwerk also eine im Hinblick auf die staatlichen Anforderungen erfolgreiche strukturelle „Mischform von Hierarchie und Verhandlung" (Döhler/Manow-Borgwardt 1992a, S. 571) dar. Eine historische Rekonstruktion der schubweisen, pfadabhängigen Ausbildung der Netzwerkstrukturen spiegelt dabei die in den vergangenen rund 120 Jahren erfolgten zyklischen Schwankungen zwischen unmittelbaren hierarchischen Zugriffen des Staates auf die Organisationen des ambulanten

Sektors und der Ausbildung einer verhandlungsförmigen, sektoralen Selbstregulierung durch die Netzwerkakteure wider. Auf diese Weise wird auch das durchaus ambivalente Verhältnis zwischen netzwerkinterner Selbstverwaltung und staatlicher Netzwerkaufsicht erklärbar. In der historischen Betrachtung wird zugleich deutlich, dass die Etappen der Institutionalisierung und des Ausbaus des ambulanten Organisationsnetzwerks weitgehend mit dem Auftreten von Steuerungs- oder Wirtschaftskrisen zusammenfielen.

2.2 Struktureller und prozeduraler Isomorphismus: Etappen der Vernetzung

2.2.1 Zentralisierung und Parität als Friedensformeln: Der strukturbildende Charakter des „Berliner Abkommens"

Das Ende 1913 vom Staat arrangierte *„Berliner Abkommen"* hatte für den ambulanten Sektor in mehrfacher Hinsicht „strukturbildenden Charakter" (Döhler 1990, S. 69). Dieser erste (privatrechtliche) Kollektivvertrag zwischen den Spitzenverbänden der Orts- und Betriebskrankenkasse und der Ärzteschaft beinhaltete als zentrale Regelung die Beseitigung der Anstellungsautonomie der Kassen. Fortan konnte nur noch derjenige als Kassenarzt unter Vertrag genommen werden, der in ein beim *Reichsversicherungsamt* zentral geführtes Arztregister eingetragen worden und durch einen paritätisch mit Vertretern von Ärzteschaft und Kassen besetzten *Registerausschuss* zur Kassenarzttätigkeit zugelassen worden war. Zum Vorsitzenden dieses Ausschusses, der bei Streitigkeiten abschließend entscheiden konnte, wurde ein Beamter bestellt (Aye 1955, S. 19). Darüber hinaus bedurfte der mit dem einzelnen Arzt weiterhin individuell abzuschließende Kassenarztvertrag der vorherigen Billigung durch einen ebenfalls paritätisch besetzten *Vertragsausschuss*. Zur Beilegung von Streitigkeiten wurde ein System gestaffelter Schiedsgremien gebildet. Hierzu gehörte ein beim bezirklichen Versicherungsamt gebildeter paritätischer Ausschuss, gegen dessen Spruch ein am Oberversicherungsamt angesiedeltes Schiedsamt, ab 1921 dann als oberste Instanz das *Reichsschiedsamt* (beim Reichsversicherungsamt) angerufen werden konnte. Das so geschaffene System hierarchisch gegliederter Schlichtungsgremien kopierte ab 1921 den dreigliedrigen Instanzenzug der deutschen Verwaltungsgerichtsbarkeit. Insofern liegt auch hier eine Form von *„mimetischem Isomorphismus"* (DiMaggio/Powell 1983, S. 150) vor.

Zur Durchführung und Überwachung des Abkommens sowie Entscheidung in allen Streitigkeiten wurde ein paritätisch besetzter *Zentralausschuss* der involvierten Spitzenverbände ins Leben gerufen. Der Ausschuss setzte sich aus je fünf Vertretern der Ärzteschaft und der vertragsschließenden Kassenverbände zusammen. Zusätzlich gehörten ihm noch drei unparteiische Mitglieder an, wovon zwei als neutrale Beisitzer vom Preußischen Ministerium des Inneren und vom Preußischen Ministerium für Handel und Gewerbe ernannt wurden. Als drittes Mitglied wurde der (unabhängige) Ausschussvorsitzende vom Reichministerium des Inneren, ab 1918 vom Reichsarbeitsministerium ernannt. Die Ausschusssitzungen waren nichtöffentlich, die Beschlüsse des Gremiums wurden mit einfacher Mehrheit gefällt (Döhler/Manow-Borgwardt 1992a, S. 575; Krause 1981, S. 405). Auf diese Weise kam Stimmen der drei (unparteiischen) Staatsvertreter naturgemäß bei jeder Beschlussfassung eine entscheidende Bedeutung zu, was den Netzwerkakteuren ihre Abhängigkeit vom Staat vor Augen führte und sie zu kooperativem Verhalten zwang. Der Zentralausschuss hatte folglich vor allem eine *„Befriedungsfunktion"*. Als oberste Klärungsinstanz für Streitigkeiten sollte er eine verfahrensförmige Konfliktlösung garantieren, und so neue „Ärztestreiks" verhindern.

Von zentraler Bedeutung war das *„Berliner Abkommen"* zunächst vor allem aufgrund der weitgehenden Beseitigung der Vertragsfreiheit der Krankenkassen durch eine faktische Anerkennung des *Kollektivvertrags*. So wurden die Kassenarztverträge zwar nach wie vor auf privatrechtlicher Basis abgeschlossen, aber ab 1913 auf der Grundlage eines durch die paritätischen Steuerungsgremien von Kassen und Ärzteschaft vorformulierten Regel- und Empfehlungswerks. Dies bewirkte eine nachhaltige Stärkung der Funktionen der Kassen- und Ärzteverbände als Träger der Verhandlungsführung und begünstigte so den bereits erkennbaren „Trend zur organisatorischen Zentralisierung" (Döhler 1992, S. 69), in dessen weiterem Verlauf die einzelnen lokalen Mitgliedsorganisationen zunehmend an Handlungsautonomie einbüßten. Das *„Berliner Abkommen"* war somit ein „erster Schritt zu einem Steuerungsmodus, bei dem mit Hilfe von Kompetenzverflechtung zwischen Kassen- und Ärzteorganisationen wichtige Funktionen der Ressourcenverteilung durch das Verbändesystem wahrgenommen wurden, was sowohl die Rolle marktförmiger wie auch staatlich gesetzter Steuerungsmechanismen reduzierte" (Döhler 1992, S. 69). Damit waren die Grundlagen für die Entstehung eines weitgehend selbstständigen, wenn auch schon in seinen Wurzeln korporatistischen Organisationsnetzwerks gelegt. Interessant ist dabei, dass das bis 1913 „vom Gesetzgeber belassene Ordnungsdefizit" nun auf Druck des Staates, „dessen hilfreiche Hand zunächst unentbehrlich war" (Aye 1955, S. 20), von den Spitzenverbänden der Krankenkassen und der Ärzte in

Eigenregie „wenigstens teilweise durch das auf zehn Jahre befristete ‚Berliner Abkommen' ausgefüllt" (Krause 1981, S. 405) wurde[210].

Abb. 14: Die Ausbildung erster Netzwerkstrukturen im ambulanten Sektor ab 1913

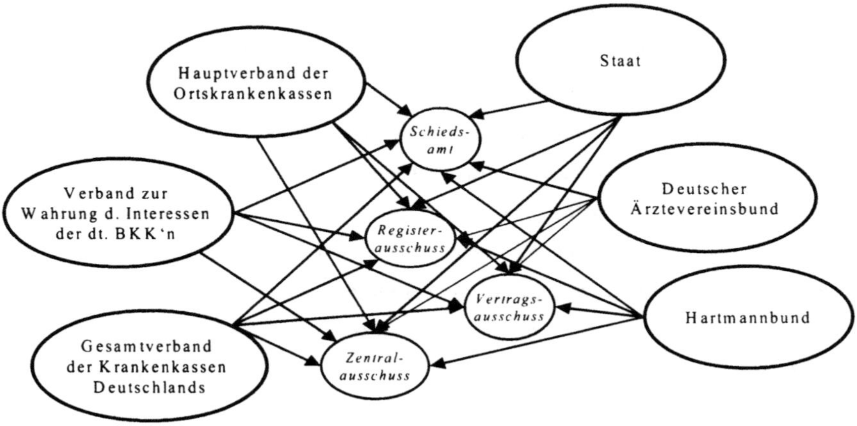

Auch wenn der Staat die Einflussnahme auf die vorhandenen gesundheitspolitischen Organisationen einer unmittelbaren gesetzlichen Intervention vorzog, so kann er doch als entscheidender Initiator des sich ab 1913 herausbildenden Organisationsnetzwerks identifiziert werden[211]. Dabei ging es bei der gesamten Netzwerkkonzeption primär um die Etablierung eines organisationsbasierten Steuerungsmodells, das den bislang vorherrschenden Kampfzustand zwischen Kassen und Ärzteorganisationen beenden und die Gesetzlichen Krankenversicherung langfristig stabilisieren konnte. Hauptmotor der vom Reichsministerium des Inneren und dem preußischen Handelsminister ausgehenden Bestrebungen war eigentlich die gesundheitspolitische Interventionsunlust des Staates.

Allerdings stellte das *„Berliner Abkommen"* nur einen freiwilligen privatrechtlichen Normenvertrag schuldrechtlicher Art dar. Hieraus ergab sich die begrenzte Bindungswirkung für die vertragsschließenden Parteien, die sich in einer positiven Handlungsverpflichtung der

---

[210] Entscheidend war, dass infolge der kriegswirtschaftlichen Erfordernisse ab 1914 die im ambulanten Sektor mit dem *„Berliner Abkommen"* institutionalisierte Form einer Konzertierung zwischen Staat und Interessenverbänden ebenso im Bereich der industriellen Beziehungen in Form von *„Arbeitsgemeinschaften"* zum dominanten Regulierungsmodell aufstieg und damit „auch für die Nachkriegszeit prägende Kraft bekam" (Döhler/Manow-Borgwardt 1992a, S. 575).

[211] Im übrigen behielt sich der Staat entsprechende gesetzliche Druckmittel auf die Netzwerkakteure vor. Die zum 01.01.1914 in Kraft getretene *RVO* sah u.a. ein Mitbestimmungsrecht der Oberversicherungsämter beim Abschluss der Kassenarztverträge vor.

Spitzenverbände erschöpfte[212]. Hinzu kam, dass es durch die zeitliche Befristung auf zehn Jahre[213] „nicht dynamisch auf Fortentwicklung“ (Krause 1981, S. 405) des einmal konstituierten Netzwerks ausgerichtet war. So konnte beispielsweise der eingerichtete Zentralausschuss nur die reine Durchführung und Einhaltung des Abkommens überwachen, hatte aber keine Kompetenzen zur selbstständigen Weiterentwicklung der interorganisationalen Netzwerkbeziehungen. Das *„Berliner Abkommen“* wies den Netzwerkakteuren insofern eindeutig verwaltende Aufgaben, nicht aber Steuerungs- und Gestaltungskompetenzen zu. Hinzu kam, dass der Staat die Umsetzung des sowohl auf Kassen- als auch Ärzteseite umstrittenen Abkommens den Netzwerkakteuren selbst überließ. Als problematisch erwies sich dabei von Anfang an, dass das Abkommen grundsätzlich zwar für alle Ärzte und Krankenkassen gelten sollte, dass jedoch gewisse Kassenarten hiervon ausgenommen blieben. Nicht unter das *„Berliner Abkommen“* fielen die Ersatzkassen, Betriebskrankenkassen der Eisenbahnverwaltung und die Knappschaftskassen. Bezüglich der Landkrankenkassen wurden besondere Regelungen vorbehalten (Niggemann 1933, S. 29). Dies bewirkte, dass der Geltungskreis des Abkommens im wesentlichen auf die Allgemeinen Ortskrankenkassen, Betriebskrankenkassen und Innungskrankenkassen (wobei der Verband deutscher Innungskrankenkassen nicht aktiv an seinem Zustandekommen beteiligt war) beschränkt blieb. Von den 1914 vorhandenen 10.011 Krankenkassen fielen trotzdem rund 92 Prozent unter das *„Berliner Abkommen“*. Für den Rest bestanden Sonderregelungen.

Als wesentliche Schwäche erwies sich außerdem, dass es nur für zukünftig abzuschließende Verträge galt. Nicht einbezogen wurden alle Verträge, die „zur Zeit des Abkommensschlusses noch liefen“ oder „die zwar schon fest vereinbart, aber noch nicht schriftlich vollzogen waren oder ohne Kenntnis des Abkommens bis zum 28.12.1913 abgeschlossen waren“ (Niggemann 1933, S. 30). Damit bestand eine relativ lange Übergangsfrist, in der weiterhin

[212] Niggemann (1955, S. 28ff.) charakterisiert den schuldrechtlichen Normenvertrag zwischen Organisationen als „eine Vereinbarung von Normen, welche nach dem Willen der Parteien für die Einzelverträge verbindlich sein sollen“. Die Vertragsparteien hatten keine rechtliche Handhabe, die Normenvereinbarung für die Einzelverträge zwingend zu gestalten. So blieb ihnen nur die Möglichkeit, sich gegenseitig dazu zu verpflichten, ihren Einfluss auf die Mitglieder bzw. Mitgliedsorganisationen geltend zu machen, damit diese die vereinbarten Normen beim Abschluss der kassenärztlichen Einzelverträge umsetzten. Schon der Wortlaut macht deutlich, dass die „Spitzenverbände der Kassen nicht dafür einzustehen hatten, dass die Kassen auch wirklich ihren Verpflichtungen nachkamen. Sie konnten also rechtlich von der Ärztepartei dafür nicht haftbar gemacht werden“ (S. 31). Die Einhaltung des Abkommens hing also vom Grad der Verpflichtungsfähigkeit der Verbandsmitglieder ab. Das *„Berliner Abkommen“* stellte somit nur eine *positive Handlungsverpflichtung* der Spitzenverbände dar, auf ihre Mitglieder zur Beachtung und Anwendung der vereinbarten Normen einzuwirken. Im Gegensatz zum rechtsverbindlichen „echten“ Normenvertrag war es aufgrund seines schuldrechtlichen Inhalts nur ein sog. „unechter“ Normenvertrag.

[213] Die Geltungsdauer des Abkommens war auf 10 Jahre bis zum 31.12.1923 festgelegt. Danach sollte es „auf unbestimmte Zeit weiterlaufen ‚unter dem Vorbehalt einjähriger Kündigung'“, die nur jeweils zum 1. Januar zulässig war (Niggemann 1933, S. 30).

eine Fülle inhaltlich unterschiedlich ausgestalteter Kassenarztverträge nebeneinander existierte. Schließlich kam hinzu, dass das Abkommen grundsätzlich nur für die Gebiete des Deutschen Reichs gelten sollte, in denen die Landesverbände der Krankenkassen und der Ärzteorganisationen nicht bereits eigene Regelungen vereinbart hatten. Aus diesem Grund kam es beispielsweise in Baden, Bayern und Württemberg erst 1918 zur Umsetzung des *„Berliner Abkommens"*. Außerdem verlief die lokale Etablierung der vereinbarten gemeinsamen Gremien und Verfahren im Geltungsbereich des Abkommens vieler Orten nicht reibungslos. Laut Aye (1955, S. 20) ergaben sich in Braunschweig, Breslau, Düsseldorf, Elbing und Stettin sowie in einer ganzen Reihe weiterer Orte „ernste Schwierigkeiten" und erhebliche Akzeptanzprobleme sowohl bei den örtlichen Kassen als auch den betroffenen Ärzten. Ein Hauptgrund für die auftretenden Probleme war dabei, dass eine über die eigenen Organisationsgrenzen ausstrahlende kollektive Vereinbarung für die Spitzenverbände beider Seiten ein Novum darstellte. Da noch keine Erfahrungen in der Umsetzung solcher bilateralen Abkommen bestanden, waren „Startschwierigkeiten" programmiert. Hinzu kam, dass vor allem auf der Kassenseite keineswegs durchweg homogene, hoch zentralisierte Spitzenverbände bestanden, deren Beschlüssen und Empfehlungen sich alle Kassen ohne weiteres unterordneten. Bis 1913 hatten die einzelnen Mitgliedskassen schließlich über ein sehr hohes Maß an Handlungsautonomie verfügt, ihre Verpflichtungsfähigkeit gegenüber dem eigenen Spitzenverband hielt sich hingegen in engen Grenzen. Die Spitzenverbände der Kassen waren deshalb bislang relativ lose freiwillige Vereinigungen gewesen, die fast ausschließlich beratenden Einfluss auf die Mitgliedsorganisationen genommen hatten. Entsprechend ihrer eher dezentralen Verbandsstrukturen waren sie zu diesem Zeitpunkt noch alles andere als straff organisierte und zentralisierte Kampforganisationen mit unumschränkten (externen) Entscheidungs- und (internen) Weisungsbefugnissen[214]. Deshalb lag es nahe, dass sich insbesondere diejenigen Krankenkassen, die über inhaltlich für sie günstigere Kassenarztverträge verfügten, zunächst nicht für eine kollektivvertragliche Regelung begeistern konnten. Die Hauptaufgabe der involvierten

[214] Bei den Spitzenverbänden der Krankenkassen handelte es sich rechtlich um sogenannte *freie Kassenvereinigungen (§ 414 RVO)*. Sie waren Gebilde des Privatrechts und hatten ihre Rechtsfähigkeit durch Eintragung in das Vereinsregister erworben *(§ 21 BGB)*. Die wichtigste Tätigkeit der Spitzenverbände bestand in der Unterstützung der Mitgliedskassen bei der Regelung ihrer Beziehungen zu den Ärzten. „Diese anfängliche Hilfsstellung, die sich zunächst in Raterteilung über das Verhalten gegenüber den Ärzten, Unterstützung bei der Beschaffung von ‚Nothelfer'-Ärzten und ähnlichen kleineren Unterstützungen ausdrückte, führte dann aber im Laufe der zunehmenden Kämpfe mit den Ärzten zu immer stärkeren Einflüssen der Spitzenverbände" (Niggemann 1933, S. 23). Die Erfahrungen der Kämpfe mit den Ärzteorganisationen wurden von ihnen ausgewertet. Außerdem veröffentlichten sie Leitlinien für den Vertragsabschluss als Empfehlungen für die Mitgliedskassen. Mit dem Erlass der *RVO* und der Vereinbarung des *„Berliner Abkommens"* gewannen die Spitzenverbände der Kassen wesentliche Kompetenzen hinzu. Auf diese Weise konnten sie ihren Einfluss auf die Regelung der Beziehungen zwischen Ärzten und Kassen ausbauen.

Spitzenverbände der Krankenkassen bestand ab Ende 1913 deshalb zunächst in einer umfangreichen verbandsinternen Überzeugungsarbeit vor Ort. Ähnliche Probleme dürften sich auch auf der Ärzteseite ergeben haben, bei der neben dem ohnehin eher dezentral organisierten Ärztevereinsbund vor allem die lokalen Ortsvereine des Hartmannbundes über ein hohes Maß an Handlungsautonomie verfügten.

Das *„Berliner Abkommen"* lehnte nun gerade den Abschluss von Kollektivverträgen zwischen einzelnen Kassen und lokalen ärztlichen Unterorganisationen ab und stellte stattdessen weiterhin den Vertragsabschluss mit dem einzelnen Arzt in den Mittelpunkt. Als Kollektivvertrag über diesen kassenärztlichen Einzelverträgen stand nur noch das *„Berliner Abkommen"* der Spitzenverbände, das insofern den Charakter eines *„Mantelvertrags"* hatte (Niggemann 1933, S. 40). Damit wurde der Einfluss der örtlichen und bezirklichen Ärzteorganisationen stark eingeschränkt, „zumal die Gültigkeit der Einzelverträge nicht von der Genehmigung einer Organisation abhängig gemacht werden durfte" (Niggemann 1933, S. 40). Die lokalen und bezirklichen ärztlichen Unterorganisationen verloren einen Großteil ihrer bisherigen Verhandlungsautonomie, die sie sich zuvor in teilweise langwierigen Konflikten mit den Kassen erworben hatten. Das *„Berliner Abkommen"* machte sowohl auf Kassen- wie auf Ärzteseite die Zwischenschaltung örtlicher oder bezirklicher Kollektivparteien nahezu überflüssig. Stattdessen wurden die örtlichen Mitgliedsorganisationen zu Umsetzungsorganen der kollektiven Vereinbarungen (*„Reichsmantelabkommen"*) ihrer Spitzenverbände, die auf diese Weise die entscheidenden Verhandlungskompetenzen auf oberster Ebene zentralisierten. Natürlich war vorhersehbar, dass dieser Prozess nicht ohne Konflikte mit den lokalen Mitgliedsorganisationen ablaufen würde, die in der Vergangenheit vorteilhafte kollektivvertragliche Regelungen durchgesetzt hatten.

Hinzu kam auf ärztlicher Seite, dass das *„Berliner Abkommen"* das bisherige Arztsystem grundsätzlich unangetastet ließ. Die Forderung nach einer allgemeinen und unbeschränkten Zulassung aller organisierten Ärzte zur Kassenarztpraxis („organisierte freie Arztwahl") blieb also unerfüllt. Dies führte zur Enttäuschung und Frustration eines Teils der organisierten Ärzteschaft, die ihre weitgesteckten Ziele in dem errungenen „Teilsieg" ihrer Interessenverbände nicht verwirklicht sahen. Die Beibehaltung des Systems der „beschränkten freien Arztwahl" bedeutete, dass die Kassenarztverträge bei aller Standardisierung durch Richtlinien und Musterverträge weiterhin mit jedem einzelnen Arzt abgeschlossen werden mussten. Vor allem diejenigen Ärzte, die zuvor individuell günstigere Verträge mit ihrer Kasse ausgehandelt hatten – eine kleine, aber lautstarke Minderheit –, waren von der nun für sie tendenziell erfolgenden materiellen Verschlechterung kaum begeistert. Vielen Ärzten mag schließlich auch der weitgehend über ihre Köpfe hinweg erfolgte verbandliche Eingriff in ihre bisherige Vertragsautonomie als unvereinbar mit dem Status des Mitglieds einer freien Berufsgruppe gegolten haben. Trotz aller Probleme und Konflikte überwog aber letztlich doch „die Verständigungsbereitschaft, so dass zumeist neue Verträge auf der Grundlage des Berliner Abkommens zustande kamen" (Aye 1955, S. 20). Insofern führte das Abkommen langfristig sowohl zu einer *Nivellierung und Standardisierung der Vertragsbeziehungen und -inhalte* als auch zu einer wesentlichen *Stärkung der Position der Spitzenverbände* beider Seiten, die nun ihren festen Platz im Beziehungsgefüge zwischen Kassen und Ärzteschaft eingenommen hatten. Laut Niggemann (1933, S. 40) hatten sich die Spitzenverbände durch das *„Berliner Abkommen"* endgültig „ihre Legitimation verschafft, die Rechtsbeziehungen zwischen Ärzten und Krankenkassen auf kollektivvertraglicher Grundlage zu regeln". Auf diese Weise errangen sie das Repräsentationsmonopol für die organisierten Interessen im Bereich der ambulanten Versorgung der Versicherten[215].

2.2.2 Begrenzte Stabilität und Funktionsblockaden: Zur Notwendigkeit staatlicher „Kriseninterventionen" in die Netzwerkbeziehungen

Die Passivität des Staates in der Frage der Um- und Durchsetzung des Abkommens sowie die Tatsache, dass sich die in allen Netzwerkorganen vertretenen Staatsbeamten und Versicherungsbehörden auf eine möglichst friedliche und reibungslose Mitverwaltung des Netzwerk beschränkten, dürften entscheidende Indikatoren für die begrenzten gesundheitspolitischen Steuerungskapazitäten und Gestaltungsintentionen des Staates sein (Döhler 1992, S. 69). Hier

[215] Die *Kassenverbände* konnten ihre „Aufgabe der Interessenaggregation" (Alber 1992, S. 68) auch wegen des ab 1914 einsetzenden Konzentrationsprozesses innerhalb der Kassenlandschaft wesentlich leichter erfüllen, als dies zuvor der Fall war. Allein durch die Neuregelung der Krankenkassentypen auf Grundlage der *RVO* sank die Zahl der Kassen 1914 schlagartig um 53 %. Die Folge waren größere, homogenere und überlebensfähigere Kassen mit durchschnittlich 1559 Mitgliedern. Dies und der ab 1914 stetig ansteigende Organisationsgrad der Spitzenverbände – 1919 waren rund 58 % aller Kassen in den Verbänden der AOK'n und der BKK'n organisiert, die insgesamt über 11 Millionen Mitglieder bzw. rund 66 % aller Kassenmitglieder repräsentierten – bildeten die Hauptgründe für den Machtzuwachs der Kassenverbände. Als „Motor" des wachsenden Organisationsgrades dürfte dabei die Zugehörigkeit der Spitzenverbände zum exklusiven ambulanten Netzwerk gewirkt haben. Wollten die einzelnen Kassen ihren Einfluss auf die für sie verbindlichen Beschlüsse der Netzwerkorgane behalten, so war die Mitgliedschaft in einem der involvierten Verbände zwingend erforderlich. 1932 gehörten fast alle Kassen einem Verband an. Mit steigendem Organisationsgrad stieg die Verhandlungsmacht und (politische) Durchsetzungskraft der Verbände, die sich nun auf ein gefestigtes Repräsentationsmonopol der Kasseninteressen stützen konnten. Dieser Trend verstärkte wiederum die Homogenisierung der vormals extrem heterogenen Kassenlandschaft. Ein zeitgleicher Anstieg des Organisationsgrades ist auch beim *Hartmannbund* rekonstruierbar. Hier stieg er von rund 75 % im Jahre 1913 auf gut 90 % in 1919 an (eigene Zusammenstellungen und Berechnungen).

liegen die historischen Wurzeln für den bis heute hohen Grad an Politik- und Steuerungsdelegation auf die „Gemeinsame Selbstverwaltung“ des ambulanten Organisationsnetzwerks, das gerade aus diesem Grund mit der Zeit einen relativ hohen Autonomiegrad gegenüber dem Staat erlangen konnte. Die an der Konstituierung des Netzwerkes noch aktiv beteiligten Ministerialbürokratien reduzierten ihr Engagement sehr rasch auf eine eher defensive, vermittelnde Begleitung der Netzwerkaktivitäten und setzten ansonsten von Anfang an auf die selbstregulativen Fähigkeiten der Netzwerkakteure im Rahmen der „Gemeinsamen Selbstverwaltung“.

Aufgrund des fehlenden gesundheitspolitischen Konzepts konzentrierte sich der Staat zunächst lediglich auf eine Vereinheitlichung der Verfahren zur Konfliktregulierung und auf eine Formalisierung der Netzwerkbeziehungen. Die relativ schwache und uneinheitliche Position des Staates in Fragen der Weiterentwicklung und aktiven Ausgestaltung des einmal begonnenen Weges wird dabei unter anderem auf die Vielzahl unterschiedlicher föderaler Sonderinteressen zurückgeführt (Döhler 1992, S. 69). Diese erschwerten eine einheitliche gesundheitspolitische Strategie der Reichsregierung ebenso wie die in der Gesetzlichen Krankenversicherung seit ihrer Gründung ohnehin bestehende Verflechtung des Staates mit einer Vielzahl (organisierter) gesellschaftlicher Interessengruppen. Letztere versuchten seit 1883 mit wechselndem Erfolg ihren Einfluss auf die Gesundheits- und Sozialpolitik über die Selbstverwaltung der Krankenkassen, die politischen Parteien, Interessenverbände und die Ministerialbürokratien selbst gelten zu machen. Damit wird erklärlich, „dass die staatlichen Aufsichtsbehörden schon damals die Einigungsfähigkeit der Kontrahenten als Konfliktregelungsstrategie bevorzugten“ (Döhler 1990, S. 68), um sich nicht selbst in Auseinandersetzungen mit machtvollen organisierten Interessengruppen, wie den Arbeitgeberverbänden oder Gewerkschaften, zu bringen. Erst die Gefahr der reichsweiten Ausdehnung der „Ärztestreiks“ und damit einer Destabilisierung der Gesetzlichen Krankenversicherung machte eine Intervention unumgänglich. Staatliche Eingriffe waren deshalb vielfach *„Kriseninterventionen*Das durch das *„Berliner Abkommen“* konstituierte, aber noch „unterentwickelte“ Organisationsnetzwerk musste aufgrund der mangelhaft ausgeprägten eigenverantwortlichen Steuerungsmöglichkeiten sowie der noch kaum gefestigten und akzeptierten Strukturen und Verflechtungen fast zwangsläufig versagen, als nach Ende des Ersten Weltkriegs, „besonders aber infolge der Inflation das kassenärztliche Vergütungssystem in eine äußerste Krise geriet“ (Krause 1981, S. 405). In dieser kritischen Situation traten die, durch die noch kaum eingespielten Netzwerkstrukturen nur notdürftig überdeckten materiellen Interessengegensätze zwischen Kassen und Ärzteorganisationen wieder offen zu Tage, was eine Funktionsblockade des Netzwerks verursachte. Ende 1918, also nur rund vier Jahre nach Konstituierung des Netzwerks, konnte in den kollektiven Gremien keine Einigung mehr über die Fortführung zahlreicher ausgelaufener Kassenarztverträge erzielt werden. Schließlich sah sich der widerstrebende Staat zur Intervention gezwungen.

Am 23. Dezember 1918 erging deshalb die *„(Not-)Verordnung über die Sicherung der kassenärztlichen Versorgung bei den Krankenkassen"*, die den ersten staatlichen Eingriff in die bisher ausschließlich privatrechtliche Regelung der Rechtsbeziehungen zwischen Kassen und Ärzteorganisationen darstellte. Mit der Verordnung wurden die Krankenkassen, die nicht genügend Ärzte unter Vertrag nehmen konnten, dazu ermächtigt, auf Antrag vom Sachleistungs- zum Barleistungsprinzip zurückzukehren. Damit wurde erstmals seit 1883 ein Grundprinzip der Gesetzlichen Krankenversicherung unter bestimmten Bedingungen außer Kraft gesetzt. Zugleich legte die Verordnung fest, dass „bei Entscheidungen der Schiedsämter über ärztliche Honorare eine Erhöhung um 30 % nicht überschritten werden durfte" (Niggemann 1933, S. 41). Die Verordnung war primär als Drohung an die Adresse der Ärzteorganisationen gerichtet[216]. Sie führte zur Stärkung der Verhandlungsposition der Krankenkassen gegenüber den streikbereiten Ärzten und ermöglichte die Beendigung einer ökonomischen Systemkrise der Krankenversicherung. Wenngleich die Verständigungsbereitschaft der Ärzte weiterhin gering blieb[217], so gelang es doch aufgrund des „plötzliche[n] Eingriff[s] des Staatsapparats in die private Rechtssphäre der Beteiligten" (Niggemann 1933, S. 41) fast allerorten, entsprechende (zumeist einjährige) Verlängerungen der bestehenden Kassenarztverträge auf dem Verhandlungswege oder durch Spruch des Schiedsamtes zu erreichen und damit die finanziell stark angeschlagene Gesetzliche Krankenversicherung wieder zu stabilisie-

---

216 Die Ärzteorganisationen beließen es bei „einem geharnischten Protest, irgendwelche weiteren Konsequenzen zogen sie daraus nicht" (Niggemann 1933, S. 41). Parlow/Winter (1974, S. 54f.) erinnern daran, dass sie gerade 1918/19 das Land mit einer Streikwelle überzogen, „die ausgesprochen konterrevolutionäre Zuge trug". Mit ihren Aktionen in Halle, Wilhelmshaven, Greifswald, Stuttgart, Bremen, Erfurt und Leipzig „setzten die Ärzte die örtlichen Räte völlig willkürlich unter Druck" und trugen dazu bei, „dass das kämpfende Proletariat niedergerungen werden konnte". Insofern war das Verhältnis zwischen Ärzten und junger Republik angespannt. Mit der *Verordnung vom Dezember 1918* reagierte der Staat insofern auch auf die politische Herausforderung durch die konservativ-reaktionär gestimmte organisierten Ärzteschaft.

217 Die geringe Kompromissbereitschaft resultierte auch daraus, dass die *Verordnung vom 22. November 1918* die Versicherungspflichtgrenze für Angestellte von 2.500,- auf 5.000,- Mark heraufgesetzt und die Einkommensgrenze für Versicherungsberechtigte (bisher 4.000,- Mark p.a.) beseitigt hatte (Aye 1955, S. 21; Frerich/Frey 1996a, S. 206; Parlow/Winter 1974, S. 55ff.). Der Staat versuchte so, der Geldentwertung Rechnung zu tragen und der GKV kurzfristig zusätzliche Beitragseinnahmen zuzuführen. Für die Ärzte bedeutete dies eine Schmälerung ihrer Einnahmen aus der Privatpraxis. Sie waren deshalb bestrebt, ihre Einkommensverluste durch neue Kassenarztverträge mit entsprechenden Honorarerhöhungen zu kompensieren. In der prekären Situation der GKV war somit ein Verteilungskampf zwischen Kassen und Ärzteorganisationen unausweichlich.

ren (Aye 1955, S. 21). Darüber hinaus ermöglichte der Staat durch die ebenfalls im Dezember 1918 erlassene *„Verordnung über Tarifrecht“* die Übertragung des Tarifvertragsgedankens aus dem Bereich der industriellen Beziehungen zwischen Arbeitgeberverbänden und Gewerkschaften auf das Gesundheitswesen. In Anlehnung an das dortige Tarifrecht wurde es nunmehr auch im Bereich der ambulanten Versorgung möglich, auf freiwilliger Basis zwischen den Spitzenverbänden von Krankenkassen und Ärzten ein kollektives Honorarabkommen zustande zu bringen. Insofern stellte das *Tarifabkommen vom Dezember 1919*, das bis 1922 mehrmals verlängert wurde, den ersten überregionalen *„Tarifvertrag“* zwischen Kassenverbänden und Ärzteorganisationen dar[218]. Damit verbunden war die weitere Stärkung der Legitimation der Spitzenverbände beider Seiten in Verhandlungsfragen (Niggemann 1933, S. 41).

Zwischen 1914 und 1923 stand das durch das *„Berliner Abkommen“* konstituierte Organisationsnetzwerk mehrfach aufgrund der hohen Krisenanfälligkeit und Konflikthaftigkeit der Beziehungen zwischen Krankenkassen und Ärzteorganisationen am Rand des Zusammenbruchs. Infolge dessen sah sich der Staat des öfteren zu direkten Interventionen gezwungen, um die Funktionsweise des Netzwerks und damit der gesamten Gesetzlichen Krankenversicherung weiterhin sicherzustellen. Insgesamt trug das konstituierte Netzwerk, bei allen Unzulänglichkeiten und Spannungen aber doch zur Einübung kooperativer Verfahren auf der Ebene der Spitzenverbände und zwischen den Funktionseliten der beteiligten korporativen Akteure bei. Die durch das *„Berliner Abkommen“* geschaffenen gemeinsamen Gremien bildeten in den Folgejahren die strukturellen Grundlagen für eine weitere kollektive Ausgestaltung der Netzwerkbeziehungen. Allerdings konnten die nach 1913 geschlossenen Ergänzungsabkommen zwischen den Spitzenverbänden nicht zu einer grundlegenden Verstetigung, Befriedung und Stabilisierung der Beziehungen zwischen den Hauptakteuren führen und deshalb die *Netzwerkkohäsion* auch nicht entscheidend erhöhen. Vieler Orten gerieten Krankenkassen und Ärzte vor allem aufgrund der fatalen inflationären Entwicklung der Nachkriegszeit immer wieder in „scharfe Gegensätze“ (Aye 1955, S. 23). Sie blockierten die Umsetzung der gefassten Beschlüsse, sofern solche überhaupt noch zustande kamen, und legten damit die Funktionsfähigkeit der gemeinsamen Netzwerkgremien lahm.

---

[218] Niggemann (1933, S. 41) merkt an, dass das zwischen Kassenverbänden und Ärzteorganisationen vereinbarte Honorarabkommen im engeren Sinne nicht als Tarifvertrag im Sinne der Tarifvertragsordnung bezeichnet werden kann, da den Ärzten die erforderliche Arbeitnehmereigenschaft fehlt. Insofern handelte es sich eher um einen Normenvertrag schuldrechtlicher Art wie beim *„Berliner Abkommen“*. Der Begriff „Tarifvertrag“ wird deshalb in Anführungsstriche gesetzt.

2.2.3 Korporatisierung, Standardisierung und Integration als Krisenreaktion: Die Institutionalisierung eines stabilen Beziehungsgefüges ab 1923

1923 bestand nach einer Reihe ergebnisloser Verhandlungen keine Aussicht auf eine rasche Verständigung zwischen den Spitzenverbänden der Krankenkassen und der Ärzte über eine freiwillige Verlängerung des auslaufenden *„Berliner Abkommens"*. Damit stand das vom Staat arrangierte Abkommen vor dem Scheitern. Zugleich erwies es sich als unmöglich, zu einer wie auch immer gearteten konsensfähigen kollektiven Regelung zwischen den Spitzenorganisationen zu kommen[219]. Es stand zu befürchten, dass ab 1924 erneut ein vertragsloser Zustand eintreten würde, der das System der Gesetzlichen Krankenversicherung in einer ohnehin krisengeschüttelten Zeit an den Rand des Zusammenbruchs gebracht hätte. Spätestens zu diesem Zeitpunkt rückten der ambulante Sektor und die dortigen Interessenkonflikte zwischen Krankenkassen und Ärzteorganisationen in das Zentrum der staatlichen Gesundheitspolitik (Döhler/Hassenteufel 1995, S. 810). Angesichts des absehbaren Fortfalls der (privatrechtlichen) Geschäftsgrundlage des *„Berliner Abkommens"* wurde eine gesetzliche Regelung der Beziehungen zwischen Krankenkassen und Ärzteorganisationen immer dringlicher.

Die aufgrund mehrfacher Ausweitung des Versichertenkreises rapide gewachsene gesundheits- und finanzpolitischen Bedeutung der Gesetzlichen Krankenversicherung, die 1922 bereits über 50 Prozent der Bevölkerung umfasste, und das dadurch bedingte „große öffentliche Interesse an einer möglichst reibungslosen, von privaten Streitigkeiten nicht behinderten oder gehemmten Durchführung ihrer Einrichtungen machten es erforderlich, das Verhältnis zwischen Ärzten und Krankenkassen einer Regelung zu unterwerfen, die sowohl eine ausreichende Existenz des Ärztestandes sicherte, als auch die Leistungsfähigkeit und Lebensfähigkeit der Krankenkassen gewährleistete" (Niggemann 1933, S. 43). Eine staatliche Passivität hätte angesichts des offenbaren Scheiterns des Konzepts einer freiwilligen „Gemeinsamen Selbstverwaltung" das gesamte Modell der Gesetzlichen Krankenversicherung gefährdet und damit zugleich rund 40 Jahre Krankenversicherungspolitik in Frage gestellt. Nach Niggemann (1933, S. 43) wäre in dieser Situation eine starre, allzu detaillierte und dementsprechend nicht auf die dynamische Fortentwicklung des Netzwerks ausgerichtete Regelung genauso schäd-

[219] Die Verhandlungen um die Regelung der Netzwerkbeziehungen scheiterten an Meinungsverschiedenheiten über Art und Umfang der kassenärztlichen Honorierung und die vom Hartmannbund erhobene Forderung nach freier Arztwahl (Döhler 1990, S. 70). Schließlich verweigerten die Kassen die Verlängerung des *„Berliner Abkommens"* und forderten eine gesetzliche Regelung. Die Ärzteorganisationen lehnten jeden staatlichen Eingriff strikt ab und beharrten auf einer vertraglichen Regelung (Rosewitz/Webber 1990, S. 18). Die Situation war festgefahren.

lich gewesen, wie eine Beibehaltung der völlig freiwilligen Regelung der Interorganisationsbeziehungen durch die Spitzenverbände beider Seiten.

Die zum Handeln gezwungene Reichsregierung wählte in dieser Situation den Weg, „in starker Anlehnung an die im modernen Arbeitsrecht entwickelten Lehren von einer öffentlichrechtlichen Autonomie der sozialen Gegenspieler und unter Übernahme bewährter Bestimmungen des Berliner Abkommens Ärzten und Krankenkassen zwar einen weitgehenden Einfluss auf die Gestaltung ihrer Rechtsbeziehungen zu belassen, andererseits aber das öffentliche Interesse an einer gedeihlichen Entwicklung dieser die Krankenversicherung stark berührenden Fragen sicherzustellen“ (Niggemann 1933, S. 43). Dabei wurde keine völlig neuartige Regelung für den ambulanten Sektor entwickelt, sondern bereits bewährte Elemente eines anderen „organisationalen Felds“ übernommen. In diesem Sinne handelte es sich gewissermaßen um eine durch den Staat veranlasste Mischform aus *„mimetischem“* und *„zwangsweisem Isomorphismus“* (DiMaggio/Powell 1983). Allerdings fand gerade keine reine Imitation der korporativen Regelung der industriellen Beziehungen durch den Staat (Tarifvertragsgesetz) statt, sondern die Regulierungsformen wurden auf die spezifische Situation im Gesundheitswesen abgestellt und angepasst.

Im Herbst 1923 intervenierte die Reichsregierung auf Grundlage des *Ermächtigungsgesetzes vom 13. Oktober* durch den Erlass zweier grundlegender Notverordnungen[220]. Die zwei durch den Reichsarbeitsminister 1923 erlassenen *Verordnungen über „Ärzte und Krankenkassen“* sowie über *„Krankenhilfe bei den Krankenkassen“* lösten einen grundlegenden Wandel in den Rechtsbeziehungen zwischen den Spitzenverbänden der Kontrahenten aus. Im Kern wurden die bisherigen freiwillig eingegangenen Regelungen und Netzwerkbeziehungen des *„Berliner Abkommens“* in bindende gesetzliche Vorschriften umgewandelt und damit zu *Normen des öffentlichen Rechts* erhoben[221]. Obwohl schon 1913, wie bereits ausgeführt, das Reichsamt des Inneren und der damalige preußische Handelsminister am Zustandekommen des *„Berliner Abkommens“* wesentlich beteiligt waren und staatliche Behörden gewisse Aufgaben im Rahmen der Netzwerkorgane zugeteilt bekommen hatten, war das Abkommen im

[220] Ausschlag gab schließlich die ablaufende Frist für den Erlass neuer Notverordnungen. Die Bürokratie des Reichsarbeitsministeriums befürchtete, dass ein ordentliches Gesetzgebungsverfahren zu viel Zeit in Anspruch nehmen würde. Die benötigte kurzfristige Entlastung der GKV wäre so vermutlich zu spät erfolgt (Tennstedt 1977e, S. 127-128).

[221] 1924 wurden die in den Notverordnungen von 1923 fixierten Bestimmungen des *„Berliner Abkommens“* – vor allem die Vorschriften über den Vertragsausschuss und die Schiedsinstanzen – in den *§ 368 RVO* nachträglich integriert, dessen Regulierung des Vertragsverhältnisses zwischen Ärzten und Kassen bis dahin weitgehend darauf beschränkt war, die Schriftform des Kassenarztvertrags festzuschreiben (Döhler/Manow-Borgwardt 1992a, S. 575).

Kern privatrechtlicher Natur. Das 1923 verordnete öffentlich-rechtliche Modell stellte hingegen ein grundsätzliches Novum für die Regelung der Beziehungen zwischen Krankenkassen und Ärzteorganisationen unter Staatsaufsicht dar.

Tab. 10: Die aufgrund der Notverordnungen von 1923 errichteten Netzwerkorgane

Durch gesetzliche Bestimmung errichtete Organe mit öffentlich-rechtlichem Charakter	Vertraglich vereinbarte, freiwillige Organe mit privatrechtlichem Charakter
1. Organe höherer Ordnung auf Spitzenverbandsebene: - Reichsausschuss für Ärzte und Krankenkassen - Reichsschiedsamt	1. Organe zur Vorbereitung von Vertragsabschlüssen auf bezirklicher / lokaler Ebene: - Arztausschüsse bei jeder Kasse (ab 1924) - Zulassungsausschüsse auf Ebene des jeweiligen Versicherungsamtes (ab 1925)
2. Organe niederer Ordnung auf bezirklicher / lokaler Ebene: - Schiedsämter - Vertragsausschüsse - Überwachungsausschüsse (bis 1926)	2. Organe zur Betreuung bestehender Kassenarztverträge auf bezirklicher/lokaler Ebene: - Schiedsgerichte für Streitigkeiten aus abgeschlossenen Arztverträgen (ab 1924/25) - Prüfungsausschüsse (ab 1926)

Quelle: Niggemann 1933, S. 44-67; eigene Zusammenstellung

1923 wurden die bestehenden Netzwerkbeziehungen zwischen den ohnehin öffentlich-rechtlichen Krankenkassen und den privaten Ärzteorganisationen in eine gemeinsame *öffentlich-rechtliche Selbstverwaltung* transformiert und damit zugleich gesetzlichen Verwaltungs- und Verfahrensvorschriften unterworfen. Fortan erfolgte die Regelung der Beziehungen zwischen den Spitzenverbänden der Kassen und Ärzteorganisationen, „die sich nunmehr aus Elementen öffentlicher und bürgerlicher Rechte zusammensetzten" (Niggemann 1933, S. 44), sowohl durch unmittelbare, kraft Gesetz geschaffene (paritätisch besetzte) Netzwerkorgane als auch durch vom Gesetz ermöglichte, aber in ihrer Errichtung letztlich freiwillige, zwischen den korporativen Akteuren vereinbarte Einrichtungen. Auf diese Weise entstand *ein auf mehreren Ebenen gestaffeltes Beziehungsnetzwerk* zwischen den Krankenkassen und Ärzteorganisationen mit einer Vielzahl von mit unterschiedlichen Kompetenzen ausgestatteten Steuerungs-, Umsetzungs- und Schlichtungsorganen. Ab 1923 erhielt das auf Verbandebene bereits 1913 konstituierte Netzwerk nicht nur entscheidende strukturelle Modifizierungen auf Ebene der Beziehungen zwischen den Spitzenverbänden, sondern gewissermaßen auch einen funktionsfähigen organisationalen „Unterbau" durch gezielte Einbeziehung der lokalen und bezirklichen Unterorganisationen beider Seiten in das Netzwerk. Die neuen, auf lokaler Ebene einzurichtenden *Vertragsausschüsse*, sogenannte Netzwerkorgane niederer Ordnung, bekamen die Aufgabe einer Konkretisierung und Umsetzung der auf Spitzenverbandebene getroffenen Rahmenvereinbarungen und -Richtlinien. Auf diese Weise wurden die Mitgliedsorganisationen der Spitzenverbände in das konstituierte Netzwerk integriert und damit ein wesentlicher Mangel des *„Berliner Abkommens"* ausgeglichen. Allerdings besaßen sie nur noch eine sehr eingeschränkte Handlungsautonomie innerhalb des durch die oberste Netzwerkebene vorgegebenen und für sie verbindlichen Handlungsrahmens. Vorwiegend waren sie ab 1923 mit exekutiven Aufgaben betraut. Auf diese Weise wurden die gerade auf lokaler Ebene zuvor angespannten Beziehungen zwischen Krankenkassen und Ärzteorganisationen weitgehend befriedet, kümmerten sich die Funktionseliten der lokalen Organisationen doch jetzt primär um die technische Umsetzung der Rahmenabkommen auf lokaler Ebene. Hierbei waren die Experten beider Seiten nun unter sich, was die lokalen Beziehungen zwischen Kassen und Ärzteorganisationen entscheidend entpolitisierte und auf die Klärung von fachlichen Detailfragen reduzierte. Hinzu kam ein *gestaffeltes System von öffentlich-rechtlichen Zwangsschlichtungseinrichtungen* (Schiedsämter für jeden Bezirk des Oberversicherungsamtes, ein zentrales Reichsschiedsamt auf Verbandsebene), die fortan bei allen Vertragsstreitigkeiten zu entscheiden hatten[222]. Ihr Aufgabenkreis bezog sich auf „Schlichtung und auf Entscheidung von Differenzen aus bestehenden Verträgen, also auf Rechtsprechung" (Niggemann 1933, S. 61). Dabei hatten die Schiedsämter immer die Entscheidungen des zentralen Netzwerkorgans, dem *„Reichsausschuss für Ärzte und Krankenkassen"*, zu Grunde zu legen. Ihre Entscheidungen waren für beide Parteien bindend, die Nichtbeachtung hatte „für die Parteien nachteilige Folgen" (Niggemann 1933, S. 61). Insofern besaßen die Schiedsämter eine *Doppelfunktion* als Schlichtungsstelle und reichsgerichtliches Sondergericht.

2.2.4 Vertikale Arbeitsteilung: Zentralisierung der Steuerungskompetenzen und Dezentralisierung der Umsetzungsverantwortung

Durch die 1923 erfolgte Institutionalisierung eines gestaffelten Systems öffentlich-rechtlicher Zwangsschlichtungseinrichtungen sollte auch bei Streitigkeiten zwischen Krankenkassen und organisierter Ärzteschaft die Funktionsfähigkeit des Netzwerks und damit der Bestand der Gesetzlichen Krankenversicherung sichergestellt werden. Intention des Gesetzgebers war also vor allem die Verhinderung zukünftiger Konflikteskalationen zu reichsweiten „Ärztestreiks"

222 Dieses System wurde durch die kollektivvertraglich vereinbarten *Arztausschüsse* ergänzt, die auf der Ebene der einzelnen Kasse die Funktion von paritätischen *Schiedsgerichten* in Vertragsstreitigkeiten hatten. Ab 1925 sollten auch die Vertragsausschüsse entsprechende Schiedsgerichte vorsehen. Die Schiedsgerichte gingen immer den Schiedsämtern vor.

und die Erzwingung kooperativer Verhandlungsstile der Netzakteure. Deshalb wurden die involvierten Akteure nun fest in ein staatlich definiertes, auf Dauer ausgerichtetes Netzwerk eingewoben, dessen „Spielregeln" sie sich zu unterwerfen hatten. Die Etablierung derart kooperativer Dauerbeziehungen zwischen den verpflichtungsfähigen Spitzenverbänden war mit einer tendenziellen gegenseitigen Akzeptanz der organisatorischen Identitäten sowie einer (bilateralen) Regelung der Rollenverteilungen, Kompetenzen und Interessensphären zwischen den Netzakteuren verbunden.

Innerhalb des Netzwerks fand zugleich ein zweiseitiger Prozess der *Monopolisierung der Steuerungskompetenzen und Verhandlungszuständigkeiten* auf der Spitzenverbandsebene und der gleichzeitigen *Dezentralisierung der Umsetzungsverantwortung* auf der bezirklichen beziehungsweise lokalen Netzwerkebene statt. Dies führte bei den lokalen Mitgliedsorganisationen zu einer weitgehenden Entlastung von der Verantwortung für gesundheitspolitische Richtungsentscheidungen gegenüber ihren eigenen Mitgliedern wie auch gegenüber dem lokalen Verhandlungspartner. Insofern handelte es sich um eine Art *vertikaler Arbeitsteilung oder Hierarchisierung* zwischen den Netzwerkebenen in Analogie zur Gliederung der öffentlichen Verwaltung in exekutive und legislative Ebenen, die für beide Ebenen vor allem entlastende Funktionen hatte. Gerade der hiermit verbundene Prozess der wechselseitigen *Spezialisierung* und *Arbeitsteilung* zwischen Spitzenverband und lokaler Mitgliedsorganisation löste jedoch auch eine Tendenz der *institutionellen Entkopplung* von gesundheitspolitischer Entscheidungskompetenz und unmittelbarer Betroffenheit aus. Hinzu kam, dass die Netzakteure gerade wegen der Spezialisierung und zunehmenden staatlichen Normierung des Spitzenverbandsstatus (*§ 368a RVO*) in ihrer Organisationspolitik berechenbarer wurden. Hierzu trug bei, dass die wichtigsten Netzwerkorgane seit 1923 den Charakter *öffentlich-rechtlicher Rechtssubjekte* besaßen. So wurden die Spitzenverbände der Kassen und der Ärzte durch ihre Beteiligung an den zentralen Netzwerkorganen, wie dem *Reichsschiedsamt* oder dem *„Reichsausschuss für Ärzte und Krankenkassen"*, schrittweise in öffentlich-rechtliche Funktionen eingebunden. Dies sicherte dem Staat den Erhalt seiner grundsätzlichen gesundheitspolitischen Steuerungskompetenz; denn er behielt die Oberaufsicht und die Option eines jederzeitigen korrigierenden Eingriffs in das Verwaltungshandeln der Akteure. Man kann schon hier von einer Tendenz zur *Verkörperschaftlichung* des ambulanten Netzwerks sprechen.

2.2.5 Korporatistische Konzertierung: Die Institutionalisierung des Reichsausschusses als staatlich organisierten Steuerungsverbund

Die für die „Gemeinsame Selbstverwaltung" wichtigste Neuerung der Notverordnungen bestand in der Einführung des „*Reichsausschusses für Ärzte und Krankenkassen*", der an die Stelle des vorherigen Zentralausschusses des „*Berliner Abkommens*" trat und eine strategische Schlüsselrolle einnahm. Aus dem vormals freiwilligen Gremium wurde nun eine paritätisch mit Vertretern der Spitzenverbände beider Seiten sowie drei unparteiischen Repräsentanten des Reichsarbeitsministeriums besetzte *Zwangsarbeitsgemeinschaft*. Der frühere *Zentralausschuss* war noch ein reines Durchführungs- und Schlichtungsorgan gewesen, dem die Befugnis fehlte, „die Beziehungen zwischen Ärzten und Krankenkassen den wechselnden Bedürfnissen und der jeweiligen Entwicklung anzupassen" (Niggemann 1933, S. 44). Der nun konstituierte Reichsausschuss erhielt hingegen erheblich größere Befugnisse. Seine Aufgabe bestand nicht mehr in der bloßen Gewährleistung der Durchführung des „*Berliner Abkommens*", sondern in seiner Weiterentwicklung und in der umfassenden Regelung der interorganisationalen Beziehungen zwischen den beteiligten Akteuren. Deshalb wurde er gesetzlich dazu verpflichtet, nicht nur die Durchführung des zum Gesetz erhobenen „*Berliner Abkommens*" zu überwachen, sondern darüber hinaus auch allgemeine Vertragsrichtlinien zu erarbeiten und die „Gemeinsame Selbstverwaltung" auszubauen. Damit vereinigte diese neue zentrale gesundheitspolitische Netzwerkinstitution neben den Aufgaben des früheren Zentralausschusses auch die des ehemaligen Vertragsausschusses auf sich[223].

Der Reichsausschuss erhielt die entsprechenden quasi-gesetzgeberischen Mittel vom Staat verliehen, zu bestimmten Regelungsbereichen eigenständig für das gesamte Reichsgebiet verbindliche Verordnungen und Richtlinien zu erlassen. Auf diese Weise erlangte das neue Netzwerkorgan weitgehende Kompetenzen „rechtsschöpfender Art", wodurch es gewissermaßen an die Stelle des Reichsarbeitsministeriums trat, „dem sonst der Gesetzgeber derartige Aufträge zu erteilen pflegt[e]" (Lehmann 1929, S. 66). Durch die Präsenz der Ministerialbeamten im Reichsausschuss sicherte sich der Staat zugleich entscheidenden Einfluss auf die rechtliche Neuordnung der (vertraglichen) Beziehungen zwischen Kassen und Ärzten. Die Weiterentwicklung der Netzwerkbeziehungen blieb also keineswegs allein der rechtsbildenden Kraft der gemeinsamen Selbstverwaltung von Kassen- und Ärzteverbänden überlassen.

[223] Die ab 1923 eingerichteten lokalen Vertragsausschüsse hatten exekutive Aufgaben, während der vom „*Berliner Abkommen*" vorgesehene Vertragsausschuss der Spitzenverbände unverbindliche Rahmenempfehlungen für den Abschluss von Kassenarztverträgen ausgearbeitet hatte.

Außerdem scheint gerade die staatliche Beteiligung am Reichsausschuss die Konfliktparteien dazu veranlasst zu haben, „dem ungewissen Ausgange in Gegenwart der Unparteiischen“ eine einvernehmliche bilaterale Lösung auf Spitzenverbandsebene vorzuziehen (Kuhns 1925, S. 409) und damit gewissermaßen eine Art *„antagonistischer Kooperation“* miteinander einzugehen.

Für Döhler (1990, S. 70) war der Reichsausschuss als das „Spitzenorgan der öffentlich-rechtlichen Autonomie der Verbände der Ärzte und Krankenkassen“ (Niggemann 1933, S. 44) aufgrund seiner Zusammensetzung und Funktionsweise mit allen Merkmalen der (autoritär) korporatistischen Steuerung versehen. Seiner Ansicht nach handelte es sich um eine tripartistisch besetzte, öffentlich-rechtliche und gerade deshalb mit hoheitlichen Befugnissen ausgestattete „Zwangseinrichtung, in der die Spitzenverbände des Gesundheitssektors unter staatlicher Aufsicht für eine sozialpolitische Aufgabe eingesetzt wurden“. Damit war eine entscheidende Funktionsaufwertung der Spitzenorganisationen von Krankenkassen und Kassenärzten verbunden. Die Zentralisierung der entscheidenden Handlungskompetenzen auf oberster Verbandsebene in gemeinsamen Netzwerkgremien wurde nun vom Staat sanktioniert und normiert und damit auch die dominante Rolle der Spitzenverbände festgeschrieben[224]. Zugleich entstanden so die gesetzlichen Grundlagen für die „Gemeinsame Selbstverwaltung“. An Stelle des einzelnen Kassenvorstandes und der einzelnen ärztlichen Organisation entwickelte von nun an eine Gruppe von insgesamt zehn Mitgliedern der Funktionseliten der Spitzenverbände beider Seiten zusammen mit drei (unparteiischen) Vertretern des Staates im Rahmen des Reichsausschusses als zentraler Instanz gemeinsam verbindliche Normen für den gesamten ambulanten Sektor. Dabei blieben alle Entscheidungen der beteiligten Parteien an einen grundsätzlichen Konsens gebunden, „der auch nicht durch das zahlenmäßig mögliche Gegeneinander-Ausspielen der Konfliktparteien durch den Staat ersetzt wurde“ (Döhler/Manow-Borgwardt 1992, S. 576). Anders als beim früheren Zentralausschuss waren Beschlüsse zu zentralen Fragestellungen, wie beispielsweise die des zukünftigen „Arztsystems“[225] jetzt nur noch mit einer qualifizierten Mehrheit möglich (*§ 368d RVO*). Die paritäti-

[224] Über den in *§ 368a RVO* konkretisierten Status des Spitzenverbandes wurde der Zugang zu den entscheidenden gesundheitspolitischen Entscheidungen ebenso wie zu den Ressourcen des Netzwerks monopolisiert. Vor allem durch ihre per Gesetz definierte Zugehörigkeit zum Reichsausschuss wurden die Spitzenorganisationen beider Seiten endgültig zu den einzigen legitimierten Vertretern der organisierten Interessen im ambulanten Sektor.

[225] Nach wie vor war die Frage des zukünftigen Zulassungsmodus' zur Versorgung der Versicherten zwischen Kassen und Ärzten umstritten. Die möglichen Modelle reichten von der *unbeschränkt freien Arztwahl*, bei der grundsätzlich jeder im Arztregister eingetragene niedergelassene Arzt zur Kassenpraxis zugelassen war, über verschieden restriktive Abstufungen der *organisierten freien Arztwahl*, bei der der Arzt im Prinzip durch seine Zugehörigkeit zu einer kassenärztlichen Organisation die Zulassung erlangt, der *beschränkt frei-*

sche Besetzung des Reichsausschusses schürte dabei die *Fiktion eines Kräftegleichgewichts* und einer gleichberechtigten Kooperation zwischen den beteiligten Spitzenverbänden. Das war schon deshalb illusorisch, weil die organisationspolitisch untereinander konkurrierende Kassenverbandsseite keinen solch homogenen interessenpolitischen Block bilden konnte, wie dies die stabile Union aus Ärztevereinsbund und Hartmannbund von Anfang an vermochte[226]. Letztlich schrieb die paritätische Besetzung des Gremiums deshalb wohl eher ein strukturelles (machtpolitisches) Übergewicht der einheitlich organisierten Ärzteschaft fest[227].

Aufgrund seiner Zusammensetzung kamen im Reichsausschuss die partikularen Interessen der beteiligten Spitzenorganisationen „nicht gänzlich ‚undiszipliniert' zum Tragen" (Döhler/Manow-Borgwardt 1992a, S. 576). Im Gegensatz zum früheren Zentralausschuss konnte die Funktionsfähigkeit dieses zentralen Netzwerkgremiums also nicht mehr ohne weiteres durch die Interessenpolitik einzelner beteiligter Organisationen blockiert werden. Dies hing vor allem mit den Regelungen der 1925 verabschiedeten *Geschäftsordnung* des Ausschusses zusammen. Sie legte fest, dass die von den Netzwerkakteuren in das gemeinsame Gremium gewählten Vertreter gegenüber ihren eigenen Spitzenorganisationen nicht mehr weisungsgebunden (*§§ 5 und 14 der Geschäftsordnung*) und diesen de facto auch nicht mehr für die mitgetragenen Beschlüsse verantwortlich waren[228].

Hinzu kam, dass die Verbandsrepräsentanten im Reichsausschuss ein „öffentliches Amt" bekleideten und darauf verpflichtet wurden, „im Auge zu behalten, dass das Ergebnis der Ausschusstätigkeit im Namen des Reichs hinausgeht und dem öffentlichen allgemeinen Interesse zu dienen bestimmt ist" (Richter/Sonnenberg 1926, S. 55). Hierbei handelte es sich um einen frühen Versuch der Gemeinwohlbindung der Netzwerkakteure. Fortan hatten die in die Netzwerkgremien entsandten Verbandsfunktionäre die partikularen Interessen ihrer Organisation einem übergeordneten Netzwerkzweck unterzuordnen, der auf die Erhaltung der im „öf-

---

en Arztwahl, bei der nur ausgewählte Ärzten zur freien Auswahl zugelassen wurden, bis hin zu einem *fixierten Kassenarztsystem*, bei dem der Arzt Kassenangestellter war (Döhler/Manow-Borgwardt 1992a, S. 591).

226 Auf der Kassenseite führte die gesetzliche Normierung ihrer Spitzenverbände – von der Begriffsbestimmung in *§ 368a RVO* (1924) bis zur Umwandlung der Reichsverbände der Kassen in öffentlich-rechtliche Körperschaften in 1937 – zur annähernden Homogenisierung. Damit nahmen die Chancen für gemeinsame Forderungen und Strategien zu. Ein Beispiel für eine mögliche Kooperation war die während des Krieges gebildete *„Arbeitsgemeinschaft der Krankenkassen-Reichsverbände und der Reichsknappschaft"*, die über Probleme der GKV beriet (Tennstedt 1977e, S. 217f.). Seit 1976 existiert eine *„Arbeitsgemeinschaft der Spitzenverbände der gesetzlichen Krankenkassen"*, der alle Kassenverbände angehören. Sie dient zur Förderung der Kooperation und Abstimmung bei den gesetzlichen Aufgaben (*§ 219 SGB V*).

227 Die Einbeziehung der beiden Ärzteorganisationen spiegelte eine organisationspolitische Differenzierung vor, die real so nicht bestand. Der Reichsausschuss gehörte zum originären Zuständigkeitsbereich des Hartmannbunds, der als wirtschaftspolitische Abteilung des Ärztevereinsbundes die ärztliche Interessenpolitik im Gremium weitgehend selbst bestimmen konnte.

228 Nur die neutralen Mitglieder waren gegenüber dem Reichsarbeitsministerium weisungsgebunden.

fentlichen Interesse" liegenden Funktionsfähigkeit des ambulanten Organisationsnetzwerks im ganzen gerichtet war[229].

Die Folge war eine tendenzielle Verselbstständigung der gemeinsamen Netzwerkgremien gegenüber den einzelnen Organisationen, die zwar keine unmittelbare Kontrolle über ihre Delegierten besaßen und zugleich doch an die von ihnen mitbeschlossenen Regelungen gebunden waren. Damit war der strukturelle Grundstein für die Entwicklung eines organisationalen „Eigenlebens" der Netzwerkorgane gegenüber den beteiligten Spitzenorganisationen gelegt. Die Ausschussmitglieder entwickelten mit der Zeit den *Habitus „interessenfreier Sachverständiger"*, die sich mehr dem „Gemeinwohl" als den Partikularinteressen der sie entsendenden Organisationen verbunden fühlten. Für Döhler/Manow-Borgwardt (1992a, S. 577) kam hierbei zum Ausdruck, dass die Delegierten der Spitzenverbände nach eigener Auffassung nicht etwa in semi-autonome Netzwerkorgane entsandt wurden, in denen Interessenverbände gemeinsam hoheitliche Funktionen im eigenen Namen wahrnahmen, sondern primär in „als Behörden angesehene Stellen". Letztlich diente die Berufung auf die individuelle ehrenamtliche Funktion des Verbandsrepräsentanten in den Reichsausschuss als zentralem Netzwerkorgan also einer „ weiteren Zähmung der organisierten Interessengruppen" (Döhler/Manow-Borgwardt 1992a, S. 577) im Gesundheitswesen. Gerade durch die kontinuierliche Zusammenarbeit der Verbandsvertreter beider Seiten in festen Gremien unter einem gemeinsamen Netzwerkzweck entspannte sich mit der Zeit das Verhältnis zwischen Krankenkassen und organisierter Ärzteschaft ebenso wie zwischen den Spitzenorganisationen und dem Staat. Nur so wird die in den Folgejahren zumeist konstruktive Mitarbeit der Interessenorganisationen beider Seiten an der Formulierung quasi-gesetzlicher Konfliktregelungen und der gemeinsamen Ausgestaltung des gesamten ambulanten Versorgungssektors erklärlich.

Im Gegensatz zum Zentralausschuss entfaltete der Reichsausschuss in den Jahren nach 1923 eine rege Tätigkeit. Im Zentrum der Ausschussaktivitäten stand dabei die Neuordnung des ärztlichen Vertragswesens. Da seine Richtlinienkompetenzen von der Normierung der Zulassung zur Kassenarztpraxis über die allgemeinen Inhalte der Kassenarztverträge bis zur Höhe der Vergütung der kassenärztlichen Tätigkeit reichten, konnte der Ausschuss faktisch in alle zentralen Bereiche der Beziehungen zwischen Krankenkassen und Ärzten regelnd eingrei-

[229] Fortan wurde die Interessenpolitik der im Netzwerk inkludierten Spitzenorganisationen dadurch geprägt, dass eine Formulierung und Durchsetzung partikularer Interessen nur noch unter Bezugnahme auf die unter den Begriff des „Gemeinwohls" subsumierte langfristige Stabilität der GKV und die Erhaltung der Funktionsfähigkeit des ambulanten Organisationsnetzwerks möglich war. Bis heute verkaufen deshalb sowohl Kassen- als auch Ärzteverbände ihre auf eine strukturelle Reform der Netzwerkbeziehungen zu ihren Gunsten ausgerichteten gesundheitspolitischen Forderungen als Konzepte zur Erhaltung von Zukunftsfähigkeit und Stabilität der GKV.

fen. Zwischen 1924 und 1928 erließ der Reichsausschuss eine Vielzahl von *Richtlinien* und Bestimmungen zur Regelung und Ausgestaltung der beiderseitigen Beziehungen (Aye 1955, S. 25), die sowohl von den Kassen als auch von der Mehrheit der Ärzteschaft akzeptiert wurden. Hierdurch gelang eine gewisse Konsolidierung des weiterhin strittigen Kassenarztsystems (Krause 1981, S. 406). Die durch den Reichsausschuss verabschiedeten Richtlinien wurden schließlich, „einem ‚immer stärker' werdenden ‚Bedürfnis nach Kodifikation' entsprechend" (Döhler/Manow-Borgwardt 1992a, S. 578), überarbeitet und im November 1928 zusammenfassend veröffentlicht. Damit war das *Kassenarztrecht* zunächst abgeschlossen. Den maßgeblichen Kern bildete hierbei eine das Verhältnis zwischen Krankenkassen und Ärzten grundlegend regelnde Vertrags- und Zulassungsordnung. Die Richtlinien des Reichsausschusses waren vor allem deshalb von so weitreichender Bedeutung, weil sie zu einer fortschreitenden Umkleidung des privatrechtlichen Vertrags zwischen einzelnem Kassenarzt und einzelner Krankenkasse „durch ein System von Kollektivrecht und öffentlichem Recht" (Krause 1981, S. 406) führten, was „in der Festschreibung ihres öffentlich-rechtlichen Charakters" (Döhler/Manow-Borgwardt 1992a, S. 578) mündete. In gewisser Weise banden sich die Netzakteure damit immer fester an den Staat und unterstrichen so die Funktion des Netzwerks als korporatistische Form einer intermediären, semi-autonomen gesundheitspolitischen Steuerungsinstanz im Rahmen der öffentlich Verwaltung.

Abb. 15: Das korporatistische ambulante Organisationsnetzwerk ab 1923

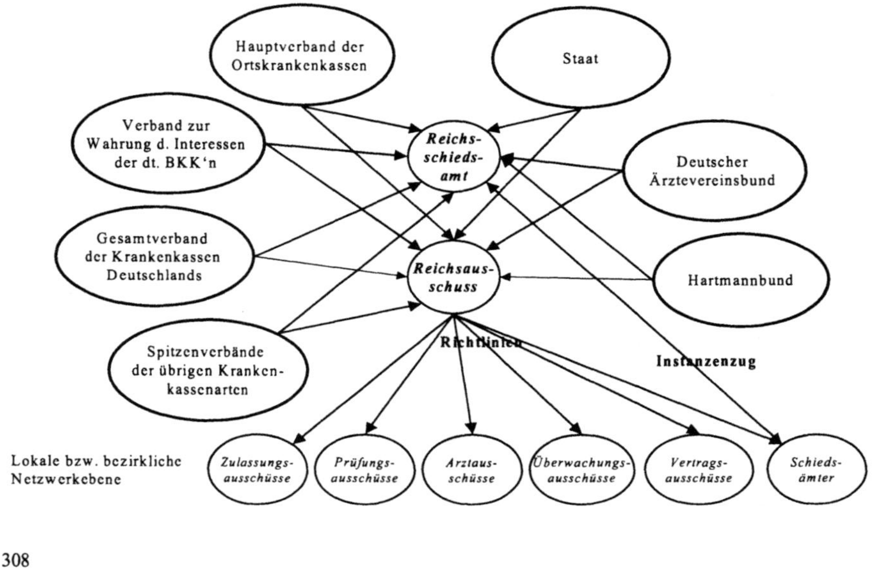

Die neben der eigenständigen Regelung der Netzwerkbeziehungen primär auf die Erhaltung der Netzwerkstabilität ausgerichtete Steuerungskompetenz des Reichsausschusses wurde schließlich in der gesetzgeberischen Maßgabe verdeutlicht, sowohl Krankenkassen als auch Ärzte vor einer übermäßigen und unnötigen Inanspruchnahme der Krankenhilfe zu sichern. Insofern bestand eine Hauptaufgabe des Reichsausschusses aus staatlicher Sicht primär in einer gleichgewichtserhaltenden Steuerung des Netzwerks im Rahmen einer „Art delegierter Gesetzgebung" (Niggemann 1933, S. 45) und der Entlastung des Staates von der Verantwortung für „unpopuläre" Entscheidungen. Durch die Einrichtung des Reichsausschusses wurde die Selbststeuerungsfähigkeit des ambulanten Organisationsnetzwerks auf nachhaltige Weise erhöht. Mit dem damit zwangsläufig verbundenen partiellen Regelungsverzicht hatte sich der Staat vor allem von den „großen Belastungen, die ihm aus einer vollständigen und weitgehenden Regelung der Materie erwachsen wären, freigehalten, trotzdem aber das öffentliche Interesse an einem gedeihlichen Verhältnis zwischen Ärzten und Krankenkassen gesichert" (Niggemann 1933, S. 51). Diese Intention verdeutlicht auch der Kommentar von Spielhagen, einem hohen Beamten des Reichsarbeitsministeriums aus dieser Zeit: „In der aus der Erfahrung gewonnenen Erkenntnis, das auf dem Gebiete der Beziehungen zwischen Ärzten und Krankenkassen der Reichstag nicht die geeignete Stelle zur Lösung all der zahlreichen in Betracht kommenden Einzelfragen ist, hat der Gesetzgeber einen Teil seiner eigenen Funktionen auf ein paritätisch besetztes Organ übertragen. [...] Indem er diesem Organ bestimmte öffentlich-rechtliche Funktionen zuweist, macht er die beteiligten Verbände aus bloßen Objekten zu Subjekten der Gesetzgebung" (zitiert nach Tennstedt 1977e, S. 128). Die Neigung des Staates zur Aufgabendelegation an ein funktionsfähiges ambulantes Organisationsnetzwerk sollte sich bis in die Gegenwart als „Handlungsmuster von großer Bestandskraft" (Döhler 1990, S. 71) erweisen. Rein formaljuristisch erhielt das Netzwerk damit den Status des „Erfüllungsgehilfe[n] des Staats" (Lamping 1994a, S. 81) zugewiesen. Insofern dienten die unter dem Begriff „Gemeinsame Selbstverwaltung" subsumierbaren korporatistischen Netzwerkstrukturen primär der „Reduktion von Unsicherheit über öffentlich-rechtliche Zwangsinstitutionen in mittelbarer Staatsverwaltung" (Lamping 1994a, S. 81). Die in diesem herrschaftlich klar definierten Handlungsrahmen vorgenommene *Delegation von Rechtssetzungskompetenzen* an ein zentrales Netzwerkgremium, in dem öffentliche Verwaltung und organisierte Interessen unmittelbar miteinander verflochten waren, bedeutete aber nicht automatisch einen generellen Verlust an Steuerungsautonomie des Staates. Vielmehr konnte er gerade aufgrund der institutionellen Verflechtung und der Etablierung dauerhafter Austauschbeziehungen mit den Interessenorganisationen der Kassen und Ärzteschaft seinen Zugriff auf entscheidende Steuerungsressourcen des ambulanten Netzwerks sicherstellen. Laut Niggemann (1933, S. 51) war beispielsweise die Einrichtung des durch die korporativen Akteure selbst betriebenen Reichsausschusses für den Staat finanziell günstiger als eine zentrale Regulierung und Überwachung des ambulanten Sektors durch die Ministerialbürokratie. Insofern findet sich hier auch ein Beispiel für die *Externalisierung* von Steuerungskosten des Staates auf die Netzwerkakteure. Außerdem konnte der Staat über das Netzwerk auf die Fachkenntnisse der entsandten Experten der Spitzenverbände zugreifen und diese Ressourcen unentgeltlich zur Steuerung des Netzwerkes nach seinen Rahmenvorgaben einsetzen. Schließlich wurde von den drei „unparteiischen" Ministeriumsvertretern das Staatsinteresse am ambulanten Sektor in das Netzwerk, das heißt in das „Bewusstsein und in den Interessenbereich" der beteiligten Organisationseliten hineingetragen und so der staatliche Einfluss sichergestellt.

Die Regelungen von 1923 gingen also weit über eine reine Befriedung und Stabilisierung des ambulanten Organisationsnetzwerks hinaus und waren von grundsätzlicher gesundheitspolitischer Bedeutung[230]. Gerade die Einführung des *„Reichsausschusses für Ärzte und Krankenkassen"* bildete deshalb eine entscheidende strukturelle Weichenstellung für die Weiterentwicklung des Organisationsnetzwerks. Dabei wurde das bislang eher distanzierte Verhältnis zwischen hoheitlicher Staatsaufsicht und (delegierter) Steuerungshoheit der Netzwerkakteure von nun an gezielt „durch ein korporatistisches Gremium ergänzt, das die Bedeutung des Verbändesystems für die staatliche Steuerungsfähigkeit unterstrich" (Döhler 1990, S. 70). 1923 entstanden die strukturellen Grundlagen, die für die im Lauf der Zeit entwickelte relativ hohe Handlungsautonomie und Reformresistenz des Netzwerks verantwortlich waren.

2.2.6 Institutionelle Stabilisierung, Homogenisierung und Inkorporierung: Der Abschluss der öffentlich-rechtlichen Einbettung des Netzwerks

Nach einigen Jahren relativer Stabilität und struktureller Festigung, in denen das konstituierte Netzwerk grundsätzlich bewiesen hatte, dass es den gestellten Aufgaben gewachsen war,

---

[230] Die *Befriedungsfunktion* des Netzwerks darf nicht unterschätzt werden. So wurde z.B. der „Ärztestreik" von 1923/24 erst angesichts der für die Ärzte verschlechterten Rechtslage abgebrochen. Das Reichsarbeitsministerium hatte zuvor Ärzte- und Kassenverbände darauf hingewiesen, dass die Vorschriften des *„Berliner Abkommens"* hinsichtlich des Weitergeltens der Kassenarztverträge bis zum Abschluss des Zwangsschlichtungsverfahrens Gesetzeskraft hätten. Damit verbunden war die Verpflichtung der Ärzte, unter den bisherigen Vertragsbedingungen weiterzuarbeiten, während die Kassen ihre Dienste zu den alten Bedingungen weiter annehmen mussten. „Die mit diesem Hinweis verbundene Mahnung des Ministeriums an beide Parteien, dieser Rechtslage Rechnung zu tragen, trug wesentlich zur Beruhigung der Lage bei" (Aye 1955, S. 25).

wurden Anfang der 1930er-Jahre die Weichen für eine endgültige grundlegende korporatistische Umgestaltung des ambulanten Organisationsnetzwerks und des gesamten Kassenarztsystems „im Sinne des bis heute geltenden Rechts“ (Krause 1981, S. 406) gestellt. Auslöser war wiederum eine schwere finanzielle Krise der Gesetzlichen Krankenversicherung. Aufgrund der Weltwirtschaftskrise ging das lohnabhängige Beitragsaufkommen der Krankenkassen durch die rasant ansteigenden Arbeitslosenzahlen sowie aufgrund von Lohn- und Gehaltskürzungen zwischen 1929 und 1931 um ein Drittel zurück (Webber 1988, S. 171). Gleichzeitig erschien eine erneute Anhebung der Beitragssätze als Ausgleich für die wegbrechenden Kasseneinnahmen vor allem aufgrund des massiven Widerstands der Arbeitgeberseite als politisch nicht opportun. Statt dessen setzte die Brüning-Regierung „Ausgabenkürzungen bei der Krankenversicherung auf die politische Tagesordnung“ (Webber 1988, S. 171) und entsprach damit weitgehend den Forderungen der Vereinigung der Deutschen Arbeitgeberverbände, die eine Reform der Krankenversicherung als die „dringendste Aufgabe“ herausgestellt hatte.

Zur raschen Stabilisierung der angeschlagenen Finanzen der Gesetzlichen Krankenversicherung wandte sich der Staat erneut der erprobten *Notverordnungspolitik* zu und legte auf diesem Weg im Juli 1930 ein ganzes Bündel von Maßnahmen zur Verringerung der Leistungsausgaben und Erhöhung der Kontrollbefugnisse der Krankenkassen vor. Hinzu kamen Änderungen des Kassenarztrechts und der Vertragsverhältnisse der Kassenärzte[231]. Daneben setzte der Staat auf das ebenfalls bewährte Mittel staatlich moderierter Verhandlungen zwischen den Spitzenverbänden der Krankenkassen und Ärzteorganisationen im Rahmen der „Gemeinsamen Selbstverwaltung“, in deren Mittelpunkt eine völlige Neuregelung der kassenärztlichen Versorgung stand. Der Staat gliederte also in bewährter Manier den Teil der unpopulären Maßnahmen, welche die Beziehungen zwischen Krankenkassen und Ärzteschaft betrafen, in den Verantwortungsbereich der Netzwerkakteure aus und war deshalb sehr an einer freiwilligen Übereinkunft der Verhandlungspartner interessiert. Eine langfristig bestandsfähige Einigung verlangte von den beteiligten Parteien die Bereitschaft zu Konzessionen. Bei einer Modifizierung der kassenärztlichen Versorgung sollte zum einen dem Wunsch der Ärzteschaft nach größtmöglicher Freiheit in der ärztlichen Behandlung und weitreichender Kontrolle über die Zulassung des ärztlichen Nachwuchses Rechnung getragen werden, zum anderen aber auch dem Bedürfnis der Kassen nach Absicherung gegen unkontrollierbare Ausgaben-

[231] Während die Versicherten die Notmaßnahmen relativ ruhig hinnahmen, „begehrten die Ärzteorganisationen gegen die Änderungen des Kassenarztrechts und der Vertragsverhältnisse der Kassenärzte heftig auf“ (Tennstedt 1976a, S. 401). Sie befürchteten primär die Gefährdung ihrer professionellen Autonomie durch die den Kassen gewährten Kontroll- und Anweisungsbefugnisse.

steigerungen bei den ärztlichen Honoraren. Einig waren sich alle Beteiligten, dass eine Sanierung der Finanzlage der Gesetzlichen Krankenversicherung primär über eine Begrenzung der Leistungsausgaben inklusive der Kassenarzthonorare erfolgen sollte. Es ging im Kern also um die Höhe des finanziellen Anteils, den die organisierte Kassenärzteschaft an der Sanierung der Krankenversicherung haben sollte sowie um die Frage der zukünftigen Organisation der ambulanten Versorgung und der Verwaltung der hierfür notwendigen Finanzmittel. 1931 kam zunächst ein erstes *Honorarabkommen* zwischen den Spitzenverbänden der Ortskrankenkassen und dem Hartmannbund zustande, mit dem sich die organisierte Kassenärzteschaft mit erheblichen Abschlägen ihrer Honorare einverstanden erklärte und damit, wenn auch nach massivem politischen Druck der Reichsregierung und aus Angst vor weitergehenden Notverordnungen, ihr generelles Interesse am Fortbestand der Krankenversicherung bekundete.

Darüber hinaus kam im Oktober 1931 nach schwierigen Verhandlungen im Reichsarbeitsministerium auch der Entwurf einer *„Vereinbarung über eine neue Regelung der Beziehungen zwischen Ärzten und Krankenkassen"* zustande. Die Verbandsvertreter behielten sich in dieser Frage von grundlegender strukturbildender Bedeutung allerdings „die Zustimmung ihrer Organe" (Aye 1955, S. 29), das heißt ein positives Votum der obersten Beschlussgremien ihrer Spitzenorganisationen vor. Der Vertragsentwurf enthielt die Kopplung der Höhe der kassenärztlichen Gesamtvergütung an die Entwicklung der Kasseneinnahmen und eine herabgesetzte Verhältniszahl Kassenarzt/Versicherte (von 1:1000 auf 1:600), die Fixierung eines Systems aus gestaffelten Kollektivverträgen (zentrale Mantel- und regionale Gesamtverträge) sowie die reichsweite Etablierung von *kassenärztlichen Vereinigungen.* Für die hier vorgenommene Betrachtung ist entscheidend, dass den kassenärztlichen Vereinigungen die gesamte Organisation und Überwachung der kassenärztlichen Tätigkeit hinsichtlich ihrer Wirtschaftlichkeit oblag und die deshalb mit entsprechenden Disziplinarbefugnissen gegenüber den Kassenärzten ausgestattet sein sollten. Darüber hinaus sollten die Vereinigungen auch die Honorare für die ärztlichen Leistungen unter den Kassenärzten selbstständig verteilen. Sowohl der Hartmannbund[232] als auch und die beiden Spitzenverbände der Ortskrankenkassen stimmten dem Entwurf im Einvernehmen mit dem Reichsarbeitsministerium zu.

[232] Im Gegensatz zu den Restriktionen der *Notverordnung von 1930*, die eindeutig zu Ungunsten der Ärzteschaft ausgefallen war, bewegten sich die Verhandlungsergebnisse jetzt im Rahmen der ärztlichen Beschlusslage. Der 50. Ärztetag hatte 1931 in Köln nahezu identische „Vorschläge zur Regelung der Beziehungen zwischen Kassen und Ärzten auf der Grundlage der sog. kassenärztlichen Selbstverwaltung gemacht" (Tennstedt 1976a, S. 402). Zur Abwendung der Gefahr des Verlustes ihrer professionellen Autonomie hatte sich die organisierte Ärzteschaft 1931 nicht nur zu einer an die Kasseneinnahmen gekoppelten Pauschalvergütung und damit zur Übernahme eines Teils des Risikos der unvorhersehbaren Entwicklung der GKV bereit erklärt, sondern zugleich auch die Übernahme der Verwaltung und Verteilung der Honorare un-

An diesem Vorgang wurde deutlich, dass sich innerhalb des Organisationsnetzwerks ein spezifisches interorganisationales *Zentrum-Peripherie-Muster* etabliert hatte. Entscheidende Vereinbarungen wurden nämlich zunächst zwischen den Spitzenverbänden der Ärzte und den beiden Spitzenorganisationen der Ortskrankenkassen ausgearbeitet. Die vier Spitzenorganisationen bildeten quasi den „inneren Zirkel" beziehungsweise das *organisationale Zentrum* des Netzwerks und verfügten damit über den ausgeprägtesten kooperativen Grundkonsens über den Fortbestand der für sie vorteilhaften Netzwerkstrukturen. Die übrigen Kassenverbände schlossen sich zumeist mit zeitlicher Verzögerung den bilateralen Vereinbarungen an, was 1931 allerdings noch nicht gelang. Insgesamt wird hieran die dominierende Stellung der Ortskassenverbände auf der Kassenseite deutlich, die sich infolge der zwangsweisen Fusionierung 1933 noch verstärkte. Zu keiner Zeit bestand also ein Kräftegleichgewicht zwischen den Kassenverbänden. Selbst heute nimmt der Bundesverband der Allgemeinen Ortskrankenkassen als die Nachfolgeorganisation des Reichsverbands der Ortskrankenkassen schon aufgrund seiner Größe eine gesundheitspolitische Vorreiterrolle unter den Kassenverbänden ein und gilt als bevorzugter Ansprechpartner von organisierten Kassenärzten und staatlichen Stellen.

1931 lehnten die Spitzenorganisationen der Betriebs-, Innungs- und Landkrankenkassen die bereits zwischen den Ortskassenverbänden und dem Hartmannbund geschlossene Vereinbarung allerdings aus Furcht vor dem Verlust ihrer bisherigen Selbstverwaltungshoheit (Aye 1955, S. 30; Tennstedt 1976a, S. 402) aber auch aus politischem Kalkül ab (Webber 1988, S. 174). Hieran zeigte sich, dass das etablierte Organisationsnetzwerk als *intermediäres Entscheidungszentrum* zur selbstständigen Steuerung und Weiterentwicklung des ambulanten Sektors in Krisensituationen nur bedingt in der Lage war. Dies lag vor allem an der nach wie vor hohen Interessenheterogenität der involvierten korporativen Akteure, die das dem Netzwerk zugrunde liegende Modell einer „antagonistischen Kooperation" zu sprengen drohte. An diesem Konflikt wurde deutlich, wie unterschiedlich ausgeprägt die Konzessionsbereitschaft der einzelnen Spitzenorganisationen 1931 noch war. Außerdem liegt der Schluss nahe, dass ein gemeinsamer Netzwerkkonsens, das heißt ein gemeinsames Interesse am langfristigen Fortbestand des Netzwerks und der etablierten Strukturen zu diesem Zeitpunkt noch nicht von allen Organisationen in gleicher Weise akzeptiert und reproduziert wurde. Das Scheitern der

ter den Kassenärzten vorgeschlagen. Die organisierte Kassenärzteschaft verpflichtete sich damit, „alle Handlungen der Ärzte so einzurichten, dass dem Grundsatz der Wirtschaftlichkeit und Sparsamkeit der Krankenversicherung Genüge getan war" (Gassert, zitiert nach Tennstedt 1976a, S. 402). Damit machte sie sowohl den Krankenkassen als auch der Regierung ein Angebot, das zum einen der langfristigen Sicherung der ärztlichen Autonomie diente, zum anderen aber auch dem staatlichen Ziel der Eindämmung der Kassenausgaben entsprach (Webber 1988, S. 176). Außerdem versprach die Regelung eine endgültige Befriedung des Verhältnisses zwischen Kassen und Ärzteschaft.

Verhandlungen von 1931 verdeutlicht deshalb die vor allem bei Grundsatzfragen und Krisensituationen weiterhin bestehende latente Gefahr des Ausscherens einzelner korporativer Akteure aus der „Gemeinsamen Selbstverwaltung“ und einer hierdurch verursachten Handlungsblockade des Netzwerks. Nach wie vor stellte die Frage der langfristigen Funktions- und Selbststeuerungsfähigkeit des ambulanten Organisationsnetzwerks für den Staat einen Unsicherheitsfaktor dar. Das Verhalten der einzelnen privatrechtlichen Spitzenorganisationen der Krankenkassen wie auch der ebenfalls privatrechtlichen Ärzteorganisationen blieb für ihn somit auch trotz des eingesetzten „Drohpotenzials“ seiner Notverordnungen nur bedingt kontrollier- und berechenbar.

Die Brüning-Regierung reagierte auf diese Situation wiederum mit einer für die Struktur des Netzwerks entscheidenden *Notverordnung*, in deren Mittelpunkt die Erhebung des vorherigen Vertragsentwurfs in Gesetzesrang und somit vor allem die flächendeckende Gründung von öffentlich-rechtlichen *Kassenärztlichen Vereinigungen* stand. Damit wurden die unmittelbaren Beziehungen zwischen Krankenkassen und dem einzelnen niedergelassenen Arzt endgültig beendet. Durch die Konstituierung der Kassenärztlichen Vereinigungen als „rechtsfähige, genossenschaftlich organisierte Körperschaften des öffentlichen Rechts“ (Schneider 1983, S. 31), der alle zur Kassenpraxis zugelassenen Ärzte zwangsweise angehören mussten, wurde auf lokaler beziehungsweise bezirklicher Ebene ein öffentlich-rechtliches Pendant zu den Krankenkassen geschaffen und damit die *„Verkörperschaftlichung“* des organisationalen Unterbaus des ambulanten Netzwerks abgeschlossen. Fortan trat die Kassenärztliche Vereinigung als kollektiver Vertragspartner der Krankenkassen an die Stelle des einzelnen niedergelassenen Arztes. Der Staat ersetzte damit zugleich die bereits an vielen Orten bestehenden freiwilligen kassenärztlichen Organisationen durch eine öffentlich-rechtliche kassenärztliche Monopolorganisation, die in ihrer Organisationsstruktur und Verwaltungslogik den Krankenkassen stark ähnelte. Auf diese Weise wurden die Beziehungen zwischen Krankenkassen und Ärzten auf lokaler oder bezirklicher Ebene nicht nur von der privatrechtlichen auf eine kollektivrechtliche Ebene gehoben, sondern auch weitgehend befriedet. Die lokale rein exekutive Netzwerkebene der „Gemeinsamen Selbstverwaltung“ war nun vollständig in das *öffentliche Recht* eingebettet, durch das die Funktionen und Aufgaben jedes involvierten Organisationstyps gesetzlich enumerativ festgelegt wurden. Die unterste Ebene des ambulanten Netzwerks wurde damit für den Staat wesentlich berechenbarer und stabiler.

Erstaunlich schnell nahmen die beteiligten örtlichen Funktionseliten beider Seiten die ihnen zugewiesene, rein verwaltend-technische Rollenverteilung innerhalb des korporativen

Netzwerks an und entwickelten den Habitus von *Experten in Verwaltungs- und Verfahrensfragen*. Die im öffentlichen Recht gemeinsam geschulten Experten beider Seiten waren an keinen grundlegenden, die „Spielregeln" des Netzwerks gefährdenden Konflikten, sondern vielmehr an beständigen, stabilen Verwaltungsbeziehungen und -verfahren interessiert. Aus den bisher mehr oder weniger gespannten interorganisationalen Beziehungen auf lokaler Ebene entwickelte sich so in recht kurzer Zeit gewissermaßen eine *Verteilungskoalition* zwischen örtlicher Krankenkasse und Kassenärztlicher Vereinigung, die maßgeblich von den lokalen Organisationseliten getragen wurde. Dieser gemeinsame Konsens sowie die dementsprechende „Konfliktunlust" der örtlichen Funktionärs-Ebene schlug sich schließlich auch in den Beziehungen der Spitzenorganisationen auf der oberen Netzwerkebene nieder. Hinzu kam, dass mit der Schaffung der öffentlich-rechtlichen Kassenärztlichen Vereinigungen die gesamte Kassenärzteschaft unauflöslich in die Gesetzliche Krankenversicherung integriert wurde. Ebenso wurde ihren ärztlichen Zwangsorganisationen eine eigenständige Verantwortung für die Reproduktion der Netzwerkbeziehungen wie auch für den Erhalt der Stabilität der Krankenversicherung übertragen. Die damit verbundene Statusaufwertung und die entsprechenden *habitualisierten korporativen Handlungs- und Verantwortungsmuster*, die durch die enge Verbindung der Kassenärztlichen Vereinigungen mit den Ärztekammern noch verstärkt wurden, schlugen sich durch die enge *wechselseitige personelle und organisationale Verflechtung* mit den ärztlichen Spitzenverbänden auch auf der oberen Netzwerkebene in einem stabilisierenden, auf die Erhaltung der Funktionsfähigkeit des Netzwerks ausgerichteten Verhalten nieder.

Hierzu trug nicht zuletzt auch die gesetzlich *institutionalisierte personelle Verflechtung* der Funktionäre des weiterhin privatrechtlichen Hartmannbundes mit den öffentlich-rechtlichen Kassenärztlichen Vereinigungen bei, der auf diese Weise die Ärzteseite im Netzwerk weiter dominierte und auch bei allen lokalen und regionalen Verhandlungen mit den Krankenkassen nach wie vor mit am Tisch saß. Die örtlichen Funktionseliten des Hartmannbundes kompensierten hierdurch den Verlust ihrer eigentlichen Hauptfunktion als kassenärztliche Interessenvertreter. Da die nun vollständig öffentlich-rechtlich organisierte Kassenärzteschaft faktisch kein „Streikrecht" mehr besaß, verlor der Hartmannbund 1931 seine stärkste Waffe im „Kassenkampf": das Medium des „Ärztestreiks". Das Jahr 1931 stellte damit für ihn letztlich den Endpunkt eines Prozesses „staatlicher Verbandsdomestizierung" (Winkler 1974) dar und kennzeichnete zugleich den erreichten hohen *Korporatisierungsgrad* des ambulanten Organisationsnetzwerks. Dieser gravierende staatliche Eingriff in die Politikfähigkeit des wichtigsten ärztlichen Interessen- und Kampfverbandes wurde nur noch durch seine zwangsweise Auflösung im Jahre 1936 übertroffen. Insgesamt steigerten die gesetzlichen Strukturveränderungen von 1931 sowohl die Verpflichtungsfähigkeit der kassenärztlichen Lokalorganisationen als auch der ärztlichen Spitzenverbände in erheblichem Umfang und beschnitten zugleich ihre Fähigkeiten zur Fortsetzung der bisherigen partikularen Interessenpolitik, das heißt ihre Konfliktfähigkeit. Per Gesetz wurden die beteiligten Netzwerkakteure auf allen Ebenen auf den gemeinsamen Netzwerkzweck eingeschworen. Erst auf dieser Basis wurde den Kassenärztlichen Vereinigungen die Kompetenz für die selbstständige Organisation der gesamten kassenärztlichen Krankenversorgung, das Zulassungswesen und die Verteilung der Honorare unter ihren Mitgliedern im Rahmen der durch die zentralen Netzwerkgremien vorgegebenen Rahmenrichtlinien übertragen. Die Konzeption eines wechselseitigen Zusammenspiels zwischen hoheitlicher Reglementierung und interorganisationaler Selbstregulation in einem staatlich strukturierten Netzwerk erwies sich „als so beständig, dass sie teilweise bis in das heute geltende Kassen[arzt-, T.T.]recht Eingang gefunden hat" (Schneider 1983, S. 37).

2.2.7 Prozedurale Isomorphie: Hierachisch gestaffelte Kollektivverträge und Zwangsschlichtung zur Überwindung der Funktionsblockaden

Auf der Ebene der Gestaltung der kassenärztlichen Verträge, bisher ein zentraler Streitpunkt zwischen Krankenkassen und Ärzten, ging die gesamte Verhandlungskompetenz nun auf die Spitzenverbände beider Seiten über. Sie schlossen fortan sogenannte *Mantelverträge* ab, deren Inhalte für alle lokalen und regionalen Organisationen verbindlich waren. Innerhalb des Gestaltungsrahmens eines solchen Mantelvertrags konnten lokale Krankenkassen und Kassenärztliche Vereinigungen dann einen sogenannten *Gesamtvertrag*, gewissermaßen die technische Konkretisierung und Anpassung des Mantelvertrags an die örtlichen Verhältnisse, abschließen. Der vertragliche Gestaltungsspielraum wurde dabei allerdings noch dadurch beschnitten, dass „unmittelbarer Bestandteil dieses Gesamtvertrages derjenige Teil des von den beiderseitigen Landesverbänden geschlossenen Mantelvertrages war, den dessen Parteien für allgemein gültig erklärten" (Aye 1955, S. 31).

Konnten sich die Vertragsparteien nicht über die Vertragsinhalte einigen, bestimmte sie statt dessen für den Mantelvertrag das *Reichsschiedsamt*, für den Gesamtvertrag das jeweilige *Schiedsamt*, gegen dessen Entscheidung dann nur noch die Berufung vor dem Reichsschiedsamt offen stand. Das *Reichsschiedsamt* konzentrierte sich von nun an auf die Herbeiführung von Gesamtverträgen (in zweiter Instanz) und Mantelverträgen (in erster und einziger Instanz) im Falle des Versagens der Netzwerkparteien. Ab 1932 war das Reichsschiedsamt dazu verpflichtet, von sich aus aktiv zu werden und ein *Zwangsschlichtungsverfahren* für einen Mantelvertrag von Amts wegen einzuleiten, „sobald es Kenntnis vom Versagen der Parteien" erhielt (Niggemann 1933, S. 87). Damit trat sein Behördencharakter schärfer hervor. Die bisherigen Netzwerkstrukturen und -Organe wurden der Logik einer durch Zwangsschlichtungsinstanzen quasi erzwungenen interorganisationalen Kooperation in Verfahrensfragen durch den Gesetzgeber unterworfen und fest im Kassenarztrecht institutionalisiert.

Das *gestaffelte System von Kollektivverhandlungen* entstand als staatliche Antwort auf die bisherigen Blockaden innerhalb des Verhandlungssystems zwischen Ärzten und Kassen. Die staatliche interessengeleitete Umgestaltung des bestehenden Netzwerks diente insofern primär der Aufbrechung der Funktionsblockaden, die nun eindeutigen Regelungen unterworfen wurden. Gleichzeitig bildete die Umgestaltung des Netzwerks für Döhler/Manow-Borgwardt (1992a, S. 581) aber auch ein gutes „Beispiel für eine überdehnte ‚Hierarchisierung' von Verhandlungen", die einen (qualitativen) Umschlagpunkt in den interorganisationalen Netzwerkbeziehungen markierte, „an dem die staatliche Instrumentalisierung eines Verhandlungssystems dessen Funktionsfähigkeit zerstören muss[te]". Zunächst trugen die staatlichen Maßnahmen allerdings wesentlich zur Befriedung der Beziehungen zwischen den Netzwerkakteuren bei. Diese strukturelle Festigung des Netzwerks verlief gewissermaßen über die Institutionalisierung und Korporatisierung seines organisationalen Unterbaus. Zugleich wurde aber auch der *„Reichsausschuss für Ärzte und Krankenkassen"* als zentrales Netzwerkgremium entscheidend gestärkt. So waren es gerade die Notverordnungen und Ausführungsbestimmungen des Jahres 1931, welche die „bis zuletzt strittigen und vom Reichsausschuss nur ganz allgemein geregelten Fragen des Arztsystems, der Vergütungsform und der Zulassung nun präzise festlegten" (Döhler/Manow-Borgwardt 1992a, S. 579). Der Staat griff mit seiner Notverordnungspolitik also nicht ausschließlich die von den im Reichsausschuss vertretenen Spitzenverbänden vorgearbeiteten vertraglichen Regelungen auf, sondern auch das durch die Richtlinien des Reichsausschusses konstituierte Geflecht von Kollektivverträgen und paritätischen Gremien mit öffentlich-rechtlichem Charakter.

Deshalb ist Döhler/Manow-Borgwardt (1992a, S. 579) zuzustimmen, die in der Brüningschen Notverordnung eher einen konsequenten, letzten Schritt zur Entwicklung eines korporatistischen Organisationsnetzwerks sehen als eine radikale Neuordnung des Verhältnisses zwischen Kassen und organisierter Kassenärzteschaft. Wichtig für eine Untersuchung der „Gemeinsamen Selbstverwaltung" ist, dass die Notverordnung die Regulierungszuständigkeit des

Reichsausschusses verstärkte „und die Mehrheitsbildung in den zentralen Fragen des Arztsystems und der Vergütungsform wesentlich erleichtert[e]" (Döhler/Manow-Borgwardt 1992a, S. 579)[233]. Während die bisherigen Richtlinien nicht für jede Kasse und jeden Arzt zwingend verpflichtend waren, erhielt der Reichsausschuss nun weitgehende *Rechtsetzungsbefugnisse* und konnte allgemein zwingende Ausführungsbestimmungen im Range von Rechtsverordnungen erlassen. Damit wurde dem zentralen Netzwerkgremium „eine autonome Rechtsschöpfung übertragen, wie sie in gleichem Ausmaß im Recht der Sozialversicherung nicht wieder anzutreffen sein dürfte" (Bogs 1981, S. 65).

Allerdings blieb die außerordentlich weitreichende legislative Regulierungskompetenz des Reichsausschusses weiterhin der unmittelbaren Kontrolle durch den Staat unterworfen. Alle Beschlüsse des Gremiums waren hinsichtlich ihrer Wirksamkeit nämlich von der Zustimmung des Reichsarbeitsministers abhängig. Erstmals schrieb der Gesetzgeber auch für den Fall der Beschlussunfähigkeit des Reichsausschusses ein *Ersatzvornahmerecht des Reichsarbeitsministers* fest (*§ 368i Abs. 3 RVO*). Insgesamt kam dem Reichsausschuss als dem obersten Netzwerkorgan 1931 „eine Machtfülle zu, die er weder zuvor innehatte, noch später wieder erlangen sollte" (Döhler/Manow-Borgwardt 1992a, S. 579). Die zugleich entstandenen Möglichkeiten eines umfassenden staatlichen Aufsichtsrechts und Regulierungszugriffs auf den Reichsausschuss verdeutlichten zunächst das hohe staatliche Interesse „an einem geregelten und geordneten Verhältnis zwischen Ärzten und Krankenkassen" (Niggemann 1933, S. 86). Darüber hinaus kennzeichnet dies nach Niggemann (1933, S. 87) aber auch seinen nunmehr ausgeprägten „öffentlich-rechtliche[n] Einschlag", weshalb er das Netzwerkgremium als „Reichsbehörde mit individuellem Selbstverwaltungscharakter" beschreibt. Dabei bewirkte gerade das staatliche Ersatzvornahmerecht keine engere Anbindung der vom Reichsausschuss erlassenen Richtlinien an die staatlichen Zielvorgaben. Vielmehr bot sich nun „den Verbänden die Möglichkeit, die Entscheidungsverantwortung an die staatlichen Instanzen zurückzugeben" (Döhler/Manow-Borgwardt 1992a, S. 580). Insofern führte die Neuordnung des Netzwerks von 1931 eher zu einer *Umkehr der Verantwortungsentlastung*. Fortan war der Staat nämlich auf das engste mit dem ambulanten Organisationsnetzwerk verflochten und damit zu einer erheblichen unmittelbaren Regulierungstätigkeit gezwungen, durch welche die bisherige Arbeitsteilung zwischen Staat und Netzwerk in wichtigen Teilbereichen außer Kraft

[233] Während für Beschlussfassungen in Angelegenheiten grundsätzlicher Bedeutung bisher eine 3/5-Mehrheit der im Ausschuss vertretenen Delegierten der Spitzenverbände erforderlich war, genügte nun eine 2/3-Mehrheit des gesamten Ausschusses. Da so die Überstimmung einer Partei möglich war, wurde die Mehrheitsbildung wesentlich erleichtert (Niggemann 1933, S. 85).

gesetzt wurde. Aus dieser Perspektive kann die Notverordnungspolitik von 1931 sowohl als staatliche Reaktion auf die weiterhin ungelösten Verteilungskonflikte zwischen Krankenkassen und Ärzteorganisationen begriffen werden, wie auch als Ausdruck des in der Spätphase der Weimarer Republik generell immer weiter ausgreifenden *„Staatsautoritarismus"* interpretiert werden (Döhler/Manow-Borgwardt 1992a, S. 580).

Abb. 16: Grundstrukturen des entwickelten korporatistischen Netzwerks ab 1931

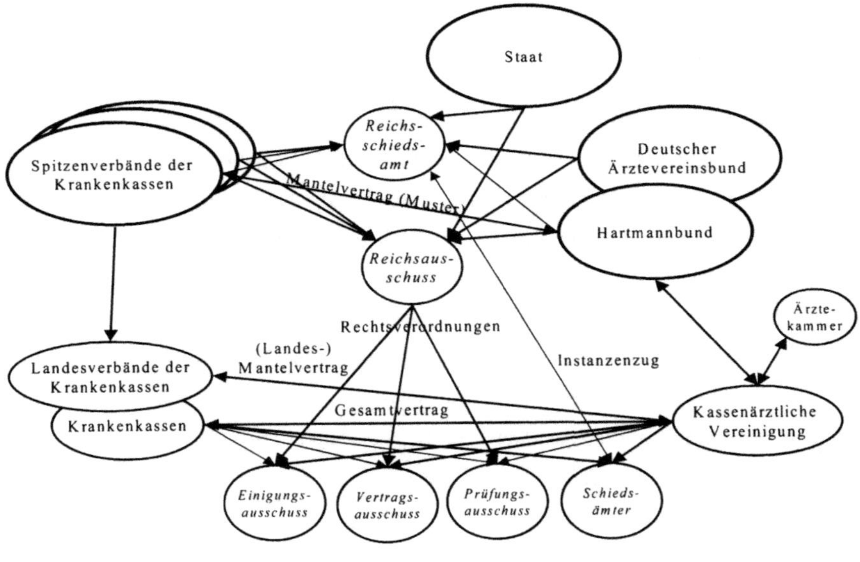

2.2.8 Zentralisierung, Zwangskorporierung und interessenpolitische Paralysierung: Zur autoritären Re-Organisierung durch den NS-Staat

Dieser von der Brüning-Regierung eingeschlagene Weg wurde ab 1933 von der nationalsozialistischen Reichsregierung weitergeführt und bewirkte eine ganze Reihe entscheidender struktureller Veränderungen des bestehenden Netzwerks. Unmittelbar nach der „nationalsozialistischen Machtergreifung" begann der Staat mit einer massiven *Zentralisierung* der Gesetzlichen Krankenversicherung, „indem er das sogenannte ‚Führerprinzip' auch in den Bereich der Selbstverwaltung einführte" (Schneider 1983, S. 37). Neben der *Gleichschaltung* der (binnenorganisationalen) Selbstverwaltung von Krankenkassen und Kassenärzteschaft erfolgte auch eine gravierende Veränderung der Netzwerkbeziehungen.

Zu diesen Veränderungen gehörte auf der Kassenseite nicht nur die zwangsweise Fusion der beiden Ortskrankenkassenverbände zum *Reichsverband der Ortskrankenkassen* und die Einführung der Staatsaufsicht für alle Spitzenverbände der Krankenkassen, bislang rechtsfähige Vereinigungen des bürgerlichen Rechts, sondern vor allem ihre Umwandlung in öffentlich-rechtliche Körperschaften (1937), von der nur die Ersatzkassenverbände verschont blieben[234]. Auf der Ärzteseite bestand die wichtigste politische Intervention in der verordneten Gründung der *Kassenärztlichen Vereinigung Deutschlands* als „rechtsfähige[r] Körperschaft des öffentlichen Rechts, die der Aufsicht des Reichsarbeitsministeriums unterlag“ (Schneider 1983, S.38)[235]. Sie wurde „als allein berufene Vertreterin der deutschen Ärzteschaft der alleinige Träger der Beziehungen der Kassenärzte zu den Krankenkassen“ (Schneider 1983, S. 38). Die *Kassenärztliche Vereinigung Deutschlands*, in der alle lokalen Kassenärztlichen Vereinigungen aufgingen, wurde zur exklusiven ärztlichen Monopolorganisation, der alle im Reich zugelassenen Kassenärzte angehören mussten. Die lokalen, erst 1931 eingeführten Kassenärztlichen Vereinigungen verloren auf diese Weise ihre rechtliche Selbstständigkeit und wurden untergeordnete Dienst- und Abrechnungsstellen der neuen zentralisierten Organisation. Zugleich verloren aber auch die traditionellen ärztlichen Interessenorganisationen, der Deutsche Ärztevereinsbund und der Hartmannbund, ihre bisherige Funktion und Stellung im ambulanten Netzwerk. Der Staat tauschte also gewissermaßen auf der Anbieterseite die bisherigen kollektiven, privatrechtlichen ärztlichen Hauptakteure aus und platzierte an ihrer Stelle ein selbst geschaffenes, aufgrund der öffentlich-rechtlichen Strukturierung besser kontrollierbares und mit umfassenden Aufgaben und Zuständigkeiten ausgestattetes organisationales Gebilde[236]. Allerdings blieb der Hartmannbund bis zu seiner Auflösung 1936 personell mit der kassenärztlichen Monopolorganisation verflochten, als deren „Reichsführer“ sein Vorsit-

---

[234] Auch die *Ersatzkassenverbände* unterlagen der Staatsaufsicht. Da über die Auflösung der Ersatzkassen beraten wurde, hielt man die Umwandlung ihrer Verbände nicht mehr für notwendig.

[235] Die Pläne zur Gründung von KVD und Reichsärztekammer als staatlich privilegierte Standesorganisationen stammten aus der Weimarer Republik (Tennstedt 1976a, S. 408). Sie wurden von der NS-Regierung nur umgesetzt. Dies ist ein Indiz für die These, dass die Zielrichtung der seit 1933 durchgeführten Strukturreformen den Maßnahmen entsprach, die schon die Brüning-Regierung geplant hatte. Nach 1933 bestand insofern ein hoher Grad an gesundheitspolitischer Kontinuität. Hierzu trug die personelle Kontinuität der für die GKV zuständigen Beamten des Reichsarbeitsministeriums bei, die wegen ihrer Fachkompetenz eine Sonderstellung hatten. Außerdem „ließ offenbar die Vielfalt der gegensätzlichen Meinungen, Interessen und Reformvorschläge die mit der Krankenversicherung befassten Regierungskreise von großangelegten Reformvorhaben absehen“ (Webber 1988, S. 180). So konnte sich z.B. die *Deutsche Arbeitsfront* mit ihren Vorstellungen zur Bildung eines „Gesundheitswerks“, dessen Realisierung das „Ende der bisherigen Krankenversicherung“ bedeutet hätte (Tennstedt 1976a, S. 409) im polykratischen NS-Herrschaftssystem nicht durchsetzen (Webber 1988, S. 180-182; Tennstedt 1976a, S. 408ff.; 1977e, S. 219-225).

[236] Die nationalsozialistische Politik der Zentralisierung und Korporatisierung der Ärzteorganisationen fand ihren Höhepunkt 1935 in der Einordnung der *Kassenärztlichen Vereinigung Deutschlands* als eigenständige Organisation in die *Reichsärztekammer*.

zender fungierte. Spätestens ab 1937 standen sich in der ambulanten Krankenversorgung der Gesetzlichen Krankenversicherung dann ausschließlich zentralisierte öffentlich-rechtliche Körperschaften gegenüber. Damit war die Korporatisierung des ambulanten Organisationsnetzwerks endgültig abgeschlossen. Während die Kassenseite nochmals einen Verlust an Mitwirkungsrechten in Fragen der ambulanten Versorgung hinnehmen musste, wurde die Ärzteseite durch die öffentliche Garantie eines umfassenden ambulant-ärztlichen Behandlungs- und Regulierungsmonopols entscheidend gestärkt. Damit verschoben sich die Machtverhältnisse innerhalb des bestehenden Organisationsnetzwerks (zumindest formal) erheblich zu Gunsten der Ärzteschaft. Von einem Kräftegleichgewicht konnte keine Rede mehr sein.

Ab 1933 erfolgte dann ein schrittweiser Abbau der bisherigen „Gemeinsamen Selbstverwaltung“. So wurde der *„Reichsausschuss für Ärzte und Krankenkassen“* als Steuerungszentrum des Netzwerks weitgehend handlungsunfähig, da „es den Vertretern der ärztlichen Seite verboten wurde, den Reichsausschuss zu beschicken“ (Schneider 1983, S. 38; Tennstedt 1977e, S. 212). Damit verlor das bedeutendste Netzwerkgremium faktisch seine zentrale Steuerungsfähigkeit und das Organisationsnetzwerk insgesamt einen Großteil seiner Fähigkeit(en) zur Selbstregulation der ambulanten ärztlichen Versorgung. Die bis zu diesem Zeitpunkt beschlossenen Richtlinien blieben allerdings in Kraft. Mit der künstlich herbeigeführten Beschlussunfähigkeit des Reichsausschusses fiel über das *Ersatzvornahmerecht* (§ 368i Abs. 1, Abs. 3 RVO) die Regelungszuständigkeit zurück an das Reichsarbeitsministerium. Fortan erließ der Reichsarbeitsminister an Stelle des Reichsausschusses entsprechende Richtlinien auf dem Verordnungsweg. Auf diese Weise zog der Staat die Masse der an das Organisationsnetzwerk delegierten Steuerungs- und Regulierungskompetenzen wieder an sich und degradierte damit die Netzwerkakteure zu reinen Ausführungs- und Verwaltungsorganisationen, die, fest eingewoben in das zentralisierte korporatistische Netzwerk, ihrer bisherigen Steuerungsautonomie beraubt waren.

Doch trotz Gleichschaltung und Korporatisierung konnten die alten Verteilungskonflikte zwischen den korporativen Akteuren nicht vollständig unterdrückt und kontrolliert werden, „sondern sie wurden unter neuen politischen und institutionellen Bedingungen von (meistens) neuen Organisationen und (manchmal) neuem Personal weiterhin ausgetragen“ (Webber 1988, S. 177). Da kriegsbedingt weitergehende strukturelle Reformüberlegungen der NS-Regierung nicht mehr realisiert werden konnten, existierte das etablierte, wenn auch staatlich-autoritär überformte korporatistische Organisationsnetzwerk bis zum Kriegsende 1945 unverändert fort und entwickelte trotz oder gerade aufgrund seiner Einbindung in das Herrschaftssystem des nationalsozialistischen Staates ein erstaunlich hohes Maß an Stabilität und struktureller Kontinuität. Dies lag nicht zuletzt an dem hohen Grad personeller Kontinuität unter den Organisationseliten der beteiligten korporativen Akteure, die an einer Fortführung des einmal etablierten Netzwerks interessiert waren, wenngleich sie auch weiterhin an einer Verschiebung der interorganisationalen Machtverhältnisse zu ihren Gunsten arbeiteten. Auch zwischen 1933 und 1945 kam es also nicht zu einer fundamentalen Umgestaltung der Gesetzlichen Krankenversicherung, sondern lediglich zu einer konsequenten Fortführung der bereits zuvor eingeleiteten korporativ-autoritären Entwicklung. Dies lag neben den widerstreitenden Interessengruppen innerhalb des polykratisch organisierten NS-Regimes vor allem an der etablierten „Auffassung, die Krankenversicherung sei ein überaus heikles Problem und eine besondere Art von heißem Eisen. Es anzufassen, sei mit Gefahren und Enttäuschungen verbunden" (Kauffmann, zitiert nach Tennstedt 1976a, S. 407). Insofern lag eine herrschaftliche Instrumentalisierung des bestehenden Netzwerks und die Paralysierung der heterogenen Interessengruppen im Gesundheitswesen näher als eine grundlegende Umgestaltung oder Zerschlagung der Basisinstitution. Eine solche Auffassung resultierte nicht zuletzt aus der ausgeprägten eigenständigen Entwicklungsdynamik des Organisationsnetzwerks und seiner Verflechtung mit gesellschaftlich einflussreichen und konfliktfähigen organisierten Interessengruppen[237].

2.2.9 Reorganisation und Restauration: Die organisationale Wiederaneignung des gesundheitspolitischen Entscheidungsfelds nach 1945

Mit dem Kriegsende und dem totalen wirtschaftlichen und politischen Zusammenbruch 1945 wurden die zentralisierten Spitzenorganisationen des Netzwerks, die Kassenärztliche Vereinigung Deutschlands und die Reichsverbände der Krankenkassen, stillgelegt. Hinzu kam, dass der bereits 1933 entmachtete Reichsausschuss ebenso wenig seine Tätigkeit wieder aufnehmen konnte wie das Reichsschiedsamt. Die von den alliierten Besatzungsmächten zunächst vorangetriebene De-Organisierung auch des Gesundheitswesens war Teil einer schon bald aufgegebenen politischen Strategie, die auf eine „Zerschlagung und Verhinderung organisierter Machtkonzentration in allen Bereichen" (Türk/Lemke/Bruch 2002, S. 265) abzielte. Als Ergebnis trat in den Beziehungen zwischen Krankenkassen und Ärzteschaft zunächst „ein

[237] Z.B. scheiterten die Pläne der *Deutschen Arbeitsfront* zur Errichtung eines „Gesundheitswerks" vor allem an der wechselnden Machtallianz aus Reichsarbeitsministerium, KVD, NS-Ärztebund, Reichsverbänden der Krankenkassen und Arbeitgeberverbänden. Die Auseinandersetzungen zwischen den miteinander konkurrierenden Akteuren endeten schließlich „eher in einem Patt als in tatsächlichen Strukturreformen des Gesundheitswesens" (Webber 1988, S. 181).

praktisch rechtloser Zustand" (Schneider 1983, S. 45) ein. Die alsbald einsetzende Wiederbelebung des in seinen Grundstrukturen erhalten gebliebenen Organisationsnetzwerks erfolgte dann quasi von der organisationalen Basis her. Auf Landesebene nahmen sehr schnell erneut die einzelnen *Kassenärztlichen Vereinigungen*, die zwischen 1933 und 1945 nur als unselbstständige Verwaltungsstellen der Kassenärztlichen Vereinigung Deutschlands weiterbestanden hatten, ihre Tätigkeit als selbstständige Körperschaften des öffentlichen Rechts auf. Zugleich schlossen sich die Kassen zu neuen Landesverbänden zusammen. Auf Landesebene wurde die vor 1933 bestandene „Gemeinsame Selbstverwaltung" der traditionellen Netzwerkakteure also schon sehr bald nach dem Zusammenbruch reaktiviert und auf diesem Wege die „Beziehungen zwischen Ärzten und Krankenkassen wieder gefestigt" (Schneider 1983, S. 47).

Bis 1949 scheiterte zumindest in Westdeutschland das Projekt einer grundlegenden gesundheitspolitischen Umstrukturierung der Gesetzlichen Krankenversicherung zu einer Einheitsversicherung. Dies hätte auch für die Beziehungen zwischen Kassen und Ärzteschaft entscheidende Veränderungen bedeutet. Der Versuch scheiterte letztlich am geballten Widerstand der gesundheitspolitischen Akteure wie auch an einer Allianz aus bürgerlichen Parteien, Arbeitgeberverbänden, Teilen der Gewerkschaften, Landesregierungen und nicht zuletzt an der ablehnenden Haltung der amerikanischen und britischen Besatzungsmächte (Webber 1988, S. 182-185). Viele Krankenkassen, die im Falle der Realisierung der Einheitsversicherung von der Auflösung bedroht gewesen wären, lehnten derartige Reformprojekte ebenso ab wie die Kassenärztlichen Vereinigungen und die neuen westdeutschen ärztlichen Berufsverbände. Primär wurde von den Funktionseliten beider Seiten ein Verlust der soeben erst wiedererlangten gesundheitspolitischen Steuerungsautonomie und somit ein gravierender Machtverlust befürchtet. Damit war Anfang der 1950er-Jahre der Weg frei für einen Wiederaufbau des Gesundheitssystems auf den Grundlagen, „die in der Endzeit der Weimarer Republik und [...] im Dritten Reich gelegt worden waren" (Webber 1988, S. 185).

Die mit dem *Gesetz über das Kassenarztrecht von 1955* schließlich geschaffene bundeseinheitliche Regelung der Interorganisationsbeziehungen zwischen Krankenkassen und Kassenärzten lief auf die weitgehende Restauration des 1931 geschaffenen Organisationsnetzwerks im ambulanten Sektor hinaus. Ein wesentlicher Unterschied bestand allerdings darin, dass an die Stelle der früheren Spitzenverbände der Ärzteschaft – Deutscher Ärztevereinsbund und Hartmannbund – die *Kassenärztliche Bundesvereinigung* trat[238]. Dieser öffentlich-

[238] Schon 1948 waren die KV'en von den Ärztekammern wieder getrennt worden. Damit wurde ihre seit 1935 bestehende rechtliche Eingliederung in die Ärztekammern aufgehoben und so der Weg frei gemacht für die

rechtlichen Körperschaft gehörten alle regionalen Kassenärztlichen Vereinigungen zwangsweise an. Sie bildete fortan die einzige legitimierte ärztliche Interessenorganisation im Netzwerk. Auf der Kassenseite wurden die Bundes- und Landesverbände der Kassen ebenfalls zu öffentlich-rechtlichen Körperschaften erhoben. Auf diese Weise standen sich seit 1955 „im Rahmen der kassenarztrechtlichen Beziehungen wiederum nur noch öffentlich-rechtliche Körperschaften gegenüber“ (Schneider 1983, S. 49). Der infolge der Gleichschaltungspolitik im Dritten Reich ausgelöste *Vereinheitlichungs- und Zentralisierungsschub* der Verbandsorganisationen von Kassen und Kassenärzteschaft wurde also nur partiell abgeschwächt.

Seit 1955 gab es nur noch zwei relevante Netzwerkebenen. Auf oberster Ebene standen sich nun relativ stark zentralisierte, vereinheitlichte, körperschaftlich verfasste und damit verpflichtungsfähige Spitzenorganisationen beider Seiten in einem relativen Kräftegleichgewicht gegenüber. Zugleich wurden die bisherigen Funktionen der örtlichen Ebene weitgehend auf der Landesebene konzentriert, die damit an entscheidender Bedeutung als zweite Netzwerkebene gewann, während die örtlichen Geschäftsstellen der Krankenkassen ebenso wie der Kassenärztlichen Vereinigungen – die dritte Ebene – zu reinen Ausführungs- und Verwaltungsorganen degradiert wurden. Die Folge des Funktionsverlustes der örtlichen Ebene war nicht nur eine Befriedung der traditionell konflikthaften Netzwerkbasis, sondern auch die Reproduktion des Habitus von Verwaltungsexperten bei den lokalen Angestellten und Funktionären beider Seiten. Dies trug zur Entpolitisierung der lokalen Organisationen beider Seiten bei und entlastete diese zugleich gegenüber ihren Mitgliedern von der Verantwortung für die durch die Netzwerkgremien auf Landes- oder Bundesebene getroffenen Entscheidungen. Auf dieser organisationalen Basis etablierte sich ab 1955 also ein über mehrere Ebenen horizontal und vertikal miteinander verflochtenes Organisationsnetzwerk mit einer Vielzahl gemeinsamer Vertragsschlichtungs- und Zulassungsorgane, sowie von Bundes- und Landesausschüssen. Die eigentliche „Erfolgsgeschichte“ des untersuchten Organisationsnetzwerks beruhte al-

---

Schaffung einer eigenständigen bundesweiten Dachorganisation, der *Kassenärztlichen Bundesvereinigung*. Als besonders günstig erwies sich hierfür, dass auf der Ärzteseite nach Auflösung der Reichsärztekammer quasi ein organisationspolitisches Machtvakuum bestand. Während der Ärztevereinsbund nach seiner Auflösung 1936 nach 1945 nicht reaktiviert wurde, kam es erst 1949 zur Neugründung des Hartmannbundes, der aber durch seine formale Exklusion aus dem Netzwerk nicht mehr das alte organisationspolitische Gewicht erreichen konnte. Damit bestand die Gefahr der organisationalen Ausdifferenzierung und Heterogenisierung der Leistungsanbieterseite, der mit der Gründung der KBV als einziger zum Netzwerk zugelassenen ärztlichen Spitzenorganisation begegnet wurde. Sie monopolisierte die Verhandlungsführung mit den Kassen und im politischen Raum. Sie beschleunigte aber auch den politischen Einflussverlust des ehemals starken Hartmannbundes, der nun als externe Berufsorganisation außerhalb der Verhandlungsnetze agieren musste und sich auf die Kritik der „kompromißlerischen“ Politik der KBV konzentrierte. Dies führte z.B. 1995 dazu, dass der fundamentalistische „Störenfried Hartmannbund“ von Gesundheitsminister Seehofer nicht mehr zu gemeinsamen Gesprächen hinzugezogen wurde (Döhler 1997, S. 113).

so auf der gesetzlich fixierten (hierarchischen) Abfolge von institutionalisierten *Verhandlungsarenen*, in denen interorganisationale Konflikte über mehrere Netzwerkebenen hinweg fragmentiert und klein gearbeitet werden konnten, um allseits tragbare Kompromisse zu erzielen. Das 1955 konstituierte Netzwerk wurde aus diesem Grund bis in die Gegenwart zwar mehrfach modifiziert, nicht aber grundlegend umstrukturiert. In seiner Grundkonzeption besitzt es deshalb bis heute seine Gültigkeit. Schneider (1983, S. 49) stellt fest, dass die im Nachkriegsdeutschland einsetzende gesetzliche Rekonstruktion des ambulanten Organisationsnetzwerks eine stärkere Beteiligung des Staates aufwies, der „die Beziehungen zwischen Ärzten und Kassen einer eingehenderen Regelung als in den Jahren zuvor unterzog". Die gesundheitspolitischen Interventionen des Staates in das Netzwerk vollzogen sich bis heute allerdings in einer Art *zyklischer Bewegung*. Nach Döhler/Manow-Borgwardt (1992a, S.588) unterlag sie keiner übergeordneten Gesetzmäßigkeit, sondern entsprach in ihrer konkreten Ausprägung vielmehr den jeweiligen gesundheitspolitischen Handlungsanforderungen. Insofern schwankten die staatlichen Steuerungsversuche immer zwischen einer Stärkung oder Schwächung der „Gemeinsamen Selbstverwaltung", das heißt zwischen dem Ausbau der Selbststeuerungsfähigkeit durch staatliche Aufgaben- und Kompetenzdelegationen in das Netzwerk und der Etablierung eher hierarchischer Steuerungsformen, die eine Beschneidung der Handlungsautonomie des Netzwerks zur Folge hatten. Die staatliche Gesundheitspolitik war seit 1955 in diesem Sinne immer zugleich auch *Netzwerkpolitik*, da die inhaltlichen Regelungen zur Krankenversicherung unmittelbar den Handlungsrahmen und die Beziehungen zwischen Kassen und Kassenärzteorganisationen tangierten. Charakteristisch ist, dass die meisten gesundheitspolitischen Reformversuche nur zu partiellen Modifizierungen der Netzwerkbeziehungen führten. Strukturelle Veränderungen, beginnend mit den *„Blank-Reformen"* gegen Ende der 1950er-Jahre, scheiterten gerade im ambulanten Sektor regelmäßig am Widerstand wechselnder Interessenkoalitionen zwischen den von den jeweiligen Reformversuchen potenziell betroffenen Akteuren (Reuscher 1999; Rosewitz/Webber 1990; Webber 1988, S. 185ff.; 1989) und an der strukturellen Beharrungskraft des etablierten Netzwerks.

Nach 1955 kam es zu einer gewissen Verselbstständigung des Organisationsnetzwerks. Hierzu trug bei, dass mit dem *Gesetz über Kassenarztrecht* der Staat seinen unmittelbaren Einfluss in den Netzwerkorganen aufgab. Die in allen gemeinsamen Gremien vertretenen unparteiischen Mitglieder waren nun keine stimmberechtigten Staatsvertreter mehr, wie dies zu Zeiten der Weimarer Republik üblich gewesen war. Vielmehr bestimmten nun die Verbände beider Seiten über die zu berufenden unparteiischen Personen selbst. Die „Gemeinsame

Selbstverwaltung“ wurde damit eine gewissermaßen „staatsfreie Veranstaltung[..] zwischen gesellschaftlichen Großorganisationen“ (Döhler/Manow-Borgwardt 1992a, S. 582). Diese Konzeption entsprach weitgehend dem gängigen Leitbild einer sich über große handlungs- und verpflichtungsfähige Interessenorganisationen quasi selbststeuernden, entwickelten Organisationsgesellschaft. Da es sich im vorliegenden Fall außerdem um ein Netzwerk aus verkörperschaftlichten Organisationen handelte, dessen primäre Funktion in der sozialen Befriedung konflikthafter interorganisationaler Beziehungen durch die Konstituierung einer gesetzlich strukturierten Verhandlungsarena für Krankenkassen und Kassenärzte bestand, war eine unmittelbare Teilnahme des Staates entbehrlich geworden. Der formale Rückzug des Staates aus den Netzwerkgremien entsprach dabei dem übereinstimmenden Interesse von Ministerialbürokratie und Interessenverbänden an einem Vorrang bilateraler und dezentralisierter Verhandlungen. Mit diesem Schritt wurde die Steuerungsautonomie der Netzwerkakteure erheblich erweitert. Allerdings durften sie ihre Kompetenzen stets nur gemeinsam und im Rahmen der gesetzlich definierten Möglichkeiten nutzen. Lamping (1994, S. 89) spricht deshalb auch von der *„Janusköpfigkeit des Selbstverwaltungsprinzips“*, die sich gerade darin manifestierte, dass die inkorporierten Organisationen nicht nur das Recht zur Selbstverwaltung und Selbststeuerung des ambulanten Sektors erhielten, sondern zugleich auch auf die „Erfüllung und Realisierung der staatlichen inputs“, dargestellt als übergeordnete Gemeinwohlinteressen und gesundheitspolitischer Rahmenvorgaben, verpflichtet wurden.

Die Folge war eine *Stärkung kooperativer Verhandlungsstile* und einvernehmlicher Problemlösungen, die keiner staatlichen Intervention mehr bedurften und zur Aufwertung des Netzwerks führten. Gleichzeitig verstärkte der Staat aber auch seine unmittelbaren Einflusschancen durch die Einbeziehung zahlreicher Regelungsbereiche in die Gesundheitsgesetzgebung, den Genehmigungsvorbehalt bei Richtlinien und den Einsatz des Ersatzvornahmerechts, durch die der Handlungsrahmen des ambulanten Organisationsnetzwerks eher eingeschränkt wurde. Der Staat besitzt bis heute die Möglichkeit, bei gesundheitspolitischen Problemkonstellationen, die eine Einigungsfähigkeit zwischen Kassen und Ärzteorganisationen offenkundig überfordern würden, die etablierte netzwerkinterne Verhandlungslogik „durch den Einsatz hierarchischer Steuerungsinstrumente bis hin zur vollkommenen Außerkraftsetzung der gemeinsamen Selbstverwaltung“ (Döhler/Manow-Borgwardt 1992a, S. 588) zu überlagern. Diese Interventionsoption dient der Ministerialbürokratie in der Regel als „Drohpotenzial“ gegen „widerspenstige“ Netzwerkakteure und -gremien.

2.2.10 Instrumentalisierung und Mobilisierung von Netzwerkressourcen: Der Bundesausschuss als institutionalisiertes Steuerungszentrum

Zum wichtigsten Organ der „Gemeinsamen Selbstverwaltung" wurde ab 1955 der „*Bundesausschuss der Ärzte und Krankenkassen*". Wie bei vielen Netzwerkgremien knüpfte man auch hier an institutionelle Traditionen der Weimarer Republik an. Im Gegensatz zum Reichsausschuss hat der Bundesausschuss aber bis heute nicht über derart weitreichende Regulierungskompetenzen verfügt. Das resultiert daraus, dass seine Richtlinien keinen Charakter von Rechtsverordnungen mehr haben, sondern erst durch ihre Übernahme in den unmittelbar zwischen den Spitzenorganisationen abzuschließenden *Bundesmantelvertrag* ihre Verbindlichkeit für alle Netzwerkakteure erlangen. Hinzu kommt, dass alle Richtlinien erst durch die Genehmigung des Bundesarbeitsministeriums, seit 1991 des Bundesministeriums für Gesundheit (Beske/Hallauer 2001, S. 48), wirksam werden konnten und das 1931 eingeführte Ersatzvornahmerecht beibehalten wurde. So sicherte sich der Staat ausreichende Kontroll- und Einflussmöglichkeiten. Darüber hinaus können heute netzwerk-interne wie -externe Organisationen gegen die weitreichenden Beschlüsse des Bundesausschusses gerichtlich vorgehen[239].

Im Rahmen der staatlichen *Kostendämpfungspolitik* erfuhr der Bundesausschuss seit den 1970er-Jahren eine massive Aufwertung durch den Gesetzgeber, der ihm weitreichende Regulierungskompetenzen zur Sicherung der ausreichenden, zweckmäßigen und wirtschaftlichen Versorgung der Versicherten übertrug[240]. Damit wurde er zum zentralen Netzwerkorgan, dessen Regelungen von allen übrigen Einrichtungen berücksichtigt werden mussten. Sein Aufstieg zum einflussreichsten und entscheidenden Gremium resultierte vor allem aus der unter dem Begriff des „*Vorrangs der Selbstverwaltung*" ideologisch abgesicherten staatlichen Kompetenzdelegation, die seither immer wieder als „eine Option zur politischen Bearbeitung

---

239 1999 gelang es einer Reihe von Pharmakonzernen, die Arzneimittelrichtlinien des Bundesausschusses für rechtsunwirksam erklären zu lassen. Dies belegt die über das Netzwerk hinaus gehende Ausstrahlung der Beschlüsse des Gremiums in weite gesundheitspolitische Bereiche, aber auch ihre Umstrittenheit. Der Bundesausschuss hat auch eine zentrale Bedeutung für externe Akteure wie Apotheker, Optiker oder auch die pharmazeutische Industrie gewonnen (Offermanns 1995, S. 171). Seit 1997 sind deshalb für einige Richtlinien zwingend Anhörungsverfahren mit den beteiligten Interessenverbänden der Leistungserbringer, z.T. sogar mit den Verbänden der pharmazeutischen Unternehmen und der Apotheker durchzuführen (*§ 92 SGB V*).

240 Neben dem Erlass von Richtlinien zur Konkretisierung abrechnungsfähiger Leistungen der GKV beschließt der Bundesausschuss heute auch über die Zulassung neuer Untersuchungs- und Behandlungsmethoden für den GKV-Leistungskatalog sowie über den therapeutischen Nutzen neuer Heilmittel. Außerdem gehört seit 1997 zu seinen Aufgaben die Überprüfung aller zu Lasten der Kassen erbrachten ärztlichen Leistungen auf diagnostischen und therapeutischen Nutzen, medizinische Notwendigkeit und Wirtschaftlichkeit. Schließlich legt er Kriterien zur Qualitätsbeurteilung in der vertragsärztlichen Versorgung fest und sorgt für die regelmäßige Veröffentlichung der aus dem Leistungskatalog ausgeschlossenen Arzneimittel (*§§ 92, 93 SGB V*).

von Regelungsmaterien, über die im parlamentarischen Raum keine Einigung möglich war“ (Döhler/Manow-Borgwardt 1992a, S. 584), eingesetzt wurde.

Abb. 17: Das ambulante Organisationsnetzwerk von 1955 bis in die Gegenwart

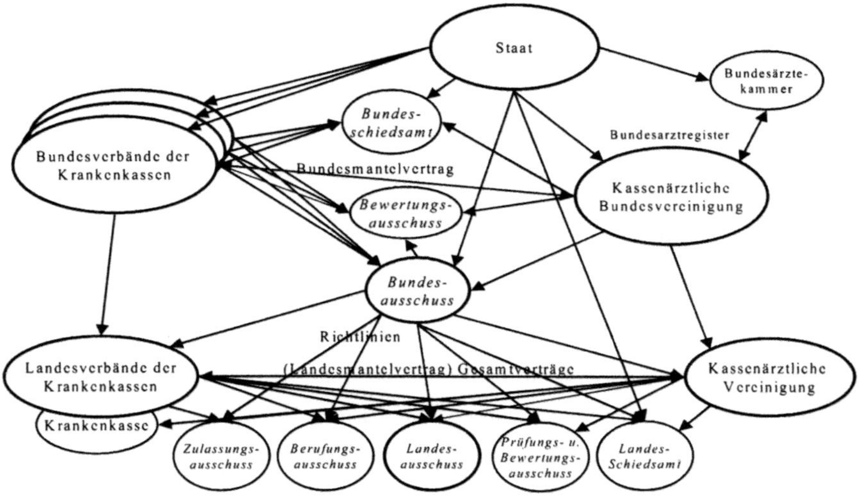

Das Netzwerk kompensierte also die relative Schwäche des Staates zur Durchsetzung einer gesundheitspolitischen Gesamtkonzeption gegenüber den divergierenden politischen und gesellschaftlichen Interessengruppen, das heißt zur Politikimplementation. Die auf staatlicher Ebene nicht lösbaren Interessen- und Programmkonflikte wurden auf das Netzwerk verlagert. Seine Hauptaufgabe besteht in der Implementierung staatlicher Rahmenvorgaben im ambulanten Sektor. Das unterstreicht seine Bedeutung für die Funktionsfähigkeit des Sektors und den Prozess neokorporatistischer Politikentwicklung/-implementierung. Zugleich impliziert diese Art von funktionaler Arbeitsteilung zwischen Staat und Netzwerk aber auch „Sensibilität für die erhöhte Komplexität politischer Herrschaft und für zunehmende Konsensbedürfnisse in modernen demokratischen Gesellschaften“ (Mayntz 1997, S. 242). Von staatlicher Seite wurde der Bundesausschuss als *verteilungspolitisches Steuerungsgremium* zur Mobilisierung von netzinternen Wirtschaftlichkeitsreserven instrumentalisiert. Aufgrund seines Handlungsrepertoirs und der ausgeprägten internen, auf die Lösung von Sachfragen konzentrierten Verhandlungslogik[241] erwies sich der Bundesausschuss als hinreichend flexibel, um unter verän-

[241] Dem entspricht ein nicht auf Interessendurchsetzung („bargaining“), sondern auf kooperative Problemlösung (*„problem-solving“*) ausgelegter Entscheidungsstil (Lauer-Kirschbaum 1994a, S. 213; Scharpf 1988, 1989).

derten Rahmenbedingungen die etablierten Formen *„positiver Koordination"* (Scharpf 1994, 1996) und die dauerhafte Funktionsfähigkeit des Netzwerks aufrecht zu halten.

2.3 Strukturelle Reproduktion und kollektive Identität: Die Verinnerlichung der netzwerkspezifischen Kooperationsformen durch die Akteure

Der Hauptgrund für die langfristige Netzwerkstabilität lag darin, dass die in den gemeinsamen Gremien vertretenen Fachbürokraten die etablierten Strukturen und Verfahren nicht gefährden wollten und deshalb immer wieder zu einvernehmlichen Kompromisslösungen bereit waren. Sie ordneten dabei die Partikularinteressen der sie entsendenden Organisationen in entscheidenden Fragen einem übergeordneten Netzwerkzweck und den institutionalisierten Netzwerkregeln unter. Daran wird zunächst deutlich, dass sich gerade bei den in den Bundesausschuss delegierten Organisationsvertretern eine Art „institutionalized thought structure" (Milward 1982, S. 472) ausgebildet hatte. Dies bedeutete nichts anderes als die Etablierung eines weitgehend internalisierten Grundkonsenses über die bestehenden Netzwerkstrukturen und Regeln, den gemeinsamen Organisationszweck und das Bestehen einer kollektiven Verantwortung für die Erhaltung der Netzwerkstabilität, letztlich also die Ausbildung einer *kollektiven Identität* der Netzwerkakteure. Der über die „Gemeinsame Selbstverwaltung" transportierte, gemeinsam geteilte Bezugspunkt strukturierte maßgeblich den Wahrnehmungshorizont der beteiligten Subjekte und führte dazu, dass diese die bestehenden Strukturen ebenso wie die „Spielregeln" im Netz permanent durch ihr koorientiertes Handeln (re-)produzierten.

Das erklärt die hohe strukturelle Stabilität des ambulanten Organisationsnetzwerks und seine Ausstrahlungskraft für andere gesundheitspolitische Sektoren. Unter diesen Bedingungen musste deshalb jeder externe Versuch einer Veränderung des Status quo zwangsläufig auf den Widerstand aller involvierten Akteure, die sich als Teil eines auf gemeinsame Rechnung arbeitenden Gremiums begriffen und sich deshalb zu interessenübergreifenden *Abwehrkoalitionen* zusammenfanden, treffen. Die Ausbildung einer sich von den individuellen Zielverfolgungsmotiven der Akteure lösenden kollektiven Identität manifestierte sich in der *tendenziellen Verselbstständigung* der Netzwerkgremien gegenüber den sie bildenden Organisationen. Das wurde vor allem durch eine gesetzliche Regelung begünstigt, nach der Ausschussmitglieder in der Regel nicht an Weisungen der sie entsendenden Organisationen gebunden waren[242]. Die staatliche Garantie der relativen Autonomie der Netzwerkgremien gegenüber den sie bildenden Organisationen stellte nicht nur eine Art Rechtsschutz der einzelnen Mitglieder gegenüber ihren Verbänden dar, sondern förderte auch ganz entscheidend deren Gesprächs- und Verhandlungsbereitschaft.

Allerdings konnten die Akteure nur auf Basis halbwegs annäherungsfähiger Interessen und einer grundlegenden Kompromissbereitschaft zu einhelligen, allgemein akzeptablen Verhandlungsergebnissen gelangen. Dies bedeutete, dass die Kompromisslösungen nicht kontinuierlich zu Lasten einer Seite gehen konnten, sondern gewissermaßen „ausbalancierte" Verhandlungspakete geschnürt werden mussten. Sie wurden in der Regel durch Fachreferenten in speziellen Arbeitsausschüssen vorbereitet und dann durch die delegierten Verbandsfunktionäre im Bundesausschuss nur noch en bloc beschlossen. Die Möglichkeiten zur Kompromissbildung verbesserten sich dementsprechend über sogenannte *Koppelgeschäfte* zwischen verschiedenen Regelungsbereichen, durch die jede Verhandlungspartei für ihre Kompromissbereitschaft in einem speziellen Bereich mit entsprechend günstigen Regelungen in einem anderen Bereich entschädigt wurde. Auf diese Weise konnte das etablierte Kräftefeld im Netzwerk in Form eines „homöostatischen Gleichgewicht[s]" (Lauer-Kirschbaum 1994, S. 230) gewahrt bleiben. Dabei wurde es mit der Zeit jedoch üblich, dass vor allem der Bundesausschuss als zentrales Netzwerkgremium *Vereinbarungen zu Lasten Dritter* traf, das heißt die Kosten der getroffenen kollektiven Regelung aus dem Netzwerk externalisierte[243], oder aber Zugangsbarrieren für bestimmte neu in die kassenärztliche Versorgung drängende fachärztliche Berufsgruppen errichtete[244]. Da die Interessenüberschneidungen oftmals im Einklang mit den staatlichen Zielen einer Kostendämpfung in der Gesetzlichen Krankenversicherung standen, gewann die Idee der Kompetenzdelegationen auf den Bundesausschuss aus staatlicher Perspektive spürbar an Attraktivität. Das lag nicht zuletzt daran, dass die Machtverhältnisse innerhalb

---

242 In rechtlicher Hinsicht galten die Gremienmitglieder nicht als Repräsentanten ihrer Verbände. Sie waren in ihren Handlungen im Rahmen der Vorschriften ungebunden. Der Gesetzgeber schuf institutionelle Prozeduren, die mit Ausnahme der Schiedsämter zur relativen Autonomie der Netzwerkgremien führten. Dazu gehörten neben der Weisungsfreiheit auch die Schweigepflicht der Mitglieder und die Geheimhaltung ihres Abstimmungsverhaltens (Döhler 1992a, S. 593). Die Verbände besaßen nur noch über die Androhung der Abberufung einen gewissen Einfluss auf ihre Delegierten (Schneider 1983, S. 135).

243 Zu den Aufgaben des Bundesausschusses gehört die Bildung der Festbetragsgruppen von Arzneimitteln *(§ 35 Abs. 1 SGB V)*. Die Festbeträge galten als „Herzstück" des *Gesundheitsreformgesetzes von 1989*. Ziel war ein Ausgleich der Belastungen der Versicherten durch Spareffekte im Arzneimittelsektor zu Lasten der Pharma-Industrie (Döhler/Manow-Borgwardt 1992a, S. 586).

244 So konnten Kassen und organisierte Ärzteschaft z.B. mit den *Psychotherapie-Richtlinien* ihre gemeinsame Aversion gegen die direkte Beteiligung von psychotherapeutisch fortgebildeten Psychologen mit Hilfe eines kassenärztlichen Delegationsvorbehalts wirksam exekutieren (Döhler/Manow-Borgwardt 1992a, S. 586).

des korporatistischen Organisationsnetzwerks für die Umsetzung der staatlichen Kostendämpfungsprogramme wesentlich günstiger erschienen als auf parlamentarischer Ebene. Insofern war der Staat nun gewissermaßen auf eine zumindest *temporäre Koalition* mit den im Netzwerk vertretenen Organisationen angewiesen, um so seine gesundheitspolitischen Programme umgesetzt zu bekommen. Der Staat wurde also weder zur eigenständigen Politikformulierung unfähig, noch führte das Netzwerk grundsätzlich zur Blockade der Politikimplementation. Immer dann, wenn es dem Staat gelang, die „compliance" der Netzwerkakteure sicherzustellen, fungierte das Netzwerk gewissermaßen als *Erfüllungsgehilfe* der staatlichen Gesundheitspolitik. Für Döhler/Manow-Borgwardt (1992a, S. 586) bewegte sich die interne Funktionslogik des entwickelten ambulanten Organisationsnetzwerks allerdings „stets in einer gewissen Nähe zur ‚Räuberkoalition' gegenüber anderen Akteuren", zu deren Lasten seine Regelungen vielfach gingen. Als Gewähr für die Stabilität der Netzwerkstrukturen und Erhaltung seiner internen Funktionslogik diente der exklusive, überschaubare Kreis an Mitgliedsorganisationen. Das Netzwerk schottete sich gegen die Öffnung für zusätzliche korporative Akteure systematisch ab. Schließlich wäre durch die Erweiterung des Mitgliederkreises in den gemeinsamen Entscheidungsgremien die Gefahr von „'Sollbruchstellen' in der Interessenlage" (Döhler/Manow-Borgwardt 1992a, S. 586) angewachsen. Das hätte aber die Einigungsfähigkeit in wichtigen Sach- und Verteilungsfragen erschwert und staatliche Interventionen provoziert[245].

3. Die Institutionalisierung der ökonomischen Steuerungsstruktur im Netz: Kollektivverträge als zentrale honorarpolitische Verteilungsinstrumente

3.1 Kassenärztliche Vergütung als kollektiver Regelungsgegenstand

3.1.1 Das Vertragsregime als institutionelle Funktionsgrundlage des Netzwerks

Eng mit dem Modell der Steuerung der kassenärztlichen Versorgung über Richtlinien und Empfehlungen der paritätischen Ausschüsse ist im Rahmen der „Gemeinsamen Selbstverwal-

[245] 1988 wurden auch die Ersatzkassenverbände zur Mitgliedschaft im Bundesausschuss verpflichtet (*§ 91 Abs. 1 SGB V*). Ziel war die interessenpolitische Homogenisierung der Kassenseite (Döhler/Manow-Borgwardt 1992a, S. 586). Diese Erweiterung unterstreicht die zentrale Rolle des Staates als Netzwerk-Architekt.

tung“ das „Organisationsmodell der direkten Verhandlungen“ (Offermanns 1995, S. 172) zwischen den Verbänden der Krankenkassen und der Kassenärzte verbunden. Im Zentrum dieses mehrstufigen, sich primär über zwei hierarchische Netzwerkebenen (Spitzenverbands- und Landesverbandsebene) erstreckenden Systems von direkten interorganisationalen Verhandlungen steht bis heute die Vereinbarung von Form und Höhe der Honorierung der kassenärztlichen Tätigkeit in entsprechenden Kollektivverträgen. Hiermit werden honorarpolitische Rahmenbedingungen geschaffen, die für alle Krankenkassen und Kassenärzte rechtsverbindlich sind[246]. Dieses „eigenartige[..] System von Kollektivverträgen“ (Klette 1965, S. XXVI) stellt bis heute neben den gesetzlichen Vorgaben und den Richtlinien der paritätischen Netzwerkausschüsse ein weiteres *zentrales Regelungsinstrument* für die kassenärztliche Versorgung dar.

Da sich die Vereinbarungen jedes Kollektivvertrags nur im Rahmen der gesetzlichen Bestimmungen und der Richtlinien bewegen dürfen, steht das Medium in einer engen Wechselbeziehung zu den übrigen Regelungsinstrumenten. Darüber hinaus sind sowohl Krankenkassen als auch Kassenärzteorganisationen bei Vertragsverhandlungen ebenso wie in den Netzwerkgremien zur *Kooperation* verpflichtet. „Dies bedeutet nichts anderes, als dass die Verbände beim Abschluss der Kollektivverträge nicht nur der Pflicht zum Zusammenwirken unterliegen, sondern dass die Verträge darüber hinaus eine ganz wesentliche, besondere Form des Zusammenwirkens bzw. der ‚gemeinsamen Selbstverwaltung' darstellen“ (Schneider 1983, S. 205). So unterliegt das Kollektivvertragssystem einerseits ebenso wie die paritätischen Gremien den gleichen gesetzlichen Vorgaben und Zwangsschlichtungsinstitutionen des Netzwerks. Andererseits erhalten die Interessenorganisationen beider Seiten mit dem Kollektivvertrag ein entscheidendes Instrument, um die ambulante kassenärztliche Versorgung „eigenständig und gemeinsam im Rahmen der übergeordneten Rechtsgrundlagen zu gestalten“ (Schneider 1983, S. 205). Insofern bildet das *„Vertragsregime“* (Krause 1981, S. 411) neben dem bereits ausführlich beschriebenen System aus gestaffelten Verhandlungen in paritätisch besetzten Ausschüssen die *institutionelle Funktionsgrundlage* des ambulanten Organisationsnetzwerks. Der Kollektivvertrag schaffte also wichtige institutionelle Grundlagen zum Aufbau der „Gemeinsame Selbstverwaltung“ und diente ihr zugleich als entscheidendes Gestaltungsinstrument. Hinzu kommt die sowohl für Netzwerke als auch Kollektivvertragssysteme

[246] Offermanns (1995, S. 172f.) sieht neben Kollektivverträgen vier weitere Formen direkter Verhandlungen, die aber eine wesentlich geringere (juristische) Bindungswirkung entfalten (auf Bundesebene: Beteiligung, Empfehlung, Benehmen, Unterstützung; auf Landesebene: Benehmen, Mitwirkung, Einvernehmen, Zusammenarbeit). Bis heute hat sich so ein enges Netz direkter Verhandlungsbeziehungen zwischen Kassen und KV'en auf Bundes- und Landesebene entwickelt, in dessen Zentrum unbestritten der Kollektivvertrag steht.

charakteristische *Exklusivität* und *Selektivität* hinsichtlich der an den Verhandlungen beteiligten Akteure (Lauer-Kirschbaum 1994, S. 210), weshalb man auch von einem sich gegenseitig verstärkenden Effekt sprechen kann.

Es war deshalb kein Zufall, dass am Anfang der Netzwerkkonstituierung 1913 ausgerechnet ein Kollektivvertrag zwischen den bedeutendsten Spitzenverbänden der Krankenkassen und den beiden zentralen ärztlichen Interessenorganisationen stand. Das seitdem etablierte wechselseitige Zusammenspiel zwischen direkt verhandeltem Kollektivvertrag, in Netzwerkausschüssen beschlossenen Richtlinien und der staatlichen Gesetzgebung führte nicht nur zur unmittelbaren Staatsentlastung, sondern band auch die Netzwerkakteure mit der Sachkompetenz ihrer Funktionseliten in die unmittelbare Gestaltung der kassenärztlichen Versorgung ein. Bis heute fällt den kollektiven Verträgen auf der jeweiligen Netzwerkebene primär die Aufgabe zu, die gesetzlichen Grundlagen ebenso wie die in den Netzwerkgremien vereinbarten Richtlinien inhaltlich zu konkretisieren. Gerade im Falle der ärztlichen Honorierung erreicht das in *Kapitel IV 2.* bereits angedeutete Zusammenspiel der verschiedenen Rechtsgrundlagen, dass die gesetzlichen Rahmenvorschriften durch abgestufte Kollektivverträge (heute Bundesmantel- und Gesamtverträge) „in der Form einer flexiblen Konkretisierung realisiert werden können, die eine jeweils zeitgemäße Anpassung des Kassenarztrechts, insbesondere der zu zahlenden Gesamtvergütung in kurzen Zeitabständen ermöglichen" (Schneider 1983, S. 206). Der damit erreichte Grad an Flexibilität könnte durch Richtlinien oder Gesetz nicht gewährleistet werden.

Zugleich wird so sichergestellt, dass die durch die sachkundigen Akteure selbst getroffenen Vereinbarungen tatsächlich „einen gegenseitigen Interessenausgleich darstellen" (Schneider 1983, S. 206) und offene Konfrontationen weitgehend vermieden werden. Dabei dient das seit 1931 ausgebildete System eines *„mehrstufigen Kollektivismus"* (Schneider 1983, S. 206), im Prinzip eine hierarchische Fragmentierung der Zuständigkeiten für bestimmte Regelungsinhalte zwischen den Verhandlungs- und Vertragsebenen, vor allem zur Aufspaltung des honorarpolitischen Konfliktpotenzials in einzelne, leichter sachorientiert bearbeitbare Themenblöcke. 1955 wurden schließlich alle Kompetenzen auf Landes- und Bundesebene zentralisiert und die lokale Ebene vollständig entpolitisiert. Gerade die institutionelle Verklammerung und Arbeitsteilung zwischen den paritätischen Gremien und den direkten, abgestuften Kollektivvereinbarungen verdeutlicht deshalb die spezifische Funktionslogik – die *„Bewegungsgesetze"* – des ambulanten Organisationsnetzwerks.

3.1.2 Befriedung von Honorarkonflikten als Motor der Netzwerkbildung

Im organisationsgeschichtlichen Kontext betrachtet, können die in den direkten interorganisationalen Honorarverhandlungen aufgetretenen Konflikte als Ursache und Motor für die Entstehung und Entwicklung des heutigen Netzwerks und der Institution der „Gemeinsamen Selbstverwaltung" begriffen werden. Seit 1913 konzentrierten sich die staatlichen Bemühungen auf die Kanalisierung und Befriedung der in den direkten Vertragsverhandlungen auftretenden Verteilungskämpfe zwischen den beteiligten Organisationen durch ihre Einbindung in ein immer komplexeres, arbeitsteiliges und abgestuftes System von paritätischen Gremien. In dem institutionalisierten Netzwerk konnten die auftretenden Konflikte und Probleme von den beteiligten Akteuren so kleingearbeitet werden, dass eine Gefährdung des Gesamtsystems ausgeschlossen war. Gleichzeitig ermöglichte die Verlagerung eines Teils der Regelungsinhalte aus den direkten Verhandlungen in die paritätischen Netzwerkgremien die Auslagerung von Konfliktstoff, der vor allem in konkreten Detailfragen der Vergütungsmodalitäten bestand. Innerhalb der seit 1923 zunehmend öffentlich-rechtlich strukturierten Netzwerkgremien konnte für solche (technischen) Problembereiche nicht zuletzt wegen der Teilnahme unparteiischer Dritter eher eine einvernehmliche Lösung zwischen den Parteien erzielt werden als bei ihrer Behandlung in den unmittelbaren Vertragsverhandlungen der Spitzenorganisationen. Übrig blieb als direkter Verhandlungsgegenstand die Vereinbarung bestimmter Rahmenbedingungen zwischen den Spitzenverbänden, wodurch für alle beteiligten Organisationen *verbindliche Standards* festgelegt wurden. Die nachgeordneten Verhandlungsebenen bewegten sich innerhalb des vorgegebenen Handlungsrahmens, der nicht mehr in Frage gestellt oder verändert werden konnte. Damit entfielen die traditionellen Spannungen bei der konkreten Festlegung der Honorarhöhe, die zum rein technischen Verhandlungsgegenstand wurde. Gerade in dem traditionell umkämpften Feld wurde so ein eher kooperativ-problemorientierter Verhandlungsstil in einem exklusiven Kreis von „Tarifexperten" dominant.

3.2 Institutioneller Isomorphismus und Zentralisierung: Vom Einzelvertrag zum Kollektivvertrag über die kassenärztliche Vergütung

Beim Vergleich der Entwicklungsgeschichte der Netzwerkgremien und der zunehmenden Reglementierung und Strukturierung der direkten, ebenfalls über mehrere Ebenen gestaffelten

Kollektivverhandlungen fällt eine Reihe von Parallelen auf. Eine große Gemeinsamkeit liegt in der parallel verlaufenden *Standardisierung* und *Zentralisierung* der maßgeblichen Verhandlungsinhalte und -kompetenzen auf der obersten Verhandlungsebene, das heißt in den zentralen Netzwerkgremien einerseits und auf Spitzenverbandsebene andererseits. Zudem wird an den Honorarverhandlungen der *materielle Kern* der Funktionslogik des ambulanten Netzwerks und der immanente Konflikte zwischen Kassen und Ärzteschaft deutlich.

3.2.1 Zur ursprünglichen Vielfalt der ärztlichen Honorierungs- und Vertragsformen und ihres Einflusses auf das ärztliche Handeln

Seit Konstituierung der Gesetzlichen Krankenversicherung standen die Vertragsbeziehungen zwischen Krankenkassen und Ärzten – und hier insbesondere die Form der kassenärztlichen Vergütung – im Zentrum der Auseinandersetzungen zwischen beiden Parteien. Dies lag nicht zuletzt daran, dass das *Krankenversicherungsgesetz* von 1883 keinerlei Regelungen hinsichtlich der Vertragsverhältnisse zwischen Kassenärzten und Krankenkassen sowie zu Höhe und Form der kassenärztlichen Leistungshonorierung enthielt[247]. Insofern waren Krankenkassen und Ärzte zunächst in der Ausgestaltung der Vertragsbeziehungen und damit auch von Art und Höhe des Arzthonorars völlig frei. Während vor 1883 unmittelbare Vertragsbeziehungen zwischen Krankenkasse und behandelndem Arzt eher selten waren, wurden sie nun zur allgemeinen Norm.

Bei aller inhaltlichen Unterschiedlichkeit lassen sich doch *zwei Grundformen* von Vertragsbeziehungen unterscheiden. Ein Teil der Kassen stellte einen oder mehrere Ärzte zur exklusiven medizinischen Versorgung ihrer Mitglieder fest an (Huerkamp 1985, S. 216f.). Die *angestellten Ärzte* erhielten ein festes monatliches Entgelt, dass unabhängig von der Zahl der tatsächlichen Behandlungsfälle oder -leistungen entrichtet wurde. Die Mehrzahl der Kassen schloss hingegen mit niedergelassenen Ärzten bürgerlich-rechtliche *Einzeldienstverträge* über die Behandlung ihrer Mitglieder ab (Huerkamp/Spree 1982, S. 96f.). Solche Einzelverträge

---

[247] Die Ausklammerung von Regelungen zur Honorarfrage ist erstaunlich, da der Staat noch zu Beginn des 19. Jhds. ein besonderes „Interesse an der Regelung ärztlicher Tätigkeit durch Festsetzung von Taxen und Medizinalverordnungen" (Witkowski 1920, S. 24) hatte. An die Stelle der früheren „totalen" Regulierung der ärztlichen Honorierungsformen (Einzelleistungsvergütungen) trat nun eine Phase der „Deregulierung", in der die Gestaltung der Rechtsbeziehungen den Kassen und Ärzten selbst überlassen blieb. 1892 wurde dann die Position der Kassen gestärkt, indem man ihnen per Gesetz gestattete, Art und Höhe der kassenärztlichen Vergütung ohne Mitwirkung der betroffenen Ärzte festzulegen. Dies verdeutlicht, dass der Staat mangels einheitlicher gesundheitspolitischer Strategie zumindest in der Frühphase der GKV auf die alleinige Regulierung durch die hoheitlich überformten, quasi-staatlichen Krankenkassen setzte.

beinhalteten neben Regelungen zur Versorgungsqualität auch Vereinbarungen zur Honorierung der ärztlichen Tätigkeit. Da kein einheitlich geregeltes Honorarsystem existierte, bestand reichsweit eine „bunte Vielfalt von Regelungen" (Gerlinger 1997, S. 71). Trotz aller Unterschiede lassen sich allerdings auch hier *zwei Grundformen*, die *Pauschalvergütung* und die *Einzelleistungsvergütung*, unterscheiden (*Tab. 7*; Aye 1955, S. 14; Klette 1965, S. 49ff.; Witkowski 1920, S. 26f.). Einer Umfrage des Deutschen Ärztevereinsbundes zufolge bezahlten 1886 rund vierzig Prozent aller Krankenkassen ihre Vertragsärzte nach erbrachten Einzelleistungen, rund sechzig Prozent hingegen mit einer (monatlichen oder jährlichen) Pauschale. In Preußen betrug das Verhältnis von Einzelleistungs- zu Pauschalvergütungen sogar dreißig zu siebzig Prozent, wobei vor allem größere Kassen zur Pauschalhonorierung tendierten (Huerkamp 1985, S. 200). Um die Jahrhundertwende bildete die *Kopfpauschale* die am weitesten verbreitete Honorierungsform (Gerlinger 1997, S. 71)[248].

Je nach örtlichen oder regionalen Bedingungen, zu denen neben Typ, Mitgliedergröße und Beitragsaufkommen der jeweiligen Kasse immer auch das Angebot an vertragsbereiten Ärzten zählte, konnte die Höhe der jeweiligen kassenärztlichen Vergütung sehr unterschiedlich ausfallen (Plaut 1913). Da die Krankenkassen gegenüber dem einzelnen Arzt eine starke Verhandlungsposition besaßen, konnten sie vielfach eine *Pauschalhonorierung* durchsetzen. Bei dieser Honorierungsform lag das Risiko der erhöhten Inanspruchnahme durch die versicherten Patienten ausschließlich bei den behandelnden Kassenärzten, da die Höhe der Vergütung ja unabhängig vom anfallenden Arbeitsaufwand festgelegt wurde. Für die Kassen bedeutete das ärztliche Pauschalhonorar eine „außerordentliche Erleichterung ihrer Finanzgebaren" (Sauerborn 1953, S. 212); denn nun konnten sie mit festen Beträgen und bestimmten Kosten rechnen. Dies erleichterte die Kalkulation der laufenden Leistungsausgaben erheblich. Außerdem konnte der Kassenhaushalt beispielsweise auch bei Epidemien weitgehend stabil gehalten werden, da das Risiko erhöhter Fallzahlen ausschließlich bei den Ärzten lag. Sehr bald schon beklagten viele pauschal honorierte Kassenärzte denn auch die nach ihrer Auffassung übermäßige und unnötige Inanspruchnahme ärztlicher Versorgungsleistungen durch die Versicherten. Da ihre Bemühungen um eine Anhebung der pauschalen Honorarsätze für die Behandlung der Kassenpatienten an die für die Privatpraxis üblichen Gebühren in der Regel erfolglos blieben, richtete sich ihr Unmut also in erster Linie gegen die Kassenpatienten (Göckenjan 1985, S. 341ff.). Der pauschal honorierte Kassenarzt bemühte sich folglich schon aus Hono-

---

248 Bei der Kopfpauschale hat die Kasse ohne Beachtung von Morbidität oder Fallhäufigkeiten einen fixen Honorarsatz (pro Mitglied) bereitzustellen und auszuzahlen.

rierungsgründen den Umfang der Behandlungsleistungen möglichst in Grenzen zu halten, da zusätzliche Patienten oder Versorgungsleistungen zu seinen Lasten gingen und sein durchschnittliches Honorar schmälerten. Deshalb forcierte ausgerechnet das Pauschalhonorar die kassenärztlichen Erziehungs- und Disziplinierungsbemühungen gegenüber ihren Kassenpatienten. Mit den ihnen von der Kasse verliehenen positiven und negativen Sanktionsmitteln – zum Beispiel Gewähr/Verweigerung von Krankschreibung oder Kur, Krankenhauseinweisung von „unbelehrbaren" Patienten – zielten sie auf die erzieherisch-medizinische Umprägung der traditionellen „somatischen Kultur" der proletarischen Kassenpatienten hin zu einer bürgerlich-rationalen Gesundheitsorientierung und hatten damit zunehmenden Erfolg (Tauchnitz 1999a, S. 83-91).

Der pauschal honorierte Arzt entwickelte sich so gewissermaßen zu einem Idealtypus des *„homo oeconomicus"* mit einem entsprechend rational-technischen Verständnis der Krankenversorgung. Dies erleichterte ihm im Vergleich zu früheren Zeiten wesentlich die mentale Aneignung der Rolle des Krankenkontrolleurs im Auftrage der Krankenkasse, da eine Minimierung der ärztlichen Behandlungsleistungen jetzt auch in seinem (materiellen) Interesse lag. Es lohnte sich also für den Arzt, seine Patienten zu gesundheitsförderlichem Verhalten und nur wenigen Arztbesuchen anzuhalten. Das ursprüngliche Vertrauensverhältnis zwischen Arzt und Patient entwickelte sich nicht zuletzt aus diesem Grunde mit der Zeit zu einem gegen den Kranken gerichteten Misstrauens-, Kontroll- und Disziplinierungsverhältnis. Von einer annähernd vergleichbaren medizinischen Versorgung von Kassen- und Privatpatienten konnte schon aufgrund der unterschiedlichen Honorierungsformen (Pauschal- versus Einzelleistungsvergütung in Anlehnung an die ärztliche Gebührenordnung) auch in der entwickelten Krankenversicherung keine Rede sein[249].

3.2.2 Strategische Stabilisierung und Vereinheitlichung: Die institutionelle Einbettung des Arzthonorars in Kollektivverträge und Vertragsausschüsse

Wie dargestellt bildete der Konflikt um Form und Höhe der kassenärztlichen Honorierung den Hauptmotor der ärztlichen Organisierung gegen Ende des 19. Jahrhunderts und trug maßgeblich zum Aufstieg des Hartmannbundes bei. Zu dessen Kernforderungen gehörte seit seiner

[249] Hier liegen die historischen Wurzeln der bis heute aus der unterschiedlichen Honorarhöhe resultierenden sozialen Differenzierung in Kassen- und Privatpatienten. Fakt ist, dass für eine privatärztliche Behandlungsleistung ein höheres Honorar – basierend auf den in der *Gebührenordnung für Ärzte (GOÄ)* festgelegten Gebührensätzen pro Einzelleistung, multipliziert mit einem gestaffelten Steigerungsfaktor (2,3 bis 3,5) – erzielt werden kann als für eine vergleichbare Behandlung eines Kassenpatienten (Beske/Hallauer 2001, S. 122).

Gründung neben der freien Arztwahl immer auch die Einführung der Einzelleistungsvergütung sowie die Einführung von kassenärztlichen Kollektivverträgen (Gerlinger 1997, S. 73; Groser 1992a, S. 52ff.; Huerkamp 1985, S. 279ff.). Etwa seit der Jahrhundertwende begann die Ärzteschaft sich allmählich aus der einzelvertraglichen Bindung des Arztes an die jeweilige Krankenkasse zu lösen. An ihre Stelle traten vieler Orten zunächst lokale Ärztevereine und nach 1900 der Hartmannbund in die Honorarverhandlungen mit den Krankenkassen ein. Vor allem mit dem Mittel des „Ärztestreiks" wurde zunehmend erfolgreich versucht, kollektive Vereinbarungen mit den Kassen durchzusetzen, die den zwischen Gewerkschaften und Arbeitgeberorganisationen vereinbarten Tarifverträgen ähnelten. Der Einzelvertrag zwischen Kasse und Arzt blieb bestehen, wurde aber durch die Inhalte des übergeordneten Kollektivvertrags vor allem in Honorarfragen (Art und Höhe) überlagert. Die kollektivvertraglichen Regelungen wurden so zum Bestandteil des Einzelvertrags und führten zu seiner weitgehenden Normierung und Standardisierung. Die ärztlichen Organisationen schoben sich auf diese Weise zunehmend zwischen Krankenkassen und Kassenärzte und ersetzten die bisherigen zweiseitigen Beziehungen gewissermaßen durch ein *Beziehungsdreieck*, das die beteiligten Organisationen beider Seiten alsbald dominierten. Allerdings zeigte die Vielzahl der eskalierten Organisationskämpfe mit höchst unterschiedlichem Ausgang, welches Ausmaß interorganisationale Konflikte annehmen konnten und wie unsicher die zeitlich befristeten kollektiven Vereinbarungen waren. Eine langfristig gesicherte, vereinheitlichte und positive Entwicklung der kassenärztlichen Honorierung konnte deshalb ohne stabile Rahmenbedingungen, zu denen neben einer allgemeinen Akzeptanz kollektiver Vereinbarungen auch eine gesetzliche Regelung des Kollektivvertragswesens gehörte, kaum erreicht werden.

Mit dem *„Berliner Abkommen"* wurde ein erster dauerhafter Durchbruch über die Institutionalisierung beiderseits akzeptierter, exklusiver Verhandlungs- und Regulierungsgremien erzielt. Auf diese Weise wurde ein Prozess in Gang gesetzt, der zu einer *Verstetigung* und *Verfestigung* der interorganisationalen Beziehungen führte. Die Einzelverträge zwischen Krankenkassen und Ärzten wurden aber nicht abgeschafft, sondern in ein immer dichteres *System von Kollektivverträgen* eingebettet. 1913 wurde vereinbart, dass die Rahmenbedingungen der Kassenarztverträge von nun an zunächst in einem *Mantelvertrag* zwischen den beteiligten Spitzenorganisationen im Sinne einer Empfehlung festgelegt werden sollten. Darüber hinaus wurden die Inhalte der Kassenarztverträge in Anlehnung an den Mantelvertrag in paritätisch von Vertretern der örtlichen Krankenkassen und Kassenärztevereinigungen besetzten Vertragsausschüssen abgestimmt. Die lokalen *Vertragsausschüsse* waren in erster Linie Vermittlungs- und Schlichtungsorgane, die zwar keine bindenden Entscheidungen treffen konnten, aber für eine (gütliche) Einigung zwischen den Vertragsparteien sorgen sollten. Die einzelnen Kassen und Ärzte waren nach wie vor berechtigt, miteinander direkt über die Bedingungen des Kassenarztvertrags zu verhandeln. Für den Vertragsabschluss waren sie fortan aber auf die Zustimmung des örtlichen Vertragsausschusses, der über die Einhaltung der im Mantelvertrag vereinbarten Standards wachte, angewiesen und zwar „gleichgültig, ob sie miteinander einig wurden oder nicht" (Klette 1965, 61). Konnte zwischen Kasse und Arzt keine Einigung über die Bedingungen des in Aussicht genommenen Vertrags erzielt werden, so musste das Verhandlungsergebnis dem Vertragsausschuss als unverbindlicher Vorschlag unterbreitet werden. Er leitete dann Einigungsverhandlungen zwischen den Parteien ein, „denn seine Aufgabe bestand darin, darauf hinzuwirken, dass Arztverträge zustande kamen, und diese Verträge vorzubereiten" (Klett 1965, S. 62). Er entschied nicht nur über den Wortlaut des Kassenarztvertrags, sondern prüfte und bestimmte auch dessen sachlichen Inhalt. Erst wenn sich die Vertragsparteien nicht auf der Grundlage eines Vorschlags einigen konnten oder schon im Vertragsausschuss keine Einigung zustande kam, entschied das beim Oberversicherungsamt angesiedelte bezirkliche *Schiedsamt* verbindlich und endgültig, welche Bedingungen dem Kassenarztvertrag zugrunde zu legen waren. Beide Vertragsparteien (Kasse und Arzt) waren dann verpflichtet, anhand der festgelegten Bedingungen einen Vertrag miteinander abzuschließen (Klette 1965, S. 63f.).

Hinzu kam, dass neue Kassenarztverträge erst mit Ablauf der bisherigen Verträge in Kraft treten konnten. Auf diese Weise sollten vertragslose Zustände, durch die eine kontinuierliche ärztliche Versorgung der Versicherten in der Vergangenheit immer wieder gefährdet worden war, verhindert werden. Aus dieser Sicht zielten die im *„Berliner Abkommen"* vereinbarten Netzwerkgremien vor allem über die direkte Kontrolle der einzelvertraglichen Verhandlungsergebnisse zwischen Kasse und Arzt auf eine *Beschränkung der Vertragsautonomie* der beiden Parteien ab. Die örtlichen Vertragsausschüsse dienten dabei zum Ausgleich der Monopolstellung der Kassen. Die Ausschüsse wirkten insbesondere auf eine *Vereinheitlichung der Kassenarztverträge* und die Ausarbeitung angemessener Vertragsbedingungen hin. Hierzu trug bei, dass von nun an in der konkreten vertraglichen Gestaltung die lokalen kassenärztlichen Organisationen und die Aufsichtsbehörden ein Mitspracherecht erhielten und damit der Arztvertrag nicht mehr länger „Privatsache" zwischen Kasse und Arzt war.

Dabei bildete der zwischen den Spitzenorganisationen vereinbarte *Mantelvertrag* die maßgebliche Richtschnur für die Entscheidungen der Netzwerkorgane. Ein wesentlicher, bisher zwischen Kassen und Ärzten hart umstrittener Problemkreis wurde auf diese Weise schon 1913 an die „Gemeinsame Selbstverwaltung“ des neu entstandenen Organisationsnetzwerks übertragen, aus der bisherigen zweiseitigen Beziehung zwischen Kasse und Arzt herausgelöst, einem paritätischen Netzwerkgremium zur Lösung übertragen und der Zwangsschlichtung unterworfen (Aye 1955, S. 20). Während erste honorar- und vertragspolitische Regelungskompetenzen auf das Netzwerk beziehungsweise die Spitzenorganisationen beider Seiten übertragen wurden, kam es zugleich zur tendenziellen Befriedung der unmittelbaren Beziehungen zwischen Krankenkasse und Arzt „vor Ort“. In zahlreichen örtlichen Ausschüssen konnten Streitpunkte nun in Anlehnung an den Musterentwurf des Mantelvertrags sachorientiert zwischen den Vertretern der Kassen und Ärzteorganisationen, das heißt unter Einschluss der unmittelbar Betroffenen kleingearbeitet werden.

Die kassenärztliche Vergütung wurde dann gemäß der vertraglichen Vereinbarungen von der jeweiligen Kasse an den einzelnen Vertragsarzt gezahlt. Allerdings sah das *„Berliner Abkommen“* bereits ausdrücklich die Möglichkeit vor, dass die Krankenkassen eine vereinbarte Gesamthonorarsumme für sämtliche Vertragsärzte an eine lokale Kassenärzteorganisation oder eine gemeinsame Abrechnungsstelle leisten konnten, die dann selbst für die Verteilung an die angeschlossenen Ärzte sorgte (Aye 1955, S. 22). Die vertragliche Option trug der Entwicklung Rechnung, dass eine ganze Reihe von Kassen bereits mit den örtlichen kassenärztlichen Organisationen, zumeist Unterorganisationen des Hartmannbundes, kollektive Verträge über eine ärztliche Gesamtvergütung abgeschlossen hatten (Klette 1965, S. 53). Insofern handelte es sich bei den Regelungen des *„Berliner Abkommens“* auch in vertragspolitischer Hinsicht nicht um völliges organisations- und vertragspolitisches Neuland, sondern eher um den Versuch der *reichsweiten Institutionalisierung* von bereits „vor Ort“ bewährten Instrumenten. Im übrigen kopierten die Interessenorganisationen des ambulanten Sektors hiermit ein in anderen gesellschaftlichen Bereichen bereits durchaus übliches Muster interorganisationaler Verfahrensregulierung. Sie spiegelten damit den organisationspolitischen „Zeitgeist“ wider und übernahmen die Funktionslogik der entwickelten Organisationsgesellschaft für ihr sektorales Netzwerk.

Im Hinblick auf die Vergütungsform, die am meisten umstrittene Forderung des Hartmannbundes, sah das *„Berliner Abkommen“* hingegen formell noch keine verbindliche und einheitliche Regelung vor. Immerhin enthielt das Abkommen die Vereinbarung, „dass Höhe und Art der Vergütung angemessen sein und bei den Vergütungsvereinbarungen die örtliche Finanzkraft der jeweiligen Kasse berücksichtigt werden sollte“ (Gerlinger 1997, S. 73). Die

Vergütungsform konnte im Prinzip weiterhin individuell in Einzelverträgen festgelegt werden und unterlag damit der mehr oder weniger freien Vereinbarung zwischen Krankenkasse und einzelnem Arzt. Dabei dürfte die *institutionelle Einbindung* der örtlichen Vertragsausschüsse eine willkürliche Vertragsgestaltung seitens der Kasse verhindert haben; denn ihre Vertragsautonomie wurde durch Mantelvertrag, Vertragsausschuss und Gebührenordnung relativ stark eingeschränkt[250]. Als problematisch erwies sich allerdings weiterhin, dass bis Ende 1918 keine gesetzliche Verankerung von Kollektivverträgen existierte. Erst die junge Weimarer Republik erkannte mit der gesetzlichen Regelung des Tarif(vertrags-)rechts den Kollektivvertrag als legitimes Instrument der selbstständigen Regulierung von materiellen Beziehungen zwischen organisierten gesellschaftlichen Interessengruppen allgemein an. Mit der *Durchsetzung des Kollektivvertragsgedankens* erfolgte dann zugleich eine „Wandlung zugunsten der Vertragslegitimation der Organisationen" (Siebeck 1962, S. 170), das heißt eine immense Aufwertung der Interessenorganisationen der Krankenkassen und Ärzteschaft. Damit verbunden war ein *Prozess des schrittweisen Übergangs vom Einzelvertrag zum Kollektivvertrag*, in dem sich die beteiligten Organisationen zunehmend die Kompetenzen zur vertraglichen Gestaltung der kassenärztlichen Honorierung aneigneten und zur inhaltlichen (normativen) Vereinheitlichung der ärztlichen Vertrags- und Vergütungsbedingungen beitrugen[251]. Am Ende dieses isomorphistischen Entwicklungsprozesses hatten die einzelnen Ärzte ebenso wie die einzelnen Krankenkassen ihren Einfluss auf die Gestaltung der Kassenarztverträge und der kassenärztlichen Honorare und damit ihre Vertragsautonomie weitgehend verloren, während die Tendenz zur organisationsbasierten Ressourcenmonopolisierung nahezu abgeschlossen war.

3.2.3 Vertragsrichtlinien: Standardisierung und Kollektivierung der ärztlichen Vertrags- und Vergütungslandschaft in der Weimarer Republik

In der Zeit der Weimarer Republik bis zu den *Brüningschen Notverordnungen* existierten weiterhin unterschiedliche Honorierungsformen nebeneinander. Zwar setzte sich der Trend zur

---

[250] Der *Preußischen Gebührenordnung* (1897) kam eine zunehmende Orientierungsfunktion für die Vergütungsvereinbarungen zu (Siebeck 1965, S. 237ff.). Als subsidiäres Instrument konzipiert, sollte sie im Streitfall die Vergütungshöhe für eine ärztliche Leistung festlegen. Sie trug so zur Ausbildung von *Mindeststandards* bei. Ein Nachteil der *PreuGO* lag darin, dass ihre Gebührenstruktur „nur höchst unzureichend an die medizinisch-technische Entwicklung angepasst wurde" (Gerlinger 1997, S. 75). Bis zu ihrer Ablösung durch die *GOÄ* im Jahre 1965 erfuhr sie nur 1924 eine tiefergehende Reform und galt deshalb in der Nachkriegszeit als nicht mehr zeitgemäß.

[251] Schon 1926 wurde zwischen den Spitzenorganisationen beider Seiten ein erster reichsweiter *Tarifvertrag für Röntgenleistungen* vereinbart (Aye 1955, S. 25).

Verlagerung von Regelungskompetenzen zur Gestaltung der Vertragsbeziehungen zwischen Krankenkassen und Ärzten auf die Gremien der „Gemeinsamen Selbstverwaltung“[252] und damit ein Trend zur *Standardisierung* und *Kollektivierung* ärztlicher Vertrags- und Honorierungsformen fort, doch ließen auch die vom *Reichsausschuss* 1924 und 1928 erlassenen *Vertragsrichtlinien* eine grundsätzliche Wahlmöglichkeit der einzelnen Krankenkasse zwischen Einzelleistungs- und Pauschalhonorierung zu. Die Pauschalen konnten dabei entweder nach Krankheitsfällen oder nach Zahl der Versicherten (Kopfpauschale) berechnet werden (Kortmann 1968, S. 27). Obwohl schon im *„Berliner Abkommen“* eine Tendenz zur Einzelleistungsvergütung deutlich wurde, blieb die Pauschalvergütung weiterhin als Honorierungsform verbreitet[253]. Das resultierte vor allem aus der Weigerung vieler großer Krankenkassen, einen Wechsel der Honorierungsformen durchzuführen, weil sie mit der Einführung der Einzelleistungsvergütung einen unkontrollierbaren Anstieg der des ärztlichen Leistungsvolumens befürchteten. Da sich im Kampf der organisierten Ärzteschaft für die Einzelleistungsvergütung die Verteidigung ihrer professionellen Autonomie mit der Absicht mischte, die finanziellen Risiken der ärztlichen Tätigkeit auf die Kassen zu verlagern, blieb die Honorarfrage während der Weimarer Republik im Zentrum der Konflikte mit den Krankenkassen.

Eine wesentliche Stärkung des Kollektivvertrags und damit vor allem der lokalen organisierten Verhandlungspartner gegenüber dem ärztlichen Einzelvertrag war mit der vom *„Reichsausschuss für Ärzte und Krankenkassen“* erlassenen *Vertragsrichtlinie von 1924* verbunden. Diese Richtlinie sah die Möglichkeit vor, dass der Arztvertrag „nicht nur als Einzelvertrag, sondern auch als Kollektivvertrag geschlossen werden konnte“ (Siebeck 1962, S. 171). Damit wurde die bisherige Trennung zwischen Einzelvertrag und übergeordnetem Kol-

---

252 In diesem Rahmen wurde vor allem der bezirkliche *Vertragsausschuss* gestärkt. Ihm gehörten nur Vertreter der Interessenverbände der Kassen und Kassenärzte an. Die Verbindung zur staatlichen Verwaltungsinstanz war dadurch gegeben, dass die Geschäftsstelle des Ausschusses im jeweiligen Versicherungsamt untergebracht war. Seine gesetzliche Aufgabe bestand in der „Herbeiführung angemessener Verträge zwischen Krankenkassen und Ärzten“ (Niggemann 1933, S. 58). Seine Mitwirkung bei der Vertragsgestaltung war zwingend vorgeschrieben, alle ohne seine Mitwirkung geschlossenen Verträge waren nichtig. Der Ausschuss war sowohl für die Prüfung der Arztverträge als auch für alle Kollektivverträge zuständig. Somit war der „rechtsgültige Vertragabschluss also erst nach Tätigwerden eines gesetzlich geschaffenen Gebildes möglich“ (Niggemann 1933, S. 59). Diese „eigenartige Funktionsgestaltung des Vertragsausschusses“ (Niggemann 1933, S. 60) hatte ihr organisatorisches Vorbild in der preußischen „monokratischen Behörde“ (Niggemann 1933, S. 60). Das Netzwerkorgan – nach Niggemann (1933, S. 60) ein „kollegialisch organisiertes Organ mit weitreichendem Selbstverwaltungscharakter“ – verdeutlicht, dass bei der Konstruktion der Netzwerkgremien auf Vorbilder aus der Staatsverwaltung zurückgegriffen wurde. Insofern handelte es sich hier um eine spezifische *Mischung aus „mimetischem“ und „zwangsweisen Isomorphismus“* (DiMaggio/Powell 1983). Dabei wurden quasi „Kopien“ staatlicher Verwaltungsorganisationen in die Netzwerkstruktur „eingepflanzt“.

253 Laut Gerlinger (1997, S. 75) zahlten ca. 60 % der Kassen eine i.d.R. durch einen Höchstbetrag pro Fall begrenzte Einzelleistungsvergütung. Über 30 % der Kassen, die rund 43 % aller Versicherten umfassten, bezahlten eine Kopfpauschale und nur 1 % vergüteten nach reiner Fallpauschale.

lektivvertrag erstmals partiell durchbrochen. Machte ein Arzt von dieser Möglichkeit Gebrauch, so hatte er vor Aufnahme seiner Tätigkeit einen Verpflichtungsschein für die Krankenkasse auszustellen, in dem er den, zumeist auf lokaler Ebene zwischen kassenärztlicher Organisation und Krankenkasse abgeschlossenen Mantelvertrag „als von ihm in eigener Person geschlossen" anerkannte und sich zu seiner Einhaltung verpflichtete (Siebeck 1962, S. 171). Der Mantelvertrag entfaltete seine Bindungswirkung dabei ausschließlich über die ärztlichen Verpflichtungserklärungen, hatte also noch keine normative Wirkung. Dem Wesen nach stellte er „nichts anderes als ein Bündel von gleichlautenden Einzelverträgen" (Siebeck 1962, S. 171) dar Er forcierte so aber die *Vereinheitlichung der kassenärztlichen Vertragslandschaft und Honorierung*. Nichtsdestotrotz unterlag die ärztliche Vergütung weiterhin lokalen und regionalen Besonderheiten, die quasi vor Ort zwischen den entsprechenden Organisationen unter Berücksichtigung der finanziellen Leistungskraft der jeweiligen Krankenkasse vereinbart wurden. Damit erfolgte eine massive Aufwertung der (freiwilligen) kassenärztlichen Organisationen.

Dass nahezu zeitgleich auch die Spitzenorganisationen beider Seiten ihre Machtpositionen als verpflichtungsfähige Verhandlungspartner und integrale Bestandteile des Organisationsnetzwerks festigen und Verhandlungskompetenzen an sich ziehen konnten, beweisen unter anderem die im Sommer 1931 zwischen den Spitzenverbänden geschlossenen reichsweiten Honorarabkommen, in denen für alle Kassenärzte aufgrund der schlechten wirtschaftlichen Lage finanzielle Abschläge vereinbart wurden. Im Gegenzug verzichteten die Krankenkassen auf die Kündigung der Arztverträge. Dies verdeutlicht, dass zu diesem Zeitpunkt bereits ein weitgehend gefestigtes und akzeptiertes *Kollektivvertragssystem* bestand, dessen sich die verpflichtungsfähigen Spitzenorganisationen beider Seiten als zentrales Instrument zur kollektiven Regulierung der kassenärztlichen Vergütung bedienten. Das einmal etablierte exklusive ambulante Organisationsnetzwerk sorgte dabei auch für den institutionalisierten organisationalen Unterbau, durch den die Umsetzung des jeweiligen Kollektivvertrags sichergestellt werden konnte.

3.2.4 Strukturelle Kontinuität: Homogenisierung, Hierarchisierung und Zentralisierung des Kollektivvertrags- und Honorarsystems ab 1931

Ende 1931 wurde dann im Zuge der Notverordnungspolitik der Brüning-Regierung der endgültige *Übergang vom Einzelvertrags- zum Kollektivvertragssystem* vollzogen. Damit waren die Grundlagen für das bis heute grundsätzlich gültige System gestaffelter, sich gegenseitig bedingender Kollektivverhandlungen und Verträge gelegt. 1931 bekamen die kassenärztlichen Kollektivverträge den offiziellen Rechtscharakter von *Normenverträgen*, das heißt sie ähnelten nun den Tarifverträgen zwischen Gewerkschaften und Arbeitgebern.

An der Spitze des gestuften Vertragssystems stand laut *Vertragsordnung vom Dezember 1931* der Mantelvertrag, rein juristisch ein „Vertrag mit allgemeinen Richtlinien, deren Durchführung im einzelnen durch besondere Verträge bestimmt wird" (Brechleiter 1981, S. 103). Allgemeine Funktion des Mantelvertrags war die Sicherstellung der „Einheitlichkeit der kassenärztlichen Versorgung" (Siebeck 1962, S. 171). Zu diesem Zweck wurde der Schwerpunkt der Verhandlungen und Vereinbarungen nun von den regionalen auf „die zentralen Stellen" (Siebeck 1962, S. 171), das heißt die Reichs- und Landesverbandebene, verlagert. Die kollektivvertraglichen Vereinbarungen wurden zunächst auf oberster Ebene zwischen den Spitzenverbänden in Form eines *Mantelvertragsmusters*, einer Art verbindlicher *Vertragsempfehlung*, aufgestellt und dann von ihren Landesverbänden in Form von *Mantelverträgen* vereinbart. Inhaltliche Abweichungen vom Mustervertrag waren nur zulässig, „soweit es nach den bezirklichen Bedürfnissen geboten war" (Siebeck 1962, S. 171). In diesem *stufenförmigen Vertragssystem* nahmen sie die Stellungen ein, die heute der Bundes- und der Landesmantelvertrag einnehmen.

Die Mantelverträge wurden weiterhin zu unmittelbaren und zwingenden Bestandteilen der auf örtlicher Ebene zwischen Krankenkassen und Kassenärztlichen Vereinigungen abzuschließenden *Gesamtverträge*, die ausschließlich der Ausführung der Mantelverträge dienten. Die jeweils nachgeordnete Verhandlungsebene war dabei ähnlich an die Vorgaben der ranghöheren Kollektivverträge gebunden. Auf lokaler Ebene blieb somit nur noch die technische Umsetzung entsprechend der örtlichen Bedingungen, wodurch das Konfliktpotenzial zwischen Kasse und Kassenärztlicher Vereinigung minimiert werden konnte. Auf lokaler Ebene kamen auf diese Weise Gesamtverträge zustande, deren wesentliche Inhalte ohne Mitwirkung der lokalen Akteure (Kasse, Arzt) entstanden waren. Dabei nahm der „allgemeine", durch den Mantelvertrag bestimmte Inhalt den mit Abstand größten Raum innerhalb des Gesamtvertrags ein. Hieran wird deutlich, wie weit die Vertragsautonomie der einzelnen Krankenkasse und des einzelnen Arztes gegenüber den Kompetenzen ihrer Interessenverbände spätestens ab 1931 zurücktrat. Zugleich waren die einzelnen Kassenärzte aber ebenso an die Regelungsinhalte der jeweiligen Kollektivverträge gebunden wie die Kassen. Die Verpflichtungsfähigkeit der Verbände war also nicht nur proportional mit ihrer Kompetenzerweiterung und Einbindung in das Netzwerk gestiegen, sondern auch durch entsprechende gesetzliche Regelungen wesentlich verbessert worden.

1931 wurde im Rahmen der Notverordnungspolitik erstmals ein *einheitliches Vergütungssystem für das gesamte Reichsgebiet* geschaffen, dessen Grundlagen zuvor bereits in einem Abkommen zwischen den Spitzenverbänden der Ortskrankenkassen und der Ärzteschaft vereinbart worden waren und insofern vom Staat lediglich verallgemeinert werden mussten. Entscheidend war hierbei die Festlegung auf eine Form der *Pauschalvergütung*, womit sich gerade die Ortskrankenkassenverbände mit ihrer Weigerung einer Einführung der Einzelleistungsvergütung innerhalb des exklusiven Netzwerks honorarpolitisch durchsetzen konnten[254]. Der Staat machte sich bei der reichsweiten Festlegung dieses nicht unumstrittenen Honorierungssystems also vor allem die Akzeptanz sowohl der beiden einflussreichsten Kassenverbände als auch der Spitzenverbände der Ärzteschaft zu Nutze und trat damit gewissermaßen in eine (temporäre) Umsetzungskoalition mit einzelnen machtvollen Netzwerkakteuren ein.

Entscheidend war, dass die Krankenkassen nun eine kollektivvertraglich vereinbarte *Gesamtvergütung* an die Kassenärztlichen Vereinigungen zahlten und mit der Verteilung des Honorars unter den Kassenärzten nichts mehr zu tun hatten. Die Höhe der jeweiligen Gesamtvergütung richtete sich dabei nach dem durchschnittlichen Jahresbedarf an kassenärztlichen Leistungen pro Versicherten, nicht pro Patienten. Diese Kopfpauschale wurde für jede Krankenkasse getrennt ermittelt und in einem Gesamtvertrag vereinbart. Bei ihrer Festsetzung sollten „neben allgemeinen Erfahrungsgrundsätzen die Besonderheiten der jeweiligen Kassen, die wirtschaftliche Situation und die Grundlohnentwicklung berücksichtigt werden“ (Gerlinger 1997, S. 79). Das eigentliche Berechnungsverfahren war in für alle Beteiligten verbindlichen Durchführungsbestimmungen detailliert geregelt, was die Errechnung und Vereinbarung der jeweiligen Pauschale auf eine rein technische Frage reduzierte. Die Besonderheit dieser

---

[254] Die dem Organisationsnetzwerk nicht angehörenden Ersatzkassen hatten Ende der 1920er-Jahre einen honorarpolitischen Sonderweg eingeschlagen. Der *Verband der kaufmännischen Ersatzkassen* vereinbarte mit den ärztlichen Spitzenorganisationen eine eigene *„Allgemeine Deutsche Gebührenordnung“*, koppelte sich so von den übrigen Kassenverbänden ab, setzte diese damit aber zugleich einem erheblichen Verhandlungsdruck durch die Ärzteseite aus. Die *„Ersatzkassen-ADGO“* war von so hoher Bedeutung, weil sie eine Vergütung der ärztlichen Tätigkeit nach Einzelleistungen vorsah. Die Tendenz zur Leistungsexpansion sollte durch Überwachung der vertragsärztlichen Tätigkeit und eine von den Ärzteorganisationen durchzuführende Prüfung der Arztrechnungen begrenzt werden. In den vereinbarten kassenärztlichen Prüfungsausschüssen sollten dabei auch Ersatzkassenvertreter beteiligt sein. Da die *ADGO* in den Folgejahren kontinuierlich in den Leistungsbeschreibungen und der Vergütungshöhe dem medizinisch-technischen Fortschritt angeglichen wurde, bildete sie – und nicht die *PreuGO* – 1963 die Grundlage für die neue *Gebührenordnung Ärzte* (GOÄ). Der Übergang zur Einzelleistungsvergütung war den Ersatzkassen vor allem deshalb möglich, weil sie zu Beginn der 1930er-Jahre im Gegensatz zu den „RVO-Kassen“ von der Lohnfortzahlung im Krankheitsfall in den ersten sechs Wochen befreit wurden (Gerlinger 1997, S. 75f.). Insofern nahmen sie sowohl in leistungsrechtlicher wie auch in honorarpolitischer Hinsicht stets eine Sonderstellung ein.

Kopfpauschale bestand nun darin, dass die ärztliche Behandlungsleistung lediglich für die Kasse pauschalisiert war. Sie führte die Pauschalsumme an die Kassenärztliche Vereinigung ab und war damit von allen weiteren Verpflichtungen gegenüber den Kassenärzten befreit. Die Honorarverteilung wurde dann durch die Kassenärzteorganisation selbst vorgenommen, „aber nicht pauschaliert, sondern nach Einzelleistungen" (Sauerborn 1953, S. 212). Zu diesem Zweck meldeten die Kassenärzte ihrer Organisation in quartalsmäßigem Rhythmus Anzahl und Art der von ihnen erbrachten Behandlungsleistungen. Die Kassenärztliche Vereinigung prüfte diese dann selbst hinsichtlich ihrer Zweckmäßigkeit, Nützlichkeit und Notwendigkeit und schloss alle überflüssigen, über das notwendige Maß hinausgehenden Leistungen von der Vergütung aus. Die Kassenärzteschaft zerbrach sich nun „in der Kassenärztlichen Vereinigung, als einem berufenen Gremium von Sachverständigen und von Interessierten, den Kopf über die Verteilung des Honorars und prüfte die Leistungen nach" (Sauerborn 1953, S. 212). Für alle von der Kassenärzteorganisation anerkannten Leistungen setzte sie einen Punktwert fest. Der Wert des einzelnen Punktes ergab sich durch Division der Punktesumme mit der Gesamtvergütung der Kasse. Jeder Kassenarzt erhielt dann von seiner Vereinigung als Honorar „soviel mal den Punktwert, als ihm Punkte anerkannt waren" (Sauerborn 1953, S. 212).

Damit waren 1931 faktisch alle strukturellen und institutionellen Grundlagen für das bis heute grundsätzlich gültige System der kassenärztlichen Honorierung gelegt. Zum einen wurden Form und Höhe der ärztlichen Vergütung in ein System von gestaffelten Kollektivverträgen eingebettet sowie einem quasi begleitenden „normativ begründeten Regime von paritätisch verabschiedeten Richtlinien und Schiedsverfahren unterworfen" (Krause 1981, S. 410). Zugleich minderte die Übertragung der alleinigen Honorarverteilungs- und Kontrollhoheit auf die Kassenärztlichen Vereinigungen den traditionellen Verteilungs- und Kontrollkonflikt zwischen Kassen und Ärzten, da nun eine klare gesetzlich geregelte organisationale Arbeitsteilung zwischen den Netzwerkakteuren bestand.

Allerdings bildeten die Kassenärztlichen Vereinigungen nun selbst eine organisationsinterne Arena, in der die verschiedenen zwangskorporierten ärztlichen Interessen- beziehungsweise Facharztgruppen „versuchten eine korporative Entscheidung in ihrem Sinne herbeizuführen" (Behaghel 1994, S. 77). Im Kern geht es bei diesen innerärztlichen Konflikten bis heute vor allem um die Frage des jeder Facharztgruppe zustehenden Anteils an der Gesamtvergütung und damit um die Sicherung von exklusiven Zugriffsrechten auf die Organisationsressourcen durch einzelne ärztliche Gruppen. Die Kassenärztlichen Vereinigungen haben bis heute eine wesentlich heterogenere Mitglieder- und Interessenstruktur als die Krankenkassen.

Darüber hinaus wird die interne Willensbildung vielfach noch durch Einflussversuche freier ärztlicher Berufsverbände erschwert, die quasi von außen versuchen, „das Handeln des korporativen Akteurs Kassenärztliche Vereinigung im Sinne der Interessen ihrer Mitglieder zu gestalten“ (Behaghel 1994, S. 109). Insofern repräsentierten die Kassenärztlichen Vereinigungen von Anfang an keinen monolithischen Interessenblock. Ihre Verhandlungsposition entsprach angesichts der heterogenen ärztlichen Interessengruppen eher einem interessenpolitischen Spagat. Seit ihrer Gründung waren die Verhandlungsführer der Kassenärztlichen Vereinigungen deshalb einem wesentlich stärkeren innerorganisatorischen Verhandlungs- und Erfolgsdruck ausgesetzt als die Vertreter der Krankenkassen. Dass die Kassenärztlichen Vereinigungen trotzdem von Anbeginn an berechenbare und verpflichtungsfähige Organisationen darstellten, lag vor allem an ihrer Rechtsform als öffentlich-rechtliche Zwangskörperschaften und der institutionellen Einbindung in das ambulante Organisationsnetzwerk. Von Anfang an ließ ein eindeutiger und relativ enger gesetzlicher Handlungsrahmen keinen Spielraum für interessen- beziehungsweise honorarpolitische Sonderwege auf Ebene der einzelnen kassenärztlichen Organisation. Entscheidend war aber auch, dass das Verhältnis zwischen Krankenkassen und Kassenärztlicher Vereinigungen durch eine ganze Reihe kollektivvertraglicher Beziehungen überlagert wurde, an deren von den Spitzenorganisationen vereinbarte Regelungen sie gebunden waren. Insofern bewegten sich Krankenkassen und Kassenärztliche Vereinigungen gewissermaßen in einem durch die Spitzenorganisationen, die Netzwerkorgane und den Gesetzgeber bereits weitgehend vorstrukturierten Handlungsrahmen, der ihnen relativ geringen Spielraum für eine partikulare Interessenpolitik und größere interorganisationale Konflikte ließ. Gerade deshalb war seither die Entwicklung der kassenärztlichen Vergütungsformen – sowohl während des „Dritten Reiches“ als auch in der Nachkriegszeit – durch eine überaus hohe Kontinuität geprägt (Gerlinger 1997, S. 79f.; Webber 1988, 177f.)[255].

Auch das *Gesetz über das Kassenarztrecht von 1955* stellte im Grundsatz die Regelungen von 1931 wieder her und zementierte damit das bekannte System gestufter Kollektivverhand-

---

[255] Die wichtigste Veränderung betraf die 1939 erfolgte Anpassung der ärztlichen Vergütung an die Kriegsbedingungen, mit der man die KV'en entlasten wollte. Zugleich sollte verhindert werden, „dass die praktizierenden Ärzte ihr Einkommen auf Kosten der eingezogenen Ärzte übermäßig steigerten“ (Gerlinger 1997, S. 80). Da die KV'en nicht mehr in der Lage waren, Punktberechnung und Honorarverteilung nach Einzelleistungen vorzunehmen, wurde vereinbart, „dass für die Kriegsdauer die Bezahlung nicht nach Einzelleistungen, sondern nach der Zahl der Krankenscheine erfolgen sollte. Das war während des Krieges durchaus tragbar, weil bestimmt keine überflüssigen Leistungen erbracht wurden und die Ärzte bei ihrer starken Beanspruchung auch bei dieser Art der Honorierung zu ihrem Recht kamen“ (Sauerborn 1953, S. 214). Die Berechnung des Honorars nicht auf Basis der erbrachten Leistungen, sondern nach der Zahl der eingereichten Krankenscheine („Krankenscheinpauschale“) wurde in der Nachkriegszeit beibehalten. Das führte zum Anstieg der ärztlichen Einzelleistungen, was bei einer fixen Gesamtvergütung sinkende Punktwerte und Einkommenseinbußen bei Ärzten mit kleinem Patientenstamm zur Folge hatte (Sauerborn 1953, S. 214).

lungen für die Bundesrepublik (*Tab. 11*). Allerdings enthielt das Gesetz von 1955 gegenüber der Brüningschen Notverordnung noch weitreichendere Verbesserungen für die organisierte Kassenärzteschaft. Fortan konnte die Gesamtvergütung nämlich wahlweise nach einer Kopfpauschale, Fallpauschale oder nach Einzelleistungen[256] berechnet werden. Den Kassenärztlichen Vereinigungen wurde damit die Möglichkeit eröffnet, in Gesamtvertragsverhandlungen mit den Krankenkassen eine ärztliche Einzelleistungsvergütung durchzusetzen. Darüber hinaus legte das *Gesetz über Kassenarztrecht* 1955 fest, dass sich die Berechnung der Gesamtvergütung bei der Anwendung einer Kopfpauschale nicht mehr an den Pro-Kopf-Ausgaben der Krankenkassen, sondern am tatsächlichen Versorgungsbedarf der Versicherten, das heißt der Summe der von der Ärzteschaft im Untersuchungszeitraum erbrachten Leistungen, orientierten sollte (Gerlinger 1997, S. 81). Damit wurde aus der bisherigen Kopfpauschale gewissermaßen eine „Pauschalvergütung mit Einzelleistungscharakter" (Kortmann 1968, S. 43). Faktisch war erst durch dieses Gesetz der honorarpolitische Wechsel zur Einzelleistungsvergütung, der in den bisherigen Kollektivverhandlungen nicht erreicht werden konnte, ermöglicht worden. Hierin liegt die eigentliche Stärkung der Verhandlungsposition der Kassenärzteorganisationen[257].

3.2.5 Institutionelle Eigendynamik, Machtverschiebung und honorarpolitischer Paradigmenwechsel: Die Durchsetzung der Einzelleistungsvergütung

Die 1955 gesetzlich verankerte laufende Anpassung der Kopfpauschale als Berechnungsgrundlage der Gesamtvergütung hatte erhebliche Auswirkungen auf die Beziehungen zwischen den Krankenkassen und Kassenärztlichen Vereinigungen. Insgesamt ging von den Regelungen des *Gesetzes über Kassenarztrecht* nämlich ein starker „Anreiz zur Ausdehnung der Leistungsmenge" (Gerlinger 1997, S. 82) wie auch zum Übergang zur Einzelleistungsvergütung aus. Da in der Folgezeit tatsächlich das Leistungsvolumen pro Versicherten permanent ausgedehnt wurde, „häuften sich die Forderungen der Ärzte, die Kopfpauschale vorzeitig – also vor Ablauf der üblicherweise auf ein Jahr befristeten Honorarverträge – zu erhöhen" (Gerlinger 1997, S. 81). Die Folge war ein enormes *Anwachsen der jährlichen und unterjährigen*

[256] Die Ersatzkassen, die bis 1977 einem separaten *Ersatzkassenarztrecht* unterlagen, waren nach einer kriegsbedingten Unterbrechung schon kurz nach Kriegsende wieder zur Einzelleistungsvergütung zurückgekehrt (Rosewitz/Webber 1990, S. 233).

[257] Hinzu kam, dass die KV'en die Honorarverteilung nicht mehr nach Kopfpauschale, sondern nach erbrachten Einzelleistungen vornehmen mussten. Faktisch war damit im *Honorarverteilungsmaßstab* „in einem zweistufigen Honorarverteilungsverfahren eine Vergütung nach Einzelleistungen aufgenommen" worden (Gerlinger 1997, S. 82).

Vertragsverhandlungen zwischen den einzelnen Kassen und den Kassenärztlichen Vereinigungen (Kastner 1964). Dabei erhoben die Kassenärzteorganisationen mit wachsendem Nachdruck die Forderung, dass nicht nur die innerärztliche Honorarverteilung, sondern zukünftig auch die Berechnung des Gesamthonorars nach dem Prinzip der Einzelleistungsvergütung vorgenommen werden müsse. Bis Mitte der 1960er-Jahre stimmte die überwiegende Mehrzahl der Krankenkassen, ausgehend von den Betriebs- und Innungskrankenkassen, dem Übergang zur Einzelleistungshonorierung zu (Rosewitz/Webber 1990, S. 235). Viele „RVO-Kassen" akzeptierten den Übergang zur Einzelleistungsvergütung, weil sie sich so eine Verbesserung ihrer Konkurrenzfähigkeit gegenüber den ebenfalls nach Einzelleistung bezahlenden Ersatzkassen versprachen. Es wurde also primär eine bereits „bewährte" Vergütungsform übernommen, um Wettbewerbsverzerrungen zwischen den Kassenarten auszugleichen. Insofern handelte es sich bei der von den Kassenärzteorganisationen vorangetriebenen Prozess der Durchsetzung und Verallgemeinerung der Einzelleistungsvergütung um einen spezifischen *isomorphistischen Anpassungsprozess* des organisationsbasierten kassenärztlichen Vergütungssystems, der eine Mischung aus auf die Kassen von den Kassenärzteorganisationen und vom Staat ausgeübten Zwängen, normativem Druck und mimetischen Prozessen darstellte.

Als Gegenleistung zur Einzelleistungsvergütung wurde vereinbart, dass die internen *Prüfungsausschüsse* der Kassenärztlichen Vereinigungen, in welche die Kassen bisher nur einen nicht stimmberechtigten Vertreter entsenden durften, auf freiwilliger Basis paritätisch mit Ärzten und Kassenrepräsentanten besetzt werden sollten (Rosewitz/Webber 1990, S. 235). Die Kassen erhofften sich so ein Mindestmaß an Kontrolle über die Leistungsausgaben. Paritätisch besetzte Prüfungsausschüsse wurde dann 1977 im Rahmen des *KVKG* gesetzlich festgelegt. Der Wandel der Prüfungsausschüsse von Organen professioneller Selbstregulierung zu Einrichtungen der „Gemeinsamen Selbstverwaltung" war insofern zunächst ein Ergebnis von Kollektivvertragsverhandlungen zwischen den Kassen und Kassenärzteorganisationen. Der Staat baute regional bewährte Steuerungsinstrumente in die staatliche Gesetzgebung ein, verallgemeinerte, legalisierte und institutionalisierte diese damit als flächendeckende Bestandteile des ambulanten Organisationsnetzwerks. Allerdings hatte der Formwandel der Prüfungsausschüsse nach Alber (1992, S. 100) eine Schwächung der Legitimität des Prüfungsverfahrens innerhalb der Ärzteschaft und eine wachsende „Distanz zwischen den KV-Führungen und ihren Mitgliedern" zur Folge. Das Beispiel verdeutlicht, dass innerhalb des etablierten Organisationsnetzwerks ursprünglich auf kollektivvertraglicher Basis getroffene Regelungen jederzeit in Einrichtungen der öffentlich-rechtlichen „Gemeinsamen Selbstverwaltung" umgewandelt und für staatliche Zwecke instrumentalisiert werden können. Der Staat betrieb damit eine spezielle Art von *nachvollziehender Strukturpolitik* im Netzwerk.

Diese erfolgreiche „kassenärztliche Offensive“ (Gerlinger 1997, S. 83) der 1960er-Jahre verdeutlichte zugleich die zugunsten der Ärzteorganisationen verschobenen Machtverhältnisse innerhalb des etablierten Organisationsnetzwerks. Als eigentlicher Schlüssel zum Erfolg erwies sich hierbei gerade das *fragmentierte Verhandlungssystem*, in dem die Kassenärztlichen Vereinigungen mit jeder einzelnen Krankenkasse die jeweilige Honorierungsform im Rahmen der Verhandlungen des Gesamtvertrags aushandeln konnten. So gelang es der auf bezirklicher Ebene agierenden kassenärztlichen Monopolorganisation immer wieder, die einzelnen Krankenkassen gegeneinander auszuspielen und das günstigste Verhandlungsergebnis zum Maßstab für alle Folgeverhandlungen zu erheben. Bis in die Gegenwart wurden die Honorarverhandlungen in der Regel zunächst mit den Ersatzkassen geführt – sogenanntes „Key-Bargaining“ (Knappe 1988, S. 288) –, da diese aufgrund der höheren Grundlohnsumme eine günstigere Beitragssituation aufwiesen und damit traditionell zu größeren Zugeständnissen bereit waren. Die Kassenärztlichen Vereinigungen nutzten diese Verhandlungsergebnisse dann, um insbesondere die Allgemeinen Ortskrankenkassen zu höheren honorarpolitischen Zugeständnissen zu bewegen, als es sich diese aufgrund ihrer wirtschaftlichen Lage eigentlich hätten leisten können. Diese Verhandlungsstrategie wird auch als „Pattern-Bargaining“ (Keller 1978, S. 450; Knappe 1988, S. 288) bezeichnet. Die finanziellen Folgen versuchten viele Krankenkassen lange Zeit in Form von Beitragssatzerhöhungen auf die Versicherten abzuwälzen. Je schwerer die Begründung einer solchen Kostenkompensation den einzelnen Kassen allerdings fällt, desto restriktiver wird in der Regel auch ihre Verhandlungsführung gegenüber der Kassenärzteorganisation. Aufgrund des heute bestehenden, wenngleich nicht sehr intensiven Wettbewerbs zwischen den Kassenarten scheint der „Einfluss der Honorarabschlüsse auf Unterschiede in den Beitragssätzen relativ gering“ (Knappe 1988, S. 289) geworden zu sein. Als Hauptursache für die steigenden Beitragssätze gilt hingegen im allgemeinen eine ungebremste Mengenexpansion bei den abrechnungsfähigen ärztlichen Leistungen.

3.2.6 Leistungsexpansion und Beitragssteigerung: Die Folgekosten der etablierten Verhandlungsrationalität

Als äußerst problematisch erwies sich schon ab Mitte der 1960er-Jahre, dass bei der nun flächendeckend praktizierten Einzelleistungsvergütung die Gesamtvergütung nach oben nicht mehr gedeckelt wurde. Von da an erhöhte jede ärztliche Einzelleistung nicht nur das Honorar des einzelnen Arztes, sondern quasi automatisch immer auch die kassenärztliche Gesamtvergütung. Damit war es den Kassenärzten gelungen, das Morbiditätsrisiko, dass sie in dem zwischen 1931 und 1955 bestehenden Vergütungssystem alleine tragen mussten, vollständig auf die Krankenkassen abzuwälzen, während diese zugleich ihren letzten Einfluss auf die Steuerung der ambulanten Leistungsausgaben verloren. Zwar konnten die Kassen weiterhin die Preise der ärztlichen Leistungen im Rahmen der Vertragsverhandlungen mit den Kassenärztlichen Vereinigungen über die Gebührenordnung[258], nicht aber die Entwicklung der Leistungsmenge an sich mitbestimmen, kontrollieren oder steuern.

Als Folge stiegen die Ausgaben für die kassenärztliche Versorgung rascher an als die Arbeitnehmereinkommen (Rosewitz/Webber 1990, S. 236)[259]. Dass die Verhandlungsführer der Kassen einem solchen „System der ungedeckelten Einzelleistungsvergütung" (Gerlinger 1997, S. 86) überhaupt zustimmten, lag zunächst an der stabilen konjunkturellen Entwicklung der Nachkriegsjahre, die den Kassen ein kontinuierliches Beitragswachstum bescherte und einen ausreichenden finanzpolitischen Spielraum eröffnete. Zugleich wird aber auch die auf der honorarpolitisch entscheidenden Ebene der Gesamtvertragsverhandlungen bestehende „strukturelle Verhandlungsschwäche" (Knappe 1988, S. 288) der dezentral verhandelnden Krankenkassen gegenüber den zentral verhandelnden Kassenärztlichen Vereinigung deutlich. Die einzelnen Kassen waren den Kassenärztlichen Vereinigungen in honorarpolitischen Verhandlungen nicht gewachsen und stellten keine gleichwertigen Verhandlungspartner dar. Lauer-Kirschbaum (1994, S. 230) weist allerdings darauf hin, dass die einmal etablierte Arbeitsteilung und Verhandlungslogik nicht allein Resultat eines zwischen Kassen und Kassenärzteorganisation bestehenden Machtungleichgewichts sei. Vielmehr stellte das Kollektivverhandlungssystem ein sich gegen seine Umwelt abschließendes Interaktionssystem dar, in dem „für die Verhandlungsteilnehmer vorrangig die einmal eingespielte Verhandlungsbeziehung motivgenerierend und -reproduzierend wirkte". Beide Parteien waren also primär um die Aufrechterhaltung der etablierten Netzwerkbeziehungen und *Verteilungskoalition* bemüht.

Die gesundheitsökonomischen Folgen wurden schnell sichtbar. In der Folgezeit trafen die vertraglich vereinbarte ärztliche Honorarentwicklung in Anlehnung an die Steigerungsraten der Grundlohnsumme – ein Mechanismus zur automatischen Honorarsteigerung – mit einer

---

258 Die *Gebührenordnung* erhielt durch den Übergang zur Einzelleistungsvergütung eine neue Funktion. Neben der Wertrelation der Behandlungsleistungen legte sie nun ihre absoluten Preise fest (Gerlinger 1997, S. 86).

259 Während bei einer pauschalisierten Vergütung eine Leistungsausweitung zum Sinken des Preises pro Leistung führt und damit zu Lasten des einzelnen Arztes geht, bewirkt eine Leistungsexpansion bei (ungedeckelter) Einzelleistungsvergütung den Anstieg der Leistungsausgaben der Kassen.

deutlichen Mengenausweitung zusammen. Die organisierte Ärzteschaft nutzte den ihr 1955 übergebenen Schlüssel zum Geldschrank der Kassen also für überproportionale Honorarsteigerungen und verursachte einen erheblichen „Kostenschub" im ambulanten Sektor (Rosewitz/Webber 1990, S. 237). Entscheidend war, dass die Kassen aus der Wahrnehmung heraus, langfristig auf die Zusammenarbeit mit den Kassenärztlichen Vereinigungen angewiesen zu sein und keinen eigenen Handlungsspielraum zu besitzen, „kein unmittelbares Interesse daran ausbildeten, ihre Rolle neu zu definieren" (Lauer-Kirschbaum 1994, S. 230). Die Folge war die Reproduktion des eingespielten Beziehungssystems innerhalb der Kollektivverhandlungsgremien und der etablierten Entwicklungslogik sowie der damit einhergehenden ökonomischen Folgen für die Krankenversicherung. Die unkontrollierbare ökonomische Entwicklungsdynamik wurde ab Mitte der 1970er-Jahre, in denen die dynamisch ansteigenden Kassenausgaben erstmals mit einer konjunkturellen Krise zusammentrafen, zum finanziellen Problem. Hier liegen die Ursachen für die ab 1977 einsetzende staatliche *Kostendämpfungspolitik*, die von staatlichen Interventionen in die Netzwerkbeziehungen begleitet wurde[260].

Abb. 18: Jährliche (prozentuale) Veränderungsraten der kassenärztlichen Gesamtvergütung und der Grundlohnsumme 1930-2000

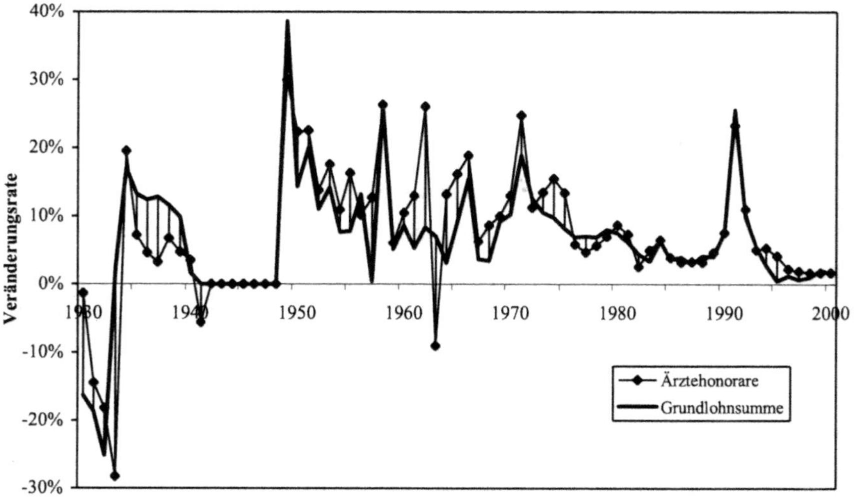

Quelle: eigene Zusammenstellung und Berechnung

260 Die Praxis der Honorarverteilung nach Einzelleistungen blieb auch ab 1977 trotz verbreiteter Forderungen nach Rückkehr zu pauschalisierten Vergütungsformen weitgehend unangetastet.

3.2.7 Strukturelle Stabilisierung, Homogenisierung und Zentralisierung: Die gesetzliche Abschaffung der dritten Verhandlungsebene

Die wichtigste Neuerung des *Krankenversicherungs-Kostendämpfungsgesetzes* von 1977 war die Abschaffung der dritten (örtlichen) Verhandlungsebene zwischen einzelner Kasse und Kassenärztlicher Vereinigung. Der Gesetzgeber entzog den Einzelkassen endgültig ihre bisherige Vertragshoheit und übertrug sie auf die Landesverbände. Durch die Stärkung der Durchsetzungsfähigkeit der Kassenseite sollte das einseitig zu Gunsten der vergleichsweise zentralisierten und monopolisierten Kassenärzteorganisationen verschobene Machtgleichgewicht im Netzwerk wieder hergestellt werden. Zugleich wurden die Ersatzkassen und ihre Verbände in das ambulante Netzwerk integriert und damit demselben *Kassenarztrecht* unterworfen. Ihr Status wurde sukzessive dem der „RVO-Kassen" angeglichen. Ziel war die Stärkung der Verhandlungsposition der Kassenseite durch die *Homogenisierung* der Kassenarten und *Zentralisierung* ihrer Verhandlungsmacht auf zwei Netzwerkebenen. Außerdem sollte die Konkurrenzsituation zwischen den nun auf Landesebene verhandelnden Kassenverbänden der „RVO-Kassen" und der Ersatzkassen[261] entschärft werden[262]. Damit gewann die Landesebene als zweite Ebene der Verbandsverhandlungen im System der Preisbildung für ärztliche Leistungen an zentraler Bedeutung, denn hier handelten die Kassenärztlichen Vereinigungen mit den einzelnen Landesverbänden der Kassen die konkrete Höhe der Gesamtvergütung aus[263].

Das Verhandlungssystem auf der zweiten Netzwerkebene blieb damit im Grundsatz weiter fragmentiert. Allerdings hatte sich die asymmetrische Verhandlungssituation, in der ein Grund für die *„Kostenexplosion"* gesehen wurde, für die Kassen verbessert. Das bestehende Verhandlungsnetzwerk zeichnete sich dabei sowohl durch eine hohe *strukturelle Kontinuität* in den Verhandlungsbeziehungen, als auch durch spürbare Veränderungen innerhalb der grundsätzlich konstanten Strukturen aus, die zu einer Wandlung in der Akteurkonstellation führten (Döhler/Hassenteufel 1995, S. 813). Im Mittelpunkt dieser Veränderungen standen staatliche Eingriffe in das bestehende Kollektivvertragssystem, die eine *„Korporatisierung"*

---

261 Wie die Bundesknappschaft handelten auch die Ersatzkassenverbände zu dieser Zeit i.d.R. noch Honorarverträge auf Bundesebene mit der KBV aus. Erst mit dem *Gesundheitsstrukturgesetz von 1992* wurden sie in das System der regionalisierten Gesamtverträge einbezogen und die Gefahr von Alleingängen beseitigt (Alber 1992, S. 98; Döhler/Hassenteufel 1995, S. 815).

262 Eine Folge der Angleichung der unterschiedlichen Kassenarten in Organisationsstruktur und Leistungskatalog war, dass die Bedeutung der Honorarpolitik als Wettbewerbsinstrument erheblich anstieg. Neben der Höhe des Beitragssatzes bildete sie das einzige Feld, in dem sich die Kassen voneinander unterscheiden und profilieren konnten (Gerlinger 1997, S. 91).

263 Laut Alber (1992, S. 98) verhandeln nur in Bayern die Landesverbände der verschiedenen Kassenarten gemeinsam unter Federführung des AOK-Landesverbandes.

der Verhandlungsstrukturen und ihre noch engere Verzahnung mit den paritätischen Steuerungsgremien der „Gemeinsamen Selbstverwaltung" bezweckten. Die *Institutionalisierung einer engen Kombination aus Hierarchie und Verhandlung* im ambulanten Sektor diente primär dazu, ein überlebens- und funktionsfähiges, das heißt nicht mehr durch ein einseitiges Machtungleichgewicht gekennzeichnetes Kollektivvertragssystem zwischen den Kassen und den Kassenärztlichen Vereinigungen herzustellen (Döhler/Hassenteufel 1995, S. 813; Döhler/Manow-Borgwardt 1992b). Auf diese Weise sollte eine an den staatlichen (gesundheitspolitischen) Zielvorgaben ausgerichtete Selbststeuerungsfähigkeit des ambulanten Netzwerks erreicht werden, die zur effizienten Staatsentlastung beitragen konnte.

Tab. 11: Entwicklungsetappen des gestuften Kollektivvertragssystems seit 1931

Verhandlungsebene	1931	1955	1977
Spitzenverbände beider Seiten	Muster des Mantelvertrags	Bundesmantelvertrag	Bundesmantelvertrag
Kassenlandesverband mit der jeweiligen Kassenärztlichen Vereinigung	Mantelvertrag	Landesmantelvertrag	Gesamtvertrag (Gesamtvergütungsvereinbarung)
Einzelkasse mit der jeweiligen Kassenärztlicher Vereinigung	Gesamtvertrag	Gesamtvertrag	*– entfallen –*

Quellen: Alber 1992, S. 98; Siebeck 1962, S. 171; eigene Zusammenstellung

3.2.8 Auslagerung, institutionelle Einbettung und gegenseitige Stabilisierung: Die Verteilung von Zuständigkeiten und Kompetenzen im Netzwerk

Ab 1977 waren die Chancen der Kassenärztlichen Vereinigungen, die Kassenverbände wie zuvor die Einzelkassen in den Honorarverhandlungen gegeneinander auszuspielen, erheblich gesunken. Dies lag aber nicht nur an der gestärkten Verhandlungsmacht der Kassenverbände, sondern gerade daran, dass die Verhandlungsautonomie der nachgeordneten Verhandlungsparteien zeitgleich durch verschiedene Regelungen eingeschränkt wurde. Hierzu gehörte, dass der vollständige allgemeine Teil der Gesamtverträge durch den zwischen den Spitzenverbänden vereinbarten *Bundesmantelvertrag* verbindlich festgelegt, damit automatisch Bestandteil der Gesamtverträge wurde und somit nicht mehr Verhandlungsgegenstand auf Landesebene war. Der *„Bundesmantelvertrag Ärzte"* (BMV-Ä) wird bis heute von allen Bundesverbänden der Krankenkassen gemeinsam – mit Ausnahme der Ersatzkassen, die einen eigenen Bundesmantelvertrag, den sogenannten *„Arzt-Ersatzkassen-Vertrag“* (BMV-EK) verhandeln – mit der Kassenärztlichen Bundesvereinigung abgeschlossen. Dies zeigt, wie fortgeschritten mittlerweile die *Homogenisierung* und *Zentralisierung* der Kassenseite auf der obersten Netzwerkebene ist. Die Spitzenorganisationen der Krankenkassen konnten durch Zentralisierung und Bündelung ihrer Vertragsverhandlungen auf Bundesebene nicht nur ihre Verhandlungsmacht gegenüber der kassenärztlichen Dachorganisation bündeln, sondern auch einen hohen Grad an Vereinheitlichung der traditionell sehr heterogenen Vertragslandschaft und kassenärztlichen Honorierungspraxis erreichen. Nun ist der allgemeine Vertragsinhalt aller *Gesamtverträge* nämlich bundesweit verbindlich und einheitlich durch die normativen Regelungen des Bundesmantelvertrags vorstrukturiert.

Zum festen Bestandteil des Bundesmantelvertrags gehören außerdem die Richtlinien des *„Bundesausschusses für Ärzte und Krankenkassen“* und seit 1977 auch der neu geschaffene *Einheitliche Bewertungsmaßstab*, der wiederum durch den *Bewertungsausschuss*, das heißt ein paritätisch besetztes Netzwerkgremium festgelegt wird[264]. Insofern existiert eine enge Verzahnung und Arbeitsteilung zwischen den zentralen Gremien der „Gemeinsamen Selbstverwaltung“ und den direkten Vertragsverhandlungen auf Bundes- und Landesebene. Da die Beschlüsse der Netzwerkorgane als unmittelbare Bestandteile des Bundesmantelvertrags bei den nachgelagerten Gesamtvertragsverhandlungen zwingend beachtet werden müssen, ist der honorarpolitische Gestaltungsspielraum der Landesverbände gering. Schließlich sollen die Verhandlungspartner bei der vertraglichen Festlegung der Gesamtvergütung auch noch die zwischen den Spitzenverbänden der Kassen und der Kassenärztlichen Bundesvereinigung vereinbarte *Bundesempfehlung zur ärztlichen Vergütung*[265], gegebenenfalls auch eine entspre-

---

264 Der *Einheitliche Bewertungsmaßstab* (EBM) ist in erster Linie ein Gebührenordnungswerk, in dem der Inhalt der abrechnungsfähigen vertragsärztlichen Leistungen und ihr wertmäßiges, in Punkten ausgedrücktes (bundeseinheitliches) Verhältnis zueinander bestimmt wird. Der unterschiedliche Wert eines Punktes wird in den Gesamtverträgen auf Landesebene ausgehandelt. Leistungen, die im EBM nicht aufgeführt sind, dürfen nicht zu Lasten der Kassen abgerechnet werden. Der EBM ist Bestandteil des Bundesmantelvertrags. Jede Änderung in den Bewertungsmaßstäben wird im paritätisch besetzten *Bewertungsausschuss* festgelegt. Er legt die vertragsärztlichen Leistungen abschließend fest. Bei der Bewertung der Leistungen und des EBM ist der Bewertungsausschuss an die gesetzlichen Vorgaben gebunden (*§§ 12, 72 Abs. 2 SGB V*), hat ansonsten aber einen weiten Gestaltungsspielraum. Der einzelne Kassenarzt hat gegen die Beschlüsse des Ausschusses kein direktes Klagerecht. Bei einer Entscheidung über die Aufnahme einer ärztlichen Leistung in den EBM muss sich der Bewertungsausschuss daran orientieren, ob die Leistung für eine ausreichende, zweckmäßige und wirtschaftliche Versorgung der Versicherten unter Berücksichtigung des allgemein anerkannten Standes der medizinischen Erkenntnisse geboten ist. Der EBM wird jährlich aktualisiert (Beske/Hallauer 2001, S. 120; Wenner 1998, S. 79ff.).

265 1977 wurde festgelegt, dass alle Kassenverbände einschließlich der Ersatzkassenverbände gemeinsam mit den Vertretern der Kassenärztlichen Vereinigung eine *Empfehlungsvereinbarung* verhandeln. Die einzelnen Verbände sind zwar weiterhin auf die Wahrung ihrer organisatorischen Eigenständigkeit bedacht, haben ihr Auftreten gegenüber der KBV seither aber abgestimmt und damit ihre Verhandlungsmacht gewissermaßen gebündelt. Mittlerweile existiert eine eingespielte *Arbeitsteilung* und *Spezialisierung* zwischen den Kassen-

chende honorarpolitische Empfehlung der *Konzertierten Aktion im Gesundheitswesen*, angemessen berücksichtigen *(§ 86 SGB V)*. Zwar haben diese Empfehlungen im Gegensatz zum Bundesmantelvertrag keine rechtlich bindende Wirkung, doch dienen sie in der Praxis den Vertragspartnern auf Landesebene als Richtschnur für ihre Honorarverhandlungen. Nach oben abweichende Honorarvereinbarungen sind seit 1993 nur noch möglich, wenn der gesetzlich definierte *Grundsatz der Beitragsstabilität*[266] nicht gefährdet wird (Alber 1992, S. 97).

Die Landesverbände der Krankenkassen und die Kassenärztliche Vereinigung beschränkten sich seither darauf, die Honorarempfehlungen der oberen Netzwerkebene unter Beachtung der Bestimmungen des Bundesmantelvertrags und der zentralen Netzwerkorgane sowie innerhalb des durch die Rechtsprechung des Bundessozialgerichts konkretisierten Gestaltungsrahmens in entsprechenden Kollektivverträgen auf Landesebene umzusetzen. Im Kern konzentrieren sich diese Verträge auf die Festlegungen des aktuellen monetären Gegenwertes eines im Einheitlichen Bewertungsmaßstab definierten Punktes. Hieran wird deutlich, dass die Stellung der Spitzenverbände im Rahmen der Honorarverhandlungen erheblich auf Kosten der zweiten Netzwerkebene gestärkt wurde. Die Akteure der zweiten Ebene sind heute in ein dichtes Netz von Vorgaben und Richtlinien eingebunden, durch die ihr honorarpolitischer Spielraum und damit auch ihr Interesse an Konflikten extrem gering ist. Besonders auf dieser Ebene etablierte sich deshalb mit der Zeit eine ausgeprägte *Verteilungskoalition* zwischen den involvierten Repräsentanten beider Seiten. Hier liegen auch die institutionellen Grundlagen für die dauerhafte Reproduktion der auch gesetzlich verankerten Arbeits- und Kompetenzverteilung zwischen Krankenkassen und Ärzteorganisationen und ihre Einbindung in die staatlichen Steuerungsvorgaben. Gerade hierdurch wurde die Ausbildung eines spezifischen habitualisierten, normativ aufgeladenen Handlungsmusters der Netzwerkakteure forciert, das sich auf die gemeinsame Ressourcenverteilung und Leistungsabwicklung bezog.

Hinzu kommt noch ein wesentlich höheres Ausmaß staatlicher Interventionen in die Netzwerkbeziehungen, mit denen die traditionell konfliktreiche Kollektivvertragsebene zunehmend strukturiert und reglementiert wurde. Ziel war eine *Segmentierung* und *Aufteilung*

---

verbänden bei Verhandlungen von Empfehlungen oder Richtlinien auf Bundesebene. Dabei hat der AOK-Bundesverband die Verhandlungsführung bei den Vergütungsempfehlungen inne, während beispielsweise die Ersatzkassen primär für Verträge mit den Krankenhäusern zuständig sind (Alber 1992, S. 97).

266 Der *Grundsatz der Beitragsstabilität* grenzt den honorarpolitischen Spielraum der Verhandlungspartner auf Landesebene weiter ein. Die Landesverbände der Kassen und die KV'en sind gesetzlich verpflichtet, die Gesamtverträge so zu gestalten, „dass Beitragssatzerhöhungen ausgeschlossen werden" (*§ 74 SGB V*). Das Bundesgesundheitsministerium legt jährlich eine bundesweit gültige Veränderungsrate für die Beitragseinnahmen fest. Die Steigerungsrate der Ausgaben für Ärztehonorare darf nicht höher sein als die fixierte Veränderungsrate der Einnahmen. Der Staat definiert also *Zuwachsobergrenzen* und beschränkt so das Wachstum der ärztlichen Vergütung.

der Verhandlungskompetenzen sowohl auf die beiden Vertragsebenen als auch zwischen den Vertragsebenen und den zentralen Organen der „Gemeinsamen Selbstverwaltung". Auf diese Weise wurden die paritätisch besetzten Netzwerkorgane gegenüber den direkten Vertragsverhandlungen aufgewertet und damit zu *Instrumenten der Kostendämpfungspolitik* instrumentalisiert. Seit 1977 griffen die paritätisch besetzten Netzwerkgremien in wachsendem Maße zu „Kontrollen, Richtlinien und Empfehlungen sowie zu Einschränkungen der Leistungserbringung im amtlichen Gebührenverzeichnis" (Gerlinger 1997, S. 108). Neben dem Bundesausschuss und dem Bewertungsausschuss als zentralen Netzwerkorganen kam damit auch den auf Landesverbandsebene angesiedelten *Prüfungs- und Beschwerdeausschüssen* eine wachsende Bedeutung für die Verteilung der Netzwerkressourcen und Eindämmung der ärztlichen Leistungserbringung zu. Faktisch wurde auf diese Weise eine Reihe bisheriger direkter Verhandlungsgegenstände auf die paritätischen Organe des ambulanten Netzwerks zur Regulierung übertragen und damit die Kompetenzen der Netzwerkorganisationen bezogen auf unmittelbare Kollektivvereinbarungen weiter eingeschränkt. Dieses komplexe System organisationaler Arbeitsteilung und Kompetenzverteilung trug maßgeblich zur „Befriedung" und Entpolitisierung der interorganisationalen Netzwerkbeziehungen aber auch zur weiteren Einschränkung der Handlungsautonomie und des honorarpolitischen Spielraums der Einzelorganisationen bei. So entstand mit der Zeit ein *System sich gegenseitig stabilisierender Netzwerkinstitutionen*. Die Folge hieraus war aber auch, dass im entwickelten ambulanten Organisationsnetzwerk viele „Regelungen durch ‚Kollektivverträge' und durch paritätische Organe austauschbar" (Krause 1981, S. 411) geworden sind.

Aufgrund der hohen Auftrennung und Eingrenzung des jeweiligen honorarpolitischen Verhandlungsgegenstandes existieren auf den beiden, hinsichtlich den Regelungsinhalten, -kompetenzen und -zuständigkeiten klar voneinander getrennten und gleichzeitig doch unmittelbar auf einander bezogenen *Kollektivvertragsebenen* kaum noch Ansatzpunkte für tiefgreifende, die einzelnen Netzwerkebenen übergreifende Verteilungskonflikte zwischen den Akteuren. Interorganisationale Konflikte entzünden sich heute in der Regel nur noch bei der Aushandlung des *Einheitlichen Bewertungsmaßstabs* sowie im Rahmen der Bestimmung der Höhe des jährlichen Punktwerts um technische oder statistische Detailfragen, wie beispielsweise die Höhe der nach *Paragraph 85 Abs. 3 SGB V* zu berücksichtigenden Praxiskosten (Groser 1987, S. 745). Das finale *Zwangsschlichtungsverfahren* in Fällen, in denen keine Einigung zwischen den Verhandlungsparteien erzielt werden kann, minimiert nicht nur die Gefahr von Selbstblockaden des Verhandlungsnetzes, sondern auch das Risiko einer Konflikteskalation und das Übergreifen auf die übergeordnete Verhandlungsebene, sichert also die Stabilität und Funktionsfähigkeit des gesamten Netzwerks. Außerdem verhandeln wegen der Komplexität der Materie auf beiden Verhandlungsebenen primär gleich ausgebildete Vertrags- und Vergütungsspezialisten miteinander und erarbeiten die Vertragsentwürfe in Unterausschüssen[267]. Die eigentlichen Verhandlungen zwischen den Verhandlungsführern beider Seiten verlaufen dementsprechend stark routinisiert, standardisiert und konfliktarm. Mit der Zeit haben sich zwischen den verhandelnden Funktionseliten auf der jeweiligen Netzwerkebene so feste *„Verteilungskoalitionen"* etabliert. Keine Seite hat dabei in der Regel ein Interesse an konflikthaften langwierigen Vertragsverhandlungen. Hinzu kommt, dass gravierende Verteilungskonflikte und eine entsprechende Politisierung der Honorarverhandlungen staatliche Interventionen in das Netzwerk heraufbeschwören würden. Zu dem weiterhin bestehenden Interesse der handelnden Akteure an einem möglichst guten Abschneiden in den Honorarverhandlungen tritt ein „geteiltes Interesse an der Erhaltung der Autonomie der gemeinsamen Selbstverwaltung (integratives Bargaining)" (Groser 1987, S. 748). Dieser gemeinsam geteilte Konsens der Netzwerkakteure führt auch in Zeiten der „Kostenexplosion" nicht dazu, dass die insgesamt härteren Honorarverhandlungen zu ernsthaften Konflikten eskalieren. Es ist also weiterhin möglich, aufkommende Verteilungskonflikte durch die etablierten komplexen Netzwerkstrukturen zu kanalisieren und klein zu arbeiten.

3.3 Kostenexternalisierung und strukturelle Beharrungskraft: Reformversuche und Reformresistenz der etablierten Netzwerkstrukturen

Das einmal institutionalisierte Netzwerk zeichnet sich nicht nur durch stabile Interorganisationsbeziehungen, sondern auch durch eine extrem hohe *strukturelle Beharrungskraft* und *Reformresistenz* insbesondere auf dem Feld der kassenärztlichen Vergütung aus. Während sich die Repräsentanten der Kassenärztlichen Vereinigungen angesichts der prekären Finanzlage der Gesetzlichen Krankenversicherung auf honorarpolitischem Gebiet vielfach durchaus kompromissbereit zeigen, beharren sie zugleich auf der Beibehaltung der bisherigen Versorgungs- und Vergütungsstrukturen. Ebenso hält sich die Neigung der Kassenvertreter, neben

267 Wie in den zentralen Netzwerkgremien wird auch bei den direkten Vertragsverhandlungen das *„Verhandlungsdilemma"*, d.h. das Problem, dass ein problemorientierter Verhandlungsstil von der Gegenseite ggf. zur Optimierung des eigenen Verhandlungsgewinns ausgenutzt werden kann (Scharpf 1992b, S. 20ff.), durch Auslagerung in Untergremien gelöst (Offermanns 1995, S. 175).

den etablierten Kollektivverträgen auch das gesetzlich geschaffene Medium des *Strukturvertrags*[268] zur Senkung der Ausgaben für kassenärztliche Leistungen und zur Verbesserung der ambulanten Versorgung zu nutzen, in engen Grenzen. Die vertragspolitische Zurückhaltung der Kassenseite bei der Einführung kostensenkender Innovationen beruht in erster Linie auf der Befürchtung, dass eine allzu umfangreiche Nutzung des neuen Instrumentariums zur Konfrontation mit den Kassenärztlichen Vereinigungen und damit einer Gefährdung der eingespielten Kooperationsbeziehungen führen könnte. Die Netzwerkakteure haben mit der Zeit ein relativ hohes Gemeinsamkeitsgefühl entwickelt. Ihre Funktionseliten sind deshalb nicht an grundsätzlichen Konfrontationen oder Strukturveränderungen interessiert. Viele staatliche Reformversuche der Netzwerkbeziehungen wurden und werden deshalb als Störung der Netzwerkroutine aufgefasst. Die Netzwerkakteure haben aus diesem Grund in der Vergangenheit mehrfach erfolgreich staatliche Interventionsbestrebungen „ins Leere laufen“ lassen. Als markantes Beispiel für eine solche „erfolgreiche“ Blockadepolitik der Netzwerkakteure kann der erste gescheiterte Versuch einer staatlichen Neuordnung der Gesetzlichen Krankenversicherung in der Nachkriegszeit, die sogenannten *„Blanck-Reformen“*, gelten, die am konzertierten Widerstand der Netzwerkakteure scheiterten und die bestehenden Netzwerkstrukturen bis in die Gegenwart weitgehend festschrieben.

In den letzten Jahren erweisen sich die involvierten Akteure angesichts der gravierenden Ressourcenverknappung und der mit der „Kostenexplosion“ ins öffentliche Bewusstsein gerückten Steuerungs- und Innovationsschwäche des Netzwerks wieder als „druckempfindlicher“ gegenüber staatlichen Eingriffen. Dies beweist beispielsweise die, wenn auch widerwillige Umsetzung der 1997 gesetzlich eingeführten *fallgruppenspezifischen Praxisbudgets*[269] aber auch die grundsätzliche Kooperationsbereitschaft aller Netzwerkorganisationen bei der seit 1977 betriebenen staatlichen Kostendämpfungspolitik. Die 1993 im Rahmen des *Gesundheitsstrukturgesetzes* eröffnete und seither stufenweise ausgebaute „Budgetierungsphase zur

---

268 *Strukturverträge* können zwischen den Landesverbänden der Kassen und einer KV geschlossen werden. Sie sind besondere Bestandteile der Gesamtverträge. Der Sicherstellungsauftrag der KV wird damit nicht berührt. Durch Strukturverträge können neue organisatorische Versorgungsformen, sogenannte Arzt- / Praxisnetzwerke, mit differenzierten Honorierungssystemen verbunden werden. Intention des Gesetzgebers war die Förderung neuer ärztlicher Organisationsformen, um Wirtschaftlichkeitsreserven auszuschöpfen und die Versorgungsqualität zu verbessern. Die vernetzten ambulanten Versorgungsformen werden durch besondere Vergütungsformen (z.B. Budgets, Bonus-Malus-Regelungen) ergänzt, die den Ärzten die Verantwortung für die Qualität und Wirtschaftlichkeit ihrer Leistungen übertragen. Die im Strukturvertrag vereinbarten Vergütungsanteile sind Bestandteil der Gesamtvergütung, dürfen aber nur an die vernetzten Ärzte gezahlt werden.

269 *Fallgruppenbezogene Budgets* wurden im Rahmen des *GKV-NOG* von 1997 eingeführt. Sie dienen der Begrenzung der Kassenausgaben. In Verbindung mit entsprechenden Regelungen in den Honorarverteilungsmaßstäben der KV'en erfolgt bei Überschreitung der fachgruppenspezifischen Fallzahlen eine Absenkung des variablen Punktwertes. Dies führt automatisch zu Einkommensrückgängen der betroffenen Kassenärzte (Beske/Hallauer 2001, S. 121).

Kostenbegrenzung“ (Beske/Hallauer 2001, S. 121) wurde von den Netzwerkakteuren auch deshalb mitgetragen, weil sie seit 1986 bereits Erfahrungen mit kollektivvertraglichen Regelungen einer Budgetierung des Gesamthonorars gesammelt hatten (Gerlinger 1997, S. 97)[270]. Die „honorarpolitische Selbstbeschränkung“ (Gerlinger 1997, S.97) der Kassenärzteorganisationen war an eine staatliche Begrenzung der Kassenarztzulassung, also die gesetzliche Begrenzung der Angebotsseite gekoppelt, über die das Einkommen der vorhandenen Kassenärzte gesichert werden sollte.

Insofern setzte der Staat bei den ab Anfang der 1990er-Jahre folgenden gesetzlichen Regelungen im Kern wieder auf bereits bewährten netzwerkinternen Vereinbarungen auf oder schloss Koppelgeschäfte mit einzelnen Netzwerkakteuren. Mittlerweile scheint die Instrumentalisierung derartiger Vereinbarungen allerdings angesichts der weiter ansteigenden Leistungsausgaben zunehmend schwieriger zu werden. Der Staat beziehungsweise das Bundesgesundheitsministerium sieht sich vor allem in wirtschaftlichen Krisenzeiten einem wachsenden öffentlichen Druck hin zu strukturverändernden Eingriffen in das Netzwerk ausgesetzt. Mit seinen Interventionsversuchen gerät er jedoch mit den institutionellen Selbsterhaltungsinteressen der Netzwerkakteure in Konflikt. Für letztere wird der Staat zum Sündenbock für die Steuerungsdefizite des Netzwerks (Groser 1987, S. 748). Das provoziert die Bildung netzwerkinterner „Abwehrkoalitionen“ gegen alle externen Steuerungseingriffe und Reformversuche, die eine Veränderung der eingespielten Routinen aus Finanzierung und Leistungserbringung bezwecken und sich damit gegen die etablierten Netzwerkstrukturen richten.

Schon seit Mitte der 1950er-Jahre wurden wiederholt Anläufe zu einer grundlegenden Strukturreform unternommen. Ungeachtet der zum Teil weitreichenden politischen Reformvorhaben ist die Grundstruktur des ambulanten Organisationsnetzwerks aber bislang „bemerkenswert konstant geblieben“ (Alber 1992, S. 20). Das etablierte Netzwerk zeichnet sich dabei durch einen ausgeprägten *Strukturkonservatismus* aus. Die Netzwerkakteure sind eher dazu geeignet, „das Bestehende zu verwalten, als dynamische Neuerungen zu entwickeln und einzuführen“ (Knappe 1988, S. 291), die zu einer grundlegenden strukturellen Weiterentwicklung des ambulanten Organisationsnetzwerks und zur Lösung der in der Netzwerklogik selbst

[270] Bei gedeckelter bzw. budgetierter Gesamtvergütung wird die Leistungsexpansion über den sog. „*Hamsterradeffekt*“ primär zu einem innerärztlichen Problem, da jeder Anstieg der Behandlungsleistungen zum Absinken des jeweiligen Punktwerts führt. Für die Kassen bedeutet eine budgetierte Gesamtvergütung eine Verantwortungs- und Steuerungsentlastung, während die Verhandlungsposition der KV'en durch binnenorganisationale Verteilungskämpfe zwischen den einzelnen Facharztgruppen geschwächt wird. Seit Anfang der 1990er-Jahre ist ein *Trend zur Ausdifferenzierung der Vergütungsvereinbarungen* beobachtbar. In diesem Zusammenhang „wurden insbesondere die persönlichen gegenüber den rationalisierungsfähigen technischen Leistungen sukzessive aufgewertet“ (Gerlinger 1997, S. 108) und damit der Hausarzt gezielt gefördert.

angelegten Probleme der Ressourcenverteilung führen würden. Insofern kann das netzwerkinterne Potenzial zur strukturellen Weiterentwicklung als eher gering bewertet werden. Begrenzter struktureller Wandel erfolgte bislang immer nur dann, „wenn sich gesundheitspolitische Koalitionen veränderten" (Alber 1992, S. 49), das heißt, wenn aufgrund zu unterschiedlicher Partikularinteressen keine gemeinsame netzwerkinterne Abwehrfront gegen externe Einflüsse und staatliche Interventionen zustande kam. Wie schnell der ursprüngliche Netzwerkkonsens bei einer Ressourcenverknappung auseinanderbrechen kann, beweisen die wieder härter werdenden honorarpolitischen Auseinandersetzungen zwischen Krankenkassen und Kassenärzteorganisationen seit Beginn der 1990er-Jahre (Lauer-Kirschbaum 1994, S. 232ff.).

Trotzdem zieht der Staat auch heute noch entsprechend seiner traditionellen „Strategie der defensiven Konfliktlösung" (Lauer-Kirschbaum 1994, S. 232) grundsätzlich auf konsensueller (freiwilliger) Basis entstandene netzwerkinterne Regelungen im Rahmen der miteinander verzahnten Netzwerkorgane und direkten (öffentlich-rechtlichen) Verhandlungsgremien einer unmittelbaren, mit den geschilderten Risiken verbunden hierarchischen Intervention in die Netzwerkstrukturen vor. Staatliche Eingriffe beschränken sich deshalb vielfach auf die gesetzliche Institutionalisierung und Prozeduralisierung bereits erfolgreich durch die Netzwerkakteure erprobter Regelungen und die partielle Ausgestaltung ihres Handlungsrahmens. Der Staat verschiebt so die konkrete Entwicklung gesundheitlicher Steuerungsinstrumente in das Netzwerk selbst. Seine Netzwerkpolitik zielt deshalb nicht erst seit 1977 auf eine tendenzielle Schwächung der Steuerungsautonomie der einzelnen Akteure zu Gunsten einer Stärkung der gemeinsamen Regulierung über zentrale Netzwerkausschüsse oder Verhandlungsgremien ab. Ziel staatlicher Netzwerkpolitik war und ist die feste Einbindung der Partikularinteressen und damit ihre Unterordnung unter einen gemeinsamen, übergeordneten Netzwerkzweck. Der damit verbundene Ausbau der Kompetenzen der Netzwerkgremien gegenüber den tradierten Formen direkter Verhandlungen sollte selbstständige Steuerungsleistungen des Netzwerks als Ganzem im Rahmen einer staatlichen Globalsteuerung ermöglichen.

Auf diese Weise bildete sich bis heute eine komplexe Struktur von auf mehreren Ebenen miteinander vernetzten intermediären Organisationen heraus. Das Netzwerk fungiert dabei gewissermaßen als „institutionalisiertes Integrationszentrum" (Hockert) der weiterhin konträren organisierten Interessen in die staatlich konstruierte Gesetzliche Krankenversicherung und ihre Verpflichtung auf den gemeinsamen Netzwerkzweck: die Erhaltung und selbstständige Regulierung der versicherungsfinanzierten Krankenversorgung im Sinne einer Optimierung des „Gemeinwohls". Auf diese Weise gelingt die Instrumentalisierung des ambulanten Organisationsnetzwerks für die Durchsetzung gesundheitspolitischer Zielsetzungen bis heute zwar immer noch weitgehend. Allerdings führten beispielsweise gerade die vielen seit 1977 erlassenen (partiellen) staatlichen Regelungen zur Kostendämpfung im Gesundheitswesen lediglich zu kurzzeitigen Einspareffekten, die zumeist durch *Externalisierung von Kosten auf die Versicherten* (Selbstbeteiligungs- und Kostenerstattungsregelungen), nicht aber durch strukturelle Veränderungen im ambulanten Netzwerk erzielt wurden. Somit ist es den Netzwerkakteuren bis heute gelungen, die strukturellen Grundlagen des Netzwerks vor Strukturreformen weitgehend zu bewahren. Im übrigen ist der Staat mittlerweile schon bei der Formulierung gesundheitspolitischer Ziele zunehmend unter den (sachverständigen) Einfluss der organisierten Netzwerkinteressen (Lobbying) geraten. Insofern besteht eine enge Wechselbeziehung zwischen der Ministerialbürokratie und den Funktionseliten des ambulanten Netzwerks bei der Formulierung aktueller Gesundheitspolitik, die seit 1977 zwar unter der Prämisse einer Begrenzung der Leistungsausgaben, aber eben auch den strukturellen Restriktionen eines Organisationsnetzwerks steht, dass offenkundig einer Strukturreform bedarf. Zu dieser scheinen aber weder das Netzwerk aus eigener Kraft noch der selbst in einem Geflecht unterschiedlicher (politischer) Interessenkonstellationen agierende Staat ohne weiteres in der Lage zu sein.

4. Kassenärztliche Zulassung – das Kontrollinstrument des Zugangs zu den Netzwerkressourcen

4.1 Die Monopolisierung des Ressourcenzugangs: Kassenarztzulassung als umkämpftes Feld

Seit den Anfängen der Gesetzlichen Krankenversicherung gehörte neben dem Problem der Vergütung kassenärztlicher Leistungen vor allem die Frage, welcher an einer kassenärztlichen Behandlungstätigkeit interessierte Arzt „zu den Kassen“ zugelassen werden muss, das heißt die Frage nach dem adäquaten „Arztsystem“, zu den „umkämpftesten Streitpunkten“ (Wenner 1998, S. 44) zwischen Krankenkassen und Kassenärzteschaft. Dabei sind beide Fragen eng miteinander verknüpft. Im Kern geht es nämlich um den *exklusiven Zugang zu den Kassen-*

ressourcen und damit um die für viele niedergelassene Ärzte existenzielle Frage der primären Sicherung ihres Einkommens aus freier Praxis durch die Behandlung von Kassenpatienten.

4.1.1 Exklusive Zugangskontrolle: Der Kassenarzt zwischen Behandlungsmonopol und Zulassungshoheit der Kassen

Seit Erlass der *Gewerbeordnung von 1869* (*§ 23*) hatte im Prinzip jeder approbierte Arzt das Recht, sich unmittelbar nach Erteilung der Approbation (staatliche Zulassung zur Berufsausübung) als frei praktizierender Arzt an jedem Ort in Deutschland niederzulassen (Vogt 1998, S. 468). Damit war allerdings noch keinesfalls ein existenz- und statussicherndes Einkommen garantiert. Bis zur Einführung der Gesetzlichen Krankenversicherung hatten die akademisch ausgebildeten Ärzte noch nicht maßgeblich zur medizinischen Regelversorgung der breiten Bevölkerungsmasse beigetragen, standen überdies in scharfer Konkurrenz zueinander wie auch zu einer Vielzahl nicht-ärztlicher Heilpersonen und waren damit weit entfernt von einem ärztlichen Behandlungsmonopol auf eine bestimmte Klientel.

Mit der nach 1883 einsetzenden Ausdehnung der Gesetzlichen Krankenversicherung auf immer weitere Bevölkerungskreise wurde die Teilnahme an der kassenärztlichen Versorgung für viele junge approbierte Ärzte[271] vor dem Hintergrund einer tendenziell sinkenden Zahl von Privatpatienten zur existenznotwendigen Bedingung. Mit der Zeit erwies sich eine reine Privatpraxis nämlich als nicht mehr finanziell tragfähig. Insofern gerieten die niedergelassenen Ärzte in eine schleichende wirtschaftliche Abhängigkeit von den Krankenversicherungskassen. Zugleich waren die Krankenkassen, denen gesetzlich eine „pflichtgemäße Selbstbestimmung über die Zahl und die Person der zu beschäftigenden Ärzte" (Heinemann 1928, S. 374) zustand, stets daran interessiert, die zur Sicherstellung der medizinischen Versorgung ihrer Mitglieder unter Vertrag genommenen Kassenärzte aus Kostengründen möglichst auf das notwendige Maß zu begrenzen. Eine Überzahl zugelassener Ärzte löste erfahrungsgemäß „einen Wettbewerb um die Gunst der Versicherten aus, welcher der Kasse notwendigerweise zum finanziellen Schaden gereicht[e]" (Heinemann 1928, S. 374), da er den Anstieg der Leistungsausgaben bewirkte. Hierzu trug die (wirtschaftliche) Schlüsselposition des Kassenarztes bei, die er im System der Gesetzlichen Krankenversicherung ab 1883 einnahm. So stieg der Anteil der Kassenarzthonorare an den Gesamtleistungsausgaben der Krankenkassen zwischen

[271] Seit 1994 ist die kassenärztliche Tätigkeit in freier Praxis nur auf Grund der Approbation nicht mehr möglich. Nun muss der Arzt entweder noch eine Facharztanerkennung für sein Fachgebiet oder eine abgeschlossene Weiterbildung als Allgemeinarzt nachweisen (Vogt 1998, S. 468).

1885 und 1931 zwar nur auf durchschnittlich 30 Prozent an, jedoch wurden insgesamt rund 95 Prozent aller Leistungen und Ausgaben der Kassen „von den Ärzten veranlasst oder als sachgemäß und notwendig bescheinigt“ (Heinemann 1928, S. 374). Das kassenärztliche Handeln hatte deshalb immer gravierende Auswirkungen auf die finanzielle Situation der jeweiligen Krankenkasse. Die also auch in ökonomischer Hinsicht dominante Stellung des Kassenarztes untermauerte die mit der Gesetzlichen Krankenversicherung faktisch institutionalisierte (medizinisch-wissenschaftliche) Monopolstellung des niedergelassenen Arztes in der Krankenversorgung und den damit einhergehenden „sensationelle[n] Panoramawechsel ärztlicher Tätigkeit“ (Göckenjan 1987, S. 10). Seinen Monopolanspruch legitimierte der Kassenarzt von nun an aus seiner Rolle als Vermittler zwischen den Interessen der Kassen, dass „die Ausgaben im Rahmen des gesetzlich Gebotenen und Notwendigen gehalten werden“ (Heinemann 1928, S. 374) und den Interessen der Versicherten an einer adäquaten ärztlichen Behandlung.

Der mit dieser Schlüsselrolle verbundene Statusgewinn der ärztlichen Profession bedeutete aber nicht zwangsläufig eine *praktisch-prozedurale Monopolstellung* für den einzelnen Kassenarzt. Da er nämlich einen Einzeldienstvertrag mit der Krankenkasse abschließen musste, stand er in einem starken Abhängigkeitsverhältnis. Die Kassen suchten sich aus den Bewerbern nur kooperationswillige Ärzte heraus, die ihnen sowohl nach finanziellen Kassenzwecken (Sicherstellung einer kostengünstigen Behandlung und Kontrolle von Missbrauchsmöglichkeiten) als auch hinsichtlich ihrer medizinpolitischen Einstellung geeignet erschienen (Göckenjan 1987, S. 16f.). Die exklusive Zulassung einer begrenzten Zahl ausgewählter Ärzte zur Versorgung der Kassenmitglieder „nach Maßgabe des Bedarfs“ (Heinemann 1928, S. 374) sollte der Kasse die Kontrolle und Steuerung der ärztlich verursachten Leistungsausgaben ermöglichen. Ein Großteil der Ärzte wurde somit von der Kassenarztpraxis und damit dem Zugriff auf die Kassenressourcen ausgeschlossen. Diese *exklusive Beschränkung des Zugangs zur Kassenarztpraxis* stieß vor allem auf den Widerstand der nachrückenden Ärztegeneration, die einen „freien Zugang zur Kassenpraxis“ als „wesentliche[..] Grundlage jeder gewöhnlichen Ärzteexistenz“(Heinemann 1928, S. 374) sah und nur eine gewisse Formalisierung der Zulassung und Überwachung der Kassenarzttätigkeit akzeptieren wollte. Der Kampf der organisierten Ärzte um Berufs- und Therapiefreiheit hatte also stets einen ökonomischen Kern.

4.1.2 Der Kampf um das Zulassungsmonopol der Kassen: Organisierte freie Arztwahl als zentrale Forderung der Ärzteorganisationen

Das Zulassungsmonopol und die Anstellungshoheit der Kassen gerieten schnell in das Zentrum der Kämpfe mit den entstehenden Ärzteorganisationen, allen voran dem Hartmannbund. Ihr Kampf um die *„organisierte freie Arztwahl"* – ein System, in dem jedes Mitglied einer ärztlichen Interessen- und Standesorganisation, das eine Kassenpraxis betreiben will, allein durch seine dortige Mitgliedschaft zur kassenärztlichen Tätigkeit zugelassen wird – zielte primär auf die *Übernahme des Zulassungsmonopols der Krankenkassen durch die Ärzteorganisationen* ab. Die Ärzteorganisationen bezweckten von Anfang an die Transformation der bisherigen privatrechtlich-individuellen Beziehungen zwischen Krankenkasse und Arzt in von ihnen kontrollierbare kollektivvertragliche Regelungen. Sie waren also nicht nur hochgradig extroverse, sondern auch exklusive Organisationen, die mit dem Kampf für die „organisierte freie Arztwahl" die Erlangung einer eigenen Monopolstellung im System der Gesetzlichen Krankenversicherung und damit die zentrale Schlüsselstellung zur Zugangskontrolle und Beschränkung der Anbieterseite medizinischer Versorgungsleistungen begründeten. Die ärztlichen Kampforganisationen konnten so höchst wirkungsvoll den Ausschluss aller Nicht-Ärzte von der selbstständigen Behandlung der Versicherten erreichen und damit nicht nur das ärztliche Behandlungsmonopol, sondern auch den exklusiven Zugriff auf die Kassenressourcen institutionell absichern. Während die Krankenkassen die Zulassungsfrage also insbesondere unter dem Aspekt der Kostenbegrenzung diskutierten, verknüpfen die Kassenärzteorganisationen diese Frage bis heute vor allem mit der Wahrung der kassenärztlichen Einkommen und Besitzstände wie auch der Sicherung des ärztlichen Behandlungsmonopols im allgemeinen.

4.2 Isomorphismus und Exklusion: Die Institutionalisierung einheitlicher Zulassungsnormen und -Verfahren durch das Netzwerk

4.2.1 Formalisierung und Vereinheitlichung: Die Übertragung strategischer Zulassungskompetenzen auf bezirkliche Registerausschüsse

Auch im Hinblick auf den Kampf um die kassenärztliche Zulassung stellte das *„Berliner Abkommen"* von 1913 einen entscheidenden Durchbruch für die Ärzteorganisationen dar. Faktisch bewirkte das Abkommen nämlich die Beseitigung des alleinigen Zulassungsmonopols der Krankenkassen durch eine *Formalisierung* des Zulassungsverfahrens und die *Übertragung der entscheidenden Zulassungskompetenzen* auf ein paritätisch besetztes Netzwerkgremium. Mit dem Abkommen kam eine erste kollektivvertragliche Vereinbarung auf Spitzenverbandsebene zustande, die Regelungen über die Auswahl und Zulassung von Kassenärzten sowie erstmalig auch eine verbindliche *kassenärztliche Zulassungsquote* enthielt. 1913 wurde die Zulassung eines approbierten Arztes zur Kassenpraxis von seiner vorherigen Eintragung in das bei den Versicherungsämtern geführten *Arztregister*, der Auswahl des Arztes durch einen paritätisch besetzten (regionalen) *Register- oder Zulassungsausschuss* sowie seiner *Zulassung* durch die Krankenkasse abhängig. Letzteres war nur noch eine reine Formsache, da die Kasse an den Beschluss des Netzwerkgremiums gebunden war. Weil dem jeweiligen (bezirklichen) *„Ausschuss für die Auswahl der Ärzte"* (*Registerausschuss*) die ordnungsgemäße Regelung der Zulassungsvoraussetzungen oblag, nahm das mit mindestens drei Vertretern der Krankenkassen und der Kassenärzte besetzte Netzwerkgremium eine Schlüsselfunktion bei der kassenärztlichen Zulassung ein. Entsprechend umfangreich waren seine kollektivvertraglich geregelten Zuständigkeiten. Der Ausschuss übernahm nicht nur die eigentliche Auswahl der zuzulassenden Ärzte, sondern auch die einer *Schlichtungs- oder Einigungsstelle* bei Streitigkeiten im Zusammenhang mit der Zulassung. Bei Konflikten hatte der Ausschuss Hilfestellung beim Zustandekommen der nach wie vor auf einzelvertraglicher Basis stehenden Kassenarztzulassung zu geben. Sie erfolgte durch „unparteiische Vermittlung mit dem Ziel freiwilliger Einigung" (Niggemann 1933, S. 35).

Tab. 12: Die Doppelfunktion der Registerausschüsse nach dem „Berliner Abkommen"

Bewerberauswahl	Verbindliche Entscheidung in Streitfällen
Auswahl jedes zur Kassenpraxis zuzulassenden Arztes aus den im Arztregister eingetragenen Anwärtern.	a. der Einzelvertragsparteien b. über die Eintragung eines Arztes in das Arztregister, über Streichung und Wiedereintragung im Arztregister c. über Ablehnung eines ausgewählten Arztes seitens der Kasse aus wichtigen Gründen d. über Auswahl des zuzulassenden Arztes e. über vorzugsweise Zulassung eines alten Kassenarztes

Quelle: Niggemann 1933, S. 34

Während der Registerausschuss bei der Behandlung eines Zulassungsantrags paritätisch mit Kassen- und Ärztevertretern besetzt war und zu einvernehmlichen Entscheidungen gelangen musste, tagte er bei der „Behandlung der Streitfälle unter dem besonderen Vorsitz des Vorsitzenden des Versicherungsamtes oder seines Stellvertreters und entschied mit einfacher Stimmenmehrheit in Form eines Beschlusses" (Niggemann 1933, S. 34). Alle Beschlüsse des Registerausschusses waren grundsätzlich endgültig und für alle Beteiligten verbindlich. Lediglich bei Streitigkeiten in der zentralen Frage der Auswahl eines zuzulassenden Arztes hatten sowohl der betroffene Arzt als auch die betroffene Kasse das Recht einer Beschwerde beim Schiedsamt. Die Tätigkeit des Ausschusses diente im engeren Sinne also lediglich zur „Vorbereitung und Schaffung eines Rechtsverhältnisses zwischen Arzt und Kasse" (Niggemann 1933, S. 34). Mit seiner Einsetzung wurde die bisherige Anstellungshoheit der Krankenkassen zwar noch nicht gänzlich abgeschafft, aber doch weitreichenden Beschränkungen unterworfen. Durch die Mitsprache der gemeinsamen Netzwerkausschüsse (Register- und Vertragsausschuss) wurde die bisherige völlige private Vertragsfreiheit zwischen Kasse und Arzt eingeschränkt und zugleich der Weg zu weiteren Kompetenzverlagerungen auf die gemeinsamen Gremien des sich entwickelnden Organisationsnetzwerks geebnet. Die organisierte Ärzteschaft bekam auf diese Weise 1913 erste (kollektive) Mitsprachemöglichkeiten in Fragen der kassenärztlichen Zulassung und baute diese im Rahmen des sich stabilisierenden Netzwerks in den Folgejahren zu Lasten der tradierten Vertragsautonomie von Kassen und einzelnem Arzt wie auch aller nichtärztlichen Heilberufe kontinuierlich aus.

4.2.2 Zentralisierung, Standardisierung, Bürokratisierung: Die Konzentration der Richtlinienkompetenz für Zulassungsfragen beim Reichsausschuss

Mit der Einrichtung des *„Reichsausschusses für Ärzte und Krankenkassen"* wurden die entscheidenden Richtlinienkompetenzen für Zulassungsfragen beim obersten Netzwerkgremium zentralisiert und damit eine *reichsweite Standardisierung* des Verfahrens der kassenärztlichen Zulassung eingeleitet. Die seit 1924 durch den Reichsausschuss beschlossenen Richtlinien gipfelten in der *„Richtlinie über die Zulassung zur Kassenpraxis"* vom 14. November 1925. An die Stelle der bisherigen Registerausschüsse traten nun bezirkliche *Zulassungsausschüsse*. Ihr Tätigkeitsprofil war mit den Vorgängergremien nahezu identisch, wurde nun aber durch die Richtlinien des Reichsausschusses weitgehend vereinheitlicht und vorstrukturiert. Entscheidend ist, dass es sich bei den Zulassungsausschüssen rechtlich gesehen gewissermaßen um eine Eigenschöpfung des Organisationsnetzwerks handelte, die durch die *Notverordnun-*

gen von 1923 so nicht ohne weiteres vorgesehen war[272]. Im weitesten Sinne schuf der Reichsausschuss als eigentliches Netzwerkzentrum auf diese Weise seinen eigenen organisationalen Unterbau, beziehungsweise eine spezielle Peripherie an regionalen Gremien, die mit der konkreten Umsetzung seiner Richtlinien zur Kassenarztzulassung betraut wurden.

Da die Richtlinien des Reichsausschusses erst dann verbindlich wurden, wenn sie Bestandteil der Kollektivverträge der Spitzenorganisationen geworden waren, galt der *Zulassungsausschuss* im eigentlichen Sinne als eine kollektivvertraglich geschaffene Einrichtung der im Netzwerk involvierten Organisationen[273]. Offenbar überließ der Gesetzgeber die weitgehende Regelung der bislang umkämpften Frage der kassenärztlichen Zulassung bewusst der „Gemeinsamen Selbstverwaltung". Die oberste Netzwerkebene schuf gewissermaßen im Überschneidungsbereich der widerstreitenden organisierten Interessen von Kassen und Ärzten gemeinsame Gremien und bürokratische Routinen (Verfahrensrichtlinien) zur konsensuellen Bearbeitung des Konfliktgegenstandes. Wie in vielen Bereichen, behielt sich der Staat allerdings auch hier ein behördliches Mitwirkungsrecht in den entsprechenden Ausschüssen vor. Dabei ist bedeutsam, dass die durch den Reichsausschuss 1928 erlassene *Zulassungsordnung* nicht nur eine weitere Stärkung der Bedeutung der Zulassungsausschüsse, sondern auch eine Verstärkung der behördlichen Mitwirkungsrechte über die Bestellung des Vorsitzenden des jeweiligen Versicherungsamtes zum Ausschussvorsitzenden bewirkte. Zugleich wurden die Zuständigkeiten des Gremiums und das Zulassungsverfahren nicht nur reichsweit standardisiert, sondern erfuhren auch eine „straffere, mehr amtliche Gliederung in verwaltungsmäßiger Form", wodurch „der behördenmäßige Einschlag und die Wahrnehmung der allgemeinen öffentlichen Interessen erheblich verstärkt" wurden (Niggemann 1933, S. 72). Die Tendenz zur verwaltungsrechtlichen Reglementierung und damit zur *Verbürokratisierung* und *Formalisierung* der Beziehungen zwischen Kassen und Ärzteschaft wurde in diesem Sinne durch das Organisationsnetzwerk beziehungsweise die dort handelnden Akteure selbst vorangetrieben. Sehr bewusst übertrugen und imitierten die Akteure in den gemeinsamen Gremien die ihnen aus der Staatsadministration bekannten Formen bürokratischer Herrschaft, die sich nun vor al-

[272] Die durch die *Notverordnung von 1923* zunächst eingeführten *Überwachungsausschüsse* wurden 1926 wieder abgeschafft. Hierzu trug neben dem Widerstand der Kassenärzteorganisationen bei, dass der Reichsausschuss, die Zulassungsausschüsse und die Schiedsämter ihre ursprünglichen Aufgaben übernommen hatten, so dass „für die Tätigkeit der Überwachungsausschüsse nicht mehr viel Raum blieb" (Niggemann 1933, S. 69). Es liegt nahe, dass sie vor allem deshalb abgeschafft wurden, weil sie von den Netzwerkakteuren nicht akzeptiert und durch netzwerkeigene (Parallel-)Gremien bereits weitgehend ersetzt worden waren.

[273] Niggemann (1933, S. 65) charakterisiert den *Zulassungsausschuss* deshalb auch als „privatvertragliche Einigungsstelle unter behördlicher Mitwirkungsbefugnis zur Schaffung ordnungsgemäßer Voraussetzungen zum Abschluss von Einzelverträgen".

lem gegen die einzelnen Kassen wie auch die einzelnen Ärzte richteten. Gerade die (bezirklichen) Zulassungsausschüsse erhielten in diesem Zusammenhang eine exponierte Machtstellung gegenüber den einzelnen Akteuren bei der Besetzung offener Kassenarztstellen. Das grundsätzlich fortbestehende privatrechtliche Einzeldienstverhältnis zwischen Kasse und Arzt wurde so zunehmend durch kollektive Regelungen „mit öffentlich-rechtlichem Einschlag" (Niggemann 1933, S. 83) überlagert und vorstrukturiert. Auf diese Weise wurden die bisherigen Möglichkeiten der individuellen Einzelvereinbarung zwischen Kasse und Arzt nahezu vollständig verdrängt[274]. Die Geschichte der Kompetenzerweiterungen der Zulassungsausschüsse ist insofern ein gutes Beispiel für einen allgemeinen Entwicklungsprozess, in dem das einmal konstituierte Organisationsnetzwerk bestehende Machtressourcen und Zuständigkeitsmonopole von einzelnen Mitgliedsorganisationen auf eigens hierfür geschaffene Netzwerkorgane überträgt. Eine solche Entwicklungsdynamik geht immer zu Lasten der betroffenen Mitgliedsorganisationen, die auf diese Weise zu Gunsten des Organisationsnetzwerks quasi entmachtet werden. Wie die Einzelorganisation ist also auch das Organisationsnetzwerk tendenziell extrovers orientiert. Allerdings richtet es sich nicht von Anfang an auf netzwerkexterne, sondern zunächst auf die bei den beteiligten Organisationen vorhandenen Ressourcen, die auf die Netzwerkebene umgeschichtet und damit dem Zugriff spezieller Netzwerkorgane zugänglich gemacht werden. Das hat nichts mit freiwilliger Ressourcenzusammenlegung zu tun, sondern vollzieht sich als *netzwerkspezifischer herrschaftlicher Aneignungsprozess*.

4.2.3 Korporatisierung und Schwächung des Netzwerks: Vom kollektiven zum öffentlich-rechtlichen Zulassungsverfahren

An der Geschichte der kassenärztlichen Zulassung wird deutlich, dass es sich bei dem oben beschriebenen Prozess um keinen unilinearen Entwicklungs- und Aneignungsprozess handelt,

[274] Der Begriff der *Zulassung* hatte zwischen 1913 und 1928 eine grundlegende Wandlung erfahren. 1913 war die Auswahl der Ärzte aus dem Arztregister noch keineswegs mit einer Zulassung zur Kassenpraxis identisch. Nach dem *„Berliner Abkommen"* bedeutete Zulassung die Beteiligung des Arztes an der Kassenpraxis durch Abschluss eines Vertrags zwischen Arzt und Kasse, erfolgte also immer noch durch die vertragschließende Kasse. Unabhängig davon war zuvor die Auswahl des Arztes aus dem Arztregister durch den Registerausschuss erfolgt. Erst durch die *Richtlinien des Reichsausschusses von 1924/25* wurde „Zulassung" auf die Auswahl aus dem Arztregister und das Auswahlverfahren übertragen und beide Tätigkeiten in den paritätisch besetzten Zulassungsausschüssen konzentriert (Niggemann 1933, S. 79ff.). Hiermit büßten die Kassen ihre bisherige Zulassungsautonomie ein. 1928 wurde als Zulassung die „Anerkennung des Anspruches auf Abschluss eines Vertrages über die Ausübung der Kassenpraxis" (*§ 1 Zulassungsordnung*; zitiert nach Schneider 1983, S. 22) definiert. War die Zulassung eines Bewerbers zur Kassenpraxis durch den bezirklichen Zulassungsausschuss einmal erfolgt, so reduzierte sich der Vertragsabschluss mit der Kasse infolge der Einbindung weiterer Netzwerkgremien (Vertragsausschuss) auf einen formalen Akt.

sondern dass die einmal akkumulierten Netzwerkressourcen durchaus aufgrund gesetzlicher Bestimmungen sowohl innerhalb des Netzwerks verschoben, als auch gänzlich auf die Ebene der beteiligten Einzelorganisation oder staatlicher Behörden zurückverlagert werden können.

Ende 1931 wurde nämlich im Zuge der Schaffung der *Kassenärztlichen Vereinigungen* auch das Zulassungswesen einer grundsätzlichen Veränderung unterzogen. Die bisher auf kollektivvertraglicher Basis von den paritätisch besetzten Zulassungsausschüssen durchgeführte kassenärztliche Zulassung wurde nun den *Schiedsämtern*, das heißt faktisch einer staatlichen Behörde übertragen und in ein gesetzlich geregeltes Verwaltungsverfahren transformiert. Fortan erfolgte die Zulassung eines Arztes zur Kassenpraxis in Form eines Verwaltungsaktes. Mit dieser Änderung wurde auch in der Frage der kassenärztlichen Zulassung ein Schlussstrich unter die bisherige *schrittweise öffentlich-rechtliche Durchdringung* eines vormals rein privatrechtlich geregelten Verhältnisses zwischen Kassen und Ärzten gezogen. Zulassung bedeutete nun die „Berechtigung zum Abschluss eines Einzelvertrags" (*§ 368b RVO 1932*; zitiert nach Schneider 1983, S. 36), wobei sich dieser Anspruch gegen die Zulassungsinstanz selbst richtete. Während die Kassenzulassung zuvor nur für eine bestimmte Kasse erfolgte, „erwarb der Arzt jetzt das Recht zur Behandlung aller im Zulassungsbezirk ansässigen Versicherten, hatte also Zugang zu allen im Kassenbezirk ansässigen Versicherten" (Schneider 1983, S. 36) und wurde damit von Mitgliederstärke und Finanzkraft der einzelnen Kasse unabhängig. 1931 zog der Staat per *Notverordnung* die Regulierung der umstrittenen Kassenzulassung also wieder an sich. Die mit Vertretern von Kassen und Ärzteschaft besetzten, vom Vorsitzenden des jeweiligen Oberversicherungsamtes geleiteten Schiedsämter unterlagen dabei naturgemäß einer wesentlich stärkeren staatlichen Kontrolle und geringeren Einflüssen der Netzwerkakteure als die auf freiwilliger (kollektivvertraglicher) Basis bestehenden Zulassungsausschüsse, die für die Durchführung eines nun öffentlich-rechtlichen kassenärztlichen Zulassungsverfahrens nicht geeignet schienen.

4.2.4 Die staatliche Übertragung des öffentlich-rechtlichen Zulassungsmonopols auf die Kassenärztlichen Vereinigungen

1933 wurde das gesamte Zulassungswesen den Schiedsämtern wieder entzogen und unmittelbar der *Kassenärztlichen Vereinigung Deutschlands* übertragen. Sie konnte über die Kassenzulassung im Rahmen der auf Ebene jeder Kassenärztlichen Vereinigung bestehenden, nun ausschließlich mit Ärzten besetzten Zulassungsausschüsse selbstständig entscheiden. Der *öf-*

fentlich-rechtliche Zulassungsanspruch des einzelnen Arztes richtete sich seither unmittelbar gegen die Kassenärztliche Vereinigung selbst und nicht mehr gegen ein gemeinsames Netzwerkgremium. Gleichzeitig legte die Verleihung der Zulassung dem einzelnen Arzt nun aber auch eine Pflicht zur Teilnahme an der kassenärztlichen Versorgung auf, bei deren Verletzung er von der Kassenärztlichen Vereinigung Deutschlands „kraft der ihr übertragenen öffentlich-rechtlichen Gewalt disziplinarisch gemaßregelt werden konnte" (Schneider 1983, S. 41). Damit war der Einfluss der Krankenkassen auf das Zulassungsgeschehen endgültig ausgeschaltet worden und das Zulassungsmonopol dank staatlicher Intervention an die organisierte Kassenärzteschaft übergegangen.

Den Kassenärztlichen Vereinigungen wurden die entscheidenden Mittel übertragen, um Anzahl und Einkommen der Kassenärzte nahezu autonom zu steuern und zu regulieren. Mit der Übertragung des Zulassungsmonopols an sie war auch ein gravierender *Funktionswandel der Auseinandersetzungen um die kassenärztliche Zulassung* verbunden. „Der Zulassungskampf richtete sich seitens der Ärzteschaft nun nicht mehr primär gegen die Kassen, sondern nach innen gegen zulassungswillige Berufskollegen" (Deppe 1987, S. 42). Die Kassenärztlichen Vereinigungen nutzten also das Zulassungsmonopol keineswegs zur Durchsetzung der so lange geforderten „freien Arztwahl" – das heißt den ungehinderten Zugangs zur Kassenpraxis für alle interessierten Ärzte –, sondern vielmehr als *Mittel zur exklusiven Beschränkung und Zugangskontrolle* des Angebots an ambulant-ärztlichen Behandlungsleistungen und damit primär als Mittel zur Sicherung des materiellen Besitzstands der etablierten Kassenärzte. Damit wurde der bisherige interorganisationale Zulassungskonflikt allerdings aus dem Netzwerk in die Kassenärztlichen Vereinigungen verlagert und somit zu einem *innerärztlichen Konfliktfeld.* Die Folge war eine Befriedung und Stabilisierung der Netzwerkbeziehungen, die jedoch zu Lasten einer Verstärkung der zentrifugalen Kräfte innerhalb der Kassenärztlichen Vereinigungen ging. Da die als öffentlich-rechtliche Körperschaften strukturierten Organisationen zugleich aber auch entscheidende hoheitliche Disziplinarmittel gegenüber ihren Mitgliedern erhielten, wurde weder ihre Organisations- noch Konfliktfähigkeit ernsthaft eingeschränkt.

4.2.5 Exklusion: Die Nutzung des Zulassungsmonopols zur systematischen „Marktbereinigung" durch die Kassenärztlichen Vereinigungen

1933 wurde auch die Kurierfreiheit aufgehoben und jede berufliche Heiltätigkeit an den ärztlichen Berufsstatus gebunden. Spätestens mit diesem Schritt wurde die Versorgung der Versicherten durch niedergelassene, approbierte Ärzte endgültig zur *allgemeinverbindlichen Norm* erhoben. Die bisher auf Wunsch der Versicherten mögliche Einbeziehung von nichtapprobierten Heilkundigen (Heilpraktiker, naturheilkundige Laienheiler) in die Krankenbehandlung wurde damit genauso ausgeschlossen wie grundsätzlich jede ambulante Versorgungsalternative zur privaten Kassenpraxis.

Die organisierte Kassenärzteschaft sah sich 1933 weitgehend am Ziel ihrer langjährigen professionspolitischen Bestrebungen und Kämpfe, in deren Mittelpunkt die *exklusive Zugangskontrolle* zum expandierenden „Gesundheitsmarkt" der Gesetzlichen Krankenversicherung und der *Ausschluss aller nicht-ärztlichen Heilkundigen* vom Marktzugang gestanden hatte[275]. Der Preis für ihre exklusive berufsständische Stellung – faktisch ein Zugriffsmonopol auf die Ressourcen der Krankenversicherung –, die durch staatliche Gesetzgebung langfristig gesicherte professionelle ärztliche Autonomie und die gestärkte Machtposition gegenüber den Krankenkassen war allerdings die feste korporative Einbindung in den nationalsozialistischen Führerstaat und die aktive Mithilfe bei der alsbald einsetzenden „gnadenlose[n] Vertreibung und Ermordung der Handlungsträger, die für die so sehr viel reichere medizinische Kultur bis dahin einstanden" (Göckenjan 1987, S. 34)[276]. Das bis heute bestehende nahezu absolute Behandlungsmonopol der niedergelassenen Ärzte – transportiert über ihre Organisationen – spiegelt insofern eine deutsche Sondersituation wider, die sich nur aus der Entwicklungsgeschichte des Netzwerks heraus erklären lässt. Die eigentliche Stärkung der berufspolitischen Stellung der Ärzteschaft resultierte aus einer durch den Staat vollzogenen maßgeblichen Schwächung der „Gemeinsamen Selbstverwaltung" zu seinen Gunsten, hier also der staatlichen Regulierung des (kassenärztlichen) Zulassungssystems.

---

275 In diesem Sinne kann auch das 1939 erlassene „*Heilpraktikergesetz*" als professionspolitischer Erfolg der organisierten Ärzteschaft gewertet werden. Zwar konnten die Ärztefunktionäre nicht verhindern, dass mit dem Gesetz den praktizierenden Heilpraktikern eine Art Besitzstandswahrung garantiert und ihre Tätigkeit insgesamt zu einem anerkannten Beruf erhoben wurde. Allerdings griff zugleich ein Verbot zur Ausbildung von Nachwuchs (Göckenjan 1987, S. 34). Damit hatten die organisierten Kassenärzte die so hartnäckig bekämpfte nicht-ärztliche Konkurrenz langfristig vom Zugang zu den Kassenressourcen ausgeschlossen.

276 Zwischen April und Juni 1933 entzogen die regionalen KV'en unter Federführung des Hartmannbundes fast allen jüdischen, sozialdemokratischen und kommunistischen Ärzten die Kassenzulassung. Grundlage war die „*Verordnung über die Zulassung von Ärzten zur Tätigkeit bei den Krankenkassen*" vom 22. April 1933. Den betroffenen Ärzten wurde die Existenzgrundlage entzogen, was einem Berufsverbot gleichkam (Deppe 1987, S. 42). Für die organisierte Kassenärzteschaft bot sich die Chance einer „Marktbereinigung", wodurch nachströmenden „Ariern" eine Perspektive als Kassenarzt geboten werden konnte. Nach Jäckle (2000, S. 43) gingen die Ärzteorganisationen „mancherorts so rücksichtslos vor allem gegen politisch angefeindete Ärzte vor, dass sie von den Beamten der NS-Bürokratie gebremst werden mussten".

4.2.6 Partielle Rückverlagerung der kassenärztlichen Zulassung in das Netzwerk: Die Zulassungsausschüsse der zweiten Ebene

Das 1933 verliehene ärztliche Angebots- und Zulassungsmonopol wurde auch im Rahmen der in der Nachkriegszeit durchgeführten (partiellen) Rückverlagerung der kassenärztlichen Zulassung auf eine „gesetzliche Einrichtung der gemeinsamen Selbstverwaltung" (Schneider 1983, S. 199) ebenso wenig angetastet wie der öffentlich-rechtliche Charakter des kassenärztlichen Zulassungsverfahrens.

1955 erfolgte dann die bundesweite Vereinheitlichung der nach 1945 auf Landesebene ausgebildeten unterschiedlichen regionalen Verfahrensweisen in der kassenärztlichen Zulassung im Rahmen des *Gesetzes über das Kassenarztrecht*, womit die bis heute gültigen Grundlagen des Zulassungsverfahrens gelegt worden sind. Seither entscheiden auf der zweiten Netzwerkebene paritätisch mit Vertretern der jeweiligen Kassenärztlichen Vereinigung und der Landesverbände der Krankenkassen (seit 1977 inklusive der Ersatzkassenverbände) besetzte *Zulassungsausschüsse* über die Zulassung eines ärztlichen Bewerbers zur Kassenpraxis. Die Entscheidung erfolgt in Form eines öffentlich-rechtlichen Verwaltungsaktes. Gegen ihn können die Verfahrensbeteiligten einen *Berufungsausschuss* anrufen. Nach seiner Entscheidung steht ihnen nur noch der Klageweg vor dem Sozialgericht offen. Bei ihren Beschlüssen sind beide gemeinsamen Netzwerkgremien, die im übrigen bei den Kassenärztlichen Vereinigungen angesiedelt sind, an die gesetzlichen Rahmenvorgaben sowie die jeweils gültige *Zulassungsordnung* gebunden (Overmeyer/Schulz-Dusenschön 1998).

Damit wird deutlich, dass nach der öffentlich-rechtlichen Strukturierung des gesamten Netzwerks entsprechende Zulassungskompetenzen durchaus wieder auf die „Gemeinsame Selbstverwaltung" der nunmehr einheitlich strukturierten Netzwerkakteure rückverlagert werden konnten. Der staatliche Einfluss auf das Zulassungswesen wurde dabei durch die behördliche Aufsicht wie auch den gesetzlichen Handlungsrahmen sichergestellt. Nach Schneider (1983, S. 201) stellten sowohl die Zulassungsausschüsse als auch die Berufungsausschüsse „öffentlich-rechtliche, behördliche, teilrechtsfähige Einrichtungen der gemeinsamen Selbstverwaltung von Ärzten und Krankenkassen" dar. Sie bilden intermediäre Netzwerkinstanzen, die innerhalb des gesetzlichen Handlungsrahmens wie eine staatliche Behörde selbstständig Verwaltungsakte erlassen können. Die paritätisch besetzten Netzwerkgremien entlasten die mit dem Sicherstellungsauftrag betrauten Kassenärztlichen Vereinigungen von der flächendeckenden kassenärztlichen Bedarfsplanung, übernehmen von dieser also primär die Aufgabe,

„die durch einen Mangel an zugelassenen Ärzten bestehenden Lücken im ärztlichen Anbieternetz" zu schließen (Schneider 1983, S. 202). Damit wird der zuvor binnenorganisationale ärztliche Zulassungskonflikt von der Kassenärztlichen Vereinigung aber zum Teil wieder zurück in das Netzwerk verlagert.

4.2.7 Zulassungsquoten, Richtlinien und künstliche Zugangsbarrieren: Restriktive Zulassungspolitik im Zusammenspiel von Netzwerkorganen und Staat

Das maßgebliche Instrument, mit dem bis 1960 der Zugang zur kassenärztlichen Tätigkeit gesteuert wurde, war die sogenannte *Zulassungsquote*. Hierbei handelte es sich um eine Verhältniszahl, die ausdrückte, wie viele Ärzte in der Regel für eine bestimmte Zahl von Krankenversicherten tätig werden konnten. War die entsprechende Quote erfüllt, so konnten keine weiteren ärztlichen Bewerber mehr berücksichtigt werden. Bei der Zulassungsquote handelte es sich insofern um ein *Instrument der mengenmäßigen Beschränkung des Zugangs zu den Kassenressourcen*. Auf diese Weise sollten die Krankenkassen einerseits zur Zulassung weiterer Ärzte verpflichtet werden, andererseits die Kassenausgaben für Ärztehonorare nicht unkontrollierbar ansteigen. Erstmals wurde eine Zulassungsquote mit dem *„Berliner Abkommen"* von 1913 auf Betreiben der ärztlichen Spitzenorganisationen eingeführt. Für je 1350 Versicherte sollte ein Kassenarzt zugelassen werden[277]. Im Folgejahr stiegen die Ausgaben für Ärztehonorare dann sprunghaft um 22,9 Prozent an und lagen damit deutlich über dem Wachstum der Gesamtleistungsausgaben der Krankenversicherung (eigene Berechnung). Es liegt deshalb nahe, dass dieser gravierende Ausgabenanstieg auf den Anstieg der Kassenarztzulassungen zurückzuführen ist. Die kollektivvertraglich vereinbarte Zulassungsquote ermöglichte der Kassenärzteschaft in Verbindung mit der Brechung des Zulassungsmonopols der Krankenkassen zunächst also den massierten Zugang zur Kassenarztpraxis und damit den Kassenressourcen.

Nach Ende des Ersten Weltkriegs kam es aufgrund der während des Krieges erhöhten und verkürzten Ärzteausbildung, der „Rückkehr Tausender Ärzte aus dem Heer und der umgesiedelten Ärzte aus den ehemaligen deutschen Gebieten zu erheblichen Auseinandersetzungen um die Kassenzulassung sowohl zwischen Kassen und Ärzten als auch zwischen alteingesessenen und neu hinzugekommenen, zwischen Kassenärzten und solchen, die es werden woll-

[277] Wenn eine Kasse bereits Familienangehörige mitversicherte, wurde das Verhältnis auf 1: 1000 abgesenkt. Die Familienversicherung war bis 1922 eine Kann-Leistung der Kassen, erst danach wurde sie zur allgemeinen Pflichtleistung (Vogt 1998, S. 487).

ten" (Deppe 1987, S. 41). Im Mittelpunkt der nun über die kollektiven Netzwerkgremien wie auch zwischen den Spitzenorganisationen unmittelbar ausgetragenen Kämpfe stand deshalb in den 1920er-Jahren primär die Erweiterung der Zulassung, das heißt die Beteiligung möglichst vieler organisierter Ärzte am Kassenbudget. Dabei wurde von den Funktionseliten beider Konfliktparteien die Notwendigkeit einer Einschränkung und Regulierung der Kassenarztzulassungen grundsätzlich nicht in Frage gestellt. Die Festlegung einer konkreten Verhältniszahl blieb allerdings umstritten; denn nach der Festlegung der ersten Zulassungsquote von 1913 entstand ein „breit angelegter innerärztlicher Interessenkonflikt" (Vogt 1998, S. 488). Die ärztlichen Interessenorganisationen gerieten dabei immer wieder unter den Druck ihrer nicht zugelassenen Mitglieder, für die eine Zulassung von existenzieller Bedeutung war. Vor allem diejenigen Ärzte, denen die gemeinsamen Zulassungsinstanzen eine kassenärztliche Zulassung verwehrten oder die sich demnächst niederlassen wollten, forderten schon sehr früh eine Herabsetzung der Quote.

Mitte der 1920er-Jahre schlossen sich viele nicht zugelassene Ärzte in einer eigenen Interessenorganisation, der *„Reichsnotgemeinschaft nicht zugelassener Ärzte"* zusammen, aus der später der *„Verband der niedergelassenen Nichtkassenärzte"* (NKV) hervorging (Vogt 1998, S. 488). Hierdurch entstand die Gefahr einer Spaltung der ärztlichen Interessenorganisationen und damit des Verlustes des bisherigen Repräsentationsmonopols der etablierten ärztlichen Spitzenorganisationen. Insofern waren diese bemüht, die Attraktivität der neuen ärztlichen Gegenorganisation durch Aufnahme wesentlicher Forderungen der nicht zugelassenen Jungärzte zu mindern. Zugleich standen die ärztlichen Spitzenorganisationen aber auch unter dem Druck der etablierten Kassenärzte, die an einer (materiellen) Bestandssicherung und Begrenzung der innerärztlichen Konkurrenz interessiert waren. Diese befürchteten nicht zu unrecht, dass eine Aufteilung der Patienten und der zur Verfügung stehenden Kassenmittel auf zu viele Ärzte unter Umständen zu existenzgefährdenden Einkommenseinbußen führen könnten. Insofern hatte vor allem der Hartmannbund bei seinen Verhandlungen mit den Kassenverbänden stets einen *interessenpolitischen Spagat* zu vollführen, um möglichst alle ärztlichen Interessengruppen zufrieden zu stellen. Es ist deshalb auch nicht verwunderlich, dass der Streit um die kassenärztliche Zulassung nach 1913 weiter anhielt und sich die Verhandlungsparteien Anfang der 1920er-Jahre faktisch nicht auf eine Absenkung der Quote einigen konnten.

Die zwischen 1923 und 1955 schrittweise Absenkung der Quote auf 500 Versicherte pro Arzt erfolgte deshalb nicht mehr durch freiwillige (kollektive) Vereinbarung der Netzwerkakteure wie im *„Berliner Abkommen"*, sondern durch unmittelbare Festlegung des Gesetzgebers. Allerdings setzte der Staat auch hier zumeist auf den zwischen zumindest einem Teil der Netzwerkakteure bereits abgestimmten Verhältniszahlen auf, so dass ihre grundsätzliche Akzeptanz durch die Netzwerkorganisationen sichergestellt war. Die jeweilige Zulassungsquote galt immer als für alle Zulassungsinstanzen verbindliche *Richtzahl*, die „bei besonders gelagerten Verhältnissen über- oder unterschritten werden konnte" (Goldammer 1964, S. 52). Die Absenkung der Quote bedeutete einerseits, dass die Kassenarztdichte und damit auch die Honorarausgaben der Kassen nahezu zwangsläufig ansteigen mussten. Andererseits bewirkte eine höhere Kassenarztdichte, dass durchschnittlich eine immer geringere Zahl von Kassenpatienten von einem Arzt betreut wurde, der tendenziell mehr Behandlungsleistungen an ihnen erbrachte. Letztlich bedeutete eine sinkende Quote also nichts anderes, als dass die Finanzierung einer Kassenarztstelle inklusive der durch ärztliche Verordnungen ausgelösten Folgekosten durch das Beitragsaufkommen einer immer kleineren Versichertenzahl getragen werden musste. Insofern liegt es nahe, in der sinkenden Zulassungsquote eine Ursache für die ab 1913 überproportional steigenden Beitragssätze der Kassen zu vermuten[278].

Tab. 13: Etappen der Absenkung der kassenärztlichen Zulassungsquote 1913-1957

Jahr	Quote	Rechtsgrundlage
1913	1 : 1.350	„Berliner Abkommen"
1923	1 : 1.000	Verordnung der Reichsregierung vom 30. Oktober
1930	1 : 1.000	Verordnung zur Behebung finanzieller, wirtschaftlicher und sozialer Notstände vom 26. Juli
1932	1 : 600	4. Verordnung des Reichspräsidenten zur Sicherung von Wirtschaft und Finanzen und zum Schutze des inneren Friedens vom 08. Dezember
1934	1 : 600	Zulassungsordnung vom 17. Mai
1948	1 : 600	Zulassungsordnung für die britische Besatzungszone vom 21. April
1955	1 : 500	Gesetz über Kassenarztrecht vom 17. August
1957	1 : 500	Zulassungsordnung vom 28. Mai

Quellen: Vogt 1998, S. 487f.; eigene Zusammenstellung

278 Zwischen 1885 und 1910 stieg der durchschnittliche GKV-Beitragssatz von 1,92 % auf 2,39 % an. 1913 betrug er 2,44 %. Bis 1924 stieg er auf 6,0 % an, obwohl gleichzeitig die beitragszahlenden Kassenmitglieder um ca. 7 Millionen zulegten. Die steigenden Leistungsausgaben konnten also nicht allein durch die Ausweitung der Beitragszahler kompensiert werden. Interessant ist, dass der Beitragssatz von ca. 6 % bis 1955 gehalten werden konnte und in den 1930er-Jahren z.T. sogar unter 5,0 % zurückging. 1957 stieg er auf 7,2 % und erreichte 1960 bereits 8,03 %. Die Vermutung eines Zusammenhangs mit der 1955 erneut abgesenkten Zulassungsquote liegt nahe. Allerdings dürfte es sich dabei eher um einen *Verstärkereffekt* der ohnehin tendenziell steigenden Leistungsausgaben gehandelt haben (eigene Zusammenstellung und Berechnung).

Angesichts der in den 1920er-Jahren prekären Lage auf dem ärztlichen Arbeitsmarkt – eine Situation, die sich in ähnlicher Weise nach 1945 wiederholte – wurde die Frage der kassenärztlichen Zulassung zu einem Kernthema der gemeinsamen Netzwerkorgane. Neben den Zulassungsausschüssen hatte vor allem der bereits erwähnte *Reichsausschuss* als zentrales Netzwerkorgan die Funktion des exklusiven *Zugangsfilters zu den Netzwerkressourcen*. Mit der von ihm beschlossenen *Richtlinie vom 12. Mai 1924* wurden erstmals Zulassungsbeschränkungen aus dem Netzwerk selbst entwickelt, über die der Zugang zur Kassenarztpraxis für die Masse der nachdrängenden Ärztegeneration erschwert werden sollte. So wurde zum einen bei „überbesetzten" Krankenkassen, die mehr Ärzte unter Vertrag hielten, als sie nach der entsprechenden Zulassungsquote hätten verpflichten müssen, zunächst die Bestandszahl vom 01. April 1924 als äußerste Grenze festgesetzt, also gewissermaßen ein Einstellungsstopp verhängt. Damit wurde auch großen, finanzstarken Krankenkassen, die sich ohne weiteres eine größere Arztdichte leisten konnten, untersagt, mehr Kassenärzte unter Vertrag zu nehmen, als dies nach der Zulassungsquote notwendig war.

Die Zulassungsquote war damit keine Mindestgrenze, durch die eine qualitativ gleichbleibende ärztliche Versorgung sichergestellt werden sollte, sondern ihrem tatsächlichen Wesen nach vielmehr eine quantitative *Höchstgrenze*. Daneben ordnete der Reichsausschuss 1924 noch zusätzlich eine „Wartezeit für die jungen Ärzte von ein bis zwei Jahren an" (Heinemann 1928, S. 374), nach der sich die Approbierten erstmals um eine Kassenarztstelle bewerben konnten. In der Folgezeit wurden die so verschärften *Zugangsbarrieren* zur immer begehrteren Kassenarztpraxis auch von den *Schiedsämtern* massiv unterstützt. Die in das Netzwerk integrierten Quasi-Behörden ordneten beispielsweise bei überbesetzten Krankenkassen einen zwangsweisen Abbau von Kassenarztstellen an, so dass „etwa jede fünfte frei werdende Arztstelle so lange nicht wieder besetzt werden [durfte; T.T.], bis die Verhältniszahl von 1 : 1000 erreicht" (Heinemann 1928, S. 374) war.

Auch die Zulassungsquoten führten also nicht durchgängig zu einem Zuwachs an Kassenarztstellen, sondern bei einzelnen Kassen oder Arztbezirken sogar zu erzwungenem Stellenabbau. Ein Vergleich der tatsächlichen Verhältniszahlen von Versicherten pro Kassenarzt zeigt, dass infolge der restriktiven Zulassungspolitik im reichsweiten Durchschnitt die festgelegten Zulassungsquoten nicht erreicht wurden. Von einer *„Kassenarztschwemme"* konnte also nicht die Rede sein. Entscheidend war vielmehr, dass sich die kollektiven Netzwerkgremien zunehmend zu zentralen Institutionen entwickelten, die über eine gemeinsame restriktive Steuerung der Zulassung zur kassenärztlichen Tätigkeit primär sowohl die Kassenressourcen wie auch die Einkommen der etablierten Kassenärzte vor den nachrückenden Ärzten schützten, das Angebot an kassenärztlichen Versorgungsleistungen also „knapp" hielten. Sie taten dies derart „effektiv", dass zumindest im Landesdurchschnitt eher von einer tendenziellen kassenärztlichen Unter- als Überbesetzung gesprochen werden kann.

Abb. 19: Entwicklung der Kassenarztzahlen und der (tatsächlichen) durchschnittlichen Anzahl von Versicherten pro Kassenarzt 1926-2000

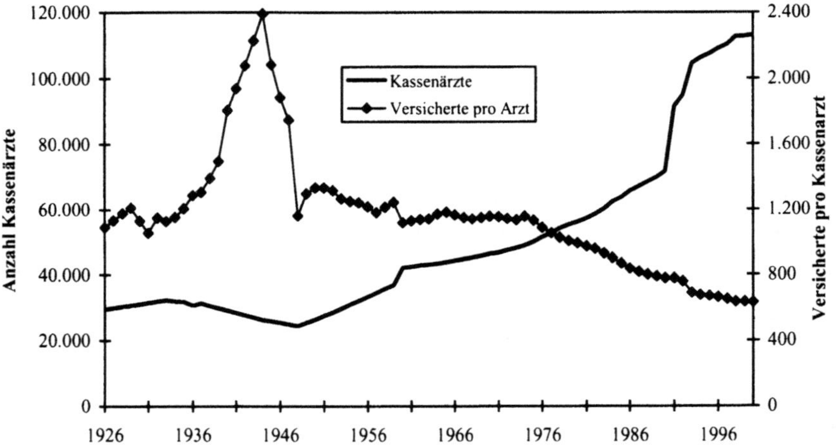

Quelle: eigene Zusammenstellung

Zur Etablierung einer solchen restriktiven Zulassungspolitik war ein *grundsätzlicher Konsens* zwischen den Funktionseliten der Krankenkassen und Kassenärzteorganisationen notwendig, der im Prinzip spätestens ab 1923 offenbar vorhanden war. Gerade in den zuständigen *Zulassungsausschüssen* waren und sind die Verhandlungen zwischen den Repräsentanten beider Seiten deshalb stets konsens- und problemorientiert. Beide Verhandlungsparteien bemühten sich hier spätestens seit 1923, das Problem einer im Grundsatz sowohl von den Kassen als auch den etablierten Kassenärzten gleichermaßen geforderten Begrenzung der Zulassung zur kassenärztlichen Tätigkeit einvernehmlich im Sinne einer für beide Seiten möglichst optimalen wirtschaftlichen Problemlösung zu regeln (Offermanns 1995, S. 175). In kaum einer anderen Frage besteht deshalb bis heute ein so stabiler *Grundkonsens* zwischen den Akteuren.

Wie nach 1945 nutzten die Netzwerkgremien schon in den 1920er-Jahren die entsprechende Zulassungsquote in Verbindung mit mehrmals verschärften Zulassungsrichtlinien und

-ordnungen also primär dazu, „das zuströmende ärztliche Potenzial von der kassenärztlichen Versorgung fernzuhalten und damit die Einkommensinteressen der bereits zugelassenen Ärzte zu sichern“ (Deppe 1987, S. 44), das heißt die innerärztliche Konkurrenz am Markt der ambulanten Versorgungsleistungen für Versicherte einzuschränken. Neben einer deutschen *Approbation*, der entsprechenden *Zulassungsquote* und weiteren *formalen Kriterien* (Teilnahme an einem Einführungslehrgang, persönliche Eignung zum Kassenarzt) wurden in enger Kooperation mit den Ärztekammern weitere *qualifikatorische Zugangsbarrieren* in Form von Pflichtassistenz- und Vorbereitungszeiten[279] oder der seit 1994 schließlich obligatorischen anerkannten Facharztausbildung (Vogt 1998, S. 495) aufgebaut, die den Marktzutritt der nachrückenden Ärzte wenn schon nicht ganz verhindern, so doch zumindest zeitlich weiter herauszögern sollten[280]. Auf diese Weise wurde das Markteintrittsalter der nachströmenden Ärzte künstlich erhöht. Ein fertig ausgebildeter Arzt, der sich zur Niederlassung entschied, war dann in der Regel dazu gezwungen, seine Praxis mit Hilfe von Krediten einzurichten. Schon aus diesem Grund war er zwangsläufig auf kontinuierliche Praxiseinnahmen angewiesen, die er aus einer reinen Privatarztpraxis in der Regel nicht erzielen konnte[281]. Viele niederlassungswillige Jungärzte, die aufgrund der restriktiven Zulassungspolitik die Kassenzulassung erst recht spät

[279] Die *Zulassungsordnung von 1932* legte z.B. eine dreijährige praktische klinische Tätigkeit als Assistenz- oder Volontärarzt fest. Die Tätigkeit als Assistenzarzt war neben der Approbation zwingende Voraussetzung für die kassenärztliche Zulassung. Eine solche Pflichtassistentenzeit, die nicht mehr zur ärztlichen Ausbildung gehörte, wurde von 1939 bis 1953 durch die *Bestallungsordnung* unmittelbar mit der Approbation verknüpft und gleichzeitig auf ein Jahr in einem Krankenhaus und ein zusätzlich abzuleistendes Landvierteljahr reduziert. Erst nach Ableistung dieser Zeit wurde die endgültige Approbation erteilt (Vogt 1998, S. 324f.). Ab 1937 wurde dann durch die neue *Zulassungsordnung* zusätzlich zu dieser (klinischen) Pflichtassistenzzeit eine zweijährige Vorbereitungszeit als Assistenzarzt bei einem Kassenarzt bzw. als Kassenarztvertreter vorgeschrieben, die nach der Approbation abzuleisten war. Die (kassenärztliche) Vorbereitungszeit war bis 1993 Voraussetzung für die Zulassung. Hierdurch sollte der Kassenarzt in spe „soziale Kompetenz“ erwerben und die Arbeitsweise der Kassenpraxis kennen lernen. Die Dauer der Vorbereitungszeit wurde mehrfach verändert und schwankte zwischen drei Jahren (1948) und sechs Monaten, pendelte sich seit 1983 aber bei 18 Monaten ein (Vogt 1998, S. 494f.).

[280] Diese Formen der Marktzutrittsbegrenzung wurden ab den 1960er-Jahren durch eine Reform der medizinischen Ausbildung unterstützt. Ziel war die Begrenzung der Studierendenzahlen durch qualifikatorische Zugangsbeschränkungen (Numerus Clausus) und Verlängerung der Mindestausbildungsdauer auf sechs Jahre infolge der Einführung von vier Prüfungs- und Pflichtstudienabschnitten (Physikum, 1.-3. Staatesexamen, inklusive eines „praktischen Jahrs“) und zusätzlicher Studien- und Prüfungsinhalte. Die Maßnahmen wurden von der Bundesärztekammer und dem Deutschen Ärztetag initiiert. Sie setzten damit die auf Begrenzung der Medizinstudenten ausgerichtete Politik des Deutschen Ärztevereinsbundes fort (Deppe 1987, S. 45ff.). Es wird deutlich, wie eng dabei das Zusammenspiel zwischen den Netzwerkakteuren und den formal außerhalb des Netzwerks stehenden Ärztekammern war. Die ärztliche Initiative war aber auch deshalb erfolgreich, weil sie auf einem breiten Konsens zwischen den Netzwerkakteuren aufbaute. Allerdings erzielten die Maßnahmen, die eine mengenmäßige Begrenzung des medizinischen Nachwuchses im Sinne eines vorausschauenden Konkurrenzschutzes der etablierten Kassenärzte erreichen wollten, langfristig nur eine „aufschiebende Wirkung“ (Döhler 1990, S. 457). Der ärztliche Arbeitsmarkt konnte nicht nachhaltig entlastet werden.

[281] Während sich 1926 reichweit noch rund 6.600 Ärzte ohne Kassenzulassung als „Privatärzte“ niederließen (= 18 % der niedergelassenen Ärzte), waren es 1993 nur noch rund 2.800 (= 2,6 % aller niedergelassenen Ärzte) (eigene Zusammenstellung und Berechnung).

erhielten, standen deshalb vor gravierenden existenziellen Problemen. Ohne die Einnahmen aus der Kassenarztpraxis wurden sie faktisch an der Ausübung der Tätigkeit als niedergelassener Arzt, das heißt an der „freien" Ausübung ihres Berufes, gehindert.

Die, von allen Netzwerkakteuren gemeinsam getragene *restriktive Zulassungspolitik* zur kassenärztlichen Tätigkeit trug entscheidend dazu bei, das ambulante Organisationsnetzwerk als geschlossenes, hochgradig exklusives Gebilde über Jahrzehnte hinweg zu reproduzieren. Zu dieser restriktiven Zulassungspolitik gehörte auch die zeitweilige Verhängung allgemeiner oder regionaler *Zulassungssperren* nach 1945, „mit denen man Notsituationen steuern wollte" (Vogt 1998, S. 487)[282]. Hierzu gehörten auch regionale Zugangsbeschränkungen, die aufgrund der zunächst existierenden „landsmannschaftlich-partikularistische[n] Absperrungsbestrebungen in fast allen deutschen Landesteilen" (Nordwestdeutscher Ärztekammerausschuss 1946; zitiert nach Vogt 1998, S. 284) entstanden, und die eine Zulassung an die nachweisliche Geburt im jeweiligen Landesteil oder eine Ortsansässigkeit von zehn Jahren banden. Im übrigen wurden in der Nachkriegszeit zunächst politisch verfolgte Ärzte der NS-Zeit, Kriegsheimkehrer, Flüchtlinge, Vertriebene, Kriegsbeschädigte, Kriegerwitwen mit Familie sowie Ärzte, die eine elterliche Praxis übernehmen sollten, bevorzugt zur Kassenpraxis zugelassen (Vogt 1998, S. 487)[283].

4.2.8 Organisationale Zentrifugalkräfte: Innerärztliche Verteilungs- und Generationenkonflikte als Folge der Zulassungspolitik des Netzwerks

Die *restriktive und selektive Zulassungspraxis* der Netzwerkorgane führte dazu, dass trotz erneuter gesetzlicher Absenkung der Zulassungsquote im Jahre 1955 der ärztliche Arbeitsmarkt nur unzureichend entlastet werden konnte. Nach Vogt (1998, S. 488) hatten niederlassungswillige Ärzte bis Ende der 1950er-Jahre „erst ab dem 40. bis 42. Lebensjahr eine Chance auf Kassenzulassung, als Facharzt sogar erst ab 45. bis 48. Lebensjahr". Die Folge waren massive

282 Das Mittel der unbefristeten *Zulassungssperre* wurde erstmals gemeinsam von Reichsarbeitsminister und Reichsärztekammer im September 1939 eingesetzt und blieb bis Kriegsende in Kraft. Damit wurden die Zulassungsausschüsse der KVD überflüssig. Ziel war die Wahrung der Interessen der zum Kriegsdienst eingezogenen Kassenärzte, d.h. eine Stellen- oder Besitzstandsgarantie. Die Praxen der zum Kriegsdienst eingezogenen Ärzte wurden soweit als möglich durch Vertreter „verwaltet" (Vogt 1998, S. 283). Tatsächlich ging die Zahl der Kassenärzte während des Zweiten Weltkrieges stark zurück, was den Anstieg der durchschnittlichen Zahl von Versicherten pro Kassenarzt und damit eine kassenärztliche Unterversorgung der „Heimatfront" erklärt (*Abb. 19*).

283 Ähnliche Kriterien waren bereits in der *Zulassungsordnung* von 1932 enthalten. Sie sollten zum Zuge kommen, wenn zwischen mehreren Bewerbern für die Zulassung zu einer Kassenarztstelle eine Auswahl getroffen werden musste (Brechleiter 1981, S. 112).

innerärztliche Verteilungs- und Generationenkonflikte, die auf organisationspolitischer Ebene vor allem zwischen den Funktionären der Kassenärztlichen Vereinigungen und den nach 1945 neugegründeten ärztlichen Berufsverbänden ausgetragen wurden.

Der neu gegründete Hartmannbund verfolgte hierbei erneut das „Konzept einer Alternative zur öffentlich-rechtlichen Organisation der Kassenärzte" und knüpfte hieran Vorstellungen eines „Führungsanspruchs in der ärztlichen Berufspolitik" (Gerst 1997, S. 228). Über die Beherrschung der Entscheidungs- und Verhandlungsgremien der Kassenärztlichen Vereinigungen sollte das verlorene Repräsentationsmonopol für die Interessen der Kassenärzte wiedererlangt und damit auch der im Vergleich zur Vorkriegszeit erheblich geringere Organisationsgrad des Hartmannbundes erhöht werden. Aus diesem Grunde betrieben die Funktionäre des Hartmannbundes in den Gremien der Kassenärztlichen Vereinigungen eine offene Klientelpolitik zu Gunsten der etablierten Kassenärzte und blockierten die Forderungen der „organisationspolitischen Newcomer" nach uneingeschränkter Kassenzulassung aller niederlassungswilligen Ärzte. Gerade diese organisationspolitische Konzentrierung auf die etablierten Kassenärzte ermöglichte sowohl dem *„Marburger Bund"* als auch dem *„Verband der niedergelassenen Nichtkassenärzte Deutschlands"*, sich als Interessenorganisationen der jungen, arbeitslosen und Krankenhausärzte zu profilieren. Ihre Forderung zielte deshalb sehr bewusst auf eine generelle Beseitigung aller quotierten Zulassungsbegrenzungen und einen ungehinderten Zugriff auf die Netzwerkressourcen für ihre Klientel ab[284]. Der „Marburger Bund" definierte sich dabei im Gegensatz zum Hartmannbund nicht als interessenpolitische Konkurrenzorganisation zu den Kassenärztlichen Vereinigungen, sondern erkannte das Repräsentationsmonopol der öffentlich-rechtlichen Körperschaften im Prinzip an. Seine Verbandsfunktionäre wirkten

[284] Die sich um die Jahrhundertwende als innerärztlicher Generationenkonflikt manifestierende Auseinandersetzung zwischen Ärztevereinsbund und Hartmannbund konnte seinerzeit durch die Integration des Hartmannbundes in den Ärztevereinsbund als dessen wirtschaftspolitische Abteilung aufgelöst werden. In den 1950er-Jahren gelang eine solche re-integrative Strategie, im Sinne einer Einbindung der divergierenden organisierten ärztlichen Interessen in die Gremien der KV'en, nicht mehr. Dies lag zum einen daran, dass vor allem der 1949 neu gegründete Hartmannbund den KV'en „die Fähigkeit zu einer effizienten ärztlichen Interessenvertretung abstritt" (Gerst 1997, S. 217). Die neuen ärztlichen Berufsverbände traten also in Konkurrenz zu den KV'en und nutzten diese zugleich als *Arena für ihre interessenpolitischen Kämpfe*. Zum anderen entsprach die „Pluralisierung" der ärztlichen Interessenorganisationen außerhalb der Zwangskörperschaften des Netzwerks aber auch dem gesellschaftlichen Trend einer massiven Ausdifferenzierung organisierter Interessen innerhalb der entwickelten Organisationsgesellschaft. Die KV'en wurden damit wie das interessenpolitisch immer heterogener zusammengesetzte Präsidium des Deutschen Ärztetages zu Arenen für die innerärztlichen Verteilungskämpfe zwischen den unterschiedlich organisierten ärztlichen Berufs- und Statusgruppen. Diese Entwicklungsdynamik wurde primär durch die Ausschaltung des ärztlichen Repräsentationsmonopols des Hartmannbundes und seine faktische Übertragung auf die KV'en ab 1931 ausgelöst und trat nach 1945 mit der Auflösung der zentralisierten Ärzteorganisationen zu Tage. Interessant ist, dass sich die organisationspolitische Ausdifferenzierung der Ärzteschaft in einer Entwicklungsphase des Netzwerks vollzog, in der die Kassenseite einen hohen Grad an interessen- und organisationspolitischer Homogenität erreicht, das heißt ihre Differenzierung und Fragmentierung in weiten Teilen überwunden hatte.

dabei zunächst quasi „von außen“ auf die Kassenärztlichen Vereinigungen wie auch die Ärztekammern ein und verlangten von diesen eine angemessene Beteiligung im Rahmen der Selbstverwaltungsorgane.

Obwohl sich ihre *Forderung nach unbegrenzter Kassenarztzulassung* innerhalb der kassenärztlichen Gremien nicht durchsetzen ließ, gelang es den Funktionären des „Marburger Bundes“ doch bis Anfang der 1950er-Jahre, die „freie Niederlassung und Kassenzulassung“ zum zentralen innerärztlichen Diskussionsthema zu machen (Gelsner 1985, S. 101ff.). Auf diese Weise konnte ein interessenpolitischer Minimalkonsens zwischen den zerstrittenen ärztlichen Berufsorganisationen erzielt werden, der die starre Abwehrfront gegenüber einer Lockerung des Marktzugangs für junge Ärzte im Prinzip erstmals aufweichte. Er bestand zunächst vor allem darin, dass „die organisierten Kassenärzte angesichts der neuen berufspolitischen Konstellation nun nicht mehr kategorisch der Forderung des Ärztenachwuchses nach einer weiteren Öffnung der kassenärztlichen Zulassung – wie sie insbesondere 1950 auf dem Deutschen Ärztetag in Bonn vertreten wurde – eine Absage erteilen konnten“ (Gerst 1997, S. 217). Nach zähen innerärztlichen Diskussionen kam es schließlich auf dem 57. Deutschen Ärztetag 1954 in Hamburg zu einem „einmütig beschlossenen Kompromissvorschlag für die Zulassungsquote von 1 : 450“ (Vogt 1998, S. 488), wobei die Reduzierung der Zulassungsquote unter anderem mit dem steigenden Bedarf an ärztlicher Versorgung nach dem Kriege begründet wurde. Die durch den Marburger Bund entfesselte Diskussion beeinflusste also nicht nur die Organisationspolitik der Kassenärztlichen Vereinigungen, sondern auch die staatliche Reform des Kassenarztrechtes. Insofern kann die 1955 schließlich gesetzlich abgesenkte Zulassungsquote (1 : 500) zumindest als Teilerfolg der vor allem vom Marburger Bund initiierten intensiven Zulassungsdiskussion gewertet werden. Sie verdeutlicht aber auch, dass nach wie vor eine unbeschränkte Zulassung zur kassenärztlichen Tätigkeit von einer breiten Mehrheit aus Kassenverbänden, Kassenärztlicher Bundesvereinigung und Arbeitsministerium – das heißt einer Koalition der etablierten Netzwerkakteure – nicht gewollt wurde[285].

[285] Der Gesetzgeber wurde auch in diesem Fall erst aktiv, nachdem sich die ärztlichen Interessenorganisation auf einen Kompromiss geeinigt hatten, dem auch die Kassenverbände grundsätzlich zustimmen konnten. Allerdings schloss sich der Staat nicht dem innerärztlich erzielten Kompromiss in Gänze an, sondern reduzierte die Verhältniszahl 1955 nur von 1 : 600 auf 1: 500. Damit kam der Staat den Kassenverbänden entgegen und bekundete zugleich die von Ministerial- und Kassenbürokratie geteilte Furcht vor einer unkontrollierten Expansion der arztinduzierten Leistungsausgaben. Insofern trafen die Netzwerkakteure ihre Beschlüsse weiterhin unter Beachtung der Erhaltung der finanziellen Stabilität der GKV als oberstem Netzwerkzweck.

4.2.9 Die schrittweise Rückeroberung der Steuerungskompetenzen des Netzwerks: Die exklusive Zulassungs- und Bedarfsplanungspraxis nach 1960

Die ungebrochen hohe *strukturelle und konsensuelle Kontinuität* des ambulanten Organisationsnetzwerks in der Frage einer exklusiven Begrenzung der kassenärztlichen Zulassung wurde auch durch das sogenannte *„Kassenarzt-Urteil"* des Bundesverfassungsgerichts von 1960 zwar tangiert, aber nicht aufgebrochen.

Das Urteil erklärte im Kern flächendeckende, durch einheitliche Quoten fixierte Zulassungsbeschränkungen zur kassenärztlichen Tätigkeit für verfassungswidrig[286]. Durch den Wegfall der gesetzlichen Zulassungsquote verlor das Netzwerk nicht nur eines seiner Hauptinstrumente zur exklusiven Zugangsbeschränkung, sondern auch die Möglichkeit der Verantwortungsverlagerung für die Einschränkung der Kassenarztzulassung auf den Staat. Allerdings waren die Netzwerkstrukturen mittlerweile so gefestigt, dass auf einen derartigen verantwortungsentlastenden Effekt weitgehend verzichtet werden konnte. Mit dem Wegfall der gesetzlichen Zulassungsquote hatte sich das „Tor zur Kassenarztzulassung" (Gerlinger 1997, S. 98) zwar entscheidend geöffnet, jedoch verfügte das ambulante Organisationsnetzwerk noch über eine Fülle von weiteren formalen und qualifikatorischen Barrieren, die den Zugang zur kassenärztlichen Tätigkeit ebenso erschwerten wie die ab den 1970er-Jahren wieder ausgebaute Möglichkeit zeitlich befristeter regionaler *Zulassungssperren* in sogenannten „überversorgten" Gebieten. Dies, wie auch die Entspannung des ärztlichen Arbeitsmarktes zu Beginn der 1960er-Jahre bewirkte, dass die bisherige Zulassungsquote „als Einkommensregulans zum Zeitpunkt des Urteils faktisch überflüssig" (Deppe 1987, S. 45) geworden war. So kam es nach Aufhebung der Quotierung lediglich zu einem langsamen Anstieg der Kassenzulassungen. Der befürchtete Niederlassungsschub blieb hingegen ebenso aus wie eine Explosi-

---

286 Entsprechend einer organisationspolitischen Doppelstrategie hatten die in der sogenannten *„Schutzgemeinschaft deutscher Ärzte"* (Vogt 1998, S. 250) zusammengeschlossenen Interessenorganisationen Marburger Bund und NKV/NAV seit 1951 vor dem Bundesverfassungsgericht auf Beseitigung der Zulassungsquote geklagt. Das Gericht entschied nach 8½ Jahren, dass eine Vergabe von Kassenarztsitzen nach festen Quoten nicht mit dem Grundrecht auf Berufsfreiheit (*Art. 12 GG*) vereinbar sei. In aller Regel könne aufgrund der quantitativen Ausdehnung der GKV ein niedergelassener freipraktizierender Arzt seinen Beruf ohne Kassenzulassung nicht wirtschaftlich erfolgreich ausüben. Jeder niedergelassene Arzt sei finanziell auf die Behandlung von GKV-Patienten angewiesen. Die Gefahr einer Explosion der GKV-Leistungsausgaben durch Freigabe der Zulassung sah das Gericht nicht. Mit der Feststellung, dass grundsätzlich jeder qualifizierte Arzt einen Rechtsanspruch auf die kassenärztliche Zulassung genießt, stellte das *„Kassenarzt-Urteil" von 1960* „eine gesundheitspolitische Weichenstellung für Jahrzehnte" (Vogt 1998, S. 489) dar. Eine staatliche Bedarfsplanung und Zulassungsbeschränkung aus Gründen des Konkurrenzschutzes galt fortan als unzulässig. Derartige Beschränkungen waren nur noch zulässig, „wenn sie durch das Allgemeininteresse legitimiert" (Deppe 1987, S. 44) wurden. Im übrigen tangierte das Urteil von 1960 nicht die reglementierte Beteiligung leitender Krankenhausärzte an der kassenärztlichen Versorgung. Für sie konnte weiterhin eine restriktive Bedarfsplanung durch die KV'en durchgeführt werden (Vogt 1998, S. 489).

on der arztinduzierten Leistungsausgaben (*Abb. 19*). Statt dessen klagten ab Mitte der 1960er-Jahre bereits viele Kassenärztliche Vereinigungen über den Ärztemangel in ländlichen Gebieten und Randzonen der Großstädte sowie über einen Mangel an Allgemeinmedizinern[287].

Die mit der Aufhebung der Zulassungsquote verbundene Abschaffung der bisherigen Möglichkeiten zur Bedarfsplanung und Steuerung der Kassenzulassungen hatte aufgrund der von den Netzwerkakteuren aufgebauten Zugangsbarrieren zwar zu keiner Überfüllung der Kassenarztstellen, jedoch zu einer *tendenziell ungleichen (regionalen wie fachlichen) Verteilung der Kassenärzte* geführt, da sich die Niederlassung nun nicht mehr „nach Kriterien der gesellschaftlich notwendigen Versorgung, sondern nach den Einkommens-, Arbeits- und Lebensbedingungen der Kassenärzte richtete“ (Deppe 1987, S. 46). Auf diese Weise entstand bis Anfang der 1980er-Jahre eine Situation, in der in vielen KV-Bezirken bei bestimmten Facharztgruppen eine massive *Überversorgung* bestand, während bei den praktischen beziehungsweise Hausärzten im Bundesdurchschnitt eine kassenärztliche *Unterversorgung* entstand (Döhler 1990, S. 456). Die vom Staat seit jeher angestrebte weitgehende Selbststeuerungsfähigkeit des etablierten Organisationsnetzwerks war gerade in der Frage der bedarfsgerechten, flächendeckenden kassenärztlichen Zulassung nach 1960 nicht mehr sehr ausgeprägt. Es gelang lediglich eine generelle Abschwächung der Zunahme der Kassenärztezahlen. Für eine darüber hinaus gehende „Feinsteuerung“ oder gleichmäßige Verteilung des Angebots an Haus- und Fachärzten reichte es hingegen nach Abschaffung der Zulassungsquoten und der damit verbundenen Bedarfsplanung der Kassenärztlichen Vereinigungen und der Netzwerkorgane nicht mehr[288].

---

287 Unter den niedergelassenen Ärzten gab es um 1900 nur rund 20 % Fachärzte, deren Weiterbildung mit der heutigen fachlichen Spezialisierung nicht vergleichbar ist. Noch nach 1945 machte der Anteil der Fachärzte weniger als 40 % aus. Erst seit den 1960er-Jahren stieg ihr Anteil in der ambulanten Versorgung an und erreichte 1976 ca. 50 %. 1995 betrug ihr Anteil bundesweit rund 58,5 %. Die Zunahme an Fachärzten resultierte vor allem aus dem allgemeinen Trend zur Spezialisierung der medizinischen Wissenschaften, aber auch aus den ärztlichen Weiterbildungsstrukturen, die primär auf die Ausbildung von Spezialärzten ausgerichtet sind. Der Trend zur fachärztlichen Medizin im Bereich der ambulanten Versorgung beruht aber auch auf einem Wandel der Nachfrage der Patienten nach ärztlichen Leistungen. Zunehmend konsultieren Patienten unmittelbar einen Facharzt ohne zuvor einen Allgemeinarzt aufzusuchen (Vogt 1998, S. 463ff.).

288 Schon die *Zulassungsordnung von 1932* enthielt eine erste Form der arztgruppenbezogenen Kontingentierung sowie eine Differenzierung zwischen hausärztlicher und fachärztlicher Versorgung. Eine freiwerdende örtliche Kassenarztstelle eines praktischen Arztes konnte ab 1932 nämlich nicht ohne weiteres mit einem Facharzt besetzt werden (Brechleiter 1981, S. 112). Nach Abschaffung der Zulassungsquoten 1960 wurde eine bedarfsgerechte Unterscheidung zwischen hausärztlicher und fachärztlicher Versorgung erst zu Beginn der 1980er-Jahre erneut durch die KBV ins Gespräch gebracht. Im Kern ging es darum, über diejenigen KV-Planungsbezirke eine Zulassungssperre zu verhängen, in denen der Versorgungsgrad mit Fachärzten durchschnittlich 100 % erreicht hatte und der Anteil der Hausärzte zugleich unter 60 % der Gesamtzahl der Ärzte stagnierte. Ziel war weniger die generelle Verknappung des ärztlichen Angebots als vielmehr seine ausgewogene Verteilung (Döhler 1990, S. 458f.). Eine gewisse Homogenisierung der ärztlichen Versorgung wurde schließlich durch die Regelung des *GSG* angestrebt, dass ab 1994 auch die Zulassung neuer allgemein-

Aus diesem Grunde sah sich der Staat erneut zur Intervention gezwungen und verpflichtete 1976 im Rahmen des *„Gesetzes zur Weiterentwicklung des Kassenarztrechts"* die Kassenärztlichen Vereinigungen dazu, im „Einvernehmen mit den Landesverbänden der Krankenkassen in jedem Land einen Bedarfsplan zur Sicherung der kassenärztlichen Versorgung aufzustellen und jeweils der Entwicklung anzupassen" (Deppe 1978, S. 50). Diese Möglichkeiten, durch die eine gleichmäßige Versorgung der Bevölkerung mit niedergelassenen Kassenärzten sichergestellt werden sollte, wurden bis 1993 in mehreren Schritten ausgebaut. Auf diese Weise wurde die frühere Zulassungsquote nun in Form flexiblerer (kassenärztlicher) Bedarfspläne sowie regionaler, arztgruppenbezogener Zulassungsquoten gewissermaßen wiederbelebt. Unter bestimmten Bedingungen ließen sie sogar die Möglichkeit von zeit- und räumlich begrenzten arztgruppenbezogenen Zulassungssperren zu. Damit wurde die Selbststeuerungsfähigkeit des ambulanten Organisationsnetzwerks in der prekären Frage der Kassenarztzulassung entscheidend gestärkt.

Allerdings bedeutete die neue Regelung für die gemeinsamen Netzwerkgremien[289] auch einen *Funktionswandel* weg von der aus reinen Konkurrenzschutzgründen betriebenen exklusiven Zulassungspolitik hin zur gemeinsam durchgeführten gleichmäßigen Verteilung der Kassenarztstellen, durch die regionale Versorgungsdefizite vermieden werden sollten. Insofern wurden die mit Zulassungsfragen befassten Netzwerkorgane nun gewissermaßen in den Sicherstellungsauftrag der Kassenärztlichen Vereinigungen eingebunden und entlasteten diese gewissermaßen von der alleinigen Verantwortung für die gleichmäßige und bedarfsgerechte Verteilung des kassenärztlichen Versorgungsangebots. Dem seit 1976 ausgebauten Instrumentarium der durch das ambulante Organisationsnetzwerk weitgehend selbstständig betriebenen kassenärztlichen Bedarfsplanung lag zunächst die Vorstellung zugrunde, „dass es in der Bundesrepublik insgesamt genügend Ärzte gibt und dass lediglich deren regionale und fachspezifische Verteilung zu regeln ist" (Deppe 1978, S. 50). In der Folgezeit wurde das auf der Prämisse einer tendenziell bestehenden kassenärztlichen Unterversorgung fußende Planungsinstrumentarium infolge der noch in den 1970er-Jahren von der Bundesärztekammer begonnenen Debatte über eine bevorstehende „Ärzteschwemme" und vor dem Hintergrund zuneh-

medizinisch tätiger Kassenärzte davon abhängig gemacht wurde, „dass diese zuvor eine ordnungsgemäße Weiterbildung als ‚Arzt für Allgemeinmedizin' absolvierten" (Vogt 1998, S. 396). Die innerärztliche Diskussion einer Gleichstellung des „Allgemeinmediziners" mit den Facharztrichtungen und seiner Statusaufwertung hält bis heute an. Ungelöst ist dabei die „grundsätzliche Strukturfrage geblieben, wie man mehr Ärzte für die Allgemeinmedizin interessieren und weiterbilden, wie man die hausärztliche Versorgung insgesamt noch mehr fördern und auch die Honorierung verbessern kann" (Vogt 1998, S. 396).

289 Hierzu zählten der *Bundesausschuss*, die bezirklichen *Zulassungsausschüsse* und die *„Landesausschüsse für Ärzte und Krankenkassen"*. Letztere konnten Zulassungsbeschränkungen anordnen.

mender Finanzierungsschwierigkeiten der Gesetzlichen Krankenversicherung um die Möglichkeit der *Zulassungsbeschränkung bei regionaler oder arztgruppenspezifischer Überversorgung* erweitert.

1993 folgte dann auch die *Vereinheitlichung des Zulassungsverfahren* für alle „Vertragsärzte". Fortan erhielten alle zugelassenen Kassenärzte automatisch auch das Recht zur Beteiligung an der Ersatzkassenpraxis. Damit war der Sonderstatus der Ersatzkassen auch im Hinblick auf die kassenärztliche Bedarfsplanung endgültig beseitigt worden. Dies bedeutete im Extremfall, dass die vielfach höhere Kassenarztdichte bei den Ersatzkassen auf das in der Regel niedrigere Niveau der „RVO-Kassen" angepasst wurde und einzelne Ersatzkassen nun auch unter die durch die Netzwerkorgane verhängten regionalen, arztgruppenbezogenen Zulassungssperren fielen. Vom Mittel der Sperrung eines Arztbezirks wurde in der Folgezeit derart ausgiebig Gebrauch gemacht, dass bereits 1993 rund 60 Prozent aller Planungsbezirke vollständig gesperrt waren (Vogt 1998, S. 491).

Das *Gesundheitsstrukturgesetz von 1993* schränkte den kassenärztlichen Zulassungsanspruch noch weiter ein und stellte faktisch mit der Einführung einer *an arztgruppenbezogenen Verhältniszahlen (Einwohner pro Arzt) orientierten Bedarfszulassung* (*§ 102 SGB V*) den alten Zustand vor dem Kassenarzt-Urteil von 1960 wieder her. Die konkrete Ausgestaltung und Umsetzung der gesetzlich festgelegten Quotierungen wurde den Kassenärztlichen Vereinigungen im Rahmen ihres Sicherstellungsauftrags übertragen. Gleichzeitig erfolgte die Stärkung der gemeinsamen Netzwerkgremien. So haben die Kassenärztlichen Vereinigungen die bezirklichen Bedarfspläne unter Beachtung der entsprechenden *Richtlinien des Bundesausschusses der Ärzte und Krankenkassen* zu erstellen und hierüber im *Landesausschuss der Ärzte und Krankenkassen* eine Einigung zu erzielen. Die abschließende Entscheidung über den entsprechenden Bedarfsplan – im Prinzip regionale, arztgruppenbezogene Verteilungsregelungen über den bestehenden Bedarf an Ärzten – wird also im gemeinsamen Netzwerkgremium auf einvernehmlicher Basis getroffen. Der Kassenärztlichen Vereinigung bleibt dann die Veröffentlichung des beschlossenen Bedarfsplans (Overmeyer/Schulz-Dusenschön 1998, S. 38), während die eigentliche *Verfahrenshoheit* auf das Netzwerk übergegangen ist. Mit dieser gesetzlichen Regelung wurde die traditionelle *Steuerungshoheit des Netzwerks* in Zulassungsfragen endgültig wieder hergestellt. In dieser Hinsicht kann die Phase zwischen 1960 und 1993 auch als *schrittweise Rückeroberung der verlorenen Steuerungsressourcen* beziehungsweise -kompetenzen durch das Organisationsnetzwerk interpretiert werden.

Damit wurde zugleich der Inhalt des *„Kassenarzt-Urteils" von 1960* – der generelle Zulassungsanspruch eines jeden qualifizierten niederlassungswilligen Arztes – stillschweigend zu Gunsten des ambulanten Netzwerks entscheidend eingeschränkt. Ab 1989 erfuhr der nur noch auf dem Papier existierende generelle Zulassungsanspruch durch die im Rahmen des *Gesundheitsreformgesetzes* eingeführten *Altersgrenzen* für die vertragsärztliche Tätigkeit eine weitere gravierende Einschränkung. Seither darf kein Arzt eine kassenärztliche Erstzulassung erhalten, der das 55. Lebensjahr bereits vollendet hat. Mit dieser Alterszugangsgrenze soll vor allem „älteren Chefärzten oder pensionierten beamteten Ärzten nach dem Ausscheiden aus dem Dienst die Kassenzulassung verwehrt und Arbeitsmöglichkeiten für den ärztlichen Nachwuchs" (Vogt 1998, S. 495) freigehalten werden. Eine weitere Begrenzung wurde 1999 mit dem *Gesundheitsstrukturgesetz* in Form einer *Höchstaltersgrenze für die kassenärztliche Tätigkeit* eingeführt. Seither endet die Kassenzulassung eines niedergelassenen Arztes automatisch am Ende des Kalendervierteljahres, in dem er sein 68. Lebensjahr vollendet hat (*§ 95 Abs. 7 Satz 2 SGB V*). Auch wenn die Zulassungsausschüsse unter besonderen Bedingungen zur Vermeidung von Härten die Zulassung trotz der Altersgrenze erteilen beziehungsweise verlängern können, war diese Form der Zugangsbegrenzung in der organisierten Ärzteschaft umstritten, da sie als „Einbruch in das Recht auf freie Berufswahl" (Vogt 1998, S. 495) empfunden wurde. Die Einführung von Altersrestriktionen wurde vordergründig immer mit der Erleichterung von Zutrittsmöglichkeiten in den nahezu geschlossenen Markt für ambulantärztliche Versorgungsdienstleistungen für den nachrückenden ärztlichen Nachwuchs begründet. Faktisch handelte es sich allerdings um eine weitere Form der Marktbereinigung und des Ausschlusses sowohl älterer und weniger leistungsfähiger Kassenärzte wie auch der ohnehin seit jeher bekämpften ärztlichen „Seiteneinsteiger" in das System der ambulanten Versorgung. Die vom Gesetzgeber nach Konsultation der Netzwerkakteure erlassenen Altersgrenzen dienten insofern primär dazu, spezifische ärztliche Konkurrenzgruppen auf formal-administrativer Grundlage aus dem Netzwerk zu exkludieren und ihnen damit den Zugriff auf die verknappten Netzwerkressourcen zu verbauen. Aufgrund der tendenziell ansteigenden Neuzugänge von Jungärzten dienten die Altersgrenzen primär zu einer *zwangsweisen Regulierung des ärztlichen Versorgungsangebots* und einer Eindämmung des Bruttoanstiegs an Kassenärzten. Sie waren also dem Wesen nach nichts anderes als „getarnter Konkurrenzschutz" (Deppe 1987, S. 57)[290].

---

[290] Schon seit 1987 gingen die KV'en dazu über, Prämien an Ärzte zu zahlen, die ab dem 62. Lebensjahr freiwillig auf ihre Zulassung verzichteten (Vogt 1998, S. 496). Allerdings standen viele Ärzte vor dem Problem,

Wie in dieser Arbeit bereits geschildert, nutzte das ambulante Organisationsnetzwerk seit seiner Konstituierung gerade das mit der Zeit immer ausgefeiltere Instrumentarium der kassenärztlichen Zulassung zur gezielten Exklusion aller nicht-ärztlichen Konkurrenten vom Markt ambulanter Versorgungsdienstleistungen und zur Sicherung ärztlicher Privilegien. Dieser *Prozess der Verdrängung, Monopolisierung und sozialen Schließung des Organisationsnetzwerks mittels netzwerkvermittelter Mitgliedschaftsregeln* war so erfolgreich, dass erst 1999 mit Erlass des *Psychotherapeutengesetzes* wieder eine im engeren Sinne nicht-ärztliche Profession durch ihre Eingliederung in die Kassenärztlichen Vereinigungen direkten Zugang zu den Netzwerkressourcen erhielt[291]. Ebenso restriktiv wurde das einmal etablierte Zulassungsinstrumentarium allerdings auch im innerärztlichen Konkurrenzkampf selbst eingesetzt. Ende 1996 gab es aufgrund der restriktiven, in ein umfassendes administrativ-bürokratisches Verfahren eingebetteten Zulassungspolitik der Netzwerkgremien bundesweit „in allen Fachgebieten und in der Allgemeinmedizin insgesamt nur noch 454 offene Vertragsarztstellen, davon im Kammerbereich Nordrhein nur 27“ (Vogt 1998, S. 491). Anfang 1999 war die Zahl der offenen Vertragsarztstellen auf 417 weiter geschrumpft (Kassenärztliche Bundesvereinigung 1999, A 29). Damit war der Markt für kassenärztliche Versorgungsleistungen für den nachströmenden Ärztenachwuchs in vielen Facharztrichtungen faktisch geschlossen, das heißt

---

dass durch das Zusammenspiel einer durch den geschlossenen Markt und die langen Studien- und Weiterbildungszeiten relativ spät erfolgten Zulassung und der nun geltenden Höchstaltersgrenze in der verbleibenden Zeit kaum die getätigten Praxisinvestitionen erwirtschaftet werden konnten. Zwar war es den Zulassungsausschüssen möglich, Ärzten, die ihre Kassenarzttätigkeit weniger als 20 Jahre ausgeübt hatten, auch über das 68. Lebensjahr hinaus die Zulassung weiter zu gewähren, doch der allgemeine Trend zur Begrenzung der Kassenarztjahre brachte viele in wirtschaftliche Probleme. Die Folge war nicht nur, dass die Kassenarzttätigkeit an Attraktivität verlor, sondern auch, dass die zugelassenen Ärzte zwangsläufig ein Interesse an hohen Vergütungen und vielen abrechnungsfähigen Leistungen hatten. Schließlich stand ihnen nur begrenzte Zeit zur Erzielung eines adäquaten Einkommens und zum Aufbau ihrer Alterversorgung zur Verfügung.

291 Bis 1999 konnten vor allem psychotherapeutisch erfahrene Diplom-Psychologen im ambulanten Bereich zur Behandlung von GKV-Patienten nur im Rahmen eines „Delegationsverfahrens“ auf Überweisung und Verantwortung eines Arztes sowie in ständigem Kontakt mit diesem tätig werden. Daneben hatten aber schon mehrere Kassen (BKK-BV, IKK-BV und die Technikerkrankenkasse) mit den Berufsorganisationen der Psychologen auch Diplom-Psychologen außerhalb des Delegationsverfahrens in einem unmittelbaren Kostenerstattungsverfahren zur psychotherapeutischen Behandlung zugelassen. Damit wurde einerseits ein kleiner Bereich der ambulanten Versorgung der Kontrolle der KV'en und damit dem ärztlichen Behandlungsmonopol in einem schleichenden Prozess entzogen. Andererseits traten die Diplom-Psychologen in Konkurrenz zu den in den KV'en organisierten psychotherapeutisch weitergebildeten Ärzten. Die 1999 erfolgte Eingliederung der Diplompsychologen in die kassenärztlichen Monopolorganisationen war so in erster Linie ein Erfolg der beharrlichen Lobbyarbeit der Berufsvertretung der Psychologen (Sektion für klinische Psychologie), die eine Übereinkunft mit den ärztlichen Standesorganisationen zustande brachte. Sie entsprach aber auch der traditionellen Strategie der KV'en, keine Konkurrenzgruppen außerhalb ihrer Zwangskörperschaft am Markt für ambulante Dienstleistungen zu dulden. Da die psychotherapeutischen Psychologen auf lange Sicht nicht vom Marktzugang ausgeschlossen werden konnten, lag ihre Integration in die öffentlich-rechtliche Körperschaft nahe, die sie der Kontrolle der ärztlichen Monopolorganisation unterstellte. BÄK und KBV bemühten sich ab 1999 primär aus Gründen des innerärztlichen Konkurrenzschutzes um die rasche Eingliederung der Psychologen in das einheitliche Zulassungs-, Ordnungs- und Honorarrecht der GKV und ihre Einbindung in das System der Ausgabenbudgetierung (Vogt 1998, S. 751ff.).

auf absehbare Zeit war ihnen die Möglichkeit einer Tätigkeit als niedergelassener Kassenarzt ebenso verwehrt wie der Einstieg in eine bestehende Kassenpraxis als Partner oder Praxisassistent (Vogt 1998, S. 491). Somit ist aktuell eine wesentlich stärkere Einschränkung der freien Berufsausübung der Ärzteschaft als 1960 gegeben. Allerdings gehen heute alle Netzwerkakteure und der Gesetzgeber von einer zeitbedingten Geltung des „Kassenarzt-Urteils" von 1960 aus, das unter den heute veränderten (ökonomischen) Rahmenbedingungen so wohl nicht mehr zustande kommen würde (Vogt 1998, S. 489). Hierauf deutet beispielsweise die Bestätigung der Verfassungsmäßigkeit der Alterszugangsgrenzen durch das Bundesverfassungsgericht hin, die mit der Sicherung der finanziellen Stabilität der Gesetzlichen Krankenversicherung begründet wurde (KVNO Aktuell online 06/01 August 2001). In gleicher Weise billigte das Bundesverfassungsgericht 1998 auch die Existenz einer Altershöchstgrenze, deren Erreichen im allgemeinen zum Entzug der Kassenzulassung führt (Wenner 1998, S. 47).

Im Fahrwasser der von den etablierten ärztlichen Standesorganisationen, allen voran der Bundesärztekammer und Kassenärztlichen Bundesvereinigung, entfachten öffentlichen Diskussion einer vorgeblichen *„Ärzteschwemme"*, also eines aufgrund steigender Bruttozugänge drohenden Überangebots an niedergelassenen Ärzten, wie auch der dramatischen *Kostenexplosion* in der Gesetzlichen Krankenversicherung war es den Netzwerkakteuren innerhalb der letzten gut 30 Jahre gelungen, ihre ursprünglichen Steuerungskompetenzen wieder zu erlangen, teilweise sogar noch zu erweitern und diese unmittelbar zur Verknappung des ärztlichen Angebots einzusetzen. Insofern konnte das Netzwerk als ganzes seine traditionell restriktive, auf eine künstliche Verknappung des ärztlichen Angebots und eine dementsprechende Sicherung sowohl des Einkommens der etablierten Kassenärzte wie auch der Begrenzung der Kassenausgaben gerichtete *Schließungspolitik* gegen alle externen Einflüsse und organisierten Interessen weitgehend verteidigen. Die Frage der kassenärztlichen Zulassungspolitik ist deshalb ein anschauliches Beispiel für die hohe *strukturelle Kontinuität, Geschlossenheit und Beharrungsfähigkeit* des ambulanten Organisationsnetzwerks wie auch für die Hartnäckigkeit, mit der die etablierten Netzwerkakteure einmal erlangte Besitzstände und Kompetenzen zu Gunsten einer Erhaltung der eingespielten Netzwerklogik verteidigen.

Trotz der öffentlichen Diskussion über die vorgebliche „Krise des Gesundheitswesens" erscheint das ambulante Organisationsnetzwerk heute stärker und geschlossener denn je. Es ist deshalb kaum verwunderlich, dass die seit einigen Jahren diskutierte Wiedereinführung der Vertragsfreiheit für neu auf den Arbeitsmarkt strömende Ärzte, die befreit vom Zwang des kassenärztlichen Zulassungsverfahrens in unmittelbare, freie Verhandlungen mit den Krankenkassen treten könnten (Döhler 1990, S. 458) bei keinem der Netzwerkakteure auf große Gegenliebe stößt. Das liegt daran, dass solche „marktwirtschaftlichen Lösungsmodelle im Diskussionsprozess um die Regulierung des mutmaßlichen Ärzte-Überangebots" (Döhler 1990, S. 458) auf eine Auflösung der etablierten kollektiven Steuerungsstrukturen des Organisationsnetzwerks hinauslaufen würde. Damit entstünde aber die Gefahr eines *potenziellen Macht- und Kontrollverlusts* der beteiligten Akteure sowie einer Erosion der organisationalen „corporate identity". Der geballte Widerstand gegen die auf individuelle Einzelverträge abstellenden Reformmodelle resultiert also primär daraus, dass sie in unmittelbarem Widerspruch zum in Jahrzehnten gewachsenen „kollektiven Erfahrungshintergrund" (Döhler 1990, S. 458) der beteiligten Akteure stehen. Gerade der Übergang von einzel- zu kollektivvertraglichen Regelungen bedeutete nämlich eine strukturelle Weichenstellung, die für Jahrzehnte „wesentlich zur Funktionsfähigkeit der Gesundheitsversorgung beigetragen hatte" (Döhler 1990, S. 458). Aus diesem Grund wird jeder externe Angriff auf diesen gemeinsamen Grundkonsens als Angriff auf die Handlungsfähigkeit des etablierten Organisationsnetzwerks und die „verschworene" Gemeinschaft der Netzwerkakteure interpretiert.

5. Fazit: Die Institutionalisierung eines sich quasi selbsttragenden Organisationsnetzwerks zur Regulierung des ambulanten Sektors

Die Skizzierung wichtiger historischer Weichenstellungen und Entwicklungslinien bei der Ausbildung dauerhafter, sektorspezifischer Netzwerkstrukturen zwischen Krankenkassen und Ärzteorganisationen und ihrer Verknüpfung mit dem Staat sollte primär dazu dienen, den Prozess der Institutionalisierung im ambulanten Sektor sowie „die damit verbundenen kollektiven Lernprozesse und die Herausbildung von charakteristischen Handlungsmustern als verhaltenssteuernde Parameter aufzuzeigen" (Döhler 1990, S. 102).

Bei dem untersuchten Netzwerk handelt es sich im Grunde um einen „multilateralen Verbund zwischen dem Staat einerseits, Interessenorganisationen mit Repräsentationsmonopol andererseits" (Lehmbruch 1996, S. 738). Hauptgrund für seine Entstehung war die massiv gewachsene Bedeutung ärztlicher Organisationen für die Regulierung der Krankenversorgung und die Eskalation organisierter Kämpfe, in denen es primär um Macht- und Ressourcenverteilung im Rahmen der Gesetzlichen Krankenversicherung ging. Bei der Entstehung und Entwicklung des ambulanten Organisationsnetzwerks spielte der Staat eine wichtige Rolle. Er war nicht nur Bestandteil des Netzwerks, sondern auch ein Hauptakteur bei der Etablierung stabiler Kooperationsbeziehungen zwischen den Krankenkassen und Ärzteorganisationen. Die staatliche Netzwerkpolitik zielte vor dem Hintergrund des Strebens nach Staatsentlastung primär auf die Verlagerung hoheitlicher Steuerungs- und Verwaltungsaufgaben auf ein alsbald „eingespieltes" und verfestigtes selbstverwaltetes Netzwerk aus zunehmend öffentlich-rechtlich verfassten Monopolorganisationen ab. Die Institutionalisierung eines sich innerhalb des gesetzlichen Handlungsrahmens selbstregulierenden, dauerhaft stabilen und auf Kooperation verpflichteten Netzwerks von ausgewählten, staatlich strukturierten, legitimierten und verpflichtungsfähigen Organisationen wurde als Alternative zur unmittelbaren staatlich-hierarchischen Steuerung des strategisch wichtigen Teils der medizinischen Versorgung der Krankenversicherten gewählt.

Das Verhältnis von Organisationsnetzwerk und Staat war durch wechselseitiges Ermöglichen von Herrschaftssteigerung und -sicherung geprägt. Das dem Wesen nach *korporatistische Arrangement* beruhte auf der Etablierung einer sektoralen Vermittlungsebene aus miteinander über die Gremien der „Gemeinsamen Selbstverwaltung" und ein ausdifferenziertes, auf Kompromissbildung ausgelegtes System direkter Kollektivverhandlungen miteinander verflochtenen parastaatlichen Organisationen. Dieses Netzwerk schob sich quasi als Katalysator der gesundheitspolitischen Rahmenentscheidungen zwischen die individuelle Ebene der Versicherten und Ärzte und die Ebene der politischen Entscheidungsgremien. Die auf der intermediären Ebene horizontal miteinander vernetzten Organisationen entlasteten den Staat nicht nur vom Legitimations- und Umsetzungsdruck seiner gesundheitspolitischen Entscheidungen, sondern entwickelten darüber hinaus einen relativ hohen Grad an „compliance" gegenüber dem vorgegebenen Handlungsrahmen und den staatlichen Entscheidungen. So entstand bei den involvierten Akteuren ein gesundheitspolitischer „Grundkonsens". Er galt als Garant für die institutionelle *Stabilität* der Netzwerkstrukturen und verhinderte die grundsätzliche Infragestellung der Institution der Gesetzlichen Krankenversicherung. Die Netzwerkakteure definierten ihre durchaus gegensätzlichen (organisierten) Partikularinteressen nun stets unter Bezug auf die Gesetzliche Krankenversicherung als anerkanntem institutionellen Rahmen. Die zwischen den Akteuren ausgetragenen Verteilungskonflikte konnten deshalb spätestens seit 1931, dem Abschluss der Konsolidierung und Korporatisierung der Netzwerkbeziehungen, keine systemgefährdenden Ausmaße mehr annehmen.

Im Regelfall konnte sich der Staat auf die Rolle des organisierenden und überwachenden Dritten zurückziehen, der über ein „,political-organizational design' die Weichen für die Internalisierung der Steuerungsvorgaben durch die ,Selbstverwaltung'" (Lehmbruch 1996, S. 738) des ambulanten Organisationsnetzwerks stellte und nur noch punktuelle Interventionen im Sinne eines Krisenmanagements zur Vermeidung potenzieller Konflikteskalationen vornahm. In der historischen Betrachtung wurde dabei deutlich, dass gravierende staatliche Interventionen im Sinne einer hierarchischen Steuerung oder gesetzlichen Reglementierung der Netzwerkbeziehungen primär infolge von Kooperationskrisen zwischen den Netzwerkakteuren stattfanden. Sie führten zumeist zur Verstärkung der Hierarchisierung und Zentralisierung der Netzwerkstrukturen und damit zur Beschränkung der Handlungsautonomie der Netzwerkakteure sowie zur Beschneidung der Selbstverwaltungskompetenzen der Netzwerkgremien. Zugleich forcierte der Staat aber auch die sukzessive Ausdifferenzierung und Verfestigung einer von allen Beteiligten als rational empfundenen organisationalen *Arbeitsteilung* und kooperativen Verhandlungslösung zwischen Krankenkassen und Ärzteorganisationen im Netzwerk „mit der Folge einer Trennung zwischen bürokratischer und medizinischer Rationalität" (Lamping 1994a, S. 96), der organisationsbasierten Ressourcenmonopolisierung wie auch der Kontrolle des Ressourcenzugangs durch die Ärzteorganisationen. Diese Maßnahmen unterstützten zum einen die Stabilisierung und Institutionalisierung der Netzwerkstrukturen, zum anderen sollten sie ein relatives Machtgleichgewicht zwischen den konfligierenden Interessenorganisationen schaffen. Dabei zeigt gerade das hier untersuchte Beispiel, dass mit der ab 1913 schubweise zunehmenden (horizontalen und vertikalen) *Verflechtungsintensität* zwischen Kassen, Ärzteorganisationen und Staat die Stabilität der Netzwerkbeziehungen erheblich anstieg. In Anlehnung an Döhler (1990, S. 533f.) kann die hier vollzogene interorganisationale Vernetzung deshalb auch als eine Strategie interpretiert werden, bei der staatliche, parastaatliche und private Akteure einen Teil ihrer Handlungsautonomie mehr oder weniger freiwillig aufgaben, um so die „begrenzten Handlungsmöglichkeiten jeder einzelnen Organisation durch ,Konzertierung' als kollektives Gut aller möglichst wieder herzustellen" (Streeck 1987, S. 28). In diesem Sinne kann interorganisationale Vernetzung auch als Bildung einer Aneignungs- oder Verteilungskoalition und damit als Form der Erhöhung der organisationalen Chancen zur Ressourcenakkumulation begriffen werden.

Im Laufe der Zeit entwickelte sich eine spezifische *Netzwerklogik* im Sinne eines übergeordneten Netzwerkzwecks, dem alle Partikularinteressen untergeordnet werden mussten. Zugleich boten die einmal verfestigten Netzwerkstrukturen und Ordnungsmuster den involvierten Organisationen aber auch „opportunity structures“ (Emerson 1972) an, in denen sie bestimmte Partikularziele durchaus erfolgreich weiterverfolgen konnten, so lange diese nicht mit dem übergeordneten Netzwerkzweck kollidierten. Zugleich förderten stabile Netzwerkbeziehungen sowohl den Grad der strukturellen Angleichung der interagierenden Organisationen und die Etablierung spezifischer (bürokratischer) Handlungsroutinen und Problemlösungsmuster, das heißt netzwerkinterne Prozesse von *strukturellem* und *prozeduralem Isomorphismus*. All dies erhöhte die Berechenbarkeit des Organisationshandelns, reduzierte organisationale Sicherheitsbedürfnisse und forcierte die Etablierung verbindlicher Verhaltensstandards. Die verfestigten Netzwerkstrukturen hatten für die beteiligten Akteure damit eine starke orientierungs- und identitätsstiftende Funktion.

Zur staatlichen Strategie passte es, dass den Netzwerkakteuren insbesondere bei der Verhandlung von Art und Form der kassenärztlichen Vergütung „weitgehende Selbstregulierungsrechte und inhaltliche Gestaltungsspielräume“ (Lamping 1994a, S. 95) zugestanden wurden und die abgeschlossenen Kollektivverträge gewissermaßen als „Gesetzesersatz“ fungierten. Auf diese Weise wurden zugleich alle „marktförmige[n] Austauschbeziehungen weitgehend durch Kollektivverhandlungen ausgeschaltet“ (Döhler 1990, S. 541) und Form und Höhe der kassenärztlichen Vergütung durch die Netzwerkakteure selbst schrittweise vereinheitlicht und standardisiert. Der Staat büßte durch seinen partiellen Steuerungsverzicht aber keineswegs grundsätzlich an gesundheitspolitischer Steuerungskompetenz ein. Vielfach ließ sich das institutionalisierte Organisationsnetzwerk aufgrund der gesetzlichen Rahmenvorgaben für seine gesundheitspolitischen Ziele instrumentalisieren. Die Netzwerkbeziehungen entwickelten sich also auf Basis einer spezifischen Verbindung aus unmittelbarer staatlicher Steuerung und einer „verordnete[n] Selbststeuerung“ (Glagow 1984) durch die Verbände. Letztere kann deshalb auch als „Steuerungssurrogat“ (Lehmbruch 1996, S. 738) und somit als aktiver Bestandteil des staatlichen Steuerungsrepertoirs interpretiert werden (Lehmbruch 1996, S. 744). Dies verdeutlicht zum einen die hohe „Staatsnähe“, zum anderen die hochgradig institutionelle Konstituiertheit des ambulanten Organisationsnetzwerk.

Setzt man das hier untersuchte Organisationsnetzwerk der Einfachheit halber mit dem ambulanten Sektor gleich, so kann man in Anlehnung an Scott/Meyer (1991, S. 122f.) auch von einem *„institutionellen Sektor“* sprechen. Im Gegensatz zur marktgesteuerten Konstitution eines „technischen Sektors“ der Gesellschaft zeichnet er sich durch seine weitgehend institutionell gesteuerte Konstitution aus (vgl. Walgenbach 1995, S. 276ff.). Die Netzwerkakteure mussten sich also spezifischen, staatlich definierten Regeln, Anforderungen, Wertesystemen und Übereinkünften anpassen. Nur durch entsprechend konformes Verhalten, verbunden mit der Übernahme der im Netzwerk vorherrschenden Struktur- und Rationalitätsvorstellungen, erreichten die beteiligten Organisationen Legitimität und Stabilität. Sie sicherten so ihre dauerhafte Inklusion in das Netzwerk, erhielten Zugriff auf die Netzwerkressourcen und steigerten ihre eigene Überlebensfähigkeit. Die institutionalisierten Regel- und Verhaltenssysteme hatten ihren Ursprung vor allem in der staatlichen Regulierung der Netzwerkbeziehungen in Form der Gesundheits- und Sozialversicherungsgesetzgebung oder des Kassenarztrechts. Sie waren außerdem in spezifische gesellschaftlich-kulturelle Kontexte eingebettet und besaßen gerade deshalb eine so hohe Stabilität.

Darüber hinaus unterlag der Prozess der Netzwerkbildung allerdings auch einer „ausgeprägt pfadabhängige[n] Entwicklung" (Lehmbruch 1996, S. 737). So ließ sich beispielsweise eine direkte historische Entwicklungslinie vom Reichsausschuss bis zur Konstituierung des heutigen Bundesausschusses für Ärzte und Krankenkassen als organisationales *Netzwerkzentrum* zeichnen. Die dem Netzwerk immanente Entwicklungslogik vollzog sich dabei weder urwüchsig noch durch eine wie auch immer geartete „unsichtbare Hand" gesteuert, sondern basierte auf der spezifischen *Selektivität* der Netzwerkstrukturen für das im ambulanten Sektor einmal etablierte Steuerungs- und Allokationsmodell. Es handelte sich dabei gewissermaßen um einen Prozess der institutionellen *„Verriegelung"* der einmal etablierten Netzwerkstrukturen, Steuerungsformen und Allokationspraktiken sowie der Ausblendung aller organisationspolitischen Alternativen zur ambulanten Versorgung durch niedergelassene (zwangsorganisierte) Kassenärzte. Dieser Prozess forcierte eine *tendenziell eindimensionale* netzwerkspezifische Entwicklungs- und Handlungslogik, die zwangsläufig vor allem die strukturellen Beharrungskräfte des Netzwerks gegenüber externen Einflüssen verstärken musste. Aufgrund des ausgeprägten *strukturellen Immobilismus* waren die Möglichkeiten zur innovativen Weiterentwicklung aus dem Netzwerk selbst heraus äußerst begrenzt.

Dazu trug auch der hohe Grad an *Sektoralisierung* des ambulanten Netzwerks im Sinne einer hohen Exklusivität und Abgeschlossenheit gegenüber seiner Umwelt bei. Hierdurch konnte das Netzwerk den Zutritt weiterer Organisationen beziehungsweise organisierter Interessengruppen bis in die Gegenwart hinein genauso erfolgreich unterbinden wie jede ernsthafte gesundheitspolitische Alternative zur Regulierung des ambulanten Sektors durch die beteiligten Organisationen und damit zum etablierten Muster der Ressourcenallokation. Die mit der Zeit entwickelte relativ hohe Resistenz gegenüber gesundheitspolitischen Strukturreformen entstand nicht zuletzt, weil die involvierten Netzwerkakteure kein ernsthaftes Interesse an Veränderungen haben konnten, welche die einmal eingespielten Routinen von Finanzierung und ärztlicher Leistungserbringung ernsthaft gefährdeten. Hinzu kam noch das starke Ausmaß an *Systemintegration* im Sinne einer festen Einbindung in das deutsche Wohlfahrtsstaatsmodell. Schließlich besaß der ambulante Sektor für die deutsche Gesundheitspolitik gerade deshalb „Modellcharakter, weil sich hier zuerst Kollektivverhandlungen zwischen öffentlich-rechtlichen Körperschaften herausgebildet und als funktional erfolgreich erwiesen" (Döhler 1990, S. 499) hatten. Die vom ambulanten Sektor ausgehenden *Diffusionsprozesse* in andere Sektoren des Gesundheitswesens vollzogen sich dabei vor allem in Form *isomorphistischer Anpassungsbewegungen* an die ambulanten Netzwerkstrukturen sowie als zumindest partielle organisationspolitische „Landnahme" durch den ambulanten Sektor.

Mit der Zeit entwickelte das ambulante Organisationsnetzwerk ein „Eigenleben" und ausgeprägte Selbsterhaltungsbestrebungen. Das war zum einen Resultat einer tendenziellen *Verselbstständigung* der Netzwerkgremien gegenüber den involvierten Organisationen, zum anderen aber auch Folge der gemeinsamen Bestrebungen von Krankenkassen- und Ärzteorganisationen zur Abwehr von staatlichen Eingriffen in die Selbststeuerungsautonomie des Netzwerks. Als Konsequenz wurde der Erfolg staatlicher (ordnungspolitischer) Reformen im ambulanten Sektor zunehmend von der Unterstützung durch zumindest einen Teil der Netzwerkakteure abhängig. Solche temporären Koalitionen wurden aber durch die im Netzwerk ausgebildeten Abhängigkeits- und Vorteilsstrukturen erschwert, die eine grundlegende Veränderung der Netzwerkbeziehungen und -institutionen für die Akteure nicht sehr attraktiv machte.

V. Zur Reproduktionslogik des ambulanten Netzwerks

In diesem Kapitel soll es nun, aufbauend auf die bis jetzt herausgearbeitete Akteurs- und Strukturlogik, um eine Rekonstruktion der spezifischen Reproduktionslogik des ambulanten Organisationsnetzwerks gehen. Das einmal institutionalisierte Netzwerk bildete sehr bald schon eine spezifische Entwicklungsdynamik und Funktionslogik aus, auf deren Basis eine kollektive konsensuelle Reproduktion der Netzwerkbeziehungen unter wechselvollen historisch-kontingenten Rahmenbedingungen möglich war. In diesem Sinne war das einmal etablierte Netzwerk innerhalb gewisser Grenzen zu einer durchaus flexiblen Reproduktion und Weiterentwicklung der institutionalisierten Interorganisationsbeziehungen in der Lage. Erhaltung und Entwicklung von Grundstruktur, Exklusivität und Funktionsfähigkeit des Netzwerks über einen so langen Zeitraum hinweg wurden durch eine Reihe herrschaftsstabilisierender und legitimierender Stützkonzeptionen – dem gemeinsam geteilten Netzwerkkonsens – gleichermaßen nach „innen" wie „außen" ideologisch abgesichert. Die so entwickelten Funktionsprinzipien und Mythen waren kulturell tief im Handeln der korporativen Netzwerkakteure verankert und geradezu konstitutiv für ihre Selbstdefinition und Legitimation. Auf diese Weise wurde das ambulante Organisationsnetzwerk letztlich selbst zu einer *Institution* in der modernen Organisationsgesellschaft und damit konstitutiv für die weiteren organisationsbasierten sektoralen Differenzierungsprozesse im Gesundheitswesen. Dies erklärt auch, warum die Effizienz und Legitimität des einmal etablierten Netzwerks und seine exklusive Monopolisierung der ambulanten Versorgung nahezu der gesamten Bevölkerung bis in die 1990er-Jahre hinein trotz mehrfacher Finanzkrisen der Gesetzlichen Krankenversicherung kaum ernsthaft in Frage gestellt wurde. Die solchermaßen langfristig abgesicherte, nahezu unangreifbare *strukturelle und hegemoniale Stabilität* resultierte primär aus der institutionell verankerten Mischung von hierarchischer Steuerung durch den Staat und gemeinsamer Selbstregulierung von Krankenkassen und Ärzteorganisationen. So nahm jeder korporative Akteur die im Netzwerk institutionalisierten Regelungsroutinen, Entscheidungs- und Abhängigkeitsstrukturen letztlich als für sich vorteilhaftes und dauerhaftes Instrumentarium zur Interessenvermittlung – im Sinne von auf dem Verhandlungsweg erzielbarer Kompromisslösungen – und damit gewissermaßen als „Positivsummenspiel" wahr. Mit dem auf die prinzipielle Erhaltung der etablierten Interorganisationsbeziehungen ausgerichteten Grundkonsens der Netzwerkakteure wurde sowohl der Rückbezug auf gesellschaftliche Gemeinwohlvorstellungen (*institutioneller „Überbau"* des Netzwerks) als auch die Reproduktion der dem Krankenversicherungssystem (*materielle „Basis"* des Netzwerks) immanenten *ökonomischen Leitlogik* durch die Akteure sichergestellt. Dabei ermöglichte der Bezug beziehungsweise die Verpflichtung auf eine universalistische Leitorientierung wie das „Gemeinwohl" den jeweiligen Organisationseliten und Netzwerkgremien vor allem, sich gegenüber den Interessen der eigenen Organisationsbasis zu verselbstständigen. Es fand also zumindest partiell eine Entkopplung von Mitgliederinteressen und gesellschaftlichen Gemeinwohlerwartungen statt. Schließlich beruhte die hohe Stabilität und Legitimität des Netzwerks nicht zuletzt auf der engen wechselseitigen diskursiven und materiellen *Verkopplung* des Organisationsnetzwerks mit der Gesamtgesellschaft, die sowohl eine Beeinflussung als auch die Anpassung an dominante gesellschaftliche Organisationsmuster und Rationalitäten ermöglichte. Diese Thesen sollen im folgenden beleuchtet werden.

1. „Gemeinwohlorientierung" als universale Leitorientierung und institutioneller „Überbau" des ambulanten Organisationsnetzwerks

1.1 Die Stützen des Staates: Netzwerkbildung als Instrument der Systemintegration und staatlichen Herrschaftslegitimierung

Zum Charakteristikum des ambulanten Organisationsnetzwerks gehörte es, dass die in ihm involvierten korporativen Akteure über ihre Netzwerkzugehörigkeit fest in den modernen Wohlfahrts- oder Sozial(versicherungs-)Staat „inkorporiert" worden sind. Es war deshalb kein Zufall, dass die mit dem *„Berliner Abkommen"* von 1913 beginnende Konstituierung des ambulanten Netzwerks mit einem zeitlich nahezu parallel beginnenden allgemeinen gesellschaftlichen Funktionswandel der Interessenverbände zusammenfiel. Gerade um die Zeit des Ersten Weltkriegs setzte ein Prozess der allmählichen Transformation der großen Interessenorganisationen von „Gegenspieler[n] des Staates und Instrument[en] zur Durchsetzung von Mitgliederinteressen" (Türk/Lemke/Bruch 2002, S. 205) hin zu staatlich legitimierten, mit hoheitlichen Aufgaben betrauten „Beeinflussungs- und Steuerungsinstrumente[n]" (Ullmann 1988, S.

181) ein. Die Verbände vertraten zunehmend öffentliche Belange gegenüber ihren eigenen Mitgliedern, das heißt letztlich auch gegen deren originäre Interessen. Aus den (zum Teil) gegen den Staat gerichteten organisierten „pressure groups" wurden durch ihre institutionelle Einbindung in korporatistische Arrangements und Konsultationsmechanismen des modernen Interventions- und Sozialstaats *staatstragende intermediäre Organisationen*, denen eine wechselseitige Vermittlerrolle zwischen Staat und Gesellschaft und zugleich ein staatlich legitimiertes Repräsentationsmonopol für bestimmte organisierte Interessen zufiel[292].

Die Interessenorganisationen „neuen Typs" wollten nicht mehr primär durch kollektive Organisation spezifische Gruppeninteressen (auch gegen den Staat) durchsetzen, sondern sie bemühten sich darum, „das gesamte soziopolitische Umfeld in ihrem Sinn überschaubar, nach Möglichkeit sogar beherrschbar zu machen" (Wehler 1995, S. 666). Dieser organisationspolitische Strategiewechsel, der in der Organisationspolitik von Ärztevereinsbund und Hartmannbund nachvollzogen werden konnte, beruhte vor allem auf der „Einsicht, dass es immer wichtiger wurde, politischen Einfluss zu gewinnen, auszuüben, auszudehnen, da die Staatsverwaltung und das Parlament durch die Gesetzgebung künftige Chancen zuteilen oder blockieren konnten" (Wehler 1995, S. 666). Dabei ist allerdings zu beachten, dass Interessenorganisationen wie der Ärztevereinsbund oder Hartmannbund, die eine bestimmte professionelle Klientel vertraten, ohnehin keine Organisationen gegen die herrschende staatliche Ordnung waren. Vielmehr ging es ihnen um die Erlangung einer adäquaten Stellung ihrer Klientel im gesellschaftlichen Gefüge, das heißt um gesellschaftlichen Status und Privilegien, sowie um Befreiung von staatlicher Überreglementierung ihrer Profession. Gerade am Beispiel der Organisationsgeschichte der Ärzteorganisationen wurde deshalb in *Kapitel III.2.* das von Anfang an ambivalente Verhältnis zwischen ärztlichen Interessenorganisationen und Staat herausgearbeitet. Mit Erreichen der staatlichen Garantie einer professionellen Autonomie der Ärzteschaft und der Anerkennung ihrer Verbände als autonome, quasi-gleichberechtigte und kompetente Kooperationspartner des Staates mit quasi „öffentlichem Status" (Offe 1981) erwiesen sich die ärztlichen Interessenorganisationen aufgrund ihrer überragenden Vermittlungsleistung

[292] Die stärkste Ausstrahlungskraft und Bedeutung gewannen solche Formen korporatistischer Kooperation zunächst im „Zusammenwirken der Verbände der Produktionsinteressen mit dem Staatsapparat" (Wehler 1995, S. 667). Das korporatistische Arrangement zwischen Staat, Unternehmerverbänden und Gewerkschaften erwuchs hier aus der öffentlichen „Kritik an den Defekten der weithin verwirklichten liberalen Marktwirtschaft" (Wehler 1995, S. 667). Die Interessenverbände wurden in dem vom Staat institutionalisierten Netzwerk als „aktive Promotoren der Interessenpolitik aufgewertet" (Wehler 1995, S. 668), zugleich aber auch auf „Spielregeln" eingeschworen, die eine grundsätzliche Stabilität des Wirtschaftssystems sicherstellten und auf eine „Reparatur" der „Systemdefekte" fokussierten. Gerade dieses zentrale korporatistische Netzwerk diente als Vorlage – nicht als „Blaupause" – für das ambulante Organisationsnetzwerk.

zwischen den ärztlichen Mitgliedern und dem Staat als ebenso berechenbar und gesellschaftsstabilisierend wie die öffentlich-rechtlich strukturierten Ärztekammern und Kassenärztlichen Vereinigungen.

Als entscheidend für den Erfolg der staatlich betriebenen *Domestizierung* der Interessenorganisationen im Gesundheitswesen erwies sich, dass die etablierten Spitzenorganisationen der Krankenkassen und der Ärzteschaft ab 1913 im Rahmen der gemeinsamen Netzwerkorgane in spezifische „Prozesse der politischen Entscheidungsfindung und Konsensgenerierung einbezogen" (Türk/Lemke/Bruch 2002, S. 205) wurden und die Aufgabe zur quasi-autonomen (kollektiven) Regulierung der ambulanten ärztlichen Krankenversorgung vom Staat übertragen bekamen. Der moderne Sozial(versicherungs-)Staat, der sich als Herrschaftssystem gerade damit legitimierte, dass er seine Staatsbürger über ein kollektives, in Deutschland beitragsfinanziertes Krankenversicherungssystem gegen das allgemeine Krankheitsrisiko schützte „und davon Betroffenen, strukturell Benachteiligten und Bedürftigen ausreichende Unterstützung gewährt[e]" (Butterwegge 1999, S. 15), lagerte mit der Aufgabe der quasi-autonomen Sicherstellung der ärztlichen Versorgung der Versicherten also eine *strategische Kernfunktion* und eine (materielle) Hauptstütze seiner universalen *wohlfahrtskulturellen Leitideologie* auf ein Netzwerk intermediärer Organisationen aus[293]. Sowohl die Krankenkassen als auch die Ärzteorganisationen erhielten damit im Rahmen der Gesetzlichen Krankenversicherung entscheidende Einfluss- und Zugriffsmöglichkeiten auf die „ökonomische Schaltstelle unseres Gesundheitswesens" (Deppe 1980, S. 85). Zugleich wurden sie so allerdings auch in einem System wechselseitiger Kompetenzverflechtungen und Ressourcenabhängigkeiten untrennbar in kollektiven Steuerungsstrukturen miteinander verbunden. Auf diese Weise wurden nun nicht nur die Kassen, sondern auch die Ärzteorganisationen, die zunächst eine indifferente oder ablehnende Haltung gegenüber der Gesetzlichen Krankenversicherung hatten, zu maßgeblichen *Stützen des politischen Herrschaftssystems* und damit unauflöslich in den modernen Staat integriert. Dieser Prozess, der auf Seiten der Krankenkassen bereits 1883 mit ihrer

---

293 Schon die Weimarer Reichsverfassung vom 11. August 1919 hob die staatliche Verantwortung für den Gesundheitsschutz der Bevölkerung in Artikel 161 hervor (Lamping 1994a, S. 90). Der moderne Staat legitimierte sein politisches Herrschaftssystem also unter anderem über ein dem Staatsvolk gewährtes Grundrecht auf Gesundheit. Diese Staatsaufgabe wurde in Fortführung des im Kaiserreich mit Einführung der Sozialversicherung begonnenen Prozesses einer „Kollektivierung der Vorsorge" (Heidenreich 1999, S. 197) nicht etwa durch Ausdehnung oder Neuschaffung staatlicher Behörden im Sinne einer „Verstaatlichung" des Gesundheitswesens gelöst, sondern durch die zielgerichtete Auslagerung der Verantwortung für die Sicherstellung der Gesundheitsversorgung an ein Netzwerk etablierter Organisationen, die gewissermaßen ein organisationales und „finanzielles Eigenleben" (Mann 1928, S. 230) führten. In diesem Sinne erschloss sich das Netzwerk also die erforderlichen (materiellen und personellen) Ressourcen selbstständig, „die sonst das Reich zur Erfüllung seiner sozialpolitischen Pflichten beschaffen müsste" (Mann 1928, S. 230).

Transformation in öffentlich-rechtliche Zwangskörperschaften begonnen hatte, fand über die ab 1913 einsetzende etappenweise Konstituierung des ambulanten Netzwerks seinen Fortgang und endete schließlich 1931 mit der Schaffung der Kassenärztlichen Vereinigungen und der damit einhergehenden endgültigen organisationalen Schließung des Netzwerks.

Die *integrative Logik* dieses organisationalen Konstrukts lässt sich dabei nicht auf die singulären Logiken einzelner Strukturprinzipien wie der „Gemeinsamen Selbstverwaltung", des kollektiven Verhandlungssystems mit Einigungszwang, des ärztlichen Sicherstellungsmonopols oder der exklusiven kassenärztlichen Zulassungsinstrumente reduzieren. Es ist vielmehr die ganz eigene Art und Weise ihrer Kombination und Mischung, nicht die individuelle Logik jedes partikularen Strukturmoments per se, auf der die spezifische *Funktionslogik* des ambulanten Organisationsnetzwerks und damit auch seine dauerhafte Stabilität und Reproduktionsfähigkeit beruht. Durch die Kombination von staatlicher Handlungsstrukturierung über gesetzliche Regelsysteme und staatlicher Strukturierung der involvierten Organisationen nach dem Vorbild der öffentlich-rechtlichen Verwaltung mit der gleichzeitigen Übertragung dezentraler Regulierungs- und Steuerungsaufgaben an die entsprechenden Organisationen wurde nicht nur die Fiktion gleichberechtigter, (semi-)autonomer gesundheitspolitischer Akteure geschaffen, sondern zugleich auch die bewährte *bürokratisch-administrative Leitlogik* des politischen Systems und damit dessen Konzept formal-rationaler Ordnung fest im Netzwerk installiert. Das politische Herrschaftssystem gestaltete auf diese Weise die operativen Netzwerkstrukturen und -prozesse gewissermaßen nach seinem „Ebenbild", was im Umkehrschluss bedeutete, dass die Netzwerkakteure seither die etablierte institutionalisierte staatliche *Verwaltungsordnung* reproduzierten und stabilisierten. Bis heute bildet deshalb die *Sozialbürokratie* das wichtigste „Allokationsmedium in der sozialen Sicherung" (Heidenreich 1999, S. 197) und forciert damit neben Gesetzgebung und Rechtsprechung den allgemeinen Prozess der „Verrechtlichung" (Tennstedt 1976b) des gesamten Gesundheitswesens und insbesondere des ambulanten Sektors. Insofern handelte es sich bei der staatlich initiierten Netzwerkbildung im ambulanten Sektor im Kern also um einen Prozess von *„zwangsweisem Isomorphismus"* (DiMaggio/Powell 1983, S. 150)[294]. Die staatliche Einbettung der Krankenkassen und

[294] Ohne an dieser Stelle in eine tiefere theoretische Auseinandersetzung einsteigen zu wollen, erscheint es zumindest zweifelhaft, ob das hochgradig korporatistisch geprägte, funktional in verschiedene Sektoren ausdifferenzierte Gesundheitswesen als ein eigenständiges gesellschaftliches Teilsystem im Sinne der Systemtheorie begriffen werden kann. In dem hier betrachteten ambulanten Organisationsnetzwerk, dass als tragendes Element eines funktional eigenständigen „Gesundheitssystems" betrachtet werden muss, lässt sich zwar neben anderen auch ein „Gesundheitscode" (krank/gesund) rekonstruieren (Bauch 1996; Luhmann 1990). Allerdings ist es nicht möglich, angesichts der faktischen Dominanz des aus dem politischen System importierten bürokratisch-administrativen Diskurses („Verwaltungsdiskurs" oder „Machtcode") wie auch des aus dem

Ärzteorganisationen in dieses *institutionelle Arrangement* bewirkte, dass die involvierten Organisationen und die in ihnen handelnden Funktionseliten sehr rasch das Konzept der Gesetzlichen Krankenversicherung, die auf Kooperation und Routinisierung ausgerichtete Netzwerklogik sowie die netzwerkeigene Rollenverteilung und Arbeitsteilung aufnahmen, akzeptierten und reproduzierten. Während die Kassen schon seit 1883 im Rahmen der Krankenversicherung die hoheitliche Funktion von „*Sozial- oder Hilfsfiski*"[295] übernommen hatten und im Netzwerk damit die Rolle des spezialisierten semi-autonomen Finanziers spielten, erhielten die integrierten Ärzteorganisationen spätestens ab 1931 – faktisch aber bereits weitaus früher – als Preis für ihren organisationspolitischen Schwenk von der Ablehnung zur Akzeptanz der Gesetzlichen Krankenversicherung die netzwerkinterne Rolle eines staatlich legitimierten „Anbieterkollektivmonopol[s]" (Lamping 1994a, S. 99) und damit ein exklusives (medizinisches) Definitionsmonopol im Rahmen des Leistungskatalogs der Krankenversicherung. Die Rolle des Staats wurde hingegen auf die eines Moderators der Netzwerkbeziehungen und auf die „Bereitstellung und Modifizierung eines ordnungspolitischen Rahmens" (Lamping 1994a, S. 93) reduziert. Dabei sollte vor allem das originär zur Regulierung der Interorganisationsbeziehungen zwischen Kassen und Kassenärzteorganisationen geschaffene Kassenarztrecht eine positiv verstärkende Wirkung auf die *Gemeinwohlorientierung* der Netzwerkakteure ausüben.

Wirtschaftssystem übernommenen „Geldcodes" einen derartigen „Gesundheitscode", der von den Netzwerkakteuren lediglich als verwaltungstechnische Leitdifferenz im Sinne von „krank = Anspruch auf kassenärztliche Leistungen / gesund = kein Anspruch" begriffen wird, als *den* typischen Leitcode eines funktionalen Teilsystems zu rekonstruieren. Vielmehr erscheint es plausibler, das untrennbar mit der Institution der GKV verbundene Gesundheitswesen in Gänze als sektoralisierte Schnittmenge von politischem und wirtschaftlichem Teilsystem und damit gerade *nicht* als eigenständiges Teilsystem zu begreifen. Aus dieser Perspektive wäre der „Gesundheitscode" nur ein abgeleitetes, untergeordnetes Kommunikationsmedium neben anderen. Hieran ändert auch der von Bauch (1996, S. 13) beschriebene Wandel des medizinischen Codes von der „Traditions-Codierung krank/gesund" zum „gesellschaftlich diffundierenden und inkludierenden Code lebensförderlich/lebenshinderlich" nichts. Es zeigt, dass das Gesundheitswesen ein „Sammelbecken" von gesellschaftlichen Codierungen ist und deshalb nicht über einen eigenen teilsystemspezifischen Leitcode verfügen kann. Da der „Gesundheitscode" (krank/gesund) z.B. in den Beziehungen (bzw. Kommunikationen) zwischen den Netzwerkakteuren bestenfalls eine aus der spezifischen Netzwerklogik abgeleitete Rolle als technische Leitdifferenz spielt, kann ein „Gesundheitssystem" m.E. gerade nicht als „Ensemble aller Organisationen [...], die über den Gesundheitscode ihre Operationen kurzschließen" (Bauch 1996, S. 127) zufriedenstellend beschrieben werden.

295 Unter dem Begriff des „*Sozialfiskus*" werden nach Lamping (1994a, S. 89) „vom Etat der Gebietskörperschaften getrennte, finanzwirtschaftlich eigenständige öffentlich-rechtliche Einheiten zur dezentralen Erfüllung öffentlicher/staatlicher Aufgaben (für einen jeweils gesetzlich definierten und damit ‚exklusiven' Mitgliederkreis) verstanden, die sich über die vom Staat oktroyierte Pflicht und das Recht zur Zwangserhebung (d.h. über eigene Finanzquellen mit Zwangscharakter) innerhalb eines vorgegebenen eingeschränkten Rahmens finanzieren". Dies prägt die Einordnung der Krankenkassen in der GKV als dem Wesen nach mittelbare Staatsverwaltung und verdeutlicht die spezifische Form einer reversiblen staatlichen Aufgabenauslagerung an intermediäre Organisationen bzw. „intermediäre Finanzgewalten" (Mann 1928, S. 224), die in einem eindeutig asymmetrischen Abhängigkeitsverhältnis zum Staat stehen. Die Struktur und Organisation der GKV als *Parafiskus* bildet die technische Dimension „einer politischen Entscheidung, die unter historischen Bedingungen die Korrektur von Marktergebnissen zum Ziel hatte" (Lamping 1994a, S. 90).

Diese staatliche Intention und der Anspruch der gesetzlich zur Kooperation verpflichteten Netzwerkakteure auf weitgehende Selbstregulierung des ambulanten Sektors führten konsequenterweise dazu, dass staatliche (hierarchische) Eingriffe in die Interorganisationsbeziehungen seither ideologisch erst legitim waren, wenn die kollektiven Gremien und Netzwerkorgane augenscheinlich zu keiner problemadäquaten Lösung kommen konnten oder die erzielten Lösungen die erforderliche *Gemeinwohlorientierung* vermissen ließen. Dies entlastete den Staat einerseits weitgehend von einer direkten Regulierung des ambulanten Sektors. Damit verzichtete er allerdings auch auf die Entwicklung einer langfristigen und ganzheitlichen gesundheitspolitischen Strategie, zu der er aufgrund der häufig wechselnden politischen Machtkonstellationen weder in der Weimarer Republik noch in der Bundesrepublik ohne größere politische Auseinandersetzungen mit den organisierten gesellschaftlichen Interessengruppen in der Lage gewesen wäre. Andererseits stand seither jede staatliche Intervention in das etablierte Netzwerk unter einem ausgeprägten Begründungszwang und provozierte „angesichts der institutionellen Eigeninteressen und reklamierten Handlungsautonomie z.T. heftige Gegenreaktionen der von der jeweiligen Policy negativ betroffenen Akteure" (Lamping 1994a, S. 94). Das war der Hauptgrund für den verhältnismäßig schwach ausgebildeten und nur begrenzt handlungsfähigen staatlichen Interventionsapparat in der Gesetzlichen Krankenversicherung. Auf diese Weise erklärt sich auch, warum sich staatliche Reformbemühungen bis heute zumeist in partiellen Eingriffen erschöpften, während grundlegende, strukturelle Reformprojekte an der Blockadehaltung der auf ihre Steuerungsautonomie pochenden Netzwerkakteure scheiterten. Lange Zeit bekamen die staatlichen Interventionsdrohungen deshalb eher den Charakter von mehr oder weniger „rhetorisch-symbolischen Drohungen" (Lamping 1994a, S. 94), die nur bedingten Einfluss auf das Verhalten der Netzwerkakteure hatten. Erst mit Beginn der Kostendämpfungspolitik des Staates in den 1970er-Jahren wurde vor allem auf Seiten der Ärzteorganisationen die begründete „Furcht vor staatlichen Eingriffen, die den rechtlichen Status quo zuungunsten der KVen ändern würden, sehr oft ein wichtiger Faktor für die Politik der KVen bzw. der KBV" (Webber 1992, S. 234). Die Netzwerkpolitik des modernen Staates folgte bis heute primär einem allgemeinen Trend „weg von hierarchischer Steuerung hin zu verteilten, dezentralen aber vernetzten Tausch- und Verhandlungssystemen" (Schneider/Kenis 1996, S. 18) zwischen hierzu ermächtigten Organisationen, wie er sich für fast alle gesellschaftlichen Teilbereiche der entwickelten Organisationsgesellschaft rekonstruieren lässt. Das ambulante Netzwerk kann in diesem Sinne als eine integrierte, *hybridartige politische Steuerungsstruktur* verstanden werden (Kenis/Schneider 1991, S. 42), die staatliche Interventionen, wenn überhaupt, dann nur im Falle eines Netzwerkversagens notwendig macht. Gerade diese spezifische Arbeits-, Zuständigkeits- und Rollenverteilung zwischen Staat, Kassen und Ärzteorganisationen führte dazu, dass die involvierten Akteure nicht nur eine spezifische „technische" Autorität und Kompetenz zugewiesen bekamen, sondern auch eine Vielzahl wechselseitiger (Abhängigkeits-)Beziehungen zueinander entwickelten. Hierzu trug bei, dass qua gesetzlicher Vorgabe der Zugang zu den Ressourcen des Netzwerkpartners nur über das Netzwerk selbst, ebenso wie der Erhalt des jeweiligen Anbieter- oder Nachfragemonopols nur durch den unmittelbaren Bezug des organisationalen Handelns auf das Netzwerk gewährleistet blieb. Deshalb waren sehr bald schon die involvierten Organisationen bei allen, zum Teil heftigen organisationalen (Verteilungs-)Konflikten doch immer an einer grundsätzlichen Aufrechterhaltung der Netzwerkbeziehungen interessiert. Insofern sahen die beteiligten korporativen Akteure also ihre originären Organisationsinteressen „an Bestandserhaltung, Macht, Ressourcenverfügung und Autonomie" (Mayntz 1992a, S. 17) in letzter Instanz am besten durch die Erhaltung und Reproduktion der etablierten Netzwerkstrukturen gewahrt. Die „Machtallianz" (Deppe/Friedrich/Müller 1987, S. 8) der im Netzwerk zusammengeschlossenen korporativen Akteure konnte über Jahrzehnte die Art und Weise der kassenärztlichen Versorgung der Versicherten ebenso wie die entsprechende Ressourcenverteilung – und damit einen Kernbereich der Gesetzlichen Krankenversicherung – nahezu autonom steuern und regulieren. Zugleich gelang es, fast jede (ernsthafte) gesellschaftspolitische Auseinandersetzung mit alternativen (ambulanten) Versorgungsformen jenseits der etablierten kassenfinanzierten Versorgung durch niedergelassene, naturwissenschaftlich ausgebildete Ärzte zu verhindern. Neben dem Organisationsmonopol fiel dem Netzwerk also auch ein *(öffentlich-rechtliches) Meinungsmonopol* in Fragen der medizinischen Versorgung zu.

1.2 Gemeinwohlorientierung als ideologische Stütz- und Sinnkonzeption der Netzwerkakteure

1.2.1 Gemeinwohlverpflichtung als Verhaltensnorm und Inklusionskriterium

Charakteristisch ist, dass neben dem Staat auch die Ärzteorganisationen und Krankenkassen in ihrem Netzwerkhandeln nicht primär auf Gruppeninteressen, sondern auf *universelle wohlfahrtsstaatliche Normen* Bezug nahmen. Im Sinne Etzionis (1961, S. 40ff.) kann man sie deshalb auch als *normative Organisationen* bezeichnen. Normative Organisationen zeichnen sich bei Etzioni (1961, S. 61) vor allem dadurch aus, dass sie über eine starke ideologische Plattform, also einen ausgeprägten ideologischen Überbau zur Legitimation ihres Handelns wie auch zur Einbindung ihrer Mitglieder verfügen. Sie lassen sich rein idealtypisch von utilitaristischen Organisationen unterscheiden, die ihre Mitglieder *ausschließlich* über die Vermittlung materieller Vorteile binden. Die Verpflichtungsfähigkeit einer normativen Organisation ist entsprechend stärker, da sie ihre Mitglieder auch ideologisch an sich binden kann. Eine normative Orientierung findet sich bei den Krankenkassen zum Beispiel in der Betonung des *„Solidarprinzips"* der Gesetzlichen Krankenversicherung, das heißt der Entkopplung von individueller Zahlungsfähigkeit des Versicherten und den gewährten Versorgungsleistungen. Bei den Ärzteorganisationen findet man sie in der Betonung des Vorrangs der berufsethischen Orientierung („Standesnormen") vor einzelärztlichen Erwerbsinteressen. Für das ambulante Organisationsnetzwerk war es deshalb typisch, dass nicht nur das einzelne Organisationshandeln, sondern das Netzwerk und seine spezifische Funktionslogik als Ganzes über eine *normative Gemeinwohlorientierung* aller Netzwerkakteure, das heißt eine gemeinsam geteilte und reproduzierte *ideologische Stütz- und Sinnkonzeption* legitimiert wurden.

Dies erscheint folgerichtig, da der Staat nicht nur die selbstdefinierte Aufgabe, eine ausreichende medizinische Versorgung der Bevölkerung zu garantieren, auf das ambulante Organisationsnetzwerk ausgelagert, sondern auch die entsprechende *Gemeinwohlideologie* auf die Netzwerkakteure übertragen hat. Ihr Mitwirken an der Erfüllung dieser öffentlichen Aufgabe und die damit verbundenen hoheitlichen Privilegien und Repräsentationsmonopole implizierten zwangsläufig, dass die involvierten Organisationen eigene Interessen und Ziele zugunsten der Realisierung eines übergreifenden, staatlich definierten und hohen gesellschaftlichen Stellenwert besitzenden Kollektivziels zurückstellen beziehungsweise sie mit letzteren in Einklang bringen mussten. Im hier untersuchten Fall waren die involvierten Netzwerkakteure bereits im deutschen Kaiserreich dazu gezwungen, ihre Partikularinteressen unter Bezugnahme auf die Gesetzliche Krankenversicherung umzudefinieren. Dieser interessenpolitische Kompromiss ging zwangsläufig auf Kosten „solcher Mitgliederinteressen, die der Durchsetzung jener übergreifenden Ziele" (Lehmbruch 1988, S. 11) entgegenstanden.

Als Meßlatte für ein erwartungskonformes, gemeinwohlorientiertes Verhalten der Netzwerkakteure galt deshalb stets ihr „*gezügelter* Partikularismus" (Mayntz 1992, S. 18), das heißt die Stärke ihrer Selbstverpflichtungsfähigkeit auf die Netzwerkziele. Die im ambulanten Netzwerk involvierten Organisationen tauschten also gewissermaßen partielle Interessenverzichte gegen die Zubilligung des *„Gemeinwohletiketts"* ein. Die institutionelle Einbettung in das ambulante Organisationsnetzwerk war insofern notwendigerweise mit der Unterwerfung unter die übergeordnete *Netzwerkideologie*[296] und die entsprechenden Verhaltenserwartungen und Handlungsorientierungen verbunden. Im Fall des ambulanten Netzwerks handelte es sich dabei um eine spezielle, über das Grundrecht auf Gesundheit und die damit verkoppelte Gesetzliche Krankenversicherung transportierte *Gemeinwohlorientierung*.

Für die involvierten Organisationen waren die Teilhabe am Netzwerk und ein entsprechend erwartetes verantwortungsvolles, auf das Gemeinwohl ausgerichtetes Verhalten mit einer hohen gesellschaftlichen Akzeptanz und der staatlichen Garantie ihrer hoheitlichen Privilegien, vor allem aber dem des monopolisierten Zugang zu den Netzwerkressourcen verbunden. Die Selbstverpflichtung aller Netzwerkakteure auf eine „wohlfahrtskulturelle Universalnorm" beziehungsweise ein „basales Kollektivideal der Moderne" (Bode 1998, S. 185) als zentrale Legitimationsideologie erklärt nicht nur den organisationspolitischen Grundkonsens der involvierten Akteure, sondern letztlich auch, warum gerade das korporatistische Ordnungsmodell des ambulanten Organisationsnetzwerks lange Zeit über ein „hohes Maß gesellschaftlicher und politischer Zustimmung" (Döhler/Manow-Borgwardt 1992b, S. 93) verfügte. Groser (1994, S. 35) weist zu Recht darauf hin, dass eine solche „Verknüpfung von Beteiligungsrechten und organisatorischer Stabilität im Tausch gegen Gemeinwohlorientierung und Disziplinierung der Mitgliedschaft [...] spezifisch für korporatistische Arrangements" sei. Die Besonderheit von Krankenkassen und Kassenärztlichen Vereinigungen als den zumindest seit 1931 tragenden Organisationen des ambulanten Netzwerks bestand dabei nach Döhler (1990, S. 103) gerade darin, dass es sich bei diesen öffentlich-rechtlichen Zwangskörperschaften eben nicht um „Verbände im Sinne von politischen ‚pressure groups'", sondern vielmehr um hoheitliche „Vollzugsträger mit beträchtlichem Selbstregulierungspotenzial" handelte, die sich als solche auch selbst wahrnahmen. Insofern fiel die Reproduktion derartiger gesellschaftlich dominanter kultureller Muster und Verhaltenserwartungen, im weitesten Sinne einer Art von *„Gemeinwohlpflichtigkeit"*, den in das Staatsgefüge eingebetteten (parastaatlichen) Organisationen nicht weiter schwer. Es war deshalb nur natürlich, dass die mit einer entsprechenden Gemeinwohlorientierung verbundenen Verhaltenserwartungen auf das korpo-

[296] Ideologien erfüllen immer eine ganze Reihe legitimatorischer Funktionen. In diesem Fall benennen sie die zentralen Werte und Leitbilder des Organisationsnetzwerks und seiner Mitglieder. Darüber hinaus bestimmen sie den Standort des Netzwerks wie seiner beteiligten Organisationen in der Gesellschaft. Sie „benennen Erfolge, Gefahren und Aufgaben und die wichtigsten Gegner und Verbündeten, sie betonen die gemeinsamen Interessen einer heterogenen Mitgliedschaft" (Groser 1992b, S. 202). Außerdem stellen sie explizit den Gemeinwohlbezug der Netzwerkakteure wie auch des Netzwerks als Ganzem her.

ratistische Netzwerk übertragen wurden, dort als dominante Handlungs- und Wahrnehmungsmuster in den Netzwerkstrukturen verfestigt und von den involvierten Organisationen in Form von „Gemeinwohlselbstdeklarationen“ (Vobruba 1992, S. 97) reproduziert wurden.

1.2.2 Gemeinwohl als Mythos: Die Instrumentalisierung als Legitimationsfassade für die Durchsetzung von Partikularinteressen im Netzwerk

Als problematisch erwies sich, dass der moderne Staat – anders als der absolutistische – im eigentlichen Sinne kein Monopol auf eine allgemeinverbindliche Gemeinwohldefinition mehr besitzt. Mit dem Übergang zur modernen, polyzentrischen Organisationsgesellschaft hat eine „Entzauberung des Staates“ (Willke 1983) dergestalt stattgefunden, „dass ihm der Anspruch, Gesellschaft als ganze zu repräsentieren und also exklusiv für die Wahrung des Gemeinwohls zuständig zu sein, streitig gemacht werden kann“ (Vobruba 1992, S. 110). Für Mayntz (1992, S. 18) wird in der modernen Gesellschaft jede Gemeinwohldefinition gerade deshalb anfechtbar, weil kein übergreifender gesellschaftlicher Konsens mehr darüber erzielbar ist, „worin das *bonum commune* konkret besteht“. Hier liegen die strukturellen Voraussetzungen für die Entstehung konkurrierender Gemeinwohlbegriffe, da nun im Prinzip jeder korporative Akteur sein Handeln als gemeinwohlorientiert deklarieren kann. Die Unterschiede liegen damit lediglich in der „Plausibilität dieser Selbstdarstellungen“ sowie in „ihrer öffentlichen Akzeptanz“ (Vobruba 1992, S. 110).

Für die im ambulanten Netzwerk involvierten Akteure bedeutete diese Situation zunächst, dass im engeren Sinne nur die Bestandserhaltung des Netzwerks, ihres Handlungsspielraums sowie des etablierten Verfahrens der Ressourcenallokation ein basales gemeinsames Interesse darstellen musste. Einig waren sich die Netzwerkakteure deshalb lange Zeit bei der Abwehr aller auf Veränderung des (strukturellen) Status quo abzielenden externen Angriffe. Gerade die schon früh aufkommende, nie ganz verstummte externe Kritik bezogen auf Funktions- und Steuerungsmängel des ambulanten Netzwerks führte zur netzwerkinternen Mobilisierung eines breiten und stabilen Konsenses über die Erhaltung der Netzwerkstrukturen. Während hierüber also ein grundsätzlicher Konsens erzielt werden konnte, war die eigentliche normative Substanz des Gemeinwohlbegriffs zwischen den Netzwerkakteuren umstritten, weil jede Organisation entsprechend der eigenen Interessenlage einen eigenen Gemeinwohlbegriff entwickelte und in der Öffentlichkeit vertrat. So wurde beispielsweise die Gesundheitspolitik seit Mitte der 1970er-Jahre nach Webber (1992, S. 219) durch zwei grundsätzlich konkurrierende

Gemeinwohlbegriffe geprägt und beherrscht. Der Gemeinwohlbegriff der Ärzteorganisationen betonte den Vorrang einer vermeintlich „bedarfsgerechten" Versorgung vor der reinen „Ökonomisierung" der Interorganisationsbeziehungen, d.h. den Vorrang von medizinischen vor wirtschaftlichen Gesichtspunkten. Der Gemeinwohlbegriff der Kassenverbände orientierte sich hingegen nicht an der Versorgungsqualität, sondern in erster Linie an ihrer volkswirtschaftlichen Verträglichkeit. Dies schlug sich in Bestrebungen nieder, die ambulanten Leistungsausgaben der Gesetzlichen Krankenversicherung nur analog zum gesamtwirtschaftlichen Wachstum zu steigern. Das Beispiel aus der jüngeren Geschichte macht deutlich, dass sich die Gemeinwohlbegriffe der Netzwerkakteure primär auf der Basis der netzwerkspezifischen Arbeitsteilung und organisationalen Trennung zwischen ökonomisch-administrativer und medizinischer Rationalität – zwei unterschiedlichen Wahrnehmungshorizonten – orientierten.

Dabei deklarierte sich nach wie vor der moderne Staat zum *Hüter des Gemeinwohls* und formulierte öffentlich je nach Sachlage entsprechende Verhaltenserwartungen an Krankenkassen oder Ärzteorganisationen, um sie zu regelkonformem Verhalten oder zu Verhandlungskompromissen zu bewegen (Groser 1992, S. 21). Allerdings traten zunehmend auch die Kassen und vor allem die Ärzteorganisationen als selbsternannte Hüter des von ihnen recht unterschiedlich definierten Gemeinwohls auf. Hinter dem Streit um Worte verbargen sich dabei immer unterschiedliche (politische) Überzeugungen und (partikulare) Interessen (Schuppert/Neidhardt 2002). Insofern diente der Bezug der Netzwerkakteure auf ein imaginäres Gemeinwohl in scharfer Abgrenzung zu organisierten Gruppeninteressen gewissermaßen als kollektive *Legitimationsfassade*, um so den jeweils staatlich formulierten Verhaltenserwartungen und den im Netzwerk institutionalisierten Handlungsmustern und -regeln formal zu entsprechen. Das Gemeinwohl bildete damit nahezu den Inbegriff eines *herrschaftsstabilisierenden (Netzwerk-)Mythos*, da es sowohl die Krankenkassen und die ärztlichen Interessenorganisationen als auch die staatlichen Aufsichtsbehörden und Ministerialbürokratien bei ihren Verhandlungen faktisch dazu zwang, sich auf die mit dem Gemeinwohlbegriff symbolisch verkoppelte Gesetzliche Krankenversicherung zu beziehen. Deshalb mussten sie stets die Resultate ihrer Kooperation, in der Regel mehr oder weniger einvernehmlich erzielte Verhandlungskompromisse, mit ihrer grundsätzlichen Gemeinwohlverträglichkeit rechtfertigen. Das hatte zur Folge, dass die „Gemeinwohlorientierung" zwar bis heute als Bezugspunkt des organisationalen Handelns im Netzwerk herhalten muss, dass aber seit jeher jede der eingebundenen Organisation versuchte, ihre mit dem „Gemeinwohletikett" (Groser 1992, S. 21) versehenen partikularen Interessen in der Netzwerkarena durchzusetzen.

1.2.3 Herrschaft kraft Agentschaft: Krankenkassen und Ärzte als selbsternannte Sachwalter der allgemeinen Patienteninteressen

Im ambulanten Organisationsnetzwerk manifestierte sich der Gemeinwohlmythos vor allem in Gestalt der „bedingungslose[n] Orientierung aller im System bestehenden Handlungsvollzüge an den Bedürfnissen der Patienten" (Bode 1998, S. 185). Über die nicht nur verbale Fokussierung auf die Interessen und das Wohl der Patienten beziehungsweise Versicherten schafften es sowohl die Krankenkassen als auch die Ärzteorganisationen, eine größtmögliche Distanz zwischen den von ihnen repräsentierten Partikularinteressen und dem „Prinzip der agentschaftlichen Handlungsbegründung" (Türk 2002, S. 9) zu erzeugen. Damit entstand eine Situation, in der sich die im ambulanten Netzwerk involvierten Akteure jeweils als eigentliche Anwälte oder Sachwalter der Interessen „unmündiger" Patienten[297], die nur mittelbar über ihre Zwangsmitgliedschaft in den Krankenkassen im Netzwerk präsent sind und deshalb bis heute auf der kollektiven Ebene „als Machtfaktor im Geflecht der Verbände und ‚stakeholders' nicht existent" (Kühn 2001, S. 20) sind, deklarierten.

Hier wird das eigentliche Dilemma der Organisierung von Patienteninteressen deutlich. So gibt es bis heute nur dort freiwillige Patientenvereinigungen, wo es sich um die Vertretung von spezifischen Partikularinteressen einzelner Betroffener (besondere Erkrankungen) handelt. Hingegen existiert für „das Allgemeininteresse einer, unter finanziellen und gesundheitlichen Aspekten, optimalen medizinischen Versorgung der Bürger [...] keine freiwillige ‚Lobby' durch Betroffene" (Veith 1988, S. 55). Die Patienten organisieren sich also nicht selbst,

---

[297] Eine solche *„Sachwaltersemantik"* lässt sich sowohl in den Publikationen der Kassen und der „Arbeitsgemeinschaft der Spitzenverbände der Krankenkassen" finden, die als oberstes Ziel definieren, „dass die Patienten im Mittelpunkt stehen" (TK aktuell 4/2002, S.17), als auch in den Programmen der KBV und der BÄK rekonstruieren. So führt die KBV z.B. seit August 2002 eine Imagekampagne, in der sie die KV'en als primäre Agenten der Patienteninteressen anpreist, die dafür sorgen, „dass jeder gesetzlich Krankenversicherte [...] rund um die Uhr einen niedergelassenen Arzt in seiner Nähe findet, der ihn nach modernen Standards behandelt" (KBV 2002). Damit die Patienten endlich erkennen, „welche Organisation hinter ihrer ärztlichen Versorgung steht" und was diese „tagtäglich für deutsche Patienten leiste[t]" (KBV 2002), bietet die KBV Foren für den Austausch der Patienten untereinander auf ihrer Homepage an. Ebenso bezeichnet sich die BÄK in einer Patienteninformation nicht nur als „Vertreterin der deutschen Ärzteschaft", sondern auch als „Anwalt der Patienteninteressen" (BÄK 2002). Die Leitanträge der BÄK zu den jeweiligen Ärztetagen erheben schon traditionell Anspruch auf die Vertretung der Patienteninteressen, die wiederum am besten durch „freie Arztwahl" und die Abschaffung ihrer „Bevormundung durch Politik und Krankenkassen" befriedigt werden könnten. Dies gipfelt z.B. in dem Leitsatz „ein freies und soziales Gesundheitswesen ist der beste Patientenschutz" (BÄK 2000). In diesem Sinne verteidigte der Präsident der BÄK Hoppe auf dem 105. Deutschen Ärztetag 2002 in Rostock nach eigenem Bekunden die Patienteninteressen und nicht die ärztlichen Einkommens- und Autonomieinteressen, als er ausführte, dass nur der von den Ärzten definierte „medizinische Versorgungsbedarf" maßgeblich für eine optimale Versorgung sein könne und nicht etwa „das ökonomische Interesse der Krankenkassen". Patienten seien nämlich keine Kunden, „sondern Bedürftige mit dem berechtigten Anspruch auf qualitativ hochstehende medizinische Versorgung" (Hoppe 2002, S. 2).

um ihre allgemeinen Interessen durchzusetzen, sondern werden primär über ihren Status als Versicherte in den Krankenkassen zwangsorganisiert. In der Regel verhalten sie sich als Versicherte relativ inaktiv und artikulieren nur selten eigene Interessen gegenüber ihrer Kasse. Dies resultiert nicht zuletzt daraus, dass die Organisationsstrukturen der Kassen eine unmittelbare Interessenartikulation nahezu ausschließen. Entsprechend mäßig ist deshalb auch das Interesse der Versicherten an der Qualität der Vertretung ihrer Belange im Rahmen der sogenannten „Sozialwahlen“. Da sich auf der Versichertenseite für den Problembereich der Gesetzlichen Krankenversicherung bislang keine übergreifenden Patientenorganisationen gebildet haben, obliegt letztlich den Kassenverbänden die „interessenpolitische Vertretung der GKV-Versichertengemeinschaft“ (Veith 1988, S. 57). Es scheint also, dass es sich bei „Gesundheit“ aufgrund ihres Kollektivgutcharakters um ein nach wie vor nicht organisierbares „allgemeines Interesse“ handelt (Olson 1968, 1976). Gerade diese Erkenntnis wurde schon 1883 als Begründung für den Einsatz von Zwang als Substitut von Solidarität bei der Etablierung einer großen, organisierten „Versichertengemeinschaft“ in der GKV herangezogen (Feige 1980, S. 107f.).

Insbesondere die organisierte Kassenärzteschaft schaffte es allerdings von der Netzwerkkonstituierung bis in die Gegenwart, eine enge *ideologische Verkoppelung* zwischen berufsethischen Überzeugungen, (langfristigen) Standes- und (kurzfristigen) Einkommensinteressen der Ärzte auf der einen Seite und den Bedürfnissen der Patienten nach einer möglichst umfassenden ärztlichen Versorgung auf der anderen Seite zu konstruieren. Auf diese Weise gelang es, die ärztliche Tätigkeit „primär als eine humanitäre Aufgabe am Kranken“ (Vogt 1998, S. 470) zu stilisieren und ökonomische Eigeninteressen des Arztes gegenüber der Sorge um das Wohl des Patienten als von untergeordneter Bedeutung darzustellen. Unter Bezug auf Hippokrates wird nicht der Gewerbestatus und damit der eigentliche Erwerbszweck des ärztlichen Berufs verneint, sondern die ärztliche Heilkunst auch „als die edelste aller Künste“ (Neuffer 1958, S. 45) überhöht. Das exklusiv-elitäre Selbstverständnis des Arztes als primär dem Gemeinwohl verpflichteter Vertreter des (unilinearen) „Denk-, Handlungs- und Machtgebäude[s] der etablierten Schulmedizin“ (Schmacke 1997, S. 7) und Propagandist eines ungebrochenen Glaubens an den „medizinischen Fortschritt“ zum Nutzen der Kranken wurde vor allem zwischen 1918 und 1933 durch eine umfangreiche publizistische Tätigkeit einflussreicher Ärzte gesellschaftlich verbreitet und gefestigt[298]. Auf diese Weise erreichte die (organisierte) Ärzte-

[298] Als einer von vielen sei hier der einflussreiche Danziger Chirurg Liek erwähnt, der in seinem Buch „Der Arzt und seine Sendung“ (1925) die Idee vom „wahren Arzttum“ propagierte. „Der dem völkischen Lager

schaft die Verankerung eines stabilen ärztlichen (Selbst-)Bildes in der Gesellschaft, produzierte zugleich aber auch entsprechend hohe gesellschaftliche Erwartungshaltungen. Und selbst die seit den 1970er-Jahren ununterbrochene öffentliche Debatte über eine zunehmende (ökonomische) Krise des Gesundheitswesens hat „der Überhöhung der Arztrolle in der Fremd- und Selbstwahrnehmung keinen Abbruch getan" (Schmacke 1997, S. 9).

Der bis heute weitgehend unangefochtene hohe gesellschaftliche Status der ärztlichen Profession und die anhaltend hohe gesellschaftliche Akzeptanz der ärztlichen Forderungen nach einer ihrer gemeinwohlfördernden Arbeit angemessenen Honorierung konnte also vor allem durch die enge Verknüpfung mit dem ärztlichen Expertenstatus, ärztlichen Traditionen und entsprechenden berufsethischen Normen und Leitbildern erreicht werden. Hierbei handelte es sich allerdings nicht um eine ideologische Scheinlegitimation. Die hippokratische Medizinethik, die im Kern das normative Konzept einer uneingeschränkt loyalen, treuhänderischen Beziehung des Arztes zu seinem Patienten entwarf, in dem das „Wohlergehen des Patienten über die eigenen finanziellen Interessen (die akzeptiert werden)" (Kühn 2002) gestellt wird, ist vielmehr als moralische Verantwortung tief im Selbstkonzept des Arztes verankert. Sie bestimmt weite Teile seines Handelns ebenso wie entsprechende gesellschaftliche Verhaltenserwartungen an die Ärzteschaft und ihre Organisationen, die sich hierauf schon zwangsläufig berufen müssen, um ihre gesellschaftliche Nützlichkeit zu begründen.

Die Einhaltung der medizinethischen Normen durch jeden Arzt wird primär durch die Ärztekammern und Kassenärztlichen Vereinigungen selbstständig kontrolliert und abweichendes Handeln entsprechend negativ sanktioniert. Zu der solchermaßen legitimatorisch abgesicherten uneingeschränkten professionellen Autorität des Arztes trat noch die enge persönliche, aber stets asymmetrische Beziehung zwischen Arzt und Kassenpatient hinzu. Hierbei gelang es der Ärzteschaft, den verhaltensdisziplinierenden Auftrag der Krankenkassen weitgehend auszublenden und das anerkanntermaßen bestehende Abhängigkeitsverhältnis des Patienten in ein Vertrauensverhältnis umzudeuten. So entstand die gesellschaftlich tief verankerte Rollenerwartung des schutz- und hilfsbedürftigen Patienten, der sich vertrauensvoll in die Obhut des in seinem Interesse tätigen Arztes begibt und sich zugleich bedingungslos dessen

---

angehörende Liek verknüpfte überlieferte Traditionen, irrationale und moderne Elemente und konstruierte so den Mythos von einem durch ‚angeborene Persönlichkeit' besonders herausgehobenen ‚wahren Arzt', der, dem Wohl des ‚Volkskörpers' wie rassenhygienischen Gedanken verpflichtet, gleichermaßen die Funktion des Künstlers, Priesters, Führers und Erziehers in sich vereinigen sollte" (Schmiedebach 2000, S. 97). In ähnlicher Weise definierte auch die *Standesordnung für die deutschen Ärzte vom 05.09.1926* den Beruf des Arztes als „Gesundheitsdienst am Volk. Der Arzt übt seinen Beruf nicht lediglich zum Zwecke des Erwerbs aus, sondern unter dem höheren Gesichtspunkt der Fürsorge für die Gesundheit des einzelnen wie für die Wohlfahrt der Allgemeinheit" (Neuffer 1958, S. 44).

Verhaltensanforderungen und medizinischen Behandlungsmethoden unterwirft, um wieder gesund zu werden[299]. Da der primäre Ort des gesellschaftlichen Umgangs mit Krankheit die Intimsphäre – nach Deppe (2002a, S. 12) der „abgeschirmte Ort des Privaten" – darstellt, handelt es sich beim Arzt-Patienten-Verhältnis um sehr „spezifische soziale Beziehungen, die Menschen miteinander eingehen, welche nicht in der Öffentlichkeitssphäre der bürgerlichen Gesellschaft liegen" (Deppe 2002a, S. 12). Zugleich sind diese Beziehungen ihrem Wesen nach paternalistisch und autoritär strukturiert. Diese Kombination bildete das eigentliche ärztliche „Erfolgskonzept" zur systematischen „Enteignung der Gesundheit" (Schmacke 2000, S. 103ff.). Der Patient als Nachfrager ärztlicher Versorgungsleistungen besaß seither gegenüber dem professionellen Arzt ein immer größeres Informations- und Kompetenzdefizit, wohingegen der Arzt in der Auswahl der Behandlungsmethode und der Begründung für die fallspezifische Anwendung eines Heilverfahrens einen großen Ermessenspielraum gewann (Deppe 2002a, S. 13ff.). Die Folge dieser Entwicklung war eine spezifische Form „gelernte[r] Hilflosigkeit" (Türk 1996, S. 9), in welcher der Kassenpatient sowohl von seinem Arzt hinsichtlich Art und Form der Behandlung als auch von seiner Krankenkasse hinsichtlich der grundsätzlichen Leistungsgewährung abhängig wurde. Die hieraus für ihn resultierende Abhängigkeit sowie die für ihn bestehende Intransparenz des Prozesses der Leistungsgewährung und -durchführung bewirkt, dass ein wie auch immer geartetes Modell von Konsumentensouveränität im Gesundheitswesen ebenso wenig Anwendung finden kann, wie die weitverbreitete Vorstellung, dass ein Patient sozusagen als „kritischer Kunde" die „Rolle eines Qualitäts- und Kostenkontrolleurs" (Kühn 2001, S. 20) gegenüber seinem Arzt ausfüllen könnte.

Die Ärzte ihrerseits wurden in dem oben beschriebenen Prozess zu unangefochtenen medizinischen Experten und gewannen zugleich von allen im Netzwerk vertretenen Akteuren den unmittelbarsten Einfluss auf die Kassenpatienten[300]. Diese Schlüsselposition versetzte sie

[299] Nach Seel (1958, S. 74) prägen drei Dinge das Verhältnis des Kranken zu seinem Arzt: „das Vertrauen zu der Persönlichkeit des Arztes, die Hoffnung auf dessen ärztliches Wissen und Können und der Glaube an seine Arznei". Für Seel besteht deshalb eine innere Verbundenheit zwischen Arzttum und Priestertum. Wie in der Religion bildeten nämlich „Glaube, Liebe und Hoffnung" auch „die metaphysischen Grundlagen der ärztlichen Heilkunst". Demzufolge würde sich das Irrationale in der ärztlichen Heilkunst ebenso stark auf die Heilung kranker Menschen auswirken wie das Rationale, „d.h. die Anwendung der Ergebnisse medizinischer bzw. naturwissenschaftlicher Forschung in Diagnostik und Therapie, auf der ja jede echte ärztliche Tätigkeit gegründet ist".

[300] Die enge Beziehung zu den Patienten erlaubte es den Kassenärzten zu allen Zeiten, diese für die Durchsetzung der Ziele ihrer Interessenorganisationen zu instrumentalisieren, d.h. die „öffentliche Meinung" in ihrem Sinne zu beeinflussen. Ein frühes Beispiel war die Übernahme und Umdeutung der ursprünglich aus der Arbeiterbewegung stammenden Forderung nach „freier Arztwahl". Von den organisierten Ärzten wurde die steigende Entfremdung der Versicherten von ihren Kassen durch gezielte Kampagnen zur Verunsicherung der Patienten hinsichtlich des Umfangs der Regelleistungen der GKV bewusst geschürt. Die Unsicherheit der Kassenpatienten hinsichtlich der ihnen zustehenden Behandlungsleistungen entlud sich nicht selten in

in die Lage, annähernd jede Behandlungstätigkeit als notwendigen (Versorgungs-)„Bedarf" ihrer Patienten zu definieren – ein Phänomen, das die Gesundheitsökonomie auch als *„angebotsinduzierte Nachfrage"* bezeichnet (Herder-Dornreich 1994, S. 24; Schulenburg 1992, S. 127ff.) –, „ohne dabei durch ökonomische oder rechtliche ‚Gesetze' wesentlichen Effizienzkontrollen ausgesetzt zu sein" (Tennstedt 1976b, S. 151). Da sowohl den Krankenkassen als auch den Patienten die entsprechende fachliche Kompetenz zur Beurteilung der ärztlichen Entscheidung fehlte, blieben als einzige anerkannte Kontrollinstanzen nur das ärztliche Gewissen und der medizinisch-technische Sachverstand, das heißt „sein Pflichtbewusstsein und das Streben, dem einzelnen Kranken nach bestem Wissen zu helfen" (Neuffer 1958, S. 45) übrig. Hinzu traten als Kontrollinstanz zweiter Ordnung die ärztlichen Standesorganisationen und Kassenärztlichen Vereinigungen. Die niedergelassenen Kassenärzte geraten hierbei zwangsläufig in einen *Interessenkonflikt* zwischen der gesellschaftlich erwarteten und verinnerlichten treuhänderischen Moral, den Erwartungen der Krankenkassen und ihren originären Einkommensinteressen, die nicht zuletzt mit der Sicherung ihrer wirtschaftlichen Existenz zusammenhängen. Dieser Interessenkonflikt wurde „nicht selten zulasten der Patienten entschieden" (Kühn 2002). Er gewann in den letzten Jahren im Rahmen der verstärkten betriebswirtschaftlichen Durchleuchtung und Ausrichtung des ärztlichen Handelns erheblich an Bedeutung. Ironischerweise verdankt die organisierte Ärzteschaft die entscheidenden strukturellen und materiellen Grundlagen ihrer bis in die Gegenwart weitgehend stabilen diskursiven und professionellen Hegemonie im Gesundheitswesen dabei in erster Linie den von ihr so vehement bekämpften gesetzlichen Krankenkassen.

Als entscheidend für die Fokussierung aller Netzwerkorganisationen auf die Patienteninteressen erwies sich, dass ab 1931 nur noch öffentlich-rechtliche Zwangsorganisationen im ambulanten Netzwerk vertreten waren, deren netzwerkinterne Stellung ebenso wie in der Gesellschaft schon fast zwangsläufig stärker auf der Wahrung öffentlicher Interessen denn auf der Vertretung der Belange ihrer eigenen Mitglieder beruhte, und die organisationalen Handlungsmöglichkeiten außerdem noch durch die staatliche Gesetzgebung entsprechend vorstruk-

---

Form von Unmutsäußerungen gegenüber ihrer Kasse, nicht aber gegenüber dem behandelnden Arzt, der die Durchführung einer bestimmten Behandlungsleistung als für den Patienten kostenfreie Kassenleistung verweigerte. Die Einfluss- und Manipulierungsmöglichkeiten der organisierten Ärzte erklären die Angst sowohl der politischen Parteien als auch der Krankenkassen vor einer „Politisierung der Wartezimmer" vor allem in Wahlkampfzeiten. Wie ernst die ärztliche Propaganda genommen wird, zeigt die Reaktion einiger SPD-regierter Bundesländer, welche die von KBV und Hartmannbund kurz vor der Bundestagswahl 2002 in den Wartezimmern durchgeführte Plakataktion, die offen für einen Regierungswechsel warb, aufsichtsrechtlich rügten. Interessant ist, dass Bundeskanzler Schröder die Aktion als nicht vereinbar mit dem ärztlichen Eid und dem Selbstverständnis des ärztlichen Berufsstandes, d.h. der Gemeinwohlbindung der Ärzteorganisationen bezeichnete (Blickpunkt 09/2002, S. 3).

turiert und fixiert waren. Aus diesem Grunde konnten Krankenkassen und Ärzteorganisationen durch den Bezug auf ein übergeordnetes allgemeines Patienteninteresse nicht nur die an sie gestellten (staatlichen wie öffentlichen) Verhaltenserwartungen erfüllen, sondern auch eine wesentlich höhere gesellschaftliche Anerkennung und Legitimation erzielen als durch einen Rekurs auf zwangsweise organisierte, das heißt der Formalität der eigenen Organisation ohnehin unterworfenen Personen- beziehungsweise Berufsgruppen. Insofern fiel den öffentlich-rechtlichen Netzwerkorganisationen eine *Entkopplung* von den individuellen Bedürfnissen ihrer Mitglieder und die Hinwendung zu übergeordneten, allgemeinen und damit vagen Patienteninteressen nicht sonderlich schwer. Herrschaft manifestierte sich im ambulanten Organisationsnetzwerk deshalb in erster Linie als eine über einen *Sachwalterdiskurs* legitimierte und reproduzierte Form von „Herrschaft kraft agency" (Meyer/Jepperson 2000; Türk 2000, S. 9). Die Besonderheit lag beim ambulanten Netzwerk darin, dass alle involvierten Organisationen auf dieselbe Bezugsgruppe (Patienten beziehungsweise Versicherte) rekurrierten.

Unter diesem Gesichtspunkt besitzen die interorganisationalen Beziehungen zwischen den korporativen Akteuren im Netzwerk in erster Linie den Charakter von „Sachwalterbeziehungen" (Breyer/Zweifel 1997, S. 277), in denen es zumindest verbal ausschließlich um eine möglichst optimale Befriedigung der Bedürfnisse der Kassenpatienten geht. Allerdings existiert seit Konstituierung des Netzwerks kein Konsens darüber, wie die Netzwerkakteure durch kollektive Handlungen die Interessen der Patienten optimal erfüllen könnten, da keine allgemeine Definition eines solchen Optimalzustands vorhanden ist. Breyer/Zweifel (1997, S. 277) weisen außerdem darauf hin, dass eine dementsprechende *Sachwalterbeziehung* wohl nur in einem Idealfall sämtlichen (heterogenen) Patienteninteressen gerecht werden könnte, da jeder „Patient lieber weniger als mehr für Krankenversicherungsbeiträge und ärztliche Leistungen aufwendet, während das Einkommensinteresse des Arztes in die entgegengesetzte Richtung zielt". Dies verdeutlicht den ökonomischen Kern des Problems.

Der hier in Gestalt der Patienteninteressen auftretende *Gemeinwohlmythos* verschleiert die materielle Grundlage der Konflikte zwischen den im Netzwerk organisierten Interessengruppen, denen es seit Konstituierung der Gesetzlichen Krankenversicherung und Institutionalisierung des Netzwerks nicht in erster Linie um die Befriedigung von – nicht artikulierbaren – (individuellen) Patienteninteressen, sondern um eine für sie möglichst vorteilhafte Verteilung der Netzwerkressourcen ging. Hinter der nach außen gerichteten Legitimationsfassade des Gemeinwohls oder Patienteninteresses tobt also nach wie vor ein materieller *Verteilungskampf* zwischen den korporativen Netzwerkakteuren, an dem sich auch der Staat durch entsprechende gesetzliche Interventionen beteiligt hat[301]. Aufgrund der Gemeinwohlrhetorik stellte sich dieser Verteilungskampf nach „außen“ allerdings eher als ein Wettstreit beziehungsweise „Stellvertreterkonflikt“ (Baier 1978, S. 121) zwischen den vernetzten Spitzenorganisationen von Krankenkassen und Kassenärzteschaft um die Definition dessen dar, was jeweils unter einer ausreichenden und zweckmäßigen Versorgung zu verstehen ist.

1.2.4 Gemeinwohl als Herrschaftsideologie: Die Legitimierung von Machtasymmetrien und Verteilungskämpfen im Netzwerk

Unter dem Deckmantel der Gemeinwohlrhetorik wurden die originären Interessen- oder Verteilungskonflikte gewissermaßen zu Interpretationskämpfen umgedeutet. Darin ging es nicht mehr ausschließlich um die kurzfristige Durchsetzung partikularer Interessen, sondern vielmehr „um die Durchsetzung von Regeln, welche die Erfüllung der eigenen Interessen als funktional erforderlich prämieren“ (Vobruba 1992, S. 114). Es geht insofern immer primär um die auf Dauer ausgerichtete Beeinflussung der „Spielregeln“ im Netzwerk zugunsten eines Akteurs. Dies bedeutet, dass jede Organisation darum bemüht ist, die Erfüllung ihrer eigenen partikularen Interessen als „systemische Funktionserfordernis zu interpretieren“ (Vobruba 1992, S. 114) und die damit einhergehende Machtverschiebung im Netzwerk als generell gemeinwohlförderlich darzustellen. Hierbei werden alle anderen Netzwerkteilnehmer gewissermaßen als eigentliche Nutznießer der Erfüllung der eigenen Partikularinteressen definiert und somit ein größtmöglicher Nutzen für das Gemeinwohl unterstellt. Auf diese Weise schafften es beispielsweise die Kassenärztlichen Vereinigungen nicht nur, über Jahrzehnte für sie vorteilhafte Verhandlungsasymmetrien im Netzwerk zu rechtfertigen, sondern auch, dass bis in die 1970er-Jahre keine „Gemeinwohlforderungen“ seitens des Staates an sie gestellt wurden, „die den kurzfristigen monetären Interessen der Kassenärzte zuwiderliefen“ (Webber 1992, S.

[301] Der Leistungskatalog der GKV (Regelleistungen) ist seit 1883 wiederholt durch direkte gesetzgeberische Vorgaben ausgeweitet worden. Es ist kein Zufall, dass die staatlich verordneten Leistungsausweitungen erst nach Konstituierung des ambulanten Netzwerks einsetzten: 1919: Mutterschafts- und Wochenhilfe für alle weiblichen Versicherten, 1930: Mitversicherung der Familienangehörigen als Regelleistung, Anfang der 1970er-Jahre: präventive Leistungen als Teil des erstattungsfähigen Katalogs der GKV (Früherkennung), 1974: Anspruch auf Bezahlung von Haushaltshilfen, 1989: Recht auf häusliche Pflegeleistungen (Manow 1999, S. 155ff.). Nicht selten wurden die Maßnahmen zugunsten bestimmter politischer Wählergruppen ergriffen und dienten insofern primär dem Machterhalt des politischen Herrschaftssystems. Bei solchen Gelegenheiten bewies der Staat, dass er wie die organisierte Kassenärzteschaft einen eigenen Schlüssel zum Geldschrank der Krankenkassen besaß. Die politikinduzierten Leistungsausweitungen zu Lasten der Krankenkassen trugen schließlich wesentlich zur „Genese der ‚Kostenexplosion‘ als Zentralthema des Gesundheitswesens seit Mitte der 70er-Jahre“ bei (Rosewitz/Webber 1990, S. 27). Damit schlug die gesellschaftsweit positive Bewertung der Leistungsexpansion der GKV in eine negative Bewertung als Kostenexplosion um. Seither setzt der Staat auf restriktive Interventionen zur Senkung der GKV-Leistungsausgaben.

214). Sie können deshalb als gutes Beispiel für die überaus erfolgreiche, primär über den Gemeinwohldiskurs geführte Beeinflussung der Netzwerkspielregeln zu Gunsten der organisierten Kassenärzteschaft gelten.

Dabei praktizierten die involvierten Akteure ihre als Interpretationskämpfe umgedeuteten Verteilungskämpfe – sieht man von dem parallelen Lobbying der Kassen- und Ärzteverbände einmal ab – immer zwangsläufig innerhalb der institutionalisierten Netzwerkstrukturen und der für korporatistische Arrangements charakteristischen „Tauschlogik" (Groser 1992, S. 64). In den durch das Netzwerk festgelegten Handlungsgrenzen ließen sich nahezu alle partikularen Interessen „im Gemeinwohlkleid" (Groser 1992, S. 25) präsentieren. So ist es nicht verwunderlich, dass beispielsweise die ärztlichen Interessenorganisationen sowohl ihre nach „außen" vorgetragene Forderung nach „freier Arztwahl" wie auch die von ihnen faktisch monopolisierte restriktive Kassenarztzulassung als durchaus mit den im Gemeinwohlbegriff verankerten Patienteninteressen für vereinbar hielten. Und auch dem Staat erschien die von ihm gewissermaßen in einem „doppelten Inklusionsprozess[..]" (Alber 1992, S. 25) schrittweise verordnete Ausweitung des Versichertenkreises – zur Vergrößerung des Ressourcenpools der Gesetzlichen Krankenversicherung – wie auch die etappenweise Erweiterung des (kostentreibenden) Leistungskatalogs der Krankenversicherung ebenso mit dem Gemeinwohl vereinbar wie die systematisch betriebene Umverteilungspolitik zwischen den Sozialversicherungsträgern zu Lasten der Gesetzlichen Krankenversicherung[302].

---

[302] Als Beispiel sei die aus rein politischen Gründen erfolgte Einführung der *Krankenversicherung der Rentner* (Frerich/Frey 1996a, S. 294) genannt. Durchgeführt wurde die Rentnerkrankenversicherung zunächst nur von Orts- und Landeskrankenkassen, die pro Rentner einen Pauschalbetrag von 3,30 RM erhielten. Bis 1956 wurden alle Kassentypen in die KVdR einbezogen. Zugleich setzte ein stufenweiser Prozess ein, in dem die Beitragshöhe auf den durchschnittlichen Beitragssatz der GKV angehoben und die Rentner als „echte Mitglieder der Krankenkassen" (Frerich/Frey 1996b) den übrigen Versicherten gleichgestellt wurden. Damit reduzierten die Rentenversicherungsträger, die zunächst die Gesamthöhe des Beitragssatzes an die – die Beiträge an die einzelnen Kassen anteilig weiterverteilende – KVdR gezahlt hatten, ihre Zahlungen auf die Hälfte des Beitragsatzes. Die andere Hälfte muss jeder Rentner selbst bezahlen. Durch Eingliederung der Rentner in die GKV stieg ihr Anteil an den Kassenmitgliedern bis 1992 auf rund 40 % an (Manow 1999, S. 155). Die politische Entscheidung ihrer Eingliederung führte langfristig zur „Strukturverschiebung innerhalb des Aggregates der Versicherten der GKV" (Herder-Dornreich 1994, S. 165). Da die gezahlten Beiträge nicht kostendeckend waren, handelte es sich von Anfang an um eine Subventionierung der KVdR durch die GKV (Breyer/Zweifel 1997, S. 278). Die spätere beitragsmäßige Gleichstellung der Rentner war mit dem partiellen Rückzug der Rentenversicherungsträger aus der Finanzierung verbunden. Außerdem stellte die „Selbstbeteiligung" der Rentner eine Art von *Externalisierung* der Folgekosten politischer Entscheidungen des Staates auf die GKV dar. Die hierdurch mitverursachten Finanzierungsprobleme wurden durch die Einbeziehung der Rentner in die Beitragszahlung zumindest partiell auf die Rentner selbst abgewälzt. Bis 1996 bekamen Kassen, die einen überproportionalen Rentneranteil im Verhältnis zu ihren Versicherten aufwiesen, einen durch Umlageverfahren von allen Kassen finanzierten Zuschuss für die höheren Kosten. Es erfolgte also ein ausgabenorientierter Finanzausgleich zwischen den Kassen. Seit 1997 sind die Rentner Teil des Risikostrukturausgleichs. Bis heute ist die staatliche „Verschiebebahnhof"-Politik auf die Entlastung der Rentenversicherung und der Staatsausgaben konzentriert. Sie verursachte erhebliche finanzielle Belastungen für die GKV (Beske/Drabinski/Michel 2002). Hinzu kommt, dass z.B. auf Arzneimittel der volle Mehrwertsteu-

Die Krankenkassenverbände schließlich sahen seit jeher keinen Widerspruch zwischen ihrer Gemeinwohlorientierung und dem Festhalten an der historisch überkommenen, in verschiedene Kassentypen gegliederten Kassenlandschaft als dem dominanten Strukturprinzip der Gesetzlichen Krankenversicherung. Hierdurch blieb nicht nur die organisationale Machtbasis ihrer Funktionseliten erhalten, sondern es wurde auch innerhalb des gesetzlichen Rahmens ein ständiges Konkurrenz- und Wettbewerbsverhältnis zwischen den Kassen um möglichst „gute Risiken" forciert. Dabei nahm man eine organisationspolitische Zersplitterung der Kassenseite ebenso billigend in Kauf wie eine zunehmende *Verbürokratisierung*, die wiederum zur Verstärkung der Machtbasis der Organisationseliten beitrug. An den hier aufgeführten wenigen Beispielen wird deutlich, das eine eher substanzlose, aber beständig in ritualisierten Verfahren von den Netzwerkakteuren reproduzierte Gemeinwohlorientierung in letzter Instanz neben dem „medizinischen Fortschritt" den wohl effektivsten *Rationalitätsmythos* des deutschen Gesundheitswesens darstellt. Der über eine gemeinsame Gemeinwohlorientierung von allen Netzwerkakteuren geteilte „sozialpolitische[..] Grundkonsens" (Döhler/Manow-Borgwardt 1992b, S., 66) dient als Legitimationsfassade des Netzwerks nach außen, um die internen Prozesse und Verteilungskonflikte gegen externe (Verhaltens-)Anforderungen abzupuffern. Das ambulante Organisationsnetzwerk bildete in diesem Sinne also eine ideologisch abgesicherte *organisationale Doppelstruktur* aus, durch die es sich lange Zeit gegen Angriffe externer Organisationen auf seine Funktionsweise und Grundstrukturen abschirmen konnte.

Auf diese Weise gelang es, dass über Jahrzehnte hinweg die tatsächliche Effektivität des Netzwerks und die Rationalität seiner operativen Prozeduren nicht grundsätzlich in Frage gestellt wurde. Demzufolge galt das dem ambulanten Organisationsnetzwerk zugrunde liegende ordnungspolitische (korporatistische) Steuerungsmodell als weitgehend kompatibel mit den gesellschaftlichen Erwartungen an eine rationale Steuerung der ambulanten Versorgung der Krankenversicherten. Die Legitimationsfassade des Netzwerks wies dabei gerade deshalb eine solch hohe Beständigkeit auf, weil sie von allen Netzwerkakteuren grundsätzlich gemeinsam reproduziert wurden. Der dazu notwendige Grundkonsens der Akteure bestand gerade in einer gemeinsam geteilten Übereinkunft über die Aufrechterhaltung der Rationalitätsfiktion des Netzwerks, von dessen Ressourcen sie abhängig waren und über das sie ihre gesellschaftliche Nützlichkeit nach außen demonstrierten. Diese faktische Abhängigkeit der einzelnen Organi-

ersatz von 16 % erhoben wird und so GKV-Mittel zur Sanierung des Staatshaushalts abschöpft werden. Allein die Reduzierung dieses Steuersatzes auf 7 % könnte die GKV um gut 1,6 Mrd. Euro entlasten (Schwabe 2003). Lange Zeit hat die GKV so als finanzpolitischer „Selbstbedienungsladen" der politischen Akteure herhalten müssen. Den Staat trifft deshalb eine Mitschuld an ihrer finanzpolitischen Misere.

sationen von der Erhaltung eines basalen Netzwerkkonsenses führte dazu, dass netzwerkinterne Konflikte nie derart eskalieren konnten, dass sie den Bestand des Netzwerks grundsätzlich in Frage stellen, das heißt die nach außen gerichtete Rationalitätsfassade beschädigen konnten und damit gewissermaßen selbstzerstörerisch wirkten. Die internen Interessen- und Verteilungskonflikte stellten das Netzwerk als solches also nicht in Frage, „sondern konzentrierten sich auf die interne Machtverteilung" (Döhler 1990, S. 65). Entsprechend der netzwerkinternen *Kooperations- oder Tauschlogik* betrieben die Akteure ihre Verhandlungen in der Regel als eine Art „Positivsummenspiel". Dabei wurden Kompromisse oder Zugeständnisse einer Verhandlungsseite in einer Frage durch Zugeständnisse der Gegenseite in anderen für den jeweiligen Verhandlungspartner bedeutenden Fragen kompensiert. Der zwischen den Funktionseliten etablierte Konsens trug neben den gesetzlichen Zwangsschlichtungsverfahren dazu bei, die etablierten Netzwerkbeziehungen nicht aufs Spiel zu setzen. Letztlich trug dies maßgeblich zur grundsätzlichen Kooperationsbereitschaft der Verhandlungspartner bei[303].

1.2.5 Zur kulturell-institutionellen Einbettung des ambulanten Netzwerks in die moderne Organisationsgesellschaft und ihre Rationalitätsmuster

Bei einer historischen Langzeitbetrachtung des Netzwerks fällt auf, wie flexibel die Netzwerkakteure auf wechselnde gesellschaftliche und staatliche Verhaltenserwartungen und Vorgaben mit einer entsprechenden Anpassung der über den Bezug zur Gemeinwohlorientierung transportierten Inhalte reagieren und veränderte (externe) Gemeinwohlvorstellungen und Er-

[303] Die Auswirkungen einer auf wechselseitige Kompromisse ausgerichteten Tauschlogik auf das Verhalten der Akteure lassen sich am Beispiel des *Abkommens zwischen Hartmannbund, Ärztevereinsbund und den beiden Spitzenorganisationen der Ortskrankenkassen vom Oktober 1931* demonstrieren, das später zum Gesetz erhoben wurde und das Ende des alten Hartmannbundes und sein Aufgehen in den KV'en markierte. Zum Zeitpunkt des Abkommens herrschten schlechte Rahmenbedingungen, die durch Stichworte wie „Weltwirtschaftskrise, Finanznöte der Kassen, Zulassungsstau für zahlreiche, nur mühsam in den HB zu integrierende Jungärzte und kassenärztliche Ambulatorien als Alternative zur freiberuflichen Arztpraxis" (Groser 1992, S. 64) umrissen werden können. Angesichts der Ausgangslage erklärte sich der Hartmannbund bereit, im Tausch für eine Absenkung der Zulassungsquote, die eine Zulassungschance für viele Jungärzte bedeutete, „der Honorarform einer Kopfpauschale und einer Absenkung des Honorarvolumens zuzustimmen" (Groser 1992, S. 64). Mit der Zustimmung zur Kopfpauschale hatte er seine Kernforderung nach Einzelleistungsvergütung in das Kompromisspaket eingebracht. Aber „die strukturellen Folgen der Einigung schienen dieses Opfer wert gewesen zu sein" (Groser 1992, S. 64). So gelang nicht nur die Inklusion vieler Jungärzte in das Netzwerk, sondern auch die endgültige Ausschaltung der Ambulatorien als Konkurrenz zum freiberuflichen Konzept des Kassenarztes. Mit der Einführung der KV'en wurde der Hartmannbund für seine auf Stabilisierung des Netzwerks und der GKV ausgerichtete Kompromisspolitik, d.h. die Abstimmung seiner Organisationspolitik mit den staatlichen Verhaltenserwartungen, damit „belohnt", dass seine örtlichen Vorstände nun auch den Vorstand der KV'en bilden durften, „die als Staatsorgane zu wirken hatte[n]" (Hadrich 1955, S. 113). Mit der Strategie der grundsätzlichen Kompromissbereitschaft erlebte der Hartmannbund 1931 seinen „größten Triumph" (Hadrich 1955, S. 113), während eine kompromisslose, auf Konfrontation ausgerichtete Haltung ihn organisationspolitisch isoliert und den Bestand des labilen Netzwerks gefährdet hätte.

wartungshaltungen zur Legitimation materieller Verteilungskämpfe nach „außen" wie nach „innen" instrumentalisieren konnten[304]. Das Netzwerk war dabei durchaus in der Lage, netzwerkinterne Handlungsstrukturierungen und -Präferenzen an veränderte (externe) Verhaltenserwartungen, also gesellschaftlich dominante institutionelle Muster anzupassen, ohne hierdurch die eigentliche interne Netzwerklogik grundsätzlich verändern zu müssen. Insofern bestand zu allen Zeiten eine gewisse Wechselwirkung zwischen den gesellschaftlichen Verhaltenserwartungen und dominanten institutionellen Regeln und dem Verhalten der Netzwerkorganisationen. Das ambulante Organisationsnetzwerk war deshalb zu keiner Zeit von gesellschaftlichen Entwicklungen und kulturell dominanten Rationalitätsmustern abgekoppelt, sondern fest in die organisationsgesellschaftliche, historisch-kontingente „Dominanzkultur" (Meyer/Boli/Thomas 1994, S. 23) eingebettet. Die *kulturell-institutionelle Dimension* ist deshalb ein systematischer Bestandteil der Funktionsweise des Netzwerks und damit auch fester Bestandteil seiner ökonomischen Basis. In diesem Sinne stellt das ambulante Organisationsnetzwerk seinem Wesen nach ein institutionalisiertes, interorganisationales *Herrschaftsverhältnis* zur selbstständigen Regulierung und Verteilung der Ressourcen der Gesetzlichen Krankenversicherung dar, das fest in die Funktionsweise und -Logik der modernen Organisationsgesellschaft eingebettet ist. Der Erfolg der Rationalitätsmythen und der vorgeblich „überlegenen Rationalität" und Funktionalität des Organisationsnetzwerks trug entscheidend dazu bei, dass das korporative Ordnungsmodell des ambulanten Sektors auf die übrigen Sektoren des Gesundheitswesens ausstrahlte und die ambulanten Netzwerkstrukturen kopiert wurden. Wir haben es im Gesundheitswesen also mit vom ambulanten Sektor ausgehenden sektorspezifischen Anpassungsprozessen in Form von *„mimetischem Isomorphismus"* (DiMaggio/Powell 1983, S. 150) zu tun[305]. Diese Prozesse verliefen nach Döhler/Manow-Borgwardt

[304] Die Anpassung an veränderte externe Erwartungshaltungen bzw. „Gemeinwohlzumutungen" (Webber 1992, S. 227), die nicht ohne weiteres abgeblockt werden können, sondern gemeinwohlkonformes Verhalten erfordern, hinderte zu keiner Zeit weder die Kassenverbände noch die Ärzteorganisationen daran, Lobbying und (mediale) Imagekampagnen zu betreiben. Damit wird versucht, nicht nur die staatlichen Vorgaben und gesetzlichen „Spielregeln" des Kassenarztrechts, sondern auch gesellschaftliche Erwartungen oder Einstellungen – mithin also die „öffentliche Meinung" – in ihrem Sinne zu beeinflussen sowie mit Blick auf die Koakteure im Netzwerk eine entsprechende öffentliche Reputation und Legitimation für die eigenen Verhandlungspositionen zu erzielen. Hierbei würden wechselhafte oder rein opportunistische Gemeinwohlbezüge aber langfristig die Glaubwürdigkeit des jeweiligen Akteurs untergraben (Sebaldt 1997c, S. 31f.). In diesem Sinne erfordern auch die „Spielregeln des Lobbying" eine glaubhafte und im Handeln der Akteure nachvollziehbare Gemeinwohlorientierung. Netzwerkakteure und Gesellschaft stehen somit also immer in einer engen wechselseitigen Austausch- und Einfluss-Beziehung.

[305] Die strukturpolitische Bezugnahme auf den ambulanten Sektor hält bis in die Gegenwart an. So wurde z.B. bei der Einrichtung der Schiedsstellen für den Krankenhaussektor gerade das *„Berliner Abkommen"* „als positives Vorbild bemüht" (Döhler/Manow-Borgwardt 1992b, S. 94). Eine solche retrospektive Handlungsorientierung bei strategischen Entscheidungen verdeutlicht nach Döhler/Manow-Borgwardt (1992b, S. 94) die inhaltliche Orientierung an sog. „development doctrines", d.h. an offensichtlich bewährten Problemlösungs-

(1992b, S. 70) keineswegs „mit evolutionärer Zwangsläufigkeit". Die staatlich forcierte Ausbreitung des korporativen Netzwerkmodells auf die zunächst anders organisierten Sektoren des Gesundheitswesens ähnelte vielmehr dem Prozess „einer konfliktreichen ‚Landnahme'" und erforderte stets erhebliche organisationspolitische Kraftanstrengungen. Nichtsdestotrotz war das Konzept einer vom ambulanten Sektor ausgehenden, an den sektorspezifischen Strukturen ausgerichteten „analogen Korporatisierung" (Döhler/Manow-Borgward 1992b, S. 79) des gesamten Gesundheitswesens gerade durch die Bezugnahme auf die Strukturelemente, Funktionsweisen und Mythen dieses Organisationsnetzwerks so erfolgreich.

2. Entwicklung und Expansion der ökonomischen Leitlogik im Netzwerk

2.1 Zur immanenten ökonomischen Rationalität des Netzwerks

Entgegen einer weitverbreiteten Annahme, dass der *Prozess der Ökonomisierung*[306] des Gesundheitswesens und damit auch des Sektors der ambulanten Krankenversorgung erst seit den 1970er-Jahren eingesetzt habe, wird im folgenden die Auffassung vertreten, dass eine *ökonomische Leitlogik* gerade dem ambulanten Organisationsnetzwerk grundsätzlich schon seit seiner Entstehung immanent war. Allerdings hat sie, genau wie das Netzwerk selbst, eine spezifische, mit gesellschaftlichen Entwicklungs- und Transformationsprozessen eng verknüpfte Entwicklung durchlaufen. Deshalb muss grundsätzlich unterschieden werden zwischen den allen beteiligten Netzwerkorganisationen seit ihrer Konstituierung innewohnenden ökonomischen Momenten und entsprechend ausgebildeten Erfolgsmedien[307], an denen sie ihr organi-

repertoirs, deren Legitimität und Funktionalität in historischen Umbruchphasen begründet wird. Gerade die Ministerialbürokratie fand in der „Existenz eines – zudem ausbaufähigen – Steuerungsinstrumentariums in der kassenärztlichen Versorgung einen Modellfall [...], der auch auf die Steuerung des Krankenhaus- und Arzneimittelsektors anwendbar ist" (Döhler/Manow-Borgwardt 1992b, S. 95). Es verwundert deshalb nicht, dass sich der Staat als eigentlicher Motor des Korporatisierungsprozesses im Gesundheitswesens erwies.

306 Deppe (2002, S. 1) versteht unter „*Ökonomisierung*" die „um sich greifende, bruchlose und unkontrollierte Übertragung ökonomischer Gesetze und Instrumente auf außerökonomische Sachverhalte und Probleme". Für ihn werden „die Menschen, die davon betroffen sind, auf das Konstrukt des *homo oeconomicus* reduziert".

307 Im ambulanten Netzwerk wird primär mit „Geld" bzw. „Tauschwert" als Erfolgsmedium operiert. Dies gelang durch die Subsumtion der ärztlichen Behandlungstätigkeit und nicht des abstrakten Konstrukts „Gesundheit" unter die Warenform. Die Arzttätigkeit wurde als „eine Sache angesehen, genau wie ein Medikament oder ein Heilbad oder eine Bandage" (Neuffer 1958, S. 45). Das hatte zur Folge, dass bei den Kassen

sationales Handeln orientierten und die sie in Einklang mit der „Gemeinwohlorientierung" des Netzwerks bringen mussten, auf der einen Seite und der seit den 1970er-Jahren im Rahmen eines „Übergangs vom Sozial- zum Wettbewerbskorporatismus" (Urban 2001, S. 1) verstärkt einfließenden „betriebswirtschaftlichen Rationalität" (Deppe 2002b, S. 2), durch die eine „wachsende[..] Kommerzialisierung der Krankenversorgung" (Deppe 2002b, S. 8) ausgelöst wurde, auf der anderen Seite.

Bei einer solchen Betrachtung ist zu beachten, dass die Strukturen der Gesetzlichen Krankenversicherung zu keiner Zeit primär darauf ausgerichtet waren, einen möglichst hohen gesundheitlichen Nutzen für die Bevölkerung zu erzielen. Vielmehr diente sie von Anfang an „als Teil des arbeitseinkommensgebundenen Sozialversicherungssystems lediglich dazu, abhängig Beschäftigte vor den ökonomischen Risiken einer Erkrankung zu schützen" (Bandelow 1998, S. 34). So gehörte es zum tieferen Wesen der Gesetzlichen Krankenversicherung, dass sie durch das Primat der Begrenztheit ihrer finanziellen Ressourcen und das daraus resultierende Gebot des wirtschaftlichen Mitteleinsatzes über eine spezifische *ökonomische Rationalität* verfügte. Zur Vermeidung des finanziellen Kollapses entwickelte deshalb jede Krankenkasse naturgemäß ein fundamentales Interesse daran, die Kontrolle über den Ressourceneinsatz zu behalten, um entsprechend steuernd eingreifen zu können. Dies erklärt, warum die Kassen so verbissen darum bemüht waren, dass nur eine von ihnen als unbedingt notwendig und zweckmäßig anerkannte, für sie wirtschaftlich tragbare und akzeptable medizinische Versorgung ihrer Mitglieder durch von ihnen bezahlte Ärzte in ihrem Sinne durchgeführt wurde. Damit reproduzierten die Krankenkassen aber von Anfang an in erster Linie eine dem ökonomischen System entlehnte *Tauschwertlogik*. „Alles, was die Krankenkasse für den Versicherten tut, wird zu einer materiellen Frage. Damit ist der Rentabilitätsgedanke, der unsere moderne Kapitalwirtschaft beherrscht, auch in die soziale Krankenversicherung hineingetragen worden" (Neuffer 1958, S. 44).

Seit der Konstituierung der Gesetzlichen Krankenversicherung im Jahre 1883 besaßen die unzähligen regionalen und überregionalen Organisationskämpfe zwischen den, über das *Sach-*

---

die Frage entstand: „Wie können die Kosten dieser ärztlichen Sachleistung möglichst niedergehalten werden?" (Neuffer 1958, S. 45). Ebenso gelang es, den lebensweltlichen Sachverhalt Krankheit in juristische Tatbestände in Form von Rechtsansprüchen auf Versorgungsleistungen zu transformieren. Die spezifische Logik des Organisationsnetzwerks entstand deshalb aus einer „Mischung der Logiken mehrerer Sektoren" (Bode/Wex 2001, S. 3), in der sowohl bürokratisch-juristische und ökonomische als auch medizinische Rationalitäten miteinander verkoppelt wurden. Nichts anderes beschreibt im Grunde auch Luhmann (1994, S. 196) mit seinem Begriff der *„strukturellen Kopplung"* am Beispiel der vom Arzt ausgestellten Arbeitsunfähigkeitsbescheinigung, durch die „routinemäßig Medizinsystem, Wirtschaftssystem und Rechtssystem" miteinander verkoppelt werden. Eine stabile strukturelle Kopplung kann m.E. aber nicht auf individueller, sondern nur auf organisationaler Ebene geleistet bzw. verstärkt werden.

leistungsprinzip und das immanente *Wirtschaftlichkeitsgebot*[308] aneinander geketteten Kassen und (organisierten) Ärzten deshalb in letzter Instanz immer einen ökonomischen Kern. Primär ging es bei den Kämpfen zwischen Ärzten und Krankenkassen deshalb gar nicht so sehr um abstrakte ärztliche standespolitische oder berufsethische Fragen, sondern vielmehr um sehr konkrete materielle Kontroversen über die Art und Höhe der Kassenarzthonorierung, die Anzahl der von den Kassen unter Vertrag zu nehmenden Ärzte, die Kontrolle über die Qualität der ärztlichen Tätigkeit im Sinne einer Kosten-Nutzen-Analyse sowie um die Steuerung der arztinduzierten Leistungsausgaben (beispielsweise infolge von Arbeitsunfähigkeitsattesten, Krankenhauseinweisungen, Arzneimittel-Rezepten).

Neuffer (1958, S. 45) bringt dies auf den Punkt, wenn er formuliert: „Der ganze Kampf der Ärzte mit den Krankenkassen ist daraus entstanden, dass sich die Kasse aus finanziellen Erwägungen heraus um alle Einzelheiten der ärztlichen Tätigkeit an den Versicherten kümmert, so um die Häufigkeit der Besuche, um die Kosten der arzneilichen Behandlung, um die Dauer der Arbeitsunfähigkeit und anderes." Hinter diesen Auseinandersetzungen stand letztlich immer ein Kampf um den Umfang und die Reichweite der kassenseitigen Kontrolle über die zweckmäßige Verwendung ihrer begrenzten Finanzmittel[309]. Dieser Verteilungs- und

---

308 Das *Sachleistungsprinzip* machte das direkte Vertragsverhältnis zwischen Kasse und Arzt zum Standard in der GKV. Neben die dominante bürokratisch-juristische Leitlogik trat also von Anfang an auch eine ökonomische Tauschwertlogik. In der Schnittmenge dieser beiden Funktionslogiken entstand ein bis heute nachwirkender juristischer *Krankheitsbegriff*, der die Voraussetzungen für eine Leistungsgewährung unter dem (ökonomischen) Primat knapper Kassenfinanzen – eine Leitlogik, die von den an der Kassenverwaltung beteiligten Arbeitgebern in die Kassen hineingetragen wurde – festlegt. Die noch heute im Kern gültige Definition des Versicherungsfalls „Krankheit" geht auf eine Entscheidung des *Preußischen Oberverwaltungsgerichts* von 1902 zurück. Seither wird als Krankheit „ein regelwidriger Körper- oder Geisteszustand verstanden, der ärztlicher Behandlung bedarf und zugleich oder ausschließlich Arbeitsunfähigkeit zur Folge hat" (Francke 1987, S. 71). Der Grund für eine solche Eingrenzung des Krankheitsbegriffs auf Erwerbsunfähigkeit und die Fokussierung auf ärztliche Maßnahmen zur Wiederherstellung der Lohnarbeitsfähigkeit lag in der Furcht vor der unkontrollierbaren Ausweitung der Kassenleistungen. Seit Konstituierung der GKV wurde der Leistungsanspruch der Versicherten deshalb durch „das Gebot der Wirtschaftlichkeit begrenzt, um die Krankenkassen vor einer leichtfertigen Überbeanspruchung zu schützen" (Vogt 1998, S. 948). Die Notwendigkeit solcher der ökonomischen Funktionslogik der GKV entspringenden Einschränkungen wurde auch von der Ärzteschaft, die zugleich das Definitionsmonopol für die Zuschreibung als „krank" und so die Schlüsselrolle in der „Produktion" von GKV-Leistungen übertragen bekam, grundsätzlich „als systemnotwendig akzeptiert" (Vogt 1998, S. 948). Die Hegemonie der Ärzte hatte wiederum die Dominanz eines rein naturwissenschaftlichen Krankheitsverständnisses zur Folge, in dem primär auf die Behandlung von Krankheitssymptomen gesetzt und sozialmedizinische Erkenntnisse sowie Präventions- und Rehabilitationsleistungen eher vernachlässigt wurden. Zugleich wurde der „Fortschritt der Medizin" zum gängigsten „Begründungsmuster für die Notwendigkeit zunehmender finanzieller Ressourcen im Gesundheitswesen" (Lauer Kirschbaum/Rüb 1994, S. 38).

309 Schon in 1890er-Jahren bemühten sich die Kassen um eine Begrenzung der arztinduzierten Leistungsausgaben z.B. durch die intensive Kontrolle der von den Ärzten ausgestellten Arzneimittel-Rezepte hinsichtlich Notwendigkeit und Wirtschaftlichkeit. Die im Auftrag der AOK Barmen von dem Arzt Dr. Landmann durchgeführte „Rezeptrevision" bewirkte zwischen 1892 und 1897 eine Halbierung der Ausgaben für Arznei- und Heilmittel. Hierdurch wurde das Arzneimittelbudget der Kasse um rund 100.000 RM entlastet, was einem Fünftel der Jahresbeitragseinnahmen der AOK in 1897 entsprach (GA Nr. 111 vom 13.05.1898, S.

Kontrollkampf zwischen Krankenkassen und organisierten Ärzten „lag so tief in ihrer Stellung zueinander und in der Polarität ihrer Interessen begründet, dass er die deutsche Krankenversicherung fast auf ihrem ganzen Wege begleitet hat" (Neuffer 1958, S. 46).

2.2 Der Prozess der Ökonomisierung der Netzwerkbeziehungen

2.2.1 Ökonomische Verteilungskämpfe als Triebkräfte der Organisierung, der strukturellen Homogenisierung und des kommunikativen Einschwingens

Schon in den 1890er-Jahren zeichnete sich in den zunächst lokalen Kämpfen ab, dass die gesetzlichen Krankenkassen „einerseits ökonomische Sorgen hatte[n] und andererseits den professionalisierten Definitionen und Forderungen der Ärzte und Apotheker kaum eigenen Sachverstand entgegensetzen konnte[n]" (Tennstedt 1977b, S. 211). Gerade der komplexe, von professions- und standespolitischen Diskursen überlagerte grundlegende *materielle Interessenkonflikt* zwischen Kassen und Ärzten bildete gegen Ende des 19. Jahrhunderts die eigentliche Triebfeder für den Prozess der organisationalen Aufrüstung sowohl der Kassen- als auch der Ärzteseite, in dem beide Seiten den Monopolanspruch der jeweils anderen Partei durch den Aufbau einer eigenen Organisationsmacht mit allen Mitteln zu brechen versuchten (*Kapitel III*). Dabei wurde aber sehr schnell klar, dass beide Konfliktparteien aufgrund der im Krankenversicherungsrecht strukturell angelegten funktionalen Arbeitsteilung zwischen Kasse und Arzt schon zwangsläufig in der Frage der Ressourcenallokation aufeinander angewiesen und miteinander vernetzt waren. Damit reduzierten sich die Organisationskämpfe im Kern auf eine Verschiebung der interorganisationalen Machtverhältnisse. Der organisationale Aufrüstungsprozess diente dementsprechend primär der Akkumulation von Ressourcen und Verhandlungsmacht.

Gerade die erbittert geführten Organisationskämpfe forcierten jedoch auch einen Prozess des zunehmenden *kommunikativen „Einschwingens"* der beteiligten Organisationen aufeinander. Die Organisationseliten „gewöhnten" sich nämlich daran, miteinander zu kommunizie-

---

1559). Dr. Landmann leitete seit 1894 das „Bureau für Medizinalangelegenheiten" in Elberfeld. „Dieses hatte die Aufgabe den Krankenkassen bei ihren auf die Vermeidung aller unnötigen Ausgaben bei der Krankenbehandlung gerichteten Bemühungen mit Rat und Tat an die Hand zu gehen" (Tennstedt 1977b, S. 211). Hierzu gehörte neben der Kontrolle der Verschreibungsweise z.B. auch die „Unterweisung der Kassenärzte in den Regeln der rationellen Arzneiverordnung" sowie die quartalsweise Aufstellung einer auf den einzelnen Arzt bezogenen „Krankheitskostenstatistik" (Tennstedt 1977b, S. 212).

ren und entwickelten ein für die Organisationsgesellschaft „normales" Verhältnis der Kommunikation im Rahmen von Kollektivverhandlungen. Hier dominierte ganz im Luhmann'schen Sinne der „Geldcode". Dieser Einschwingungsprozess ermöglichte ab 1913 die Institutionalisierung fester überregionaler Kooperationsstrukturen. Der damit begonnene Prozess der Netzwerkbildung fand seinen vorläufigen Abschluss mit der Institutionalisierung eines stabilen, öffentlich-rechtlich strukturierten Netzwerks aus Kassenverbänden und Kassenärztlichen Vereinigungen im Jahre 1931. Deshalb kann der 1913 einsetzende Prozess der schrittweisen Institutionalisierung eines korporatistischen Organisationsnetzwerks nicht nur als „Prozess der Kollektivierung und Veröffentlichung der rechtlichen Regelungen von (Kassen-)Ärzten und Krankenkassen" (Francke 1987, S. 79), sondern vor allem als eine historisch entscheidende Entwicklungslinie im „Prozess der Ökonomisierung" (Tennstedt 1976b, S. 139) der Beziehungen zwischen Kassen und Ärzteorganisationen interpretiert werden. Im Rahmen dieses *isomorphistischen Anpassungsprozesses* wechselten die Akteure von der Ebene der direkten Konfrontation mit unsicherem Ausgang auf eine zunehmend korporatistische Ebene der Kooperation und kollektiven Ressourcenverteilung über und glichen zugleich ihre Organisations- und Kommunikationsstrukturen immer mehr aneinander an.

Die wichtigste Voraussetzung hierfür war die Existenz verpflichtungsfähiger und staatlich legitimierter Großorganisationen, die vermittels einer gemeinsam geteilten ökonomischen *Netzwerksemantik* miteinander über ihre Funktionseliten in routinisierten Verhandlungsrunden kommunizieren konnten, ohne hierbei von ihren Organisationsmitgliedern entscheidend gestört zu werden. Diese Voraussetzung war 1913 bei allen beteiligten Organisationen erfüllt. Die ab 1913 bis 1931 folgende Entwicklungsphase könnte in diesem Zusammenhang auch als „Laboratorium" (Feldman 1974, S. 154) interpretiert werden, in dem die Strukturierung des ambulanten Organisationsnetzwerks im großen Stil erprobt und in mehreren Schritten ausgebaut wurde. Entscheidend war, dass die Bildung des ambulanten Organisationsnetzwerks zum Zeitpunkt „große[r] innenpolitische[r] Auseinandersetzungen" und einer beginnenden schweren wirtschaftlichen Depression einsetzte, in deren Verlauf die Arbeitslosenquote bis Dezember 1913 auf fünf Prozent anstieg (Wehler 1995, S. 610). Hierdurch verschlechterte sich die Einnahmensituation der Gesetzlichen Krankenversicherung dramatisch. Von Anfang an ging es den Netzwerkakteuren also primär um eine *langfristigere Sicherung der wirtschaftlichen Interorganisationsbeziehungen*. So dienten auch die im weiteren unter dem Eindruck der zwischen 1919 und 1928 auftretenden fundamentalen wirtschaftlichen Krisen (Inflation, Weltwirtschaftskrise) per Notverordnungen 1923 und 1931 entscheidend gefestigten und institutionalisierten Netzwerkstrukturen vor allem der Erhaltung der finanziellen Stabilität der Gesetzlichen Krankenversicherung und der wirtschaftlichen Beziehungen zwischen Kassen und Ärzten. Dieser Entwicklungsprozess wurde von einer entsprechenden *ökonomischen Netzwerklogik* begleitet, der sich auch die Ärzte nicht verschließen konnten.

2.2.2 Wirtschaftliche Leistungsfähigkeit als Primat: Materielle und organisatorische Voraussetzungen der Netzwerkentwicklung

Zum Zeitpunkt des Zustandekommens des *„Berliner Abkommens"* 1913 waren alle materiellen und organisatorischen Bedingungen für ein den gesamten ambulanten Sektor regulierendes Netzwerk aus einer überschaubaren Zahl organisations- und verpflichtungsfähiger Großorganisationen gegeben. Die weitgehend in sechs großen Spitzenverbänden (Tennstedt 1977e, S. 135ff.) zusammengefassten gesetzlichen Krankenkassen umfassten zu diesem Zeitpunkt bereits rund 35,7 Prozent der Gesamtbevölkerung und verfügten über ein Beitragsvolumen von rund 537 Millionen Reichsmark. Mit Gesamtausgaben, die fast 1 Prozent des gesamten Bruttosozialprodukts des Deutschen Reichs entsprachen, war die Gesetzliche Krankenversicherung schon 1913 zum wichtigen gesellschaftlichen und wirtschaftlichen Faktor des entwickelten „Industriestaats" (Wehler 1995, S. 619) und seiner industriekapitalistischen Herrschaftseliten geworden. Gerade diese Elite hatte am Vorabend des Ersten Weltkriegs nach den Erfahrungen mit den reichsweiten Tarifkonflikten zwischen Gewerkschaften und Arbeitgeberverbänden überhaupt kein Interesse an ähnlich eskalierenden Organisationskämpfen im Gesundheitswesen.

Hinzu kam, dass die zersplitterte Kassenlandschaft im Rahmen der 1914 in Kraft getretenen Bestimmungen der *Reichsversicherungsordnung* erstmals einem staatlicherseits massiv forcierten Vereinheitlichungs- und Konzentrationsschub ausgesetzt wurde. Die Folge war die annähernde Halbierung der Kassenzahl innerhalb nur eines Jahres. Die aus der Fusionswelle hervorgehenden Kassen hatten ihren durchschnittlichen Mitgliederbestand auf rund 1.500 nahezu verdreifachten. Zugleich konnten sie infolge der damit verbundenen höheren Beitragseinnahmen ihre Kassenressourcen erheblich ausbauen und stabilisieren und waren nun auch zur Finanzierung umfangreicher Sachleistungen in der Lage[310]. Gerade diese organisati-

[310] Die radikalen Veränderungen der Kassenorganisation, zu denen die Abschaffung der Gemeinde- und der Baukrankenkassen wie auch die Einführung von Mindestkassengrößen gehörten (Tauchnitz 1999a, S. 151f.), richteten sich primär auf eine ökonomische Stärkung der AOK'n, die zur Standardkasse des jeweiligen Versicherungsamtsbezirks wurden. Um bestehende und bewährte Kasseneinrichtungen nicht ohne Not zu zer-

onalen Veränderungen trugen dabei nicht nur zur Festigung der ökonomischen Basis der Krankenkassen bei, sondern auch dazu, dass nicht mehr primär „der Schutz der Versicherten, sondern vor allem die wirtschaftliche Leistungsfähigkeit des Gesundheitswesens“ (Bandelow 1998, S. 41) in den Mittelpunkt gesundheits- und organisationspolitischer Zielsetzungen rückte. Auf der Ärzteseite verfügten 1913 sowohl der Deutsche Ärztevereinsbund als auch der Hartmannbund jeweils über Organisationsgrade von rund 80 beziehungsweise knapp 75 Prozent der deutschen Ärzteschaft und besaßen damit das unanfechtbare Repräsentationsmonopol sowohl für die organisierten ärztlichen standes- als auch die wirtschaftlichen Interessen. Vor allem der Hartmannbund hatte sich bis 1913 als konflikt- aber auch verpflichtungsfähige Interessenorganisation der Kassenärzte und damit ein organisiertes ärztliches Angebotsmonopol etabliert. Während die Gesamtzahl der berufstätigen Ärzte zwischen 1900 und 1913 nur um 32,5 Prozent zunahm, stieg die Summe der von der Krankenversicherung ausgezahlten Ärztehonorare im gleichen Zeitraum um rund 275 Prozent an. Die Explosion der Honorarausgaben war in erster Linie ein „Erfolg“ der aggressiven wirtschaftlichen Interessenpolitik des Hartmannbundes. 1913 machten die ärztlichen Honorare reichsweit bereits 25,4 Prozent der gesamten Leistungsausgaben aller gesetzlichen Krankenkassen aus und waren damit zu einem entscheidenden Faktor der Ausgaben der Krankenversicherung geworden.

Dies macht deutlich, dass 1913 sowohl eine ausreichende ökonomische Basis für ein stabiles, das gesamte Reich umspannendes Organisationsnetzwerk existierte als auch entsprechende machtvolle Monopolorganisationen auf der Nachfrage- wie der Angebotsseite vorhanden waren, die die jeweils von der Gegenseite zwingend benötigten ökonomischen oder personellen Ressourcen kontrollierten. Insofern war zu diesem Zeitpunkt der durch organisationale Gründungen und Gegengründungen geprägte organisationale Aufrüstungsprozess zwischen Krankenkassen und Kassenärzten weitgehend abgeschlossen. Den zentralisierten Kassenver-

---

schlagen, wurden auch die übrigen Kassentypen, vor allem die BKK'n und IKK'n, unter verschärften Bedingungen weiter zugelassen. Auch hier fanden Fusionen auf örtlicher Ebene statt. Eine ebensolche organisationale „Bereinigung“ fand auch bei den Ersatzkassen statt. Die Regelungen der *RVO vom 01.01.1914* bildeten den Auftakt zu einer staatlichen Politik, die auf eine von den Kassen weitgehend selbst durchgeführte Fusionierung zu größeren, ökonomisch leistungsfähigeren Einheiten gerichtet war. Allerdings griff der Staat niemals wieder so radikal zum Mittel der gesetzlich verordneten strukturellen „Bereinigung“ der Kassenlandschaft, sondern lagerte durch die entsprechende Gestaltung der (ökonomischen) Rahmenbedingungen der Kassen (z.B. Ausweitung der Regelleistungen) die Verantwortung für wirtschaftlich bedingte Kassenzusammenschlüsse auf die einzelnen Kassen bzw. die Kassenverbände aus. Bis heute forciert die staatliche Gesundheitspolitik in diesem Sinne Zusammenschlüsse von Kassen unter dem *Primat der ökonomischen Leistungsfähigkeit* auf „freiwilliger Basis“ und umgeht damit die Notwendigkeit einer großen „Strukturreform“. So hält z.B. Gesundheitsministerin Schmidt bundesweit rund 50 Krankenkassen, die über eine entsprechende „Marktgröße“ verfügen, für vollkommen ausreichend. Die staatliche Politik setzt dabei auf eine von den Kassen selbst vorgenommene „Marktbereinigung“, deren Ziel die Vergrößerung des Ressourcenpools und der „Marktmacht“ der einzelnen Kassen sein soll, um so einen „funktionierende[n] Wettbewerb im Gesundheitsmarkt“ zu erreichen (Financial Times Deutschland vom 05.11.2002).

bänden auf der einen Seite stand ein „sichtbar geeintes Ärztekartell" (Tamm 1998, S. 225) auf der anderen Seite gegenüber, das auch die Reichsregierung nicht mehr „mit einem Appell an die Verantwortung für das ‚Gemeinwohl' pazifizieren oder auseinanderdividieren konnte" (Tamm 1998, S. 225). Hinzu kam, dass 1913 die Konfrontation zwischen den Kassenverbänden – allen voran den Verbänden der Ortskrankenkassen und der Betriebskrankenkassen – und dem Hartmannbund als ärztlicher Kampforganisation an einem Punkt angelangt war, „an dem ein Generalstreik nicht mehr auszuschließen war" (Tamm 1998, S. 236).

Damit bestand die reale Gefahr eines wirtschaftlichen und organisatorischen Kollapses der Gesetzlichen Krankenversicherung. Dies hätte nicht nur zu einer politischen Legitimitätskrise des (kaiserlichen) Sozialstaates geführt, dessen sozialpolitisches Prestigeobjekt und maßgeblicher Teil der Institution der Sozialversicherung – einer „Kernsituation des Wohlfahrtsstaates" (Hockert 1983, S. 362) – im (ökonomischen) Verteilungskampf zwischen machtvollen Interessenorganisationen zugrunde gerichtet worden wäre, sondern auch den beteiligten Organisationen quasi auf einen Schlag die materielle Basis ihrer Organisationsmacht und -politik entzogen. Gerade deshalb entschlossen sich die maßgeblichen Interessenverbände 1913 unter massivem staatlichem Druck und entsprechenden Sanktionsdrohungen, aber eben auch aus organisationspolitischem Selbsterhaltungstrieb zur Bildung einer Art fixierter *Ressourcenverteilungskoalition* und damit zur Verstetigung ihrer bisher nur temporären Interorganisationsbeziehungen auf einer neuen, netzwerkartigen Ebene. Auf diese Weise konnten die drohenden, immer wieder gerade an ökonomischen Fragen entbrennenden organisationalen Konflikte in institutionalisierten Handlungskorridoren und -routinen eines Netzwerks aus staatlich legitimierten korporativen Akteuren kanalisiert, kleingearbeitet und damit langfristig weitgehend befriedet und entpolitisiert werden. Diesem Verfahren kam zu Gute, dass sich das *„Berliner Abkommen"* primär an bereits regional und kommunal bewährten Vereinbarungen orientierte (Tamm 1998, S. 241) und insofern für die Funktionseliten der beteiligten Organisationen im weitesten Sinne kein organisationspolitisches „Neuland" entstand.

2.2.3 Netzwerkbildung zur Minimierung ökonomischer Unsicherheiten

Nach 1913 gewann im Zuge des mit der *Reichsversicherungsordnung* vorangetriebenen Ausbaus des gesetzlichen Leistungsspektrums und der Verrechtlichung der Leistungsgewährung auch die Notwendigkeit einer genaueren Planung, Steuerung und Verteilung der Netzwerkressourcen unter wirtschaftlichen Gesichtpunkten erheblich an Bedeutung und an Akzeptanz.

Sowohl die Krankenkassen als auch die Kassenärzteorganisationen waren nämlich grundsätzlich an einer möglichst langfristigen Planungssicherheit der ärztlichen Honorarentwicklung und damit an einer wirtschaftlich stabilen Krankenversicherung interessiert.

Sehr rasch entwickelten auch die Kassenärzteorganisationen ein Eigeninteresse daran, die in der Weimarer Republik durch Wirtschaftskrisen, Massenarbeitslosigkeit und steigende Arzneimittelpreise gebeutelten Krankenkassen nicht durch allzu überzogene Honorarforderungen finanziell zu überfordern. In diesem Sinne diente das 1913 auf freiwilliger Basis begonnene und 1923 per Notverordnung institutionalisierte Organisationsnetzwerk von Anfang an in erster Linie zur *Reduktion von (materiellen) Unsicherheiten* der beteiligten Organisationen und *Verstetigung* ihrer Interorganisationsbeziehungen. Während nämlich großflächige „Ärztestreiks" nicht nur enorme Organisationsressourcen verschlangen, sondern auch der Erfolg einer jeden Aktion stets bis zuletzt unsicher blieb, bedeutete die Verstetigung und Institutionalisierung von stabilen Interorganisationsbeziehungen für alle Beteiligten eine Art *„win-win"-Situation.* Es wurde also eine Verhandlungssituation angestrebt, in der beide Parteien unter für sie berechenbaren Verhältnissen und mit überschaubarem Ressourcenaufwand zu einer einvernehmlichen, für beide Seiten vorteilhaften Kompromisslösung gelangen konnten. Auch für den Staat selbst diente ein stabiles ambulantes Organisationsnetzwerk zur *Unsicherheitsabsorbtion.*

So zielte die 1923 und 1931 durch Notverordnungen angesichts verheerender Wirtschaftskrisen vorgenommene Korporatisierung der Netzwerkstrukturen primär auf die *Stabilisierung* der Interorganisationsbeziehungen und auf eine *Versachlichung* vor allem der ökonomischen Verteilungsfragen ab. Auf diese Weise wurden per staatlichem „Notprogramm" die Handlungsblockaden der Netzwerkakteure in Phasen krisenbedingter extremer Ressourcenverknappungen überwunden und die Stabilität und Funktionsfähigkeit des Netzwerks insgesamt erhöht. Die in diesem Rahmen vorgenommenen staatlichen Interventionen in die Netzwerkstrukturen dienten also vor allem der langfristigen Sicherung des Systems der ambulanten Krankenversorgung im Rahmen der Gesetzlichen Krankenversicherung. Entscheidend war in diesem Zusammenhang vor allem die Sicherstellung eines reibungslosen Funktionierens des Netzwerks in wirtschaftlichen Krisenperioden mit Massenarbeitslosigkeit und entsprechend hohen Einnahmeausfällen der Krankenversicherung.

2.2.4 Die Folgen der netzwerkimmanenten ökonomischen Expansionslogik

Die Vernetzung und Verstetigung der Interorganisationsbeziehungen zwischen Krankenkassen und Kassenärzteorganisationen trug in diesem Zusammenhang entscheidend zur *Umdeutung der traditionellen Organisationssemantiken im polit-ökonomischen Sinne* bei. Als Beispiel kann hier das für die Gesetzliche Krankenversicherung charakteristische *„Solidar- oder Solidaritätsprinzip"* angeführt werden, das an traditionelle Formen der kollektiven Selbsthilfe durch Ressourcenzusammenlegung anknüpfte und bis heute den grundsätzlichsten Unterschied zwischen Gesetzlicher Krankenversicherung und Privatassekuranz ausmacht. In der Gesetzlichen Krankenversicherung werden die Beiträge in einem für alle Mitglieder einheitlichen Prozentsatz vom Arbeitseinkommen erhoben. Die Höhe der Beiträge ist damit unabhängig von Vorerkrankungen, Lebensalter und Familienstand des Versicherten. Im Gegenzug erhalten alle Mitglieder sowie ihre beitragsfrei mitversicherten Ehepartner und Kinder einen Rechtsanspruch auf die gleichen medizinischen Sachleistungen entsprechend ihrem jeweiligen Krankheitszustand und unabhängig von dei Anzahl und Höhe der jeweils geleisteten Beiträge. Das „Solidaritätsprinzip" bewirkte insofern „eine Umverteilung zwischen Mitgliedern mit größeren und geringerem Krankheitsrisiko, mit höherem und niedrigerem Einkommen und zwischen Verheirateten und Ledigen" (Deppe 1980, S. 108) sowie die Aufhebung des Äquivalententauschs, das heißt der Ware-Geld-Beziehung für Sachleistungen. Auf diese Weise konnte die Krankenversorgung seit 1883 im Prinzip unabhängig von Einkommen und Beitragsleistung eines Versicherten zumindest tendenziell an den jeweils individuellen Erfordernissen orientiert werden. Dieser Logik entsprach, dass die gesetzlichen Krankenkassen anders als private Versicherungsunternehmen ihr Geldvolumen nicht „nach Gesichtspunkten der Kapitalverwertung" anlegen durften, „sondern dass sie von einer kostendeckenden Umverteilung ihrer Einnahmen auszugehen" (Deppe 1980, S. 109) hatten.

Aufgrund des geltenden *Umlageverfahrens* sowie der Tatsache, „dass den Kassen nicht erlaubt war, außer Betriebsmitteln und einer gesetzlich vorgeschriebenen Rücklage Vermögen anzusammeln" (Reuscher 1999, S. 31), waren sie dazu gezwungen, mit den aktuellen Beitragseinnahmen sämtliche entstandenen Kosten für die in derselben Periode erbrachten notwendigen medizinischen Versorgungsleistungen zu bestreiten. Damit korrelierte die Entwicklung der Beitragshöhe unmittelbar mit den entstandenen Leistungsausgaben, die wiederum die jeweilige Nachfrage nach Versicherungsleistungen widerspiegelten. In Anbetracht des seit Erlass der *Reichsversicherungsordnung* immer stärker gesetzlich normierten Leistungsgeschehens und angesichts weitgehend fehlender Möglichkeiten zur eigenständigen Steuerung der Leistungsmengenentwicklung wurden die Kassen mehr oder weniger auf reine „Clearing-Organisationen" (Biermann 1992, S. 167) reduziert, die ein beständig wachsendes Finanzvolumen an die Leistungsanbieter weiterzuverteilen und „den reibungslosen Kapitalfluss im Gesundheitswesen" (Biermann 1992, S. 167) sicherzustellen hatten. Sie praktizieren die faktische Umverteilung der Kasseneinnahmen bis heute „allerdings in einer Weise, die es privatwirtschaftlich produzierenden und arbeitenden Leistungsanbietern – wie Arzneimittel- und Geräteindustrie, aber auch selbstständig niedergelassenen Ärzten – ermöglicht, hohe Gewinne zu realisieren" (Deppe 1980, S. 109).

Das für das ambulante Organisationsnetzwerk konstitutive Prinzip einer funktionalen Arbeitsteilung zwischen Krankenkassen und Ärzteschaft funktionierte nur dann, „wenn ständig mehr Geld in das Gesundheitswesen" (Jonitz 2002) einfloss. War die Krankenversicherung zunächst lediglich darauf ausgerichtet, minderbemittelten Lohnarbeitern ein Mindestmass an medizinischer Versorgung und materieller Sicherung im Krankheitsfall zu gewährleisten, so entwickelte sich doch sehr früh schon eine Tendenz zur permanenten Anpassung der Sachleistungen an den medizinischen Fortschritt und damit zur Ausdehnung des Leistungsspektrums wie der sachleistungsbezogenen Kassenausgaben. Diese *expansive Tendenz* leitete sich vor allem aus der gesetzlichen Maßgabe ab, dass die Krankenversorgung „ausreichend und zweckmäßig" zu sein habe und dass „Qualität und Wirksamkeit der zu Lasten der Krankenkassen erbrachten Leistungen ‚dem allgemein anerkannten Stand der medizinischen Erkenntnisse zu entsprechen' hätten" (Manow 1999, S. 156). Die Festschreibung dessen, was ausreichend und zweckmäßig war, lag seit Konstituierung des Organisationsnetzwerks formal „in der Verantwortung der gemeinsamen Selbstverwaltung von Kassen und Ärzteschaft" (Manow 1999, S. 156), also primär beim Reichs- beziehungsweise Bundesausschuss der Ärzte und Krankenkassen. Dabei dominierte die Ärzteschaft die fachlich-professionelle Seite des kollektiven Entscheidungsprozesses aufgrund ihres unangefochtenen Expertenstatus und unter permanentem Beharren auf dem als „Therapiefreiheit" umschriebenen faktischen ärztlichen Definitionsmonopol. Sofern also medizinischer Nutzen und Notwendigkeit einer neuen Therapie von den Ärztevertretern plausibel in Form von wissenschaftlichen Gutachten nachgewiesen werden konnten, fehlte es den Kassenvertretern in der Regel an triftigen Gründen, um der Aufnahme in den Leistungskatalog der gesetzlichen Kassen zu widersprechen. Seit Konstituierung des ambulanten Netzwerks entschieden also die Akteure im Rahmen der zentralen Netzwerkgremien gemeinsam über die verbindliche Aufnahme einer bestimmten Behandlungsmethode in den Leistungskatalog der Krankenversicherung, die sich immer mehr ausschließlich am Leitbild einer möglichst optimalen Versorgung der Kassenpatienten orientierte. Der von allen beteiligten Netzwerkakteuren hierbei im Prinzip verinnerlichte Glaube an den ununterbrochenen „Fortschritt der Medizin" zu Gunsten einer qualitativ immer hochwertigeren Patientenversorgung sowie sich überschneidende Partikularinteressen der beteiligten Organisationen führten zur Ausbildung einer Koalition der Netzwerkakteure in der Frage der permanenten Erweiterung des Spektrums abrechnungsfähiger, medizinisch notwendiger Sachleistungen.

Dabei waren nicht nur die Ärzte an einer entsprechenden Ausweitung des Leistungskatalogs der Gesetzlichen Krankenversicherung aus naheliegenden ökonomischen Gründen der Einkommenserhöhung interessiert, sondern auch die in Konkurrenz um bestimmte Mitgliedergruppen stehenden Krankenkassen selbst[311]. Im Wettbewerb um besser verdienende Versicherte, die trotz Zwangsversicherung über bestimmte Wahlmöglichkeiten zwischen den Kassentypen verfügten, drängten sie darauf, bestimmte Leistungsverbesserungen für ihre Mitglieder anzubieten. Vor allem die Kassenfunktionäre, die laut Herder-Dornreich (1994, S. 311) eigentlich im „harten ökonomischen Geschäft der regelmäßig stattfindenden Verhandlungen" daran gewohnt waren „scharf zu rechnen", fanden sich bei der Frage der Leistungsausweitung immer wieder „Kalkülen ausgesetzt, die sie leicht in Rationalitätsfallen führen" (Herder-Dornreich 1994, S. 311) konnten. Der Prozess der beständigen Erweiterung des (medizinischen) Leistungskatalogs wurde darüber hinaus noch durch eine ganze Reihe gesetzgeberischer Ausweitungsmaßnahmen[312] beschleunigt, durch die viele der freiwilligen, an der Finanzkraft der jeweiligen Kasse ausgerichteten und im Ermessen des Kassenvorstands liegenden Mehr-Leistungen zu Regelleistungen erklärt wurden und damit auch die finanzschwächeren Kassen belasteten[313]. Das Zusammenspiel aus gesetzlichen und netzwerkintern beschlos-

---

[311] So konnten z.B. die seit 1911 versicherungspflichtigen Angestellten entweder einer Ersatzkasse oder der BKK ihres Betriebs beitreten. Es bestand also ein Wahlspielraum im Versicherungszwang. Wenn sein Einkommen über der Versicherungspflichtgrenze von 5.000,- Mark Jahreseinkommen lag, konnte der Angestellte außerdem zwischen einer gesetzlichen oder privaten Krankenkassen wählen (Frerich/Frey 1996a, S. 115f.; Herder-Dornreich 1994, S. 311).

[312] Die wichtigsten gesetzlichen Maßnahmen zu Lasten der GKV waren: 1903 Verdopplung der Bezugsdauer für Krankengeld auf 26 Wochen, 1919 Einführung der Mutterschafts- und Wochenhilfe für weibliche Versicherte, 1930 Familienversicherung als Regelleistung. Hierdurch sollten der Staat bzw. die Kommunen von Fürsorgeverpflichtungen entlastet, d.h. Unterstützungszahlungen aus den öffentlichen Haushalten auf die GKV ausgelagert werden. 1970 wurde in ähnlicher Weise die Untersuchung zur Früherkennung von Krankheiten in den GKV-Leistungskatalog aufgenommen, 1974 kam der Anspruch auf Bezahlung einer Haushaltshilfe hinzu, 1989 das Recht auf häusliche Pflegeleistungen (Alber 1992, S. 28; Manow 1999, S. 156).

[313] Dies gilt v.a. für die *Familienversicherung* (Familienhilfe), die während der Weltwirtschaftskrise durch die *Notverordnung vom 26.07.1930* als Regelleistung eingeführt wurde. Während viele städtische Kassen Familienhilfe als freiwillige Mehrleistung gewährt hatten, verursachte die Verordnung bei kleinen und ländlichen

senen Leistungsausweitungen führte zur Vereinheitlichung und Standardisierung des allgemeinen Leistungskatalogs der Krankenversicherung und hob die finanzpolitisch bedingten Handlungsspielräume der Einzelkassen in der Leistungsgewährung weitgehend auf.

Die sich aus einer derartigen, regionale Besonderheiten vernachlässigenden übergeordneten *Expansionslogik* entwickelnde Ausweitung der Sachleistungen löste einen tiefgreifenden *Funktionswandel* der Gesetzlichen Krankenversicherung aus, in dessen Verlauf sich das Verhältnis zwischen Bar- und Sachleistungen umkehrte. „Galt ursprünglich ein Verhältnis zwischen Geld- und Sachleistungen von 1,7 : 1, so war 1925 die Parität erreicht, 1955 lag die Relation dann schon bei 4 : 1 zugunsten der Sachleistungen" (Manow 1999, S. 157). Hieraus lässt sich schließen, dass die zwischen 1924 und 1929 in einer Phase gesamtwirtschaftlicher Konsolidierung einsetzende erhebliche Steigerung der Leistungsausgaben primär durch eine Ausweitung des Angebots an ärztlichen Behandlungsleistungen verursacht wurde. Als 1929 die Weltwirtschaftskrise begann, wurde diese Entwicklung zu einem durch das Netzwerk selbst (re-)produzierten ökonomischen Problem. Das der Gesetzlichen Krankenkasse zugrunde liegende Umlageprinzip bewirkte dabei, dass bei ansteigenden Leistungsausgaben zwangsläufig auch die Kasseneinnahmen ausgeweitet werden mussten. Höhere Ausgaben konnten in gesamtwirtschaftlichen Wachstumsperioden relativ leicht über steigende Lohnarbeiterzahlen und Lohnniveaus und die dementsprechend ansteigenden Beitragszahlungen kompensiert werden. Sobald derartige, von der gesamtwirtschaftlichen Entwicklung abhängige (externe) Effekte aber nicht ausreichten, um die Ausgabensteigerungen zu kompensieren, blieb der Krankenkasse nichts anderes übrig, als die Höhe ihrer Einnahmen über die Festlegung kostendeckender Beitragssätze an die Ausgabensituation anzupassen. Die andere Alternative einer Beschränkung der Leistungsausgaben oder die Kürzung der Ärztehonorare gewann aufgrund der starren Abwehrfront der Kassenärzteorganisationen keine praktische Relevanz. Insofern wählten die Kassen mit einer Korrektur der Beitragssätze in der Regel den Weg des geringsten Widerstandes, zumal sie hierbei auch von der Kassenärzteschaft entsprechend unterstützt wurden.

Neben der Anhebung der Beitragssätze bestand noch die Möglichkeit der unmittelbaren staatlichen Intervention. Der Staat konnte nämlich durch gesetzliche Verordnung den Kreis der Versicherten zum einen durch eine rein mengenmäßige Ausdehnung auf weitere versiche-

---

Kassen einen schwer verkraftbaren Mehraufwand. Förtsch (1995, S. 236) beschreibt dies am Beispiel der Kassen im Landkreis Schwäbisch Hall. Hier waren es die kleinen Kassen des Haller Raums, „deren Leistungen in der Familienhilfe bisher relativ niedrig gewesen waren und die nun etwa auch die Zahnbehandlung von Familienangehörigen und die Hälfte der Arznei- und Heilmittelkosten für sie übernehmen mussten".

rungsbedürftige Personengruppen ausdehnen, wie dies besonders zwischen 1883 und 1911 mehrfach geschah, und damit die rein zahlenmäßige Basis für größere und finanzstärkere Krankenkassen legen (Tauchnitz 1999a, S. 150ff.). Zum anderen bestand aber auch die Möglichkeit, über eine Anhebung der Versicherungspflichtgrenze den Versichertenkreis auf einkommensstärkere Schichten des Proletariats und des „neuen Bürgertum" auszuweiten, um der Gesetzlichen Krankenversicherung neue Einnahmequellen zu erschließen. Auf diese Weise wurde die Versicherungspflichtgrenze beispielsweise im Rahmen der Reichsversicherungsordnung 1911 von 2.000,- auf 2.500,- Mark Jahreseinkommen angehoben und gegen den Widerstand der organisierten Ärzteschaft, die hiergegen schon seit 1906 ebenso wie gegen die Familienversicherung polemisiert hatte (Huerkamp 1985, S. 221f.), der bisherigen Lohnsteigerung Rechnung getragen, durch die viele Lohnarbeiter in den Großstädten wieder aus der Versicherungspflicht herausgefallen waren, obwohl sie und ihre Familien aufgrund ihrer materiellen Lage durchaus weiterhin versicherungsbedürftig waren (Huerkamp 1984, S. 223). Ab 1918 wurde dann unter verstärktem Bezug auf das „Solidarprinzip" die schrittweise Anhebung der Versicherungspflichtgrenze gezielt dazu angewandt, um die Krankenversicherung in den Bereich der Besserverdienenden auszuweiten.

Eine derartige inklusive, primär auf die Erschließung lukrativer Einnahmequellen und nicht auf die Einbeziehung weiterer versicherungsbedürftiger Personengruppen ausgerichtete Politik setzte am 22. November 1918 mit einer Verordnung des *„Rats der Volksbeauftragten"* ein, mit der die Obergrenze für die Pflichtmitgliedschaft in der Gesetzlichen Krankenversicherung auf ein Jahreseinkommen von 5.000,- Mark verdoppelt und „denen, die mehr verdienten, eine unbegrenzte freiwillige Weiterversicherung" (Wolff 1997, S. 107) ermöglicht wurde. Diese Ausweitung der Krankenversicherung sollte primär „die durch Kriegssituation, die Geldentwertung und zusätzliche Kassenleistungen entstandene eklatante Finanznot der Kassen ausgleichen" (Wolff 1997, S. 107). Damit wurde das „Solidarprinzip" endgültig zu einem polit-ökonomischen Begriff verkehrt, der für die organisierte Ärzteschaft bis heute unter Beweis stellt, dass die chronische „Finanzkrise" der Krankenkassen in erster Linie ein reines „Einnahmeproblem" (Jonitz 2002) darstelle. Fortan diente die Anhebung der für die Versicherungspflicht maßgeblichen Einkommensgrenzen oder die Inklusion weiterer Berufs- oder Personengruppen primär dem Ziel, einen ausreichend großen Ressourcenpool und eine günstige „Risikostruktur“ der Versichertengemeinschaft zu bilden, auf deren Basis ein langfristig funktionsfähiger Risikoausgleich möglich schien[314].

Zugleich wurde hiermit allerdings auch der Kreis der Anspruchsberechtigten, also der Markt für kassenärztliche Dienstleistungen vergrößert, was schon zwangsläufig zum weiteren Anstieg der Leistungsausgaben der Kassen und damit zeitversetzt zu neuen Bemühungen führte, die Ausgabenexpansion durch entsprechende Ausweitungen der Einnahmenseite zu kompensieren. Auf diese Weise entstand eine netzwerkspezifische *Expansionsdynamik*, die in Anlehnung an Herder-Dornreich (1994, S. 313ff.) auch als *„Rationalitätsfallenkette“* bezeichnet werden kann. Es verwundert deshalb nicht, dass die Krankenkassen in erster Linie an einer Anhebung der Versicherungspflichtgrenze, durch die Personengruppen mit relativ hohem Durchschnittseinkommen und entsprechend hohen Beiträgen in die Gesetzliche Krankenversicherung integriert wurden, interessiert waren.

Dementsprechend verhalten waren ihre Reaktionen auf staatliche Bestrebungen zur Ausweitung der Krankenversicherung auf einkommensschwache Personengruppen. Schließlich war voraussehbar, dass in diesem Fall die „Solidargemeinschaft“ der Versicherten mit der Summe ihrer Beiträge bei gleicher Leistungsinanspruchnahme auch für die von beitragschwachen oder beitragsfreien Versichertengruppen verursachten, aber nicht durch ausreichende Beitragszahlungen kompensierten Leistungsausgaben einstehen mussten. Auch die Ärzteorganisationen reagierten zu allen Zeiten auf die Ausdehnung der Krankenversicherung auf sol-

---

314 Damit bemühte sich jede Krankenkasse um einen unter ökonomischen Gesichtspunkten für sie tragbaren *„Versichertenmix“* aus möglichst vielen lohnarbeitenden Beitragszahlern (Pflichtversicherten) mit einem hohen Anteil an gut Verdienenden (freiwillig Versicherten), einem geringen Anteil von Rentnern, Arbeitslosen, Sozialhilfeempfängern (hohe Leistungsinanspruchnahme bei reduzierten Beiträgen) und wenigen beitragsfrei mitversicherten Familienangehörigen (Familienlastenausgleich). Der Beitragssatz berechnet sich wie folgt: (Höhe der Aufwendungen/Höhe der Einkommen) x 100. Folglich sind die Kassen, deren „Versichertenpool“ über ein relativ niedriges Durchschnittseinkommen verfügt, bei gleicher Leistungsinanspruchnahme zu einem höheren Beitragssatz gezwungen als Kassen, die über Versichertengruppen mit höherem Durchschnittseinkommen verfügen. Zugleich können bei gleichen Beitragssätzen „Kassen mit einer überdurchschnittlichen Zahl besser Verdienender mehr Leistungen erbringen und sich gegenüber anderen Kassen profilieren“ (Veith 1988, S. 73). Aus diesem Grund waren zu jeder Zeit die „Abwanderungsströme der Versicherten für die einzelnen Kassen äußerst folgenreich“ (Veith 1988, S. 74). Im Wettbewerb um die Besserverdienenden schnitten die Ersatzkassen trotz zumeist höherer Beitragssätze besser ab. Das resultierte einerseits aus dem weit verbreiteten affektiv begründeten Vorurteil, dass niedrigere Beiträge auch „billige“ und deshalb „schlechte“ Leistungen bedeuteten (Veith 1988, S. 55f.), andererseits aus den von den Ersatzkassen mit ihrer Abgrenzungsstrategie erzielten „Image- und Statusvorteilen sowie tatsächlichen Bevorzugungen beim Arzt“ (Veith 1988, S. 74). Diese ergaben sich aus den von ihnen kollektivvertraglich vereinbarten höheren Arzthonoraren, wodurch die übrigen Kassenarten unter zusätzlichen ökonomischen Druck gerieten. Das Konkurrenzverhalten zwischen den Kassen übertrug sich auch auf die Organisationspolitik ihrer Verbände. Deren Politik war lange Zeit vorrangig auf die Profilierung gegenüber den übrigen Kassenarten anstatt auf ein konzertiertes Vorgehen gegenüber den Ärzteorganisationen ausgerichtet. Ein solcher Fokus erwies sich allerdings als „kontraproduktiv für das Agieren der Kassen als pressure group“ (Veith 1988, S. 75). Dies erklärt die relative Schwäche der Kassen gegenüber den ärztlichen Interessenorganisationen im Netzwerk, weshalb sie z.B. Biermann (1992, S. 175) auch als „Papiertiger“ bezeichnet.

che vom Staat als versicherungsbedürftig definierte Personenkreise in der Regel eher zurückhaltend (Huerkamp 1985, S. 222), da sie zu Recht „befürchteten, für die damit verursachte Verknappung der Mittel der GKV mit Leistungs- und Honorareinschränkungen einstehen zu müssen“ (Vogt 1998, S. 926)[315]. Über die ökonomischen Motive des politisch mit dem „Solidargedanken“ begründeten *fortschreitenden Inklusionsprozesses* in die Gesetzliche Krankenversicherung, die im Laufe der Zeit von einer reinen „Arbeiterversicherung“ zur *„Volksversicherung“* ausgedehnt wurde, besteht bis heute zwischen Krankenkassen und Ärzteorganisationen weitgehend Einigkeit. Deshalb wird auch der *Gedanke des Solidarausgleichs* zwischen den einzelnen Versichertengruppen im Prinzip „von niemandem ernsthaft in Frage gestellt“ (Vogt 1998, S. 926). Allerdings wurden gerade die seit dem Kaiserreich in regelmäßigen Abständen erfolgten Anhebungen der Versicherungspflichtgrenzen „mit der gleichen Regelmäßigkeit von der organisierten Ärzteschaft so entschieden wie letztlich erfolglos kritisiert“ (Wolff 1997, S. 107. Die Ärzte befürchteten durch die Inklusion bisher lukrativer Privatpatienten in die Krankenversicherung, deren Behandlung dann nur noch zu den geringeren Kassenhonoraren erfolgte, reale Einkommensverluste, ja sogar die „Vernichtung ärztlicher Existenzen“ (Wolff 1997, S. 108).

Doch auch die Kassenärzteorganisationen begriffen alsbald, dass die von ihnen als Schritt zur allgemeinen Krankenversicherungspflicht und „Verstaatlichung des Gesundheitswesens“ (Wolff 1997, S. 109) bekämpfte Ausdehnung des Versichertenkreises den finanziellen Handlungsspielraum und die Kompromissbereitschaft der Kassen in Honorarverhandlungen zu ihren Gunsten beeinflusste. Außerdem ergab sich durch die zwangsläufig steigende Zahl der Nachfrager von kassenärztlichen Leistungen die Möglichkeit zur quantitativen Ausdehnung abrechnungsfähiger Leistungen und damit die Chance zur Überkompensierung der Einnahmeausfälle aus der mehr oder weniger wegbrechenden Privatpraxis[316].

---

315 Deshalb kritisiert die organisierte Kassenärzteschaft z.B. die Familienversicherung (Familienhilfe) bis heute als *„versicherungsfremde Leistung“*, d.h. als Leistung, die mit der ursprünglichen Aufgabe der GKV nicht in Einklang stehe (Vogt 1998, S. 928). Darüber hinaus werden aber auch die ungedeckten Kosten der *Krankenversicherung der Rentner* – nach Vogt (1998, S. 926) entfielen 1994 bei einem durchschnittlichen Beitragssatz von 12,35 % allein 3,66 Prozentpunkte auf den Ausgleich für die Leistungsausgaben für Rentner – und der *Krankenversicherung der Arbeitslosen* – die Bundesanstalt für Arbeit zahlt einen um 20 % geminderten Beitrag an die Kassen – als „versicherungsfremde Leistungen“ der GKV gewertet. Laut Vogt (1998, S. 926) erwartet die Ärzteschaft deshalb, dass dieser Solidarausgleich zwischen den Versichertengruppen „bei allen Diskussionen über die Kostenentwicklung gewürdigt und berücksichtigt wird und dass die Ärzte z.B. nicht für die altersbedingte Kostenentwicklung verantwortlich gemacht werden“.

316 Nach Wolff (1997, S. 108) ist fraglich, ob zwischen 1913 und 1928 durch die gesetzlichen Regelungen wirklich ein signifikanter Übergang des „klassischen“ Klientels der Privatpatienten in die Pflichtversicherung stattgefunden hat, wie dies die Ärzteschaft befürchtete. Unbestreitbar nahm die Zahl der Kassenmitglieder zwischen 1913 und 1928 um rund 51 % zu. Zugleich stieg ihr Anteil an der Gesamtbevölkerung von 21,7 % auf 34,2 % an. Wolff weist nach, dass im selben Zeitraum im Verhältnis zur Erwerbsbevölkerung der Anteil

2.2.5 Der Kampf um die Wirtschaftlichkeitskontrolle der ärztlichen Tätigkeit

Grundsätzlich akzeptierten alle Netzwerkakteure sehr bald schon die Notwendigkeit einer Ausgabenkontrolle und der Vermeidung von medizinisch unnötigen Ausgaben in der Krankenbehandlung. Gerade in wirtschaftlichen Krisenzeiten wurden die Kassenärzte beispielsweise immer wieder mit Forderungen von Staat und Krankenkassen konfrontiert, zurückhaltender und sorgfältiger mit ärztlichen Behandlungsleistungen umzugehen, um die Kassenfinanzen zu schonen. Auf diese Weise wurde ihnen auch „eine moralische Verantwortung für die ökonomischen Folgen ihres Handelns" (Vogt 1998, S. 947) zugewiesen. Dabei ist entscheidend, dass die organisierte Ärzteschaft die Forderung nach ärztlicher Sorgfalt und Leistungsbeschränkung stets grundsätzlich unterstützte. Allerdings verteidigen die Organisationen der Kassenärzte zugleich ihr durch den Gesetzgeber verliehenes Monopol zur Definition von Notwendigkeit, Art und Umfang einer Krankenbehandlung bis heute hartnäckig und weitgehend erfolgreich gegen jeden Versuch des kontrollierenden und steuernden Eingriffs durch Krankenkassen oder Staat[317].

Von den ärztlichen Körperschaften wurden seit 1945 wiederholt „politische und wirtschaftliche Argumente zurückgewiesen und erst recht administrative[r] Druck auf die Ärzte, wie er insbesondere in der NS-Zeit bestand" (Vogt 1998, S. 948)[318]. Die ärztliche Abwehrar-

der Kassenmitglieder nur um ca. 2 % angestiegen ist. Ein so marginaler Zuwachs infolge der Erhöhung der Versicherungspflichtgrenze stellte keine Gefahr der Privatpraxis dar. Deshalb kann vermutet werden, „dass die größte Zahl der Versicherten auf der zunehmenden Erwerbstätigkeit beruhte" (Wolff 1997, S. 108), d.h. originär aus der Vergrößerung der Lohnarbeiterschaft resultierte und damit einen bisher für ärztliche Leistungen unterentwickelten „Markt" erschlossen hat. Es dürften sich also eher Einkommenszuwächse aus der Kassenarztpraxis ergeben haben. So zeigt sich u.a., dass der Anteil der Ärztehonorare an den gesamten GKV-Leistungsausgaben von 1913 bis 1928 nur von 25,6 auf 27,7 % angestiegen ist, d.h. sich linear zu diesen entwickelt hat. In absoluten Zahlen haben sich die Honorare hingegen mehr als verfünffacht, während die Gesamtzahl der beruftätigen Ärzte nur um rund 44 % zunahm. 1928 entfielen also auf jeden Kassenarzt wesentlich höhere Einnahmen aus der Kassenpraxis als 1913. Diese Steigerung übertraf den normalen Inflationsausgleich bei weitem (eigene Zusammenstellung und Berechnung).

317 Die Ärzteorganisationen wurden durch die herrschende Rechtsprechung unterstützt. So bescheinigte z.B. noch unlängst das LSG Brandenburg den Kassenärzten, „die Schlüsselfiguren im Leistungsrecht der gesetzlichen Krankenversicherung" zu sein. Die Vertragsärzte hätten deshalb das Recht, ohne vorherige Zustimmung der Kasse den Leistungsanspruch eines Versicherten auf Behandlung verbindlich zu konkretisieren, also Art und Umfang der ärztlichen Leistung und die erforderliche Versorgung mit Heilmitteln völlig autonom festzulegen. Das LSG weist aber darauf hin, dass zwischen Kassen und Vertragsärzten (kollektivvertraglich) auch eine andere Regelung vereinbart werden könne (LSG Brandenburg, Urteile vom 09.07.2002 – L 4 KR 11/01 u.a.).

318 Ab 1933 wurde die organisierte Ärzteschaft vom Staat zur Mithilfe bei der Eindämmung der GKV-Leistungsausgaben verpflichtet. Dies war der Preis, den sie für die Legitimierung ihrer Monopolstellung in der GKV zu zahlen hatte. Die Kassenärzte sollten nun „der Anspruchshaltung von Patienten entgegentreten und diese im völkischen Interesse auf Leistungserbringung verpflichten" (Vogt 1998, S. 948). Zu diesem Zweck wurde die KVD dazu ermächtigt, die Wirtschaftlichkeit der ärztlichen Behandlungsweise zu überwachen. 1938 wurden dann in einem weiteren Schritt alle Rahmen- und Mantelverträge zugunsten eines „Reichspauschals" aufgehoben. Damit setzte bis 1945 eine Phase der staatlichen Festlegung der Ärztehono-

gumentation verwies in der Regel darauf, dass jeder Arzt „nach bestem Wissen und Gewissen dem gesundheitlichen Wohle des Patienten verpflichtet" (Vogt 1998, S. 948) sei. Dabei hätten ökonomische Überlegungen der Leistungsbegrenzung immer zurückzustehen. Die Ärzteschaft berief sich also nach wie vor auf übergeordnete berufsethische Verpflichtungen des Ärztestandes, um den von Staat und Krankenkassen unternommenen Versuchen einer Leistungssteuerung und -begrenzung entgegenzutreten, verteidigte damit aber zugleich auch ihre professionelle Autonomie. Zwischen den Netzwerkakteuren war aber nicht mehr die Frage ob, sondern vielmehr wie und durch wen eine rationale Steuerung der Netzwerkressourcen erfolgen sollte, das umkämpfte Terrain innerhalb der gemeinsamen Netzwerkgremien. Allen Akteuren ging es hierbei vor allem um die Erlangung und den Ausbau von Einflusssphären und die Stärkung der eigenen Verhandlungsmacht in den kollektiven Gremien und im Rahmen der Kollektivvertragsverhandlungen. Dabei zogen die Krankenkassen, die angesichts der potenziellen „Gegensätzlichkeit der Interessen der Versicherten an niedrigen Beitragssätzen einerseits und an hohen Leistungen ohne Selbstbeteiligung andererseits" (Mayntz 1997, S.220) mit ihren Kostendämpfungsbemühungen immer wieder einen interessenpolitischen Spagat vollführen mussten, vielfach den kürzeren. Die Folge war die Akzeptanz einer kaum kassenseitig beeinflussbaren Entwicklung der Leistungsausgaben. Hinzu kam, dass sich die Verteilungskonflikte zwischen Krankenkassen und Ärzteorganisationen stets innerhalb des gesetzlich festgelegten, auf Konfliktkanalisierung und Kompromissbildung ausgelegten Handlungsrahmens in (hierarchisch) ausdifferenzierten und institutionell verfestigten Verhandlungs- und Entscheidungsarenen abspielten. Spätestens seit 1931 beachteten die Akteure generell den Grundsatz der Erhaltung der Netzwerkstabilität. Bestrebungen zur Auflösung oder Zerstörung des Netzwerks, wie sie besonders in seiner der Frühphase, in der noch alle Organisationen durch den Einsatz aller zur Verfügung stehender Mittel und Ressourcen die Durchsetzung (kurzfristiger) ökonomischer Interessen auf Kosten des Verhandlungsgegners zu erreichen versuchten, wurden nun nicht mehr entwickelt.

---

rare ein. Als Folge lagen die Honorare 1940 lediglich um rund 1,8 % über dem Niveau von 1931 und waren danach sogar rückläufig. Hinzu kam der seit 1939 massive administrative Druck auf die Ärzte aus wehrwirtschaftlichen Gründen z.B. rigide mit Krankschreibungen zu verfahren. Es bleibt festzuhalten, dass die über KVD und Reichsärztekammer erfolgte korporatistische Einbindung der Ärzteschaft in den NS-Staat für sie eine Statusaufwertung aber auch eine massive staatliche Kontrolle und Steuerung ihrer Tätigkeit bedeutete und ihnen keine ökonomischen Vorteile brachte.

2.2.6 Eskalation in der Wirtschaftskrise: Die Abhängigkeit der Netzwerkstabilität von externen ökonomischen Faktoren

Bis zur Bildung der Kassenärztlichen Vereinigungen im Jahre 1931 erfolgt ein etappenweiser Ausbau der Kooperationsstrukturen. Damit wurden die Grundlagen des noch heute gültigen korporatistischen Organisationsnetzwerks zementiert. In diesem Sinne stellte sich die Entwicklung der Netzwerkbeziehungen zwischen 1913 und 1931 aber – wie an zahlreichen Beispielen rekonstruiert – als durchaus konflikthaft und zerbrechlich dar. Als entscheidende Schwachstelle für eine langfristige Stabilität der Netzwerkbeziehungen erwies sich immer wieder, dass die Kassenressourcen, primär die Summe der Beitragszahlungen der Versicherten und ihrer Arbeitgeber, in Abhängigkeit von der konjunkturellen Entwicklung (Arbeitslosigkeit, Lohnentwicklung) bei einem gleichbleibenden Beitragssatz extrem schwanken konnten. In diesem Sinne war das gesamte ambulante Organisationsnetzwerk sehr stark abhängig von den jährlich schwankenden Kasseneinnahmen und insofern über die Lohnarbeitszentrierung der Gesetzlichen Krankenversicherung fest an das gesamtwirtschaftliche Wachstum gekoppelt. Da gleichzeitig aber die Leistungsausgaben und in diesem Zusammenhang auch die Ärztehonorare stetig anstiegen, musste es gerade in wirtschaftlichen Krisenperioden mit entsprechend hoher Massenarbeitslosigkeit, wie dies mehrfach in der Weimarer Republik der Fall war, zwangsläufig zu neuen Verteilungskonflikten zwischen Krankenkassen und Ärzteorganisationen kommen. Die Abhängigkeit des Netzwerks von *externen ökonomischen Faktoren* führte deshalb dazu, dass der im Grunde recht stabile Netzwerkkonsens gerade in den schweren Wirtschaftskrisen der Weimarer Republik (1919-1924, 1929-1930) mehrfach zu zerbrechen drohte. In konjunkturellen Boom- oder Konsolidierungsphasen konnten die Ärzteorganisationen die von ihnen eingeforderten Honorare innerhalb der etablierten Verhandlungsroutinen ohne größere Konflikte gegenüber den an Auseinandersetzungen nicht interessierten, unter keinem allzu großen Handlungsdruck von Seiten ihrer Mitgliedskassen stehenden Spitzenverbänden durchsetzen.

Die Kostenentwicklung im ambulanten Sektor stellte sich damit weitgehend als Ausdruck der organisationalen Machtverteilung im ambulanten Netzwerk dar. Die Folge waren insbesondere seit 1924 beständig ansteigende Leistungsausgaben (Tennstedt 1976a, S. 401). Die Krankenkassen zogen es dabei vor, die steigenden Ausgaben durch Erhöhungen der Beitragssätze zu kompensieren, das heißt sie auf die Versicherten abzuwälzen und damit gewissermaßen aus dem Netzwerk zu *externalisieren*. Auf diese Weise wurden nicht nur die permanent ansteigenden Leistungsausgaben von den Krankenkassen mit (re-)produziert. Es stieg auch zwangsläufig der durchschnittliche Beitragssatz von 1913 mit 2,44 Prozent bis 1919 auf 4,5 Prozent, das heißt fast das Doppelte an, passierte 1924 die 6,0 Prozent-Grenze und erreichte 1929 mit 6,43 Prozent den vorläufigen Höchststand (eigene Zusammenstellung).

Abb. 20: Entwicklung des durchschnittlichen Beitragssatzes 1885-2000

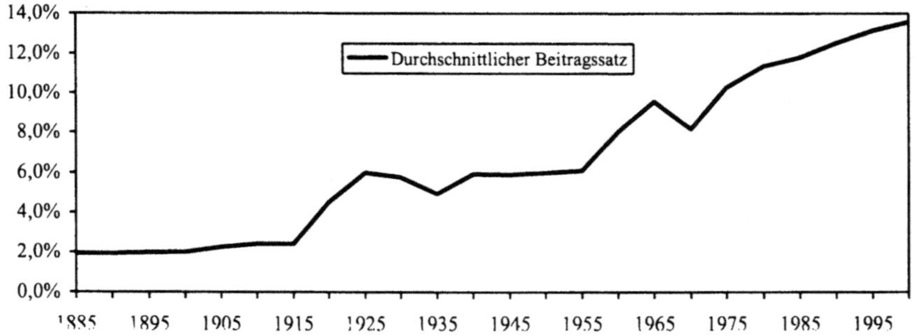

Quelle: eigene Zusammenstellung

Angesichts der prekären gesamtwirtschaftlichen Lage – von 1929 bis 1932 halbierte sich infolge der Weltwirtschaftskrise das nominale Sozialprodukt, zugleich stieg die Zahl der Arbeitslosen bis 1932 auf 18,12 Millionen an (Tennstedt 1976a, S. 400), außerdem mussten die noch in Arbeit stehenden Versicherten Lohnkürzungen hinnehmen – waren die Kassen mit dramatisch einbrechenden Beitragseinnahmen konfrontiert. Angesichts der gesamtwirtschaftlichen Lage schien es jedoch unmöglich, die Beitragssätze in bewährter Weise weiter zu erhöhen[319]. Aus diesem Grunde konnten die Krankenkassen ihren bisherigen beitragspolitischen Handlungsspielraum nicht mehr nutzen und waren, da sie nur über geringe Rücklagen verfügten, zu Einschränkungen auf der Ausgabenseite gezwungen. Zugleich wurde deutlich, dass die Ausgabenentwicklung der Kassen, vor allem bei den Sachleistungen, nicht mit den sinkenden Einnahmen Schritt hielt. Vielmehr sanken die Leistungsausgaben im Vergleich zum rapiden Einnahmen- und Versichertenrückgang nur sehr langsam und unterproportional ab (Förtsch 1995, S. 237).

[319] Diese Erkenntnis dürfte Resultat massiver Proteste der Arbeitgebervertreter in den Selbstverwaltungsorganen der Kassen vor Ort wie auch der industriellen Interessenverbände auf der Kassenverbandsebene und den Reichsministerien gewesen sein. Ähnlich wie heute monierten die Arbeitgeber die hohen Beiträge und forderten eine Verringerung ihrer finanziellen Belastungen (Förtsch 1995, S. 243). Insofern ist die aktuelle Diskussion über eine Senkung der „Lohnnebenkosten", zu denen auch der Arbeitgeberanteil der Versichertenbeiträge zur GKV gehört, nicht neu.

Da die Kassenfinanzen trotz aller Sparbemühungen in den von den Kassen unmittelbar beeinflussbaren Bereichen[320] in eine immer prekärere Situation gerieten, erhöhte sich der Handlungsdruck auf die Kassenvorstände und die Funktionäre der Spitzenorganisationen ganz erheblich und zwang diese zur Konfrontation mit den Kassenärzteorganisationen. Gerade die Ärzte wurden nämlich von den Kassen als eigentliche „Urheber einer ungerechtfertigten Steigerung der Inanspruchnahme" (Seel 1958, S. 52) von Kassenleistungen identifiziert. Ihnen wurde „vorgeworfen, sie plünderten aus materiellen und egoistischen Gründen die Kassen aus" (Seel 1958, S. 51). Die Folge war eine neuerliche Verschärfung der Auseinandersetzungen mit den Ärzteorganisationen um eine Begrenzung des Honoraranstiegs, der kassenärztlichen Zulassung[321] und auch der arztinduzierten Leistungsausgaben, wobei alle drei Faktoren als maßgebliche „Kostentreiber" angesehen wurden. „Ein heftiger Kampf um die Klarlegung der Ursachen dieser Entwicklung entbrannte. Nach der Erklärung der Kassen lag die alleinige Schuld bei den Ärzten. Diese wiesen darauf hin, dass nicht sie die Steigerung verursachten, sondern die immer höher getriebenen freiwilligen Leistungen der Kassenverwaltungen, die einander im Wettbewerb überboten, ferner die von den Gewerkschaften betriebene Aufklärung der Versicherten über ihre Ansprüche und Rechte, der allgemeine Zeitgeist, der nicht auf Dienst zum gemeinen Nutzen, sondern zur Ausnutzung der Gemeinschaft abgestellt war und schließlich eine mit kurpfuscherischen Methoden betriebene hygienische und gesundheitliche Aufklärungsepidemie" (Gassert 1934; zitiert nach Tennstedt 1976a, S. 401).

2.2.7 Die gemeinsame Reproduktion einer Missbrauchssemantik als Legitimation für die Externalisierung steigender Leistungskosten auf die Versicherten

Im Mittelpunkt der ärztlichen Argumente standen primär die von ihnen als versicherungsfremde Leistungen seit jeher bekämpften Mehrleistungen der Kassen. Eigentliche Hauptursache für die überproportional ansteigenden Leistungsausgaben war nach Ansicht der organisierten Kassenärzte allerdings ein theoretisches Konstrukt, das in der Gesundheitsökonomie als *„Anspruchsinflation"* (Herder-Dornreich 1994, S. 308) der Versicherten bezeichnet wird.

---

320 Bei den von den Kassen selbst veranlassten Maßnahmen handelte es sich vor allem um die Abschaffung der meisten Kann-Leistungen, der strikten Auslegung jedes Ermessensspielraums zu Gunsten der Kasse, der Verstärkung der vertrauensärztlichen Untersuchungen sowie der Kürzung der Gehälter der Kassenangestellten.

321 Laut Seel (1958, S. 51) gingen die Kassen davon aus, dass die Inanspruchnahme der Krankenversicherung parallel mit der Zunahme der Zahl der Ärzte je Versicherten ansteigen würde. Insofern wurde das Thema der kassenärztlichen Zulassung also unmittelbar in Verbindung mit den steigenden Leistungsausgaben gebracht.

Ideologischer Kern dieser *„Missbrauchssemantik"* ist die Behauptung, dass die Versicherten seit 1918 unter dem Einfluss einer systematischen Propaganda zunehmend „die Achtung vor der ärztlichen Leistung" (Seel 1958, S. 50) verloren hätten. Nach Seel (1958, S. 50) hätten sich die Versicherten an den „Zustand der Kostenlosigkeit" gewöhnt und „gingen mit der ärztlichen Leistung ebenso sorglos um wie mit Wasser in einem wasserreichen Land". Demzufolge läge die eigentliche Ursache des Anstiegs der Leistungsausgaben in der „Null-Tarif-Mentalität" (Wanek 1994, S. 380) der Versicherten begründet, welche die ärztlichen Dienstleistungen unangemessen oft in Anspruch nähmen. Diese Auffassung, die sich bis heute vor allem in gesundheitsökonomischen Kreisen trotz geringer empirischer Plausibilität einer gewissen Beliebtheit erfreut, basiert im Prinzip auf der idealtypischen Annahme eines vollständig zweckrational-ökonomischen Verhaltens eines jeden Versicherten im Sinne des „homo oeconomicus". Dieser dehnt seine Nachfrage nach medizinischen Leistungen aus, um einen entsprechenden Gegenwert für den von ihm geleisteten Kassenbeitrag zu erhalten. „Wenn alle sich so verhalten, steigt die Inanspruchnahme des Gesundheitswesens, damit steigen die Kosten, notwendigerweise folgen die Umlagen. Steigende Beiträge lassen es wiederum rational erscheinen, die Ansprüche an die gesundheitliche Versorgung zu erhöhen, um das Geleistete ‚wieder hereinzuholen'" (Herder-Dornreich 1994, S. 309). Dieses individuell rationale Verhalten der Kassenmitglieder unterhöhle *die kollektive Rationalität* der Gesetzlichen Krankenversicherung („Solidarprinzip"), da es beständig steigende Beitragssätze verursache. Die damit ausgelöste Entwicklungsspirale bezeichnet Herder-Dornreich (1994, S. 309) als eine der maßgeblichen *„Rationalitätsfallen"* im Gesundheitswesen.

Bauch (1984, S. 141f.) hat zu Recht kritisiert, dass die hier zugrundeliegende Annahme, dass die Krankenversicherten en gros „die von der Solidargemeinschaft bereitgestellten Kollektivgüter für ihre strategischen (sprich egoistischen) Zwecke ausnutzen" empirisch nicht haltbar sei. Hinzu kommt, dass Kranke in der Regel aufgrund ihrer Hilfsbedürftigkeit ihr Streben nach ärztlicher Heilung nicht in erster Linie von zweckrationalen Überlegungen, sondern eher von irrationalen Erwägungen und Gefühlen leiten lassen. Außerdem wird bei einer solchen Konzeption vollständig ausgeklammert, dass der Bereich der ambulanten Versorgung ein Musterbeispiel für das ökonomische Phänomen einer *„angebotsinduzierten Nachfrage"* darstellt, bei dem die Ärzteschaft ihre professionelle Macht zur Ausweitung der Nachfrage nach ihren Dienstleistungen immer dann gezielt eingesetzt hat, wenn dies der Steigerung des eigenen Einkommen dienlich war[322]. Es scheint deshalb eher plausibel, die permanente Ausweitung der Leistungsausgaben als *kumulativen Prozess* eines ganzen Bündels von ökonomischen Effekten zu betrachten, bei dem sicherlich die Ausweitung der freiwilligen Kassenleistungen, die „staatliche Leistungsausweitungspolitik“ (Bauch 1984, S. 142) und die Durchsetzung überproportionaler Erhöhungen der Arzthonorare sowie die ärztlich veranlassten Ausweitungen der Behandlungsleistungen ebenso mitgewirkt haben wie beispielsweise auch der Wandel des Krankheitspanoramas und die langfristige demographische Entwicklung der Bevölkerung. Hinzu kamen noch ökonomische Effekte der übrigen Sektoren des Gesundheitswesens, insbesondere im Bereich der Krankenhausausgaben und der Entwicklung des Arzneimittelsektors. Nichtsdestotrotz wirkte die ideologische Fokussierung auf die *„Anspruchsinflation“* der Versicherten gerade für die organisierte Ärzteschaft zu allen Zeiten extrem verantwortungsentlastend und traf, da sie sich im engeren Sinne nicht gegen eine am ambulanten Netzwerk beteiligte Interessenorganisation richtete, auf keinen Widerspruch seitens der nicht repräsentierten Patienten.

Darüber hinaus fand sich bei der Fokussierung auf die Kassenpatienten als eigentliche „Kostentreiber“ ein Ansatzpunkt für *gemeinsam geteilte Überzeugungen* zwischen Krankenkassen, Ärzteorganisationen und staatlichen Stellen. Insbesondere während der Weltwirtschaftskrise von 1929/30 schafften viele Kassen die letzten Reste ihrer ehemals kulanten Leistungspolitik ab. An ihre Stelle traten „scharfe Angriffe gegen *Simulanten und Schmarotzer der Kasse* und eine verschärfte soziale Kontrolle durch Kassenverwaltungen und *Kassengenossen*“ (Förtsch 1995, S. 210). Die rigide Politik der Leistungskontrolle, und -beschränkung schien der Argumentation der Ärztefunktionäre Recht zu geben und stärkte damit vor allem die organisationspolitische Position ihrer Verbände im Netzwerk gegenüber den Krankenkassen und der Reichsregierung. So ist es nicht erstaunlich, dass die Brüning-Regierung im Rahmen der 1930 wieder einsetzenden, auf eine Senkung der Beitragssätze abzielenden Notverordnungspolitik nicht nur die Kassenleistungen auf die gesetzlichen Regelleistungen reduzierte und damit das Leistungsniveau der Krankenversicherung auf den Stand des Ersten Weltkriegs zurückführte (Förtsch 1995, S. 237), sondern zugleich auch ein ganzes Maßnahmenbündel zur Kontrolle und Steuerung der Leistungsinanspruchnahme durch die Versicherten verabschiedete. Hierzu gehörte neben der Neuregelung des vertrauensärztlichen Dienstes

[322] Der Kassenarzt hat es aufgrund seines Expertenstatus selbst in der Hand, seine eigene Nachfrage zu schaffen, indem er Patienten z.B. weitere Behandlungen oder häufigere Kontrolluntersuchungen empfiehlt. Gerade bei Einzelleistungsvergütung kann er so sein Einkommen gezielt erhöhen.

insbesondere die Einführung einer obligatorischen Selbstbeteiligung der Versicherten an den Kosten der Krankenpflege (*Notverordnung vom 26. Juli 1930*).

Die *Selbstbeteiligung* stellte einen offenen Bruch mit dem Prinzip der kollektiv-solidarischen Finanzierung der Gesetzlichen Krankenversicherung dar. Fortan hatten erkrankte Versicherten sich nicht nur an den Kosten der ärztlichen Behandlung in Form einer Krankenscheingebühr von fünfzig Reichspfennig zu beteiligen, sondern auch bei der Abnahme von Arznei, Heil- und Stärkungsmitteln pro Verordnung ebenfalls einen Beitrag von 50 Pfennig zu leisten (Förtsch 1995, S. 235). Das Mittel der *Patienten-Selbstbeteiligung* wurde auch nach 1945 immer wieder bemüht und seit 1977 systematisch über den ursprünglichen Schwerpunktbereich der Arznei-, Heil- und Hilfsmittel hinaus auf weitere Versorgungsleistungen wie Zahnersatz, Kuren, Krankenhausaufenthalte und Fahrtkosten ausgeweitet[323]. Ziel war primär eine Erweiterung des Finanzierungspotenzials für die Leistungen der Krankenversicherung, „ohne dass die Krankenversicherungsbeiträge entsprechend erhöht werden brauchten" (Wanek 1994, S. 242).

Eigentlicher Kerngedanke der Selbstbeteiligungsregelungen war allerdings, dass feste oder prozentuale Zuzahlungen das Preis- und Kostenbewusstsein der Patienten schärfen und diese dazu bewegen sollten, bestimmte, bisher allen Versicherten kostenfrei zur Verfügung gestellte Leistungen sparsamer in Anspruch zu nehmen. Durch diese Verhaltensdisziplinierung sollten die Leistungsausgaben eingedämmt und die Kassenhaushalte entlastet werden. Faktisch leitete ihre sozialpolitisch umstrittene Einführung jedoch einen „Umverteilungsprozess von den Kranken zu den Gesunden" (Herder-Dornreich 1994, S. 386) ein. Gerade die erkrankten und besonders schutzbedürftigen Mitglieder der „Versichertengemeinschaft" wurden für bestimmte von ihnen in Anspruch genommene Kassenleistungen individuell stärker belastet als bisher, während die gesunden Versicherten eine finanzielle Entlastung erfuhren. Wanek (1994, S. 242) weist nach, dass Selbstbeteiligungen vor allem Ältere, chronisch Kranke und Bezieher niedriger Einkommen („schlechte" Risiken), bedingt durch die hohe Inanspruchnahme bestimmter medizinischer Versorgungsleistungen, hart treffen. Faktisch wird damit ein Teil der Kosten der Krankenversorgung auf die Erkrankten selbst ausgelagert. Es findet also eine Art von „Risikoprivatisierung" (Wanek 1994, S. 378) statt. Hinzu kommt, dass die beabsichtigte „hemmende Wirkung" (Seel 1958, S. 53) beziehungsweise der Steuerungseffekt solcher „Dis-

[323] Allein zwischen 1977 und 1985 hatte sich die Summe der von den Versicherten in Form von Selbstbeteiligungen aufgebrachten Finanzierungsbeträge auf rund 4,2 Millionen DM annähernd verdoppelt und machte nun 3,8 Prozent aller Leistungsausgaben der GKV aus. Dabei entfiel der Großteil der Zuzahlungen auf Zahnersatz und Arzneimittel (Wanek 1994, S. 243).

ziplinierungsmaßnahmen“ im Sinne einer Begrenzung der Leistungsinanspruchnahme im allgemeinen recht gering und zumeist auch nur von kurzer Dauer war. Außerdem waren die verordneten Selbstbeteiligungen in aller Regel aus politischen Erwägungen so gering angesetzt und nahmen eine solche Zahl von Versichertengruppen von der Pflicht zur Kostenbeteiligung aus, dass sie schon aus diesem Grund nicht zu einer langfristigen Beitragssatzsenkung beitragen konnten. So gelang es zwar durch das rigide, vor allem auf Leistungseinschränkung und -kontrolle ausgerichtete Maßnahmenbündel der Reichsregierung, den Beitragssatz von 1930 bis 1934 kurzfristig auf 4,8 Prozent zu drücken. Danach stieg er allerdings wieder sprunghaft an und lag schon 1940 mit 5,9 Prozent wieder leicht über dem Stand von 1930 (*Abb. 20*).

Auch 1991 fiel das Urteil der Kassen niederschmetternd aus. Zwei Jahre nach Inkrafttreten des auf eine Ausweitung der Selbstbeteiligung ausgerichteten *Gesundheits-Reformgesetzes* stellten sie ernüchtert fest, „dass die mengenbegrenzenden Steuerungswirkungen der Eigenbeteiligungen nicht eingetreten sind“ (Pick 1991, S. 152). Wenn aber durch die Selbstbeteiligungsregelung keine spürbare und länger anhaltende Beitragssenkung zustande kommt, so „verliert die (relativ geringe) Selbstbeteiligung faktisch ihre rücksteuernde Wirkung“ (Herder-Dornreich 1994, S. 393). Auch hier waren die erhöhten Zuzahlungsregelungen also bestenfalls dazu geeignet, die Ausgabenexpansion kurzfristig einzudämmen, das Einkommen der Leistungsanbieter auszubauen und den durchschnittlichen Beitragssatz temporär und marginal abzusenken. Stärker und langfristiger wirkte sich hingegen der Effekt der *Umverteilung zu Lasten der Kranken* aus, der gerade bei chronischen und langwierig therapierbaren Erkrankungen zur deutlichen Mehrbelastung der Betroffenen führte.

Als Fazit des Einsatzes der seit 1930 etablierten Selbstbeteiligungsregelungen kann deshalb festgehalten werden, dass hiermit jeweils zeitlich sehr kurzfristige und nicht nachhaltige finanzielle Entlastungen der Krankenversicherungshaushalte „mit einer zeitlich unbefristeten Schwächung des Solidaritätsprinzips in der GKV erkauft worden“ (Wanek 1994, S. 382) sind. Sie erwiesen sich als unmittelbar gegen die Patienteninteressen nach möglichst umfangreichem Versicherungsschutz gerichtete Maßnahmen und als spezifische Form der *Externalisierung* eines Teils der im Netzwerk selbst produzierten Folgekosten des organisierten Handelns auf die Versicherten. Weder die Krankenkassen noch die Ärzteorganisationen trugen gravierende Einwände gegen die Einführung von Selbstbeteiligungsregelungen vor. Während die Krankenkassen den mit den Brüningschen Notverordnungen erfolgenden Eingriff in ihre Selbstverwaltung weitgehend hinnahmen, da die Maßnahmen die „Eigenverantwortung“ der Versicherten erhöhten und zugleich die Hoffnung auf eine finanzielle Entlastung ihrer Haushalte nährten, sahen die Ärzteorganisationen in der Selbstbeteiligung vor allem eine Möglichkeit zur Erweiterung ihrer Einkommensspielräume und machten sich diese in der Folgezeit auch dementsprechend zunutze.

2.2.8 Kostendämpfung und Beitragssatzstabilität als Legitimation des Netzwerkhandelns und Maßstab für die Steuerungseffizienz der Akteure

Für die ökonomische Stabilisierung der Gesetzlichen Krankenversicherung war entscheidend, dass die *Notverordnung vom 26. Juli 1930* ein ganzes Bündel an verordneten Leistungseinschränkungen und Selbstbeteiligungen mit der Anweisung an die Kassen verband, „aufgrund dieser Leistungseinschränkungen ihren Beitragssatz neu zu bemessen beziehungsweise zu reduzieren" (Förtsch 1995, S. 235). Die ein Jahr später folgende *Verordnung vom 05. Juni 1931* verlieh dem Reichsarbeitsminister das Recht, „anzuordnen, *jede Beitragserhöhung bei Krankenkassen* von der Zustimmung der Oberversicherungsämter abhängig zu machen und die Aufsichtsbehörden überdies zu ermächtigen, ihrerseits Beitragssatzänderungen bei Einzelkassen vorzunehmen und ihr Aufsichtsrecht auch auf *Fragen des Ermessens* auszudehnen" (Förtsch 1995, S. 236). Auf diese Weise wurde der Grundsatz der *„Kostendämpfung"* und *„Beitragssatzstabilität"* offiziell zum obersten gesundheitspolitischen Ziel erklärt, dem sich alle partikularen organisierten Interessen unterzuordnen hatten. Folglich orientierte sich auch die gesamte Organisationspolitik der am ambulanten Netzwerk beteiligten kollektiven Akteure auf diese zentrale ökonomische Frage.

Die teilweise Übertragung der Handlungsautonomie in Fragen der Beitragssatzgestaltung und -kontrolle an die staatlichen Aufsichtsbehörden stellte einen tiefen Eingriff in die Finanzhoheit der Krankenkassen dar. Zugleich wurden die Kassen unter massiven ökonomischen und politisch-administrativen *Legitimationsdruck* gesetzt, da Beitragssatzerhöhungen nun nur noch nach ausdrücklicher staatlicher Genehmigung zulässig waren. Der Genehmigungsvorbehalt von Beitragssatzerhöhungen erwies sich auch als Druckmittel gegen die Kassenverbände. Sie gerieten nun ebenfalls sowohl gegenüber ihren Mitgliedskassen als auch dem Staat unter Rechtfertigungsdruck hinsichtlich der von ihnen ausgehandelten Kollektivverträge und der damit verbundenen Honorarsteigerungen. Darüber hinaus standen aber auch die ärztlichen Interessenorganisationen, allen voran der Hartmannbund, unter erheblichem Rechtfertigungsdruck für das allein zwischen 1925 und 1930 um rund 83 Prozent gestiegene Volumen der

Arzthonorare. Ausgerechnet 1930 erreichte es gemessen an den gesamten Leistungsausgaben der Gesetzlichen Krankenversicherung den Höchststand von 30,3 Prozent.

Abb. 21: Steigerungsraten der GKV-Leistungsausgaben und der kassenärztlichen Honorare 1885-2000 in Prozent

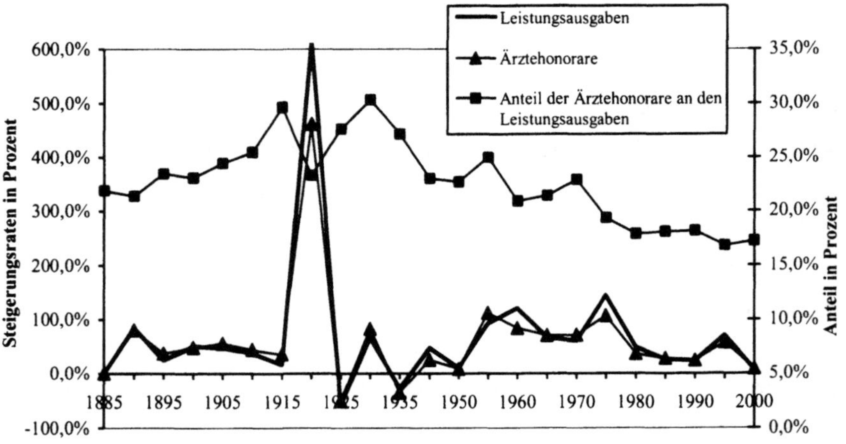

Quelle: eigene Zusammenstellung und Berechnungen

Dieser extrem hohe Anteil resultierte vor allem aus einer Kombination von überproportionalen Steigerungen bei den Ärztehonoraren und gleichzeitig spürbaren Einschränkungen in den übrigen Leistungsbereichen, insbesondere beim Krankengeld. Während schon seit 1923 von Gesetzgeber und Krankenkassen gemeinsam versucht worden war, durch die Einführung des sogenannten „Regelbetrags“ bei der Arzneimittelverordnung (Peschke 1962, S. 377) – einem Vorläufer des „Arzneimittelbudgets“ der 1990er-Jahre – die Kassenärzte unter Androhung von Regressforderungen zu einer sparsamen Verordnung von Arzneimitteln zu bewegen, hatten die Ärzteorganisationen offenbar die erzielten Einsparungen in die honorarpolitische Verhandlungsmasse einbezogen. So wurden die in anderen Versorgungsbereichen (Krankengeld, Arzneimittel) erzielten Einsparungen durch den Anstieg der Ärztehonorare überkompensiert. Eine spürbare Entlastung der Kassenhaushalte konnte insofern nicht erreicht werden.

Unmittelbar vor Bildung der Kassenärztlichen Vereinigungen stand auch der Hartmannbund angesichts der für jede „Kostendämpfungspolitik“ kontraproduktiven Entwicklung unter politischem Legitimationsdruck. Doch gerade die hohen Honorarsteigerungen der vergangenen Jahre ermöglichten ihm 1930 entsprechende honorarpolitische Zugeständnisse, gegen die er das kassenärztliche Versorgungsmonopol als Gegenleistung gewissermaßen eintauschen konnte. Kurzfristige Abstriche bei der ärztlichen Einkommensentwicklung wurden also gegen die Erfüllung eines langfristigen organisationspolitischen Ziels getauscht. Ebenso war es ein entscheidender organisationspolitischer Erfolg des Hartmannbunds, dass die Ärztehonorare bei stabilen Beitragseinnahmen im Rahmen der netzwerkinternen Verhandlungen zwischen 1924 und 1929 auch ohne größere Streikaktionen überproportional anstiegen und somit trotz Zunahme der Kassenarztstellen keine Einkommensverluste für den einzelnen niedergelassenen Arzt entstanden.

Abb. 22: Entwicklung von Grundlohnsumme und Ärztehonoraren 1885-2000

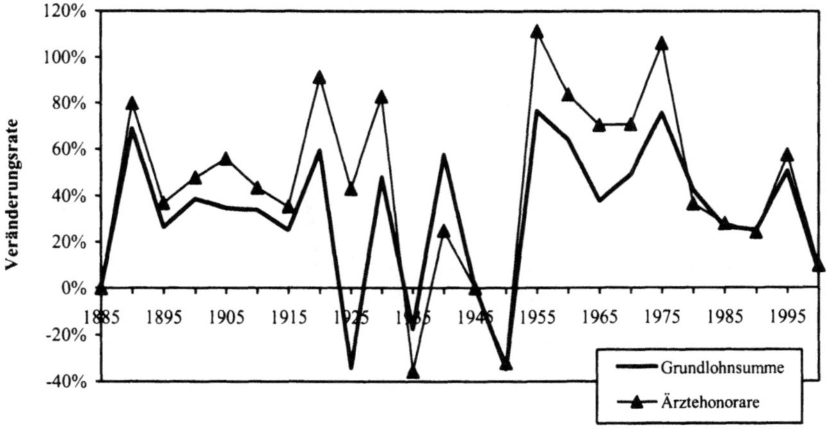

Quellen: eigene Zusammenstellung und Berechnungen

Die Kassenärzteorganisation benutzte also das Netzwerk, um die seit der Jahrhundertwende durch „Ärztestreiks" erkämpften, über den Steigerungsraten von Grundlohnsumme und Beitragseinnahmen liegenden Zuwachsraten bei den Ärztehonoraren nun auf dem Verhandlungswege fortzuschreiben[324]. Ebenso gelang es den organisierten Kassenärzten in wirtschaftlichen Krisenzeiten, das Absinken der Ärztehonorare gegenüber einer rückläufigen Grund-

[324] Es ist kein Zufall, dass die in den ersten Jahren der Weimarer Republik intensivierten Streikaktionen der organisierten Kassenärzte 1924 mit der per Notverordnung vorgenommenen Institutionalisierung des ambulanten Netzwerks schlagartig endeten. Dabei ist interessant, dass die 1923/24 streikenden Ärzte nicht die Behandlung von Kassenpatienten verweigerten, sondern von diesen die Barbezahlung ihrer Dienstleistung forderten, „da die Kassen schon mehrfach Zahlungsschwierigkeiten hatten" (Harnisch 2002). Sie machten sich also gerade die inflationsbedingte Finanzschwäche der Kassen zu Nutze und hintertrieben die freiwillige Verlängerung des „Berliner Abkommens" aus rein strategischen honorarpolitischen Erwägungen.

lohnsumme abzuschwächen. Aus diesem Grund mussten die Kassenärzte in fast jeder Wirtschaftskrise im Schnitt geringere Einkommenseinbußen hinnehmen als der überwiegende Teil der lohnarbeitenden Bevölkerung. Vor allem dieser Effekt setzte die Kassen unter ökonomischen Druck, da sich bedrohliche Finanzierungslücken zwischen den erodierenden Einnahmen und den auf hohem Niveau stagnierenden Ausgaben für ärztliche Leistungen auftaten, die oft nur durch genehmigungspflichtige Beitragserhöhungen, das heißt eine weitere Kostenexternalisierung gefüllt werden konnten.

Abb. 23: Entwicklung von Beitragseinnahmen und Ärztehonoraren 1885-2000

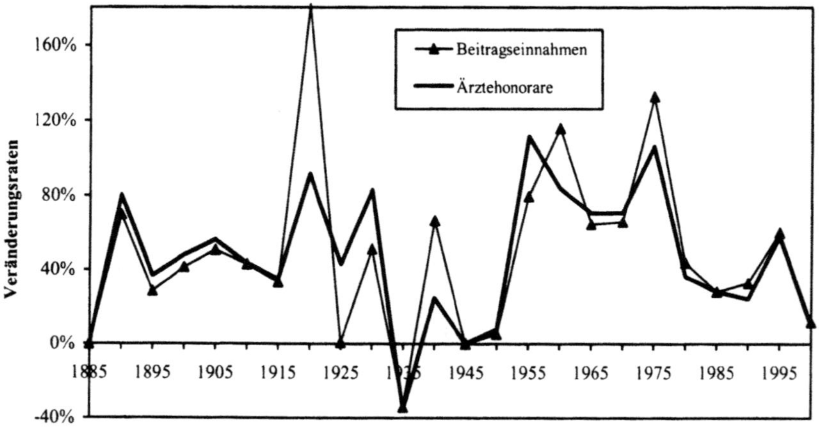

Quellen: eigene Zusammenstellung und Berechnungen

2.3 Strukturelle Beharrungskraft und Steuerungsblockaden: Zur Reproduktion der ökonomischen Entwicklungsspirale durch die Netzwerkakteure selbst

Jede größere gesamtwirtschaftliche Krise wurde aufgrund der doppelten Dynamik von Lohneinkommen und Beitragshöhe einerseits und des nur unterproportionalen Ausgabenrückgangs andererseits fast zwangsläufig zur finanzpolitischen Bedrohungssituation der Krankenkassen, zu deren Abwendung ihnen aufgrund der fortschreitenden Verrechtlichung des Leistungsspektrums ein immer geringerer Handlungsspielraum hinsichtlich einer flexiblen Ausgabensteuerung blieb.

Sofern die Mehrausgaben nicht über eine Beitragssatzerhöhung an die Versicherten weitergegeben werden konnten, lag es nahe, bei den noch von den Kassen beeinflussbaren Kostenblöcken im Sinne einer Ausgabensenkung anzusetzen. Hierzu gehörten natürlich in erster Linie die durch Kollektivverträge vereinbarten, also von den Vertragsparteien selbst ausgehandelten Ärztehonorare. Entsprechende Versuche waren jedoch stets mit harten Auseinandersetzungen verbunden und scheiterten oftmals an der *asymmetrischen Verhandlungs-Machtverteilung* im ambulanten Organisationsnetzwerk. Noch 1914 – also unmittelbar während des ersten Anlaufs zur Konstituierung des ambulanten Netzwerks auf Basis des *„Berliner Abkommens"* – war es dem Hartmannbund gelungen, in unmittelbaren Verhandlungen mit den Kassenverbänden die Anhebung der Ärztehonorare um fast 23 Prozent durchzusetzen. Dies war für die Kassen nur deshalb finanziell verkraftbar, weil zugleich auch die Beitragseinnahmen aufgrund der durch die *Reichsversicherungsordnung* verursachten Ausweitung des Versichertenkreises sprunghaft um rund 26,5 Prozent anstiegen (*Abb. 23*). Deshalb konnten die zusätzlichen Honorarausgaben, die auch durch die Erhöhung der Kassenarztstellen mitverursacht wurden, durch Einnahmesteigerungen kompensiert werden. In gesamtwirtschaftlich stabilen Phasen war es den Krankenkassen auch in der Folgezeit normalerweise möglich, die steigenden Honorarausgaben durch Erhöhung der Beitragseinnahmen zu decken und damit einen ausgeglichenen Kassenhaushalt sicherzustellen. Aus diesem Grund entwickelten die Netzwerkakteure mit zunehmender Verfestigung der Netzwerkstrukturen immer geringere Ambitionen für langwierige, die eigenen Organisationsressourcen verschlingende Verteilungskämpfe um die Höhe des Arzthonorars. Hinzu kam, dass alle Beteiligten die einmal errichteten, aber vor allem bis 1930 immer noch fragilen Netzwerkstrukturen und kollektiven Verhandlungsbeziehungen nicht ohne triftigen Grund gefährden wollten, solange sie sich keinen langfristigen materiellen Vorteil für die eigene Organisation davon versprachen. Gerade deshalb ist die scheinbar unaufhaltsame *ökonomische Entwicklungsspirale* in maßgeblichen Teilen durch das ambulante Organisationsnetzwerk selbst mit verursacht worden.

Die Ursache hierfür lag primär in der auf Konfliktvermeidung ausgerichteten, spezifischen Kooperationslogik des Netzwerks, durch welche die Entstehung einer lange Zeit stabilen *Verteilungskoalition* beziehungsweise eines „korporatistischen Bündnis[ses]" (Lehmbruch 1999, S. 2) gefördert wurde[325]. Diese vor allem ab 1931/1955 feststellbare zunehmende Stabilität

---

[325] Natürlich wäre es verkürzt, die Ursachen für die (ökonomische) Expansionsdynamik in der GKV ausschließlich im interorganisationalen Handeln von Krankenkassen und Ärzteorganisationen zu verorten. Hinzu kommt, wie bereits dargestellt, ein ganzes Bündel sogenannter „externer" Faktoren, die auf das Netzwerk einwirken, zu denen auch gesetzlich verordnete Leistungserweiterungen gehören. Gerade die i.d.R. politisch

des Netzwerks basierte gerade auf den auf mehreren Ebenen ausgebildeten spezifischen „Routinen der diskursiven Abstimmung“ (Bode/Wex 2001, S. 3) zwischen den involvierten Organisationen, durch die sich zugleich bürokratische, ökonomische und politische Rationalitäten (durchaus konflikthaft) miteinander in Beziehung setzen ließen. Die dem korporatistischen Organisationsnetzwerk spätestens seit 1931 zugrundeliegende „isomorphe[..] Logik der Interorganisationsbeziehungen“ (Lehmbruch 1999, S. 8) hat dabei das diskursive „Einschwingen“ der beteiligten Organisationen aufeinander und die Formierung eines Sets von gemeinsam geteilten, sich selbstverstärkenden Überzeugungen entscheidend gefördert.

Hierzu gehörte unter anderem die bei allen Organisationseliten bis in die 1990er-Jahre dominante Ansicht des Fehlens realistischer organisationspolitischer Alternativen zum bestehenden Organisationsnetzwerk. Damit verbunden war die Überzeugung, aufeinander angewiesen zu sein, woraus sich wiederum die Notwendigkeit zur Kooperation ergab. In gleicher Weise wird vielfach auch das triviale Argument des historischen Gewachsenseins der etablierten Netzwerkstrukturen ebenso wie die offenkundige Abhängigkeit von netzwerk-externen Faktoren wie der gesamtwirtschaftlichen Entwicklung oder der Sozialversicherungsgesetzgebung zur Rechtfertigung des *organisationalen Status quo* des Netzwerks herangezogen und dieser zum unveränderbaren Zustand verklärt. Der damit bis in die 1990er-Jahre hinein unhinterfragt reproduzierte Netzwerkkonsens erklärt die *normative Geltungskraft* des Organisationsnetzwerks im ambulanten Sektor wie auch seine langanhaltende Ausstrahlungskraft auf die übrigen Sektoren des Gesundheitswesens.

In Anlehnung an Lehmbruch (1999) basierte die damit verbundene Konfliktvermeidungsstrategie der involvierten Organisationseliten vor allem auf der Überzeugung, dass eskalierende Verteilungskämpfe einerseits das „kooperative Klima“ unnötigerweise schwächen, andererseits aber auch neue „Kooperationszwänge“ in Form von Zwangsschlichtungen oder staatlichen Interventionsdrohungen hervorrufen würden. Die eigentliche Stärke des ambulanten Organisationsnetzwerks bestand damit in seinem auf Kompromissbildung angelegten, hierarchisch gestaffelten Selbstverwaltungs- und Kollektivverhandlungssystem, in dem norma-

ambitionierten Interventionen des Staates in das Netzwerk erwiesen sich in der Vergangenheit als bedeutende Ursache für die Ausgabenentwicklung in der GKV, da sie zumeist mit erheblichem Mehraufwand für die Kassen verbunden waren und vielfach deren Sparmaßnahmen zunichte machten. Maßnahmen, wie die Erhebung der Familienversicherung zur Regelleistung im Jahre 1930, belegen, dass partielle Staatsinterventionen, die in keine langfristige gesundheitspolitische Strategie eingebettet sind, sondern auf eine kurzfristige Staatsentlastung abzielen, sich in ihren ökonomischen Auswirkungen gegenseitig neutralisieren und in ihren politischen Effekten sogar eine kontraproduktive Wirkung entwickeln können. Mittlerweile hat die Vielzahl gegenläufiger Steuerungseffekte dazu geführt, dass sich „in unserem Krankenversicherungssystem Ursache und Wirkung kaum noch trennen“ (Biermann 1992, S. 174) lassen.

lerweise in Routineverhandlungen die benötigten Ressourcen umverteilt wurden. Ein auf einer solchen *„Kooperationslogik"* basierendes Netzwerk erwies sich allerdings vielfach als „unfähig zur Reform aus eigener Kraft, solange es nicht durch eine staatliche Interventionsdrohung von außen unter Druck gesetzt" (Mayntz 1997, S. 220) wurde. Das Netzwerk war also nicht zur eigenständigen Korrektur der überwiegend selbst (re-)produzierten ökonomischen Verteilungs- und Kostendynamiken inklusive der entsprechenden „Rationalitätendiskrepanzen" (Herder-Dornreich 1994, S. 959) in der Lage. Gerade dann, wenn das *„Kooperationsmodell"* aufgrund gesamtwirtschaftlich bedingter schrumpfender Verteilungsspielräume und blockierter Möglichkeiten zur Kostenexternalisierung am ehesten auf eine gemeinsame konsensuelle Problemlösung zur Stabilisierung der ökonomischen Basis des Netzwerks angewiesen war, stieß es also regelmäßig an seine Grenzen. Die Folge waren eskalierende Verteilungskämpfe zwischen den beteiligten Organisationen, wie sie in der Weimarer Republik vor allem 1923/24 und 1930 und in der Bundesrepublik seit Mitte der 1970er-Jahre wiederholt aufgetreten sind und nicht selten zu Verhandlungs- beziehungsweise „Selbstblockaden" (Herder-Dornreich 1994) des Netzwerks geführt haben. In derartigen Fällen wurde der netzwerkinterne Verhandlungsprozess regelmäßig ineffizient, da keine adäquaten, auf eine für alle Beteiligten akzeptablen Problemlösung abzielenden Entscheidungen in den kollektiven Verhandlungsgremien zustande kamen. Dies führte zur (zumindest temporären) *Blockade der Selbststeuerungsfähigkeit* des Netzwerks, die nur durch externe Interventionen oder Interventionsdrohungen überwunden werden konnte.

Die Gründe für solche *Steuerungsblockaden* in wirtschaftlichen Krisenzeiten liegen vor allem darin, dass die beteiligten Spitzenorganisationen beider Seiten Kollektivvereinbarungen, die ihren Mitgliedern materielle Opfer auferlegten, verbandsintern zu allen Zeiten relativ schwer durchsetzen und legitimieren konnten. Eine von staatlicher Seite angedrohte oder vorgeschriebene Lösung warf „demgegenüber geringere verbandsinterne Integrations- [und Legitimations-; T.T.]Probleme auf" (Alber 1992, S. 169) und führte deshalb regelmäßig zu einer entscheidenden Verantwortungsentlastung der eigenen Spitzenorganisation. Dies war vor allem in der Weimarer Republik der Hauptgrund dafür, warum die involvierten Spitzenorganisationen der Krankenkassen und der Kassenärzteschaft letztendlich sowohl 1923 als auch 1931, das heißt bei den in den eigenen Reihen stark umstrittenen Etappen der Netzwerkinstitutionalisierung, vorrangig auf die staatliche Gesetzgebung und nicht auf freiwillige Kollektivvereinbarungen setzten. Der bundesrepublikanische Staat zögerte hingegen bis in die 1970er-Jahre hinein, entsprechende Regulierungskompetenzen gegenüber dem ambulanten

Organisationsnetzwerk wahrzunehmen. Dies erklärt sich aus den Erfahrungen der Weimarer Republik, dass ein allzu starker staatlicher Eingriff in die netzwerkspezifischen Verteilungskonflikte zu massiven politischen Legitimationsproblemen führen konnte. So wurden vor allem die Brüningschen Notverordnungen in ihrer Bedeutung für die Gesetzliche Krankenversicherung in der Endphase der Weimarer Republik extrem negativ eingeschätzt. Teppe (1977, S. 204) spricht in diesem Zusammenhang von „verheerende[n] politisch-psychologischen Folgen" der staatlichen Interventionen, „die sich in einem breiten Schwund des Vertrauens in die Glaubwürdigkeit und Regenerationsfähigkeit des sozialen Systems manifestierten und in einer steigenden Anfälligkeit für die massive soziale Demagogie der NSDAP [...] zum Ausdruck kamen". Die tiefen regulierenden Eingriffe der Brüning-Regierung in die Selbststeuerungskompetenzen und Strukturen des ambulanten Organisationsnetzwerks wurden also mitverantwortlich für den Niedergang der Weimarer Republik gemacht. Außerdem wurden die auf Stabilisierung ausgerichteten staatlichen Maßnahmen 1930 von allen politischen Seiten angefochten. Sie entfalteten insofern kontraproduktive politische Wirkungen und setzten die ohnehin bedrängte Regierung unter weiteren politischen Legitimationsdruck. In gewisser Weise führte die umfassende strukturverändernde Intervention der Brüning-Regierung also letztlich zu ihrer politischen Schwächung. Gerade vor dem Hintergrund dieser historischen Erfahrung scheute die Bundesregierung lange Zeit maßgebliche auf Strukturveränderungen ausgerichtete Interventionen in das 1955 reaktivierte ambulante Organisationsnetzwerk.

Zu dieser Haltung trug nicht unmaßgeblich das Scheitern des ersten Versuchs struktureller Reformen gegen Ende der 1950er-Jahre, die sogenannten *„Blank-Reformen"* bei (Behaghel 1994, S. 52; Reuscher 1999). Ausgewiesenes Ziel dieses Reformversuchs war es unter anderem, „das Gleichgewicht der Vertragspartner wieder herzustellen" und „innerärztliche Differenzen über die Honorarverteilung zu beseitigen" (Naschold 1967, S. 62), das heißt die Verpflichtungsfähigkeit der unter zunehmender innerärztlicher (Interessen-)Differenzierung leidenden Kassenärztlichen Vereinigungen zu erhöhen. Diese Reform, die zugleich auch eine Ausweitung der staatlichen Aufsichtsrechte über die Kassen und eine finanzielle Selbstbeteiligung der Patienten vorsah, scheiterte am geballten Widerstand sowohl der Ärzteorganisationen als auch der Krankenkassen sowie an dem heterogenen politischen Kräftefeld und den entsprechenden „Besonderheiten des politischen Entscheidungsprozesses" (Rosewitz/Webber 1990, S. 25) im „semisouveränen Staat" (Katzenstein 1987). Der gescheiterte Reformversuch von Bundesarbeitsminister Blank führte also wie schon 1930 zu einer politischen Schwächung des Staates, der an Einfluss auf das ambulante Organisationsnetzwerk einbüßte. Sowohl die Krankenkassenverbände als auch die Kassenärztelobby konnten hingegen ihre Einflussmöglichkeiten auf gesundheitspolitische Entscheidungen der Bundesregierung ausbauen und somit schon im Vorfeld politischer Entscheidungen zur Wahrung der von ihnen repräsentierten (organisierten) Partikularinteressen intervenieren.

Trotzdem hat es in der Zeit von 1955 bis in die Gegenwart nicht an staatlichen Reform*versuchen*, die sich auf den ambulanten Sektor bezogen, gemangelt. Dies deutet darauf hin, dass „ein Reformbedarf sehr wohl empfunden wurde, und dass versucht wurde, ihn durch gesetzliche Regelungen zu befriedigen" (Rosewitz/Webber 1990, S. 25). Das Scheitern der überwiegenden Mehrzahl dieser Reformbemühungen weist nicht nur auf die Schwerfälligkeit des politischen Herrschaftssystems, sondern auch auf das *strukturelle Beharrungsvermögen* des einmal institutionalisierten ambulanten Organisationsnetzwerks hin. Bis in die Gegenwart gelang es vor allem den Kassenärzteorganisationen immer wieder, strukturelle Reformvorhaben, die ihre Besitzstände oder Kompetenzen bedrohten beziehungsweise eine Verschiebung der eingespielten Machtbalance innerhalb des komplexen Beziehungsnetzwerks zu Gunsten der Krankenkassen beabsichtigten, zu blockieren oder gezielt zu unterlaufen. Dies gelang gerade deshalb, weil die in die Selbstverwaltung des ambulanten Netzwerks involvierten Organisationen bei Strukturreformen zumeist direkt oder indirekt in den Prozess der politischen Willensbildung einbezogen wurden, so dass ohnehin „nur konsens- oder zumindest kompromissorientierte Entscheidungen durchsetzbar" (Rosewitz/Webber 1990, S. 317) waren. Gerade bei Strukturreformen war der Staat damit auf die Kooperation der Netzwerkakteure angewiesen, die allerdings nicht freiwillig ihre angestammten Positionen im Netzwerk aufgaben. Dies hatte zur Konsequenz, dass sich staatliche Steuerungsmaßnahmen zumeist im Rahmen der etablierten Netzwerkstrukturen bewegen mussten. Aufgrund der hohen *strukturellen Widerstände* entwickelte der Staat allerdings nur begrenzte Ambitionen zu konfliktauslösenden Interventionen. Deshalb war die deutsche Gesundheits- und Krankenversicherungspolitik lange Zeit „durch ein vergleichsweise hohes Maß an Schwerfälligkeit und Immobilismus gekennzeichnet" (Rosewitz/Webber 1990, S. 317). Das hatte zur Folge, dass selbst für notwendig erachtete Steuerungsmaßnahmen gegen die ansteigenden Leistungsausgaben und Versichertenbeiträge auf die nächste Legislaturperiode verschoben wurden. Hinzu kommt, dass sich bis heute sowohl die Verbände der Krankenkassen als auch der Kassenärzte zur Abwehr staatlicher Steuerungsmaßnahmen immer wieder auf die gemeinsam geteilte „diffuse[..] Legitimationsformel" (Manow 1999, S. 161) vom „Vorrang der gemeinsamen Selbstverwaltung" vor staatlichen Regulierungsbestrebungen beziehen. Unabhängig von einander plädieren sie stattdessen für den Ausbau der *sektoralen Selbststeuerungskompetenzen*, das heißt für die weitere Stärkung der kollektiven Netzwerkorgane gegenüber staatlicher Einflussnahme.

Die Konsequenz dieser insgesamt erfolgreichen auf Selbsterhaltung der Netzwerkstrukturen ausgerichteten *„Abwehrkoalition"* gegen geplante, gleichermaßen die Interessen jeder Netzwerkorganisation tangierenden staatlicher Reformvorhaben in die Netzwerkstrukturen war eine weitgehend ungestörte (Re-)Produktion der von den Netzwerkakteuren selbst verursachten ökonomischen Dynamiken. Scharpf (1988, S. 66) spricht hier auch von „hypertrophem Wachstum". Zugleich kam es zur Reproduktion und Zementierung des sich schon früh als eigentliche Ursache des Steuerungsdilemmas „offenbarenden Ungleichgewichts zwischen Kassenärztlichen Vereinigungen und der fragmentierten Kassenseite" (Manow 1999, S. 160) bis in die 1970er-Jahre hinein. Dies führte dazu, dass die organisierte Ärzteschaft nahezu alle ihre Honorarforderungen auf dem Verhandlungswege im Netzwerk durchsetzen konnte. Das Ergebnis dieser Verhandlungserfolge der Kassenärztlichen Vereinigungen war jedoch, „dass das durchschnittliche Einkommen eines Arztes in den 60er-Jahren wesentlich schneller stieg als das durchschnittliche Arbeitnehmereinkommen" (Behaghel 1994, S. 53). Zu den größten Erfolgen der Kassenärzteorganisationen gehörte dabei insbesondere die Durchsetzung des Übergangs zur Einzelleistungsvergütung, die zugleich den „Höhepunkt ihrer korporativen Macht" (Behaghel 1994, S. 53) kennzeichnete.

Wie der Staat spielten auch die Kassen in den Verhandlungen mit den Kassenärzten eine eher defensive Rolle und wichen den als unnötig erachteten Verteilungskonflikten weitgehend aus. Aufgrund der von etwa Mitte der 1950er-Jahre bis Mitte der 1970er-Jahre anhaltenden wirtschaftlichen Prosperität konnte die Ausweitung der Leistungsausgaben durch ein entsprechendes Einnahmenwachstum noch problemlos gedeckt werden. Hinzu kam, dass eine Expansion der Krankenversicherungsleistungen allgemein als notwendig angesehen wurde, „da die verbreitete Meinung vorherrschte, dass es im Gesundheitswesen einen erheblichen Nachholbedarf gebe" (Rosewitz/Webber 1990, S. 27). Mit dem Übergang von der Pauschalhonorierung zur Einzelleistungsvergütung ging die Verantwortung für die Höhe der zu Lasten der Krankenkassen entstehenden Ausgaben auf den einzelnen Kassenarzt über. Der gewissermaßen als „freier Unternehmer" agierende niedergelassene Arzt verhielt sich nun im Sinne eines *„homo oeconomicus"* und bemühte sich, sein Einkommen durch eine maximale Steigerung der mit seiner Kassenärztlichen Vereinigung abrechenbaren Leistungspunkte zu erhöhen. Da die Kassenärztlichen Vereinigungen aber zur wirkungsvollen Steuerung der Leistungsentwicklung nicht in der Lage waren, stiegen die Ausgaben der Krankenkassen für ärztliche Behandlungsleistungen in der Folgezeit überproportional an. Diese von allen Netzwerkakteuren „stillschweigend" (re-)produzierte Entwicklung gelangte erst in den 1970er-Jahren mit Beginn der ersten größeren wirtschaftlichen Krisenphase der Bundesrepublik in das Zentrum des öffentlichen Bewusstseins, das heißt zu einem Zeitpunkt, wo zum ersten Mal in der Nachkriegszeit wieder eine Reduktion des gesamtwirtschaftlichen Wachstums mit anhaltend hohen Kostensteigerungen und Beitragssteigerungen in der Krankenversicherung zusammenfielen.

2.4 „Kostenexplosion" als Legitimation für strukturelle staatliche Eingriffe zur Etablierung einer betriebswirtschaftlichen Leitlogik im Netzwerk

Aufgrund der immer größeren „Öffnung der Schere zwischen Wirtschaftswachstum auf der einen und Kostenexpansion im Gesundheitswesen auf der anderen Seite" (Rosewitz/Webber 1990, S. 27) veränderten sich in den 1970er-Jahren die ökonomischen und politischen Kontextfaktoren für das ambulante Netzwerk. Nun wurde zum „ersten Mal ein Problem der Krankenversicherung deutlich als ökonomisches Problem erkannt" (Herder-Dornreich 1994, S. 186). Indem die Diskussion über die *„Kostenexplosion"* zum Zentralthema des deutschen Gesundheitswesens wurde, gerieten vor allem die Kassenärzteorganisationen unter zunehmenden Legitimationsdruck, da die bisherigen überproportionalen ärztlichen „Einkommenssteigerungen in den Augen der Öffentlichkeit nicht mehr länger legitimierbar" (Behaghel 1994, S. 54) waren. Die Folge dieser Entwicklung waren seit Mitte der 1970er-Jahre einsetzende Versuche, die Ausgabensteigerung „durch Interventionen der Akteure des politischen Systems steuernd zu beeinflussen" (Rosewitz/Webber 1990, S. 27). Im Zentrum der seit etwa 1976/77 als „Krisenmanagement" (Herder-Dornreich 1994, S. 190f.) betriebenen staatlichen Kostendämpfungspolitik standen allerdings keine radikalen Strukturreformen des ambulanten Organisationsnetzwerks. Vielmehr zielten die folgenden (partiellen) Reformbemühungen im Rahmen der bestehenden Grundstrukturen sowohl auf eine Stärkung der Spitzenverbandsebene im Netzwerk, die Aufwertung der Kassenseite gegenüber den Kassenärztlichen Vereinigungen sowie auf eine „Zusammenführung von Verbänden in gemeinsamen Gremien mit interessenübergreifenden vorsorgepolitischen Aufgabenstellungen" (Rosenbrock 1998, S. 778) ab. Aus diesem Grunde wurde 1977 beispielsweise die *„Konzertierte Aktion im Gesundheitswesen"* – im gewissen Sinne ein übergeordnetes korporatistisches Steuerungsgremium (Smigielski 1980) – ins Leben gerufen. Ebenso wurden ab Ende der 1980er-Jahre die ökonomischen Steuerungskompetenzen des *„Bundesausschusses für Ärzte und Krankenkassen"* gezielt ausgebaut. Im Zentrum staatlicher Netzwerkpolitik standen seither partielle „Veränderungen des bestehenden Akteursnetzwerks" (Döhler/Hassenteufel 1995, S. 812) im Hinblick auf die Stärkung seiner ökonomischen *Selbststeuerungskompetenzen.* Damit gerieten allerdings auch die Kassen zunehmend unter staatlichen Legitimationsdruck, den Einkommensforderungen der Kassenärzte angesichts verknappter Ressourcen nicht mehr ohne weiteres nachzugeben. Zur Verstärkung des Handlungsdrucks auf die Kassen wurde zum einen die staatliche Kassenaufsicht ausgedehnt. Zum anderen wurde der nur bedingt erfolgreiche Versuch unternommen, durch die weitere Homogenisierung der Kassenlandschaft die internen Rivalitätskonflikte und Konkurrenzverhältnisse zwischen den einzelnen Kassenarten abzumildern, um so die strukturellen Bedingungen für eine gemeinsame honorarpolitische Verhandlungslinie aller Kassenverbände gegenüber den Kassenärztlichen Vereinigungen zu verbessern.

Abb. 24: Der gesundheitspolitische Kostendämpfungszyklus in der GKV

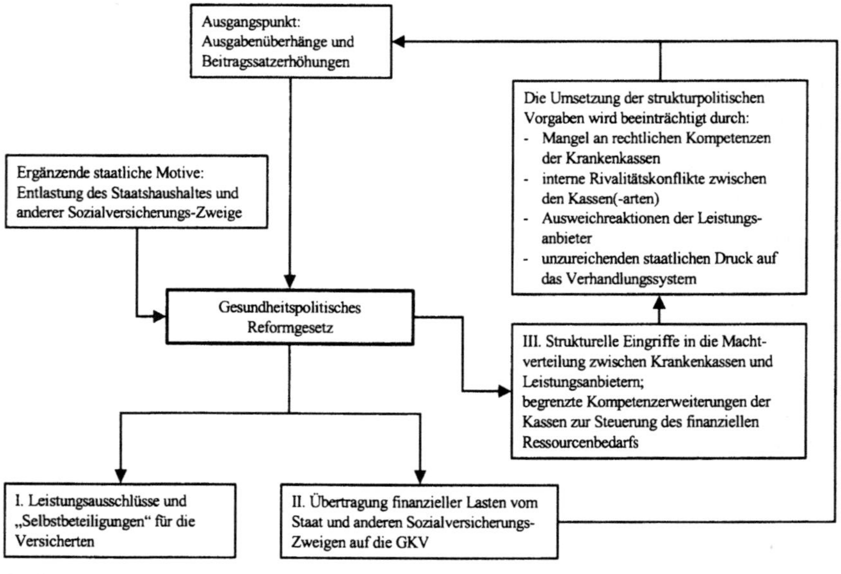

Quelle: Wanek 1994

Die Folge der seit den 1970er-Jahren erfolgten staatlichen Interventionen in das ambulante Organisationsnetzwerk, die aber die originären Grundstrukturen des Netzwerks nicht antasteten, war neben der schleichenden *Stärkung der Kassenkompetenzen* vor allem eine verstärkte

„Ökonomisierung" der Interorganisationsbeziehungen zwischen Krankenkassen und Kassenärzteorganisationen. Alle Netzwerkakteure übernahmen 1977 das im *„Krankenversicherungs-Kostendämpfungsgesetz"* staatlich definierte *„Prinzip der einnahmenorientierten Ausgabenpolitik"* als oberstes Netzwerkziel. Die Durchsetzung dieses Prinzips der Kostendämpfung als „strukturierendes Regulierungsprinzip" erfolgte zwangsläufig „auf Kosten früherer Prinzipien" (Döhler/Hassenteufel 1995, S. 812), vor allem des traditionellen Bedarfsdeckungsprinzips. Es führte dazu, dass die Netzwerkakteure stärker als bisher (betriebs-)wirtschaftliche Betrachtungen bei der Festlegung von abrechnungsfähigen Behandlungsmethoden wie auch generell bei der Ressourcenumverteilung einbeziehen mussten. Dieser Prozess wurde begleitet von einem gesellschaftsweiten Umschlag von einer vormals positiven Bewertung der Leistungsexpansion im Sinne einer fortschreitenden Optimierung der Qualität der medizinischen Versorgung in eine negative Bewertung des Leistungsumfangs als Kostenexplosion. In der Folgezeit wurde er umfangreiche Leistungskatalog der Gesetzlichen Krankenversicherung hinsichtlich Wirtschaftlichkeit, Notwendigkeit und Nützlichkeit ebenso öffentlich in Frage gestellt wie die Monopolstellung der Kassenärztlichen Vereinigungen oder die Funktionstüchtigkeit des Kollektivvertragssystems und der „Gemeinsamen Selbstverwaltung"[326].

Seitdem agierten die Netzwerkakteure angesichts des sich verstärkenden öffentlichen Drucks und permanenter politischen Interventionsdrohungen zunehmend unter den wirtschaftlichen Zwängen verknappter Ressourcen und unter dem Eindruck der selbst produzierten Ausgabendynamik. Trotz der gestärkten Verhandlungsposition der Kassenverbände, einer zunehmenden Kompromissbereitschaft der Kassenärzteorganisationen und einer relativ großen Anzahl von auf Spitzenverbandsebene geschlossenen honorarpolitischen Empfehlungs- und Rahmenvereinbarungen (Gerlinger 1997, S. 100; Herder-Dornreich 1994, S. 396f.) sowie einer Reihe von durch die gemeinsamen Netzwerkgremien beschlossenen „Leistungsbeschränkungen und Umverteilungsmaßnahmen" (Gerlinger 1997, S. 100) wurden insgesamt nur relativ geringe Kostendämpfungseffekte bewirkt. Sie reichten aber bereits aus, um die Verpflichtungsfähigkeit der Kassenärztlichen Vereinigungen aufgrund erheblicher Einkommensdiffe-

[326] In den 1980er-Jahren wurde der Druck auf das Netzwerk gezielt durch externe Forderungen nach einer *„Strukturreform"* im Gesundheitswesen erhöht. Zu den Protagonisten der Forderung gehörten der *„Sachverständigenrat zur Begutachtung der gesamtwirtschaftlichen Entwicklung"*, der sich in seinen Gutachten 1983/84 und 1985/86 schwerpunktmäßig mit dem Gesundheitswesen auseinander setzte, sowie der *„Sachverständigenrat der Konzertierten Aktion im Gesundheitswesen"* (Herder-Dornreich 1994, S. 157f.). Vor allem letzterer gilt als Beispiel für eine staatliche Netzwerkpolitik, die durch ein gezieltes *„Experten-Monitoring"* und entsprechende Reformvorschläge den externen Druck auf die Akteure erhöhte, um sie durch permanente Interventionsdrohungen von der „Vorteilhaftigkeit" politisch gewollter Verhaltensweisen zu „überzeugen".

renzierungen innerhalb der Ärzteschaft und entsprechend entsolidarisierender Tendenzen nachhaltig zu schwächen. Die Kassenärztlichen Vereinigungen sahen sich einem zunehmenden interessenpolitischen Spagat zwischen den heterogenen honorarpolitischen Forderungen der durch den KV-internen *Honorarverteilungsmaßstab* privilegierten oder benachteiligten Facharztgruppen und den Anforderungen des Staates wie der Krankenkassen hinsichtlich einer kostendämpfenden Netzwerkpolitik ausgesetzt. Hinzu kam die offenkundige Überforderung der Kassenärztlichen Vereinigungen bei der Steuerung von Menge, Wirtschaftlichkeit und Qualität der ärztlichen Behandlungsleistungen, ebenso wie bei der Herstellung einer ausgeglichenen Honorarverteilung unter ihren Mitgliedern. All dies führte zu einer zunehmend defensiven Rolle der Kassenärzte innerhalb der gemeinsamen Netzwerkgremien.

Anfang der 1990er-Jahre schien schließlich der Boden für einen tiefgreifenden *gesundheitspolitischen Paradigmenwechsel* bereitet zu sein, „der vielfach als Übergang von einer expansiven zu einer wettbewerbs- und beitragssatzorientierten Gesundheitspolitik beschrieben worden ist“ (Urban 2001, S. 1). Unter dem vom Staat aufgegriffenen „irreführenden Motto ‚Vorfahrt für die Selbstverwaltung' wurde die Einbindung [der Netzwerkakteure; T.T.] in neokorporatistische Strukturen durch eine indirekte Steuerung über die Reform von Rahmenbedingungen und Anreizen ergänzt“ (Michelsen 2002, S. 106). Sowohl die „Gemeinsame Selbstverwaltung“ als auch die kollektivvertragliche Koordination der Netzwerkakteure wurde nun „durch eine Zangenbewegung aus staatlichen Vorgaben zur Sicherung der Beitragssatzstabilität und zur Ausgestaltung des Leistungskatalogs sowie aus der Verstärkung des Wettbewerbs unter Druck gesetzt“ (Michelsen 2002, S. 106). Zugleich erfuhr allerdings auch das zentrale Netzwerkgremium, der *„Bundesausschuss der Ärzte und Krankenkassen“*, eine enorme funktionale Aufwertung, indem er faktisch die umfassende und für den ambulanten Sektor exklusive Definitionsmacht über den gesamten Leistungskatalog der Gesetzlichen Krankenversicherung erhielt. Darüber hinaus wurden die Netzwerkakteure auf die Erhaltung der *Beitragssatzstabilität* als Zielgröße aller Netzwerkwerkhandlungen eingeschworen. Die gleichzeitige Einführung von (beitragssatzstabilen) *Budgets* für bestimmte Leistungsausgaben fungierte als unmittelbarer Rückkopplungsmechanismus für ein zielkonformes Verhalten der Netzwerkakteure. Folglich löste die Überschreitung entsprechender Budgets unmittelbare Legitimationszwänge sowohl bei den Krankenkassen als auch den Kassenärztlichen Vereinigungen aus. Die „wettbewerbskorporatistische Beauftragung“ des Bundesausschusses bezweckte nicht nur eine Verantwortungsentlastung des Staates, sondern vor allem, dass die involvierten Netzwerkakteure durch „gezielte staatliche Interventionen in die gesundheitspolitischen Kontextbedingungen ein Eigeninteresse an der restriktiven Interpretation des Leistungskatalogs entwickeln und auf diese Weise den staatlichen Steuerungszielen Rechnung tragen" (Urban 2001, S. 1).

In der Tat hat sich der Bundesausschuss als entscheidender Agent zur Etablierung des ökonomischen Paradigmas im ambulanten Sektor erwiesen. Die Folge dieser Politik war eine rasante Diffusion marktwirtschaftlich-wettbewerblicher Elemente und einer *betriebswirtschaftlichen Leitlogik* in das ambulante Organisationsnetzwerk. Dabei haben sowohl die Funktionseliten der Krankenkassen wie auch die Kassenärzteorganisation die staatlichen Leitziele (*Wirtschaftlichkeit, Finanzierbarkeit* und *Kostendämpfung*) weitgehend verinnerlicht. Damit einhergehend setzte sich die Betrachtung medizinischer Versorgungsleistungen unter Kosten-Nutzen-Gesichtspunkten durch, die auch die Diskussion von gezielten Leistungsausschlüssen für ältere oder unheilbar kranke Patienten, die gezielte Rationierung von Krankenversicherungsleistungen oder die restriktive Handhabung von Leistungsausschlüssen nicht mehr tabuisiert (Deppe 2002a, S. 17; Vogt 1998, S. 663f.)[327]. Die Funktionalisierung des ambulanten Organisationsnetzwerks zur Durchsetzung eines mehr oder weniger *neoliberalen Steuerungsparadigmas* in einem Schlüsselsektor des Gesundheitswesens hat allerdings aufgrund der damit zwangsläufig anwachsenden Bedeutung von wettbewerblichen Einzelinteressen und einer Aufweichung bisheriger Monopolstellungen die Steuerungs- und Verpflichtungsfähigkeit von Kassenverbänden und Kassenärztlichen Vereinigungen eher geschwächt als gestärkt. Es bleibt abzuwarten, ob die ausgelöste Entwicklung tatsächlich die Leistungsausgaben langfristig eindämmt oder nicht vielmehr eine schleichende Erosion des etablierten Organisationsnetzwerks auslöst und damit dem Staat eine wesentlich stärkere (gesundheitspolitische) Steuerungsverantwortung aufzwingt als ihm lieb ist.

[327] Die *betriebswirtschaftliche Rationalität* wurde sowohl von den Kassen als auch den niedergelassenen Ärzten übernommen. Bei den *Ärzten* schlug sie sich in Form einer „Ausweitung der Gesetzmäßigkeiten von Markt, Wettbewerb und Rentabilität auf das Arzt-Patienten-Verhältnis" (Deppe 2002a, S. 17), d.h. in einer massiven „Kommerzialisierung" nieder. Der Kassenarzt wurde mehr oder weniger zum „Gesundheits-Unternehmer", der am Markt ärztlicher Dienstleistungen mit den übrigen Ärzten um die Patienten konkurriert. Eine Folge ist die Zunahme von Gemeinschaftspraxen, medizinischen Qualitäts-/Praxisnetzen (Ortmann/Schnelle 2000) oder Gesundheitszentren, die in erster Linie als Wirtschaftsunternehmen geführt werden. Zeitgleich begannen die *Kassen* ihre Organisationsstrukturen an Dienstleistungsunternehmen auszurichten und ihr organisationales Handeln verstärkt an betriebswirtschaftlichen (Rationalisierungs-)Kriterien zu orientieren. Hierzu trug auch die vom Gesetzgeber ab 1996 vorgeschriebene Zusammenfassung der ehrenamtlichen Selbstverwaltungsgremien zu einem Verwaltungs-/Aufsichtsrat, der wiederum einen hauptberuflichen Vorstand aus „Kassen-Managern" zur Geschäftsführung einsetzt, entscheidend bei (Smigielski 1993, S. 105f.). Zugleich wurden Kassenfusionen erheblich erleichtert.

3. Fazit: Die institutionelle Einbettung des ambulanten Organisationsnetzwerks in gesellschaftliche Leitideologien und ökonomische Kontexte

Die Darstellung in diesem Kapitel machte deutlich, dass die spezifische Entwicklungsdynamik und Funktionslogik des Netzwerks zunächst vor allem ein Ergebnis der festen Verklammerung mit der Gesetzlichen Krankenversicherung, die „sowohl Gegenstand staatlicher Politik als auch Kerninstitution der Finanzierung und Steuerung der Gesundheitsversorgung" (Blancke 1994, S. 21) war, darstellte. Die dergestalt betriebene staatliche Netzwerkpolitik zielte auf die weitgehende Inkorporierung des ambulanten Organisationsnetzwerks in den Staat und die damit verbundene Unterordnung unter das wohlfahrtsstaatliche Gemeinwohlparadigma ab. Gemeinwohl im Sinne gesellschaftlicher Wohlfahrtserhaltung und -steigerung sollte dabei auf „vielfach vermittelten Wegen und Mischungen von hierarchischen, marktmäßigen und netzwerkartigen Koordinationsprozessen, in denen [...] *Verhandlungen* einen zentralen Stellenwert" (Blancke 1994, S. 21) einnahmen, entstehen. Insofern diente das ambulante Netzwerk von Anfang an nicht nur der Staatsentlastung, sondern zugleich auch der staatlichen Herrschaftssicherung und -Legitimierung.

Das einmal institutionalisierte Organisationsnetzwerk bildete allerdings auch selbst über die Bezugnahme auf das Gemeinwohl eine entsprechende Rationalitätsfassade aus, um so den staatlichen beziehungsweise gesellschaftlichen Erwartungen zu entsprechen. Hiermit verbunden war ein Prozess der Entkopplung von (materiellen) Mitgliederinteressen und Patienteninteressen, die ideologisch mit dem Gemeinwohl verknüpft wurden. Alle Netzwerkakteure legitimierten ihr (grundsätzlich weiter an organisierten Partikularinteressen ausgerichtetes) Handeln nun in der Regel als selbstdefiniertes agentschaftliches Handeln zum Wohle der Patienten, das heißt einer selbst ausgesuchten Klientel, die keinerlei Einfluss auf das Organisationshandeln hatte (vgl. Türk/Lemke/Bruch 2002, S. 296). Durch die ideologische Verknüpfung eines imaginären Patienten- und Gemeinwohls konnten die Ergebnisse der kollektiven Verhandlungsprozesse im Netzwerk als gemeinwohlförderlich deklariert und eine (öffentliche) Thematisierung der tatsächlichen Steuerungseffizienz oder der negativen Externalitäten des Netzwerkhandelns ausgeblendet werden. Damit verbunden war auch die langfristige (unhinterfragte) Reproduktion der einmal institutionalisierten Arrangements, Asymmetrien und Exklusivitäten durch alle Netzwerkakteure. Die etablierten Verhandlungsroutinen und Kommunikationsprozesse förderten nämlich nicht nur den gegenseitigen Austausch und die gemeinsame Ressourcenverteilung, sondern schufen auch Erwartungssicherheit, Kontinuität und eine gemeinsame „Netzwerkidentität". Außerdem unterstützten sie Imitations- und Anpassungsprozesse zwischen den Organisationen. Damit entwickelten alle beteiligten Akteure ein gemeinsames Interesse an der Aufrechterhaltung der institutionalisierten Arrangements. Das erklärt – insgesamt gesehen – die strukturelle Stabilität des Netzwerks, aber auch seinen hohen Grad an strukturellem Konservatismus und Reformresistenz. Der Prozess der Institutionalisierung der Netzwerkstrukturen stellte sich also primär als Aufbau und Absicherung eines organisationsbasierten (semi-autonomen) gesellschaftlichen Handlungszentrums, das heißt eines spezifischen (parastaatlichen) Herrschaftssystems dar. Jeder externe (staatliche) Eingriff in diese spezifische organisationale „Interessengemeinschaft" musste deshalb fast zwangsläufig als Angriff auf die Netzwerkstabilität und die organisationale Handlungsfähigkeit interpretiert werden und zu Abwehrbemühungen der Akteure führen.

Es wurde außerdem deutlich, dass dem Netzwerk von Anfang an eine spezifische ökonomische Rationalität immanent war. Diese war schon zwangsläufig durch die unmittelbare Einbindung in die Gesetzliche Krankenversicherung gegeben. Der zwischen Krankenkassen und Ärzteorganisationen bestehende Interessengegensatz besaß damit immer einen materiellen Kern, ging es doch um die Umverteilung knapper Ressourcen. Dabei gelang es, einen kooperativen Verteilungsmechanismus zu institutionalisieren, der zum einen die anfänglich konfliktreichen Beziehungen zwischen Krankenkassen und Ärzten weitgehend befriedete, zum anderen aber eine Art Verteilungskoalition schuf, die für die Ausgabenentwicklung der Gesetzlichen Krankenversicherung maßgeblich mitverantwortlich wurde. Aufgrund der unmittelbaren Abhängigkeit des zur Verfügung stehenden Ressourcenpools der Gesetzlichen Krankenversicherung von gesamtwirtschaftlichen Kontextbedingungen erwies sich das institutionalisierte Netzwerk allerdings gerade in wirtschaftlichen Krisenzeiten als instabil, konfliktanfällig und offener für staatliche Interventionen und gesellschaftliche Einflüsse. Hiermit verbunden war seit den 1990er-Jahren die tendenzielle Diffusion neoliberaler Ordnungsvorstellungen in das Netzwerk und damit seine erste ernsthafte Legitimationskrise. Insgesamt wird damit die enge wechselseitige Verzahnung zwischen Organisationsgesellschaft und ambulantem Organisationsnetzwerk deutlich.

VI. Resümee

Die historisch-soziologische Rekonstruktion der Entwicklungsgeschichte und Funktionsweise des untersuchten Organisationsnetzwerks verdeutlicht, dass die uns geläufige Form der (kostenfreien) ambulant-ärztlichen Krankenversorgung der Bevölkerung im Rahmen der Gesetzlichen Krankenversicherung ohne den Modus der formalen Organisation nicht denkbar gewesen wäre und damit höchst voraussetzungsvoll ist. Das heute hochgradig organisierte Gesundheitswesen, von dem der ambulante Sektor ja nur einen spezifischen Teilbereich ausmacht, stellt dabei ein nahezu typisches Konstrukt der modernen Organisationsgesellschaft dar.

Mit der vorliegenden Arbeit wurde anhand der detailliert dargestellten Organisationsgeschichte von Krankenkassen und Ärzteorganisationen rekonstruiert, wie sich der Organisationsmodus als spezifische Form der herrschaftsförmigen Strukturierung gesellschaftlicher Praxis, hier primär in Form eines spezifischen gesellschaftlichen Umgangs mit „Krankheit", im Rahmen der Ausbildung der modernen Gesellschaftsformation und in dialektischer Wechselwirkung mit dieser gegenüber älteren Herrschafts- und Ko-Operationsformen durchgesetzt hat. Charakteristisch war hierbei, dass sowohl Krankenkassen als auch Ärzteorganisationen im Prinzip von einander unabhängige und bis weit in die Geschichte zurück reichende historische Wurzeln und Entwicklungslinien besaßen. Die moderne Organisationsform bedeutete also keinen radikalen, abrupten und vollständigen Bruch mit traditionellen Elementen und Formen der Ko-Operation. Vielmehr bestand ihr eigentliches „Erfolgsrezept" gerade in der Übernahme und Aneignung traditioneller (berufsständischer wie genossenschaftlicher) Elemente und deren gleichzeitiger organisationaler Überformung oder Umdeutung. Die Ausbildung des Modus der Organisation stellte gewissermaßen einen in Abhängigkeit zur Entwicklung der modernen Gesellschaft verlaufenden, schrittweisen und wechselseitigen Entwicklungsprozess dar, in dem der moderne Staat immer wieder eine entscheidende (mehr oder weniger bewusste) Rolle als Motor der Organisations- und Netzwerkentwicklung spielte.

Die entstandenen Organisationen – in unserem Fall Krankenkassen und Ärzteorganisationen – eigneten sich vor allem ab 1883 in mehreren Entwicklungsstufen den gesamten gesellschaftlichen Funktions- und Entscheidungsbereich der ambulant-ärztlichen Krankenversorgung an und formten ihn im Rahmen der gesetzlichen Vorgaben nach ihren Vorstellungen um. Dies belegt ihre enge institutionelle Verkopplung mit der Gesetzlichen Krankenversicherung. In diesem Zusammenspiel erfüllten beide Organisationstypen für ihr Organisationspublikum spezifische (gesellschaftliche) Funktionen. So dienten die Krankenkassen in erster Linie als „langfristig einflussreiche Sozialisationsagenturen", welche „die Mentalitäten und Verhaltensmuster der industriellen Arbeiterschaft nachhaltig umzuprägen vermochten" (Frevert 1984, S. 337) und so zur Anpassung der Lohnarbeiterschaft an die Funktionserfordernisse der kapitalistischen Produktionsweise beitrugen. In gleicher Weise fungierten die Ärzteorganisationen nicht nur als Motor der ärztlichen Professionalisierung, ohne den kein Arzt den heutigen Expertenstatus hätte erlangen können, sondern ebenfalls als „Sozialisationsagenturen", in denen der einzelne Mitgliedsarzt auf die Funktionserfordernisse der Gesetzlichen Krankenversicherung und entsprechende (disziplinierende wie zweckrational-ökonomische) Verhaltensweisen eingeschworen wurde.

Entscheidende Bedeutung für den fortschreitenden Prozess der herrschaftlichen Aneignung eines für die individuelle Reproduktionssicherung bedeutsamen gesellschaftlichen Bereichs durch formale Organisationen hatte die Gesetzliche Krankenversicherung gerade deshalb, weil sie die (institutionelle und materielle) Grundlage für die quantitative Ausdehnung der Kassenorganisation wie auch die feste Einbindung der Ärzteschaft in die medizinische Versorgung der Versicherten bildete. Zugleich entstand mit ihr ein enormer Ressourcenpool, über den die Leistungen des Gesundheitswesens finanziert werden konnten und um dessen herrschaftlichen (exklusiven) Zugriff nahezu alle organisierten Verteilungskämpfe der Folgezeit geführt wurden. Auf der materiellen Grundlage der öffentlich-rechtlichen Krankenversicherung wurde erstmals eine landesweite organisationsgestützte Verwaltung und Regulierung der Krankenversorgung der ganzen Bevölkerung möglich. Für das traditionell staatlicher Regulierung unterliegende Gesundheitswesen bedeutete die Einführung der Gesetzlichen Krankenversicherung aus heutiger Sicht das entscheidende Schlüsselereignis für die Auslösung eines rasanten Entwicklungsprozesses hin zu einem organisationsförmig (selbst-)regulierten gesellschaftlichen Bereich. Denn erst auf dieser (materiellen und institutionellen) Basis, verkoppelt mit der für das ambulante Organisationsnetzwerk charakteristischen Zwangsmitgliedschaft immer größerer Personen- oder Berufsgruppen, war der Aufstieg des Organisationsmodus zur quantitativ, vor allem aber sozial-qualitativ hegemonialen Ko-Operationsform im Gesundheitswesen möglich. Insofern begann der eigentliche „Siegeszug" der Organisationsform im Gesundheitswesen im engeren Sinne erst ab dem Jahr 1883, also relativ spät. Dafür verlief er aber in den Folgejahren um so rasanter. Im Zuge einer Art „nachholender Entwicklung" entstand in wenigen Jahrzehnten ein hochorganisierter gesellschaftlicher Bereich als institutioneller Bestandteil der moderne Organisationsgesellschaft. Der Prozess der Institutionalisierung eines spezifischen organisationalen Feldes vollzog sich dabei primär in sich gegenseitig verstärkenden *isomorphistischen Anpassungsprozessen*, an deren vorläufigem Endpunkt ein Netzwerk aus strukturell weitgehend homogenen Organisationspopulationen stand.

Das bis 1931/32 stufenweise etablierte Netzwerk aus die ambulante Krankenversorgung weitgehend selbstständig regulierenden Krankenkassen und Ärzteorganisationen bildete eine spezifische, systemstabilisierende und integrierende intermediäre Struktur aus, die sich zwischen den modernen Staat und die Gesellschaftsmitglieder einschob. Somit erwies sich gerade die formale Organisation als entscheidender Motor der Sektoralisierung des Gesundheitswesens in Form der Ausbildung und Strukturierung spezifischer, von einander abgeschotteter organisationaler Netzwerke. Zugleich wurde sie über die (zwangsweise) organisationale Einbindung der Masse der Bevölkerung und der Ärzteschaft zum bedeutendsten Stabilisierungs- und Sozialisationsfaktor eines strategischen Schlüsselbereichs der modernen Organisationsgesellschaft.

Typisch für die am Netzwerk beteiligten Kassen und Ärzteorganisationen ist bis heute ihr Anspruch auf die (institutionelle) Inklusion der gesamten Bevölkerung und aller Ärzte. Die Ärzteorganisationen hatten das Ziel einer vollständigen Inklusion aller Kassenärzte mit der Bildung der Kassenärztlichen Vereinigungen und damit den Status von Monopolorganisationen faktisch 1931 erreicht. Die Krankenkassen bemühen sich hingegen bis heute unter Bezugnahme auf universalistische Funktionsprinzipen der Krankenversicherung („Solidarprinzip") oder eine diffuse „Gemeinwohlorientierung" um die fortschreitende Ausdehnung der Versicherungspflicht- und Beitragsbemessungsgrenzen. Auf diese Weise sollen auch die noch nicht zwangsversicherten Teile der Bevölkerung in die Gesetzliche Krankenversicherung inkludiert und dem System damit neue Finanzmittel zugeführt werden. In Folge der Expansionsbestrebungen hat sich die ursprünglich als Versicherung spezifischer Lohnarbeitergruppen konzipierte Gesetzliche Krankenversicherung allmählich zur „Volksversicherung" gewandelt. Primäres Ziel der organisationsbasierten Inklusionsideologie und -praxis war es dabei immer, einen möglichst umfassenden Zugriff auf die (personellen und materiellen) Ressourcen der Versicherten, das heißt die vollständige Ressourcenmonopolisierung zu erlangen.

Wie in den vorherigen Kapiteln ausführlich dargestellt, konstituierten die Spitzenorganisationen der Kassen und der Ärzte zwischen 1883/1913 und 1931 gemeinsam in mehreren Schritten ein organisationsübergreifendes (netzwerkartiges) System der Kooperation und kontrollierten damit den gesamten Bereich der ambulant-ärztlichen Krankenversorgung. In den gemeinsam geschaffenen Kooperationsstrukturen konnten die beteiligten Organisationseliten alle wesentlichen Entscheidungen quasi „unter sich" treffen, ohne die hiervon direkt oder indirekt betroffenen Organisationsmitglieder in den Entscheidungsprozess einbeziehen zu müssen. Insofern war die zwangsweise Inklusion der Masse der Bevölkerung und der Kassenärzte in das ambulante Organisationsnetzwerk verbunden mit ihrer gleichzeitigen organisationspolitischen und materiellen Exklusion. Damit erwies sich das hier betrachtete Netzwerk gewissermaßen als Motor eines funktionsspezifischen, aber annähernd idealtypisch verlaufenden Strukturierungsprozesses „inkludierender Exklusion" (Türk 1997, S. 165) in der Organisationsgesellschaft. Dieser Prozess wurde dadurch verstärkt, dass die involvierten Organisationen ein immer komplexeres, für das einzelne Organisationsmitglied völlig intransparentes System von hierarchisch gestaffelten Kooperationsstrukturen entwickelten, in denen die hoch spezialisierten Funktionseliten beider Seiten alle entscheidenden Fragen der kassenärztlichen Versorgung und Honorierung „im kleinen Kreis" bearbeiten konnten.

Für die Organisationsmitglieder hatte diese Form der netzwerkinternen Regulierung der ambulant-ärztlichen Versorgung zur Folge, dass beispielsweise die Kassenärzte aufgrund der ex-post Festlegung des jeweiligen Leistungs-Punktwerts erst im Nachhinein erfuhren, wie hoch ihr Honorar ausgefallen war. Der vielfach zitierte „Hamsterradeffekt", das heißt die Tendenz zur Ausweitung der Behandlungsleistungen zum Zwecke der einzelärztlichen Einkommensmaximierung kann, da alle Kassenärzte ähnlich agieren, bei pauschalisierter Gesamtvergütung bis heute dazu führen, dass der jeweilige Punktwert absinkt und so der einzelne Arzt trotz erhöhter Leistungsmenge ein geringeres Einkommen als im Vorjahr erzielt. Wenn der Arzt also, um sein Einkommen zu maximieren, auf Basis der Vorjahrespunktwerte, einer individuellen betriebswirtschaftlichen Rationalität folgend, eine systematische Ausweitung seiner abrechnungsfähigen Behandlungsleistungen betreibt, kollidiert er mit der kollektiven Verteilungsrationalität des Organisationsnetzwerks ebenso wie mit den individuellen Gewinnmaximierungsbestrebungen der übrigen Kassenärzte und tappt damit in eine klassische „Rationalitätsfalle" (Herder-Dornreich 1994, S. 310).

Unter solchen Unsicherheiten und begrenzten Möglichkeiten zur Mengen- und Einkommenssteuerung lassen sich Praxiseinnahmen aber kaum im voraus sinnvoll planen. Im Hinblick auf die ökonomischen Folgen seines ärztlichen Handelns arbeitet der niedergelassene, in freier Praxis als selbstständiger Unternehmer tätige Kassenarzt also weitgehend „blind". Er ist diesbezüglich abhängig von seiner Kassenärztlichen Vereinigung als der eigentlichen „Hüterin" der Abrechnungsdaten und der Honorarverteilung. Ebenso haben aber zum Beispiel auch die von einer Kostenübernahme durch die Kasse abhängigen Versicherten keinen genauen Überblick über die von ihrer Kasse gewährten ärztlichen Behandlungsleistungen (Regel- und Kann-Leistungen). Sie verlassen sich deshalb zumeist auf die Aussagen des behandelnden Arztes, womit Missbrauch und Doppelabrechnungen provoziert werden. Sowohl die Versicherten als auch die Kassenärzte sind also in materieller Hinsicht vom hochgradig organisierten und regulierten System der ambulanten Versorgung abhängig. Zugleich stehen sie als Organisationspublikum der netzwerkimmanenten Intransparenz und Handlungslogik (Herder-Dorneich 1994, S. 679f.) nicht nur weitgehend machtlos, sondern auch mehr oder weniger hilflos gegenüber. Dieses Phänomen, in dem die den Organisationsmitgliedern zugewiesenen spezifischen, tendenziell passiven Rollenmuster und materiellen Abhängigkeitsbeziehungen erkennbar werden, kann als „gelernte Hilflosigkeit" (Türk 1997b, S. 128) bezeichnet werden. Die damit verbundene Institutionalisierung extrem asymmetrischer Beziehungen und Herrschaftsstrukturen zwischen Organisation und Mitglied gehört dabei zu den Strukturmerkmalen der modernen Organisationsgesellschaft.

Hinzu kommt, dass das ambulante Organisationsnetzwerk, wie vor allem in *Kapitel IV.* dargestellt, aufgrund der Kombination und Kumulation verschiedener Strukturelemente ein spezifisches „Eigenleben" oder eine eigene *„Strukturlogik"* entwickelte, durch die nicht nur die langfristige Reproduktion der einmal institutionalisierten Arrangements und Interorganisationsbeziehungen sichergestellt, sondern auch denkbare Alternativen zur „organisierten" ambulanten Krankenversorgung aus dem gesellschaftlichen Bewusstsein ausgeblendet wurden. Mit der Konstituierung des ambulanten Organisationsnetzwerks war insofern nicht nur die Verdrängung traditioneller Formen der (kollektiven) Krankenversorgung, sondern auch die Ausschaltung aller konkurrierenden Anbieter ambulanter medizinischer Behandlungsleistungen oder alternativer organisierter Versorgungsformen (Ambulatorien, Polikliniken usw.) verbunden. Die 1883 begründete Form der ambulanten Versorgung durch niedergelassene, frei praktizierende Kassenärzte und die in der Folgezeit konstituierte gemeinsame Regulierung des gesamten ambulanten Sektors durch ein hochgradig exklusives und selektives Netzwerk von Krankenkassen und Kassenärzteorganisationen hat *eine* mögliche Form der ambulanten Krankenversorgung zur kulturellen Selbstverständlichkeit erhoben und damit erreicht, dass bis in die nahe Gegenwart alle von dieser hegemonialen Form abweichende Versorgungsformen nicht ernsthaft erwogen wurden oder praktikabel erschienen. Auch in dieser

Hinsicht erscheint das etablierte Organisationsnetzwerk also gewissermaßen als eine institutionelle Form moderner, organisationsbasierter Herrschaft.

Dies wird noch dadurch verstärkt, dass das bestehende Organisationsnetzwerk, über alle antagonistischen Einzelinteressen der beteiligten Interessenorganisationen hinweg ausgeprägte Selbsterhaltungsbestrebungen und lange Zeit eine ausgesprochen hohe Reform- und Umweltresistenz entwickelt hat. So sind bislang beispielsweise nahezu alle staatlichen Versuche der Schaffung einer für die Mitglieder vorteilhaften Transparenz im ambulanten Sektor am Widerstand der involvierten Organisationen gescheitert. Insgesamt scheint das ambulante Netzwerk trotz aller institutionellen und strategischen Flexibilität in der Vergangenheit derzeit eher zur Verwaltung und Erhaltung der etablierten Strukturen als zur „Selbsterneuerung im Sinne dringend notwendiger Reformen" (Deppe/Friedrich/Müller 1987, S. 7) in der Lage zu sein. Dies belegen die hohen strukturellen Beharrungskräfte des Netzwerks, die jegliche Form der „Selbsterneuerung" unwahrscheinlich machen. Dabei muss allerdings beachtet werden, dass Strukturreformen ohnehin nur durch Veränderungen des relativ engen gesetzlichen Handlungsspielraums der Netzwerkakteure und damit ausschließlich durch den Staat selbst veranlasst werden könnten. Hinzu kommt, dass gerade der Staat maßgeblich für den strukturellen Immobilismus des von ihm selbst mit initiierten Netzwerks verantwortlich war.

Dieses Dilemma verdeutlicht schließlich auch die Problematik staatlicher Gesundheitspolitik, die sich in unserem Fall primär als Netzwerk- beziehungsweise Organisationspolitik ausdrückt. Der Staat, als gewissermaßen dritter Akteur im ambulanten Netzwerk, bezweckte mit der Delegation weitreichender Steuerungskompetenzen auf das Organisationsnetzwerk eine maßgebliche Verantwortungsentlastung. Damit stand nicht mehr er selbst, sondern ein Netzwerk öffentlich-rechtlich strukturierter, intermediärer Organisationen in der Verantwortung für einen zentralen Bereich der Krankenversorgung. Das so entstandene, von allen beteiligten Akteuren als rational empfundene *institutionelle Arrangement* hat bis heute unbestritten zu „Staatsentlastungsmomenten" (Lamping 1994a, S. 96) geführt und verfügt sicherlich auch über ein „eigenständiges Wohlfahrtspotential" (Scharpf 1991, S. 621). Im Mittelpunkt staatlicher Netzwerkpolitik stand dabei vielfach eine Stärkung der Selbststeuerungspotenziale des Netzwerks, ohne aber die Staatsaufsicht grundsätzlich zu verringern. Durch die Verkörperschaftlichung der meisten Akteure des ambulanten Netzwerks wurde es faktisch zum Bestandteil des politischen Herrschaftssystems und seiner ideologischen Legitimationsbasis, ohne aber unmittelbar dem Staat selbst zugeschrieben zu werden. Es handelt sich deshalb um ein gutes Beispiel für eine tendenzielle Verschiebung von formellen zu informellen Formen der

Regierung durch die strategische Einbindung organisationaler, hier netzwerkartiger Prozess- und Steuerungsmuster.

Die Dezentralisierung identitätsstiftender gesundheitspolitischer Entscheidungsarenen vom Staat auf ein dem Wesen nach *korporatistisches Organisationsnetzwerk* hatte zugleich seine maßgebliche Stabilisierung und Legitimierung als *Institution per se* zur Folge. Der Staat verlieh also den Netzwerkakteuren den staatstragenden Habitus, den sie bei der Exekution des als Staatsauftrag definierten Netzwerkwillens gegenüber Mitgliedern und Organisationspublikum so gerne an den Tag legen. Zugleich hatte die Institutionalisierung des ambulanten Organisationsnetzwerks aber auch Rückwirkungen auf die staatliche Gesundheitspolitik. So blieb eine hierarchische Globalsteuerung des Gesundheitswesens zwar nach wie vor grundsätzlich möglich, faktisch musste sie aber zunächst in netzwerk- beziehungsweise sektorspezifische Einzelpolitiken zerlegt und in Zusammenarbeit mit den in den politischen Entscheidungsprozess integrierten Netzwerkakteuren klein gearbeitet werden.

Die Abhängigkeit des Staates von der Kooperation der Netzwerkakteure ermöglichte es diesen immer wieder, Partikularinteressen in die Verhandlungsrunden einzubringen und gesundheitspolitische Reformprojekte zu „verwässern". Die Folge war vielfach, dass lediglich partielle Reformmaßnahmen umgesetzt werden konnten oder Reformprojekte gänzlich scheiterten beziehungsweise von den Netzwerkakteuren unterlaufen wurden. Daraus kann allerdings nicht grundsätzlich eine Abnahme staatlicher Souveränität oder gesundheitspolitischer Handlungsfähigkeit geschlossen werden. Es entsprach vielmehr lange Zeit der defensiv-reaktiven staatlichen Grundhaltung, der zufolge nur bei offenkundigem Funktions- oder Steuerungsversagen der Netzwerkakteure mittels entsprechender hierarchischer Interventionsdrohungen vermittelnd eingegriffen werden sollte. Zumeist beschränkte sich der Staat dabei auf den Versuch der (partiellen) Korrektur allzu arger Macht- und Verhandlungsasymmetrien im Netzwerk im Sinne der Widerherstellung eines institutionellen Gleichgewichts der Kräfte. Im übrigen scheute jedoch bislang jede Regierung vor einer grundlegenden Strukturreform im Gesundheitswesen zurück, da sie sich hierzu in das „Haifischbecken" der gesundheitspolitischen Interessenorganisationen wie auch der Lobbys aus Politik, Wirtschaft und Gewerkschaften begeben müsste.

Erst die seit Mitte der 1970er-Jahre und verstärkt seit Ende der 1990er-Jahre im Rahmen eines zunehmend neoliberalen Diskurses geführte Debatte über die „Kostenexplosion" im Gesundheitswesen löste zumindest partiell eine öffentliche Delegitimierung des ambulanten Organisationsnetzwerks sowie die Infragestellung seiner ökonomischen Steuerungseffizienz und

Thematisierung der negativen Externalitäten des Netzwerkhandelns aus. Die primär von führenden Interessenorganisationen der Wirtschaft und den (bürgerlichen) politischen Parteien unter Bezug auf steigende Beitragssätze und ausufernde Lohnnebenkosten sowie eine fragwürdige Versorgungsqualität gezielt forcierte Debatte basiert bis heute ausschließlich auf ökonomischen Kategorien und greift von dieser Seite her gleichermaßen alle korporatistischen Arrangements und Netzwerke im Gesundheitswesen als prinzipiell „wettbewerbs- oder marktfeindlich" an. Der gesellschaftsweite „organisationale Neoliberalismus zeichnet sich [dabei also vor allem; T.T.] durch eine Ablösung oder zumindest eine schleichende Entwertung ‚traditioneller' organisationaler Muster aus" (Türk/Lemke/Bruch 2002, S. 296).

Der Staat, bestrebt den auf ihn durchschlagenden massiven Legitimations- und Handlungsdruck auf die Netzwerkakteure abzuleiten, reagierte zunächst mit der verstärkten Einbindung der Interessenorganisationen des Gesundheitswesens in den gesundheitspolitischen Entscheidungsprozess. Das geschah beispielsweise in Form der netzwerkübergreifenden „Konzertierten Aktion im Gesundheitswesen" oder der Bildung von (temporären) netzwerkspezifischen „großen Sachkoalitionen". Zugleich wurde aber auch eine ganze Reihe von partiellen, kurzfristig wirkenden „Kostendämpfungsgesetzen" erlassen. Im Sinne einer „Billardspieler-Logik" (Baier 1978, S. 121) wurden so die in den Gesetzen strategisch angelegten Verteilungskonflikte auf das Organisationsnetzwerk abgewälzt. Im Verlauf dieser Stellvertreterkonflikte brachen mit der Verknappung der Ressourcenbasis aber auch die alten Interessengegensätze zwischen Krankenkassen und Ärzteorganisationen erneut auf und untergruben damit den etablierten Netzwerkkonsens. Zugleich wendeten sich die Netzwerkakteure ihrerseits vehement gegen die Interventionen des Staates, den sie als „Kostentreiber [...] Nr. 1" (Jonitz 2002) anklagten, in ihre „Gemeinsame Selbstverwaltung". Bislang haben es die Netzwerkakteure auf diese Weise weitgehend vermocht, nahezu alle Sparansätze im Gesundheitswesen zu unterlaufen. Die Folge war ein unaufhaltsamer Anstieg der Leistungsausgaben bei gleichzeitiger wirtschaftlicher Rezession und damit ein enormer politischer Handlungsdruck. Langfristig führte diese Entwicklung jedoch zur schleichenden Legitimationskrise des Netzwerks sowie vor allem zur Schwächung der Machtposition der Ärzteorganisationen, die immer mehr in die organisationspolitische Defensive gerieten.

Die unter Handlungsdruck stehende Bundesregierung kündigt aktuell eine grundlegende Strukturreform des Gesundheitswesens an, die im Kern zumindest auf eine partielle Auflösung der etablierten Netzwerkstrukturen und eine Rekonfigurierung des institutionellen Arrangements im ambulanten Sektor hinausläuft. Immer mehr Politiker und Kassenfunktionäre denken derzeit sogar öffentlich über die Auflösung der Kassenärztlichen Vereinigungen und die Etablierung einer „solidarischen Wettbewerbsordnung“ (Freitag 2000) im Netzwerk nach, während auf der Kassenseite zeitgleich ein enormer, staatlich forcierter Konzentrationsprozess stattfindet. Der so lange stabile Netzwerkkonsens scheint zumindest teilweise aufgebrochen zu sein und das ambulante Organisationsnetzwerk damit immer stärker unter den Einfluss neoliberaler Ordnungsmodelle und -diskurse zu geraten.

Ob am Ende tatsächlich eine Neuordnung der Akteurskonstellation und des Organisationskomplexes im ambulanten Sektor steht und wie diese aussehen wird, ist noch völlig offen. Schließlich hat der politische Diskussions- und Entscheidungsprozess, in den alle Netzwerkakteure einbezogen werden, gerade erst begonnen. Sollte es aber tatsächlich zu einer Strukturreform kommen, so stünde diese im Kontext eines gesellschaftsweiten Prozesses der Veränderung der alten gesellschaftlichen Kräfteverhältnisse und einer Transformation der traditionellen korporatistischen Arrangements in neoliberale, primär auf private Organisationen gestützte Netzwerke und Komplexe. Es ist absehbar, dass sich die Freiheitsspielräume der Menschen in diesem Prozess wohl kaum vergrößern würden. Schließlich wären sie dann zwar nicht mehr von parastaatlichen, auf das „Gemeinwohl“ mehr oder weniger stark verpflichtungsfähigen Organisationen, sondern vielmehr in einem bislang nicht gekannten Ausmaß von privaten Organisationen abhängig. Am Ende dieses Entwicklungsprozesses stünde ein qualitativer Formwandel der Organisationsgesellschaft und die Rekonfigurierung der Strukturen organisationaler Herrschaft. Wie sich in diesem Prozess die gesundheitspolitische Handlungsfähigkeit des Staates tatsächlich verändern wird bleibt abzuwarten. Mit Sicherheit wird es in diesem Prozess aber auch zur Neuformierung des politischen Herrschaftssystems kommen, das sich zwangsläufig an die gesellschaftlichen Veränderungen anpassen muss. Die Geschichte bleibt also spannend.

Literaturverzeichnis

Achinger, H. (1966): Soziologie und Sozialreform, in: Soziologie und moderne Gesellschaft. Verhandlungen des 14. Deutschen Soziologentages vom 20. bis 24. Mai 1959 in Berlin. Stuttgart, S. 39-52.

Achinger, H. (1967): Die Sozialgesetzgebung und ihre Wirkung auf die Welt des Arztes im 19. Jahrhundert, in: W. Artel/W. Rüegg (Hrsg.): Der Arzt und der Kranke in der Gesellschaft des 19. Jahrhunderts, Stuttgart, S. 157-165.

Alber, J. (1992): Das Gesundheitswesen der Bundesrepublik Deutschland. Entwicklung, Struktur und Funktionsweise, Frankfurt/Main-New York.

Alemann, U. von (1989): Organisierte Interessen in der Bundesrepublik, Opladen.

Alexander, S. (1903): Geschichte des Verbandes der Berliner ärztlichen Standesvereine, Berlin.

Apfel, S. (1924): Zur Geschichte der Barmer Ärzteschaft und des Barmer Ärztevereins (1864-1924), Wuppertal.

Asmuth, M. (1984): Gewerbliche Unterstützungskassen in Düsseldorf. Die Entwicklung der Krankenversicherung der Arbeitnehmer 1841 bis 1884/85, Diss., Köln.

Aye, Dr. (1955): Das Gesetz über Kassenarztrecht (GKAR) vom 17. August 1955, Essen.

Baier, H. (1978): Ärzte und Krankenkassen – Kooperation oder Dauerkonflikt? In: ders.: Medizin im Sozialstaat. Medizinsoziologische und medizinpolitische Aufsätze, Stuttgart, S. 108-123.

Bandelow, N.C. (1998): Gesundheitspolitik. Der Staat in der Hand einzelner Interessengruppen? Probleme, Erklärungen, Reformen, Opladen.

Baron, R. (1979): Weder Zuckerbrot noch Peitsche. Historische Konstitutionsbedingungen des Sozialstaats in Deutschland, in: Gesellschaft. Beiträge zur Marxschen Theorie 12, Frankfurt/Main, S. 13-55.

Battenberg, J.F. (1991): Obrigkeitliche Sozialpolitik und Gesetzgebung. Einige Gedanken zu mittelrheinischen Bettel- und Almosenordnungen des 16. Jahrhunderts, in: Zeitschrift für Historische Forschung, 18. Band, S. 33-70.

Bauch, J. (1984): Taugt die Theorie der Rationalitätsfalle zur Erklärung der Krise des Sozialstaates und der Gesetzlichen Krankenversicherung? In: Medizin, Mensch, Gesellschaft 9, S. 138-143.

Bauch, J. (1996): Gesundheit als sozialer Code. Von der Vergesellschaftung des Gesundheitswesens zur Medikalisierung der Gesellschaft. Weinheim-München.

Bauer, G. (1976): Die Finanzwirtschaft in der Krankenversicherung, in: M. Blohmke u.a. (Hrsg.): Handbuch der Sozialmedizin, 3. Band, Stuttgart, S. 492-515.

Baumann, W. (1987): Entwicklungstendenzen des ärztlichen Beschäftigungssystems, in: in: H.-U. Deppe/H. Friedrich/R. Müller (Hrsg.): Medizin und Gesellschaft. Jahrbuch 1. Ärztliches Behandlungsmonopol und ambulanter Sicherstellungsauftrag, Franfurt/Main-New York, S. 138-155.

Bechtel, H. (1967): Wirtschafts- und Sozialgeschichte Deutschlands. Wirtschaftsstile und Lebensformen von der Vorzeit bis zur Gegenwart, München.

Behaghel, K. (1994): Kostendämpfung und ärztliche Interessenvertretung. Ein Verbandssystem unter Stress, Frankfurt/Main-New York.

BEK (Hrsg.) (1984): Erfolg einer Idee 1884-1984. Hundert Jahre Barmer Ersatzkasse, Wuppertal.

Benöhr, H.-P. (1979): Rechtshistorische Bemerkungen zur Begründung der Sozialversicherung, in: H.F. Zacher (Hrsg.): Bedingungen für die Entstehung und Entwicklung von Sozialversicherung. Colloquium der Projektgruppe für Internationales und Vergleichendes Sozialrecht der Max-Planck-Gesellschaft, Berlin, S. 295-323.

Benz, A. (1991): Umverteilung durch Verhandlungen? Kooperative Staatspraxis bei Verteilungskonflikten, in: Staatswissenschaften und Staatspraxis 2, S. 46-75.

Benz, A./Scharpf, F. W./Zintl, R. (1992): Horizontale Politikverflechtung. Zur Theorie von Verhandlungssystemen, Frankfurt/Main-New York.

Benz, A. (1995): Politiknetzwerke in der horizontalen Politikverflechtung, in: D. Jansen/K. Schubert (Hrsg.): Netzwerke und Politikproduktion. Konzepte, Methoden, Perspektiven. Marburg, S. 185-204.

Beske, F./Hallauer, J.F (2001): Das Gesundheitswesen in Deutschland, Köln.

Beske, F./Drabinski, T./Michel, C. (2002): Politische Entscheidungen zu Lasten der gesetzlichen Krankenversicherung. Finanzielle Belastungen der gesetzlichen Krankenversicherung / Finanzielle Entlastung anderer Zweige der Sozialversicherung und des Staates – Kieler Kritik – Kiel.

Bieback, K.-J. (1976): Die öffentliche Körperschaft, Berlin.

Biermann, H. (1992): Die Gesundheitsfalle. Der medizinisch-industrielle Komplex, Hamburg.

Blanke, B. (1994): „Governance" im Gesundheitswesen, in: B. Blanke (Hrsg.): Krankheit und Gemeinwohl. Gesundheitspolitik zwischen Staat, Sozialversicherung und Medizin, Opladen, S. 13-35.

Boch, R. (1985): Handwerker-Sozialisten gegen Fabrikgesellschaft. Lokale Fachvereine, Massengewerkschaft und industrielle Rationalisierung in Solingen 1870 bis 1914, Göttingen.

Bode, I. (1998): Vermittlungsleistungen normativer Interessenorganisationen. Verbände im Gesundheitswesen als „enfants terribles" mit Gemeinwohlbindung, in: Soziale Welt 49, S. 183-203.

Bode, I./Wex, T. (2001): Im Kern der Organisationsgesellschaft. Nonprofit-Organisationen in einem Modell der Sektoren. Zusammenfassung des Vortrags auf der Tagung der Arbeitsgruppe „Organisationssoziologie" der DGS in München am 16.11.01.

Bödiker, T.(1984): Reichs-Versicherungsamt, in: Zeitschrift für Sozialreform 30, S. 527-539.

Böge, V./Stein, H. (1999): 225 Jahre DAK. Gesundheit und soziale Verantwortung, Hamburg.

Bogs, W. (1959): Krankenversicherung (II), in: Handwörterbuch der Sozialwissenschaften (HDSW), 6. Band, Göttingen-Stuttgart-Tübingen, S. 276-296.

Bogs, W. (1981): Die Sozialversicherung in der Weimarer Demokratie, München.

Bohmann, G. (1989): Soziale Sicherung zwischen Hilfe und Kontrolle, in: B. Riedmüller/M. Rodenstein (Hrsg.) (1989): Wie sicher ist die soziale Sicherung? Frankfurt/Main, S. 266-285.

Bonß, W. (1995): Vom Risiko, Unsicherheit und Ungewissheit in der Moderne, Hamburg.

Born, K.E./Brunner, O./Köllmann, W./Schieder, T./Vogt, J. (Hrsg.) (1966): Quellensammlung zur Geschichte der Deutschen Sozialpolitik 1867 bis 1914. Einführungsband, Wiesbaden.

Borscheid, P. (1983): Die Entstehung der deutschen Lebensversicherungswirtschaft im 19. Jahrhundert. Zum Durchsetzungsprozess einer Basisinnovation. In: Vierteljahrschrift für Sozial- und Wirtschaftsgeschichte 70, S. 305-330.

Borscheid, P./Drees, A. (Hrsg.) (1988): Versicherungsstatistik Deutschlands 1750-1985, St. Katharinen.

Brassert, H. (1958): Berg-Ordnung der Preußischen Lande, Köln.

Braudel, F. (1986): Sozialgeschichte des 15. bis 18. Jahrhunderts. Aufbruch zur Weltwirtschaft, Frankfurt/Main.

Brechleiter, G. (1981): Schwerpunktereignisse in den Beziehungen zwischen den Kassenärzten und den gesetzlichen Krankenkassen in der Zeit von 1883 bis 1956, Diss., München.

Breger, M. (1994): Der Anteil der deutschen Großindustriellen an der Konzeptionalisierung der Bismarckschen Sozialgesetzgebung, in: L. Machtan (Hrsg.): Bismarcks Sozialstaat. Beiträge zur Geschichte der Sozialpolitik und zur sozialpolitischen Geschichtsschreibung, Frankfurt/Main-New York, S. 25-60.

Brennecke, R./Schelp, F.P. (1993): Sozialmedizin, Stuttgart.

Breuer, S./Treiber, H./Walther, M. (1982): Entstehungsbedingungen des modernen Anstaltsstaates. Überlegungen im Anschluss an Max Weber, in: S. Breuer/H. Treiber (Hrsg.): Entstehung und Strukturwandel des Staates, Opladen, S. 75-153.

Breuer, S. (1985): Politik und Recht im Prozess der Rationalisierung, in: ders. Aspekte totaler Vergesellschaftung, Freiburg i. Breisgau, S. 109-155.

Breyer, F./Zweifel, P. (1997): Gesundheitsökonomie, Berlin.

Brinkschulte, E. (1998): Krankenhaus und Krankenkassen. Soziale und ökonomische Faktoren der Entstehung des modernen Krankenhauses im frühen 19. Jahrhunderts. Die Beispiele Würzburg und Bamberg, Husum.

Bruch, M. (1997): Betriebliche Organisationsform und gesellschaftliche Regulierung, in: G. Ortmann/J. Sydow/K. Türk (Hrsg.): Theorien der Organisation. Die Rückkehr der Gesellschaft. Opladen, S. 180-210.

Bruch, M. (2000): Herrschaft in der modernen Gesellschaft. Zur Bedeutung des Organisationsverhältnisses in kritischen Theorien der Gesellschaft, Wiesbaden.

Bruckmeier, K. (1988): Kritik der Organisationsgesellschaft. Wege der systemtheoretischen Auflösung der Gesellschaft von M. Weber, Parsons, Luhmann und Habermas. Münster.

Brückner, P. (1972): Zur Sozialpsychologie des Kapitalismus, Frankfurt/Main.

Buhr, M./Klaus, G. (Hrsg.) (1971): Philosophisches Wörterbuch, Bd. 1, Leipzig.

Bundesärztekammer (1994): Gesundheitspolitisches Programm der deutschen Ärzteschaft, Köln.

Bundesärztekammer (2000): Auf Antrag des Vorstandes der Bundesärztekammer (Drucksache I-1) fasst der 103. Deutsche Ärztetag folgende Entschließung: Ein freies und soziales Gesundheitswesen ist der beste Patientenschutz, Köln.

Bundesärztekammer (2001): Geschichte der Bundesärztekammer, BÄK-homepage, o.S.

Bundesärztekammer (2002): Patienteninformation, Köln.

Bundesministerium für Gesundheit (Hrsg.) (2000): Statistisches Taschenbuch Gesundheit 2000, Berlin.

Bundesministerium für Jugend, Familie und Gesundheit (Hrsg.) (1983): Daten des Gesundheitswesens, Ausgabe 1983, Band 152, Stuttgart.

Busch, Dr. (1895a): Die Stellung der Aerzte in den Krankenkassen, in: Deutsche Medizinische Wochenschrift 21, S. 292-296.

Busch, Dr. (1895b): Freie Arztwahl bei den Berliner Ortskrankenkassen, in: Ärztliches Vereinsblatt für Deutschland 24, Sp. 70.

Busenbender, H. (1940): Der Arzt in der Sozialversicherung, Diss., Marburg.

Butterwegge, C. (1999): Wohlfahrtsstaat im Wandel. Probleme und Perspektiven der Sozialpolitik, Opladen.

Coleman, J.S. (1979): Macht und Gesellschaftsstruktur, Tübingen.

Coleman, J.S. (1986): Die asymmetrische Gesellschaft: Vom Aufwachsen in unpersönlichen Systemen. Weinheim-Basel.

Coleman, J.S. (1995): Grundlagen der Sozialtheorie, Band 2. Körperschaften und die moderne Gesellschaft, München.

Conze, W. (1954): Vom „Pöbel" zum „Proletariat", in: Vierteljahrschrift für Sozial- und Wirtschaftsgeschichte 41. Bd., S. 333-364.

Conze, W. (1962): Das Spannungsfeld von Staat und Gesellschaft im Vormärz, in: ders. (Hrsg.): Staat und Gesellschaft im deutschen Vormärz 1815-1848, Stuttgart, S. 207-269.

Conze, W. (1984): Proletariat, Pöbel, Pauperismus, in: O. Brunner/W. Conze/R. Koselleck (Hrsg.): Geschichtliche Grundbegriffe, 5. Band, Stuttgart, S. 27-68.

Czada, R. (1993): Konfliktbewältigung und politische Reform in vernetzten Entscheidungsstrukturen. Das Beispiel der kerntechnischen Sicherheitsregulierung, in: ders./M. G. Schmidt (Hrsg.): Verhandlungsdemokratie, Interessenvermittlung, Regierbarkeit, Festschrift für Gerhard Lehmbruch, Opladen, S. 73-98.

Czada, R. (1995): „Konjunkturen des Korporatismus: Zur Geschichte eines Paradigmenwechsels in der Verbändeforschung", in: W. Streeck (Hg.): Staat und Verbände, Opladen, S. 37-64.

Czada, R. (2000): Dimensionen der Verhandlungsdemokratie. Konkordanz, Korporatismus, Politikverflechtung, in: polis Nr. 46.

Dahme, H.-J. (2000): Kooperation und Vernetzung im sozialen Dienstleistungssektor. Soziale Dienste im Spannungsfeld „diskursiver Koordination" und „systemischer Rationalisierung", in: ders./N. Wohlfahrt (Hg.): Netzwerkökonomie im Wohlfahrtsstaat. Wettbewerb und Kooperation im Sozial- und Gesundheitssektor, Berlin, S. 47-67.

Dann, O. (1976): Die Anfänge politischer Vereinsbildung in Deutschland, in: U. Engelhardt/V. Sellin/H. Stuke (Hrsg.): Soziale Bewegung und politische Verfassung. Beiträge zur Geschichte der modernen Welt, Stuttgart, S. 197-232.

Dann, O. (Hrsg.) (1984): Vereinswesen und bürgerliche Gesellschaft in Deutschland, Historische Zeitschrift (Neue Folge), Beiheft 9, München.

Defert, D. (1991): „Popular life" and insurance technology, in: G. Burchell/C. Gordon/P. Miller (editors): The Foucault Effect. Studies in Governmentality, Hemel Hempsted, S. 211-233.

Deppe, H.-U. (1978): Zur Soziologie des niedergelassenen Arztes, in: ders.: Medizinische Soziologie. Aspekte einer neuen Wissenschaft. Frankfurt/Main, S. 213-234.

Deppe, H.-U. (1980): Zum gesellschaftlichen Charakter der gesetzlichen Krankenversicherung, in: ders.: Vernachlässigte Gesundheit. Zum Verhältnis von Gesundheit, Staat, Gesellschaft in der Bundesrepublik Deutschland, Köln, S. 85-138.

Deppe, H.-U. (1987): Zulassungssperre: Ärzte in den Fesseln der Standespolitik, in: H.-U. Deppe/H. Friedrich/R. Müller (Hrsg.): Medizin und Gesellschaft. Jahrbuch 1. Ärztliches Behandlungsmonopol und ambulanter Sicherstellungsauftrag, Franfurt/Main-New York, S. 37-67.

Deppe, H.-U./Friedrich, H./Müller, R. (1987): Editorial. Ärztliches Behandlungsmonopol, ambulanter Sicherstellungsauftrag und der Parkinsonismus des Gesundheitswesens, in: dies. (Hrsg.): Medizin und Gesellschaft.

Jahrbuch 1. Ärztliches Behandlungsmonopol und ambulanter Sicherstellungsauftrag, Franfurt/Main-New York, S. 7-8.

Deppe, H.-U. (2002a): Kommerzialisierung oder Solidarität? Zur grundlegenden Orientierung von Gesundheitspolitik, in: H.-U. Deppe/W. Burkhardt (Hrsg.): Solidarische Gesundheitspolitik. Alternativen zu Privatisierung und Zwei-Klassen-Medizin, Hamburg, S. 10-23.

Deppe, H.-U. (2002b): Gesundheit – das höchste Gut oder lästiger Kostenfaktor? Warum wir uns ein gutes Gesundheitssystem leisten wollen. Fachkongress „Gesundheit für alle – nicht nur für Reiche" DGB, IGM, ver.di, Forum am Schlosspark in Ludwigsburg, 02.02.2002, Ms.

Deppe, H.-U./Burkhardt, W. (2002): Vorwort, in: H.-U. Deppe/W. Burkhardt (Hrsg.): Solidarische Gesundheitspolitik. Alternativen zu Privatisierung und Zwei-Klassen-Medizin, Hamburg, S. 7-9.

Dierks, A. (1922): Entstehung und Entwicklung der deutschen Krankenversicherung bis zum Jahre 1909, in: Zentralblatt der Reichsversicherung 18, Spalte 24-31.

Diepgen, P. (1949): Geschichte der Medizin, Von den Anfängen der Medizin bis zur Mitte des 18. Jahrhunderts, I. Band, Berlin.

DiMaggio, P.J. (1983): State Expansion in Organizational Fields, in: R.H. Hall/R.E., Quinn (ed.): Organizational theory and public policy. Beverly Hills, California, S. 147-161.

DiMaggio, P.J./Powell, W.W. (1983): The Iron Cage Revisited: Institutional Isomorphism and Collective Rationality in Organizational Fields, in: American Sociological Review 48, S. 147-160.

Döhler, M. (1984a): Zur Entwicklung und Funktion der Eigeneinrichtungen der Krankenkassen 1900-1933, I. Teil, in: Zeitschrift für Sozialreform 30, S. 214-235.

Döhler, M. (1984b): Zur Entwicklung und Funktion der Eigeneinrichtungen der Krankenkassen 1900-1933, II. Teil, in: Zeitschrift für Sozialreform 30, S. 284-311.

Döhler, M. (1984c): Zur Entwicklung und Funktion der Eigeneinrichtungen der Krankenkassen 1900-1933, III. Teil, in: Zeitschrift für Sozialreform 30, S. 354-366.

Döhler, M. (1990): Gesundheitspolitik nach der „Wende". Policy-Netzwerke und ordnungspolitischer Strategiewechsel in Großbritannien, den USA und der Bundesrepublik Deutschland, Berlin.

Döhler, M. (1991): Strukturpolitik versus Ordnungspolitik. Ein Vergleich sozialliberaler und christlich-liberaler Reformen im Gesundheitswesen, in: B. Blanke/H. Wollmann (Hrsg.): Die alte Bundesrepublik. Kontinuität und Wandel. Leviathan Sonderheft 12, Opladen 463-481.

Döhler, M. (1992): Gesundheitspolitik nach der „Wende". Policy-Netzwerke und ordnungspolitischer Strategiewechsel in Großbritannien, den USA und der Bundesrepublik Deutschland, Berlin.

Döhler, M./Manow-Borgwardt, P. (1992a): Gesundheitspolitische Steuerung zwischen Hierarchie und Verhandlung, in: Politische Vierteljahrschrift 33, S. 571-596.

Döhler, M./Manow-Borgwardt, P. (1992b): Korporatisierung als gesundheitspolitische Strategie, in: Staatswissenschaften und Staatspraxis 3, S. 64-106.

Döhler, M. (1993): Ordnungspolitische Ideen und sozialpolitische Institutionen, in: R. Czada/M. G. Schmidt (Hrsg.): Verhandlungsdemokratie, Interessenvermittlung, Regierbarkeit, Opladen, S. 123-141.

Döhler, M./Hassenteufel, P. (1995): Akteurkonstellation in der Krankenversicherungspolitik: Ein deutsch-französischer Vergleich, in: Zeitschrift für Sozialreform 41, S. 804-822.

Döhler, M./Manow, P. (1995a): Staatliche Reformpolitik und die Rolle der Verbände im Gesundheitssektor, in: R. Mayntz/F. W. Scharpf (Hrsg.): Gesellschaftliche Selbstregulierung und politische Steuerung, Frankfurt/Main-New York, S. 140-168.

Döhler, M./Manow, P. (1995b): Formierung und Wandel eines Politikfeldes – Gesundheitspolitik von Blank zu Seehofer, MPIFG Discussion Paper 95/6, Köln.

Döhler, M./Manow, P. (1997): Strukturbildung von Politikfeldern. Das Beispiel bundesdeutscher Gesundheitspolitik seit den fünfziger Jahren, Opladen.

Drees, A. (1988): Die Ärzte auf dem Weg zu Prestige und Wohlstand. Sozialgeschichte der württembergischen Ärzte im 19. Jahrhundert, Münster.

Dresel, E.G. (1913): Bildung der ärztlichen Standesvereine und die staatliche Organisation der Ärzte bis zur Gründung des Leipziger Verbandes, Diss., Heidelberg.

Durkheim, E. (1961): Die Regeln der soziologischen Methode, Neuwied.

Eckhardt, W. (1937): Das Medizinalwesen in Solingen vom Ende des 17. Jahrhunderts bis zum Jahre 1870 (nach archivalischen Quellen), Diss., Düsseldorf.

Ehrenberg, V. (1893): Versicherungsrecht, Erster Band, Leipzig.

Eisenberg, C. (1986): Deutsche und englische Gewerkschaften. Entstehung und Entwicklung bis 1878 im Vergleich, Göttingen.

Eisenberg, C. (1988): Arbeiter, Bürger und der „bürgerliche Verein" 1820-1870. Deutschland und England im Vergleich, in: J. Kocka (Hrsg.): Bürgertum im 19. Jahrhundert. Deutschland im europäischen Vergleich. Band 2, München, S. 187-219.

Emerson, R. M. (1972): Exchange Theory. Part I and II, in: J. Berger/M. Zelditch/B. Anderson (editors): Social Theories in Progress, Vol. II, Boston, p. 38-87.

Endrös, A. (1985): Entstehung und Entwicklung des Begriffs „Körperschaft des öffentlichen Rechts", Wien-Köln-Graz 1985.

Engel, H./Eckert, J. (1937): Die Sozialversicherung im Dritten Reich, Berlin.

Engel, H./Eckert, J. (1938): Die Sozialversicherung im Dritten Reich, Ergänzungsband, Berlin.

Engelhardt, D. v. (1989): Entwicklung der ärztlichen Ethik im 19. Jahrhundert, in: A. Labisch/R. Spree (Hrsg.): Medizinische Deutungsmacht im sozialen Wandel des 19. und frühen 20. Jahrhunderts, Bonn, S. 75-88.

Engels, F. (1962a): Die Mark, MEW 19, Berlin, S. 315-330.

Engels, F. (1962b): Der Ursprung der Familie, des Privateigentums und des Staates, MEW 21, Berlin, S. 25-173.

Engels, F. (1967): Brief von Engels an Josef Bloch vom 21. September1890, MEW 37, Berlin, S. 462-465.

Erdmann, Y. (1993): Die Entwicklung der Ärzteverbände in den neuen Bundesländern. Zur Entstehung und Transformation intermediärer Interessenverbände, in: R. Bauer (Hrsg.): Nonprofit-Organisationen in einem neuen Europa, Rheinfelden-Berlin, S. 37-55.

Etzioni, A. (1961): Complex Organizations. On Power, Involvement, and Their Correlates. New York.

Etzioni, A. (1967): Soziologie der Organisationen, München.

Evers, A. (1985): Sozialpolitik als Gestaltung von Lebensweisen, in: S. Leibfried/R. Müller (Hrsg.): Sozialpolitische Bilanz I, Referate auf der Tagung der Sektion Sozialpolitik der Deutschen Gesellschaft für Soziologie am 3.-4. Mai 1985 in Bielefeld. Bremen, S. 69-104.

Ewald, F. (1991): Insurance and risk, in: G. Burchell/C. Gordon/P. Miller (editors): The Foucault Effect. Studies in Governmentality, Hemel Hempsted, S. 197-210.

Ewald, F. (1993): Der Vorsorgestaat, Frankfurt/Main.

Ewert, G./Rohland, L./Schorr, R. (Hrsg.) (1998): Zum Stellenwert der ambulanten Versorgung im Gesundheitssystem. Dokumentation der 4. Wissenschaftlichen Arbeitstagung. Berlin, den 18. Oktober 1997, Veröffentlichungen der Interessengemeinschaft Medizin und Gesellschaft e.V., Heft 12, Berlin.

Ewert, G. (2001): Sozialhygiene. Ein Rückblick zu ihrer Entstehung und Charakteristik im Kontext zum Paradigma in der DDR. Veröffentlichungen der Interessengemeinschaft Medizin und Gesellschaft e.V., Heft 35, Berlin.

Feige, L. (1979): Zwang als konstitutives Element einer freiheitlichen Krankenversicherung, in: Medizin Mensch Gesellschaft, Band 4, S. 216-223.

Feige, L. (1980): Sozialpolitische Analyse der Organisation von Interessen in der Gesetzlichen Krankenversicherung. Von den Anfängen der sozialen Sicherung bis zur Notgesetzgebung 1932 in Deutschland, Diss., Köln.

Farny, D. (1976): Versicherung, in: E. Grochla/W. Wittmann (Hrsg.): Handwörterbuch der Betriebswirtschaft, Stuttgart, Sp. 4214-4226.

Farny, D. (1989): Versicherungsbetriebslehre, Karlsruhe.

Feldmann, Dr. (1898): XIII. Ärztliche Vereinigungen in Bezirk und Stadt, in: Naturwissenschaftlicher Verein/Architekten- und Ingenieur-Verein/Geschichts-Verein/ Verein der Ärzte Düsseldorfs (Hrsg.): Historische Studien und Skizzen zu Naturwissenschaft, Industrie und Medizin am Niederrhein, Düsseldorf, S. 146-157.

Feldman, G. (1974): Der deutsche organisierte Kapitalismus während der Kriegs- und Inflationsjahre 1914-1923, in: H. Winkler (Hrsg.): Organisierter Kapitalismus. Voraussetzungen und Anfänge. Göttingen, S. 150-171.

Ferber, C. v./Ferber, L. v.: Der kranke Mensch in der Gesellschaft, Reinbek 1978.

Finkenrath, K. (1928): Die Organisation der deutschen Ärzteschaft, Berlin 1928.

Fischer, A. (1933a): Geschichte des Deutschen Gesundheitswesens, Band I, Berlin.

Fischer, A. (1933b): Geschichte des Deutschen Gesundheitswesens, Band II, Berlin.

Fischer, W. (1978): Die Pionierrolle der betrieblichen Sozialpolitik im 19. und 20. Jahrhundert, in: Betriebliche Sozialpolitik deutscher Unternehmer seit dem 19. Jahrhundert, Zeitschrift für Unternehmensgeschichte, Beiheft 12, Wiesbaden, S. 34-51.

Fischer, W. (1979): Wirtschaftliche Bedingungen und Faktoren bei der Entstehung und Entwicklung von Sozialversicherung, in: H. F. Zacher (Hrsg.): Bedingungen für die Entstehung und Entwicklung von Sozialversicherung, Berlin, S. 91-102.

Fischer, W./Krengel, J./Wietog, J. (1982): Sozialgeschichtliches Arbeitsbuch, Band I, Materialien zur Statistik des Deutschen Bundes 1815-1870, München.

Flügge, G. (1903): Das Recht des Arztes zum Gebrauch für den Arzt nach den reichsgesetzlichen und den preußischen landesrechtlichen Bestimmungen, Berlin-Wien.

Förtsch, F. (1995): Gesundheit, Krankheit, Selbstverwaltung. Geschichte der Allgemeinen Ortskrankenkassen im Landkreis Schwäbisch Hall 1884-1973, Sigmaringen.

Fourastié, J. (1954): Die große Hoffnung des zwanzigsten Jahrhunderts, Köln.

Francke, R. (1987): Ärztliche Profession im Recht der Gesetzlichen Krankenversicherung, in: H.-U. Deppe/H. Friedrich/R. Müller (Hrsg.): Medizin und Gesellschaft. Jahrbuch 1. Ärztliches Behandlungsmonopol und ambulanter Sicherstellungsauftrag, Franfurt/Main-New York, S. 68-93.

Freitag, L. (2000): Das Spannungsfeld zwischen Wettbewerb und Solidarität. Thesenpapier von Lutz Freitag, Vorsitzender des Verbandes der Angestellten-Krankenkassen e.V. (VdAK) für das Pressegespräch am 14. Juni 2000, Siegburg.

Frerich, J./Frey, M. (1996a): Handbuch der Geschichte der Sozialpolitik in Deutschland, Band 1: Von der industriellen Zeit bis zum Ende des Dritten Reiches, München-Wien.

Frerich, J./Frey, M. (1996b): Handbuch der Geschichte der Sozialpolitik in Deutschland, Band 3: Sozialpolitik in der Bundesrepublik Deutschland bis zur Herstellung der Deutschen Einheit, München-Wien.

Frevert, U. (1981): Arbeiterkrankheit und Arbeiterkrankenkassen im Industrialisierungsprozess Preußens (1840-1870), in: W. Conze/U. Engelhardt (Hrsg.): Arbeiterexistenz im 19. Jahrhundert: Lebensstandard und Lebensgestaltung deutscher Arbeiter und Handwerker, Stuttgart, S. 293-319.

Frevert, U. (1984): Krankheit als politisches Problem 1770-1880. Soziale Unterschichten in Preußen zwischen medizinischer Polizei und staatlicher Sozialversicherung. Göttingen.

Frevert, U. (1985a): „Fürsorgliche Belagerung“: Hygienebewegung und Arbeiterfrauen im 19. und frühen 20. Jahrhundert, in: Geschichte und Gesellschaft 11, S. 420-446.

Frevert, U. (1985b): Professional Medicine and the Working Classes in Imperial Germany, in: Journal of Contemporary History 20, S. 637-658.

Friedrich, H. (1987): Strukturelle Folgen des Sicherstellungsauftrags der ambulanten kassenärztlichen Versorgung, in: H.-U. Deppe/H. Friedrich/R. Müller (Hrsg.): Medizin und Gesellschaft. Jahrbuch 1. Ärztliches Behandlungsmonopol und ambulanter Sicherstellungsauftrag, Franfurt/Main-New York, S. 94-112.

Friedrich-Ebert-Stiftung, Abteilung Arbeit und Sozialpolitik (Hrsg.) (2002): Reform für die Zukunft. Eckpunkte einer neuen Gesundheitspolitik, Berlin.

Fröhlich, S. (1976): Die Soziale Sicherung bei Zünften und Gesellenverbänden. Darstellung, Analyse, Vergleich, Berlin.

Fröhlingsdorf, K.H. (1993): Die Geschichte der Krankenkassen im Rheinisch-Bergischen Kreis, Bergisch Gladbach.

Gabriel, K. (1979): Analysen der Organisationsgesellschaft. Ein kritischer Vergleich der Gesellschaftstheorien Max Webers, Niklas Luhmanns und der phänomenologischen Soziologie, Frankfurt/Main.

Gäfgen, G. (1988): Kollektivverhandlungen als konstitutiver Allokationsmechanismus korporatistischer Ordnungen, in: ders. (Hrsg.): Neokorporatismus im Gesundheitswesen, Baden-Baden, S. 61-89.

Galambos, L. (1970): The Emerging Organizational Synthesis in Modern American History, in: Business History Review 44, S. 279-290.

Galambos, L. (1983): Technology, Political Economy and Professionalization: Central Themes of the Organizational Synthesis, in: Business History Review 57, S. 471-493.

Galbraith, J. K. (1956): Der amerikanische Kapitalismus im Gleichgewicht der Wirtschaftskräfte, Stuttgart-Wien-Zürich.

Galbraith, J. K. (1980): American Capitalism. The Concept of Countervailing Power, Oxford.

Geiger, T. (1953): Ideologie und Wahrheit. Eine soziologische Kritik des Denkens, Stuttgart und Wien.

Gelsner, K. (1985): Der Marburger Bund. Chronik der organisierten Krankenhausärzte. Frankfurt am Main-Bern-New York.

Genschorek, W. (1980): Christoph Wilhelm Hufeland. Der Arzt, der das Leben verlängern half. Leipzig.

Gerlinger, T. (1997): Wettbewerbsordnung und Honorarpolitik: Die Neugestaltung der kassenärztlichen Vergütung zwischen Gesundheitsstrukturgesetz und "dritter Stufe" der Gesundheitsreform, Frankfurt am Main.

Gerst, T. (1997): Neuaufbau und Konsolidierung: Ärztliche Selbstverwaltung und Interessenvertretung in den drei Westzonen und der Bundesrepublik Deutschland 1945-1995, in: R. Jütte (Hrsg.): Geschichte der deutschen Ärzteschaft. Organisierte Berufs- und Gesundheitspolitik im 19. u. 20. Jahrhundert, Köln, S. 195-242.

Gerst, T. (2000): Vertragsärzte: Abschied vom Streikrecht, in: Deutsches Ärzteblatt 97, S. A-826-A-828.

Gesundheit und Gesellschaft 2001: Blickpunkt. Der aktuelle gesundheitspolitische Newsletter der AOK, März.

Giddens, A. (1992): Die Konstitution der Gesellschaft, Frankfurt/Main-New York.

Gierke, O. (1954): Das deutsche Genossenschaftsrecht. 4 Bände, Darmstadt.

Glaeske, G./Lauterbach, K.W./Rürup, B./Wasen, J. (2001): Weichenstellungen für die Zukunft – Elemente einer neuen Gesundheitspolitik. Tagungsbericht, Berlin.

Glagow, M (1984): Zur Delegation staatlicher Aufgaben im Umweltschutz an Selbstverwaltungskörperschaften: Die verordnete Selbststeuerung, in: ders. (Hrsg.): Gesellschaftssteuerung zwischen Korporatismus und Subsidiarität, Bielefeld, S. 115-139.

Glagow, M./Schimank, U. (1984): Gesellschaftssteuerung durch korporatistische Verhandlungssysteme. Zur begrifflichen Klärung, in: J. W. Falter/C. Fenner/M. T. Greven (Hrsg.): Politische Willensbildung und Interessenvermittlung, Opladen, S. 539-546.

Göckenjan, G. (1985): Kurieren und Staat machen. Gesundheit und Medizin in der bürgerlichen Welt, Frankfurt am Main.

Göckenjan, G. (1986): Medizin und Ärzte als Faktor der Disziplinierung der Unterschichten: Der Kassenarzt, in: C. Sachße / F. Tennstedt (Hg.): Soziale Sicherheit und Soziale Disziplinierung, Frankfurt/Main, S. 286-303.

Göckenjan, G. (1987): Nicht länger Lohnsklaven und Pfennigkulis? Zur Entwicklung der Monopolstellung der niedergelassenen Ärzte, in: H.-U. Deppe/H. Friedrich/R. Müller (Hg.): Medizin und Gesellschaft. Jahrbuch 1. Ärztliches Behandlungsmonopol und ambulanter Sicherstellungsauftrag, Franfurt/M.-New York, S. 9-36.

Graf, E. (1890): Das ärztliche Vereinswesen in Deutschland und der Deutsche Ärztevereinsbund, Leipzig.

Grande, E. (1985): Konfliktsteuerung zwischen Recht und Konsens. Zur Herrschaftslogik korporatistischer Systeme, in: P. Gerlach (Hrsg.): Sozialpartnerschaft in der Krise und Grenzen des Neokorporatismus in Österreich, Wien-Köln-Graz, S. 225-254.

Grauhan, R.-R./Leibfried, S. (1977): Die Sozialverwaltung zwischen politischer Herrschaft und politischer Produktion, in: Zeitschrift für Sozialreform 23, S. 65-78.

Gretschmann, K. (1984): Subsidiarität: Zur Ökonomik eines evolutionären Steuerungspotentials, in: M. Glagow (Hrsg.): Gesellschaftssteuerung zwischen Korporatismus und Subsidiarität, Bielefeld, S. 195-221.

Groser, M. (1989): Die Logik organisierter Interessen, in: E. Boettcher/P. Herder-Dornreich/K.-E. Schenk (Hrsg.): Jahrbuch für Neue Politische Ökonomie, 8. Band, Tübingen , S. 259-269.

Groser, M. (1992a): Gemeinwohl und Ärzteinteressen – die Politik des Hartmannbundes, Gütersloh.

Groser, M. (1992b): Gemeinwohl und Ärzteinteressen – die Politik des Hartmannbundes, in: R. Mayntz (Hrsg.): Verbände zwischen Mitgliederinteressen und Gemeinwohl, Gütersloh, S. 162-210.

Grosse, W. (1961): Versicherungsgeschichte (I), in: Handwörterbuch der Sozialwissenschaften (HDSW), 11. Band, Göttingen-Stuttgart-Tübingen, S. 213-217.

Groth, K.-M. (1977): Die Krise der Sozialversicherungen. Zur gegenwärtigen Lage der Sozialversicherungen im Rahmen der „Finanzkrise" des Staates, in: Kritische Justiz 10, S. 1-10.

Grünberg, H. (1975): Organisation statt Gesellschaft? In: Gesellschaft. Beiträge zur Marxschen Theorie, Band 3, Frankfurt/Main, S. 198-235.

Grunow, D. (2000): Netzwerkanalyse: theoretische und empirische Implikationen, in: H.-J. Dahme/N. Wohlfahrt (Hrsg.): Netzwerkökonomie im Wohlfahrtsstaat. Wettbewerb und Kooperation im Sozial- und Gesundheitssektor. Berlin, S. 303-336.

Gutknecht, C. (1986): Die kassenzahnärztliche Versorgung in der Bundesrepublik Deutschland. Systementwicklung, Systemanalyse und Steuerungsansätze aus gesundheitsökonomischer Sicht, Köln.

Habermas, J. (1976): Strukturwandel der Öffentlichkeit. Untersuchungen zu einer Kategorie der bürgerlichen Gesellschaft, in: H.-U. Wehler (Hrsg.): Moderne deutsche Sozialgeschichte, Köln, S. 197-221.

Habermas, J. (1981): Theorie des kommunikativen Handelns, Frankfurt am Main.

Habrich, C. (2001): Kunst- und Wundergarten Apotheke. Vorwort, in: Tiroler Volkskunstmuseum (Hrsg.): Kunst- und Wundergarten Apotheke. Katalog zur Ausstellung im Tiroler Volkskunstmuseum 1. Juni bis 28. Oktober 2001, Innsbruck, S. 7-11.

Hadrich, J. (1955): Die Arztfrage in der deutschen Sozialversicherung. Ihre soziologischen und wirtschaftlichen Probleme, Berlin.

Haedenkamp, K. (1928): Die Gesundheitspolitik des Reiches und die Ärzte, Leipzig.

Haedenkamp, K. (1937): Soziale Medizin und Hygiene. Die Reform der deutschen Sozialversicherung. Die Neuordnung des vertrauensärztlichen Dienstes in der Krankenversicherung, in: Münchener Medizinische Wochenschrift 84, S. 172-177.

Hajen, L./Paetow, H./Schumacher, H. (2000): Gesundheitsökonomie. Strukturen – Methoden – Praxisbeispiele, Stuttgart-Berlin-Köln.

Hangartner, J.-M. (1961): Versicherungsgeschichte (II), in: Handwörterbuch der Sozialwissenschaften (HDSW), 11. Band, Göttingen-Stuttgart-Tübingen, S. 217-222.

Hansen, E./Heisig, M./Leibfried, S./Tennstedt, F. (Hrsg.) (1981): Seit über einem Jahrhundert...: Verschüttete Alternativen in der Sozialpolitik. Sozialer Fortschritt, organisierte Dienstleistermacht und nationalsozialistische Machtergreifung: der Fall der Ambulatorien in den Unterweserstädten und Berlin, Köln.

Hardach, G. (1974): Französische Rüstungspolitik 1914-1918, in: in: H.A. Winkler (Hrsg.): Organisierter Kapitalismus. Voraussetzungen und Anfänge. Göttingen, S. 101-116.

Harkort, F. (1856): Über Armenwesen, Kranken- und Invalidenkassen, Hagen.

Harnisch, E. (2002): Blick in die Geschichte. Der Sicherstellungsauftrag der KVen – die Anfänge liegen bei Bismarck, in: KV-Blatt extra 5.

Hartmann, J. (1985): Verbände in der westlichen Industriegesellschaft. Ein international vergleichendes Handbuch, Frankfurt/Main-New York.

Hartmannbund (2001): Geschichte des Hartmannbundes, Bundesverband, Landesverbände, Mitgliedsverbände (Korporationen), Selbstständige Einrichtungen, HB-Homepage, o.S.

Hasse, R./Krücken, G. (1996): Was leistet der organisationssoziologische Neo-Institutionalismus? Eine theoretische Auseinandersetzung mit besonderer Berücksichtigung des wissenschaftlichen Wandels, in: Soziale Systeme 2, S. 91-112.

Hauff, J./Heller, A./Hüppauf, B./Köhn, L./Philippi, K.-P. (1972): Methodendiskussion. Arbeitsbuch zur Literaturwissenschaft, Band 2, Frankfurt/Main.

Hegel, G.W.F. (1981): Grundlinien der Philosophie des Rechts oder Naturrecht und Staatswissenschaft im Grundrisse, Berlin.

Heidenreich, R. (1999): Zur Transformation Europäischer Wohlfahrtsstaaten: Auswirkungen auf Lebensläufe und Risiken, in: Sozialer Fortschritt 48, S. 196-201.

Heinemann, G. (1928): Die Bedeutung des Arztsystems in der Krankenversicherung, in: Monatsschrift für Arbeiter- und Angestelltenversicherung 16, S. 374-377.

Heinrichs, W. (1984): Die Entwicklung des Vereinslebens im Wuppertal als „Indikator" für Gründerzeit, in: K.-H. Beeck (Hrsg.): Gründerzeit. Versuch einer Grenzbestimmung im Wuppertal, Köln, S. 109-124.

Heinze, R. G. (1981): Verbändepolitik und Neokorporatismus. Zur politischen Soziologie organisierter Interessen, Opladen.

Heinze, R. G./Olk, T. (1984): Sozialpolitische Steuerung: Von der Subsidiarität zum Korporatismus, in: M. Glagow (Hg.): Gesellschaftssteuerung zwischen Korporatismus und Subsidiarität, Bielefeld, S. 162-194.

Heinze, R. G. (1998a): Die blockierte Gesellschaft. Sozioökonomischer Wandel und die Krise des „Modell Deutschland", Opladen.

Heinze, R. G./Voelzkow, H. (Hg.) (1998b): Verbände und „Neokorporatismus", in: H. Wollmann/R. Roth (Hg.): Kommunalpolitik. Politisches Handeln in den Gemeinden, Bonn, S. 227-239.

Heinze, R. G. (2000): Inszenierter Korporatismus im sozialen Sektor. Politische Steuerung durch Vernetzung, in: H.-J. Dahme/N. Wohlfahrt (Hg.): Netzwerkökonomie im Wohlfahrtsstaat. Wettbewerb und Kooperation im Sozial- und Gesundheitssektor. Berlin, S. 31-46.

Helsper, R./Schadewaldt, H. (1965): 100 Jahre Verein der Ärzte Düsseldorfs. Festschrift zur Erinnerung an die Gründung des Vereins im Jahre 1865, Neuss.

Henke, K.-D. (1985): Zur Rolle des Versicherungsprinzips in der gesetzlichen Krankenversicherung, in: W. Schmähl (Hrsg.): Versicherungsprinzip und soziale Sicherung, Tübingen, S. 55-75.

Henning, F.-W. (1973): Die Industrialisierung in Deutschland 1800 bis 1914, Paderborn.

Henninger, A. (1986): Konfliktfähigkeit organisierter Interessen am Beispiel ärztlicher Organisationen, Frankfurt / Main.

Hentschel, V. (1978): Das System der sozialen Sicherung in historischer Sicht 1880 bis 1975, in: Archiv für Sozialgeschichte, XVIII. Band, Bonn, S. 307-352.

Hentschel, V. (1983): Geschichte der deutschen Sozialpolitik (1880-1980). Soziale Sicherung und kollektives Arbeitsrecht, Frankfurt/Main.

Herder-Dornreich, P. (1966): Sozialökonomischer Grundriss der Gesetzlichen Krankenversicherung, Stuttgart.

Herder-Dornreich, P. (1976a): Ordnungspolitik der Verbände im Steuerungsdefizit des tertiären Sektors, in: W. Dettling (Hrsg.): Macht der Verbände – Ohnmacht der Demokratie, München-Wien, S. 162-188.

Herder-Dornreich, P. (1976b): Die Krankenversicherung, in: M. Blohmke u.a. (Hrsg.): Handbuch der Sozialmedizin, Stuttgart, S. 515-537.

Herder-Dornreich, P. (1994): Ökonomische Theorie des Gesundheitswesens. Problemgeschichte, Problembereiche, Theoretische Grundlagen. Baden-Baden.

Herles, D. (2000): Die Gesetzliche Krankenversicherung, Köln.

Herold, H. (1965): Voraussetzungen und Ursprünge der Sozialversicherung, in: Schweizerische Zeitschrift für Sozialversicherung 9, Bern, S. 98-126.

Herold-Schmidt, H. (1997): Ärztliche Interessenvertretung im Kaiserreich 1871-1914, in: R. Jütte (Hrsg.): Geschichte der deutschen Ärzteschaft. Organisierte Berufs- und Gesundheitspolitik im 19. und 20. Jahrhundert, Köln, S. 43-95.

Hess, R./Quasdorf, I. (1998): Aufgaben und Organisation ärztlicher Körperschaften und Verbände, Köln.

Heuss, T. (1916): Organisationsprobleme der „freien Berufe", in: o.A.: Festschrift für Lujo Brentano zum siebzigsten Geburtstag, München-Leipzig, S. 237-249.

Hilbert, J./Voelzkow, H. (1984): Umweltschutz durch Wirtschaftsverbände? – Das Problem verbandlicher Verpflichtungsfähigkeit am Beispiel umweltschutzinduzierter Selbstbeschränkungsabkommen, in: M. Glagow (Hrsg.): Gesellschaftssteuerung zwischen Korporatismus und Subsidiarität, Bielefeld, S. 140-161.

Hilger, S. (1996): Sozialpolitik und Organisation. Formen betrieblicher Sozialpolitik in der rheinisch-westfälischen Eisen- und Stahlindustrie seit der Mitte des 19. Jahrhunderts bis 1933, Stuttgart.

Hirsch, J. (1992): Regulation, Staat und Hegemonie, in: A. Demirovic/H.-P. Krebs/T. Sablowski (Hrsg.): Hegemonie und Staat, Münster, S. 203-231.

Hirsch, J. (1995): Der nationale Wettbewerbsstaat, Berlin.

Hirschberg, E. (1883): Die Selbsthilfe des Arbeiterstandes als Grundlage seiner Versicherung, Berlin.

Hirschmann, A.O. (1977): The Passions and the Interests, Princeton, N.J.

Hirsch- Weber, W. (1969): Politik als Interessenkonflikt, Stuttgart.

Hitze, F. (1904): Die Krankenversicherung gemäß den Novellen von 1892/1903, in: Arbeiterwohl, Organ des Verbandes katholischer Industrieller und Arbeiterfreunde 24, S. 1-14.

Hobsbawm, E.J. (1977): Die Blütezeit des Kapitals. Eine Kulturgeschichte der Jahre 1848-1875, München.

Hockerts, H.G. (1983): Hundert Jahre Sozialversicherung in Deutschland. Ein Bericht über die neuere Forschung, in: Historische Zeitung 237, S. 361-384.

Höhle, H.-P. (1995): Einführung in das System der ambulanten ärztlichen Versorgung in der Bundesrepublik Deutschland, Köln.

Hoffmann, W. (1965): Das Wachstum der deutschen Wirtschaft seit der Mitte des 19. Jahrhunderts, Berlin-Heidelberg-New York.

Hohorst, G./Kocka, J./Ritter, G.A. (1978): Sozialgeschichtliches Arbeitsbuch, Band II, Materialien zur Statistik des Kaiserreichs 1870-1914, München.

Holler, A. (1977): Die Entwicklung der sozialen Krankenversicherung in den Jahren 1945 bis 1975, in: R. Bartholomäi/W. Bodenbender/H. Henkel/R. Hüttel (Hrsg.): Sozialpolitik nach 1945, Geschichte und Analysen, Bonn-Bad Godesberg, S. 303-314.

Hoppe, J.-D. (2002): Menschlichkeit statt Ökonomisierung: Ärztliche Aufgabe und Verpflichtung in einer Gesellschaft des langen Lebens. Rede des Präsidenten der Bundesärztekammer und des Deutschen Ärztetages, Professor Dr. Jörg-Dietrich Hoppe, zur Eröffnung des 105. Deutschen Ärztetages am 28. Mai 2002 in Rostock.

Huber, B. (1958): Der Begriff des Interesses in den Sozialwissenschaften, Winterthur.

Hudemann-Simon, C. (2000): Die Eroberung der Gesundheit, 1750-1900, Frankfurt am Main.

Hue, O. (1910): Die Bergarbeiter. Historische Darstellung der Bergarbeiterverhältnisse von der ältesten bis in die neueste Zeit, Band I, Stuttgart.

Hue, O. (1913): Die Bergarbeiter. Historische Darstellung der Bergarbeiterverhältnisse von der ältesten bis in die neueste Zeit, Band II, Stuttgart.

Huerkamp, C. (1982): Arbeitsmarktstrategien der deutschen Ärzteschaft im späten 19. und frühen 20. Jahrhundert. Zur Entwicklung des Marktes für professionelle ärztliche Dienstleistungen, in: T. Pierenkemper/R. Tilly (Hrsg.): Historische Arbeitsmarktforschung. Entstehung und Probleme der Vermarktung von Arbeitskraft, Göttingen, S. 77-116.

Huerkamp, C. (1985): Der Aufstieg der Ärzte im 19. Jahrhundert: vom gelehrten Stand zum professionellen Experten: das Beispiel Preußen. Göttingen.

Huerkamp, C. (1989): Ärzte und Patienten, in: A. Labisch/R. Spree (Hrsg.): Medizinische Deutungsmacht im sozialen Wandel des 19. und frühen 20. Jahrhunderts, Bonn, S. 57-73.

Hugger, W. (1979): Handlungsspielräume und Entscheidungsfähigkeit des politisch-administrativen Systems der Bundesrepublik Deutschland untersucht am Beispiel Gesundheitswesen. Speyerer Forschungsberichte 10.

Huttel, K.P. (1985): Wuppertaler Bilddokumente. Eine Geschichte in Bild und Text. Wuppertal.

Hutter, M./Teubner, G. (1993): The Parasitic Role of Hybrids, in: Zeitschrift für die gesamte Staatswissenschaft 149, S. 706-715.

Illich, I. (1995): Die Nemesis der Medizin. Die Kritik der Medikalisierung des Lebens. München.

Illner, E. (1982): Bürgerliche Organisierung in Elberfeld 1775-1850, Neustadt an der Aisch.

Immergut, E.M. (1990): Institutions, Veto Points and Policy Results: A Comparative Analysis of Health Care, in: Journal of Public Policy 10, p. 391-416.

Jäckle, R. (2000): Die schrittweise "Ausschaltung" der nach 1933 aus rassischen Gründen verfolgten Ärztinnen und Ärzte, in: Veröffentlichungen der Interessengemeinschaft Medizin und Gesellschaft e.V. 6, Heft 27/28, S. 41-45.

Jellinek, G. (1979): System der subjektiven öffentlichen Rechte, Aalen.

Jonitz, G. (2002): Gesundheitspolitik – leicht gemacht, Ms., Ärztekammer Berlin.

Jütte, R. (1997): Die Entwicklung des ärztlichen Vereinswesens und des organisierten Ärztestandes bis 1871, in: ders. (Hrsg.): Geschichte der deutschen Ärzteschaft. Organisierte Berufs- und Gesundheitspolitik im 19. und 20. Jahrhundert, Köln, S. 15-42.

Jungmann, G./Kreuter, H. (1980): Der Hartmannbund: 80 Jahre Politik für Patient und Arzt. Bonn-Oedekoven.

Kaiser, J. H. (1978): Die Repräsentation organisierter Interessen, Berlin.

Kaiserliches Statistisches Amt (Hrsg.) (1887-1896, 1898-1918): Statistisches Jahrbuch für das Deutsche Reich, Berlin

Kappelhoff, P. (2000a): Der Netzwerkansatz als konzeptioneller Rahmen für eine Theorie interorganisationaler Netzwerke, in: J. Sydow/A. Windeler (Hrsg.): Steuerung von Netzwerken, Opladen, S. 25-57.

Kappelhoff, P. (2000b): Komplexitätstheorie und Steuerung von Netzwerken, in: J. Sydow/A. Windeler (Hrsg.): Steuerung von Netzwerken, Opladen, S. 347-389.

Karger-Decker, B. (2001): Die Geschichte der Medizin. Von der Antike bis zur Gegenwart, Düsseldorf.

Kassenärztliche Bundesvereinigung (1998): Grunddaten zur Vertragsärztlichen Versorgung in der Bundesrepublik Deutschland 1998, Köln.

Kassenärztliche Bundesvereinigung (1999): Grunddaten zur Vertragsärztlichen Versorgung in der Bundesrepublik Deutschland 1999, Köln.

Kassenärztliche Bundesvereinigung (2000): Grunddaten zur Vertragsärztlichen Versorgung in der Bundesrepublik Deutschland 2000, Köln.

Kassenärztliche Bundesvereinigung (2001): Kassenärztliche Bundesvereinigung, Institution, Funktion und Aufgaben, Mitglieder etc., KBV-Homepage.

Kassenärztliche Bundesvereinigung (2002): Konkret 01.08.2002: Bald so bekannt wie die lila Kuh, in: Medizin heute, August.

Kastendiek, H. (1984): Korporative Strategien und Strukturen in kapitalistischen Gesellschaften – Überlegungen zu einer historisch orientierten gesamtgesellschaftlichen „Korporatismus"-Analyse, in: M. Glagow (Hrsg.): Gesellschaftssteuerung zwischen Korporatismus und Subsidiarität, Bielefeld, S. 89-114.

Kastner, F. (1964): Kassenärztliche Vergütungssysteme – Pauschal- oder Einzelleistungsvergütung? In: Bundesverband der Ortskrankenkassen (Hrsg.): Bericht über den deutschen Krankenkassentag 1964 des Bundesverbandes der Ortskrankenkassen, Bonn, S. 68-97.

Katzenstein, P. (1977): Conclusion: Domestic Structures and Strategies of Foreign Economic Policy, in: International Organization 31.

Katzenstein, P. (1987): Policy and Politics in West Germany. The Growth of a Semisovereign State, Philadelphia.

Kaufhold, K.H. (1992): Der Übergang zu Fonds- und Wechselbörsen vom ausgehenden 17. Jahrhundert bis zum ausgehenden 18. Jahrhundert, in: H. Pohl (Hrsg.): Deutsche Börsengeschichte, Frankfurt am Main, S. 79-132.

Kaufmann-Winkler, M. (2001): Kunst- und Wunderkammer Apotheke, in: Tiroler Volkskunstmuseum (Hrsg.): Kunst- und Wundergarten Apotheke. Katalog zur Ausstellung im Tiroler Volkskunstmuseum 1. Juni bis 28. Oktober 2001, Innsbruck, S. 12-20.

Keller, B. (1978): Strukturelle Determinanten von Kollektivverhandlungen im öffentlichen Sektor, in: Jahrbücher für Nationalökonomie und Statistik, Bd. 192, S. 440-457.

Kenis, P./Schneider, V. (1991): Policy Networks and Policy Analysis: Scrutinizing a New Analytical Toolbox, in: B. Marin/R. Mayntz (ed.): Policy Networks. Empirical Evidence and Theoretical Considerations, Frankfurt am Main, p. 25-59.

Kevenhörster, P. (1976): Kollektive Güter und organisierte Interessen. Zur Steuerungskapazität politischer Institutionen gegenüber organisierten Sozialinteressen, in: W. Dettling (Hrsg.): Macht der Verbände – Ohnmacht der Demokratie, München-Wien, S. 189-220.

Kieser, A. (1992): Entstehung von historischen Organisationsstrukturen, in: E. Frese (Hrsg.): Handwörterbuch der Organisation, Stuttgart, Spalte 1648-1670.

Kieser, A. (1995): Von Freimaurern zu industriösen Patrioten. Organisationsbildung und Disziplinierung im 18. Jahrhundert. Manuskriptdruck Universität Mannheim.

Kieser, A. (1996): Das kühne Experiment der Illuminaten: Die Befreiung des Menschengeschlechts durch die Organisation der Aufklärung. Manuskriptdruck, Universität Mannheim.

Kitschelt, H. (1980): Kernenergiepolitik. Arena eines gesellschaftlichen Konflikts, Frankfurt/Main-New York.

Kleeis, F. (1981): Die Geschichte der sozialen Versicherung in Deutschland, Berlin-Bonn 1981.

Klette, D. (1965): Die Kassenarztverträge der sozialen Krankenversicherung. Ihr geschichtlicher Werdegang mit Motiven, Diss., Tübingen.

Knappe, E. (1988): Neokorporatistische Ordnungsformen als Leitbild einer Strukturreform im Gesundheitswesen? In: G. Gäfgen (Hrsg.): Neokorporatismus im Gesundheitswesen, Baden-Baden, S. 271-294.

Kneer, G. (1996): Rationalisierung, Disziplinierung und Differenzierung. Zum Zusammenhang von Sozialtheorie und Zeitdiagnose bei Jürgen Habermas, Michel Foucault und Niklas Luhmann, Opladen.

Kneer, G./Nassehi, A./Schroer, M. (1997): Vorwort der Herausgeber, in: dies. (Hrsg.): Soziologische Gesellschaftsbegriffe, München, S. 7-9.

Koch, G./Donner, H./Voigt, A. (2001): Peer-to-Peer-Netzwerke und Versicherungswirtschaft, in: Versicherungswirtschaft 56, S. 1925-1929.

Koch, P. (1988): Versicherungslehre I. Allgemeine Versicherungslehre und Versicherungsbetriebslehre, Bad Homburg vor der Höhe.

Kocka, J. (1974): Organisierter Kapitalismus oder Staatsmonopolistischer Kapitalismus? Begriffliche Vorbemerkungen, in: H. Winkler (Hrsg.): Organisierter Kapitalismus. Voraussetzungen und Anfänge. Göttingen, S. 19-35.

Kocka, J. (1979): Stand – Klasse – Organisation. Strukturen sozialer Ungleichheit in Deutschland vom späten 18. bis zum frühen 20. Jahrhundert im Aufriss, in: H.-U. Wehler (Hrsg.): Klassen in der europäischen Sozialgeschichte, Göttingen, S. 137-165.

Kocka, J. (1990): Arbeitsverhältnisse und Arbeiterexistenzen. Grundlagen der Klassenbildung im 19. Jahrhundert, Bonn.

Köhler, H. (1969): Einige langfristige Zeitreihen zur geschichtlichen Entwicklung der gesetzlichen Krankenversicherung, Diss., Köln.

Köllmann, W. (1960): Sozialgeschichte der Stadt Barmen, Tübingen.

Köllmann, W. (Hrsg.) (1962): Wuppertaler Färbergesellen-Innung und Färbergesellen-Streiks 1848-1857. Akten zur Frühgeschichte der Arbeiterbewegung in Deutschland, Wiesbaden.

Kofler, L. (1992): Zur Geschichte der bürgerlichen Gesellschaft, Band 2, Berlin.

Kortmann, K. D. (1968): Der Übergang von der Pauschal- zur Einzelleistungsvergütung bei der Honorierung von kassenärztlichen Leistungen, Diss., Köln.

Krader, L. (1993): Die Anfänge des Kapitalismus in Mitteleuropa, Frankfurt/Main.

Krause, P. (1981): Das Kassenarztrecht, in: Die Sozialgerichtsbarkeit 28, S. 404-412.

Krasney, O.-E. (1976): Zum Krankheitsbegriff in der Entwicklung der gesetzlichen Krankenversicherung, in: Zeitschrift für Sozialreform 22, S. 411-428.

Kuczynski, J. (1996a): Geschichte des Alltags des deutschen Volkes, Band 1, Köln.

Kühn, H. (2001): Finanzierbarkeit der gesetzlichen Krankenversicherung und das Instrument der Budgetierung, Veröffentlichungsreihe der Arbeitsgruppe Public Health, Wissenschaftszentrum Berlin für Sozialforschung, Berlin.

Kühn, H. (2002): Tendenzen der Ökonomisierung in den westlichen Gesundheitssystemen. Ärztekammer Berlin, Berlin.

Kuhns, G. (1925): Fünfundzwanzig Jahre Verband der Ärzte Deutschlands (Hartmannbund), Leipzig.

Labisch, A. (1985): Doctors, Workers and the Scientific Cosmology of the Industrial World: The Social Construction of „Health" and the „Homo Hygienicus", in: Journal of Contemporary History 20, pp. 599-615.

Labisch, A./Tennstedt, F. (1985): Der Weg zum "Gesetz über die Vereinheitlichung des Gesundheitswesens vom 3. Juli 1934." Entwicklungslinien und -momente des staatlichen und kommunalen Gesundheitswesens in Deutschland, Bd. 1; Bd. 2, Düsseldorf.

Labisch, A. (1986): "Hygiene ist Moral – Moral ist Hygiene" – Soziale Disziplinierung durch Ärzte und Medizin, in: C. Sachße / F. Tennstedt (Hrsg.): Soziale Sicherheit und Soziale Disziplinierung, Frankfurt/Main, S. 265-285.

Labisch, A. (1989): Gesundheitskonzepte und Medizin im Prozess der Zivilisation, in: A. Labisch/R. Spree (Hrsg.): Medizinische Deutungsmacht im sozialen Wandel des 19. und frühen 20. Jahrhunderts, Bonn, S. 15-36.

Labisch, A. (1991): Experimentelle Hygiene, Bakteriologie, soziale Hygiene: Konzeptionen, Interventionen, soziale Träger – Eine idealtypische Übersicht, in: J. Reulecke/A. Gräfin zu Castell Rüdenhausen (Hrsg.): Staat und Gesundheit. Zum Wandel von „Volksgesundheit" und kommunaler Gesundheitspolitik im 19. und frühen 20. Jahrhundert, Stuttgart, S. 37-47.

Labisch, A. (1992a): Homo Hygienicus. Gesundheit und Medizin in der Neuzeit. Frankfurt/Main-New York.

Labisch, A. (1992b): Gesundheit und Medizin in der Neuzeit – zum Wesen ärztlichen Handelns in der Moderne, in: Zeitschrift für Sozialreform 38, S. 373-386.

Labisch, A. (2000): "Gesundheit" im Wandel der Zeiten. Zur Geschichte und Theorie des Problems „Medizin in der Gesellschaft", in: Bundesvereinigung für Gesundheit e.V. (Hrsg.): Gesundheitsförderung: Strukturen und Handlungsfelder, Neuwied-Kriftel, S. 1-49.

Lamping, W. (1994a): Selbstverwaltung und Parafiskalität: Die gesetzliche Krankenversicherung im politischen Ausgleich sozialer Risiken, in: B. Blanke (Hrsg.): Krankheit und Gemeinwohl. Gesundheitspolitik zwischen Staat, Sozialversicherung und Medizin, Opladen, S. 75-109.

Lamping, W. (1994b): Finanzierungsstrukturen, Verteilungskonflikte und politische Gestaltung der GKV, in: B. Blanke (Hrsg.): Krankheit und Gemeinwohl. Gesundheitspolitik zwischen Staat, Sozialversicherung und Medizin, Opladen, S. 245-289.

Lamping, W./Tamm, I. (1994): Die Grundlegung der Krankenversicherung in Deutschland und England: Analyse ihrer Genese, Funktion und politischen Ausgestaltung, in: B. Blanke (Hrsg.): Krankheit und Gemeinwohl. Gesundheitspolitik zwischen Staat, Sozialversicherung und Medizin, Opladen, S. 111-148.

Landmann, F. (1898): Die Lösung der Kassenarztfrage, Elberfeld.

Lange, S./Braun, D. (2000): Politische Steuerung zwischen System und Akteur. Eine Einführung, Opladen.

Laue, H. (1937): Der ständische Gedanke in der deutschen Sozialversicherung, Weimar.

Lauer-Kirschbaum, T./Rüb, F. W. (1994): Politik mit dem Risiko: Der politische Risikoausgleich bei Krankheit, in: B. Blanke (Hrsg.): Krankheit und Gemeinwohl. Gesundheitspolitik zwischen Staat, Sozialversicherung und Medizin, Opladen, S. 37-73.

Lauer-Kirschbaum, T. (1994): Kollektivverhandlungen und Selbstverwaltungskonsens: Interessenegoismus und Gemeinwohlorientierung in der Entwicklung und Reform der Gesetzlichen Krankenversicherung, in: B.

Blanke (Hrsg.): Krankheit und Gemeinwohl. Gesundheitspolitik zwischen Staat, Sozialversicherung und Medizin, Opladen, S. 207-243.

Lauterbach, K.W./Stock, S. (2001): Zwei Dogmen der Gesundheitspolitik – Unbeherrschbare Kostensteigerung durch Innovation und demographischen Wandel? Gutachten, Bonn.

Lehmann, H. (1929): Ärzte und Krankenkassen. Berlin-Charlottenburg.

Lehmbruch, G. (1983): Neokorporatismus in Westeuropa. Hauptprobleme im internationalen Vergleich, in: Journal für Sozialforschung 23, S. 407-412.

Lehmbruch, G. (1984a): Concertation and the Structure of Corporatist Networks, in: J. H. Goldthorpe: Order and Conflict in Contemporary Capitalism, Oxford, S. 60-80.

Lehmbruch, G. (1984b): Interorganisatorische Verflechtungen im Neokorporatismus, in: J. W. Falter/C. Fenner/M. T. Greven (Hrsg.): Politische Willensbildung und Interessenvermittlung, Opladen, S. 467-482.

Lehmbruch, G. (1985): Sozialpartnerschaft in der vergleichenden Politikforschung, in: G. Gerlich (Hrsg.): Sozialpartnerschaft in der Krise. Leistungen und Grenzen des Neokorporatismus in Österreich, Wien-Köln-Graz, S. 85-107.

Lehmbruch, G. (1988): Der Neokorporatismus der Bundesrepublik im internationalen Vergleich und die „Konzertierte Aktion im Gesundheitswesen“, in: G. Gäfgen (Hrsg.): Neokorporatismus im Gesundheitswesen, Baden-Baden, S. 11-32.

Lehmbruch, G. (1996): Der Beitrag der Korporatismusforschung zur Entwicklung der Steuerungstheorie, in: Politische Vierteljahresschrift 37, S. 735-751.

Lehmbruch, G. (1999): Institutionelle Schranken einer ausgehandelten Reform des Wohlfahrtsstaates. Das Bündnis für Arbeit und seine Erfolgsbedingungen, Ms. (erschienen in R. Czada / H. Wollmann (Hrsg.): Von der Bonner zur Berliner Republik: 10 Jahre Deutsche Einheit, Opladen, S. 89-112).

Leibfried, S. (1986): Stationen der Abwehr. Berufsverbote für Ärzte im Deutschen Reich 1933-1938 und die Zerstörung des sozialen Asyls durch die organisierten Ärzteschaften des Auslands. Arbeitspapiere des Forschungsschwerpunktes Reproduktionsrisiken, soziale Bewegung und Sozialpolitik Nr. 43, Bremen.

Leidinger, B. (1997): Die Krankenhaus-Versicherung Bremen (1858-1895). Ein sozialpolitisch eigenständiger Weg. ZeS-Arbeitspapier Nr. 17/97, Zentrum für Sozialpolitik, Universität Bremen.

Lemke, T. (1997): Eine Kritik der politischen Vernunft. Foucaults Analyse der modernen Gouvernementalität, Berlin-Hamburg.

Lemke, T. (1999): The Critique of the Political Economy of Organization as a Genealogy of Power, in: International Journal of Political Economy, 29, pp. 53-75.

Lente, Prof. Dr. (1908): Der Niederrheinische Verein für öffentliche Gesundheitspflege, in: P. Krautwig (Hrsg.): Naturwissenschaft und Gesundheitswesen in Cöln. Festschrift für die Teilnehmer an der 80. Versammlung der Gesellschaft deutscher Naturforscher und Ärzte in Cöln. Köln, S. 539-542.

Leopold, D. (1999): Die Geschichte der sozialen Versicherung, Sankt Augustin.

Limberg, P. (1901): Die Aufgaben der Arbeitervertreter in den Krankenkassen, Mönchengladbach.

Link, J. (1997): Versuch über den Normalismus. Wie Normalität produziert wird, Opladen.

Loetz, F. (1994): „Medikalisierung“ in Frankreich, Großbritannien und Deutschland, 1750-1850: Ansätze, Ergebnisse und Perspektiven der Forschung, in: W.U. Eckart/R. Jütte (Hrsg.): Das europäische Gesundheitssystem: Gemeinsamkeiten und Unterschiede in historischer Perspektive, Stuttgart, S. 123-161.

Löwenstein, Dr. (1910): Das Krankenkassenwesen, in: Dr. Wolff/Dr. Maass (Hrsg.): Gesundheits- und Wohlfahrtspflege der Stadt Elberfeld, Elberfeld, S. 334-346.

Lütz, S. (1995): Politische Steuerung und die Selbstregelung korporativer Akteure, in: R. Mayntz/F. Scharpf (Hg.): Gesellschaftliche Selbstregulierung und politische Steuerung, Frankfurt/Main-New York, S. 169-196.

Luhmann, N. (1983a): Medizin und Gesellschaftstheorie, in: Medizin, Mensch, Gesellschaft 8, S. 168-175.

Luhmann, N. (1983b): Anspruchsinflation im Krankheitssystem. Eine Stellungnahme aus gesellschaftstheoretischer Sicht, in: P. Herder-Dornreich/A. Schuller (Hrsg.): Die Anspruchsspirale. Schicksal oder Systemdefekt? Stuttgart-Berlin-Köln-Mainz, S. 28-49.

Luhmann, N. (1990): Der medizinische Code, in: ders.: Soziologische Aufklärung 5. Opladen, S. 183-195.

Luhmann, N. (1994): Die Gesellschaft und ihre Organisationen, in: H.-U. Derlien/U. Gerhardt/F. Scharpf (Hg.): Systemrationalität und Partialinteresse, Baden-Baden, S. 189-201.

Luhmann, N. (1995): Organisation und Entscheidung, Ms., Bielefeld.

Luhmann, N. (1997): Die Gesellschaft der Gesellschaft, Frankfurt am Main.

Lyskowski, I. von (1988): Die collegia tenuiorum der Römer, Diss., Berlin.

Machtan, L. (1985): Zur Entstehungs- und Wirkungsgeschichte sozialstaatlicher Intervention (im späten 19. und frühen 20. Jahrhundert). Einige Neuerscheinungen auf dem Gebiet der historischen Sozialpolitikforschung, in: H.G. Haupt u.a.: Proletarische Lebenslagen und Sozialpolitik. Studien zur Sozialgeschichte des 19. und 20. Jahrhunderts, Bremen, S. 361-380.

Machtan, L. (1986a):Vorsorge oder Ausgleich – oder beides? Prinzipienfragen staatlicher Sozialpolitik im Deutschen Kaiserreich, Teil I, in: Zeitschrift für Sozialreform 32, S. 257-275.

Machtan, L. (1986b):Vorsorge oder Ausgleich – oder beides? Prinzipienfragen staatlicher Sozialpolitik im Deutschen Kaiserreich, Teil II, in: Zeitschrift für Sozialreform 32, S. 343-358.

Mann, F. K. (1928): Die intermediären Finanzgewalten und ihr Einfluss auf Deutschlands finanzielle Belastung, in: Jahrbücher für Nationalökonomie und Statistik, Bd. 129, Jena, S. 219-237.

Manow, P. (1999): Der historische Weg der sozialen Krankenversicherung. Von der Behebung sozialer Not zur umfassenden Daseinsfürsorge – ein umgekehrter Weg? In: H. Häfner (Hrsg.): Gesundheit – unser höchstes Gut? Berlin, S. 145-165.

Marin, B./Mayntz, R. (Editors) (1991): Policy Networks. Empirical Evidence and Theoretical Considerations, Frankfurt am Main-Boulder, Colorado.

Marx, K. (1959): Das Elend der Philosophie, MEW 4, Berlin, S. 63-182.

Marx, K. (1960): Der achtzehnte Brumaire des Louis Bonaparte, MEW 8, Berlin, S. 111-207.

Marx, K. (1961a): Zur Kritik der Politischen Ökonomie, MEW 13, Berlin, S. 3-160.

Marx, K. (1961b): Lohnarbeit und Kapital, MEW 6, Berlin, S. 397-423.

Marx, K. (1967): Theorien über den Mehrwert, MEW 26.2, Berlin.

Marx, K. (1973): Das Kapital. Kritik der politischen Ökonomie, 3. Bd., MEW 25, Berlin.

Marx, K. (1987): Das Kapital. Kritik der politischen Ökonomie, 1. Bd., MEW 23, Berlin.

Mauer, A. (1999): Herrschaft und soziale Ordnung. Kritische Rekonstruktion und Weiterführung der individualistischen Theorietradition, Opladen-Wiesbaden.

Maurer, A. (1979): Bedingungen für die Entstehung und Entwicklung von Sozialversicherung: Zusammenhänge mit der Entwicklung der Privatversicherung, in: H. F. Zacher (Hrsg.): Bedingungen für die Entstehung und Entwicklung von Sozialversicherung, Berlin, S. 355-371.

Mayer, E. (1925): Die geistigen Grundlagen der Sozialversicherung und des Aerztestandes, Berlin.

Mayntz, R. (1963): Soziologie der Organisation, Reinbek bei Hamburg.

Mayntz, R. (1992a): Modernisierung und die Logik von interorganisatorischen Netzwerken, in: Journal für Sozialforschung 32, S. 19-32.

Mayntz, R. (1992b): Interessenverbände und Gemeinwohl – Die Verbändestudie der Bertelsmann Stiftung, in: dies. (Hrsg.): Verbände zwischen Mitgliederinteressen und Gemeinwohl, Gütersloh, S. 11-35.

Mayntz, R. (1997a): Policy-Netzwerke und die Logik von Verhandlungssystemen (1993), in: dies.: Soziale Dynamik und politische Steuerung, Frankfurt/Main-New York, S. 239-262.

Mayntz, R. (1997b): Politische Steuerbarkeit und Reformblockaden (1990), in: dies.: Soziale Dynamik und politische Steuerung, Frankfurt/Main-New York, S. 209-238.

Mc Kelvey, B./Aldrich, H. (1983): Populations, natural selection, and applied organizational science. In: Administrative Science Quarterly 28, p.101-128.

Merton, R.K. (1971): Bürokratische Struktur und Persönlichkeit, in: R. Mayntz (Hrsg.): Bürokratische Organisation, Köln-Berlin, S. 265-276.

Messner, D. (1995): Die Netzwerkgesellschaft. Wirtschaftliche Entwicklung und internationale Wettbewerbsfähigkeit als Problem gesellschaftlicher Steuerung, Köln.

Messner, D. (1997): Netzwerktheorien: Die Suche nach Ursachen und Auswegen aus der Krise staatlicher Steuerungsfähigkeit, in: E. Altvater/A. Brunnengräber/M. Haake/H. Walk (Hrsg.): Vernetzt und Verstrickt. Nicht-Regierungs-Organisationen als gesellschaftliche Produktivkraft, Münster, S. 26-64.

Meyer, D. (2001): Zerschlagt die Gesundheitskartelle! In: Süddeutsche Zeitung Nr. 146 vom 28. Juni.

Meyer, J.M./Rowan, B. (1981): Institutionalized Organizations: Formal Structure as Myth and Ceremony. In: M. Zey-Ferell/M. Aiken (editors): Complex Organizations. Critical Perspecitves, Gelenview, p. 303-322.

Meyer, J.W./Boli, J./Thomas G.M. (1994): Ontology and rationalization in the Western cultural account, in: W.R. Scott/J. W. Meyer (editors): Institutional Environments and Organizations. Structural Complexity and Individualism. Newbury Park, p. 9-27.

Meyer, J.W./Jepperson, R.L. (2000): The „Actors" of Modern Society: The Cultural Construction of Social Agency, in: Sociological Theory, Vol. 18, p. 100-120.

Michelsen, K. (2002): Blockade- oder Stabilisierungsfaktor? Die Selbstverwaltung in der Kritik, in: H.-U. Deppe/W. Burkhardt (Hrsg.): Solidarische Gesundheitspolitik. Alternativen zu Privatisierung und Zwei-Klassen-Medizin, Hamburg, S. 104-115.

Milward, B. H. (1982): Interorganizational Policy Systems and Research on Public Organizations, in: Administration & Society 13, p. 457-478

Möller, H. (1986): Vernunft und Kritik. Deutsche Aufklärung im 17. und 18. Jahrhundert, Frankfurt am Main.

Mohl, R. von (1844): Die Polizei-Wissenschaft nach den Grundsätzen des Rechtsstaates, Band 1, Tübingen.

Mottek, H. (1977a): Wirtschaftsgeschichte Deutschlands. Ein Grundriss. Band I. Von den Anfängen bis zur Zeit der Französischen Revolution, Berlin.

Mottek, H. (1977b): Wirtschaftsgeschichte Deutschlands. Ein Grundriss. Band III. Von der Zeit der Bismarckschen Reichsgründung 1871 bis zur Niederlage des faschistischen deutschen Imperialismus 1945, Berlin.

Mottek, H. (1978): Wirtschaftsgeschichte Deutschlands. Ein Grundriss. Band II. Von der Zeit der Französischen Revolution bis zur Zeit der Bismarckschen Reichsgründung, Berlin.

Müller-Jentsch, W. (1996): Theorien industrieller Beziehungen, in: Industrielle Beziehungen 3, S. 36-64.

Münch, P. (1998): Lebensformen in der Frühen Neuzeit, Berlin.

Naschold, F. (1967): Kassenärzte und Krankenversicherungsreform. Zu einer Theorie der Statuspolitik, Freiburg.

Naschold, F. (1973): Sozialreform, Statuspolitik und kollektive Rationalität, in: H. J. Varain (Hrsg.): Interessenverbände in Deutschland, Köln, S. 356-367.

Neubauer, G. (1988): Staat, Verwaltung und Verbände – Entwicklung der Ordnungs- und Steuerungsstrukturen in der gesetzlichen Krankenversicherung, in: G. Gäfgen (Hrsg.): Neokorporatismus im Gesundheitswesen, Baden-Baden, S. 91-111.

Neuffer, H. (1958): Der Arzt zwischen Krankenkasse und Krankem, in: Bornikoel, B./Scholz, C. (Hrsg.): Beruf und Berufung des Arztes, Hamburg, S. 44-54.

Neuhaus, R. (1986): Arbeitskämpfe, Ärztestreiks, Sozialreformer. Sozialpolitische Konfliktregelung 1900 bis 1914, Berlin.

Niggemann, A. (1933): Strukturwandel in den rechtlichen Beziehungen zwischen Aerzten und Krankenkassen? Diss., Erlangen.

Nipperdey, T. (1972): Verein als soziale Struktur in Deutschland im späten 18. und frühen 19. Jahrhundert, in: H. Bookmann/A. Esch/H. Heimpel/T. Nipperdey/H. Schmidt (Hrsg.): Geschichtswissenschaft und Vereinswesen im 19. Jahrhundert, Göttingen, S. 1-44.

Nipperdey, T. (1991): Deutsche Geschichte 1800-1866. Bürgerwelt und starker Staat. München.

Oestreich, G. (1968): Strukturprobleme des europäischen Absolutismus, in: Vierteljahrschrift für Sozial- und Wirtschaftsgeschichte Bd. 55, S. 329-347.

Offe, C. (1972): Strukturprobleme des kapitalistischen Staates, Frankfurt am Main.

Offe, C. (1973): Politische Herrschaft und Klassenstruktur. Zur Analyse spätkapitalistischer Gesellschaftssysteme, in: G. Kress/D. Senghaas (Hrsg.): Politikwissenschaft. Eine Einführung in ihre Probleme, Frankfurt am Main, S. 135-164.

Offe, C. (1981): The Attribution of Public Status to Interest Groups, in: S. Berger (ed.): Organizing Interests in Western Europe, Cambridge, p. 123-158.

Offe, C. (1984): Korporatismus als System nichtstaatlicher Makrosteuerung? Notizen über seine Voraussetzung und demokratischen Gehalte, in: Geschichte und Gesellschaft 10, S. 234-256.

Offermanns, M. (1995): Die „Gemeinsame Selbstverwaltung“ in der Gesetzlichen Krankenversicherung. Eine Betrachtungsmöglichkeit mittels des Netzwerk-Gedankens, in: Sozialer Fortschritt 44, S. 166-176.

Olson, M. (1968): Die Logik des kollektiven Handelns. Kollektivgüter und die Theorie der Gruppen, Tübingen.

Olson, M. (1976): Die Logik des kollektiven Handelns, in: W. Dettling (Hrsg.): Macht der Verbände – Ohnmacht der Demokratie, München-Wien, S. 105-123.

Ortmann, G. (1995): Formen der Produktion. Organisation und Rekursivität, Opladen.

Ortmann, G./Sydow, J./Windeler, A. (1997): Organisation als reflexive Strukturation, in: G. Ortmann/J. Sydow/K. Türk (Hrsg.): Theorien der Organisation. Die Rückkehr der Gesellschaft. Opladen, S. 315-354.

Ortmann, G./Schnelle, W. (2000): Medizinische Qualitätsnetze – Steuerung und Selbststeuerung, in: J. Sydow/A. Windeler (Hrsg.): Steuerung von Netzwerken, Opladen, S. 206-233.

Osterloh, M./Weibel A. (2000): Ressourcensteuerung in Netzwerken: Eine Tragödie der Allmende? In: J. Sydow/A. Windeler (Hrsg.): Steuerung von Netzwerken, Opladen, S. 88-106.

Ottmer, I. (1940): Zur Geschichte des Gesundheitswesens der Stadt Elberfeld bis zum Jahre 1870, Diss., Düsseldorf.

Overmeyer, F.-E./Schulz-Dusenschön, B. (1998): Die Teilnahme an der vertragsärztlichen Versorgung, Kassenärztliche Vereinigung Schleswig-Holstein, Bad-Segeberg.

Pappi, F.U. (1993): Policy-Netze: Erscheinungsform moderner Politiksteuerung oder methodischer Ansatz, in: A. Héritier (Hrsg.): Policy-Analyse. Kritik und Neuorientierung, Politische Vierteljahrschrift 34, Sonderheft 24, S. 84-94.

Parkin, F. (1983): Strategien sozialer Schließung und Klassenbildung, in: R. Kreckel (Hrsg.): Soziale Ungleichheit, Göttingen, S. 121-135.

Parlow, S./Winter, I. (1974): Der Kampf der ärztlichen Standesorganisationen gegen die Krankenkassen in der Weimarer Republik, in: o.A.: Entwicklung und Struktur des Gesundheitswesens. Argumente für eine soziale Medizin (V), Argument-Sonderband 4, Berlin, S. 46-72.

Pelzer, K. H. (1955): Die Entstehung der obligatorischen Krankenversicherung in Deutschland, in: Bulletin der internationalen Vereinigung für soziale Sicherung 8, S. 151-165.

Pense, R. (1934): Bismarcks Sozialversicherungspolitik. Versuch einer Darstellung seiner Pläne und deren Verwirklichung, Greifswald.

Perrow, C. (1989): Eine Gesellschaft von Organisationen, in: Journal für Sozialforschung 29, S. 3-19.

Perrow, C. (1991): A Society of Organisations, in: Theory and Society 20, S. 725-762.

Peschke, P. (1962): Geschichte der deutschen Sozialversicherung, Berlin.

Peters, H. (1978): Die Geschichte der sozialen Versicherung, Sankt Augustin.

Peters, H. (1983): 100 Jahre Krankenversicherung, in: Zeitschrift für Sozialreform 29, S. 257-270.

Pfeffer, M. (1968): Solidargemeinschaften schon im Altertum, in: Sozialer Fortschritt 17, S. 127-128.

Pfeffer, M. (1969): Einrichtungen der sozialen Sicherung in der griechischen und römischen Antike unter besonderer Berücksichtigung der Sicherung bei Krankheit, Berlin.

Pfister, U. (1999): Sozialgeschichte der frühen Neuzeit im Überblick. Vorlesung WS 1999/2000, Münster.

Pick, P. (1991): Zwei Jahre Gesundheits-Reformgesetz, in: Die Ortskrankenkasse 73, S. 151-157.

Plaut, T. (1913): Der Gewerkschaftskampf der deutschen Ärzte, Karlsruhe.

Powell, W. (1996): Weder Markt noch Hierarchie: Netzwerkartige Organisationsformen, in: P. Kenis/Schneider, V. (Hrsg.): Organisation und Netzwerk. Institutionelle Steuerung in Wirtschaft und Politik, Frankfurt/Main-New York, S. 213-271.

Prätorius, R. (1979): Selbstverwaltung – eine Sache der Verbände? In: Der Bürger im Staat 29, S. 253-257.

Presthus, R. (1962): The Organizational Society. An Analysis and a Theory, New York.

Presthus, R. (1966): Individuum und Organisation. Typologie der Anpassung, Frankfurt/Main.

Preußischer Minister für Handel, Gewerbe und öffentliche Arbeiten (1876): Die unter staatlicher Aufsicht stehenden gewerblichen Hülfskassen für Arbeitnehmer (mit Ausschluss der sog. Knappschaftskassen) und die Versicherung gewerblicher Arbeitnehmer gegen Unfälle im preußischen Staate, Berlin.

Puppe, B. (1911): Die Bestrebungen der deutschen Ärzte zu gemeinsamer Wahrung ihrer wirtschaftlichen Interessen, Diss., Wiesbaden.

Raschke, P. (1978): Vereine und Verbände. Zur Organisation von Interessen in der Bundesrepublik Deutschland, München.

Rees, W. (1931): Bergische Ärzte, Biographisches, Wuppertal.

Regin, C. (1995): Selbsthilfe und Gesundheitspolitik. Die Naturheilbewegung im Kaiserreich (1889 bis 1914), Stuttgart.

Reichsversicherungsamt (Hrsg.) (1937): Die deutsche Sozialversicherung 1937 mit einem Blick auf das Jahr 1938. Finanzieller und statistischer Jahresbericht über die einzelnen Versicherungszweige. Berlin.

Reidegeld, E. (1996): Staatliche Sozialpolitik in Deutschland. Historische Entwicklung und theoretische Analyse von den Ursprüngen bis 1918, Opladen.

Reininghaus, W. (1983): Das erste staatlich beaufsichtigte System von Krankenkassen: Preußen 1845-1869. Das Beispiel der Regierungsbezirke Arnsberg und Minden, in: Zeitschrift für Sozialreform 29, S. 271-296.

Reiß, M. (1998): Mythos Netzwerkorganisation, in: Zeitschrift für Organisation 67; S. 224-229.

Reulecke, J. (1991): Einleitung. Von der „Hygienisierung" der Unterschichten zur kommunalen Gesundheitspolitik, in: ders./A. Gräfin zu Castell Rüdenhausen (Hrsg.): Staat und Gesundheit. Zum Wandel von „Volksgesundheit" und kommunaler Gesundheitspolitik im 19. und frühen 20. Jahrhundert, Stuttgart, S. 11-19.

Reuscher, U. (1999): Reformen und Reformversuche in der gesetzlichen Krankenversicherung (1956-1965). Ein Beitrag zur Geschichte bundesdeutscher Sozialpolitik, Düsseldorf.

Rhode, J. (1961): Der Arzt im Spannungsfeld der Gegenwart, in: Soziale Welt 12, S. 356-369.

Richter, H. E. (1873a): Geschichte und Literatur der Aerztevereine, in: Aerztliches Vereinsblatt für Deutschland 3, S. 65-74.

Richter, H. E. (1873b): Geschichte und Literatur der Aerztevereine, in: Aerztliches Vereinsblatt für Deutschland 3, S. 82-93.

Richter, L. (1932): Das Kassenärzterecht von 1931/32, Leipzig.

Richter, L./Sonnenberg, W. (1926): Die Kassenärztlichen Rechtsverhältnisse, Leipzig.

Ritsert, J. (2000): Gesellschaft. Ein unergründlicher Grundbegriff der Soziologie, Frankfurt/Main.

Ritter, G. A./Kocka, J. (Hrsg.) (1974): Deutsche Sozialgeschichte, Band II: 1870-1914, München.

Ritter, G. A. (1983): Sozialversicherung in Deutschland und England. Entstehung und Grundzüge im Vergleich, München.

Rodenstein, M. (1978): Arbeiterselbsthilfe, Arbeiterselbstverwaltung und staatliche Krankenversicherungspolitik in Deutschland, in: U. Rödel/T. Guldimann: Sozialpolitik als soziale Kontrolle, Frankfurt/Main, S. 113-180.

Rödel, U./Guldimann, T. (1978): Sozialpolitik als soziale Kontrolle, in: dies.: Sozialpolitik als soziale Kontrolle, Frankfurt/Main, S. 11-55.

Rölle, D./Blättel-Mink, B. (1998): Netzwerke in der Organisationssoziologie – neuer Schlauch für alten Wein? In: Österreichische Zeitschrift für Soziologie 23, S. 66-87.

Rogge, R. (1998): „Wir werden siegen, wenn wir einig sind." Quellen zur Revolution 1848/49 in Remscheid, Solingen, Wuppertal. Solingen.

Ronneberger, F. (1964): Organisierte Interessen und öffentliche Meinungsbildung, in: Soziale Welt 15, S. 36-49.

Rosenbrock, R. (1998): Gesundheitspolitik, in: K. Hurrelmann/U. Laaser (Hrsg.): Handbuch Gesundheitswissenschaften, Weinheim-München, S. 707-749.

Rosewitz, B./Webber, D. (1990): Reformversuche und Reformblockaden im deutschen Gesundheitswesen, Frankfurt/Main-New York.

Rüther, M. (1997): Ärztliches Standeswesen im Nationalsozialismus 1933-1945, in: R. Jütte (Hrsg.): Geschichte der deutschen Ärzteschaft. Organisierte Berufs- und Gesundheitspolitik im 19. und 20. Jahrhundert, Köln, S. 143-193.

Sabel, C. F. (1993): Constitutional Ordering in Historical Context, in: F. W. Scharpf (editor): Games in Hierarchies and Networks, Frankfurt/Main-Boulder, Colorado, S. 65-123.

Sachße, C./Tennstedt, F. (1992): Der Wohlfahrtsstaat im Nationalsozialismus. Geschichte der Armenfürsorge in Deutschland, Band 3, Stuttgart-Berlin-Köln.

Sahner, H. (1993): Vereine und Verbände in der modernen Gesellschaft, in: H. Best (Hrsg.): Vereine in Deutschland vom Geheimbund zur freien gesellschaftlichen Organisation, Bonn, S. 12-118.

Sauerborn, Staatssekretär (1953): Kassenärzterecht in der Entwicklung, in: Bundesarbeitsblatt Nr. 8, S. 205-215.

Saul, K. (1980): Wirtschafts- und sozialpolitische Grundlagen. Industrialisierung, Systemstabilisierung und Sozialversicherung. Zur Entstehung, politischen Funktionen und sozialen Realität der Sozialversicherung des kaiserlichen Deutschland, in: Zeitschrift für die gesamte Versicherungswissenschaft 69, S. 177-198.

Scharpf, F. (1988): Verhandlungssysteme, Verteilungskonflikte und Pathologien der politischen Steuerung, in: M. Schmidt (Hrsg.): Staatstätigkeit. International und historisch vergleichende Analysen, Opladen, S. 61-87.

Scharpf, F. (1989): Decision Rules, Decision Styles and Policy Choices, in: Journal of Theoretical Politics 1, p. 149-176.

Scharpf, F. (1991): Die Handlungsfähigkeit des Staates am Ende des zwanzigsten Jahrhunderts, in: Politische Vierteljahrschrift 32, S. 621-634.

Scharpf, F. (1992a): Koordination durch Verhandlungssysteme: Analytische Konzepte und institutionelle Lösungen, in: A. Benz/F. W. Scharpf/R. Zintl: Horizontale Politikverflechtung, Frankfurt/Main, S. 51-96.

Scharpf, F. (1992b): Einführung: Zur Theorie von Verhandlungssystemen, in: A. Benz/F. W. Scharpf/R. Zintl: Horizontale Politikverflechtung, Frankfurt/Main-New York, S. 11-27.

Scharpf, F. (1994): Politiknetzwerke als Steuerungssubjekte, in: H.-U. Derlien//U. Gerhardt/F. W. Scharpf (Hrsg.): Systemrationalität und Partialinteressen, Baden-Baden, S. 381-407.

Scharpf, F. (1996): Positive und negative Koordination in Verhandlungssystemen, in: P. Kenis/Schneider, V. (Hg.): Organisation und Netzwerk. Institutionelle Steuerung in Wirtschaft und Politik, Frankfurt/Main-New York, S. 497-534.

Schimank, U./Glagow, M. (1984): Formen politischer Steuerung: Etatismus, Subsidiarität, Delegation und Neokorporatismus, in: M. Glagow (Hg.): Gesellschaftssteuerung zwischen Korporatismus und Subsidiarität, Bielefeld, S. 4-28.

Schimank, U. (1991): Politische Steuerung in der Organisationsgesellschaft – am Beispiel der Forschungspolitik, in: W. Zapf (Hrsg.): Die Modernisierung moderner Gesellschaften, Frankfurt/Main-New York, S. 505-516.

Schimank, U. (1992): Erwartungssicherheit und Zielverfolgung. Sozialität zwischen Prisoner's Dilemma und Battle of the Sexes, in: Soziale Welt 43, S. 182-200.

Schimank, U. (1996): Theorien gesellschaftlicher Differenzierung, Opladen.

Schimank, U. (1997): Organisationsgesellschaft, in: Hagener Materialien zur Soziologie, Heft 2, S. 35-60.

Schimank, U. (1999): Funktionale Differenzierung und Systemintegration der modernen Gesellschaft, in: J. Friedrichs/W. Jagodzinski (Hrsg.): Soziale Integration, Opladen, S. 47-65.

Schimank, U. (2000a): Funktionale Differenzierung, Durchorganisierung und Integration der modernen Gesellschaft. Ms., Veröffentlichung des Instituts für Soziologie der FernUniversität Hagen.

Schimank, U. (2000b): Gesellschaftliche Integrationsprobleme im Spiegel soziologischer Gegenwartsdiagnosen, Ms. Veröffentlichung des Instituts für Soziologie der FernUniversität Hagen.

Schindera, M. (1963): Das Recht des Kassenarztes im System der sozialen Krankenversicherung unter besonderer Berücksichtigung des Honorarwesens. Zugleich ein Beitrag zur Lehre vom öffentlichen und privaten Recht, Diss., Freiburg.

Schippel, M. (o.J.): Sozialdemokratisches Reichstags-Handbuch. Ein Führer durch die Zeit- und Streitfragen der Reichsgesetzgebung, Berlin.

Schirbel, E. (1930): Geschichte der sozialen Krankenversorgung vom Altertum bis zur Gegenwart, Berlin.

Schlegel, M. (1977): Kostenstrukturerhebung 1975, in: Die Ortskrankenkasse 59, S. 811-817.

Schlottmann, R. (1914): Die Neuregelung der Beziehungen zwischen Krankenkassen und Ärzten durch das Einigungsabkommen vom 23. Dezember 1913, in: Monatsschrift für Arbeiter- und Angestelltenversicherung 2, S. 389-511.

Schmacke, N. (1997): Ärzte oder Wunderheiler? Die Macht der Medizin und der Mythos des Heilens, Opladen.

Schmidt, K. (2002): Sicherstellungsauftrag weg: Na und? In: Ärztliche Praxis – das Online-Magazin für Arzt und Patient, o.O.

Schmidt, M. (1922): Geschichtliche Wanderungen durch Solingen Stadt und Land, Solingen.

Schmidt, R. (1959): Krankenversicherung (I), in: Handwörterbuch der Sozialwissenschaften (HDSW), 6. Band, Göttingen-Stuttgart-Tübingen, S. 276-283.

Schmiedebach, H.-P. (2000): Der Arzt als omnipotenter Kämpfer – zur Militarisierung in der Medizin vor 1933, in: Veröffentlichungen der Interessengemeinschaft Medizin und Gesellschaft e.V. 6, Heft 27/28, S. 97-99.

Schmitt, H. (1966): Entstehung und Wandlung der Zielsetzungen, der Struktur und der Wirkungen der Berufsverbände, Berlin.

Schmitter, P. C. (1979a): „Interessenvermittlung und Regierbarkeit“, in: U. von Alemann/R. G. Heinze (Hg.): Verbände und Staat, Opladen, S. 92-114.

Schmitter, P. C./Lehmbruch, G. (editors) (1979b): Trends Toward Corporatist Intermediation, Beverly Hills-London.

Schmitter, P. C. (1981): „Neokorporatismus: Überlegungen zur bisherigen Theorie und zur weiteren Praxis“, in: U. von Alemann (Hg.): Neokorporatismus, Frankfurt/Main-New York, S. 69-79.

Schmitter, P. C. (1996): Sektoren im Modernen Kapitalismus: Steuerungsformen und ihre Performanzunterschiede, in: P. Kenis/ V. Schneider (Hg.): Organisation und Netzwerk. Institutionelle Steuerung in Wirtschaft und Politik, Frankfurt/Main-New York, S. 313-355.

Schmoller, G. (1904): Grundrisse der allgemeinen Volkswirtschaftslehre, Band 2, Leipzig.

Schmoller, G. (1918): Die soziale Frage. Klassenbildung, Arbeiterfrage, Klassenkampf, München-Leipzig.

Schneider, G. (1981): Die Entwicklung der Beziehungen zwischen Ärzten und Krankenkassen, in: Die Ortskrankenkasse 63, S. 866-873.

Schneider, G. (1983): Kassenarztrecht. Rechtsbeziehungen zwischen Kassenarzt, Kassenärztlicher Vereinigung und Krankenkasse, Köln-Berlin-Bonn-München.

Schneider, V./Kenis, P. (1996): Verteilte Kontrolle: Institutionelle Steuerung in modernen Gesellschaften, in: P. Kenis/V. Schneider (Hg.): Organisation und Netzwerk. Institutionelle Steuerung in Wirtschaft und Politik, Frankfurt/Main-New York, S. 9-43.

Schönhoven, K. (1980): Selbsthilfe als Form von Solidarität. Das gewerkschaftliche Unterstützungswesen im Deutschen Kaiserreich bis 1914, in: Archiv für Sozialgeschichte, XX. Band, Bonn, S. 147-193.

Scholz, A. (2002): Die Ärztevereine und die Ärztekammern in Schlesien von ihrer Gründung bis 1945, in: Ärzteblatt Sachsen 13, Nr. 1, S. 7-10.

Schreiber, W. (1971): Zum System sozialer Sicherung, Köln.

Schröder, W. (1994): Subjekt oder Objekt der Sozialpolitik? Zur Wirkung der Sozialgesetzgebung auf die Adressaten, in: L. Machtan (Hrsg.): Bismarcks Sozialstaat. Beiträge zur Geschichte der Sozialpolitik und zur sozialpolitischen Geschichtsschreibung, Frankfurt/Main-New York, S. 126-162.

Schubert, K. (1995): Struktur-, Akteur- und Innovationslogik: Netzwerkkonzeptionen und die Analyse von Politikfeldern, in: D. Jansen/K. Schubert (Hrsg.): Netzwerke und Politikproduktion. Konzepte, Methoden, Perspektiven. Marburg, S. 222-240.

Schulenburg, J.-M. Graf v.d. (1992): Preisbildung im Gesundheitswesen, in: H.H. Andersen/K.-D. Henke/ders. (Hrsg.): Basiswissen Gesundheitsökonomie, Band 1, Berlin, S. 111-133.

Schulz, C. (1984): Der gezähmte Konflikt. Zur Interessenverarbeitung durch Verbände und Parteien am Beispiel der Wirtschaftsentwicklung und Wirtschaftspolitik in der Bundesrepublik (1966-1976), Opladen.

Schulz, G. (1973): Über Entstehung und Formen von Interessengruppen in Deutschland seit Beginn der Industrialisierung, in: H. J. Varain (Hrsg.): Interessenverbände in Deutschland, Köln, S. 25-54.

Schuppert, G.F./Neidhardt, F. (Hrsg.) (2002): Gemeinwohl – Auf der Suche nach Substanz, Berlin.

Schwabe, U. (2003): Arzneiverordnungs-Report 2002, Heidelberg.

Schwartz, F. W./Busse, R. (1994): Die Zukunft des deutschen Gesundheitssystems – Vorschläge, Mythen und Aussichten, in: B. Blanke (Hrsg.): Krankheit und Gemeinwohl. Gesundheitspolitik zwischen Staat, Sozialversicherung und Medizin, Opladen, S. 403-421.

Schwartz, M. (1995): Sozialistische Eugenik, Bonn.

Scott, W. R. (1987): Organizations: rational, natural, and open systems, Englewood Cliffs, N.J.

Scott, W. R./Meyer, J. W. (1991): The organization of societal sectors: propositions and early evidence, in: W. W. Powell/P. J. DiMaggio (editors): The new institutionalism in organizational analysis, Chicago, p. 108-140.

Sebaldt, M. (1997a): Organisierter Pluralismus. Kräftefeld, Selbstverständnis und politische Arbeit deutscher Interessengruppen, Opladen.

Sebaldt, M. (1997b): Organisierte Dienstleistungsgesellschaft. Ökonomische Funktionssektoren und ihre sich wandelnde Bedeutung im Kräftefeld deutscher Interessengruppen, in: Kölner Zeitschrift für Soziologie und Sozialpsychologie 49, S. 123-146.

Sebaldt, M. (1997c): Verbände und Demokratie. Funktionen bundesdeutscher Interessengruppen in Theorie und Praxis, in: Aus Politik und Zeitgeschehen, B 36-37, S. 27-37.

Seel, H. (1958): Arzt im 20. Jahrhundert, Berlin.

Seeling, S. (1996): Organisierte Interessen und öffentliche Kommunikation: eine Analyse ihrer Beziehungen im deutschen Kaiserreich (1871 bis 1914), Opladen.

Sellien, R./Sellien, H. (Hrsg.) (1971): Dr. Gablers Wirtschaftslexikon, Wiesbaden.

Siebeck, T. (1962): Das Vertragssystem im Kassenarztrecht, in: Die Ortskrankenkasse 44, S. 169-177.

Siebeck, T. (1965): Die kassenärztliche Gesamtvergütung, in: Die Ortskrankenkasse 47, S. 169-174, 204-212, 234-241.

Siebeck, T. (1981): Versicherung statt Armenpflege, Gedanken zum Versicherungscharakter der Krankenversicherung, in: Die Ortskrankenkasse 63, S. 854-866.

Siegrist, J. (1995): Medizinische Soziologie, München-Wien-Baltimore.

Simon, H. A. (1996): Organisationen und Märkte, in: P. Kenis/V. Schneider (Hg.): Organisation und Netzwerk. Institutionelle Steuerung in Wirtschaft und Politik, Frankfurt/Main-New York, S. 47-74.

Smigielski, E. (1980): Die konzertierte Aktion im Gesundheitswesen als Steuerungsinstrument für die Honorarverhandlungen zwischen Krankenkassen und Kassenärztlichen Vereinigungen, Bochum.

Smigielski, E. (1985): Die Bedeutung des Versicherungsgedankens für die gesetzliche Krankenversicherung, in: W. Schmäl (Hrsg.): Versicherungsprinzip und soziale Sicherung, Tübingen, S. 76-88.

Smigielski, E. (1993): Organisationsreform und Wettbewerb in der Gesetzlichen Krankenversicherung, in: P. Oberender (Hrsg.): Institutionelle Erneuerung des Gesundheitswesens in Deutschland, Baden-Baden, S. 85-109.

Sombart, W. (1911): Die Juden und das Wirtschaftsleben, Leipzig.

Sombart, W. (1987a): Der moderne Kapitalismus, Band I. Die vorkapitalistische Wirtschaft. Erster Halbband, München.

Sombart, W. (1987b): Der moderne Kapitalismus, Band II. Das europäische Wirtschaftsleben im Zeitalter des Frühkapitalismus. Erster Halbband, München.

Sombart, W. (1987c): Der moderne Kapitalismus, Band II. Das europäische Wirtschaftsleben im Zeitalter des Frühkapitalismus. Zweiter Halbband, München.

Sombart, W. (1987d): Der moderne Kapitalismus, Band III. Das Wirtschaftsleben im Zeitalter des Hochkapitalismus. Erster Halbband, München.

Sombart, W. (1987e): Der moderne Kapitalismus, Band III. Das Wirtschaftsleben im Zeitalter des Hochkapitalismus. Zweiter Halbband, München.

Sonnenberg, W. (1933): Das neue Kassenarztrecht nach der Notverordnung vom 8. Dezember 1931, Leipzig.

Speidel, O. (1962): Württembergs ärztliche Organisationen im Wandel der Zeit, Stuttgart.

Spielhagen, W. (1925): Zur gesetzlichen Ausgestaltung des Berliner Abkommens, in: Ärztliche Mitteilungen 26, S. 25-29.

Spree, R. (1981): Soziale Ungleichheit vor Krankheit und Tod. Zur Sozialgeschichte des Gesundheitsbereichs im Deutschen Kaiserreich, Göttingen.

Standfest, E. (1989): Selbstverwaltung in der Sozialversicherung: Mittel demokratischer Sozialpolitik? In: B. Riedmüller/M. Rodenstein (Hrsg.) (1989): Wie sicher ist die soziale Sicherung? Frankfurt/Main, S. 165-181.

Statistisches Bundesamt (Hrsg.) (1952-1957, 1960-1961, 1963-1986, 1989-1999, 2000a): Statistisches Jahrbuch für die Bundesrepublik Deutschland, Wiesbaden.

Statistisches Bundesamt (Hrsg.) (2000b): Gesundheitswesen – Personen des Gesundheitswesens, Wiesbaden.

Statistisches Bundesamt (Hrsg.) [II] (1979-1983, 1987-1988): Gesundheitswesen. Fachserie 13, Reihe S 1, Fragen zur Gesundheit, Wiesbaden.

Statistisches Bundesamt (Hrsg.) [III] (1986, 1995): Gesundheitswesen, Fachserie 12, Reihe S. 3, Fragen zur Gesundheit, Wiesbaden.

Statistisches Reichsamt (Hrsg.) (1919-1938, 1940, 1942): Statistisches Jahrbuch für das Deutsche Reich, Berlin.

Steinthal, S. (1893): Die Berliner Polikliniken, in: Medizinische Reform 1, S. 19-20.

Stier-Somlo, F. (1906): Deutsche Sozialgesetzgebung. Geschichtliche Grundlagen und Krankenversicherungsrecht, Jena.

Stobrawa, F. F. (1979): Die ärztlichen Organisationen in der Bundesrepublik Deutschland, Düsseldorf.

Stollberg, G. (1983): Die gewerkschaftsnahen zentralisierten Hilfskassen im Deutschen Kaiserreich, in: Zeitschrift für Sozialreform 29, S. 339-369.

Stollberg, G. (1991): Volk und Gesundheit im Verein. Städtische Gesundheitsverein von 1880 bis 1933, in: J. Reulecke/A. Gräfin zu Castell Rüdenhausen (Hrsg.): Staat und Gesundheit. Zum Wandel von „Volksgesundheit" und kommunaler Gesundheitspolitik im 19. und frühen 20. Jahrhundert, Stuttgart, S. 247-256.

Stolleis, M. (1983): Hundert Jahre Gesetzliche Krankenversicherung, in: Zeitschrift für Sozialreform 29, S. 612-623.

Stolt, E./Vesper, E. (1973): Die Ersatzkassen der Krankenversicherung. Geschichte, Gestalt, Recht. Fortbildung und Praxis, Schriftenreihe der Zeitschrift „Wege zur Sozialversicherung", Band 12, Bonn-Bad Godesberg.

Stolz, H.-J./Türk, K. (1993): Organisation als Verkörperung von Herrschaft, in: K. Türk (Hrsg.): Diskussionspapiere zur Organisationstheorie, Wuppertal, S. 51-77.

Stone, D.A. (1980): The Limits of Professional Power. National Health Care in the Federal Republic of Germany, Chicago and London.

Stracke, S./Tauchnitz, T. (1998): „Von der ‚freien Vergesellschaftung' zur zwangsförmigen Vergesellschaftung des Krankheitsrisikos. Die Geschichte der Krankenkassen in Barmen-Elberfeld." Ms., Wuppertal.

Streeck, W. (1987): Vielfalt und Interdependenz: Probleme intermediärer Organisationen in sich ändernden Umwelten, IIM/LMP 87-3, Wissenschaftszentrum Berlin für Sozialforschung, Berlin.

Streeck, W./Schmitter, P.C. (1996): Gemeinschaft, Markt, Staat – und Verbände? In: P. Kenis/V. Schneider (Hg.): Organisation und Netzwerk. Institutionelle Steuerung in Wirtschaft und Politik, Frankfurt/Main-New York, S. 123-164.

Streeck, W. (2000): Verbände als soziales Kapital: Von Nutzen und Nutzung des Korporatismus in einer Gesellschaft im Wandel, in: W. Bührer/E. Grande (Hg.): Unternehmerverbände und Staat in Deutschland, Baden-Baden, S. 53-62.

Stremmel, R. (Hrsg.) (1991): Alltag im Kreis Solingen 1823, Dr. J.W. Spiritus und seine medizinische Topographie, eingeleitet und kommentiert von Ralf Stremmel, Solingen.

Stremmel, R. (1993): „Gesundheit – unser einziger Reichtum"? Kommunale Gesundheits- und Umweltpolitik 1800-1945 am Beispiel Solingen, Solingen.

Sydow, J. (1992): Strategische Netzwerke. Evolution und Organisation, Wiesbaden.

Sydow, J./Windeler, A. (2000): Steuerung von und in Netzwerken – Perspektiven, Konzepte, vor allem aber offene Fragen, in: dies. (Hrsg.): Steuerung von Netzwerken, Opladen, S. 1-24.

Tamm, I. (1998): Ärzte und gesetzliche Krankenversicherung in Deutschland und England 1880-1914, Berlin.

Tauchnitz, T. (1999a): Krankenkassen – Zwang oder Segen? Organisationsgeschichte des deutschen Krankenkassenwesens im „langen“ 19. Jahrhundert, Opladen.

Tauchnitz, T. (1999b): Krankenkassenorganisation und gesellschaftliche Differenzierung in Deutschland im „langen“ 19. Jahrhundert, in: Soziale Welt 50, S. 133-148.

Tenfelde, K. (1981): Sozialgeschichte der Bergarbeiterschaft an der Ruhr im 19. Jahrhundert, Bonn.

Tennstedt, F. (1975): Quellen zur Geschichte der Sozialversicherung, in: Zeitschrift für Sozialreform 21, S. 225-233, S. 358-365, 422-427.

Tennstedt, F. (1976a): Sozialgeschichte der Sozialversicherung, in: M. Blohmke u.a. (Hrsg.): Handbuch der Sozialmedizin, 3. Bd., Stuttgart, S. 385-492.

Tennstedt, F. (1976b): Zur Ökonomisierung und Verrechtlichung in der Sozialpolitik, in: A. Murswick (Hrsg.): Staatliche Politik im Sozialsektor, München, S. 139-165.

Tennstedt, F. (1977a): Sozialwissenschaftliche Forschung in der Sozialversicherung, in: C. von Ferber/F.-X. Kaufmann (Hrsg.): Soziologie und Sozialpolitik, Opladen, S. 483-523.

Tennstedt, F. (1977b): Sozialismus, Lebensreform und Krankenkassenbewegung (I), Friedrich Landmann und Raphael Friedeberg als Ratgeber der Krankenkassen, Soziale Sicherheit 26, S. 210-214.

Tennstedt, F. (1977c): Sozialismus, Lebensreform und Krankenkassenbewegung (II), Friedrich Landmann und Raphael Friedeberg als Ratgeber der Krankenkassen, Soziale Sicherheit 26, S. 306-310.

Tennstedt, F. (1977d): Sozialismus, Lebensreform und Krankenkassenbewegung (III), Friedrich Landmann und Raphael Friedeberg als Ratgeber der Krankenkassen, Soziale Sicherheit 26, S. 331-336.

Tennstedt, F. (1977e): Soziale Selbstverwaltung, Geschichte der Selbstverwaltung in der Krankenversicherung, Bd. 2, Bonn.

Tennstedt, F. (1979): Sozialpolitik und Berufsverbote im Jahre 1933. Die Auswirkungen der nationalsozialistischen Machtergreifung auf die Krankenkassenverwaltung und die Kassenärzte, in: Zeitschrift für Sozialreform 25, S. 129-153; S. 211-238.

Tennstedt, F. (1981): Sozialgeschichte der Sozialpolitik in Deutschland. Vom 18. Jahrhundert bis zum ersten Weltkrieg, Göttingen.

Tennstedt, F. (1983a): Vom Proleten zum Industriearbeiter. Arbeiterbewegung und Sozialpolitik in Deutschland 1800 bis 1914, Köln.

Tennstedt, F. (1983b): Die Errichtung von Krankenkassen in deutschen Städten nach dem Gesetz betr. Die Krankenversicherung der Arbeiter vom 15. Juni 1883. Ein Beitrag zur Frühgeschichte der gesetzlichen Krankenversicherung in Deutschland, in: Zeitschrift für Sozialreform 29, S. 297-338.

Tennstedt, F. (1983c): Anfänge sozialpolitischer Intervention in Deutschland und England – einige Hinweise zu wechselseitigen Beziehungen, in: Zeitschrift für Sozialreform 29, S. 631-648.

Tennstedt, F./Winter, H. (1993): „Der Staat hat wenig Liebe – activ wie passiv“. Die Anfänge des Sozialstaats im Deutschen Reich von 1871. Ergebnisse archivalischer Forschungen zur Entstehung der gesetzlichen Unfallversicherung, Teil 1, in: Zeitschrift für Sozialreform 39, S. 362-392.

Tennstedt, F./Winter, H. (1995): „Jeder Tag hat seine eigenen Sorgen, und es ist nicht weise, die Sorgen der Zukunft freiwillig auf die Gegenwart zu übernehmen.“ (Bismarck). Die Anfänge des Sozialstaats im Deutschen Reich von 1871, in: Zeitschrift für Sozialreform 41, S. 671-706.

Tennstedt, F. (1997): Peitsche und Zuckerbrot oder ein Reich mit Zuckerbrot? Der Deutsche Weg zum Wohlfahrtsstaat 1871-1881, in: Zeitschrift für Sozialreform 43, S. 88-101.

Tennstedt, F./Winter, H. (1999): Von der Reichsgründungszeit bis zur Kaiserlichen Sozialbotschaft (1867-1881). 5. Band, Gewerbliche Unterstützungskassen. Die Krankenversicherung für gewerbliche Arbeitnehmer zwischen Selbsthilfe und Staatshilfe, Darmstadt.

Teppe, K. (1977): Zur Sozialpolitik des Dritten Reiches am Beispiel der Sozialversicherung, in: Archiv für Sozialgeschichte 17, S. 195-250.

Tesic, D. (2002): Die Systemschlacht ist in vollem Gange, in: KV-Blatt extra 5.

Tesic, D. (2000): Ohne Sicherstellungsmonopol keine Überkapazitäten, in: KV-Blatt 09/2000.

Teubner, G. (1996): Die vielköpfige Hydra: Netzwerke als kollektive Akteure höherer Ordnung, in: P. Kenis/V. Schneider (Hg.): Organisation und Netzwerk. Institutionelle Steuerung in Wirtschaft und Politik, Frankfurt/Main-New York, S. 535-561.

Thiele, W. (1974): Zum Verhältnis von Ärzteschaft und Krankenkassen 1883 bis 1913, in: C. Gaedt/U. Schagen: Entwicklung und Struktur des Gesundheitswesens. Argumente für eine soziale Medizin (V), Argument-Sonderband 4, Berlin, S. 19-45.

Thielmann, H. (1960): Die Geschichte der Knappschaftsversicherung, Bad Godesberg.

Töns, H. (1980): Der Bundesverband der Ortskrankenkassen, Düsseldorf.

Töns, H. (1983): Hundert Jahre gesetzliche Krankenversicherung im Blick der Ortskrankenkassen, Bonn.

Tornow, I. (1977): Das Münchner Vereinswesen in der ersten Hälfte des 19. Jahrhunderts, mit einem Ausblick auf die zweite Jahrhunderthälfte, Diss., München.

Türk, K. (1987): Einführung in die Soziologie der Wirtschaft, Stuttgart.

Türk, K. (1989): Neuere Entwicklungen in der Organisationsforschung. Ein Trend Report, Stuttgart.

Türk, K. (1990): Neuere Organisationssoziologie. Ein Studienskript. Hagen.

Türk, K. (1993a): Politische Ökonomie der Organisation, in: ders. (Hrsg.): Diskussionspapiere zur Organisationstheorie, Wuppertal, S. 3-28.

Türk, K. (1993b): Organisationssoziologie, in: ders. (Hrsg.): Diskussionspapiere zur Organisationstheorie, Wuppertal, S. 95-103.

Türk, K. (1995a): Zur Kritik der politischen Ökonomie der Organisation, in: ders. (Hrsg.): „Die Organisation der Welt“: Herrschaft durch Organisation in der modernen Gesellschaft, Opladen, S. 37-92.

Türk, K. (1995b): Organisation und Ko-Operation, in: ders. (Hrsg.): „Die Organisation der Welt“: Herrschaft durch Organisation in der modernen Gesellschaft, Opladen, S. 93-111.

Türk, K. (1995c): MERCURIUS oder Eine Allegorie des Handels als eine Allegorie der Organisation, in: ders. (Hrsg.): „Die Organisation der Welt“: Herrschaft durch Organisation in der modernen Gesellschaft, Opladen, S. 113-154.

Türk, K. (1995d): Organisation und gesellschaftliche Differenzierung, in: ders. (Hrsg.): „Die Organisation der Welt“: Herrschaft durch Organisation in der modernen Gesellschaft, Opladen, S. 155-216.

Türk, K. (1995e): Organisationssoziologische Perspektiven des Bildungssystems, in: ders. (Hrsg.): „Die Organisation der Welt“: Herrschaft durch Organisation in der modernen Gesellschaft, Opladen, S. 217-247.

Türk, K. (1996): Was sind Organisationen? Vortrag im *studium generale et studium fundamentale* an der Universität Karlsruhe, 31. Okt. 1996 unter dem Thema „Markt, Organisation und Macht“. Ms., Wuppertal.

Türk, K. (1997a): Organisation als Institution der kapitalistischen Gesellschaftsformation, in: G. Ortmann/J. Sydow/K. Türk (Hrsg.): Theorien der Organisation. Die Rückkehr der Gesellschaft. Opladen, S. 124-176.

Türk, K. (1997b): Organisation als Risiko, in: E. Lippert et al (Hrsg.): Sicherheit in der unsicheren Gesellschaft. Opladen, S. 115-130.

Türk, K. (2000a): Organisation und funktionale Differenzierung. Vortragsmanuskript, Wuppertal.

Türk, K. (Hrsg.) (2000b): Hauptwerke der Organisationstheorie. Wiesbaden.

Türk, K. (2002): Organisation als Strukturmoment der modernen Gesellschaft. Vortrag auf der Tagung der Arbeitsgruppe Organisationssoziologie am 10. und 11. April 2002 in Hagen.

Türk, K./Lemke, T./Bruch, M. (2002): Organisation in der modernen Gesellschaft. Eine historische Einführung, Wiesbaden.

Ünlüdag, T. (1989): Historische Texte aus dem Wupperthale. Quellen zur Sozialgeschichte des 19. Jahrhunderts, Wuppertal.

Ullmann, H.-P. (1979): Industrielle Interessen und die Entstehung der deutschen Sozialversicherung 1880-1889, in: Historische Zeitschrift, Bd. 229, S. 574-610.

Ullmann, H.-P. (1988): Interessenverbände in Deutschland, Frankfurt am Main.

Urban, H.-J. (2001): Wettbewerbskorporatistische Regulierung im Politikfeld Gesundheit. Der Bundesausschuss der Ärzte und Krankenkassen und die gesundheitspolitische Wende. Veröffentlichungsreihe der Arbeitsgruppe Public Health, Wissenschaftszentrum Berlin für Sozialforschung, Berlin.

Varain, H. J. (Hrsg.) (1973): Interessenverbände in Deutschland, Köln.

Veith, D. (1988): Machtpotentiale der Interessengruppen und des Staates in der gesetzlichen Krankenversicherung. Gestalt und Auswirkungen des Korporatismus in der GKV, Regensburg.

Vobruba, G. (1992): Wirtschaftsverbände und Gemeinwohl, in: R. Mayntz (Hrsg.): Verbände zwischen Mitgliederinteressen und Gemeinwohl, Gütersloh, S. 80-121.

Vogt, G. (1998): Ärztliche Selbstverwaltung im Wandel. Eine historische Dokumentation am Beispiel der Ärztekammer Nordrhein, Köln.

Vosskamp, W. (1982): Einleitung, in: ders. (Hrsg.): Utopieforschung. Interdisziplinäre Studien zur neuzeitlichen Utopie, Bd. 1, Stuttgart, S. 1-10.

Waarden, F. van (1992): Zur Empirie kollektiven Handelns: Geschichte und Struktur von Unternehmerverbänden, in: K. Schubert (Hg.): Leistungen und Grenzen politisch-ökonomischer Theorie, Darmstadt, S. 139-168.

Wagner, G. (1903): Der Kampf der Ärzte gegen die Krankenkassen, in: Die Neue Zeit 22, S. 501-512.

Wagner, G. (1931): Die Arztverträge der Krankenkassen, Diss., Würzburg.

Wagner, P. (1995): Soziologie der Moderne. Freiheit und Disziplin, Frankfurt/Main-New York.

Walgenbach, P. (1995): Institutionalistische Ansätze in der Organisationstheorie, in: A. Kieser (Hrsg.): Organisationstheorien, Stuttgart-Berlin-Köln, S. 269-301.

Wallerstein, I. (1989): Der historische Kapitalismus, Berlin-Hamburg.

Walter, R. (1992): Geld- und Wechselbörsen vom Spätmittelalter bis zur Mitte des 17. Jahrhunderts, in: H. Pohl (Hrsg.): Deutsche Börsengeschichte, Frankfurt am Main, S. 13-76.

Wanek, V. (1994): Machtverteilung im Gesundheitswesen. Struktur und Auswirkungen, Frankfurt/Main.

Webber, D. (1988): Krankheit, Geld und Politik: Zur Geschichte der Gesundheitsreformen in Deutschland, in: Leviathan 16, S. 156-203.

Webber, D. (1989): Zur Geschichte der Gesundheitsreformen in Deutschland – II. Teil: Norbert Blüms Gesundheitsreform und die Lobby, in: Leviathan 17, S. 262-300.

Webber, D. (1992): Die kassenärztlichen Vereinigungen zwischen Mitgliederinteressen und Gemeinwohl, in: R. Mayntz (Hrsg.): Verbände zwischen Mitgliederinteressen und Gemeinwohl, Gütersloh, S. 211-272.

Weber, H. (1931): Streit und Wahrheit um die Deutsche Sozialversicherung, Freiburg im Breisgau.

Weber, M. (1980): Wirtschaft und Gesellschaft, Tübingen.

Weber, M. (1981): Die Protestantische Ethik I. Eine Aufsatzsammlung, Tübingen.

Weber, M. (1988): Gesammelte Aufsätze zur Sozial- und Wirtschaftsgeschichte, Tübingen.

Wehler, H.-U. (1974): Der Aufstieg des Organisierten Kapitalismus und Interventionsstaates in Deutschland, in: H. A. Winkler (Hrsg.): Organisierter Kapitalismus. Voraussetzungen und Anfänge. Göttingen, S. 36-57.

Wehler, H.-U. (1987a): Deutsche Gesellschaftsgeschichte. Erster Band, München.

Wehler, H.-U. (1996): Deutsche Gesellschaftsgeschichte. Zweiter Band, München.

Wehler, H.-U. (1995): Deutsche Gesellschaftsgeschichte. Dritter Band, München.

Weise, A.-L. (2001): Anfänge des Krankenhauswesens in Solingen im 19. Jahrhundert, in: die Heimat. Beiträge zur Geschichte Solingens und des Bergischen Landes 17, S. 12-18.

Wenner, U. (1998): Sozialversicherungsrecht. Kurseinheit 2: Kassenarztrecht, FernUniversität Hagen.

Weyer, J. (2000): Soziale Netzwerke. Konzepte und Methoden der sozialwissenschaftlichen Netzwerkforschung, München-Wien 2000.

Weyhmann, G. (1977): Die Geschichte des Ambulatoriums der AOK Berlin, in: R. Bartholomäi/W. Bodenbender u.a. (Hrsg.): Sozialpolitik nach 1945. Geschichte und Analysen, Bonn-Bad Godesberg, S. 57-64.

Wiesenthal, H. (1981): Die Konzertierte Aktion im Gesundheitswesen. Ein Beispiel für Theorie und Politik des modernen Kapitalismus, Frankfurt/Main-New York.

Willke, H. (1983): Entzauberung des Staates, Überlegungen zu einer sozietalen Steuerungstheorie, Königstein.

Winkler, A. (2001): Die ersten Apotheken in Tirol, in: Tiroler Volkskunstmuseum (Hrsg.): Kunst- und Wundergarten Apotheke. Katalog zur Ausstellung 1. Juni bis 28. Oktober 2001, Innsbruck, S. 21-24.

Winkler, H. A. (Hrsg.) (1974) Organisierter Kapitalismus. Voraussetzungen und Anfänge. Göttingen.

Witkowski, J. (1920): Der Kampf zwischen Ärzten und Krankenkassen um die Honorierungsformen und die wirtschaftliche Bedeutung dieses Kampfes, Diss., Berlin.

Whyte, W. H. jr. (1956): The Organization Man, New York.

Wolff, E. (1997): Mehr als nur materielle Interessen: Die organisierte Ärzteschaft im Ersten Weltkrieg und in der Weimarer Republik 1914-1933, in: R. Jütte (Hrsg.): Geschichte der deutschen Ärzteschaft. Organisierte Berufs- und Gesundheitspolitik im 19. und 20. Jahrhundert, Köln, S. 97-142.

Zepler, G. (1903): Zur Lage der Ärzte und ihr Verhältnis zu den Krankenkassen, in: Deutsche Medizin-Zeitung 24, S. 627-628.

Zimmer, A. (1996): Vereine – Basiselement der Demokratie, Opladen.

Zöllner, D. (1981): Landesbericht Deutschland, in: P. A. Köhler/H. F. Zacher (Hrsg.): Ein Jahrhundert Sozialversicherung in der Bundesrepublik Deutschland, Frankreich, Großbritannien, Österreich und der Schweiz, Berlin, S. 51-179.

Zunkel, F. (1962): Der Rheinisch-Westfälische Unternehmer 1834-1879, Opladen.

GPSR Compliance

The European Union's (EU) General Product Safety Regulation (GPSR) is a set of rules that requires consumer products to be safe and our obligations to ensure this.

If you have any concerns about our products, you can contact us on ProductSafety@springernature.com

In case Publisher is established outside the EU, the EU authorized representative is:

Springer Nature Customer Service Center GmbH
Europaplatz 3
69115 Heidelberg, Germany

Batch number: 10815964

Printed by Printforce, the Netherlands